NEW
최신판

브랜드 만족 1위
산출근거
후면표기

외무영사직/외교관 시험대비

박문각
공무원

기본서

KB233184

한 단계 더 높은 곳으로
Move Higher 국제정치학

방대한 국제정치학 이론 단권화

출제 경향을 충실하게 반영한 이론 정리

국제정치학 최신 이슈 포함

박민형 편저

박민형
국제정치학

★★★★★
기본 이론서

박문각

동영상 강의 www.pmg.co.kr

국제정치학은 그 범위의 광범위함으로 인해 많은 수험생들에게 어렵고 부담스러운 과목으로 인식되어 왔다. 국제정치이론을 비롯해 외교정책, 안보정책, 국제정치사, 국제정치경제에 이르기까지 시험에서 요구되는 학습 범위는 매우 넓으며, 그 경계 또한 명확하지 않다. 저자는 국제정치학을 전공하고 10여 년간 대학 강단에서 이 과목을 강의해 왔지만, 수험생을 대상으로 한 국제정치학 강의를 처음 준비하면서 다시 한 번 그 범위의 방대함에 적지 않은 놀라움을 느꼈다.

문제는 단순히 범위가 넓다는 데만 있지 않았다. 시중에 출간된 다수의 국제정치학 수험서들은 방대한 분량과 세부적인 설명을 담고 있지만, 그 두께 자체가 수험생들에게 심리적 부담으로 작용하는 경우가 많았다. '어디서부터 어떻게 시작해야 하는가.'라는 질문 앞에서 많은 수험생들이 국제정치학 과목 진입 자체를 망설이고 있는 현실 또한 확인할 수 있었다. 이 지점에서 저자는 '수험생들의 부담을 줄이면서도, 시험에 필요한 핵심 내용을 효과적으로 전달할 수 있는 책을 만들 수 없을까.'라는 질문을 던지게 되었다.

이러한 문제의식에서 출발해 저자는 지난 기출문제를 체계적으로 분석하고, 기존에 출간된 다양한 국제정치학 교재와 수험서를 검토하며 시험에서 반복적으로 요구되는 핵심 쟁점들을 하나씩 정리해 나갔다. 그 과정에서 강의노트 형태로 축적된 원고들이 점차 쌓였고, 이를 바탕으로 지금의 책이 완성되었다.

이 책은 국제정치학의 모든 내용을 망라한 종합서가 아니다. 오히려 수험생의 관점에서 반드시 이해하고 정리해야 할 핵심 내용들을 선별하고 압축한 책이다. 따라서 이 책은 국제정치학이라는 방대한 학문 체계를 처음 접하는 수험생에게는 기본적인 학습의 출발점이 될 것이며, 이미 학습을 진행해 온 수험생에게는 핵심을 점검하고 정리하는 요약서로 기능할 것이다. 국제정치학을 수험 과목으로 준비하는 학생이라면, 최소한 이 책에 담긴 내용만큼은 정확히 이해하고 넘어가야 한다는 점에서 이 책은 '기본서'이자 '필수 정리서'라 할 수 있다.

국제정치학은 단순한 암기 과목이 아니라, 이론과 현실을 연결하고 국제 사회의 구조와 행위자의 선택을 이해하는 학문이다. 이 책은 개별 이론이나 사건을 나열하는 데 그치지 않고, 수험생이 국제정치학의 기본적인 사고 틀을 형성할 수 있도록 구성되었다. 각 주제는 시험 대비라는 목적에 충실하면서도, 국제정치를 바라보는 최소한의 분석 관점을 함께 익힐 수 있도록 설명하고자 하였다.

이 책이 국제정치학을 준비하는 수험생들에게 부담을 덜어주는 첫 안내서이자, 이후 보다 심화된 학습으로 나아가기 위한 안정적인 출발점이 되기를 바란다.

박민형

CONTENTS 이 책의 차례

제2장   1950년 이후 주요 안보문제

PART 03   안보론

제1장   안보문제

PART 04   외교정책

제1장   외교정책이론

이 책의 차례

PART 05 외교사

CONTENTS 이 책의 차례

박민형
국제정치학

기본 이론서

PART

01

국제정치이론

CHAPTER 01 현실주의

제1절 핵심 개념

❶ 현실주의의 태동

두 번의 세계대전을 겪는 과정에서 이상주의자들의 주장에 대하여 다음과 같은 문제점들이 제시되었다.

(1) 첫째, 힘(권력)의 역할을 간과

(2) 둘째, 사람이 합리적일 수 있는 정도를 과대평가

(3) 셋째, 민족국가가 공통된 이해를 공유하고 있다고 오해

(4) 넷째, 인류가 전쟁이 가져오는 재난을 극복할 수 있는 능력을 가졌다는 지나친 신념

❷ 현실주의의 특징

(1) 현실주의는 제2차 세계대전 이후 국제정치이론 중 압도적인 지위를 유지하고 있다.

① 현실주의자들은 주권국가가 주요 행위자라 주장 : "현실주의의 국가 중심적 가정"

② 국가가 합리적* 행위자라 가정한다.

　∅ 합리적 선택 이론(Rational Choice Theory)은 국가의 선택은 합리성에 기초하여 이익과 손실을 고려한 결과
　　라고 주장한다. 따라서 이익이 손실보다 클 때 특정 정책이 선택된다.

(2) 현실주의는 국제사회가 가지고 있는 무정부성(Anarchy)에 주목한다.

① 무정부성이란 국제사회 자체를 통제할 수 있는 합법적 정부가 없다는 것이다.

② 따라서 국제체제는 주권국가들의 병존체제로 수평적인 체제이다.

③ 이러한 무정부성이 현실 세계에서 국가 간 갈등의 핵심 요인으로 작용하게 된다는 것이 현실주
　의의 주장이다.

(3) 무정부성으로 인해 국가들은 자국의 생존(survival)을 위해 힘(power)이 필요하며, 자구책(self-
help)을 강구하고 이러한 자구책은 균형정책을 통해 이루어진다. 균형정책은 내적균형과 외적균형
으로 나눌 수 있는데 내적균형은 자국의 힘을 키우는 것이며, 외적균형은 다른 국가들과 동맹 등을
통해 균형을 유지하고자 하는 것이다.

세력균형

- 만약 한 국가나 몇 몇 약소국의 생존이 패권국 또는 강대국의 연합에 위협을 받게 되면 그들은 힘을 합쳐 공식적인 동맹을 형성하고 상대편 힘을 견제함으로써 자신들의 독립을 유지하도록 노력한다.
- 여기서 중요한 점은 어떠한 경우도 한 국가나 국가의 연합이 다른 국가들을 압도하는 위치에 이르게 하지 않는 것이다.
- 세력균형은 안보 달성을 위한 가장 실효적인 방안이다.
- **세력균형의 예**: 냉전 시 북대서양조약기구와 바르샤바조약기구

(4) 자조는 지구적인 정부가 부재한 무정부적인 체제 안에서의 행위 원칙이다. 국가는 자국의 번영과 생존을 확보할 책임을 지고 있다. 따라서 다른 국가나 국제제도에 자국의 생존을 위임하는 것에 대해 비판적이다. 즉, 국가들은 자국의 안보를 다른 나라에 의존해서는 안 된다는 것이다.

(5) 현실수의는 이념보다는 이익을 강조하고, 힘을 통한 평화 추구를 강조한다.

➡ 현실주의는 권력의 대체성(Fungibility)*을 주장한다. 즉 권력을 가진 국가는 국제관계의 모든 측면에서 결과를 통제할 수 있다고 본다.

✎ 군사력은 군사적 국가 안보뿐만 아니라 다른 부분의 권력 자원도 창출한다는 것을 권력의 대체성이라 한다.

(6) 현실주의는 국내정치와 국제정치를 분명하게 구분한다.

① "국제정치는 다른 정치와 마찬가지로 권력을 위한 투쟁"(모겐소)으로 본다.

② 국내정치는 권력 추구에 대한 야망을 덜 폭력적인 방식으로 추구한다.

③ 국제정치는 행위자들이 수평적 관계, 국내정치는 행위자들이 다양한 형태의 상하관계에 놓여 있다.

(7) 현실주의자들은 보편적인 도덕률이 존재한다는 생각에 회의적이다. 따라서 지도자들은 명확하지 않은 윤리행위 개념을 고수하기 위하여 이익을 희생하지 말라고 경고한다.

(8) 현실주의는 국가 간 협력에 회의적이다.

① 신뢰 부재(cheating)

② 상대적 이득(relative gain) : 국가들은 이득이 있을지라도 상대국이 더 많은 이득을 얻어서 장기적으로 자국에 위협이 될 것을 우려하여 협력하지 않는다는 것이다.

사슴사냥

- 서로 대화하고 이해할 수 있는 기본적인 능력을 가진 다섯 사람이 모두 배고픔으로 고통을 겪고 있고, 함께 사슴사냥을 나감.
- 각자의 배고픔은 사슴의 1/5로 충족 가능하여 사냥에 협력할 것을 동의
- 그들 중 한 사람이 토끼가 다가오자 자신의 배고픔을 채우기 위해 토끼 사냥에 성공, 자신의 배고픔을 채웠으나, 나머지 4명은 사슴사냥에 실패
- 즉각적인 이익이 다른 사람의 배고픔에 대한 고려를 압도한 것임.

❸ 현실주의의 세 가지 핵심요소

(1) **국가주의**: 국가가 주요 행위자

① 국가가 인민이 가진 집단 의지의 정당한 대표자라 생각한다.

② "주어진 영토 내에서 정당한 물리적 폭력의 독점"(막스 베버)

③ "우리는 우리의 자유를 안전보장의 대가로 교환"(홉스)

(2) **생존**

① "한 국가의 생존은 첫 번째이자 궁극적인 책임이며, 그것은 타협 대상이 되거나 위험에 처해질 수 없다."(키신저)

② 현실주의는 국가지도자들에게 대안적인 도덕 원칙을 제공함과 더불어 윤리를 국제정치에 들여오는 작업 전체에 대해 반대한다.

(3) **자조**

① 국내와 국제질서 사이의 핵심적인 차이는 구조에 있다. 국내에서는 시민들이 스스로 방어할 필요가 없지만, 국제체제에서는 무력사용을 방지하거나 맞설 상위의 권위가 존재하지 않는다.

② 그러므로 안보란 단지 자조로만 실현 가능하다.

③ 안보를 보장하는 과정에서 자동적으로 다른 국가의 안보적 불안이 증대한다.

> **더 알아보기**
>
> **안보딜레마**
>
> 한 국가의 군사적 준비가 다른 국가를 심리적으로 불안하게 하여 군사적 대비를 강화하게 함으로써 결국, 최초 자국의 안보를 강화하기 위한 조치가 오히려 자국의 안보를 더 불안하게 만드는 역설이다.

cf. 동맹안보딜레마(포기-연루딜레마)와 구분 필요

제2절 │ 현실주의학파 구분

❶ 고전적 현실주의

(1) 국제정치는 본질적으로 권력투쟁이다.

(2) 이러한 투쟁 발생의 핵심 원인은 인간 본성이다. 인간의 본성은 사악하고 이기적이다.

(3) 국가들의 행위, 의도, 목적성을 각각의 독립변수로 간주한다. 즉, 국가들의 상호작용결과의 반영물이 세력균형체제라고 주장한다.

② 구조적 현실주의(신현실주의)

(1) 국제정치는 본질적으로 권력투쟁이다.

(2) 이러한 투쟁 발생의 핵심 원인은 무정부성과 국제체제의 권력 분포, 즉 국제정치구조가 행위자 행동을 결정한다고 본다.

(3) **방어적 현실주의**

국가는 안보를 자국의 주된 이익으로 간주하기 때문에 단지 자국의 생존을 확보할 수 있는 필수적인 정도의 권력을 추구한다.

(4) **공격적 현실주의**

모든 국가들의 궁극적인 목표는 국제체제에서 패권적인 위치를 차지하는 것이다. 국가들은 항상 더 많은 권력을 갈망한다.

③ 신고전적 현실주의(Neoclassical Realism)

(1) 고전적 현실주의(Classical Realism)와 구조적 현실주의(신현실주의) 이론을 확장한 이론이다.

(2) 이 이론은 국가의 외교정책을 이해하는 데 있어 국내정치와 국제구조를 함께 고려해야 한다고 주장한다.

(3) **기본개념**

① 신고전적 현실주의는 국가 내부의 정치적 요인(정치적 환경, 리더십 등)이 국가의 외교정책과 행동에 중요한 영향을 미친다고 주장한다.

② 신고전적 현실주의는 무정부성, 힘의 배분과 같은 국제체제의 구조적 특징을 독립변수로, 일국의 대외정책을 종속변수로, 이 두 변수 사이의 매개변수로 '국내요인'을 추가한 것이다.

③ 매개변수는 크게 힘의 배분에 대한 인식, 국가구조 요인, 이익 또는 선호이다.

④ 국가행동에 대한 장기요인과 단기요인으로 구분한다.

(4) **슈웰러(Randall R. Schweller)의 이익균형론(Balance of Interest Theory)**

① 국제체제의 구조변수 외에 국가의 이익(유형, 성향, 선호)을 추가적인 변수로 상정하여 "국가들은 현상유지와 현상변경이 주는 이익을 동시에 고려하여 행동"한다고 주장했다.

② 즉, 국가는 이익에 따라 균형화를 추구할 수도 있고 편승을 추구할 수도 있다는 것이다. 국가의 동맹 결정에 있어 중요한 변수는 국가의 선호 또는 이익이다.

③ 국가의 종류를 동물에 비유(제2차 세계대전 시기)

⊙ **사자**: 현재에 만족하는 국가(현상유지국가－영국, 프랑스)

⊙ **양**: 현상유지 약소국(벨기에, 네덜란드)

⊙ **늑대**: 극단적 현상타파 강대국(독일)

⊙ **여우**: 제한적 현상타파 강대국(소련)

⊙ **자칼**: 제한적 현상타파 준강대국(기회주의 국가－이탈리아, 일본)

⊙ **타조**: 현상유지와 현상타파에 무관심한 강대국(미국)

④ 일반적으로 현상유지국들은 방어동맹을 형성하지만, 현상타파국들은 침략을 위한 공격동맹을 형성한다.

제3절 학자별 주요 주장

① 투키디데스(Thucydides)

(1) 펠로폰네소스 전쟁(B.C. 431~B.C. 404)을 다룬 고대 그리스의 역사가이다.

(2) 변화하는 권력의 분포가 생존에 대한 직접적인 위협을 제기했다는 것을 강조했다.

(3) 펠로폰네소스 전쟁의 원인에 대해 아테네 권력의 성장과 이것이 스파르타에 야기한 두려움이라고 주장했다.

① 스파르타는 아테네에게 정복당하는 것을 미리 막기 위해 전쟁을 수행했다.

② 아테네는 성장한 제국을 보존하기 위해 권력 추구가 필요했다.

(4) 정의의 기준은 강제할 수 있는 권력의 질에 달려 있다. 동등한 자에게 대항하고, 우월한 자에게 존경심을 갖고, 약한 자를 관대하게 대하는 것이 확실한 법칙이다.

(5) "강자는 자신이 원하는 바를 할 수 있고, 약자는 자신이 해야 하는 바를 겪어야 한다."

(6) 투키디데스는 전형적인 현실주의자이다.

(7) 다만, 도덕적이고 규범적인 원칙을 전혀 고려하지 않고 권력과 자기 이익의 기반에서만 행동하는 것은 자멸적인 정책을 초래할 수 있다고 경고했다.

더 알아보기

투키디데스의 함정
- 신흥 강국이 부상하면 기존 강대국이 이를 견제하는 과정에서 전쟁이 발생한다는 의미이다.
- 투키디데스의 저서 『펠로폰네소스 전쟁사』에서 주장했다.
- 오늘날 '투키디데스의 함정'은 신흥 무역 강국이 기존 구도를 흔들면 기존의 무역 강국과 신흥 무역 강국 간에 무력 충돌이 발생한다는 뜻으로 쓰인다.
- 그레이엄 엘리슨은 투키디데스의 함정을 패권 확보를 위한 강대국의 충돌이라고 설명하였는데 그는 이 함정을 피하는 방법으로 외교적 노력, 군사적 균형, 경제적 협력 등이 중요하다고 강조했다.

---

② 마키아벨리(Machiavelli)

(1) 마키아벨리는 『군주론』(1513)이라는 고전으로 유명하다.

(2) 『군주론』에서 마키아벨리는 현실 정치에서 권력을 유지하고 강화하는 방법을 다루고 있다.

(3) 『군주론』에서 마키아벨리는 이상적인 군주가 아니라, 실제 정치에서 성공하기 위해서는 어떻게 행동해야 하는지에 대한 현실적인 조언을 제공했다.

⑷ 마키아벨리는 군주가 권력을 유지하기 위해서는 필요에 따라 냉혹한 결정을 내려야 한다고 주장했다.

➡ 르네상스시기 사상가들은 겸손함, 자선, 경건함, 정직함 등이 군주가 갖춰야 할 덕목이라고 주장하였다. 마키아벨리는 이러한 견해와는 완전히 다른 주장을 하고 있다.

⑸ 군주가 때로는 도덕적 규범을 벗어나 행동할 필요가 있음을 인정하며, 목적이 수단을 정당화한다고 보았다. 즉, 군주는 목표를 달성하기 위해 비윤리적인 방법도 사용할 수 있다는 것이다.

⑹ 군주의 성공은 운(포르투나)과 개인의 능력(비르투)에 의해 결정된다.

➡ 운명은 사람의 통제를 벗어난 요소이지만, 군주는 자신의 능력을 발휘해 운명을 통제해야 한다고 강조했다.

⑺ 마키아벨리는 군주가 백성들에게 사랑받는 것보다는 두려움을 받는 것이 더 안전하다고 주장했다.

① 사람들이 두려워할 때 군주에게 더 충성할 가능성이 높기 때문이다.

② 그러나 그는 지나친 잔인함을 경계하며, 적절하게 균형을 맞추어야 한다고 조언했다.

⑻ 『군주론』의 세부 핵심적 내용*

✎ 박성섭, 『국가와 폭력 : 마키아벨리의 정치사상 연구』(서울 : 서울대학교 출판부, 2013); 마키아벨리, 김경준 역, 『군주론』(서울 : 메이트 북스, 2019) 참조

① 사람들이 가장 급하게 생각하는 것은 당장의 눈앞에 닥쳐있는 고통과 공포를 피하고자 하는 것이고 이런 점은 인간의 본성에서 연유하는 것이다.

② 상당한 정도의 부패에 물든 사회를 바로 잡는 일은 전폭적이고 급격한 제도의 변혁을 수반한다. 이런 의미에서 국가의 창건은 비상한 능력을 갖춘 어떤 한 사람에게 맡겨야 한다.

③ 군주는 잔혹함을 바탕으로 단합과 평화를 이룩할 수 있다면 잔혹하다는 평판을 꺼리낄 필요가 없다.

④ 폭력은 국가의 시작 때 전형적으로 나타난다.

⑤ 폭력의 효용성은 그 잔혹함에 대한 사람들의 공포심에 근거하는데, 그 잔혹성에 대해 사람들이 공포심을 넘어 혐오감을 갖게 되면 폭력의 효용성은 감소할 수 있다.

⑥ 정치의 영역에서 폭력의 사용은 불가피하지만 그 효과를 갖기 위해서는 사용의 목적과 방식에 일정한 제약이 가해져야 한다(폭력이 무엇인가 만드는 데가 아니라 파괴하는데 사용될 경우 마땅히 비난받아야 한다).

⑦ 완벽한 선을 추구하지 말고 악해지는 법도 배워야 한다.

⑧ 악덕처럼 보이더라도 번영을 위해서라면 행해야 한다.

⑨ 관대한만큼 군주를 빨리 파멸시키는 것도 없다.

⑩ 나라를 앗아갈 수 있는 악덕의 오명은 피해야 한다.

⑪ 국민들의 미움을 사지 않을 정도로 두려움의 대상이 되어야 한다.

⑫ 현명한 군주가 되려면 여우와 사자의 본성부터 배워야 한다.

⑬ 개혁을 원하면 애원이 아닌 자신의 힘에 의존해야 한다.

⑭ 군주는 적인지 친구인지 입장을 분명히 하고 전쟁에 임해야 한다.

⑮ 다른 나라를 공격하기 위해 자신보다 강한 나라와 손잡지 마라.

⑯ 군주는 무장한 군대 없이는 존재할 수 없다는 사실을 명심하라.

⑰ 용병으로 나라를 지킨다면 결코 안정되거나 안전하지 못하다.

⑱ 적절한 군사력을 갖추지 못한 군주는 결코 존중받지 못한다.

⑲ 운명에 전적으로 의지하는 군주는 운이 달라지면 멸망한다.

⑳ 시대에 발맞춰 변화한다면 운명의 여신은 군주를 버리지 않는다.

㉑ 국가안보는 군주에게 가장 중요한 사명이다.

❸ 모겐소(Hans Morgenthau)

(1) 냉전 초기 국제정치학자로 고전적 현실주의(classical realism)를 계승했다. 전쟁의 궁극적 원인을 인간 본성에서 찾고자 했다.

➡ 모겐소는 "인간은 권력 추구의 경향"이 있다고 주장했다.

(2) 국제정치의 무정부성을 각 국가들이 이익을 추구하는 과정에서 발생하는 "결과"로 파악했다.

(3) 그의 저서 『Politics Among Nations』에서 정치적 현실주의의 여섯 가지 원칙을 제시했다.

① 일반적인 사회와 마찬가지로 정치는 변하지 않는 인간본성에 기초한 객관적인 법칙에 의해 지배된다. 따라서 이러한 객관적인 법칙을 반영하는 합리적인 이론 개발이 가능하다.

② 정치 현실주의의 주된 길잡이는 권력으로 정의된 이익의 개념이며, 이러한 권력은 정치라는 주관적인 문제에 합리적인 질서를 부여한다. 따라서 정치에 대한 이론적 이해가 가능하다.

③ 현실주의는 권력으로 정의된 이익이 보편적으로 타당하지만 영원히 고정된 것이 아닌 객관적인 범주라고 가정한다. 권력은 타인의 마음과 행동에 대한 통제이다.

④ 정치 현실주의는 정치 행위의 도덕적 중요성에 대해 인식하고 있다. 또한, 도덕적 명령과 성공적인 정치 행위에 대한 요구 사이의 긴장에 관해 알고 있다.

⑤ 정치 현실주의는 세계를 지배하는 도덕적 법칙들을 가진 특정 국가의 도덕적 열망을 인정하지 않는다. 도덕적 과잉과 정치적 어리석음으로부터 우리를 구원하는 것은 권력에 의해 정의된 이익의 개념이다.

⑥ 정치 현실주의자는 정치적 영역의 자율성을 지지한다. 정치형태의 자율성에 대한 이론을 개발하기 위해서는 정치적 인간은 다른 인간본성의 면과 분리되어야 한다.

(4) 모겐소는 국가들이 세력균형을 유지하기 위해 사용하는 여러 전략을 제시하였는데 이 전략들은 군사적, 정치적, 경제적 방법을 포함하며, 균형자(balancer), 동맹(alliance), 군비(military build-up), 보상(compensation), 분할(partition), 지배(dominance) 등이다.

① **균형자**: "영원한 우방도, 영원한 적도 없다. 오직 세력균형 자체를 유지시키는데 있어 영원한 이익만이 있을 뿐이다."(팔머스턴)

② **동맹**

③ **군비**

④ **보상**: 국가가 세력균형을 유지하기 위해 다른 국가에게 경제적, 정치적 혜택을 제공하는 전략이다.

⑤ **분할**: 특정 지역이나 국가의 영토를 나누는 전략으로, 주로 강대국들 간의 세력 균형을 맞추기 위한 방법으로 사용된다.

⑥ **지배**: 한 국가가 다른 국가들에 비해 군사적, 경제적, 정치적으로 우위를 점하고, 이를 바탕으로 다른 국가들에게 영향력을 행사하거나 지배적 위치를 차지하는 전략이다.

④ 홉스(Hobbes) : 『리바이어던』의 저자

(1) "만인의 만인에 대한 투쟁"을 주장하여 국제사회의 무정부 상태라는 사상적 토대를 강조했다.

① 홉스는 만인의 만인에 대한 투쟁상태를 자연상태로 간주했다.

② 반면, 로크는 자연상태를 완전한 자유의 상태로 규정했다.

(2) 국제정치는 무정부적 전쟁상태이며, 도덕이나 규범은 부재하고 힘이 곧 정의라고 주장했다.

① 국가는 도덕적 혹은 법적 제약 없이 자국의 이익을 추구한다.

② 만약, 국제정치에서 도덕적 혹은 법적 목표를 추구한다면 그것이 그 자체가 국가목표이기 때문이다.

③ 국가 간 합의는 편리할 때는 준수되지만, 그렇지 않다면 언제든지 파기된다.

④ 국제정치에서는 자연상태와 마찬가지로 질서를 강요하는 리바이어던 즉, 상위의 권력이 존재하지 않는다.

(3) 국제사회는 일종의 전쟁상태에 놓여 있으며 평화란 다음 전쟁을 위한 준비기간에 불과하다.

(4) 결국 국제정치에서 발생하는 국가 간의 전쟁은 기본적으로 제로섬 게임의 성격이라고 볼 수 있다.

(5) 평화추구방법으로서 자연권의 포기는 힘에 의한 제재가 뒷받침될 때에만 실효성이 있다. 따라서 약속을 어기면 처벌할 힘을 만드는 계약의 필요성을 강조한다.

(6) **논리전개 순서**

만인의 만인에 대한 투쟁 상태(자연상태) → 사회 계약으로 국가로의 이행 → 계약이 체결되는 순간 인간은 자연상태에서 국가로 이동 → 계약을 집행할 수 있는 힘 필요(구속력 확보가 필요하기 때문) → 계약 성립과 동시에 강력한 통치자 등장(리바이어던)

⑤ 루소(Rousseau)

(1) 루소는 『전쟁상태』에서 공포와 불안을 야기하는 요인은 인간본성이 아니라 무정부 체제라고 주장했다.

① 루소의 『전쟁상태』는 필사본의 형태로 전해지는 루소의 짧은 글로서, 1758년쯤 쓰였을 것으로 추측된다.

② 이 글에서 루소는 자연상태와 전쟁법의 문제를 분석하면서 '전쟁상태'를 규정하고 있는데, 무정부적 자연상태가 전쟁상태이며 이것이 공포와 불안을 야기한다고 주장했다.

(2) 사슴사냥의 우화

❻ 왈츠(K. Waltz)

(1) 국내체제의 차원에서 국제정치를 설명하려는 이론들을 '환원론적'*이라고 비판하며, 국제정치 이해에 가장 중요한 것은 국제체제의 구조라고 주장했다.

> ✎ 환원론은 다양한 현상들을 일정한 원리 또는 요소로 귀결시켜 보는 이론을 말한다. 따라서 이 문장의 경우 국내체제를 설명하는 원리 또는 요소들을 가지고 국제정치를 설명하는 것을 비판한 것이라는 의미이다.

(2) 구조는 국가의 능력 배분(distribution of capabilities)에 의해서 정의된다. 서로 다른 국가들 사이에 기능적 차이가 없기 때문에 무정부성은 변화하지 않는다(능력의 차이는 있으나, 기능적 차이는 없음).

(3) 왈츠는 국제사회의 무정부성을 국가들의 행동에 영향을 주는 "원인/환경"으로 규정했다.
   ① 국가 간 상호작용이 국제체제를 변화시키기는 어렵다.
   ② 국제체제의 구조가 개별 국가들의 행동을 비슷하게 만든다.

(4) 개별 국가의 안보 추구 행위는 그 의도와 관계없이 거의 자동적으로 세력균형(balance of power)을 이끌어내 국제체제의 안정성을 창출한다. 그러나 국제체제의 성격에 따라 이러한 안정성(전쟁 가능성)은 큰 차이를 보이기 때문에 국제체제의 구조가 국제정치를 이해하는 데 핵심이라고 주장했다.

(5) 국제체제의 안정성은 '극성(polarity)', 즉, 체제 내 강대국의 숫자에 따라 좌우된다. 왈츠는 체제 내에 단 두 개의 강대국만이 존재하는 양극체제가 셋 이상의 강대국으로 이루어지는 복잡한 다극체제보다 안정적이라고 주장했다.

➡ "유연한 다극체제가 경직된 양극체제보다 안정적이다."라는 고전적 현실주의와 차이가 있다.

(6) 개인, 국가, 국제체제 수준에서 갈등의 원인을 검토했다(『Man, the State and War』).

> **더 알아보기**
>
> **세 가지 이미지**
> • 『인간, 국가, 전쟁』은 전쟁의 원인에 대한 분석 수준을 개인, 국내체제, 그리고 국제체제라는 세 가지 이미지(혹은 분석수준)로 구분한다.
> • 궁극적으로 전쟁의 구조적 원인이 되는 것은 '세 번째 이미지'인 국제체제의 무정부상태라고 주장했다. 즉, 분쟁을 조절할 국가보다 상위의 권위체가 없는 상황에서 모든 국가가 자신의 생존과 이익을 위해 경쟁하는 것이 전쟁의 원인이라고 강조했다.
> • 첫 번째 이미지인 개인과 두 번째 이미지인 국내체제 역시 전쟁의 원인이라는 사실을 부정하지는 않았다. 단지 세 번째 이미지가 나머지 두 이미지가 작동하기 위한 기반이 된다는 점에서 그 중요성을 강조했다.

(7) 왈츠의 이론에 대한 비판은 지나치게 정태적이라는 것이다. 홀스티(Ole R. Holsti)에 따르면 왈츠가 주장하는 체제의 구조는 너무나 일반적이어서 체제변화의 근원과 동태성을 밝히기에는 제한된다는 것이다.

➡ 이에 대해 왈츠는 지난 300년 동안 국제체제의 구조 변화는 단 한 번 존재한다고 주장했다. 즉, 제2차 세계대전 이전 다극체제에서 이후 양극체제로 바뀐 것이 유일하다고 주장했다.

7 월트(Stephen Walt) : 위협균형론

(1) 월트의 세력균형론은 국가 간의 균형이 세력, 즉 힘(power)에 의해 이루어진다는 주장으로 국력이 강한 국가에 대항하여 균형을 맞춘다는 의미이다.

(2) 왈츠의 신현실주의를 계승한 월트는 세력균형론을 비판적으로 수용하며 위협균형론을 제시했다.
➡ 예를 들어, 북한보다 미국이 훨씬 강하지만 대한민국은 미국과 북한에 대항하는 동맹을 체결한다.

(3) 국가는 단순히 힘의 균형을 맞추는 것이 아니라 위협의 균형을 맞춘다는 것이 핵심 주장이다.

> **더 알아보기**
>
> **위협의 변수**
> • 전체적인 힘
> • 지리적 인접성
> • 공격적 군사력
> • 공격적 의도

> **더 알아보기**
>
> **구조균형론**
> • 해러리(F. Harary)에 의해 제기된 이론으로 "균형을 이룬 구조는 균형을 이루지 못한 구조보다 훨씬 더 높은 안정성을 갖는다."는 것이 핵심 주장이다.
> • 만일 어떤 구조가 균형을 이루지 못하게 되면, 그 구조 속의 행위자는 전체 구조의 균형을 성취하기 위하여 자기와 다른 구성 요소와의 구조적 연대를 수정하려는 경향이 생긴다고 주장했다.
> • **분파 경향 가설**
>   - 본질적으로 긍정적 관계를 가진 구성원의 집단이 균형을 이룰 때
>   - 구성원 중 하나가 나머지 구성원들을 긍정적 구성원들과 부정적 구성원들로 2개의 소집단으로 나눌 수 있다면 구조정리에 따라 새로운 균형을 찾기 위해 구성원은 두 개의 소집단으로 재구성되는 방향으로 움직인다.
> • **완전 지향 가설**
>   - 집단구조는 완전해지려는 경향 존재
>   - 만일 두 개의 구성요소가 구조 내에서 아직도 상호관련을 맺고 있지 않다면 그들 간의 연대가 생기도록 유도된다.
>   - 예를 들어, 한미동맹, 미일동맹 상황에서 한국과 일본이 아무 관계가 없다면 한국과 일본도 협력하도록 유도된다.
> • **긍정적 경향 가설**: 만일 집단 내의 상호관계가 본질적으로 긍정적일 경우, 그 집단 내의 개체는 부정적 연대보다는 긍정적으로 연대를 형성하려는 경향이 두드러진다.

⑧ 존 미어샤이머(John Mearsheimer)

(1) 국가에게는 절대적 권력보다 상대적 권력이 더욱 중요하다.

(2) 지도자들은 자국의 잠재적인 적국을 약화시키는 안보정책을 추구해야 한다.

(3) 다른 국가의 국력이 증가되는데 비례해서 자국의 국력도 증가시켜야 한다.

(4) 냉전이 끝났다고 해서 군사비를 감축하는 일은 어리석은 짓이다.

📖 현실주의 유형별 주요 사상가

현실주의 유형	주요 사상가	주요 내용
고전적 현실주의 (인간본성)	투키디데스	전쟁의 원인은 인간본성에서 기원
	마키아벨리	
	모겐소	
구조적 현실주의	루소	
	왈츠(방어적 현실주의)	• 국가는 안보를 극대화 • 권력은 안보를 위한 수단(현상유지)
	미어샤이머(공격적 현실주의)	국가는 권력을 극대화(패권추구)
신고전적 현실주의	슈웰러	국내요인과 국제구조 함께 고려

⑨ 잭 스나이더(Jack Snyder)

(1) 잭 스나이더는 공격적 현실주의와 방어적 현실주의를 자신의 저서 『제국의 신화』에서 구분했다.

(2) 스나이더는 "민주주의는 서로 전쟁을 하지 않으며 따라서 민주화는 분쟁의 축소로 이어진다."는 민주평화론의 기본적인 주장을 비판했다.

(3) 위협을 받는 정치 엘리트들이 대중 통치를 향한 움직임을 좌절시키려 함에 따라, 제대로 관리되지 않은 민주화 과정들은 종종 민족주의와 민족 폭력 등을 발생시킨다고 주장했다.

(4) 지도자들은 종종 외부의 위협을 촉발하고 호전적이고 민족주의적인 수사법을 사용함으로써 지지를 모으려 한다.
   ① 국가의 대외팽창은 국내정치의 변화 때문에 발생한다.
   ② 강대국은 국내체제가 과두체제인 경우에 대외팽창을 추구한다.

(5) 국제적 무정부 상태가 안보를 항상 위협하는 것은 아니다.

(6) 스나이더는 민족주의의 갈등을 피하는 방법이 민주화에 앞서 건실한 시민단체와 탄탄한 중산층의 성장을 촉진하는 것이라고 제안했다.

⑩ 카(E. H. Carr)

(1) 현실주의와 이상주의가 국제정치이론에서 전통적으로 대립하는 두 주요 관점이라는 것은 인정했다.

(2) 현실주의가 이상주의를 대체하는 것이 아니라, 두 이론이 상호 보완적으로 공존해야 한다고 주장했다.

① 현실주의가 현실 세계의 힘의 역학과 국가들의 이해관계를 이해하는 데 중요하지만, 이상주의의 목표인 국제적인 평화와 도덕적 원칙을 무시할 수 없다고 강조했다.

➡ 카는 현실주의가 지나치게 비관적이고 자기 이익 추구에 집중한다고 비판하면서, 그것이 국제 평화와 협력의 가능성을 과소평가한다고 지적했다.

② 이상주의는 국제관계에서의 이상적인 목표를 제시할 수 있지만, 그것이 현실에서 어떻게 실현될지에 대한 구체적인 전략을 제공하지 않으므로, 현실주의의 분석이 필수적이다.

➡ 이상주의는 현실을 너무 낙관적으로 보고 국제정치에서 도덕적 원칙이나 이성적 협력만으로 국제문제를 해결할 수 있다고 주장하는데, 카는 이것이 실제로는 실현 불가능할 수 있다고 경고했다.

(3) 카는 국제정치에서 도덕적 이상과 정치적 현실이 충돌할 때, 양자의 균형을 맞추는 것이 중요한 과제라고 강조했다.

⑪ 슈만(F. Schuman)

국제정치는 본질적으로 권력투쟁이며, 이는 구체적으로 민족주의와 제국주의 형태로 나타난다고 주장했다.

⑫ 라인홀드 니버(Reinhold Niebuhr)

(1) "인간은 원죄로 결국 악을 저지르게 되어 있고, 자신이 갖고 있는 자유와 유한성이라는 모순으로 인해 필연적으로 불안감을 갖게 되며 이러한 유한성으로부터 벗어나기 위한 생존의지(will to live)를 갖게 되고, 이는 권력에의 의지(will to power)로 발전"한다는 인간관을 가졌다.

(2) 인간의 정치적 표현은 '권력을 향한 의지'라고 주장했다.

(3) 인간은 권력 증강이 자신의 안전을 확보한다 인식하며, 이러한 인간에 의해 형성된 국가는 안전과 국익에 대한 강한 이기적 열망을 가지게 된다고 주장했다.

(4) 즉, "모든 집단은 개인과 마찬가지로 생존 본능에 뿌리를 내린 권력의지가 있으며 그 의지가 팽창 욕구로 이어진다."고 주장했다.

➡ 개인이건 집단이건 강자가 되면 그 지위를 놓치지 않으려는 강박관념에서 권력의 확장을 시도한다는 것이다. 예 나폴레옹

⑬ 모델스키(G. Modelski) : 장주기론

(1) 개념

세계체제는 패권국가의 등장과 쇠퇴를 통해 일정한 주기로 반복되면서 장기적 변동을 하고 있다는 것이다.

① 세계체제는 세계대국과 도전국들 사이에 광범위한 상호작용이 이루어지는 체제로 세계적 질서와 정의라는 공공재를 소비하는 관계를 중심으로 이루어지는 교환구조이다.

② 국제질서, 안보, 영토권, 국제무역의 안정성 등이 주요한 의제로 등장한다.

(2) 장주기의 단계 : 세계대국－비정통화－분산화－세계 전쟁

➡ **세계대국** : 패권국 체제, 권력 집중 및 질서 형성, 공공재 공급, 높은 정통성

➡ **비정통화** : 패권의 상대적 쇠퇴(지도력의 정통성에 대한 의문 제기), 다극체제화, 패권국의 정책에 대한 도전

➡ **분산화(비집중화)** : 다극체제의 심화, 세계대국의 질서유지 능력 상실, 세계대국을 대체할 만큼 국력을 가진 도전국가가 성장하지는 못함.

➡ **세계 전쟁** : 패권 전쟁(모델스키는 세계 전쟁의 회피 가능성이 있다고 주장)

  ⊘ 길핀은 패권 전쟁은 회피할 수 없다고 주장

세계대전	세계대국	국면	비정통화	분산화(도전국)
1494~1516 이탈리아 및 인도양 전쟁	1516~1539 포르투갈	포르투갈주기	1540~1560	1560~1580 스페인
1580~1609 네덜란드 전쟁	1609~1639 네덜란드	네덜란드주기	1640~1660	1660~1688 프랑스
1688~1713 루이 14세 전쟁	1714~1739 영국 1	영국주기 1	1740~1763	1764~1792 프랑스
1792~1815 나폴레옹 전쟁	1815~1849 영국 2	영국주기 2	1850~1873	1874~1914 독일
1914~1945 제1, 2차 세계대전	1945~1973 미국	미국주기	1973~2000	2000~2030 소련

(3) 월러스타인은 자본주의 세계체제가 패권의 부상, 패권의 승리, 패권의 성숙, 패권의 쇠퇴라는 네 단계의 순환을 통해서 팽창과 수축을 계속한다고 주장했다.

(4) 패권국가의 흥망성쇠가 장기간에 걸쳐 주기적으로 순환하면서 국제체제에 변동을 가져온다고 보는 면에서 월러스타인과 모델스키의 견해는 유사하다.

(5) 반면, 케네디(Paul Kennedy)는 강대국의 쇠퇴를 가져오는 근본적인 원인으로 경제적 능력을 초월하는 과도한 군사적 개입에 따른 군사비의 과잉지출 즉, 제국주의적 과도한 확장이라고 주장했다.

제4절 세력균형론

❶ 개요

(1) 국제체제에서 국가들의 행위에는 일정한 법칙 또는 패턴이 존재하는데, 그것은 국제체제의 힘의 분포에 있어서 평형(equilibrium) 또는 균형(balance)을 추구한다.

(2) 개별 국가들은 권력을 추구하며 국가와 국가들 간에는 "세력균형"을 추구한다.

❷ 핵심 내용

(1) "힘의 균형"이 유지될 때 국제체제가 안정적이다. 즉, 세력균형을 이루면 국가들은 서로 견제하게 되어 전쟁을 방지하고 평화를 유지할 수 있다.

(2) 케네스 왈츠에 의해 하나의 과학적인 이론으로 체계화되었다.

① 독립변수로서 국제체제의 무정부성은 국가에 자조(self-help)의 압력을 가하는데 이에 따라 국가는 생존을 위해 내부적, 외부적 수단을 동원한다.

② 내적 균형화(internal balancing)는 내부적 수단을 통해 추구하는 것으로 대표적으로 군비 증강을 의미하며, 외적 균형화(external balancing)는 외부적 수단, 즉 동맹 체결을 의미한다.

③ 국제체제의 기본적인 상황으로 인해 '자동적으로' 세력균형이 형성되며 이것이 국제관계의 지배적 패턴이 된다는 것이 왈츠 주장의 핵심이다.

(3) 극성(polarity)이란 국제체제에서 힘의 분포 상태(distribution of power)를 의미한다.

① 이는 주로 국제체제에 존재하는 강대국의 수를 의미(uni-, bi-, multi-)한다.

② 얼마나 많은 수의 국가가 세력균형을 이루고 있을 때 국제체제가 안정적으로 유지되는가의 논쟁이 벌어졌다(다극체제 안정론 vs 양극체제 안정론).

③ 다극체제 안정론: 한스 모겐소 & 헨리 키신저

ㄱ 다극체제 안정론의 주된 근거는 체제의 유연성과 위험의 회피이다.

ㄴ 다수의 강대국이 존재하기 때문에 '영원한 적도 영원한 우방도 없는' 상황이 전개될 가능성이 높으며, 상대방 국가가 어떤 행동을 할지 예측하기가 어렵기 때문에 국가들이 섣불리 전쟁을 생각하지 않고 신중하게 행동함에 따라 안정적인 국제관계가 유지된다는 것이다.

④ 양극체제 안정론: 존 미어샤이머

ㄱ 양극체제 안정론의 근거는 확실성과 신중함이다.

ㄴ 다극체제가 행위자가 많아서 국가들이 신중하게 행동하는 경향이 있지만 그럼에도 국가들의 오인(misperception)으로 인한 갈등의 가능성이 높다. 하지만 양극체제는 행위자 수가 적고 구조도 단순하므로 오인의 가능성이 적다.

ㄷ 양극체제를 구성하는 두 강대국은 갈등이 발생하면 위기의 정도가 매우 강하기 때문에 신중하게 행동한다.

※ '국가들의 신중한 행동'을 다극체제 안정론과 양극체제 안정론에서 모두 근거로 하고 있다.

⑷ 스나이더(G. Snyder)는 다극체제와 양극체제에서 형성되는 동맹 관계를 분석하여 양극체제가 더 안정적이라 주장하였다.

　① 다극체제 하의 동맹은 연루(entrapment)와 방기(abandonment)로 대표되는 동맹안보딜레마를 겪을 가능성이 크기 때문이다.

　② 다극체제 하에서는 국가들이 동맹국의 지원에 의존성이 큰 반면, 양극체제의 경우 '극성'을 이루는 두 강대국은 군사적 독립성을 누리고 약소 동맹국의 지원에 크게 의존하지 않아서 딜레마가 발생하지 않아 더 안정성이 높다는 것이 스나이더의 주장이다.

> **더 알아보기**
>
> **다극체제 불안정의 근거**
> - **쇠사슬로 옭아매기(chain-ganging)** : 다극체제 하에서는 동맹국들 사이에 국력이 비슷하므로 동맹권 내의 의존도가 그만큼 크다. 따라서 동맹국 중 어느 한 국가의 이탈 내지 상실은 전체 동맹세력에게 심각한 영향력을 미친다. 그 결과 동맹권 내의 어느 한 국가가 전쟁을 시작하면 동맹권 내의 다른 모든 국가들도 참전할 수밖에 없다. 결국 동맹권 전체 국가들이(원하든 원하지 않든) 쇠사슬로 옭아 매여 전쟁에 휩쓸려가지 않을 수 없다.
> - **책임 떠넘기기(buck-passing)** : 다극체제 하 동맹권 내의 일부 국가들이 세력이 강화되는 국가를 제3국으로 하여금 억제하도록 하여 비용을 떠넘기게 된다. 그 이유는 불필요한 비용 부담의 회피, 전쟁의 결과 참전국들의 세력 약화, 전쟁에 불참함으로써 상대적 위치의 강화를 들 수 있다.

⑸ 하스(E. Haas)가 주장하는 세력균형의 의미

　① 단순한 힘의 분포

　② 힘의 평형(equilibrium) 상태를 뜻하는 경우

　③ 역설적이지만 일방이 타방에 대하여 주도권(hegemony)을 가진 상태

　④ 안정(stability) 또는 평화적 의미

　⑤ 불안정과 전쟁의 의미

　⑥ 일반적인 권력정치(힘의 정치)

　⑦ 역사의 보편적 법칙

　⑧ 시스템 또는 정책입안의 지침

제5절　세력전이론

❶ 개요

⑴ 오르간스키가 『World Politics』(1958)에서 세력균형론을 비판하며 세력전이론을 제시했다.

⑵ 국가체제는 어느 정도 피라미드 위계질서가 존재하는 무정부상태이며, 최상위의 유일적 지배국과 이에 대한 불만 강대국의 힘이 세력균형 가까이 다가갈 때, 불만 강대국이 위계질서의 새로운 지배권을 장악하려고 먼저 도전 전쟁을 시도한다.

❷ 핵심 내용

(1) 국제체제는 어느 정도의 질서(위계질서)가 있는 무정부상태이다.

(2) 위계질서는 피라미드형으로 최상위층에 지배국, 그 밑에 강대국, 그 밑에 중견국, 그 밑에 약소국, 그 밑에 식민국들이 존재한다.

➡ 이러한 위계질서는 중앙권위체의 부존재, 즉 무정부상태 하에서 오로지 냉혹한 국력의 상대적 우열에 따라 형성된 상하질서(17C 네덜란드, 18~19C 영국, 20C 미국)이다.

(3) 강대국, 중견국, 약소국 등에는 지배국 중심의 위계질서는 받아들이고 만족해하는 국가군과 그 반대로 불만족해 하는 국가군이 존재한다.

(4) 이런 상황 속에서 국가들의 힘이 변화하면서 도전국이 부상하게 된다.

➡ **국가의 힘의 3대 요소** : 부와 산업능력, 인구, 정부조직의 효율성

> **더 알아보기**
> ─────────────────────────────
> **국가의 힘 변화단계**
> • **잠재적 힘의 단계(the Stage of Potential Power)** : 산업화 이전
> • **힘의 전환 단계(the Stage of Transition in Power)** : 산업화 시기
> ➡ 높은 성장 가능(불만 강대국 부상)
> • **힘의 성숙단계(the Stage of Power Maturity)** : 산업화 완성

(5) 지배국과 도전국은 다음과 같은 성향을 보인다.

① **지배국** : 자신에게 유리한 기존의 위계질서를 안정적으로 유지해 자신의 국익을 증대시키려는 현상유지적 성향을 보인다.

② **도전국** : 지배국과 세력균형 정도에 따른 적절한 이해관계 조절, 만족보다 새로운 지배권을 통한 국익 최대화의 현상타파적 성향을 보인다.

> **더 알아보기**
> ─────────────────────────────
> **전쟁가능성을 높이는 3요소**
> • 지배국과 도전국 간 국력의 대등성(power equality)
> • 도전국 성장규모와 속도(growth rate)
> • 기존 질서에 대한 도전국의 불만족성(level of dissatisfaction)
> ➡ 지배국의 국력 정체

(6) 지배국은 국제체제의 근본적인 행동규칙과 규범을 만들어 국제질서를 형성하고 부여하는 역할을 수행한다.

(7) 세력전이 전쟁을 피할 수 있는 평화의 조건
　① 지배국의 힘의 우위로 위계질서 계속 유지 가능
　　㉠ 도전국의 산업화를 후퇴시켜 도전국의 국력성장 퇴행화
　　㉡ 도전국에의 물자공급 차단, 기술도입 방해 등 산업화를 방해하여 도전국의 국력성장 지연화
　　㉢ 도전국의 산업화를 지원하여 지배국의 리더십 계속 존중 유도
　② 도전국의 기존 질서에 대한 낮은 불만족성
　　㉠ 도전국의 새로운 지배권 미추구
　　㉡ 도전국에 의한 대외적인 영토적 야욕 부재
　③ 도전국으로 지배권 이전에 대한 지배국의 평화적 수용
　　㉠ 위계질서 변화에 대한 지배국의 높은 유연성(수용태도)
　　㉡ 지배국, 도전국 간의 장기간 우호 또는 동맹관계
　　㉢ 공동의 적에 함께 대항한 전쟁 경험(지배국을 도전국이 지원)
　　㉣ 문화적 유사성
　　예 제1차 세계대전, 제2차 세계대전을 계기로 영국의 지배권이 미국으로 평화적으로 이전
　④ 쇠퇴하는 지배국이 타 강대국과 전쟁 중이어서 성장하는 도전국의 지원이 필요할 경우

❸ 의의 및 비판

(1) 의의
　① 세력균형론에 비판적인 현실주의적 대안이론을 모색했다.
　② 세계 전쟁 방지 가능성과 이를 위한 정책 처방을 제시했다.
　③ 동태적으로 변화하는 국제정치에 대한 이해, 연구 증진에 기여했다.
　④ 제1·2차 세계대전 발생에 대해 어느 정도 설명력을 인정받았다.

(2) 비판
　① 국제체제가 과연 위계질서인가에 대한 근원적 논란이 가능하다.
　② 이론 주요변수의 객관적 정의, 측정에 한계가 있다. **예** 국력(힘) 또는 불만족도
　③ 국력의 상대적 증대 영향요인에 대한 추가가 필요하다. **예** 동맹전이, 연성권력
　④ 세계 전쟁은 개별국의 국력이 아닌 국제체제 구조가 결정한다(신현실주의 시각 비판).
　⑤ 경쟁 중심에서 협력 중심으로 변화하는 국제관계 양상의 설명에 한계가 있다(자유주의적 시각 비판).

세력균형론 vs 세력전이론

구분	세력균형론	세력전이론
국가체제	순수한 무정부상태	무정부상태(위계질서 존재)
국가성격	주요행위자, 합리적 행위자	
국가목표	국력 증대 속의 안전수용	국력 최대화, 지배권 추구
국가 간 상대적 국력에 영향 요인	외적 성장(동맹 중시)	내적 성장(산업화 중시)
동맹양상 형식	강대국에 대응하는 균형동맹	지배국에의 편승동맹
동맹양상 기간	짧으며 유연성 높음.	길며 유연성 제한
주요 관심 국제관계	강대국 간 국제관계	지배국과 도전국의 국제관계
전쟁 발발 원인	세력균형의 상실	세력균형 과정에서의 갈등
전쟁 양상	강대국 간 전쟁 (강대국에 의한 약소국 침략)	지배국에 대한 도전국의 전쟁
평화 조건	세력균형 회복(동맹관계 재조정)	지배국 위계질서 유지, 지배권의 평화적 이전
이론의 성격	현상유지 초점 정태적 이론	현상타파 초점 동태적 이론

제6절 패권안정론(R. Gilpin)

❶ 개념 및 등장배경

(1) 패권국이 존재할 때 국제정치 또는 국제경제가 안정적이 된다는 이론이다. 여기에서 안정이란 국제정치의 경우에는 큰 전쟁이 일어나지 않고, 국제경제의 경우에는 자유로운 경제 무역 체제가 구축되고 유지된다는 것을 의미한다.

(2) 1970년대 초반 국제경제질서 악화로 브레튼우즈 체제가 붕괴되었다.

(3) 국제경제질서에서 패권국인 미국의 상대적 지위가 약화되고, 독일 및 일본의 경제 부흥이 발생했다.

> **더 알아보기**
>
> **브레튼우즈 체제(Bretton Woods system)**
> - 브레튼우즈 체제는 브레튼우즈 회의에 따라 구축된 국제 통화 체제로써 제2차 세계대전 종전 직전인 1944년 미국 뉴햄프셔주 브레튼우즈에서 열린 44개국이 참가한 연합국 통화 금융 회의에서 탄생했다.
> - 협정에 따라 국제통화기금(IMF)과 국제부흥개발은행(IBRD)이 설립되었다.
> - 통화 가치 안정, 무역 진흥, 개발 도상국 지원을 목적으로 하며 환율을 안정시키는 것이 주요한 목표였다.
> - 미국 달러화를 기축통화로 하는 금환본위제도를 실시하였다(금 1온스를 35달러로 고정시키고, 그 외에 다른 나라의 통화는 달러에 고정).
> - 조정 가능한 고정환율 제도를 실시하였다.

(4) 비안보 영역의 중요성이 증가하고 국가협력과 제도의 역할이 증대하는 현상에 대하여 자유주의가 현실주의를 비판했다.

(5) 이러한 비판에 대하여 패권안정론은 국제협력의 제도화가 잘 이루어진 무역 영역을 대상으로 하여 '힘'의 개념이 필수적임을 주장했다.

(6) 오직 패권적 힘의 분포하에서만 국제협력과 제도의 공급이 가능하다고 주장했다.

❷ 조건

(1) 패권국이 압도적인 힘을 가지고 질서를 구축하고 유지한다.

(2) 패권국이 국제적인 공공재(公共財)를 공급한다.

  ◇ 패권국은 안정적인 통화(기축통화)를 공급하고 또한 자국의 시장을 개방하여 다른 국가들이 자유롭게 사용할 수 있는 서비스를 제공하고 그것에 의해 국제시스템을 안정화시킨다.

(3) 패권국은 무력으로 자유로운 통상로를 확보하거나 국제적인 규칙을 유지한다.

(4) 패권안정의 구체적인 예는 19세기의 영국(Pax Britannica), 20세기 후반의 미국(Pax Americana) 등이 있다.

❸ 주요 학자별 주장

(1) **찰스 킨들버거의 패권안정론** : 공공재적 패권안정론(시혜적 패권안정론)

  ① 찰스 킨들버거는 1973년의 저서 『대공황의 세계 1929~1939』에서 세계공황을 가져온 제1차 세계대전과 제2차 세계대전 사이의 경제 혼란은 지배적 경제를 가진 세계적인 지도국의 결여를 그 요인이라 할 수 있다고 주장했다.

  ② 구성원들은 공공재의 제공에 기여하지 않고 무임승차하려는 집단행동의 논리 때문에 공공재의 공급은 시장 논리에 따라 효율적으로 이루어지지 않는다.

  ③ 공공재가 효율적으로 제공되기 위해서는 '지배적 수혜자'의 존재가 필요하다.

  ④ 지배적 수혜자는 공공재로부터 얻는 혜택이 크기 때문에 다른 구성원들의 의사와 무관하게 공공재 제공의 비용을 기꺼이 감당하려 한다.

  ⑤ 일반적으로 패권국이 공공재를 제공하지만 이로 인해 자신의 이익보다 비용이 더 발생하는 경우, '약자에 의한 강자 착취 현상'이 발생하여 되레 공공재 제공에 소극적으로 변하기도 한다.

    ◇ 다만, 손실 상황에서도 장기적인 관점에서 공공재를 지속적으로 제공할 수 있다.

  ⑥ 패권적 리더십은 능력과 의지가 반드시 함께 할 때 실행 가능하며, 패권의 원천은 경제력에 있다.

  ⑦ 대공황은 국제경제질서의 개방성과 안정성을 유지하려는 패권국의 리더십 부재로 발생했다. 영국은 능력이 없었고, 미국은 의지가 부족했다.

  ⑧ 경제적 패권국은 자유무역을 통해 지배적 수혜자가 될 수 있으며, 이에 따라 자유무역질서라는 국제공공재를 공급한다.

⑨ 패권국 자신의 이익을 위한 '이기적인' 상황에서 출발한 것이지만, 공공재의 특성상 다른 국가 경제에도 혜택을 주는 것이기에 결과적으로 시혜적인 것이라 볼 수 있다.

⑩ 자유무역질서는 경제적 개방성을 높이며, 이러한 개방성은 국제경제질서의 안정성을 높인다.

⑪ 리더십이 쇠퇴하면 국제경제질서의 개방성도 쇠퇴한다.

더 알아보기

국제경제질서의 개방성을 가능하게 하는 기능
- 과잉상품을 위하여 비교적 개방된 시장을 유지
- 안정적인 장기융자 공급
- 안정적인 환율체계 유지
- 거시경제정책의 조정 확립
- 금융위기 시 유동성 공급을 위해 최후수단의 대출자로서 행동

⑫ 비판(D. Snidal)
  ㉠ 킨들버거는 시혜에 초점을 맞추어 착취 가능성에 대한 분석이 소홀했다.
  ㉡ 시혜적 패권국이 아닌 강제적 패권국이 될 가능성이 있고, 공공재라는 것이 실제로는 사적인 것일 수 있다.
  ㉢ 패권국이 쇠퇴하더라도 꼭 하나의 패권국에 의한 것이 아닌 '둘 또는 소수의 강대국'들의 집단행동에 의해 공공재 제공도 가능하다.
  ㉣ 패권 쇠퇴 이후의 집단적인 공공재 제공이 패권국의 그것보다 오히려 더 좋은 결과를 가져올 수도 있다.

(2) **길핀(R. Gilpin)의 패권안정론** : 강제적 패권안정론
  ① 패권의 원천을 정치·군사력으로 보았다.
  ② 패권국은 자신의 이기적 이익을 증진시킬 수 있는 자유무역질서를 강제적으로 제공한다.
  ③ 자국의 이익에 부합하지 않을 땐 공공재 제공을 거부한다.
  ④ 패권국은 해외투자에 집중하는 경향이 있으나, 과도한 해외투자는 결국 경제적 위치를 약화시켜 패권이 쇠퇴한다.

(3) **크라즈너(S. Krasner)의 패권안정론**
  ① 국제체제의 안정을 체제 수준에서의 힘의 분포로 설명
    ㉠ 국제무역질서의 개방성 정도는 경제력의 국제적 분포 구조에 따라 결정된다.
    ㉡ 발전 수준이 천차만별일 경우 개방성은 낮다.
    ㉢ 국가의 크기는 불균등해도 발전 수준이 비슷하면 무역 개방 가능성은 높다.
  ② 경제력의 분포 구조와 국제무역질서의 개방성
    ㉠ 발전된 소국은 개방의 이익이 크고, 타국에 대한 정치적 힘이 문제되지 않기 때문에 발전된 소국들로 이루어진 체제는 국제무역질서의 개방 가능성이 높다.
    ㉡ 저발전된 대국은 사회적 불안정과 권력 상실에 대한 두려움이 크기 때문에 발전 수준이 다른 대국들로 이루어진 체제는 국제무역질서의 개방에 어려움이 있다.

ⓒ 상대적으로 월등히 크고 발전된 국가가 상승기에 있는 패권 체제의 경우 국제무역질서의 개방성이 가장 높다. 상승기 패권국은 개방으로 얻는 경제성장 효과가 커서 그 사회적 비용을 감수할 수 있다.

ⓔ 패권국이 쇠퇴해도 개방성이 유지되는 이유는 관성에 의한 시간의 지연 때문이다.

③ 비판(R. Keohane)

ⓐ 패권의 존재가 국제경제질서의 개방성을 높이는 자유무역 제도의 창출과 유지에 긍정적으로 기여할 수 있음은 인정하나, 패권의 쇠퇴 시에 그러한 제도까지 쇠퇴하는 것은 아니다.

ⓑ 패권의 쇠퇴에도 국제경제질서의 개방성은 지속될 수 있으며, 제도의 존속으로 인한 절대적 이익이 있는 한 이를 추구하는 것이 합리적인 선택이다.

제7절 죄수의 딜레마

❶ 개요

(1) 죄수의 딜레마(Prisoner's Dilemma)는 게임이론에서 자주 등장하는 문제로, 두 명의 죄수가 각각 협력하거나 배신할 수 있는 상황을 다루는 이론이다.

(2) 이 문제는 개인적인 최적 선택이 전체적으로 비효율적이고 사회적으로 바람직하지 않은 결과를 낳을 수 있다는 점을 보여주며 현실주의에서 주장하고 있는 신뢰의 문제를 보여주는 대표적인 예시라고 할 수 있다.

❷ 기본 상황

(1) 두 명의 죄수 A와 B가 서로 다른 방에 갇혀 있다.

(2) 그들은 서로의 선택을 알 수 없고, 각자가 두 가지 선택을 할 수 있는데, 배신(자백)하거나 협력(묵비권을 지키기)하는 것이다.

구분		A	
		협력	배신
B	협력	모두 1년형	A는 석방 / B는 3년형
	배신	B는 석방 / A는 3년형	모두 2년형

❸ 결정 과정

(1) A와 B의 선택

① 각 죄수는 상대방이 무엇을 선택할지 모르기 때문에 자신에게 유리한 선택을 할 가능성이 크다.

② A, B 모두 배신이 최적의 선택이다.

(2) 결과적으로, 둘 다 배신하는 상황이 발생한다.

➡ 두 사람이 협력할 경우 1년형을 받으므로, 사회적으로는 협력이 더 바람직한 선택이다.

❹ TFT(tit-for-tat) 전략

(1) 죄수의 딜레마 상황에서 협력을 이끌어 낼 수 있는 방법으로 제시된 전략이다.

(2) TFT 전략은 처음에는 협력을 하고, 그 후에는 상대방이 협력했으면 협력하고, 배신했으면 배신하는 방식이다. 이 전략은 상호 협력을 유도하는 데 효과적이다.

(3) 게임이 반복될수록 상호 협력의 가능성이 증진된다.

(4) 쌍방 모두 TFT 전략을 채택하고 있을 때 일방이 의도와 달리 한 번 비협력을 선택하면 상호 협력의 가능성은 낮아진다.

CHAPTER 02 자유주의

제1절 핵심 개념

① 자유주의의 태동

(1) 임마누엘 칸트와 제러미 밴덤은 자유주의를 선도한 대표적인 학자이다.

(2) 이성이 국제관계에 자유와 정의를 가져올 수 있다는 사상이다.

(3) 국제관계에서 자유(민주)주의 국가는 다른 자유(민주)주의 국가에 대해서 평화적이고 전쟁을 하지 않는다(민주평화론)는 논리의 토대를 제공한다.

② 자유주의 진화

(1) **제1차 세계대전 이후 이상주의 시기**

① 제1차 세계대전은 평화가 자연스러운 상태가 아니라 건설되어야만 하는 것이라고 인식하는 계기가 되었다.

② 정치 평론가인 레너드 울프(Leonard Woolf)는 평화는 '의도적으로 고안된 기제'를 요구한다고 주장했다.

> **더 알아보기**
>
> **우드로 윌슨***
>
> ✎ 미국의 제28대 대통령
> • 평화는 국제적 무정부상태를 규제하는 국제제도의 창출을 통해서만 보장할 수 있다.
> ➡ 국내 사회에서 평화를 유지시키기 위해 권력이 필요했듯이 국제사회는 분쟁에 대처하는 거버넌스의 체계와 비폭력적인 결의안이 실패할 경우 동원할 수 있는 힘이 있어야 한다.
> • 1918년 1월 미 의회에서 윌슨은 "14개 조항"*에 대해 연설했다.
> ✎ 이들 조항은 평화협상의 기초로 사용되었다. 이 14개항은 연합국과 미국의 정책을 연구할 목적으로 E. M. 하우스 대령이 조직한 조사위원단(The Inquiry)이 대통령을 위해 준비한 보고서에 입각한 것이다.
> ➡ 평화를 위해서는 "국가들의 일반 결사체가 형성되어야 한다."고 주장하였으며, 국제연맹이 바로 그 결사체가 되었다.
> • 14개 조항 전문
> 1. 공개적으로 합의에 도달한 뒤에는 외교를 제외하고, 어떤 종류의 비밀 국제 조약도 있어서는 안 되는 공개적인 평화협약을 언제나 솔직하게 대중이 보는 가운데서 진행시킨다.
> 2. 국제협약을 시행하기 위한 국제적인 행동에 의해 공해의 전부 또는 일부가 폐쇄되는 경우를 제외하고는, 평시나 전시를 막론하고, 영해 바깥 공해 상에서의 항해는 절대 자유다.
> 3. 평화에 동의하고 그 유지에 관여하는 모든 국가들 사이에서 가능한 한의 모든 경제적 장벽을 제거하고 대등한 통상 조건을 수립한다.

4. 국가의 군비를 국내 안전에 적합한 최저 수준으로 감축한다는 적절한 보장을 주고 받는다.

5. 식민지 주권 문제를 결정함에 있어 관련 주민의 이익은 앞으로 조건이 결정될 정부의 권리 주장과 동등한 중요성을 가져야 한다는 원칙을 엄격히 준수하는 기초 위에서, 모든 식민지 요구를 자유롭고, 편견 없이 또 절대 공평하게 조정한다.

6. 모든 러시아 영토로부터의 철수와, 러시아에 영향을 미치는 모든 문제들을, 러시아가 그 자체의 정치적 발전과 국내 정책을 독자적으로 결정하는 자유롭고도 자연스러운 기회를 얻도록 하기 위해 세계 다른 나라들의 최선의, 또 가장 자유로운 협조를 확보하도록, 또 러시아가 그 자신이 선택하는 제도 하에 자유국가 사회에 참여하는데 진지한 환영을 받도록 해준다. 그리고 또 환영 이상으로 러시아가 필요로 하고 스스로 요망하는 모든 종류의 원조를 제공한다. 따라서 앞으로 수개월 동안 러시아의 자매 국가 들이 러시아에게 부여하는 대우는 그들의 선의, 그들 자신의 이익과 구별되는 러시아의 필요에 대한 그들의 이해, 그리고 그들의 총명하고도 이기적이 아닌 동정에 대한 엄격한 시험이 될 것이다.

7. 전 세계는 벨기에가 다른 모든 자유 국가와 마찬가지로 누리는 주권을 제한 받지 않는 가운데, 벨기에 에서 철수하고, 벨기에가 복구되어야 한다는데 동의할 것이다. 국가들이 상호 관계를 통제하기 위해 스스로 설정하고 결정한 법규에 대한 신뢰를 회복하는 데는, 다른 어떠한 단일 조치도 이 조처만큼 유용하지 못할 것이다. 이 같은 복구 조치가 없다면, 국제법의 전체 구조아 유효성은 영원히 손상될 것이다.

8. 모든 프랑스 영토는 해방되어야 하고 침략 받은 지역은 수복되어야 하며, 또 평화가 만인을 위해 다시 정착될 수 있도록, 세계 평화를 근 50년간 뒤흔들었던 알자스-로렌 문제에 관해 1871년 프러시아가 프랑스에게 행한 부당한 조치를 시정해야 한다.

9. 이탈리아의 국경선 조정은 분명히 인정할 수 있는 국경선에 따라서 시행해야 한다.

10. 우리는 오스트리아-헝가리 사람들의 국제적 지위가 보전되고 보장되기를 바라며, 그들에게 자주적 으로 발전할 수 있는 자유로운 기회가 주어져야 한다.

11. 루마니아, 세르비아와 몬테네그로에서 철군하고 그 점령 지역이 수복되어야 하며, 세르비아에 자유 롭고 안전한 공해 통행을 허용해야 하며, 또 발칸 제국의 상호관계는 역사적으로 확립된 충성과 국 경선에 따라 우호적인 협의를 통해 결정해야 한다. 그리고 발칸제국의 정치적, 경제적 독립과 영토 보전에 대한 국제적 보장 협정을 체결해야 한다.

12. 현 오토만 제국의 터키 지역은 확고한 주권을 보장해야 하나, 현재 터키의 통치를 받고 있는 다른 민족들에게는 의심의 여지가 없는 생활의 안정과 아무런 방해 없는 자치의 발전 기회를 보장해야 한다. 그리고 다다넬즈 해협은 국제 보장 하에 만국의 선박과 통상을 위해 자유 통행로로 항구적으로 개방되어야 한다.

13. 분명히 폴란드 인구가 거주하는 지역을 포함하는, 독립된 폴란드 국가를 설립해야 하며, 그 국가에는 자유롭고 안정된 공해 접근이 보장되어야 하고, 또 그의 정치적, 경제적 독립과 영토 보전을 국제 협정으로서 보장해야 한다.

14. 강대국과 약소국 모두의 정치적 독립과 영토 보전을 상호 보장하기 위해, 국가들 간의 전면적 제휴 체제를 특정 협약 하에 형성해야 한다.

> **더 알아보기**
>
> **국제연맹**
> - 제1차 세계대전이 끝나고 1920년 당시 미국의 대통령이었던 우드로 윌슨의 제안으로 만들어진 국제기구이다. 그러나 정작 제안자였던 미국은 상원의 베르사이유 조약* 비준 동의 거부로 참여하지 않았다.
>   ✎ 제1차 세계대전의 전후 처리를 위하여 연합국과 관련국, 그리고 독일 사이에서 체결된 평화 협정으로, 미국은 뒤에 이 조약에 대한 비준을 거부하였다. 이 조약은 440조로 된 방대한 것으로, 베르사이유 체제라 하는 국제질서를 형성하여 제1차 세계대전 뒤의 국제관계를 규정한 중요한 의미를 지녔다. 국제연맹 규약, 알자스·로렌의 프랑스 할양, 벨기에·폴란드 등에의 영토 할양, 오스트리아의 독립 보장, 식민지 등 독일의 국외 권익 포기, 육·해군의 제한, 징병 폐지, 독일의 전쟁 책임과 배상 의무, 연합국의 라인란트 15년 간 점령 등을 규정하였다. 이 조약의 영향으로 영국, 프랑스 등은 베르사이유 체제라는 국제 질서를 형성하였으며, 1936년에 나치 정권이 라인란트 비무장지대를 무장화함으로써 효력을 상실하였다.
> - 국제연맹 상임이사국은 영국, 프랑스, 일본 제국, 이탈리아 왕국 4개국이었다.
> - 국제연맹 10조*에는 전쟁이 발생했을 때 모든 구성 국가들이 전쟁 도발국과의 평상적 관계를 중지하고 제재를 가하며, 필요하다면 현상 복원을 위해 군사력의 사용을 연맹이사회에서 결정토록 했다.
>   ✎ 베르사이유 조약은 1919년에 미국 의회의 비준 과정에서 강한 반대에 직면하였다. 반대의 핵심은 국제분쟁시 미국의 자동 개입을 규정한 국제연맹 규약 때문이었다. 당시 미 상원의 고립주의자(isolationists)들은 미국이 국제연맹에 가입은 하되, 국제분쟁에 자동적으로 개입할 것을 규정한 국제연맹 규약만은 유보하기를 희망하였다. 그러나 윌슨은 그러한 수정은 조약 전체를 무의미하게 만드는 것이라는 이유에서 받아들이지 않았다. 결국 미 상원에서 비준안이 통과하지 못하였다.
> - 국제연맹헌장은 국제관계에 대한 자유주의적 이상주의자들의 사고의 기본적인 특성인 모든 국가의 자력을 외치고 있다.
> - 국제연맹은 1930년대 이후부터 계속되는 국제적인 분쟁에 무기력한 모습을 보였으며, 제2차 세계대전을 억제하는 데 아무런 역할도 하지 못했다.
> - 제2차 세계대전 이후 결국 모든 업무, 위임통치령, 자산 등을 유엔(국제연합)에 승계하면서 해체됐다.
> - 자국의 이익의 틀에 갇혀있던 당시 국가들은 연맹에 적극적인 참여를 하지 않았으며, 심지어 자신이 만든 제도임에도 불구하고 미국도 참여하지 않았다.
> - 베르사이유 조약에 따라 비무장지대였던 라인란트를 재점령하기로 한 1936년 히틀러의 결정은 국제연맹의 존재 가치를 더 흐리게 했다.

⑵ 제2차 세계대전 말 국제연합의 탄생과 함께 자유주의에 대한 관심이 증가했으나, 냉전으로 인해 다시 희미해졌다.

⑶ 1990년대 탈냉전, 국가 간 상호의존성 증대, 신세계질서 등의 주창으로 자유주의에 대한 관심은 다시 부활되었다.

⑷ 9·11 테러로 다시 대세는 현실주의로 이동했다.

❸ 자유주의 특징

(1) 자유주의의 핵심 가정
① 인간의 본성은 본질적으로 선하므로 타인에 대한 인간의 근본적 관심은 이타적, 상호 협조 및 협력을 가능하게 한다. 인간 갈등의 원인은 인간이 잘못 만들어낸 제도 때문이다.
② 국제정치 행위자는 국가뿐만 아니라 국제기구, NGO 등 비국가행위자들도 포함된다.

⑵ 역사적으로 자유주의자들은 전쟁은 무정부적 체제의 반복되는 특징이라는 현실주의자들의 입장에 동의하지만, 무정부 상태가 전쟁의 원인이라고 생각하지는 않는다.

⑶ 자유주의자들은 전쟁 원인을 세력균형 체제, 국내외적인 개입, 국제정치의 비민주적인 본질들에서 찾고자 했다.

⑷ 자유주의자들은 질서, 자유, 정의, 관용의 가치를 국제관계에 투사하려고 노력했고, 이러한 노력의 일환으로 국제제도, 기구 등의 역할이 강조되었다.

⑸ 자유주의는 국가 간 협력에 긍정적이다.
  ① 신뢰 부재 문제 해결 가능
  ② 절대적 이득(absolute gain)

④ 자유주의의 진화 : 신자유주의

⑴ 무정부적인 국제구조와 국가의 중심성, 사회과학적 연구에 대한 합리주의적 접근과 같은 신현실주의 기본 가정은 수용한다.

⑵ 하지만, 무정부 상태가 협력을 불가능하게 하지는 않는다는 것이 핵심 주장이다. 따라서 국제체제의 무정부적 상태는 국제협력을 위한 잘 고안된 제도에 의해 극복될 수 있다고 주장한다.

⑶ 국제레짐의 창출은 정보를 공유하고, 호혜성을 강화하며, 규범에서의 이탈을 처벌하기 쉽게 함으로써 협력을 촉진하게 한다.

⑷ 협력을 위해서는 상호주의(TFT) 전략*의 채택을 주장한다.

  ✎ TFT 전략은 처음에는 협력을 하고, 그 후에는 상대방이 협력했으면 협력하고, 배신했으면 배신하는 방식이다. 이 전략은 상호 협력을 유도하는 데 효과적이다.

⑸ 패권국이 소멸한다고 하더라도 기존에 존재하고 있던 제도를 통해 새로운 국제질서 창출이 가능하며 안정을 유지할 수 있다(패권안정론에 대한 비판).

제2절 │ 학자별 주요 주장

① 그로티우스(1583~1645)

⑴ 그로티우스는 국제법과 현대 법학의 아버지라 일컬어진다.

⑵ 그로티우스는 30년 전쟁*을 보면서 "야만족도 그렇게 오랫동안 싸우지 않는데 어찌 기독교 국가가 참혹한 전쟁을 그토록 오랫동안 싸울 수 있는가."를 고민하다가 『전쟁과 평화에 관한 법』을 저술하였다.

  ✎ 1618년부터 1648년까지 신성 로마 제국을 비롯한 중부유럽에서 벌어진 대규모의 전쟁이다. 서유럽 세계에 근대의 문을 연 종교 전쟁이자 유럽 최초의 국제 전쟁으로서 나폴레옹 전쟁과 양차 세계대전 못지 않게 유럽사에 엄청난 변화를 몰고 온 대사건이었다. 이 전쟁의 명분은 종교 전쟁이었지만, 가톨릭(제국보수파)과 개신교(자유도시파)의 영주들이 엄청난 부를 가져다 주는 자유도시들을 놓고 싸운 전쟁이라고 할 수 있다. 가톨릭 국가임에도 불구하고, 이해관계에 따라 개신교 연합에 참여한 국가도 있을 정도였다.

(3) **그로티우스의 핵심 주장**

① 그로티우스는 국제정치를 국가들의 사회, 즉 국제사회로 묘사했다.

② 국제사회는 전쟁상태도, 인류공동체도 아닌 일정한 규칙을 공유하는 국가들의 사회이다.

③ 국가 간에도 법이 필요하다.

　➡ 자연법에 의한 주권국가의 국제법 원칙과 성서법에 의한 평화의 법원칙이 필요하다.

④ 전쟁은 정당한 경우에만 허용된다.

⑤ 국제사회가 필요하다.

(4) 그로티우스는 국가의 성립과정이나 주권론에 대해서는 언급하지 않았다.

② 칸트(영구평화론)

(1) 칸트는 『영구평화론』에서 "전쟁이 끝난 후 잠시 평화가 찾아와도 국가들은 더욱 강화된 재무장과 적대 정책을 세운다. 이런 악순환을 막기 위해 국가 간의 항구적인 평화조약이 요구된다."라고 서술했다.

(2) 칸트가 주장한 영구평화는 단순히 전쟁이 없는 상태를 의미하는 것이 아니라, 자유롭고 공정한 정치체제와 국제적 협력을 통해 이루어지는 지속적인 평화 상태를 의미한다.

① 이 평화는 전 세계적으로 인간의 자유와 존엄성을 보장하는 평화를 의미하며, 모든 국가가 상호 존중하고 협력하는 상태를 의미(세계공동체 또는 인류공동체)한다.

② 칸트는 보편적 우호를 바탕으로 한 자유로운 국가들의 평화연맹을 통해 영원한 평화가 실현될 수 있다고 주장했다.

(3) 칸트는 모든 사람을 단지 수단으로만 대우하지 말고 항상 동시에 목적으로 대우하라는 정언명령*을 강조했다.

✎ 정언명령은 행위의 결과에 구애됨이 없이 행위 자체가 선(善)이기 때문에 무조건 그 수행이 요구되는 도덕적 명령을 가리킨다.

(4) 칸트의 도덕 법칙 기준에서 자국 방어를 위한 불가피한 전쟁을 제외한 전쟁은 정당화될 수 없다. 따라서 칸트에게 전쟁의 가능성이 완전히 소멸된 상태의 평화는 반드시 실현되어야 할 도덕 법칙의 완성이었다.

(5) "세계 평화는 받는 것이 아니라 성취해야 하는 것이다. 평화란 모든 전쟁의 종결을 의미함으로, 그 앞에 영원한 이라는 수식어를 붙이는 것은 용어의 중복일 따름이다. 평화는 도덕적 입법의 최고 자리에 위치한 이성이 명령하는 보편적 의무이다. 국가들은 서로를 하나의 인격체로 대하고 무력과 기만을 근절해 평화를 예비해야 한다."

(6) 칸트는 보편적 의무로서 평화를 실현하기 위한 6개의 예비 조항과 3개의 확정 조항을 통해 구체적인 조건을 제안했다.

① 6항의 예비 조항: 전쟁을 일으킬 위험 요소를 제거하는 데 초점

　㉠ 첫째, 휴전협정처럼 장차 전쟁의 화근이 될 수 있는 조약은 평화조약이 아님.

　㉡ 둘째, 독립 국가가 상속, 교환, 매매 혹은 증여에 의해 다른 국가의 소유물로 전락되어서는 안 됨.

ⓒ 셋째, 군비 경쟁으로 전쟁의 원인이 될 수 있는 상비군은 완전히 폐지

ⓔ 넷째, 국가 간 분쟁과 관련한 국채 발행 금지

ⓜ 다섯째, 다른 국가의 체제와 통치에 폭력적으로 간섭해서는 안 됨.

ⓗ 여섯째, 전쟁 중에 상호 신뢰를 해칠 비열한 적대 행위 금지

② 칸트는 이 같은 예비 조항에 더해 <u>3항의 확정 조항을 제시</u>

    ㉠ 국가의 시민적 정치체제는 공화정 체제이어야 함.

      ⊘ 무력을 사용하는 결정이 국민들에 의해서 결정되어야 함.

    ㉡ 국제법은 자유로운 국가들의 연방 체제에 기초해야 함.

      ⊘ 국제법의 이념은 상호 독립적인 수많은 국가의 분리를 전제로 함.

      ⊘ 칸트의 이 주장은 이후 국제연맹과 국제연합이 설립되는 이념적 근거가 됨.

    ㉢ 세계 시민법은 보편적 우호의 조건들에 국한되어야 한다고 명시하며 평화를 실현하기 위한 방법으로 환대권을 강조

      ⊘ 환대권이란 어떤 이방인이 다른 나라에 도착했을 때 그 이방인이 평화적으로 행동하는 한 적대적으로 대우받지 않을 권리

      ⊘ 칸트는 환대권을 단기적인 방문에 대한 권리로 제한

      ⊘ 칸트는 보편적 환대권을 위해 자유상공업을 강조함. 이는 인간의 자유로운 방문(상거래와 여행을 의미하는 것이지, 이민은 해당하지 않음.)을 국가들이 보장해야 함을 강조하는 이유이기도 함.

❸ 마이클 도일(민주평화론 : Democratic Peace Theory)

(1) 탈냉전시대에는 과연 평화가 유지될 수 있을지에 대한 의문에서 연구가 진행되었다.

    ① 소련권의 붕괴로 소련과 동구권이 서구 자유주의 정치질서로 이행하여 가는 과정이라는 인식 하에 민주적 평화의 현실적 적실성이 이론적 관심을 받았다.

    ② 1980년대 중반 이후 확산된 제3세계 국가들 내부의 민주주의 정치질서로의 이행도 하나의 이론 확산에 원인이 되었다.

(2) 민주주의 국가들 사이에서는 무력 충돌 가능성이 낮다는 가설을 바탕으로 세계 평화 정착을 모색하는 이론이다.

(3) 영구평화론에 사상적 기원이 있다.

(4) 이론은 크게 두 가지 핵심 가정으로 이루어져 있다.

    ① 민주주의 국가들 사이에서 전쟁은 일어나지 않는다는 것이다. 이는 1980년대 통계적으로 본격 분석되어 사실로서 검증되었다. 그러나 민주주의 국가가 아예 전쟁을 하지 않는다는 사실을 의미하지는 않는다.

    ② 민주주의 국가와 비민주주의 국가 사이의 전쟁은 일어날 수 있다.

(5) **민주주의 국가들 사이에서 전쟁이 일어나지 않는 이유**

　① 민주주의 국가들은 상대방의 존재와 권리를 존중하면서 비폭력적으로 접근한다.

　② 권력분립, 견제와 균형, 여론 등의 제도적 요인은 전쟁 가능성을 낮춘다.

　③ 민주주의 국가들은 경제적 상호의존이 강화되면 전쟁의 기회비용이 증가하므로 대화와 타협으로 갈등을 조정하고자 한다.

(6) 비민주주의 국가는 민주주의 국가로 전환해야 국제체제에서 전쟁이 줄어들 수 있다고 주장하지만, 민주화 과정에서 오히려 전쟁이 일어날 위험도 있다.

(7) 현실과 동떨어진 이상주의로 비판도 제기되었으나, 1960년대 정치학에 통계적 방법론이 도입됨에 따라 연구의 전환점을 맞이하고 새롭게 주목되었다.

더 알아보기

브루스 러셋의 민주평화론

1. 브루스 러셋의 경우 민주평화론을 통계적으로 검증하였다는 특징이 있다.
　① 러셋은 민주적 평화가 현실역사에서 하나의 사실로 확인되어 왔다고 주장했다.
　② 구조적, 제도적 설명모델과 문화적, 규범적 설명모델로 민주적 평화를 이론적으로 규명하고자 하였다.
　③ 제도적 모델의 세 가지 기본 가정
　　㉠ 국가지도자의 최고 목표는 자신의 국내정치적 권력을 유지하는 것이다.
　　㉡ 모든 지도자는 외교적 후퇴 혹은 군사적 패배와 같은 외교정책의 실패가 자신의 정치권력에 치명적인 위협이라고 믿는다.
　　㉢ 민주주의 정치체제는 이러한 외교정책의 실패를 물을 수 있는 야당과 같은 견제장치가 효과적으로 작동한다.
　④ 규범적 모델의 세 가지 기본 가정
　　㉠ 민주주의 정치체제에서 사회화된 지도자는 협상과 타협규범에 입각하여 국제분쟁의 평화적 해결을 선호한다.
　　㉡ 국내적으로 공유된 행위규범은 국제분쟁과 위기를 해결하는 방식에도 확장되어 적용된다.
　　㉢ 국제체계의 무정부적 속성으로 민주규범과 비민주규범이 충돌할 경우 비민주규범이 분쟁해결을 주도한다.
2. **통계적으로 추가 검증된 결과**
　① 민주주의 국가는 민주화 이행 초기가 후기보다 조금 더 전쟁의 가능성이 높다. 초기에는 정치적 불안정성이 높고, 권력투쟁이 심하기 때문이다.
　② 민주주의 국가는 여간해서 전쟁을 시작하지 않지만, 일단 전쟁이 시작되면 무력의 사용에 제약을 받지 않는다. 정치 생명이 달려있기 때문에 반드시 승리하고자 노력한다. 따라서 <u>독재국가보다 승리할 확률이 크다.</u>
3. 그러나, 가설의 통계적 검증에 있어 '민주주의'나 '전쟁'이라는 개념의 모호성 때문에 그 정의가 학계의 유행에 따라 조작될 수 있다는 비판이 있다.
4. 또한, 두 국가가 우호적 관계를 갖는 것은 민주주의 헌법 때문이 아니라 정치, 경제 등 상호 높은 수준의 수렴 또는 의존성이 존재하기 때문이라는 지적도 있다. 예 미국 vs 캐나다, 멕시코 vs 쿠바

④ 벤담(18세기)

"공동법정을 수립하라. 그러면 전쟁의 필요성은 더 이상 의견의 차이에서 생겨나지 않을 것이다."

⑤ 코브던(19세기)

(1) "자유무역이 평화로운 세계질서를 창출한다."

(2) 무역은 경제의 규모나 본질에 상관없이 모든 행위자들에게 상호 이익을 가져온다.

⑥ 데이비드 미트라니(David Mitrany)

(1) 통합이론의 창시자로, 공동의 문제를 풀기 위해서는 초국가적 협력이 필요하다고 주장했다.

(2) 한 영역의 협력이 정부들에게 다른 영역에 걸쳐서 협력의 범위를 확장하게 할 것이라는 <u>분지(ramification)</u>효과를 주장했다.

⑦ 로버트 코헤인(Robert Keohane)

(1) 초국가적기업, 국제적 비정부기구와 같은 행위자들의 중심성이 고려되어야 한다고 주장했다.

(2) "무역이 평화를 낳는다."라는 19세기 자유주의자들의 순진한 가정에 대해 비판적이다.

(3) 자유무역체제는 협력을 위한 유인을 제공할 뿐 그것을 보장하지 않는다.

(4) 즉, "협력은 자동적이지 않다. 협력은 계획과 협상을 요구한다."고 주장했다.

⑧ 조지프 나이(Joseph Nye)

(1) **소프트파워 개념 제시**

① 군사적 강압이나 경제적 압력(hard power)을 사용하는 대신 다른 국가들이 자발적으로 자신의 의도와 의지를 따르도록 만드는 능력이다.

② 즉, 나이는 "내가 원하는 것을 상대방이 하도록 하는 힘을 강성권력(hard power)"으로 보았고, "내가 원하는 것을 상대방이 원하도록 하는 것을 연성권력(soft power)"으로 보았다.

③ 하드파워는 전쟁에서 승리할 수 있는 힘이고, 소프트파워는 평화를 달성할 수 있는 힘이다.

(2) 나이의 핵심 주장은 소프트파워를 통해 국제정치에서 한 행위자가 다른 행위자에게 문화적이고 규범적인 영향력을 행사함으로써 그들의 행위를 변화시킬 수 있다는 것이다.

(3) 소프트파워의 주요 요소

① **문화**: 다른 국가나 민족이 매력을 느끼는 문화적 특성이나 가치이다. 예를 들어, 미국의 영화, 음악, 패션 등은 전 세계적으로 큰 영향을 미친다.

② **정치적 가치**: 자유, 민주주의, 인권, 법의 지배 등의 가치가 다른 국가에 영향을 미칠 수 있다. 이러한 가치는 다른 국가들이 자발적으로 따르도록 유도할 수 있다.

③ **외교정책**: 국가의 외교정책이나 국제적 태도 역시 소프트파워의 중요한 요소이다. 국가가 평화로운 방법으로 문제를 해결하고, 국제적인 협력과 신뢰를 구축하면 그 자체로 영향을 미칠 수 있다.

📖 하드파워 vs 소프트파워

구분		행위	주요 수단	정부의 정책
강성권력 (하드파워)	군사력	강제, 억지력, 보호	위협, 군사력 행사	강압적 외교, 전쟁, 동맹
	경제력	유인, 강제	보상, 제재	원조, 매수, 제재
연성권력 (소프트파워)		매력, 의제설정	가치, 문화, 여러 정책, 제도	일반외교활동, 쌍무적 다자적 외교활동

❾ 코헤인 & 나이: 복합상호의존론(Complex Interdependence Theory)

(1) 두 사람이 1970년에 공동으로 발표한 저서 『권력과 상호의존』에서 제시한 국제관계 이론이다.

(2) 이 이론은 국제사회에서 국가들 간의 상호의존이 복잡하고 다면적이며, 전통적인 군사적 힘이나 국가 간 갈등보다 경제적, 환경적, 사회적 상호작용이 더 중요한 역할을 한다고 주장하였다.

(3) 핵심 개념

① 복합상호의존론은 "상호의존(interdependence)"이란 개념을 중심으로 발전하였으며, 국제관계에서의 상호작용이 단순한 힘의 관계를 넘어서 다양한 분야에서의 상호의존을 통해 발생한다고 강조했다. 이는 특히 전통적인 현실주의(realism)와 자유주의(liberalism)의 이론과 비교되는 중요한 차이점이다.

② <u>군사적 힘의 제한적 역할</u>: 전통적인 국제관계 이론, 특히 현실주의에서는 국가 간의 군사적 힘이 중심적인 요소로 간주된다. 그러나 복합상호의존론에서는 군사적 힘이 국제정치에서의 모든 결정적인 요소가 아니며, 경제적, 환경적, 문화적 상호작용이 더 중요하다고 주장한다. 군사적 충돌보다는 경제적, 환경적 문제에서 국가들이 상호의존적 관계를 맺는 경우가 많다는 것이다.

③ <u>다차원적 상호의존</u>: 복합상호의존론은 국제사회에서 다양한 영역에서의 상호작용을 의미한다. 이는 국가들이 서로 경제적, 환경적, 사회적, 문화적 등 다양한 분야에서 상호작용하며, 이들 간의 관계가 상호의존적이라는 것이다. 예를 들어, 국가들은 무역, 금융, 환경 보호, 기술 협력 등에서 서로 의존하게 되며, 이로 인해 충돌의 가능성은 줄어들고 협력의 필요성이 커진다는 것이다.

④ <u>주요 국제문제의 변화</u>: 복합상호의존론은 국제관계에서 전통적인 군사적 갈등 외에도 환경, 인권, 에너지 자원, 기술 문제 등 다양한 새로운 국제문제들이 중요해졌다고 본다. 이러한 문제들은 국가 간 상호의존적인 협력이 필요하므로, 각국은 서로 협력하고 해결책을 모색해야 한다는 것이다.

⑤ <u>다자주의</u>: 복합상호의존론은 다자주의(multilateralism)라는 개념을 강조한다. 이는 여러 국가들이 상호의존적인 문제를 해결하기 위해 국제기구나 협력체를 통해 공동으로 문제를 해결하려는 접근 방식을 의미한다. 유엔, 세계무역기구(WTO), 세계보건기구(WHO)와 같은 국제기구들이 협력의 핵심 역할을 한다.

⑥ <u>비국가 행위자의 역할</u>: 복합상호의존론은 국가뿐만 아니라 비국가 행위자(non-state actors), 예를 들어 국제기구, 기업, NGO 등도 중요한 역할을 한다고 강조한다. 이들은 국제경제와 사회적 문제 해결에 중요한 영향을 미치며, 전통적인 국가 중심의 시각을 넘어서 협력의 주체로 등장하였다.

(4) 상호의존의 비용: 민감성(단기) vs 취약성(장기)

① 민감성은 어떤 외부적 변화에 직면하여 <u>기존의 정책에 대신할 수 있는 방책이 마련되기 이전에</u> 치러야만 하는 대가의 정도를 말하는 것으로 외부적 사건으로 인한 영향에 대해 정책의 기본틀을 유지하는 선에서 대응할 수 있는 능력이다. <u>의존 효과의 양과 속도를 가리키는 개념이다.</u>

② 취약성은 외부의 사건으로 인한 변화에 대응하기 위해 정책대안을 모색하는 경우 정책변화에 수반되는 비용의 정도, 즉 외부적 변화에 대응하여 정책의 틀을 다른 것으로 대체할 경우 행위자가 그때 발생하는 비용을 감수할 수 있는 능력이다. 상호의존체제의 구조를 변화시킬 때 드는 상대적 비용, 즉 체제에서 탈출하거나 게임의 법칙을 변화시키는데 드는 비용이다.

📖 **현실주의 vs 복합적 상호의존론**

구분	현실주의	복합적 상호의존론
행위자들 목표	군사적 안전보장이 가장 중요한 목표	국가의 목표는 문제영역마다 다름. 초정부적 정치는 목표를 규정하기 힘들게 함. 초국가적 행위는 자신의 독특한 목표를 추구
국가정책 수단	경제적 수단이나 그 외 수단보다 군사력이 가장 효과적	문제영역마다 고유한 권력자원이 가장 적절한 수단. 상호의존, 국제기구, 초국가적 행위자의 적절한 이용도 주요 수단
국제기구 역할	국제기구의 역할은 국가권력과 군사력의 중요성에 의해 제한	국제기구는 협력을 유도하며, 약소국의 정치적 행동무대가 됨.

더 알아보기

상호의존론
- 상호의존론은 과정 중심의 이론이다(구조 중심적 사고: 신현실주의).
- 일방이 관계변화를 시도하는 경우 타방이 일정한 대가를 치르게 되어 있는 상태를 상호의존 상태라고 한다.
- 상호의존이 깊어지면 군사력 사용의 기회비용이 증가하므로 상호의존 전략은 일종의 평화전략이라고 할 수 있다.
- 국제사회에서는 군사안보 이외에 다양한 쟁점이 존재하며 쟁점들 간에는 위계가 없다.
- 국제사회와 국내사회는 명확히 구분되지 않는다.
- 국제기구는 협력을 유도하며 강대국뿐만 아니라 약소국의 정치적 행동무대가 된다.

⑩ 존 아이켄베리(John Ikenberry)

(1) "자유주의 질서"를 강조한다.

(2) 국제사회가 위기에 빠질수록 자유민주주의 원칙을 지켜야 문제를 해결할 수 있다고 주장한다.

(3) 러시아의 우크라이나 침공과 중국의 부상으로 국제질서의 틀이 바뀌었다고 하더라도 자유주의적 세계관이 큰 역할을 하고 있다는 신념을 유지하고 있다.

더 알아보기

헤들리 불(Hedley Bull)의 관점

- 불은 그로티우스적 국제주의를 지향하지만, 세 가지 전통사상이 국제정치에 항상 존재한다고 주장했다.
- 첫째, 홉스적 현실주의
  ➡ 국제정치는 무정부적 전쟁상태이며, 도덕이나 규범은 부재하고 '힘'이 곧 '정의'이다.
- 둘째, 칸트적 보편주의
  ➡ 세계공동체를 위해 모든 인류를 연결시키는 보편적 가치나 도덕의 존재를 지향한다.
- 셋째, 그로티우스적 국제주의
  ➡ 전쟁상태도, 인류공동체도 아닌 일정한 규칙을 공유하는 국가들의 사회를 지향한다.

CHAPTER
03
신현실주의 VS 신자유주의

제1절 개요

(1) 신현실주의와 신자유주의 이론의 논쟁은 1980년대 중반부터 국제정치학의 주요 관심거리이다.

(2) 신현실주의와 신자유주의는 기본적으로 현실주의와 자유주의의 전통을 계승하는 이론이다.

(3) 신현실주의와 신자유주의 이론은 안보, 갈등, 협력 등에 대해 주로 다루고 있다.

제2절 신현실주의

① 특징

(1) 케네스 왈츠가 1979년에 쓴 『국제정치이론』이 중심이다.

(2) 국제체제의 구조와 국가행위 간의 관계를 설명하고 있다.

(3) 신현실주의는 군사 안보나 전쟁 의제에 집중한다.

(4) 신현실주의자들의 핵심 탐구 주제는 '무정부적이고 경쟁적인 국제체제에서 어떻게 생존할 것인가.' 이다.

(5) 국제기구의 효율성은 전적으로 주요 강대국의 지지 여부에 달려 있고, 국제기구는 힘의 우위를 가지고 있는 강대국의 입장을 반영한다.

(6) 상대적 이득을 강조한다.

> **더 알아보기**
>
> **핵심가정**
> • 국가와 다른 행위자들은 무정부상태의 환경에서 상호작용한다.
> • 국제체제구조는 행위자의 행동을 결정짓는 주요한 요인이다.
> • 국가는 기본적으로 이기적이다. 협력적인 행동보다 자립적 행동을 선호한다.
> • 국가는 합리적인 행위자이다.
> • 무정부상태에서 제기되는 가장 심각한 문제는 생존문제이다.
> • 안보딜레마 상황이 대부분의 국가들이 추구하는 외교정책에 동기를 부여한다.

❷ 구분

(1) 구조적 현실주의

① 현실주의는 귀납적 이론이지만, 신현실주의는 연역적인 이론이다.
  ㉠ 구조란 국제체제가 기능하는데 필요한 일종의 질서원칙을 말하는 것으로 무정부 상태를 의미한다.
  ㉡ 구조는 단위들 사이에 존재하는 국가 능력 배분에 따라 정의된다.
② 권력을 해석하고 정의하는 방식. 신현실주의자들에게 권력은 단순히 수단인 반면에 현실주의자들에게 권력은 그 자체가 목적(지향해야 할 대상)이다.
  ㉠ 신현실주의자들은 권력이 국가의 제분야의 능력이 결합된 것으로 본다.
  ㉡ 고전적 현실주의자들에게는 권력이 곧 국가이익이다.
③ 무정부상태에 대한 반응
  ㉠ 신현실주의자들은 체제가 무정부상태라는 특징에 따라 구속되고 결정된다고 주장한다.
    ➡ 모든 국가가 무정부상태라는 특징이 부과하는 비슷한 제약을 경험한다.
  ㉡ 고전적 현실주의자들에게 무정부상태는 하나의 체제 조건이다.
    ➡ 개별국가의 크기, 위치, 국내정치 상황, 지도력 같은 국가 특성에 따라 다르게 반응한다.

(2) 공격적 현실주의

① 모든 국가들의 궁극적인 목표는 국제체제에서 패권적인 위치를 차지하는 것이다.
② 국가들은 항상 더 많은 권력을 갈망한다.

(3) 방어적 현실주의

국가는 안보를 자국의 주된 이익으로 간주하기 때문에 단지 자국의 생존을 확보할 수 있는 필수적인 정도의 권력을 추구한다.

제3절 ┃ 신자유주의(신자유제도주의)

❶ 특징

(1) "현실주의와 자유주의의 양쪽에서 반반씩 빌려온 이론"(로버트 코헤인)
(2) 신자유주의는 협력, 국제정치와 경제, 환경 문제 등에 집중한다.

❷ 구분 : 데이비드 볼드윈(David Bavidwin)

(1) 상업적 자유주의

평화와 번영으로 이끌어주는 것은 자유무역과 시장경제라고 주장한다.

(2) 공화적 자유주의

① 평화와 번영으로 이끌어주는 것은 정치적 민주주의라고 주장한다.
② 민주주의 국가는 시민의 권리를 보장하려고 노력하며, 다른 민주주의 국가와 전쟁을 하지 않는다(민주평화론).

(3) 사회적 자유주의

① 공동체에 대한 의존과 상호의존을 국제관계의 중요요소로 간주한다.
② 초국가 활동이 증가함에 따라 거리적인 개념이 희미해지고 국가들도 상호 의존성이 강화되어 협력을 하지 않을 수 없게 된다는 것이 핵심 주장이다.

(4) 자유제도주의

> **더 알아보기**
>
> **기본가정**
> • 국가는 국제관계에서 핵심 행위자이지만, 유일한 행위자는 아니다.
> • 국가는 협력을 통해 절대이득을 극대화하려고 노력한다.
> • 협력이 쉽지는 않으나 제도가 잘 이루어져 있다면 국가는 협력에 참여한다.

① 국제관계에서 제도가 갖는 중요성을 일관되게 강조한다.
② 제도가 국제체제에서 행위자 간 협력을 이루기 위한 중재자 또는 수단이라고 확신한다.
③ 국제문제 해결을 위해 협력에 바탕을 둔 다자주의 방식을 지지한다.
   예 미국 오바마 정부의 지구적 협력 강조와 다자주의 강조가 좋은 예이다.
④ 신현실주의 vs 신자유주의 = 신현실주의 vs (신)자유제도주의라고 할 수 있다.
⑤ 기능주의 이론(자유제도주의 1세대) → 지역통합이론(자유주의제도 2세대)
   ➡ 이 두 이론은 평화와 번영의 실마리를 개별 주권 국가가 자국이 보유한 자원을 공동으로 출자하고 또 경우에 따라서는 주권의 일부마저도 통합된 공동체에 이양하는 것이 국가도 성장 가능하고 지역문제도 해결할 수 있다고 주장한다. **예** 유럽연합
⑥ 복합적 상호의존론(자유주의제도 3세대)
   ➡ 세계는 점차 복잡해지고, 의존관계는 더욱 심화되고 있다.
   ➡ 세계를 바라보는 시각으로 ㉠ 국가와 비국가 행위자 사이의 연계성 증가, ㉡ 상위정치와 하위정치를 구별하지 않는 새로운 국제의제 선정, ㉢ 행위자 사이의 국경을 넘나드는 상호작용을 위한 복수 채널 존재, ㉣ 치국 수단으로 군사력이 갖는 효율성 감소 등이 있다.
⑦ 신자유제도주의이론은 협력을 함으로써 이익을 극대화할 수 있는 분야에서 더 설명력이 있다. 예를 들어, 무역, 환경 등이다. 하지만 군사, 안보 등에 있어서는 그 설명력이 부족하나, 설명력이 부족하다는 것이 적용할 수 없다는 것은 아니다.

> **더 알아보기**
>
> **상위정치와 하위정치**
> • 상위정치(high politics)란 전통적인 국제정치 의제인 군사와 안보 문제를 다루는 정치행위를 일컫는 용어이다. 반면, 경제, 사회, 문화, 환경, 지식, 정보 등의 문제를 다루는 정치행위는 하위정치(low politics)라 한다.
> • 현실주의는 전통적으로 군사력이라는 관점에서 정의된 국제권력이라는 개념을 중점에 두고 국가의 생존에 명백한 위협이 될 수 있는 각종 국가안보 이슈를 다루는 상위정치 영역이 국제정치에 있어 가장 중요하며, 하위정치 영역은 상위정치에 의해 큰 영향을 받는다고 주장한다.

• 상위정치는 제2차 세계대전 이후 미국과 소련, 그리고 동·서 진영 간 군사적 대결로 인한 갈등·긴장 상태가 이어진 냉전시대에 국제정치의 중심이었다. 하지만 1970년대에 데탕트(동·서 진영간 긴장완화)가 진전되고 경제문제를 둘러싼 마찰과 분쟁이 빈번하게 발생하면서 국제 정치의 주요 관심사는 하위정치 영역으로 전환되기 시작했다.

제4절 Neo—Neo 논쟁

❶ 두 이론의 관계

(1) 신현실주의와 신자유주의의 차이는 그렇게 크지 않다.

(2) 저비스는 "신자유주의는 그 논지가 훌륭하든, 그렇지 않든 신현실주의의 배다른 형제와 마찬가지"라고 표현했다.

❷ 논쟁의 6대 쟁점

(1) **무정부상태에 대한 인식**

무정부상태라는 것은 공통적으로 인정한다.
① 신현실주의: 무정부상태가 개별 국가의 외교정책을 제약한다.
② 신자유주의: 상호의존, 지구화 현상, 레짐 등을 통해 무정부상태의 완화가 가능하다.

(2) **협력의 가능성**

신자유주의는 가능, 신현실주의는 불가능(어려움)

(3) **이익을 바라보는 관점(상대적 vs 절대적)**

신현실주의는 국제협력에 있어 상대적 이익에 초점, 신자유주의는 절대적 이익을 강조한다.

(4) **연구중점**

① 신현실주의: 상위정치 분야
② 신자유주의: 하위정치 분야

(5) **외교정책 수립시 강조점**

① 신현실주의: 다른 국가의 의도에 대한 불안감 때문에 능력 또는 권력에 집중한다.
② 신자유주의: 이익의 공유, 제도에 집중한다.

(6) **국제제도(레짐)에 대한 인식**

① 신현실주의: 무정부상태가 협력을 제약하는 상황을 레짐이나 제도가 완화하지 못한다. 만약 제도가 지속된다면 그것은 패권국의 리더십의 영향이라는 입장이다.
② 신자유주의: 제도와 레짐이 협력을 촉진한다고 본다. 제도와 레짐이 일단 만들어지면 패권국의 리더십이 없이도 지속될 수 있다는 입장이다.

CHAPTER 04 구성주의

제1절 핵심 개념

① 구성주의 태동

(1) 신현실주의와 신자유주의적 제도주의의 한계를 보완하기 위해 등장했다.

(2) 등장 초반에는 별다른 주목을 받지 못했으나, 점차 더 많은 학자와 연구자들이 등장하여 이론적 토대를 완성했다.

(3) 구성주의 등장에 영향을 준 요인은 냉전의 종식이다. "안보"라는 주제보다는 "초국가주의", "인권"과 같은 주제가 부각되기 시작했다.

(4) 구성주의자들의 이론적 핵심 기반은 기든스의 구조화 이론이다.

　① 주체와 객체, 개인과 사회, 미시수준과 거시수준이 서로를 상호 구성한다.

　② 즉, 구조란 주체가 상호작용의 과정에서 사용하는 규칙과 자원으로 개념화되며, 주체는 규칙을 이해하고 제도적 규범을 준수함으로써 구조를 재생산하지만 동시에 상호작용에 내재되어 있는 권력 관계를 매개로 그것들을 변형시키는 능력으로 갖추고 있다.

> **더 알아보기**
>
> **구조화 이론**
>
> **1. 개요**
> 　① 안토니 기든스(Anthony Giddens)의 구조화 이론은 사회학에서 중요한 이론으로, 개인의 행동과 사회 구조 간의 관계를 설명하려는 이론이다.
> 　② 기든스는 사회 구조와 개인의 행위가 상호작용한다고 주장하며, 사회는 단순히 구조에 의해 결정되지 않고, 개인들의 행위에 의해 재구성된다고 주장했다.
>
> **2. 핵심 개념**
> 　① 구조와 행위(자)의 상호작용
> 　　㉠ 기든스는 사회를 구성하는 구조와 개인의 행위가 상호작용한다고 보았다. 그는 이를 "구조화" (structuration)라고 표현했다.
> 　　㉡ 즉, 사회구조는 개인들의 행위에 의해 재구성되고, 동시에 개인들의 행위는 사회구조에 영향을 미친다는 것이다.
> 　　㉢ 개인들은 자신의 행위를 통해 구조를 재구성하지만, 동시에 그들이 처한 구조도 그들의 행위를 제한하고 규제하는 역할을 한다.
> 　② 두 가지 주요 개념: 구조(Structure)와 행위(Agency)
> 　　㉠ 구조(Structure): 사회의 규범, 규칙, 제도와 같은 사회적 기틀을 의미한다.
> 　　㉡ 행위(Agency): 개인이 스스로 선택하고 행동할 수 있는 능력이다.

③ 규칙과 자원: 사회구조를 규칙과 자원이라는 두 가지 요소로 설명한다.
  ㉠ 규칙: 사회적으로 받아들여지는 행동의 규범이나 규칙들을 의미한다.
  ㉡ 자원: 사회적 행위를 할 수 있는 능력이나 도구를 의미한다.
④ 시간과 공간
  ㉠ 사람들의 행위는 특정한 시간과 공간적 맥락 안에서 이루어진다.
  ㉡ 사람들의 행위는 시간이 지남에 따라 변할 수 있으며, 새로운 규칙과 자원이 등장하면서 사회구조도 재구성된다.

❷ 개념

(1) 기존의 현실주의와 자유주의 이론과 달리 국제사회가 이미 주어진 불변의 대상이 아니라, 상호주관적으로 구성되는 집단적 행동의 산물이라는 점을 중시한다.

(2) 국가는 단일한 행위자가 아니며 국가 내부의 다양한 개인과 집단의 존재에도 주목해야 한다.

(3) 국제관계에 중요한 영향을 주는 변수는 상호작용하는 행위자들이 내면화하고 있는 규범이나 집합 정체성이라고 본다.

(4) 다시 말해, 국제관계가 단순히 물리적이고 객관적인 힘이나 구조에 의해 결정되는 것이 아니라, 사람들이 공유하는 믿음, 가치, 아이디어, 사회적 규범 등에 의해 형성된다고 주장한다.

➡ 객관적 실체가 존재한다는 합리주의 가정을 거부하고 행위자가 실체를 규정짓는다고 가정한다.

➡ 행위자는 욕구, 신념, 지식 등에 따라 행동하는 것이기 때문에 국가의 선택은 항상 예측 가능한 합리적 형태로 이루어지는 것은 아니다.

(5) 우리가 국제사회를 어떻게 인식하고 해석하느냐에 따라 국제관계는 다르다는 것이다.

> **더 알아보기**
>
> **핵심주장**
> • 국제정치 현실은 물리적인 사실만이 아니라, 사회적 의미와 규범에 의해 형성된다. 예를 들어, "주권"이나 "안전보장" 같은 개념은 사람들이 합의하고 공유한 규범이기 때문에, 그 의미와 중요성은 사회적 맥락에 따라 변할 수 있다.
> • 국가들은 고정된 존재가 아니며, 그들의 정체성과 역할은 지속적으로 재구성된다.
> • 행위자들의 상호작용은 그들이 공유하는 믿음, 규범, 아이디어에 따라 달라진다.

(6) 국가의 행동은 그들의 정체성에 크게 의존한다. 국가는 국제사회에서 어떤 역할을 수행할 지에 대해 특정한 정체성을 가지며, 이 정체성은 시간이 지나면서 변할 수 있다. 예를 들어, 독일은 제2차 세계대전 후 자신을 "평화적인 국가"로 재구성했으며, 이는 독일의 외교정책과 행동에 큰 영향을 주었다.

핵심요약

구성주의는 국가들이 고정된 이익이나 물리적 힘에 의해 행동하는 것이 아니라, 사회적 규범과 인식에 따라 행동한다고 주장한다. 그러므로 국제정치는 지속적으로 변화하고 형성된다는 관점을 제시한다.

제2절 핵심 이론가

❶ 알렉산더 웬트

(1) 행위자와 구조 사이의 관계를 연구했다. 대표저작으로 『Social Theory of International Politics』 (1999)가 있다.

(2) 국제적 규범 구조가 국가 정체성과 이익을 형성하며, 그것들의 상호작용을 통해 국가들은 그 구조를 재창조한다. 따라서 국가이익은 결정되어 있는 것이 아니라 정체성과 상호작용에 따라 변할 수 있다고 주장한다.

(3) 국가들의 상호작용은 그들이 공유하는 사회적 규범과 정체성에 의해 형성된다고 주장한다.

(4) 국제체제는 물질적 자원(material resources), 공유된 지식, 실제적인 행위로 구성된 복합적 구조라는 것이다.

(5) "무정부상태는 국가들이 그것을 어떻게 정의하느냐에 달려 있다(Anarch is what states make of it)." 는 것이 핵심 주장이다.

(6) 즉, 무정부성의 성격은 국가들 간의 상호작용을 통해서 정해진다고 주장한다.

(7) 구성주의는 국제정치의 현실은 주어진 또는 영속적인 것이 아니라 간주관적*으로 구성되었고, 재구성될 것이라고 주장한다.

  ◇ 간주관적이라는 것은 주관적인 경험이나 생각이 상호, 혹은 다자간에 공감대를 이루는 경우를 말한다. 즉 주관적 관점이 상호 이해를 바탕으로 공유되어 형성되는 인식의 방식이다.

(8) 따라서 역사속 국가들은 서로 죽고 죽이는 홉스적 문화속에 살기도 하였고, 17세기 유럽국가들은 상호 간 경쟁은 하지만 죽고 죽이지는 않는 상호주권 인정의 로크*적 문화를 만들어냈으며, 지금은 상호 우호적으로 대하는 집단안보적인 칸트적 문화를 경험하고 있다는 것이다.

  ◇ 로크는 인간을 단순한 동물이 아니라 도덕적 및 사회적 동물로 파악한다. 따라서 자연상태에서 인간은 자기의 생명, 자유 및 재산을 보전할 수 있는 자연권을 가진다. 정치권력은 자연상태에서 자연권을 양도함으로써 형성되는 신탁적 권력이니 그 목적에 위배되는 권력은 국민의 손으로 회수될 수 있다고 주장한다. 또한 로크는 국가의 임무는 공동체 구성원들이 국가 발생 이전부터 갖고 있던 자연권을 안전하게 보장하는 것이라고 하였다. 이와 함께 로크는 자유주의의 범세계적 보편화가 평화로 가는 길임을 강조한다.

(9) 무정부의 세 가지 문화를 설정한다.

① **홉스적 문화**: '만인 대 만인의 투쟁'(적국)

② **로크적 문화**: '경쟁'(경쟁국)

③ **칸트적 문화**: '우의의 역할구조'(우방국)

❷ 피터 카츠

(1) 국가들의 <u>문화적 차이나 역사적 배경</u>이 그들의 국제관계에서 중요한 역할을 한다.

(2) 국가들은 단지 물리적인 실체가 아니라, 역사적, 문화적 맥락에서 이해해야 한다고 주장한다.

❸ 핀모어 & 시킨크 : 규범의 생애주기 이론

(1) 규범을 연구한 대표적인 구성주의자인 핀모어와 시킨크는 국가 행위자를 중심으로 규범의 동학을 보여주고 <u>국제 규범이 일정한 생애주기를 갖으며 발전한다</u>고 주장한다.

(2) 새로운 규범이 출현할 때 기존 규범과의 관계를 고려해야 한다고 주장한다.

(3) 규범의 생애주기 이론은 국제 규범의 <u>형성-확산(폭포)-내재화</u>라는 일련의 과정을 하나의 주기로 설명함으로써 서로 다른 규범 간의 비교를 용이하게 해준다.

(4) 뿐만 아니라 특정한 행동이나 갈등이 국제 규범의 생애주기상의 어떤 단계에 위치해 있어서 발생하게 되었는지를 설명할 수 있다는 점에서 유용하다.

(5) 첫 번째 단계는 규범의 출현 혹은 형성(norm emergence)이다.

① 첫 번째 단계인 규범의 출현 단계는 규범 주창자 역할이 매우 강조되는 단계로, 규범을 주창하고 다른 국가들이 규범을 수용하도록 설득하여 규범이 창출되는 단계이다.

② 주창자는 공동체 안에서 적합하거나 바람직한 행동에 대한 확고한 신념을 가진 대리인(agent)으로 개인이 될 수도 있고 기구가 될 수도 있다.

③ 핀모어와 시킨크는 성공적인 규범 출현을 위해서는 규범 주창자의 존재와 함께 규범 주창자가 활동할 수 있는 조직적인 플랫폼이 필요하다고 주장했다. 대표적으로 비정부기구나 초국가적인 네트워크 조직 등이 해당되며 세계은행, WHO, WTO 등과 같은 국제기구도 플랫폼에 해당한다.

(6) 규범은 두 번째 단계인 확산 단계로 넘어가기 이전에 한계점 또는 티핑 포인트(분기점)*를 거친다.

✎ 티핑 포인트는 분기점으로서 일반적으로 협약의 형식을 띤 국제 규범의 경우 국가들이 서명 비준 등을 통해 국제 규범을 인정 및 수용하기 때문에 국가의 채택이 티핑 포인트의 중요한 행동 기준이 된다.

(7) 새롭게 출범한 규범은 제도화되는데 여기서 제도화란 규범이 국제적인 규칙이나 조직과 같이 구체적인 형태가 되는 것을 의미한다.

① 특히 1948년 이후로 출현한 규범들은 특정 국제법이나 다자 기구의 규칙, 양자 외교정책과 같은 형태로 제도화되는 모습을 보인다.

② 제도화는 행위자 간 무엇이 규범인지에 대한 공통된 합의를 이끌어내어 명확성을 증가시켜 국가들로 하여금 규범 위반 행위에 대한 제재를 가능하게 해준다.

③ 제도화는 규범의 확산에 선행하기도 하고 규범의 확산에 후행하기도 하는데, 확산 단계 이전에 제도화된 규범의 경우는 티핑 포인트에 도달하여 많은 국가들에 의해 수용된다.

⑻ 두 번째 단계는 규범이 확산(norm cascade)되어 나가는 단계로 국가들은 순응(conformity)에 대한 부담감, 국제적인 정당성(legitimation), 자부심(self esteem)을 향상시키고 싶은 소망 때문에 규범을 받아들인다.

① 확산 단계에서는 국제 규범을 수용하는 국가들이 확대되면서 규범 추종자(norm follower)가 증가하고 규범은 지지의 폭을 넓혀 나간다.

② 핀모어와 시킨크는 이 단계에서 작동하는 주요 메커니즘으로서 사회화를 제시했다. 여기서 사회화란 규범 파괴자(norm breaker)가 규범 추종자가 되도록 유도하고 국가들에게 규범을 따르도록 설득하는 과정을 의미한다.

③ 이 단계에서 규범을 준수 및 순응하는 이유에 대해, 즉 사회화가 가능한 이유는 국제사회의 일원으로서 정체성을 들고 있다.

⑼ 규범의 확산 단계 이후 규범은 내재화 단계로 이동한다. 이 단계에서 규범은 당연히 받아들여지는 지위(taken-for-granted quality)를 획득하게 되고 해당 규범은 더 이상 논란의 대상이 되지 않는다.

⑽ 핀모어와 시킨크에 따르면 규범들은 각 단계의 과정상에 존재하지만 반드시 생애주기의 모든 단계에 도달해야 하는 것은 아니다. 앞서 제시한 형성－확산－내재화의 세 단계가 모든 규범들이 필연적으로 겪는 과정은 아니라는 것이다.

⑾ 핀모어와 시킨크는 국가 중심의 분석이라는 한계를 갖는다.

CHAPTER 05 마르크스주의 및 구조주의

제1절 구조주의의 개념 및 등장배경

❶ 마르크스주의 개요

(1) 마르크스주의는 자본주의 세계 – 체제를 지배하는 원리를 규명하고자 한다.

(2) 마르크스주의는 주권국가보다는 계급을 주요 행위자로 전제한다.

❷ 마르크스주의 주요 주장

(1) **지배관계**
   ① 소수자 자본가가 다수자 노동자를 지배(착취)
   ② 중추가 위성을 지배(착취)
   ③ 중심부가 주변부를 지배(착취)

(2) 전쟁은 자본주의 세계체제의 내재적 모순을 극복하기 위한 현상이다.

(3) 세계화는 제국주의의 다른 모습이다.

(4) 모든 정치 현상은 가진 자와 없는 자 간의 갈등이며, 국제정치경제의 주요 거래규칙도 가진 자를 위해 작동하기 때문에 중립적이지 못하다.

❸ 구조주의 개념

(1) 일반적으로 국제정치이론에서 구조주의란 연구대상을 고립되어 있는 개별적 사실보다는 일련의 사실들 간 상호관계에 초점을 맞추는 접근법을 말한다. 즉, 개별국가의 특성보다 국가들 간에 연계된 국제체제의 구조에 초점을 맞춘다.

(2) 맑스의 전통을 이어받은 구조주의자들은 경제구조가 사회구조에 강력한 영향을 미치는 것으로 전제하고, 국제관계를 결정하는 중요한 동기를 경제적 이해관계로 이해한다.

(3) 계급 갈등을 국제관계로 확대하고, 국제관계에서 분석수준을 세계체제라고 하는 전 지구적 차원으로 넓히고 국제관계를 세계체제 안에서의 유기적 관계로 파악하려 한다.

❹ 구조주의 등장배경

(1) 제2차 세계대전 후 식민지 국가들의 정치적 독립에도 불구하고 경제적 종속은 지속되었다.

(2) 일부 학자들은 제국주의의 정치적 지배가 소멸해도 경제적 통제가 지속되는 상황을 신식민주의로 설명했다.

⑤ 대표적 구조주의 이론

(1) 1960년대 남미의 종속이론

(2) 1970년대 후반 세계체제론

⑥ 구조주의의 특징

(1) 자유주의 등 국제관계 이론은 국제관계에서 국가 간의 협력 가능성 등에 집중하는 반면, 실용주의와 구조주의는 국가 간의 갈등과 대립을 강조한다.

(2) 구조주의자들은 국제시스템의 구조적인 특성과 국가들의 행위 간의 상호작용을 중시하며, 이를 통해 전쟁의 원인과 결과를 분석한다.

(3) 구조주의적 국제관계 이론에서 전쟁과 평화는 개별 국가나 지도자이 행동의 결과가 아니라 국제체제 구조의 결과로 간주한다.

(4) 전쟁과 평화에 대한 구조주의적 관점은 국가 간의 권력 분배와 그 권력이 유지되고 경쟁하는 방식에 초점을 맞춘다.

(5) 따라서 이 이론들은 전쟁 현상을 이해하고 예측하는 데에 중요한 도구로 사용된다.

제2절 ㅣ 헤게머니 이론 : 그람시

① 이론 배경 및 개요

(1) 안토니오 그람시는 이탈리아 공산당을 창당한 마르크스주의 이론가이다.

(2) 그람시의 이론은 이성과 합리성을 중요시 여기는 실증주의를 비판하면서 발달했다.

⊘ 현실주의와 자유주의는 모두 실증주의에 속한다.

(3) 고전적 마르크스주의는 자본주의의 모순이 심화됨에 따라 노동계급 사이에 자본주의에 반대하는 "계급의식"이 고양될 것이며 이에 따라 혁명이 불가피하다고 주장한다.

(4) 그람시와 서구 마르크스주의자들은 하나의 딜레마에 봉착했다. 자본주의가 완숙하게 발전한 사회에서 "시민사회"가 번영하고 있다는 사실, 즉 민중과 국가 사이의 공간에 "중간을 매개하는 제도들"이 번영하고 있다는 사실이 국가 권력을 쟁취해 위로부터 사회적 변혁을 이뤄내겠다는 레닌주의적 전략을 실현 불가능한 것으로 만들었기 때문이다.

(5) 이에 그람시는 계급투쟁의 최전선에 '문화적' 생산 관계를 놓았다. 즉, 문화 장악이 이뤄져야만 경제적 기구 장악이 혁명으로 이어질 수 있다는 것이 그람시의 관점이다.

❷ 헤게머니 이론의 주요 개념

(1) 그람시의 진단은 다음과 같다.

> "동양적 세계(비서구 세계를 총칭하는 개념으로 러시아 포함)에서는 국가가 모든 것이고, 시민사회라는 것은 아직 원시적이고 단단하지 않다. 반면 서구에서는 국가와 시민사회의 관계가 적절히 자리잡고 있는데, 국가가 흔들리면 시민사회의 단단한 구조가 모습을 드러낸다. 국가는 단단한 성채의 외곽을 지키는 해자(垓子)에 불과하며 해자 뒤 안쪽으로 여러 방어용 성탑들과 흙벽들이 빼곡한 하나의 난공불락의 거성이 우뚝 서있다. 진짜 권력은 이 시민사회라는 이름의 성채 구조에 담겨있다."

(2) 이것이 그람시가 말하는 '문화적 헤게모니'로, 강압적 힘보다 훨씬 더 은밀한 형태의 권력을 의미한다.

(3) 사회학자 니키 콜은 각종 학교, 교회, 언론, 예술, 지식계급, 대중예술 같은 것들이 하나로 뭉쳐 그람시가 말하는 "한 사회의 지배적 세계관을 구성하는 규범, 가치, 신념"을 만들어낸다고 설명한다.

(4) 헤게모니란 바로 이 시민사회에서 지배계급이 지적·도덕적 지도력의 행사를 통해 창출하는 피지배계급의 자발적 동의를 의미한다.

   ① 이것이 이데올로기적 헤게모니 개념이다. 사상적인 헤게모니를 장악해야 한다는 것이다.

   ② "이제는 기동전(war of movement)이 아니라 진지전(war of position)이 필요하다."고 주장한다.

     ➡ 기동전은 독재적으로 밀어부치는 단기전이지만, 진지전은 대중을 의식화하여 '대중의 동의'를 얻어서 사회 전반을 변화시키는 것이다.

     ➡ 시민사회가 허약한 러시아에선 국가에 대한 직접적인 투쟁인 '기동전'이 중요한 반면, 시민사회가 강력한 서구에선 시민사회 안에서의 헤게모니를 획득하기 위한 '진지전'이 중요하다는 것이다.

더 알아보기

그람시 주장 요약

- 러시아에서는 볼셰비키가 그람시가 말하는 "기동전", 즉 국가 통제권을 놓고 지배계급과 노동계급이 공개적이고 직접적으로 벌이는 투쟁을 통해 혁명을 이끌었다.
- 하지만, 서구에서 혁명가들이 유토피아를 성취하기 위해서는 보다 오랜 시간이 들고 더욱 은밀하게 진행되는 '헤게모니 저항' 투쟁을 진행해야 하는데, 이러한 투쟁은 한 사회를 지배하는 문화적 합의에 대한 "진지전" 형태여야 한다는 것이다.
- 1960년대 독일의 운동권 지도자인 루디 두취케는 이러한 전투를 "시민사회 기관들을 뚫고 행진하는 대장정"이라고 표현했다.

(5) 그람시의 이론에 따르면, 정치적 영역은 '도미니오(dominio)' 즉 강제력을 통해 다스려지고, 시민사회는 '디레치오네(direzione)' 즉 설득과 합의에 의해 다스려진다.

제3절 종속이론

① 개념

(1) 종속이론은 1950년대와 1960년대 남미국가들의 구조적 실패에 초점을 맞추었으나 점차 저개발국에 대한 보편적 이론으로 발전했다.

➡ 확산이론(diffusion theory)에 대한 비판에서 시작되었다.

(2) 세계 정치경제의 구조가 남반구 저개발 국가들을 북반구 자본주의 중심부 국가들에 종속되게 만든다는 것이 핵심 주장이다.

(3) 종속이론은 맑스주의의 이론적 전통을 바탕으로 하며, 사회주의를 지향하지만, 고전적 맑스주의의 '선진국이 장기적으로 후진국에 자본주의를 전파하는데 기여한다.'는 의견에는 반대한다.

② 도스 산토스의 종속 시대 구분

(1) 식민지 종속(18~19세기)

(2) 금융-산업 종속(19~20세기)

(3) 전후 다국적기업들에 기반한 종속

③ 종속의 원인

(1) 프랭크는 개발된 지역과 개발중인 지역이 세계체제에 연결되면 주변부에 대한 착취구조가 형성된다고 보았다. 그는 중추-위성관계를 분석하면서 중추의 경제잉여의 착취와 위성의 저발전, 중추와 위성의 양극화, 세계체제의 양극화를 주장했다.

(2) 바란은 후진국의 경제발전이 선진국의 지배적 이익과 충돌하기 때문에 선진국의 지배계급은 후진국의 산업화를 억제한다고 주장했다.

(3) 프레비시는 1차 상품을 수출하는 주변부 나라들은 선진국들과 무역조건이 악화되어 고통받는다고 주장했다.

④ 주변부, 저개발 국가가 세계자본주의 체제로부터 빠져나오려면

(1) 일반적으로 종속이론은 문제의 원인에 대해 '내인론'을 주장한 근대화론을 비판하고 '외인론'을 주장한다.

① 내인론은 남북문제의 근본적 원인이 개도국 내부의 낮은 저축률이나 폐쇄적 경제체제라고 보고 외국자본의 도입과 개방경제체제로의 전환을 제시한다.

② 외인론은 중심부와 주변부의 부등가교환관계 자체를 문제로 보고 <u>중심부와 주변부의 무역관계 단절이 중요</u>하다고 주장한다.

(2) 프레비시(온건파)는 수입대체 산업화 정책으로 자국의 <u>유치산업을 보호해야 한다</u>고 주장했다. 하지만 중심부 국가가 유치산업 보호를 용인하지 않을 것이라는 비판이 제기되었다. 따라서 좀더 공격적인 국제경제질서의 개혁이 필요하다는 주장이 제기되었다.

➡ 프레비시는 내수 산업 육성, 정부 개입, 무역 다각화, 지역 협력, 공정한 국제 무역 체제 요구와 같은 전략을 제시하였다.

(3) 프랭크(급진파)는 남반부 국가들이 중심부와의 상호작용으로 저발전이 고착화된다고 주장했다. 즉, 저개발의 원인을 중심부에 대한 종속으로 보았기 때문에 <u>중심부와의 연계를 끊어야 한다</u>고 주장했다. 사회주의로 전환을 주장하기도 했다.

(4) 반면, <u>카르도소 등은 주변부 자본과 외국자본의 연합을 강조하였고, '종속된 발전'이 가능하다고 주장했다.</u>

① 종속된 발전은 후진국 정부가 일정한 역할을 하여 자본 축적과 산업화를 이룰 수 있다는 것을 의미한다.

② 선진국과 개발도상국 간의 경제적 관계가 항상 착취적이지 않다고 본다.

③ 즉, 그는 개발도상국이 외국자본과의 관계를 전략적으로 관리하고, 정부의 능동적 역할을 통해 경제적 발전을 이끌어낼 수 있다는 것이다.

④ 카르도소의 이론은 종속이론을 수정하여 더 현실적이고 복합적인 발전 가능성을 제시하는 데 기여했으며, 개발도상국의 자율성과 발전의 가능성을 강조한 점에서 중요한 의미를 지닌 것으로 평가된다.

⑤ 종속이론 평가

(1) 종속이론은 현존하는 자본주의 질서에 대한 과학적 분석의 틀과 자본주의가 생산해내는 불평등성과 착취에 대한 도덕적 비판을 행하는 토대를 제공하여 신자본주의를 이끌어내는 계기가 되었다.

(2) 종속이론은 이매뉴얼 월러스타인의 세계체제론에 영향을 주었는데, 특히 중심부와 주변부 분석이나 외인론적 진단과 처방 등에 영향을 주었다.

(3) **종속이론에 대한 여러 가지 비판**

① 개념을 적절하게 정의하지 못한다. 종속의 정도를 측정하는 방법이 불확실하고, 중심부, 주변부 개념도 불명확하다.

② 자본주의에만 치중하여 다른 형태의 착취를 고려하지 못한다. 자본주의 그 자체보다 국가 간의 불균등에 주목해야 한다.

③ 후진국 문제의 근원을 지나치게 국제체제의 책임으로 둔다.

④ 종속이론의 후진국 발전에 대한 예측이 빗나갔다(중국의 개혁 개방).

⑤ 변화를 위한 처방이 모호하고 구체적이지 않다.

⑥ 맑스주의자들도 종속이론이 지나치게 국가주의적이라고 비판한다. 자본주의적 생산수단에 대한 사적통제의 문제를 해결하지 못한다.

제4절 세계체제론 : 월러스타인

❶ 개요

(1) 세계체제론은 종속이론과 유사점이 많지만, 더 넓고 더 유연한 이론이다. 세계체제론은 월러스타인 (Immanuel Wallerstein)이 제시하였고, 체이스-던과 같은 여러 학자들에 의하여 발전했다.

(2) 이매뉴얼 월러스타인(Immanuel Wallerstein)은 근대 세계체제는 '16세기' 유럽에서 시작되었다고 주장한다.

   ① 그는 16세기 유럽의 대항해 시대와 신대륙 발견을 기점으로, 자본주의적 세계경제가 형성되었다고 설명한다.

   ② 이 시기를 통해 유럽 국가들이 경제적, 군사적 팽창을 시작하면서 전 세계로 자본주의적 경제 관계가 확산되었고, 현대 자본주의 세계체제의 기틀이 마련되었다고 보았다.

(3) 세계체제론자들은 중심부 국가의 주변부 국가들에 대한 영향력에 한정하지 않고 중심부 국가들의 패권 부상과 쇠퇴 간의 관계를 포함한 세계체제 전체적인 측면으로 분석의 수준을 확대했다.

(4) 세계체제론의 분석의 주요 단위는 단일의 노동분업과 다양한 문화체제를 가진 세계체제이다.

❷ 세계체제의 두 유형

(1) **세계제국**

   로마처럼 단일한 정치체계를 가지고, 중심부와 주변부의 노동에서 경제적 분업을 통제하기 위해 강압적 정치적 힘을 사용하는 유형이다.

(2) **세계경제**

   ① 세계경제는 많은 정치체계가 작동하기 때문에 하나의 국가가 전체 중심부를 정복하는 것이 아니라 중심부 국가들이 부상하고 쇠퇴함으로써 순차적인 패권을 갖게 된다는 것이다.

   ② 현대 세계체제는 세계제국 형태보다는 자본주의 세계 경제라는 형태를 취하고 있다.

❸ 현대 세계체제의 특성

(1) 국가들의 경제적 교환에 상호 의존하게 만드는 단일한 노동분업

(2) 이윤을 얻기 위한 상품과 재화의 판매

(3) 세계가 <u>중심부-주변부-반주변부</u>로 사회경제적 단위가 나뉘어지는 것

④ 세계체제론의 핵심주장

(1) 중심부 국가들은 세계경제의 다른 지역에 침투함으로써 농업을 넘어 더 높은 수준의 기술을 요하는 산업과 생산양식으로 이동한다.

(2) 중심부, 주변부, 반주변부의 구분은 민족국가에 기반하지 않으며, 세계체제에서의 역할에 따라 구분되어 진다.

(3) 부르주아의 이해관계는 어디서나 존재하며, 모든 국가는 중심부, 주변부, 반주변부의 요소를 가지고 있다.

(4) 세계체제론은 맑스주의를 계승하여 국제정치경제를 계급관계 및 착취 관점에서 바라본다.
   ⊘ 맑스주의는 생산관계 측면에서 자본주의를 파악하는데 비해 세계체제론은 교환관계 측면에서 자본주의를 파악한다.

⑤ 세계체제론의 특성

(1) **월러스타인**
   ① 중심부의 주변부 지배는 잉여생산물 시장보다는 값싼 원자재 조달처로서 불평등 교환을 통해 지배한다.
   ② 중심−주변부 사이에 반주변부 개념을 처음으로 도입했다.
   ③ 중심부, 주변부, 반주변부는 글로벌 구조를 통해 상호 교류하며 착취와 전환이 일어나기도 한다.
   ④ 반주변부는 피착취자이면서 동시에 착취자로 활동한다.

(2) 중심부−반주변부−주변부의 위계 이동은 어렵다. 반주변부의 존재가 주변부 국가에 대한 지속적인 지배를 가능하게 하는 측면이 있다.

(3) 세계체제론자들은 대체로 자본주의 쇠퇴와 사회주의 이행을 전망하지만 시기에 대한 전망은 애매하다.

(4) 자본주의 세계경제의 시간적 차원은 주기적 리듬, 장기적 추세, 모순, 위기 등으로 설명된다.

더 알아보기

국가의 구분
- **중심부**: 강력한 국가(민주적 정부), 자본기술 집약적 생산활동, 시장메커니즘에 의한 노동 통제
- **주변부**: 취약한 국가(비민주적 정부), 노동집약적 생산활동, 억압적 노동통제
- **반주변부**: 권위주의적 정부, 거간꾼 역할, 갈등 감소 역할 등을 수행
---

(5) **패권의 성쇠와 세계체제의 동학**: 주기적 리듬
   ① 콘트라티예프파장*
      ✎ 50년~60년 주기의 경제변동을 가리키는 말로 새로운 차원의 기술혁신이 등장해 경제에 변화가 생기게 된다는 것이다. 발견자의 이름을 따서 콘트라티예프파장이라고 부르는데 1780년대의 산업혁명, 1840년대의 철도, 1890년대의 자동차 발명으로 인한 경제변동이 콘트라티예프파동의 중요한 예이다.
   ② 월러스타인은 근대가 시작되는 분기점을 1500년으로 보고 중심부와 주변부의 경제적 팽창과 불황은 콘트라티예프 주기와 관련 있다고 주장했다.

(6) 세계경제의 장기적 추세

① **프롤레타리아화**: 생산자가 생산수단으로부터 유리된 결과 자신의 생존을 위해 불가피하게 노동력을 팔아야 하고 팔게 되는 존재로 진화하는 과정이다.

② **상품화**: 토지, 노동, 천연자원 등의 생산요인들이 시장에서 매매되어야 하는 대상으로 진화하는 과정이다.

③ **기계화**: 생산의 전 과정에서 인간 노동이 기계에 의해 대체되는 일반적인 추세를 가리킨다.

④ **팽창**: 세계체제는 비자본주의 지역을 세계경제에 편입시키는 과정을 통하여 지속적으로 팽창한다.

❻ 세계체제론의 의미

(1) 국제정치경제연구에 대안적 접근법을 제공했다. 사회경제적·정치적 변화에 대한 장기적이고 역사적인 관점을 제시했다

(2) 정치와 경제에 대한 관계 등에서 월러스타인은 현실주의와 맑스주의적 견해 사이의 가교 역할을 시도했다.

❼ 세계체제론 비판

(1) 고전적 맑스주의자들은 자본가와 노동자의 생산관계에 주목하지 않고, 중심부 - 반주변부 - 주변부 간의 교환관계에 주목한다고 비판했다.

(2) 현실주의자들은 국가의 역할을 이론화하지 못하였고, 강한 국가와 약한 국가의 단순 구도에 대해 비판했다.

(3) 후기 산업화된 국가들의 성공적 발전 모델도 존재한다는 것에 대한 설명의 한계가 있다.

(4) 세계자본주의 체제의 영향력을 제약하는 조건에서 너무 결정주의적이다.

제5절 | 제국주의론 : 레닌

❶ 개요

(1) 블라디미르 레닌(1870~1924)은 러시아의 혁명가이자 마르크스주의 이론가로, 1917년 러시아 혁명과 소련의 창립에 결정적인 역할을 한 인물이다.

(2) 레닌의 『제국주의론』은 자본주의가 필연적으로 제국주의로 발전하게 되는 과정을 분석했다.

❷ 핵심 내용

(1) 19세기 말과 20세기 초 자본주의가 점차 독점화되고, 제국주의 전쟁과 식민지 착취가 심화되는 상황을 분석하면서, 자본주의가 마지막 단계로 접어들었다고 주장했다.

(2) 레닌은 제1차 세계대전 중 독일과 영국 같은 주요 제국주의 국가들이 식민지를 두고 경쟁하는 현상을 지켜보며, 자본주의의 독점적이고 착취적인 성격이 전 세계적인 갈등과 불평등을 초래한다고 주장했다.

(3) 자본주의는 발전 과정에서 점차 독점화되고, 금융 자본이 국가 경제를 지배하게 되며, 이로 인해 자본이 해외로 수출되고, 식민지를 통한 착취와 경쟁이 이루어지게 된다는 것이다.

➡ 레닌은 제국주의에 대해 자본주의의 최종 단계에서 독점 자본과 금융 자본이 지배적인 역할을 하며, 자본 수출과 식민지 분할을 통해 세계 자본주의 체제를 유지하려는 시도라고 규정했다.

(4) 이러한 자본주의적 제국주의는 노동자 계급의 착취와 국가 간 갈등을 심화시키며, 결국 제국주의 전쟁을 초래하게 되는 것이다.

(5) 레닌은 제국주의를 자본주의의 필연적이고도 부패한 단계로 간주하며, 자본주의가 전 세계를 지배하면서 발생하는 사회적 불평등과 국가 간 갈등이 사회주의 혁명으로의 전환을 불가피하게 만든다고 주장했다.

(6) 레닌은 제국주의가 필연적으로 제국주의 국가 간의 전쟁을 일으키게 된다고 주장하면서 제1차 세계대전을 제국주의 전쟁이라고 칭했다.

> **더 알아보기**
>
> **제국주의론 관련 기타 이론**
> • 평화공존론은 자본주의 국가와 사회주의 국가 간 전쟁없이 공존 가능하다는 주장이다.
> • 사회주의국가들 간의 관계를 설명하는 것은 사회주의적 국제주의이다.
> • 국가독점자본주의는 생산과 교환을 결정할 수 있는 권한이 국가에게 전적으로 귀속된다(주로 개발독재 체제).
> > [cf.] 제국주의이론 : 선진자본주의 국가와 후진국 간의 관계를 설명
> • 제국주의의 원인
> > – 홉슨(J. A. Hobson) : 국내경제정책의 실패로 과소소비, 과잉저축의 결과 해외 상품 소비지를 찾아 나서는 것이 제국주의라고 설명했다(맑스주의자는 아님). – 자본주의의 실수
> > – 모겐소(Morgenthau) : 국가의 권력욕에서 발생한다고 주장했다.
> > – 레닌(Lenin) : 자본주의의 독점단계에서 발생한다고 주장했다.
> > – 슘페터(schumpeter) : 한 국가의 무제한적인 강력한 팽창을 향한 맹목적 충동(objectless disposition)의 발현이라고 주장했다.

조셉 슘페터의 제국주의론

- 제국주의는 지나간 시대로부터 물려받은 전쟁욕, 팽창욕 때문이다.
- 제국주의는 자본주의와 그 기원을 달리한다.
- 제국주의는 근대사회의 봉건적 요소, 대외팽창, 국제대립이라는 환경의 변화에 대응하여 나타났다.
- 한 사회의 민주적, 개인주의적, 합리적 경향을 증대시킴으로써 제국주의적 충동이라는 본능적 잔재물을 후퇴시킨다.

제6절 제국주의 구조이론 : 요한 갈퉁

❶ 개요

(1) 갈퉁은 제국주의를 중심국과 주변국의 관계로 설명한다.

(2) 제국주의를 단순한 자본주의로부터 야기되는 경제적인 측면만을 보지 않고 정치, 경제, 군사, 문화, 통신이라는 관점에서 정의되는 지배의 구조적 관계를 분석했다.

❷ 핵심 개념

(1) 중심부 국가와 주변부 국가 간에 국제적인 노동 분화에 기초한 '수직적 상호작용 관계'와 '봉건적인 상호작용의 기제'가 불평등을 유지하고 영속화 시킨다.

➡ 경제적인 면에서의 수직적 상호작용은 정치, 군사, 문화 그리고 통신 부문에 회전 및 파급효과를 가져온다.

(2) 갈퉁은 주변국 국가 내부 상황을 살펴볼 것을 주장했다.

➡ 주변부 국가들은 국제적 노동 분화로 미가공 생산에 특화하고 수출을 하는 대신 공산품화하는 것과 관련된 연구나 기술혁신 등을 등한시 하게 되어 불평등이 심화된다.

(3) 노동의 분화가 국가의 내부에 미치는 영향은 국가에 따라 다르다.

(4) 중심부 국가의 중심부 엘리트와 주변부 국가의 중심부 엘리트 간에만 이익의 조화가 존재한다.

① 중심국 내에서 보다는 주변국 내에서 더 많은 이해의 부조화가 발생한다.

② 중심국의 주변과 주변국의 주변간 이해도 불일치한다.

(5) 평화를 바라보는 시각

① 갈퉁은 제국주의 체제가 국제질서 내에서 구조적으로 수립되었기 때문에 제국주의를 국제적 차원에서 '구조적 폭력'을 야기시키는 지배구조라고 하였다.

② 갈퉁은 제국주의의 지배구조(수직적 상관관계 및 봉건적 상관관계)를 노동분업에 따라 경제, 정치, 군사, 커뮤니케이션, 문화의 분야에 걸쳐 분석했다.

③ 갈퉁은 평화를 '전쟁없는 상태'를 넘어 모든 종류의 '폭력없는 상태'로 정의하면서 평화는 직접적, 물리적 폭력뿐만 아니라 사회적 불평등이나 차별 등과 같은 간접적, 구조적 폭력까지 극복된 상태로 이해되어야 함을 강조한다.

④ 갈퉁은 '적극적 평화'란 구조적 폭력이 없는 상태라고 주장했다.

CHAPTER 06 기타 세부 이론 및 모델

민족주의 : 베네딕트 앤더슨(Benedict Anderson)

❶ 개요

(1) 앤더슨은 민족주의 이론을 그의 대표작인『상상의 공동체』에서 주장했다. 그는 민족주의를 전통적인 민족의 개념과는 다르게 바라보았으며, 민족을 상상의 공동체(imagined communities)로 정의했다.

(2) 그의 이론은 민족주의를 사회적, 정치적 현상으로 분석하였으며, 민족의 형성 및 국가적 정체성의 기원에 대한 새로운 시각을 제시했다.

❷ 핵심 개념

(1) 상상의 공동체

① 앤더슨은 민족을 "상상의 공동체"로 설명한다. 이는 민족 구성원들이 서로 직접 만나거나 알지 못하지만, 그들은 자신들이 속한 민족을 공유하는 상상 속의 공동체로 인식한다는 개념이다.

② 민족은 물리적으로 만날 수 없는 사람들과의 연결을 통해 형성되며, 공동체의 정체성은 서로의 상호 인식과 소속감을 통해 유지된다.

(2) 앤더슨은 민족주의의 발전에 중요한 역할을 한 요소로 언어와 인쇄술을 강조했다.

① 특히, 인쇄 자본주의가 민족 형성에 중요한 영향을 미쳤다고 주장했다.

② 인쇄술의 발달로 인해, 동일한 언어를 사용하는 사람들이 서로 정보를 주고받을 수 있게 되었고, 이를 통해 민족 공동체가 형성되었고, 민족의 자각이 일어났다는 것이다.

(3) 앤더슨은 민족주의가 근대화와 관련이 깊다고 보았다. 특히, 근대 국가와 행정의 중앙집중화가 민족을 형성하는 중요한 배경으로 작용했다는 것이다.

(4) 근대 국가의 발전과 함께, 사람들이 국가라는 개념을 상상하고 그 안에서 공동체를 구성하는 방식이 강화되었는데, 예를 들어, 학교와 군대는 근대 국가의 형성 과정에서 사람들에게 국가와 민족의 정체성을 교육하고 강화하는 중요한 기관으로 기능했다.

(5) 앤더슨은 민족주의가 근대에 들어서면서 서구에서 시작되었다고 주장했다.

(6) 앤더슨에 따르면, 민족은 상상된 공동체이기 때문에 변화 가능성이 크다. 즉, 민족의 경계와 구성은 고정되지 않고 시대와 상황에 따라 달라질 수 있다. 민족주의는 사회적, 정치적 변화와 함께 지속적으로 발전하고 변형될 수 있다는 점에서 유동적이고 역사적인 현상이라는 것이다.

❸ 영향 및 파급효과

(1) 앤더슨은 민족주의를 단순히 자연적이거나 고유한 것이 아니라, 역사적이고 구성된 현상으로 보았기 때문에, 민족주의의 정의와 해석에 대한 새로운 관점을 제공했다.

(2) 앤더슨의 이론은 세계적인 민족주의 운동과 식민지 국가들의 독립운동을 이해하는 데 중요한 틀을 제공했다. 많은 식민지 국가들이 민족주의를 내세워 독립을 쟁취했으며, 이는 민족이 단순히 지역적이나 고유한 현상이 아니라, 세계적인 힘으로 작용할 수 있다는 점을 보여주었다.

❹ 민족주의 대항요인 및 촉진요인(F. Halliday)

민족주의 대항요인	민족주의 촉진요인
• 공유된 번영 • 경제통합 • 이주 • 여행과 관광 • 해외고용 • 지구적 차원의 위협 • 세계적 규모의 통신 • 경제주권에 대한 믿음의 종언	• 해외투자에 대한 통제 상실 • 이주민에 대한 반감 • 실업의 두려움 • 초국가적 제도에 대한 분노 • 외래 문화에 대한 혐오 • 테러와 정부 전복에 대한 두려움 • 지구적 미디어에 대한 반감

❺ 기타 민족주의의 특징

(1) 민족주의는 개인이 민족국가에 대해 지니는 충성과 같은 심리적 상태를 의미한다.

(2) 민족주의는 객관적 조건(언언, 혈연 등)과 주관적 조건(민족공동체 의식 등)이 혼합된 개념이다.

(3) 민족주의에 있어 정서적 유대감은 매우 중요하다.

(4) 19세기 유럽의 민족주의는 자유주의 전통에서 비롯되어 자유주의적 민족주의라고도 불린다.

(5) 19세기 말엽에는 통합적 민족주의가 등장하여 제국주의적 성격을 띠게 되었다.

(6) 민족주의는 자본주의와 함께 근대국가 성립에 중요한 역할을 했다.

(7) **민족주의 관련 이론가들의 주장**

① 루소 : 정치적 공동체에 대한 애국주의를 강조했다.

② E. H. 카 : 20세기 두 차례의 세계 전쟁은 19세기 이후 점점 더 강성해진 민족주의가 그 절정기에 도달하게 된 때 일어난 사건이다.

③ 르낭 : 인종과 국가를 혼동하지 말 것을 강조했다. 한 언어를 말하거나 한 겨레라고 해서 반드시 하나의 민족이 되는 것은 아니며, 민족의 요체는 과거에 위대한 일들을 함께 이루었고 미래에 또 다른 위업을 함께 이루고자 하는 의지에 있다고 주장했다.

제2절 양면게임이론*

✎ 일반적으로 모든 게임이론은 다음과 같은 특성이 있다고 설명된다. 규범적 이론, 정적인 이론, 합리적 선택 이론, 상황
  이론 등이다. 이 중 상황이론이란 행위자의 고유속성은 무시하고 누구라도 주어진 상황에 놓이게 되면 다 같은 행위
  성향을 나타낼 것이라는 형식이론을 의미한다.

① 이론 개요

(1) 미국 하버드 대학교 로버트 퍼트남(Robert Putnam)교수는 양면게임이론을 통해 국가 간 협상을
    설명했다.

(2) 이 이론은 국가들은 다른 국가들과의 협상 시 국제적 요인과 국내적 요인을 동시에 고려한다는
    것이다.

(3) 양면게임이론은 국제정치적 측면과 국내정치적 측면으로 구분하여 국가 간 갈등 및 협력 관계를
    설명하는 기존 이론들을 비판하고, 두 가지 측면이 상호 밀접하게 연관되어 국가들이 협상에 임한
    다고 주장했다.

(4) 왈츠의 국제체제이론에 대해 비판적이다.

② 핵심 내용

(1) 이 이론에 따르면 모든 협상은 두 개의 영역에서 동시에 진행되는 게임이다.

(2) 제1면(Level 1)에서는 국가 간 합의를 위한 국제적 게임이 진행되는데, 이는 각 국가의 협상 대표자
    (단)들 간의 게임을 의미한다.

(3) 제2면(Level 2)에서는 국내적 차원의 게임이 진행되는데, 이것은 각 국가의 협상 대표자(단)와 국내
    단체 간 이루어지는 게임이다. 즉, 협상 대표자(단)에게 영향을 줄 수 있는, 예를 들어 의회, NGO
    단체, 기타 이익집단 등과의 게임을 의미한다.

(4) 이 이론은 결국 한 국가가 다른 국가와 협상하기 위해서는 협상 상대 국가 대표자와 협상과 동시에
    국내의 관련 집단들의 주요 당사자들과도 협상을 해야 하며, 협상이 성공적으로 이루어지기 위해
    서는 상대 국가의 대표자와 원만하게 협상을 진행하는 것도 중요하지만 협상 당사국 내부 이해
    당사자들로부터의 동의를 얻는 것도 매우 중요하다고 주장하는 것이다.

(5) 하지만, 국제적 게임과 국내적 게임이 인과적 과정 위에 놓여있는 것이 아니라 두 게임이 동시에
    진행된다. 즉, 국가는 단일한 하나의 행위자가 아니고 내부의 의회, 정당, 국내 각 기관, 이익집단,
    국민 등 다양한 이해 당사자가 존재하는 복합적인 행위자이고 내부 당사자들은 협상 사안에 관한
    선호와 이해관계를 가지게 되며 이러한 다양한 당사자들의 선호가 결국 국가의 정책결정에 영향을
    미친다.

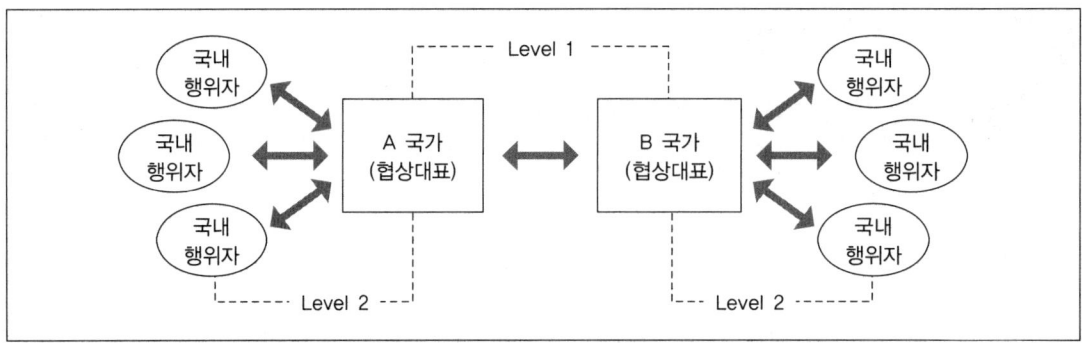

③ 주요 개념

(1) 양면게임이론에서 가장 중요한 개념은 윈셋(winset)

① 국가가 특정 국가와 협상에 있어서 <u>국내에서 양보를 할 수 있거나</u> 혹은 양보를 이끌어 낼 수 있는 정도이다.

② 윈셋 크기에 영향을 주는 요인

㉠ 준비단계에서 국내 행위자들 간 이슈별 선호와 이해관계 상충 정도

㉡ 협상단계에서 협상 참가자의 협상력과 전략

㉢ 국가자율성 등 비준단계에서 영향을 줄 요소

㉣ 기타 : 정보의 비대칭성, 시간 제약, 외부압력, 선택 가능 옵션 수 등

(2) 국가 간의 협상이 진행되기 위해서는 국내에서 여론형성 등 윈셋 설정이 이루어지고 이를 바탕으로 협상이 진행되며, 양 국가 간 윈셋이 교차하는 부분이 있어야 합의가 가능하다. 윈셋이 교차하는 범위가 넓을수록 국가 간 합의 가능성이 증가한다.

(3) 예를 들어 협상 당사국들이 모두 큰 윈셋을 가지고 있을 경우, 윈셋이 교차될 가능성도 그만큼 커진다. 이는 협상의 성공 가능성이 커진다는 것을 의미한다.

(4) 한 국가만 윈셋이 클 경우 상대적으로 큰 윈셋을 가진 국가의 양보로 협상이 이루어질 가능성이 높다. 따라서 윈셋이 큰 국가의 경우, 즉 국내 행위자간 협상 주제에 대한 이견이 적은 경우, 상대 국가와 합의 가능성은 높아지지만, 상대국의 윈셋 크기에 따라 자국의 이득이 줄어들 수 있다.

(5) 결국, 윈셋의 크기와 교차하는 범위에 따라 협상의 타결 가능성과 협상에서의 아측의 입장 반영 수준이 달라진다고 할 수 있다.

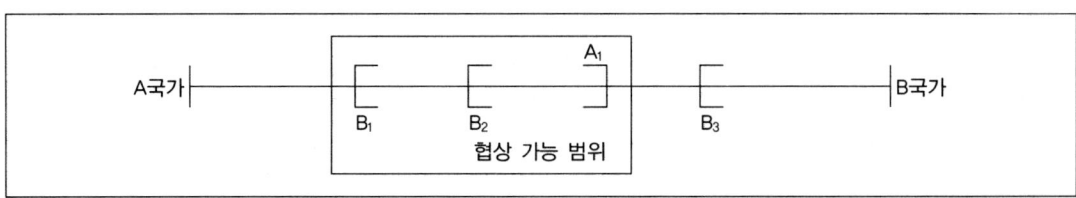

④ 협상전략

(1) 양면게임이론에서는 협상 대표자가 사용하는 전략에 따라 윈셋이 변화하게 되며 이를 통해 협상이 합의에 이르거나 결렬될 수 있다고 설명한다. 윈셋의 크기 변동을 위해 사용 가능한 전략은 크게 다음의 세 가지 유형이 있다.

(2) **첫째, 자국의 윈셋을 변화하는 전략**

윈셋을 축소하거나 확대하는 전략으로 나눌 수 있다.

① **자국의 윈셋을 축소하는 전략 :** 협상 주제에 대해 반대하는 국내 세력들에게 공개적인 약속을 하거나, 정치쟁점화를 유도하여 국내에 강경한 입장을 강화하는 전략이다. 물론 이러한 전략의 경우 협상 대표자(단)의 유연성을 제한하여 아측에 불리하게 작용할 수 있기 때문에 협상 상대국의 윈셋이 충분히 클 경우에 시행되는 것이 일반적이다.

② **자국의 윈셋을 확대하는 전략 :** 협상으로 인해 아측이 얻을 수 있는 결과가 확연히 클 경우 사용되는 전략으로, 이 전략을 수행하기 위해서 협상 테이블에 올라와 있는 주제를 되도록 '시획적 이익'에 부합하는 차원으로 확대하여야 한다. 이런 전략을 '고삐 늦추기'라고 한다.

(3) **둘째, 상대국의 윈셋을 변화시키는 전략**

협상을 아측에 유리하게 하기 위해 상대방 내부의 변화를 유도하는 전략으로 직접적인 로비, 강경파 또는 무관심 집단을 온건한 입장으로 변화시키는 행동 등이 해당한다. 전자의 경우를 상대방에게 직접적으로 호소하는 전략이라 하여 '메아리 전략'이라 하고, 후자의 경우는 특정 집단을 표적으로 사안의 구조 자체를 바꾼다고 하여 '표적 사안 연계'라고 한다.

(4) **셋째, 초국가적 외교 전략**

이는 국내 이익집단을 통해 상대국의 정책 결정 과정에 영향력을 행사하는 것으로 브로커, 현지 법률고문 등의 자문을 통해 상대국에 직접 영향을 주는 방법과 공동의 이해관계를 가진 상대국의 이익집단과 연대 또는 제휴를 통해 간접적인 영향을 주는 것을 말한다.

제3절 | 포기-연루딜레마 : 동맹안보딜레마 이론

① 개념

(1) 포기-연루딜레마는 동맹 관계에서 발생할 수 있는 딜레마로, 주로 국가들이 동맹을 맺을 때 겪게 되는 두 가지 주요 위험을 설명한다.

(2) 즉, 이 딜레마는 동맹의 포기와 연루라는 두 가지 선택 사이에서 발생하는 갈등을 중심으로 하고 있다.

② 핵심 내용

(1) 포기(Abandonment)

① 동맹국이 위기에 처했을 때, 다른 동맹국이 그 동맹을 지원하지 않고 포기하는 것을 의미한다.

② 이 경우, 한 국가가 동맹국을 지원하지 않음으로써 동맹의 신뢰가 깨지거나, 국제사회에서 그 국가의 신뢰도가 하락할 수 있다.

(2) 연루

한 동맹국이 다른 동맹국의 갈등이나 전쟁에 연루되는 위험으로 자국의 국가이익이 없음에도 불구하고 동맹국의 분쟁에 개입하게 되어 본의 아니게 군사적 충돌에 말려들게 되는 상황을 의미한다.

(3) 동맹의 강도에 따라 포기-연루의 강도가 변화

① 동맹이 강하게 밀착할 경우, 포기의 가능성은 줄어드나 연루의 가능성은 증가한다.

② 동맹이 약화될 경우, 연루의 가능성은 작으나 포기의 가능성이 증가한다.

제4절 엘리슨 모델

① 개요

(1) 위기는 어떻게 발생하느냐의 문제도 중요하지만 이를 어떻게 관리하느냐의 문제가 더욱 중요하다.

(2) 위기를 효과적으로 관리하기 위해서는 위기를 사전에 예방하는 것이 최우선이다.

(3) 하지만, 위기가 발생했을 시에는 '최소한의 피해로 최대한 신속하게' 위기를 벗어나도록 하는 것 또한 매우 중요하다.

(4) 이를 위해서는 조직의 효율적인 의사결정체계가 필요하다고 할 수 있는데, 이러한 과정을 잘 보여주고 있는 것이 엘리슨이 제시한 세 가지 모델이다.

(5) 엘리슨은 외교정책 결정 과정에서 개인적인 요인이 큰 영향을 준다는 주장에 대해 비판적인 견해를 피력했다.

(6) 이에 그는 정부를 포함한 그것을 구성하는 조직들이 의사결정 과정의 핵심적인 행위자라고 주장했다.

(7) 엘리슨은 자신의 저서 『결정의 에센스』에서 합리적 행위자 모델(Rational Actor Model), 조직 과정 모델(Organizational Process Model), 관료 정치 모델(Bureaucratic Politics Model) 등을 제시하였다.

② 합리적 행위자 모델

(1) 기본 가정은 '국가는 합리적 행위자'라는 것이다. 즉, 국가는 자국의 이익과 목표를 달성하기 위해 여러 가지 대안 중 가장 합리적인 대안을 선택한다는 것이다.

(2) 이는 여러 조직들의 단일 집합체로써 완전한 정보를 가지고 있는 국가가 가치를 극대화하는 방법으로 의사를 결정한다고 보는 방법이다.

(3) 이 모델에 따르면 위기에 봉착한 정부는 위기 타개를 위한 목표 및 목적을 설정하고 그것을 달성하기 위한 다양한 대안을 도출하여 이를 바탕으로 각 대안들의 장단점, 즉 이익과 비용을 계산하여 가장 효율적인 대안을 선택한다.

(4) 이러한 과정을 통해 선택된 대안이 국가이익을 위한 최선의 정책이며, 이것을 실행함으로써 위기를 관리한다는 것이다.

(5) 합리적 행위자 모델은 국가를 하나의 통일된 행위자로 가정함으로써 복잡하고 혼란스러운 상황들을 하나의 역동적인 과정으로 설명이 가능하게 해줌으로써 국제정치 및 외교정책 분야에서 지금까지 가장 널리 사용되어 온 모델이다.

③ 조직 과정 모델

(1) 이 모델은 국가는 단일한 유기체가 아니라 독자적인 생명력을 가지고 있는 여러 조직이 느슨하게 엮어져 있는 연합체라는 것으로, 정부의 결정은 조직들이 미리 만들어 놓은 규정과 절차에 의해 움직인다는 것이다.

(2) 즉, 국가의 의사결정은 예하 조직의 움직임에 따라 결정되는 경향이 있다는 것이다.

(3) 이 모델에 따르면 문제해결을 위한 권한은 각 조직들에게 분권화되어 있는데 이러한 조직들은 고유의 임무, 이를 수행하기 위한 절차, 조직적 능력, 독자적인 조직문화를 가지고 있다.

(4) 또한, 개별 조직들은 자체적인 기능을 통해 정보를 획득하고 문제를 식별하며, 가용한 능력 범위 내에서 대안을 산출한다.

(5) 따라서 위기 발생 시 채택될 수 있는 대응 정책은 각 조직이 표준행동절차(Standard Operating Procedure, SOP)에 따라 제시하는 산출물을 바탕으로 하고 있으며, 이 산출물은 시간과 능력의 제한으로 인해 우선순위가 채택되며 이러한 것이 정부의 의사결정에 영향을 미치게 되는 것이다.

④ 관료 정치 모델

(1) 관료 정치 모델은 정부 내부의 정치적 갈등과 협상에 중점을 두고 설명한다.

(2) 이 모델은 국가를 단일 행위자로 인식하지 않고 다양한 의사결정권자들의 집합으로 여기며 의사결정과정의 상호 영향력이 의사결정에 영향을 미친다고 보는 관점이다.

(3) 즉, 정부의 행동은 단일 행위자의 합리적 선택도 아니고, 조직의 절차와 능력의 산물도 아니며, 다만 정책 결정에 참여하는 다양한 개별 행위자들의 협상과 흥정의 결과라는 것이다.

⑷ 결국 정치 행위자들은 일관되고 단일화된 국가이익을 목표로 하는 것이 아니라 각각의 개인이익, 집단이익, 조직이익에 따라 움직인다는 것이다.

⑸ 따라서 정부 정책이라는 최종산물은 정책결정과정에 참여한 행위자들의 이익을 부분적으로 반영한 일종의 콜라주 또는 절충안과 같다고 설명한다.

❺ 비교

⑴ 엘리슨의 세 가지 모델은 서로 다른 특징들을 지니고 있으며, 모델들이 각각 설명력을 지니고 있다.

⑵ 하지만 이 세 가지 모델은 행위자들의 응집성 차원에서 가장 큰 차이가 있다.
① 합리적 행위자 모델의 경우 정부를 하나의 잘 조직화된 유기체로 평가한다.
② 조직 과정 모델은 반독립적 하위조직들이 느슨하게 연결된 집합체이다.
③ 관료 정치 모델은 서로 독립적인 조직들의 집합체로 간주한다.

제5절 | 지역통합이론

❶ 개요

⑴ 지역통합이론은 1980년대 중반 이후 국제정치경제 질서의 재편과정에서 나타난 지역통합이라는 중요한 특징을 설명하고자 하는 이론이다.

⑵ 유럽 사례에 대한 설명이 주를 이루고 있다.

❷ 핵심주장

⑴ 신기능주의(Neo-functionalism)는 미트라니의 기능주의와 같이 기능적 확산효과의 압력에 주목했다. 한 분야에서 기능적 통합이 다른 영역의 통합으로 확산되기 때문에 통합의 진전은 자동적으로 이루어진다고 주장했다.

⑵ 하스의 경우, 미트라니와 달리 자기이익의 추구를 목표로 하는 행위자(국제기구와 제도 등)의 적극적 개입의 필요성에 주목했다.
① 기능주의는 국제협력이 경제적 또는 기술적 문제해결을 중심으로 이루어져야 한다고 주장한다. 이 협력이 국가 간 통합을 가져올 것이라고 보았다. 또한, 기능주의는 기술전문가를 통합된 주된 행위자로 보았다.
② 그러나 하스는 기능주의의 한계를 극복하고, 정치적 요소와 국제기구의 역할을 더 강조하며 신기능주의를 발전시켰다.
③ 즉, 하스는 더 큰 정치연합으로 성장하기 위해서는 기술적 요소에 정치적 요소를 더해야 한다고 주장했다. 따라서 공적이고 정치적이며 관료적인 그룹을 통합의 주된 행위자로 보았다.

(3) 신기능주의에 따르면 통합의 시작은 <u>하위정치(low politics)의 영역</u>에서 발생한다.

(4) 이후, 통합의 심화로 개별 국가 내에는 기존의 제반 사회 세력이 활동의 대상을 초국가적 기구로 전이, <u>즉 정치통합은 경제통합의 불가피한 부수효과</u>라는 것이 신기능주의자들의 입장이다.

   ① 초기 통합과정에서 초국가적 기구가 형성되면 초국가적 관료들이 그들의 역할과 권한 확대를 위해 통합의 대상 분야를 확대시키는 경향이 존재한다.

   ② 통합 역내 이익집단들도 초국가적 기구와의 이익표출 활동을 수행하며 이 과정에서 초국가적 기구에 대한 기대의 강도가 점진적으로 확대된다.

(5) 신기능주의는 정치를 다원주의적 관점에서 파악하며, 다원주의적 정치동학이 국가 수준뿐만 아니라 초국가적 수준에서도 발현될 수 있다고 보았다.

> **더 알아보기**
>
> **통합 성공을 위한 배경조건**
> - 시역통합에 참여하는 국가늘이 다원주의적* 사회구조를 가질 것
>   ∠ 다양성을 인정하고, 다양한 의견을 존중한다는 의미이다.
> - 경제 및 산업발전의 수준이 높을 것
> - 참여하는 국가들 사이에 이념적 정향성의 공통분모가 상당 정도 존재할 것

(6) 1975년 이후 지역통합론은 정부간 협상론을 강조하는 경향으로 진화했다.

   ① 정부간 협상론은 현실주의적 사고에 기반*한다.

     ∠ 다음의 네 가지 사항을 전제로 하고 있다는 점에서 현실주의적 사고에 기반하고 있다고 할 수 있다. ① 국내정치적 요소를 강조하여 신현실주의의 가정을 희석하였다. ② 그러나 현실주의의 국가 중심적 시각은 그대로 유지하였다. ③ 유럽 통합의 가장 중요한 행위자는 역시 국가이다. ④ 통합의 과정은 회원국들의 선호도 수렴 정도와 역내 강대국의 선호도로 좌우된다.

   ② 유럽의 통합은 근본적으로 국가의 이익 수렴이 이어졌을 때 그 실현을 위한 정책도구의 일환으로 간주된다.

(7) 정부간 협상론은 1965년 프랑스 드골 대통령에 의해 이른바 "공석의 위기" 발발로 통합 회원국 간의 견해 차이의 문제가 발생하였고, 1966년 룩셈부르크 타협으로 합의·해결되면서 의사결정 절차가 만장일치제로 확대되었다. 이는 사안에 대한 개별 회원국의 거부권(veto) 행사가 가능해졌다는 것을 의미한다.

더 알아보기

공석의 위기(empty chair crisis)
- 드골은 무엇보다 프랑스의 국익을 우선하는 민족주의적 노선에 충실했고, 유럽 통합과 관련해서도 "국가연합의 유럽"을 주장했다.
- 드골이 주장한 유럽은 초국가주의에 기초한 유럽연방과는 대조적인 것으로, 정부간 협조를 기본 목표로 하는 일종의 수평적 연합을 의미한다.
- 실제 드골은 1963년과 1967년 미국의 영향력 확대를 우려하며 영국의 공동체 가입을 거부하는데, 이는 확장을 통한 통합의 진전에 제동을 걸었다는 것을 의미한다.
- 1965년 EEC(유럽경제공동체)가 다수제의 도입 및 독자적 세원의 확보 등 공동체 기구의 강화를 진지하게 시도하자, 프랑스는 논의에 불참하는 '공석 정치'로 대응하면서 주권의 일부를 공동체에 양도할 의사가 없음을 명확히 표명했다.

⑻ 정부간 협상론에서 유럽 통합의 근본적 동인은 회원국 정부간 이해관계의 수렴현상이다.

① 통합의 구체적 내용과 방향은 회원국 간 힘의 관계에 따라서 기본적으로 결정되고 힘의 관계에 있어 주도적 위치에 있는 국가의 선호도가 통합과정에서 형성되는 공동체의 정책에 더욱 많이 반영된다는 점에서 현실주의적 관점을 공유한다고 평가된다.

② 호프만(stanley Hoffmann)은 그러한 맥락에서 유럽 통합의 과정에서 초국가적 기구 권한이 강화되는 것은 회원국들의 정부가 그것이 각국 이익에 긍정적 기여를 할 것으로 판단하기 때문이라고 주장했다.

➡ 정부간 협상론은 유럽 통합의 성과가 신기능주의적 확산효과에 의한 점진적 발전이 아니라 오히려 회원국 간 이해관계에 따른 정체와 도약의 반복 과정이라고 평가한다.

⑼ **자유주의적 정부간 협상론**: 모라브칙(Moravcsik)

① EU 회원국 정부는 국내의 사회적 압력과 국제환경적 제약 속에서 합리적으로 행위한다고 간주해야 한다.

② 유럽 통합의 진행과정을 3단계로 나누어 설명

1단계	2단계	3단계
회원국의 정책 선호가 국내정치 과정을 통해 형성되는 과정	회원국 간 협상이 진행·타결되는 과정	초국가적 기구에 대한 의사결정 권한의 위임 정도를 선택하는 과정

③ 모라브칙은 회원국의 유럽 통합에 대한 정책 선호는 기본적으로 경제적 이익에 의해 좌우된다고 보았다.

㉠ 회원국 간 협상의 결과는 국가 간 비대칭적인 상호의존성에 의해 결정된다.

㉡ 제도적 선택은 정책 분야별로 회원국 간 신뢰도에 따라 결정된다.

㉢ 회원국이 위반동기가 큰 정책분야일수록 약속 이행을 위해 개별 국가들은 권한을 초국가 기구에 부여한다.

④ 모라브칙의 이론은 국내 정치 영역에서 발생하는 국가선호의 형성과정을 다룬다는 점에서 자유주의적이고, 국가가 통합을 둘러싼 전략적 협상을 주도한다고 강조하는 점에서 현실주의적인 이론이라고 평가된다.

제6절 문명충돌론 : 사뮤엘 헌팅턴

❶ 개요

(1) 사뮤엘 헌팅턴의 『문명의 충돌』이라는 저서에서 등장한다.

(2) 인류의 역사를 통틀어 볼 때, 문명과 문명이 만날 때에는 항상 크고 작은 분쟁이 벌어져 왔다는 것이 핵심 주장이다.

(3) 즉, 문화의 차이가 문명의 충돌을 가져올 것이며 분쟁의 주요 원인이 될 것이라고 주장했다.

(4) 세계 문명을 서유럽, 유교, 일본, 이슬람, 힌두, 슬라브정교, 라틴아메리카 문명 등으로 구분했다.

(5) 냉전 종식 후 다극체제로 세계질서가 재편된다고 주장하였다.

(6) 냉전 기간 동안 미국과 소련의 이념 대립을 위해 대신 싸워온 대리 전쟁 국가들 내부에서 쌓여온 갈등, 그리고 자본주의와 공산주의 이념을 대체하는 새로운 이데올로기로서의 문명 정체성이 새로운 분쟁의 씨앗이 될 것이라고 주장했다.

❷ 핵심주장(예측)

(1) 서구(Western)의 영향력은 줄어들 것이며, 동아시아와 이슬람 문명의 영향력이 증대할 것이다(유교 문명과 이슬람 문명이 연합해 서유럽 문명과 대결할 가능성 주장).

① 이슬람 국가들과 인근 국가들 간의 세력균형이 위협을 받을 것이며, 비서구 문명들은 자신의 문화의 고유한 가치를 강화해 갈 것이다.

② 서구의 압도적인 패권은 점차 약화될 것이며, 그 패권은 점차 비서구 세계, 특히 동아시아 문명으로 빠르게 이동할 것이다.

③ 이런 패권의 이동은 비서구 사회의 자긍심과 서구 사회에 대한 거부감을 증대시킬 것이다.

(2) 자본주의와 공산주의 이념의 쇠퇴로 인하여 종교의 이념적 가치가 부활하여 더욱 큰 영향력을 행사하기 시작할 것이다. 비서구 국가들은 서구 문명의 타락성에 반감을 가지며 서구 문명에 대한 안티테제로서의 종교의 순수성을 강조할 것이다.

(3) 이슬람과 동아시아는 도전의 기반이 서로 다르다. 동아시아는 빠른 경제성장에 기반을 둔 자기주장을 펼칠 것이며, 이슬람은 인구 증가를 기반으로 자기주장을 펼칠 것이다.

① 이 차이점은 두 문명의 각기 다른 도전이 세계 질서에 위협을 끼치는 정도의 차이를 야기할 것이다.

② 경제 성장에 기반을 둔 동아시아는 이미 구축되어 있는 세계 질서 하에서 자신의 목소리를 낼 수 있는 기반을 마련하고 있지만, 그렇지 못한 이슬람은 비자본주의적인 방식, 즉 테러리즘과 같은 무력행사로서 자신의 목소리를 낼 것이다.

③ 따라서 동아시아보다는 이슬람이 더욱 세계 질서에 위협적인 존재가 될 것이다.

(4) 이렇듯 자신들의 가치가 세계 보편적인 가치임을 주장하는 서구 문명에 맞서 동아시아(특히 중국), 이슬람의 도전이 앞으로의 세계 질서의 위협 요소 중 가장 큰 영향력을 미치는 요소가 될 것이다.

(5) 중국이 아시아의 패권국으로 부상하려는 것을 미국이 저지하려고 할 경우, 대규모 전쟁의 가능성도 존재한다.

(6) 헌팅턴은 글로벌화와 경제적 상호작용이 각국을 연결시킬 수 있지만, 그와 동시에 문명 간의 차이로 인해 문화적 단절과 갈등도 발생한다고 주장했다. 즉, 세계화가 문명적 충돌을 심화시킬 수 있다는 것이다.

> **더 알아보기**
>
> **문명의 정치 등장 요인**
>
> 헌팅턴은 문명의 정치가 국제체제에서 전개되고 있는 네 가지 장기과정에서 비롯된 것이라고 주장했다. 네 가지 요인은 다음과 같다.
> - 첫째, 서방의 상대적 쇠퇴
> - 둘째, 아시아 경제의 성장과 인류사상 최대 강국이 되려는 중국의 출현
> - 셋째, 이슬람 세계의 인구폭발과 이와 관련된 이슬람의 부활
> - 넷째, 상업, 정보, 사람의 초국가적 흐름의 엄청난 팽창과 같은 지구화의 충격

제7절 오리엔탈리즘

① 개요

(1) 에드워드 사이드(Edward Said)의 저서 『오리엔탈리즘(Orientalism)』(1978)에서 제시된 개념으로, 서양이 동양을 어떻게 왜곡하고, 구속하며, 지배적인 방식으로 인식했는지를 설명하는 이론이다.

(2) 사이드의 오리엔탈리즘은 주로 문화적, 정치적, 역사적 맥락에서 서양과 동양 간의 관계를 분석했다.

(3) 이 이론은 서구 중심적 사고 방식을 비판한다.

② 사이드가 제시한 오리엔탈리즘의 주요 특징

(1) **서양의 동양에 대한 고정된 이미지**
  ① 서양은 동양을 신비롭고, 이국적이며, 미개하고, 야만적인 것으로 묘사하는 경향이 있다.
  ② 이 과정에서 동양은 서양에 의해 문화적, 정치적, 사회적으로 정의되었고, 그 이미지는 대개 부정적이고 왜곡된 형태로 형성되었다.

(2) **서구의 지배적인 시각**
  ① 사이드는 "오리엔탈리즘"이 단지 문화적인 차이를 넘어, 서양의 정치적, 경제적 지배 구조와 밀접하게 연결되어 있다고 주장했다.

② 서양은 동양을 자신의 지배적, 경제적 이익을 위한 대상으로 설정하며, 동양의 역사와 문화를 이해하고 해석하는 방식이 서양의 권력 구조를 강화하는 도구로 사용되었다.

(3) 동양을 '타자'로서 설정

① 오리엔탈리즘은 동양을 서양의 "타자"로서 설정했다.

② 즉, 서양은 동양을 자신과 대비되는 존재로 설정하여, 자기 자신을 정의하고 정당화하려는 경향이 있다.

③ 이 과정을 통해 동양은 항상 "다른" 존재로 묘사되며, 서양의 기준에 맞춰 왜곡되고 재구성되었다.

(4) 지배적 담론

① 사이드는 오리엔탈리즘이 단순히 문화적 고정관념에 그치지 않고, 학문적, 문학적, 정치적 담론 속에 내재되어 있다고 주장했다.

② 예를 들어, 서양의 학자들은 동양에 대한 연구를 통해 동양이 신비성, 야만성, 후진성을 강조하며, 이를 통해 서양의 우월성을 주장했다.

③ 이러한 담론은 동양을 식민지화하거나 지배하는 데 중요한 역할을 했다.

③ 평가

(1) 사이드의 오리엔탈리즘은 오늘날 포스트콜로니얼 이론의 중요한 기초를 제공한다.

(2) 즉, 이 이론은 식민지 시대 이후의 문화적, 정치적 상호작용을 분석하는 데 필수적인 도구로 사용된다.

(3) 또한, 서양과 동양 간의 관계에서 발생한 불균형적인 권력 구조를 비판적으로 분석하는 데 중요한 시각을 제공한다.

제8절 문화제국주의 이론

① 개요

(1) 문화제국주의(Cultural Imperialism) 이론은 서구의 문화, 가치, 신념, 그리고 생활양식이 다른 나라나 문화권에 강제로 또는 불균형적으로 전파되어 <u>그 사회의 전통적 문화와 가치 체계를 약화시키거나 대체하는 현상을 설명하는</u> 이론이다.

(2) 권력 자원으로서 문화가 서구 사회가 비서구 사회에 대한 지배와 헤게모니의 도구로 활용된다는 것을 비판하는 이론이다.

(3) 이 이론은 특히 20세기 후반의 글로벌화 및 미디어의 확산 속에서 더욱 강조되었다.

(4) 문화제국주의는 정치적, 경제적 제국주의와 함께 일어나는 문화적 지배 또는 영향력을 의미하며, 여러 분야에서 그 영향을 분석한다.

❷ 주요 특징

(1) 서구 중심의 문화 확산

문화제국주의 이론은 특히 미국과 서유럽 국가들의 대중문화가 세계 각국에 영향을 미치고, 이를 통해 서구의 가치와 관습이 전 세계로 퍼지는 과정을 강조한다.

예 할리우드 영화, 팝 음악, 패션, 미디어, 광고 등이 주요 매개체로 작용

(2) 불균형적인 문화 교류

이 이론은 문화적 교류가 항상 상호적인 것이 아니라, 한쪽이 다른 쪽을 지배하는 경향이 있음을 지적한다. 즉, 서구 문화가 다른 문화들을 "지배"하거나 "압도"하는 경향이 있다는 것이다.

(3) 경제적 및 정치적 힘의 연계

문화제국주의는 경제적, 정치적 제국주의와 밀접하게 연결되어 서구 국가들이 경제적, 정치적 영향력을 행사하는 곳에서 그들의 문화도 함께 확산된다는 관점이다.

예 글로벌 기업들이 자국의 제품을 전 세계로 퍼뜨리는 방식과 그에 따르는 문화적 영향을 들 수 있음.

(4) 대체와 동화

문화제국주의 이론에 따르면, 서구의 문화적 영향은 종종 다른 문화들의 전통적 가치와 생활양식을 위협하며, 기존의 문화가 서서히 약화되거나 대체된다. 이러한 현상은 특히 미디어, 인터넷, SNS 등의 플랫폼을 통해 더욱 가속화된다.

(5) 문화의 상업화

문화제국주의는 또한 문화의 상품화와 관련이 있다. 서구의 대중문화는 종종 상업적인 목적을 위해 변형되거나 소비되고, 그 과정에서 문화적 가치가 왜곡될 수 있다. 대중문화는 이윤을 추구하는 사업으로서, 다양한 국가에서 자국의 전통이나 문화적 맥락을 고려하지 않고 일률적인 방식으로 소비된다.

❸ 대표적인 이론가

(1) 노암 촘스키(Noam Chomsky)

① 미국의 문화와 미디어가 전 세계에 영향을 미친다고 주장하면서, 문화적 제국주의의 개념을 확립하는 데 기여했다.

② 미디어를 통해 국가의 이익을 전파하고 대중을 조작한다고 비판했다.

(2) 스튜어트 홀(Stuart Hall)

① 문화이론가이자 미디어학자 스튜어트 홀은 문화적 정체성과 미디어의 관계에 대해 연구하면서, 문화제국주의와 관련된 이론을 발전시켰다.

② 그는 문화적 담론이 어떻게 권력 구조와 맞물려 있는지를 설명했다.

❹ 평가(비판)

(1) 문화제국주의 이론은 지나치게 단순화된 시각이라고 비판받는다.

➡ "서구의 문화가 비서구 세계에 미치는 영향"으로 한정짓는 것을 지나치게 일반화된 설명이라고 비판받는다.

(2) 디지털 미디어와 글로벌 커뮤니케이션의 발전으로, 문화 교류는 상호작용적이며 다양한 국가들이 서로 영향을 주고받는 복합적인 형태로 변하고 있다는 점에서 문화제국주의 이론의 현대적 재해석이 필요하다는 주장도 존재한다.

제9절 기타 이론

❶ 라첼의 정치지리학

(1) 정치지리학은 19세기 독일의 지리학자 프리드리히 라첼(Friedrich Ratzel)에 의해 체계화되었다.

(2) 사회의 여러 현상들을 지리적 관점에서 연구하는 학문을 인문지리학이라 할 수 있는데, 그 중에서도 특히 정치 현상과 지리의 관계를 연구하는 계통지리학의 한 분야를 정치지리학이라 한다.

(3) 라첼은 국가를 생물 유기체로 보고 국가는 생존을 위해 끊임없이 영토를 확장해야 한다고 주장했다.

(4) 그는 국가의 영토를 "생존공간"으로 표현하며 국경은 고정된 것이 아니라 변화하는 것이라 보았다.

(5) 이런 사상은 후에 독일의 제국주의와 나치 독일의 팽창정책에 영향을 주었다.

❷ 맥킨더(Halford Mackinder)의 심장지역이론

(1) 할포드 맥킨더는 수많은 자원을 보유한 유라시아 대륙의 중앙부를 심장지대라고 정의하며, 이 지역을 지배하는 국가가 세계를 지배할 수 있다고 주장했다.

(2) 그는 "동유럽을 지배하는 자는 심장지대를 지배하고, 심장지대를 지배하는 자는 세계섬을 지배하며, 세계섬을 지배하는 자는 세계를 지배한다."라고 주장했다.

(3) 그의 이론은 두 차례 세계대전과 냉전기의 봉쇄정책에 영향을 미쳤다.

(4) **당시 세계 상황 평가**

당시 상황은 유라시아의 패권을 둘러싼 영국과 러시아의 그레이트 게임(Great game)이 진행되고 있었다. 새롭게 제국주의 국가로 등장한 러시아는 부동항을 획득하기 위해 남쪽을 향해 공세적으로 진격하고 있었고, 기존 패권국이던 영국은 이를 저지하기 위해 대륙 곳곳에서 러시아를 봉쇄하였다. 영국이 한반도의 거문도를 강제로 점령한 것도 남하하는 러시아를 견제하기 위한 것이었으며 러·일 전쟁도 영국의 동맹국이던 일본이 영국을 대신해 러시아와 전쟁을 수행한 것으로 평가된다.

❸ 스파이크만(Nicholas Spykman)의 주변지역이론

(1) 맥킨더보다 상대적으로 해양을 중시했던 니콜라스 J. 스파이크만은 맥킨더의 이론을 발전시켰다.

(2) 그는 맥킨더의 심장지대이론에 림랜드(Rimland), 즉 주변 지대라는 개념을 도입하였다.

(3) 바다와 세계 섬이 만나는 림랜드 지역은 심장지대와 해양 양쪽으로 진출이 용이하고, 기후가 적합한 곳을 의미한다.

(4) 그는 "림랜드를 지배하는 자가 유라시아를 지배하고, 유라시아를 지배하는 자가 세계의 운명을 지배한다."고 주장했다.

(5) 서유럽과 중국, 인도 등 인구가 많고 문명이 발전한 곳들이 모두 림랜드에 해당된다.

(6) 지금도 선진국이라 불리는 나라들은 대부분 림랜드 지역에 속해 있다.

(7) 스파이크만의 림랜드 이론은 냉전기의 미국 봉쇄 정책과 대소련 전략에 영향을 주었다.

❹ 마한(Alfred Mahan)의 해양세력이론

(1) 알프레드 마한은 해양력이 국가의 패권을 결정한다고 주장한 해군 전략가로, 해상 교역로와 해군력의 중요성을 강조하였다.

(2) 그는 "해양을 지배하는 국가가 세계를 지배할 수 있으며, 해군력 증강을 통해 강대국으로 부상할 수 있다."고 주장하였다.

(3) 마한의 이론은 미국, 영국의 해군 전략에 큰 영향을 주었으며, 특히 미국 해양 전략의 기초를 제공했다.

❺ 오간스키(J. A. Ogansky) & 쿠퍼(Robert Cooper)의 중견국 이론

(1) **개념**
  ① 오간스키는 중견국을 "대국과 소국 사이의 국가"로 정의하며, 중견국은 국제 사회에서 독립적인 역할을 수행할 수 있고, 국제이슈에서 일정 정도의 영향력을 행사할 수 있는 국가를 의미한다고 주장했다.
  ② 그의 이론에 따르면, 중견국은 단순히 군사력이나 경제력만으로 정의되는 것이 아니라, 그들의 외교적 전략, 다자주의적 접근, 그리고 국제 규범을 따르는 경향을 포함한 여러 요소들에 의해 구체화되었다.

(2) **중견국의 특징**
  ① 오간스키는 중견국이 대국과 비교해 군사력이나 경제력에서 상대적으로 적은 자원을 가지고 있지만, 여전히 국제사회에서 중요한 영향을 미칠 수 있는 잠재력을 가지고 있다고 간주했다.
  ② 중견국은 대국의 영향력에 의해 결정되지 않으며, 그들은 자유롭게 독립적인 외교정책을 펼 수 있는 능력을 가진다고 주장했다.

③ 오간스키는 중견국이 다자주의적 접근을 선호한다고 주장
　　㉠ 중견국은 다국적 협정, 국제기구, 국제법을 통한 해결책을 선호하며, 글로벌 문제에 대한 협력과 조정을 중요하게 생각한다.
　　㉡ 이는 중견국들이 군사적 충돌보다는 외교적 협상과 국제적 협력을 통해 영향력을 행사하려는 경향이 있다는 것을 의미한다.
④ 오간스키는 중견국이 지역적 리더십을 발휘하는 경우가 많다고 주장
　　㉠ 중견국은 대개 지역적 안보, 경제협력, 문화적 연대를 통해 그 지역에서 중요한 역할을 수행하며, 이를 바탕으로 국제적으로도 영향력을 확장할 수 있다.
　　㉡ 예를 들어, 한국은 아시아에서 중요한 중견국으로, 경제적 협력과 안보 문제에서 중요한 역할을 하면서 세계적인 역할도 일정 부분 하고 있다.
⑤ 오간스키는 중견국이 종종 중재자로서 역할을 한다고 주장 : 중견국은 국제적 분쟁이나 갈등에서 중립적이거나 균형 잡힌 입장을 취하며, 양측의 합의를 유도하거나 외교적 해결책을 제공하는 역할 수행이 가능하다.

(3) 중견국의 특성(조건)
① 중간 규모의 군사적 능력(경성권력)
② 경제적 상호 의존
③ 정치적, 외교적 독립성
④ 국제 제도와 규범 지지

(4) 쿠퍼는 세 가지 세계라는 개념을 통해 국제사회에서 국가들이 속하는 다른 유형을 설명했다. 이는 각 국가가 직면한 군사적, 경제적, 외교적 환경에 따라 구분된다.
① **전통적인 세계(Pre-modern World)**
　　㉠ 이 세계는 군사력이 가장 중요한 요소로 작용하는 국가들로, 전쟁과 외교를 통해 갈등을 해결하는 국가이다.
　　㉡ 이들은 대국이나 강대국에 속하는 경우가 많으며, 군사적 강점을 중심으로 권력을 행사한다.
② **근대적인 세계(Modern World)**
　　㉠ 이 세계는 법과 경제적 규범에 의해 지배되는 국가들이다.
　　㉡ 국가들 간의 상호의존이 강화되고, 갈등 해결은 국제법과 협력을 통해 이루어진다.
　　㉢ 대다수의 중견국들이 이 세계에 속하며, 경제적 협력, 무역, 국제기구와 같은 평화적 수단을 통해 영향력을 발휘한다.
③ **포스트모던 세계(Post-modern World)**
　　㉠ 이는 쿠퍼가 주장한 새로운 세계로, 국제적 협력과 통합을 통해 갈등을 해결하는 방식이다.
　　㉡ 이 세계에서는 초국적 기구들이 주요한 예시로 등장하며, 국가들은 군사력보다는 외교적 협상과 경제적 상호의존을 통해 국제문제를 해결하려고 한다.
　　㉢ 이 세계의 주요 특징은 군사적 힘보다는 경제적, 정치적 협력이 중심이 되는 세계라는 것이다.

(5) 쿠퍼는 중견국은 다자적 해법의 모색, 타협적인 자세의 견지, 국제시민의식을 포용하는 경향을 가진다고 주장했다.

더 알아보기

이론별 중견국 분류
- 현실주의에서는 중견국을 경성권력에 따라 분류한다.
  ➡ **경성권력**: 군사력, 경제력 등 강제할 수 있는 권력
- 자유주의에서는 중견국을 연성권력에 따라 분류한다.
  ➡ **연성권력**: 문화, 가치관, 이념, 정치적 매력 등 비강압적 권력

❻ 콕스(R. Cox)의 비판이론

(1) 콕스는 지식과 이론은 가치중립적이거나 객관적이지 않고 특정 정치세력이 자신의 지배와 기득권을 유지하기 위한 수단으로 삼는다고 주장하였다.

(2) 1981년 최초로 국제정치학에 사용된 이론으로, 콕스는 국제정치의 이론을 두 가지로 구분했다.

① 하나는 현재 국제정치의 여러 전제(가정)를 받아들이고 그 속에서 문제 해결을 도모하기 위한 이론(문제해결이론)이다.

② 다른 하나는 국제정치의 여러 전제 자체를 연구의 대상으로 하여 문제 해결이 아니라 널리 국제정치의 변용이나 인간 능력의 증대를 추구하는 것으로, 콕스는 후자를 비판이론이라 칭했다.

(3) 예를 들어, 콕스는 권력의 분포를 중시하는 현실주의 이론은 국제질서를 정당화시켜주는 담론에 불과하다고 비판했다.

(4) 즉, (신)현실주의는 국제질서의 현상유지를 인정함으로써 현 세계질서를 정당화한다고 비판했다.

(5) 자본주의는 수탈적 성격을 가지고 있어서 대항헤게모니와 이를 관철하기 위한 대항적 역사블럭의 형성을 가져올 것이라고 주장하였다.

(6) 패권국은 강압적 힘을 통해서만 지배하는 것이 아니라 헤게모니, 즉 피지배자의 동의에 기초한 지배체제를 추구한다고 보았다.

(7) 콕스는 역사적 구조는 물질, 이념, 제도로 구성되어 있다고 주장했다.

❼ 캐플란(M. A. Kaplan)의 체제(계)이론

(1) 캐플란은 시스템이론을 국제관계연구에 도입시켜 정착화한 학자이다.

(2) **시스템이론의 장점**

① 국제관계를 국가 중심에서 상호 관련하는 행위의 시스템 중심으로 보도록 시점과 관점을 확대한다.

② 주체간 상호 관련의 전반을 보게 함으로써 국제관계를 범세계적 관점에서 분석 가능하도록 한다.

③ 전반적으로 주체 간 상관관계분석에 의존하기 때문에 연구자 스스로의 자의성을 배제할 수 있다.

④ 시스템이라는 개념은 규칙적 행동패턴을 규명한다는 점에서 국제관계학의 과학화 터전을 마련했다.

⑶ 시스템이론의 단점

① 시스템이론은 아직 개념적 틀 정도의 수준이다.
② 개념의 조작화 부족과 같은 방법론적 부적당성이 존재한다.
③ 이론과 연구 사이의 간극을 해소시키지 못하고 있다.
④ 국내정치적 요인들의 반영이 부족하다.
⑤ 현상유지 옹호의 이데올로기적 편향성이 있다.

⑷ 캐플란은 국제시스템의 성격을 규명하기 위해 특징에 따라 6개 모델로 구분

① 세력균형체제(the balance of power system)
② 완만한 양극체제(the loose bipolar system)
③ 경직된 양극체제(the tight bipolar system)
④ 보편적 체제(the universal system)
⑤ 위계적 체제(hierachical system)
⑥ 단위거부체제(the unit veto system)

⑧ 세계화(globalization)에 대한 주요 이론의 시각 비교

⑴ 현실주의

① 현실주의는 세계화가 국가 간의 기본적인 힘의 역할을 바꾸지는 않는다고 본다.
② 영토, 주권, 안보는 여전히 중요한 요소로 남아 있으며, 세계화가 국가 중심의 국제질서를 약화시키지는 못한다고 본다.
③ 국가 간 권력 투쟁은 지속되며, 세계화는 이를 더 복잡하게 만들 뿐이라는 것이 현실주의의 인식이다.
④ 예를 들어, 글로벌 경제 의존도가 높아지더라도 강대국 간 경쟁은 여전히 주요 국제정치 현상으로 남아 있다.

⑵ 자유주의

① 자유주의는 세계화를 긍정적으로 평가하며, 국가 간 상호의존성을 증대시켜 협력 가능성을 높인다고 본다.
② 세계화는 무역과 투자 확대, 국제기구의 역할 강화를 통해 전쟁을 억제하고 평화를 유지하는데 기여한다.
③ 유럽연합(EU)의 성공은 세계화가 지역 통합과 협력을 촉진할 수 있음을 보여주는 예이다.

⑶ 마르크스주의

① 마르크스주의는 세계화를 자본주의 확장의 최종단계로 간주하고, 중심부 국가가 주변부 국가를 더 심화된 방식으로 착취하는 과정으로 해석한다.
② 세계화는 다국적 기업과 초국적 자본이 주변부 국가의 노동력과 자원을 활용하여 불평등 구조를 강화한다고 비판한다.
③ 신자유주의적 경제정책(자유무역, 민영화 등)은 세계화를 통해 중심부 국가에 유리한 체제를 공고히 한다고 주장한다.

⑷ **구성주의**

① 구성주의는 세계화가 새로운 행위자와 규범, 아이디어를 창출하는 과정이라고 본다.

② 세계화는 NGO, 다국적 기업, 초국가적 네트워크와 같은 비국가 행위자들의 역할을 강화한다.

③ 뿐만 아니라 국가 간 상호작용을 통해 전 지구적 차원의 규범과 가치를 형성할 기회를 제공한다.

④ 예를 들어, 환경 보호와 인권과 같은 글로벌 이슈는 세계화를 통해 새로운 규범과 운동으로 발전한다.

PART

02

국제기구

CHAPTER 01 이론별 국제기구에 대한 주장

❶ 현실주의

국가 간 신뢰성의 문제와 상대적 이득 개념으로 인해 국제기구 역할 및 효과에 부정적이다.
➡ 국제기구가 힘의 우위를 가지고 있는 강대국의 입장을 반영한다고 본다.

❷ 신자유제도주의

국가들 간의 거래비용을 줄이고 정보를 제공하며 기대보수를 최대화함으로써 국가들의 협력을 통한 이익을 추구하도록 한다고 주장한다.
➡ 어느 정도의 자율성을 가지고 국가 간 갈등을 중재하고 상호협력을 강화한다.

❸ 구성주의

국제기구가 국제사회의 새로운 규범, 규칙, 행위자를 정의하고 확산시킬 수 있다고 주장한다.
➡ 국제기구는 국가 간 상호작용을 통해 얻은 정체성과 이익의 구현체이다.

❹ 마르크스주의

국제기구가 자신들의 프로그램과 정책을 통해 자본주의의 지구적 확장과 공고화를 추진한다고 설명한다.
➡ 국제기구는 중심부가 주변부를 착취하는 수단으로 간주된다.

CHAPTER 02 주요 국제기구

제1절 국제연맹(League of Nations)

❶ 개요

(1) 국제연맹은 제1차 세계대전(1914~1918) 후, 전 세계평화와 국제협력을 촉진하기 위해 설립된 국제기구이다.

(2) 국제연맹은 1920년에 파리 강화 조약(Treaty of Versailles)의 일환으로 설립되었으며, 제2차 세계대전이 발발하기 전까지 활동했다.

(3) 국제연맹 규약은 베르사이유 조약 제1편으로 규정되어 채택되었다.

> **더 알아보기**
>
> **국제연맹의 핵심 요약**
> - 제1차 세계대전이 끝나고 1920년 당시 미국의 대통령이었던 우드로 윌슨의 제안으로 만들어진 국제기구이나, 정작 제안자였던 미국은 상원의 베르사이유 조약* 비준 동의 거부로 참여하지 않았다.
>   - ✎ 제1차 세계대전의 전후 처리를 위하여 연합국과 관련국, 그리고 독일 사이에서 체결된 평화 협정으로, 미국은 뒤에 이 조약에 대한 비준을 거부하였다. 이 조약은 440조로 된 방대한 것으로, 베르사이유 체제라 하는 국제질서를 형성하여 제1차 세계대전 뒤의 국제관계를 규정한 중요한 의미를 지녔다. 국제연맹 규약, 알자스·로렌의 프랑스 할양, 벨기에·폴란드 등에의 영토 할양, 오스트리아의 독립 보장, 식민지 등 독일의 국외 권익 포기, 육·해군의 제한, 징병 폐지, 독일의 전쟁 책임과 배상 의무, 연합국의 라인란트 15년 간 점령 등을 규정하였다. 이 조약의 영향으로 영국, 프랑스 등은 베르사이유 체제라는 국제 질서를 형성하였으며, 1936년에 나치 정권이 라인란트 비무장지대를 무장화함으로써 효력을 상실하였다.
> - 원연맹국 이외 국가가 가입하기 위해서는 총회 구성국 2/3 동의 필요
>   - ➡ 원회원국(원연맹국)은 처음부터 가입한 국가들로 연합국을 의미하며, 중립국도 가능하다.
>   - ➡ 국가가 아닌 속령이나 식민지라도 완전한 자치능력이 있는 경우 가입을 허용한다.
> - 국제연맹 상임이사국은 영국, 프랑스, 일본, 이탈리아 4개국이었다.
>   - ➡ 추후에 독일과 소련도 상임이사국으로 인정되었다.
>   - ➡ 연맹국은 2년 전에 예고함으로써 탈퇴할 수 있었으며, 연맹규약을 지속적으로 위반한 경우 제명될 수 있다.
>   - ➡ 소련은 1939년 제명되었다.
> - 국제연맹 10조*에는 전쟁이 발생했을 때 모든 구성 국가들이 전쟁 도발국과의 평상적 관계를 중지하고 제재를 가하며, 필요하다면 현상 복원을 위해 군사력의 사용을 연맹이사회에서 결정토록 했다(집단안보 원칙).
>   - ✎ 베르사이유 조약은 1919년에 미국 의회의 비준 과정에서 강한 반대에 직면하였다. 반대의 핵심은 국제분쟁시 미국의 자동 개입을 규정한 국제연맹 규약 때문이었다. 당시 미 상원의 고립주의자(isolationists)들은 미국이 국제연맹에 가입은 하되, 국제분쟁에 자동적으로 개입할 것을 규정한 국제연맹 규약만은 유보하기를 희망하였다. 그러나 윌슨은 그러한 수정은 조약 전체를 무의미하게 만드는 것이라는 이유에서 받아들이지 않았다. 결국 미 상원에서 비준안이 통과되지 못하였다.

- 국제연맹헌장은 국제관계에 대한 자유주의적 이상주의자들의 사고의 기본적인 특성인 모든 국가의 자결을 외치고 있다(정치적 독립 존중).
- 국제연맹은 1930년대 이후부터 계속되는 국제적인 분쟁에 무기력한 모습을 보였으며, 제2차 세계대전을 억제하는 데 아무런 역할도 하지 못하였다.
- 제2차 세계대전 이후 결국 모든 업무, 위임통치령, 자산 등을 유엔(국제연합)에 승계하면서 해체되었다.
- 자국의 이익의 틀에 갇혀있던 당시 국가들은 연맹에 적극적인 참여를 하지 않았다.
- 베르사이유 조약에 따라 비무장지대였던 라인란트를 재점령하기로 한 1936년 히틀러의 결정은 국제연맹의 존재 가치를 더 흐리게 했다.

② 국제연맹의 주요 목적

(1) 전쟁 방지

제1차 세계대전과 같은 대규모 전쟁을 방지하고 국제분쟁을 평화적으로 해결하려는 목적을 가지고 있었다.

(2) 국제협력 촉진

회원국 간의 경제적, 사회적 협력을 촉진하여, 전 세계적인 사회·경제적 문제를 해결하고자 했다.

(3) 국제법과 질서의 확립

(4) 인권 보호 및 사회 발전

③ 국제연맹의 주요 기능

(1) 분쟁 해결

① 국제연맹은 분쟁이 발생한 국가들을 중재하고, 평화적인 해결책을 제시하는 역할을 하였다.
② 이를 위해 국제사법재판소와 같은 기관이 설립되었고, 분쟁 국가들이 연맹의 규정을 따를 수 있도록 했다.
③ 국제연맹의 분쟁해결방법
   ㉠ 전쟁은 포괄적으로 제한한다.
   ㉡ 국교단절에 도달할 우려가 있는 분쟁이 연맹국 간 발생한 경우, 연맹국은 이를 국제재판이나 이사회의 심사에 부탁해야 한다.
   ㉢ 판결이나 이사회 보고가 있은 후 3개월간은 어떤 경우에도 전쟁에 호소할 수 없다.
   ㉣ 군사적 제재조치의 경우 침략의 희생이 된 국가에 대한 원조는 연맹국의 자유재량이지만 규약위반 행위의 존부, 발생시기 및 연맹국 전체에 대한 전쟁행위가 있었는지 여부는 연맹국이 한다.

(2) 군사적 제재

① 국제연맹은 평화유지를 위한 제재를 부과할 수 있었지만, 강제력 있는 군사적 개입은 하지 않았다.
② 회원국들이 자발적으로 협력해야 했기 때문에, 강력한 군사적 조치를 취하는 데 한계가 있었다.

(3) **사회적 문제 해결**

① 국제연맹은 여러 국제적 사회 문제에 대해서도 활동했다.

② 예를 들어, 난민 문제, 아동 노동 금지, 전염병 예방 등 다양한 분야에서 국제적인 협력을 촉진했다.

❹ 국제연맹의 구조

(1) **총회**

① 모든 회원국들이 참여하는 회의로, 국제연맹의 주요 결정을 내리는 기관이다.

② 의사결정 방식은 만장일치제를 원칙으로 하며(단, 절차 등의 문제는 다수결), 표결권은 1국 1표이다.

(2) **이사회**

총회 외에도 특정한 주요 문제를 다루는 이사회가 있다. 이사회의 권한 및 의결방법은 총회와 동일하다.

(3) **사무국**

일상적인 업무를 수행하며, 국제연맹의 운영을 지원하는 조직이다. 총회 과반수의 동의로 이사회가 임명하는 1명의 사무총장과 그가 임명하는 사무직원으로 구성된다.

❺ 국제연맹의 실패와 해체 이유

(1) **미국의 불참**

① 국제연맹의 설립 당시 미국은 참여하지 않았다(미국 의회 가입 미승인).

② 이는 국제연맹의 영향력과 효율성에 큰 타격을 주었다.

(2) **강제력 부족**

국제연맹은 회원국들에게 제재를 부과할 수 있었지만, 실질적인 강제력이 부족했다. 특히, 군사적 개입을 하지 못한 점이 주요 문제였다.

(3) **제2차 세계대전 발발**

① 국제연맹은 제2차 세계대전의 발발을 막지 못했으며, 결국 1946년에 공식적으로 해체되었다.

② 그 후, 국제연맹의 역할은 국제연합(United Nations)이 계승했다.

(4) **만장일치제 도입으로 비효율적 운영**

제2절 | 국제연합(UN)

1 개요

(1) 유엔의 기원

① 유엔(United Nations)이라는 명칭은 프랭클린 루즈벨트 미국 대통령이 고안하였으며, 제2차 세계 대전 중 26개국 대표가 모여 추축국*에 대항하여 계속 싸울 것을 서약하였던 1942년 1월 1일 '연합국 선언'에서 처음으로 사용되었다.

  ✎ 추축국이란 제2차 세계대전에서 패전한 이탈리아, 독일, 일본을 의미한다. 이 용어는 이탈리아의 무솔리니가 "유럽의 국제관계는 로마와 베를린을 연결하는 선을 '추축(axis)'으로 하여 변화할 것이다."라고 한 말에서 유래 되었다.

② 1945. 4. 25.~6. 26. 샌프란시스코에서 개최된 '국제기구에 관한 연합국 회의'에 참석한 50개국 대표는 1944. 8.~9. 간 미국 덤버튼오크스에서 회합하였던 미국, 영국, 중국, 소련 등 4개국 대표 들이 합의한 초안을 기초로 유엔헌장을 작성, 50개국 대표들은 1945. 6. 26. 유엔헌장에 서명하 였으며 회의에 참석하지 않았던 폴란드가 추후 서명함으로써 51번째 서명국이 되었다.

③ 유엔은 미국, 영국, 프랑스, 중국, 소련과 여타 서명국 과반수가 유엔헌장을 비준한 1945. 10. 24. 공식 출범(당시 51개 회원국)하였으며, 이후 매년 10월 24일을 유엔의 날로 기념하고 있다.*

  ✎ 유엔헌장은 서문과 19장 111조로 구성되었다. 제1장 목적과 원칙, 제2장 회원국의 지위, 제3장 기관, 제4장 총회, 제5장 안전보장이사회, 제6장 분쟁의 평화적 해결, 제7장 평화에 대한 위협, 평화의 파괴 및 침략 행위에 관한 조치, 제8장 지역적 약정, 제9장 경제적 및 사회적 국제 협력, 제10장 경제 사회 이사회, 제11장 비자치 지역에 관한 선언, 제12장 국제 신탁 통치 제도, 제13장 신탁 통치 이사회, 제14장 국제 사법 재판소, 제15장 사무국, 제16장 잡칙, 제17장 과도적 안전 보장 조치, 제18장 개정, 제19장 비준 및 서명 등이다. 국제연합 헌장에 포함될 것 같은데 포함되지 않는 사항은 숙지할 필요가 있다. 예를 들어, 예방외교, 평화유지활동 등은 유엔헌장에 포함되어 있지 않다.

더 알아보기

유엔 설립 과정

1. **대서양헌장(1941. 8.)**
   ① 전후 세계안전보장 체제 확립 선언
   ② 새로운 평화기구를 구상하기 시작
2. **연합국 동맹선언(1942. 1.)**: 워싱턴 회의
   ① 워싱턴에서 미·소·영·중을 포함한 26개 연합국이 '대서양 선언의 원칙'을 받아들여 The Joint Declaration of the United Nations 발표
   ② 추축국에 대항하여 계속 싸울 것을 서약
   ③ 여기서 루즈벨트 대통령이 the United Nations라는 용어를 처음 사용
3. **모스크바 선언(1943. 10.)**: 모스크바 3상 회의
   ① 미·영·소·중의 '일반안전보장 문제에 관한 4개국 선언'
   ② 이 선언의 제4항에는 "4국 정부는 가능한 조속한 시일 내에 국제평화와 안전의 유지를 위한 일반적 국제기구를 설립할 필요성을 인정한다. 주권평등 원칙하 모든 평화애호국에 그 가입을 개방"한다는 내용 포함

⊘ 테헤란 회의(1943. 11.)
- 미·영·소 3국은 "전쟁수행에 협조하여 평화를 위한 노력을 계속함으로써 승리 쟁취를 확인하며, 전쟁의 공포를 일소할 수 있는 평화를 달성하는 중대한 책임이 있다."고 합의
- 각 지역의 전쟁을 일원적으로 지도하는 통일적인 전쟁지도방침 설정(국제기구 설립을 재확인)

4. 덤버튼오크스 회의(1944. 8.~10.)
① "Proposal for the Establishment of the General International Organization(일반적 국제기구 설립에 관한 제안"이 발표됨(초안 채택).
② 미·영·중·소 4개국 대표가 참석
③ 주요 합의사항
  ㉠ UN의 목적
  ㉡ 총회, 안보리, 사무국, 경사리, 국제사법재판소 설치
  ㉢ 안보리는 거부권 가진 5개 상임이상국과 임기 2년의 비상임이사국으로 구성
④ 합의 실패 사항
  ㉠ 안보리 투표 절차(상임이사국의 절대적 투표권 vs 분쟁당사국은 거부권 행사 못함.)
  ㉡ 회원국 자격문제(수련 연방구성 공화구이 16서 요구)

5. 얄타 회담(1945. 2.) : 루즈벨트, 처칠, 스탈린
① 안보리 표결방법(veto) 확정(실질문제에 한해 사용, 절차문제에는 불가)
② 소련과 우크라이나와 벨로루시의 총 3석의 회원국 인정
③ 평화애호국이라는 회원자격을 1945년 3월 1일 이전에 적대국에 대해 선전포고한 국가를 의미한다고 규정
④ 새로운 신탁통치제도를 설정

6. 샌프란시스코 회의(1945. 4.~6.) : 국제기구에 관한 연합국 회의
① 평화회의가 아닌 헌장 초안을 위한 모임
② 11개조 UN헌장을 4월 25일 채택
③ 집단자위권 수용
④ 국제정치무대가 유럽에서 태평양지역으로 확대

(2) 유엔의 설립 목적

① "국제평화와 안전을 유지하며, 민족들의 평등권 및 자결 원칙에 기초하여 국가 간의 우호관계를 발전시키며, 경제적, 사회적, 문화적 또는 인도적 성격의 국제문제를 해결하고, 모든 사람의 인권 및 기본적 자유에 대한 존중을 촉진하기 위한 국제적 협력을 달성하며, 이러한 공동의 목적을 달성함에 있어서 각국의 활동을 조화시키는 중심이 된다."
② 유엔의 3대 목표 : 안보, 개발, 인권

(3) 회원국 지위

① 유엔은 유엔헌장상의 의무를 수락하고, 이러한 의무를 이행할 능력과 의사가 있다고 판단되는 모든 평화애호국에 개방한다.
② 유엔가입은 안전보장이사회(이하 안보리)의 권고에 따라 총회의 결정에 의하여 이루어진다.
③ 유엔헌장은 또한 헌장상의 원칙을 위반하는 회원국에 대한 권리 및 특권행사 정지와 제명에 관한 규정을 두고 있으나, 이 규정이 실제로 적용된 예는 아직 없다.

더 알아보기

유엔가입 · 제명 · 탈퇴 등

1. UN 회원국 가입
- 유엔의 회원국이 되기 위해서는 먼저 유엔 사무총장에게 가입을 신청해야 한다.
- 신청한 국가의 유엔 가입은 유엔 안전보장이사회에서 추천을 받아야 한다.
- 안전보장이사회에서는 국가가 유엔헌장을 존중하고 준수할 의지를 가지고 있는지 평가한다.
- 안전보장이사회의 15개 이사국 중 9개국 이상이 찬성해야 한다.
- 안전보장이사회에서 추천된 후, 유엔총회에서 가입 여부를 표결로 결정한다. 총회에서는 2/3 이상의 찬성이 있어야 가입이 승인된다.

2. 유엔 회원국의 권리 정지
- 유엔 회원국의 권리는 유엔헌장을 위반하거나 국제평화와 안보에 위협이 되는 행위를 한 국가에 대해 정지될 수 있다.
- 유엔헌장을 위반하거나 평화와 안보에 위협이 되는 국가의 권리는 안전보장이사회의 결의에 의해 정지될 수 있다. 이를 위해 안전보장이사회에서 결의안이 채택되어야 하며, 이 결의안은 반드시 안전보장이사회에서 9개 이사국 이상이 찬성해야 한다.
- 안전보장이사회에서 권리 정지가 결의되면, 그 결의는 유엔총회의 승인을 받아야 한다.
  ➡ 권리 회복은 안보리의 결정만으로 가능

3. 제명
- 제명은 특정 국가가 유엔에서 제외되는 경우를 의미한다.
- 유엔 회원국이 유엔의 목적과 원칙에 중대한 위반을 한 경우, 안전보장이사회에서 제명 결정을 내릴 수 있다.
- 제명 결의는 총회에서 2/3 이상의 찬성으로 승인을 받아야 한다.

4. 탈퇴
- 유엔 회원국은 유엔을 탈퇴할 수 있다.
- 탈퇴를 원할 경우, 해당 국가가 유엔 사무총장에게 서면으로 통보해야 한다.
- 탈퇴의 효력은 통보한 날로부터 1년 후에 발생한다. 따라서 탈퇴하고 싶다면, 탈퇴를 결정한 후 1년 후에 탈퇴가 확정된다.

❷ 유엔의 조직과 구조 : 6개 주요 기관

(1) 총회(General Assembly, GA)

① 총회는 중추 심의기관이며 모든 회원국으로 구성된다. 각 회원국은 1개의 투표권을 가진다. 국제평화 및 안전, 신규 회원국 가입, 예산 문제 등 중요문제에 관한 총회의 결정은 3분의 2의 찬성으로 하며, 여타 문제에 대해서는 단순 과반수로 의결한다.

② 기능과 권한
  ㉠ 군축 및 군비통제에 관한 원칙 등 국제평화 및 안전유지를 위한 협력방안을 심의하는 한편, 회원국이나 안보리 또는 양자에 대하여 권고할 수 있다.
  ㉡ 국제평화와 안전에 관련된 어떠한 문제도 토의할 수 있으며, 안보리에서 이미 다루고 있는 경우를 제외하고는 그러한 문제에 대해 회원국이나 안보리 또는 양측에 대하여 권고할 수 있다.

ⓒ 상기 경우를 제외하고 유엔헌장 범위 내의 모든 문제에 관하여 또는 유엔 산하기관의 권한과 기능에 영향을 미치는 어떠한 문제에 대해서도 토의하거나 권고할 수 있다.

ⓔ 국제정치, 경제, 사회, 문화, 교육 및 보건분야에 있어서 국제협력을 촉진하며, 국제법의 발전, 인권 및 기본적 자유를 실현하기 위하여 연구를 발의하거나 권고할 수 있다.

ⓜ 국가 간의 우호관계를 해칠 수 있는 어떠한 사태에 대해서도 그 평화적 해결을 위해 권고할 수 있다.

ⓗ 안보리 및 여타 유엔 산하기관의 보고서를 접수하고 심의한다.

ⓢ 유엔 예산을 심의, 승인하며 회원국의 예산분담률을 결정한다.

ⓞ 안보리 비상임이사국, 경제사회이사회 이사국 및 신탁통치이사회 이사국을 선출하고, 안보리와 합동으로 국제사법재판소 판사를 선출하며, 안보리의 추천에 따라 사무총장을 임명한다.

(2) 안전보장이사회(Security Council, SC)

① 안보리는 유엔헌장에 따라 <u>국제평화와 안전유지에 일차적 책임이</u> 있다.

② 안보리는 미국, 영국, 프랑스, 중국, 러시아의 5개 상임이사국과 <u>총회에 의해</u> 선출(회원국 2/3 이상 찬성)되는 2년(중임 가능, 연임 불가능) 임기의 10개 비상임이사국으로 구성되며 안보리이사국은 1개의 투표권을 소유한다.

➡ 상임이사국만 거부권(veto) 보유

③ 거부권의 행사에 있어 실질사항 중 분쟁의 평화적 해결에 관한 결의에는 분쟁당사국에 거부권 행사가 제한되나, 분쟁의 강제적 해결에 관한 결의에는 거부권 행사가 제한되지 않는다.

④ 비상임이사국은 지역 배분 원칙에 따라 아시아 2개국, 아프리카 3개국, 중남미 2개국, 동유럽 1개국, 서유럽 및 기타 2개국으로 지정한다.

➡ 안보리 비상임이사국 선출은 총회의 전속적 권한으로 안보리는 전혀 관여할 수 없다.

⑤ 절차 문제에 대한 결정은 9개 이사국의 찬성에 의해 이뤄지나, 실질문제는 5개 상임이사국이 포함된 9개 이사국의 찬성에 의해 결정된다.

➡ 상임이사국의 기권은 거부권의 행사로 보지 않는 것이 관례이다.

⑥ 유엔헌장에 따라 모든 회원국은 안보리의 결정을 수락하고 이행하는데 동의한다.

➡ <u>안전보장이사회의 결정은 구속력을 지니고 있다.</u>

⑦ 여타 유엔기관도 회원국 정부에 대해 권고를 할 수 있으나 안보리만이 회원국에 대해 이행의무를 지우는 결정을 내릴 권한을 가지고 있다.

⑧ 이사회는 연 2회 정기회의를 개최하며, 대표자는 국제연합 본부 소재지에 주재하고 있다.

⑨ 기능과 권한

ⓐ 국제적 마찰을 야기시킬 수 있는 분쟁 또는 사태에 관한 조사 및 분쟁의 조정방법 또는 해결 조건을 권고할 수 있다.

ⓑ 평화에 대한 위협, 평화의 파괴 또는 침략행위의 존재 여부를 결정하고, 국제평화와 안전의 유지 및 회복을 위하여 권고 또는 강제조치 집행을 할 수 있다.

ⓒ 군비통제 안의 수립

ⓓ 전략지역(Strategic Area)에 신탁통치 기능 수행

ⓔ 신회원국의 가입 권고

ⓕ 사무총장의 임명 권고 및 총회와 국제사법재판소 판사 선출

더 알아보기

커피클럽(Coffee Club)

- 1998년 제52차 유엔총회 때 한국을 비롯한 중진국 27개국이 일본과 독일의 유엔 안전보장이사회 상임 이사국 진출을 저지하기 위해 결성하였다.
- 커피를 마시며 협의하는 느슨한 비공식 모임이란 뜻으로 정식 명칭은 '합의를 위한 단결'이며, '동지클럽' 으로도 불린다.
- 이탈리아, 한국, 캐나다, 파키스탄, 멕시코, 아르헨티나, 스페인, 터키, 알제리, 케냐 등이 해당국이며, 이들 국가들은 4년 임기 선출직 이사국 8개국과 비상임이사국 1개국의 증설을 주장하였다.
- 한편, 커피클럽과 반대로 상임이사국 확대를 주장하는 4개국을 G4라 하는데, 일본, 독일, 브라질, 인도가 해당된다. G4는 상임이사국 6개국과 비상임이사국 3개국 증설을 주장했다.

더 알아보기

평화를 위한 단결결의안

- UN은 1950년 11월 평화를 위한 단결결의안(Uniting for Peace Resoulution)을 채택하여 총회도 2/3 이상의 찬성으로 안전보장에 관해 회원국들에게 집단행동을 권고할 수 있게 되었다(긴급특별 총회 소집).
- 즉, 이 결의안은 UN 안전보장이사회의 집단안전보장 기능이 마비되었을 경우(거부권 때문에) 총회에게 집단안전보장에 대한 권고할 수 있는 권리를 부여한 것이다.
- 예를 들어, 상임이사국 중 한 국가가 전쟁(침략)당사국이라면 안보리는 기능 발휘가 불가능하다. 이러한 경우를 대비한 것이다.
- 1956년 11월 이집트 문제와 헝가리 문제, 1958년 8월 레바논 등 중동문제, 1960년 9월 콩고문제, 1967년 6월 중동문제 및 1980년 1월 아프가니스탄 문제 등이 긴급특별 총회 소집 사례에 해당한다.

(3) **경제사회이사회(Economic and Social Council, ECOSOC)**

① 경제사회이사회(이하 경사리)는 경제, 사회분야에 있어서 소위 "유엔가족(UN Family)"을 구성 하는 유엔, 전문기구 및 여타 기구 간의 업무조정을 담당하는 주요 기관이다.

② 경사리는 54개국으로 구성되며, 이사국의 임기는 3년으로서 매년 18개국씩 개선된다.

③ 경사리에서 각국은 1개의 투표권을 가지며 결정은 단순 과반수에 의한다.

④ **기능과 권한**

ㄱ 범세계적 차원의 경제 및 사회현안에 대한 토의의 중심 무대로서 정책적 권고 사항을 유엔 회원국 및 유엔체제에 제공한다.

ㄴ 경제, 사회, 문화, 교육, 보건 및 관련 사항에 관한 연구 및 보고를 하거나 권고한다.

ㄷ 인권 및 기본적 자유에 대한 존중과 준수를 촉진한다.

ㄹ 권한에 속하는 사항에 관하여 국제회의를 소집하고 총회에 제출하기 위한 협약안을 작성한다.

ㅁ 전문기구와 유엔과의 관계협정을 교섭 및 체결할 수 있으며, 협정은 총회의 승인을 받아야 한다.

ㅂ 전문기구와의 협의, 전문기구에 대한 권고 및 총회와 회원국에 대한 권고를 통하여 전문기 구의 활동을 조정한다.

ㅅ 회원국과 전문기구의 요청이 있을 시 총회의 승인을 얻어 서비스를 제공할 수 있다.

ㅇ 경사리가 다루고 있는 문제와 관련된 비정부간 기구와 협의를 실시한다.

(4) 신탁통치이사회(Trusteeship Council)

① 신탁통치이사회는 유엔의 주요 기관의 하나로서 신탁통치 제도하에 있는 신탁통치 지역 행정을 감독한다.

② 신탁통치 제도의 주요 목적은 유엔 출범 당시 11개 신탁통치 지역 주민의 복지를 증진시키고 자치 또는 독립으로의 점진적 발전을 도모하는 것이다.

③ 신탁통치이사회의 헌장상 권한은 신탁통치지역 주민의 정치, 경제, 사회 및 교육 발전에 대한 시정권자의 보고서 심의, 신탁통치지역 주민 청원심사 및 신탁통치지역 방문 등이다.

④ 신탁통치이사회는 안보리가 1994년 미국의 신탁통치지역이었던 팔라우(Palau)에 대한 신탁통치를 종식시키는 결의(956호)를 채택하면서 1994년 11월부터 활동이 종료되었다.

(5) 국제사법재판소(International Court of Justice, ICJ)

① 헤이그에 소재하고 있으며 국제연합의 사법기관이다.

② 국제사법재판소는 규정 당사국에 개방되어 있으며, 유엔회원국은 자동적으로 국제사법재판소 규정의 당사국이 된다.

③ 유엔회원국이 아닌 국가도 안보리의 권고에 따른 총회의 결정으로 국제사법재판소 규정의 당사국이 될 수 있다.

④ 국제사법재판소 규정의 모든 당사국은 재판소에 제소를 할 수 있으며, 비당사국이라도 안보리가 정한 조건에 따라 재판소에 제소할 수 있다.

⑤ 안보리는 법적 분쟁에 대해서 국제사법재판소를 통한 해결을 권고할 수 있다.

⑥ 총회와 안보리는 어떠한 법적문제에 대해서도 국제사법재판소에 권고적 의견을 요청할 수 있으며, 여타 유엔 산하 기관 및 전문기구도 총회의 승인을 받을 경우 각자의 활동 범위 내에서 발생하는 법적문제에 대해 권고적 의견을 요청할 수 있다.

더 알아보기

국제형사재판소

- 국제형사재판소(International Criminal Court, ICC)는 국제적으로 범죄를 저지른 개인을 처벌하기 위한 상설 재판소이다.
- 국제형사재판소는 2002년에 설립되어 국제적인 범죄, 즉 전쟁 범죄, 반인도적 범죄, 집단학살, 침략 범죄 등을 다룬다.
- 국제형사재판소는 네덜란드의 헤이그에 본부를 두고 있으며, 유엔과는 별개로 독립적인 기관(유엔 총회 옵서버)이다.
- **설립 배경**: 1998년 로마규정(Rome Statute)*을 통해 설립된 것으로, 이 규정에 서명하고 비준한 국가들만 국제형사재판소의 관할권에 속한다.

  ✎ 로마규정은 1998년 6월 이탈리아 로마에서 열린 유엔전권외교회의가 채택한 상설적인 국제형사재판소(ICC) 설립을 위한 규정을 말한다. 상설 국제형사재판소의 필요성은 제2차 세계대전 이후 꾸준히 제기되어 왔으나 냉전에 따른 양극화로 결실을 보지 못했다. 그러다 냉전이 종식된 1990년대에 르완다와 보스니아(보스니아 헤르체고비나)에서 인종학살 사태가 일어나면서 ICC 설립 문제가 다시 국제적 관심사로 등장하게 되었다. 이에 1998년 6월 ICC 설립을 위한 로마회의가 개최되었다. 이 회의에서 채택된 '로마규정(국제형사재판소에 관한 로마규정)'은 집단살해 범죄, 반인도 범죄, 전쟁범죄 등 국제적으로 중대범죄를 저지른 개인을 형사처벌하기 위한 상설 국제형사재판소 설립을 주요 내용으로 하고 있다. 단 개인이 아닌 국가는 처벌대상이 아니다.

당시 120개 국가가 로마규정에 찬성했고, 반대한 나라는 7개국에 불과했다. 로마규정 8조 2항은 무장하지 않은 민간인이나 적대행위를 하지 않는 민간인에 대한 공격을 전쟁범죄로 규정하고 있다. 그러나 미국을 비롯해 중국·이스라엘·인도 등은 이를 반대했는데, 이후 미국은 클린턴 행정부 당시 로마규정에 서명했으나 평화유지업무 등을 위해 해외에 파견된 많은 미국인들이 불순한 정치적 동기로 기소될 수 있다는 이유를 내세워 비준을 거부하고 있다.

- **관할 범위**: 국제형사재판소는 전 세계에서 발생한 전쟁 범죄, 반인도적 범죄, 집단학살, 침략 범죄에 대한 개인의 책임을 추궁한다.
- **재판 대상**: 재판소는 국가가 아닌 개인에 대한 처벌을 할 수 있는 국제재판소로, 이는 국가의 주권을 넘어서는 법적 책임을 강조한다.
- **재판 절차**: 국가에서 직접 재판하기를 거부하는 사건이나, 국가의 법체계가 효과적으로 범죄자를 처벌하지 못할 때 국제형사재판소가 개입한다(최장 30년 형).
- **주요 사건**: ICC는 다양한 국제적인 범죄에 대한 재판을 진행한다. 예를 들어, 르완다 집단학살, 코트디부아르 내전 등에서 발생한 범죄들에 대해 처벌을 내린 사례들이 있다.

(6) 사무국(Secretariat)

① 사무국은 유엔본부 또는 현지에서 근무하는 국제공무원으로 구성되며 유엔의 일상 업무를 처리한다.

② 사무국은 유엔의 여타기관에 대해서도 서비스를 제공하며, 또한 그들의 제반 프로그램을 실시 및 운영한다.

③ 사무국 최고 책임자는 사무총장(Secretary-General)으로서 안보리의 권고에 의해 총회가 선출하며 임기는 5년으로서 연임 가능하다.

　　㉠ 임무 수행에 있어서 어떠한 정부로부터 지시를 구하거나 받지 않아야 한다(유엔헌장).

　　㉡ 국제평화와 안전의 유지를 위협한다고 그 자신이 인정하는 어떠한 사항에 대해서도 안전보장이사회의 주의를 환기할 수 있다.

　　㉢ 안전보장이사회 또는 회원국 과반수의 요청에 따라 총회 특별회기를 소집할 수 있다.

　　㉣ 초대 사무총장은 노르웨이 출신의 트리그브 할브란리, 현(2025) 사무총장은(9대) 포르투갈 출신 안토니오 구테후스이다. 반기문 사무총장은 8대 총장을 지냈다.

④ 유엔 사무국의 임무는 평화유지활동부터 국제분쟁 중재에 이르기까지 유엔이 다루고 있는 문제만큼이나 다양하다.

⑤ 사무국 직원들은 경제·사회의 변화추세와 제반 문제에 대해 연구하고 또한 인권이나 지속 가능한 개발과 같은 주제에 대한 보고서도 작성한다.

⑥ 이외에도 각종 국제회의 준비 및 개최, 유엔의 제반결정 이행 감독, 회의시 각 대표단 발언 통역, 유엔 공식 언어로 문서 번역, 언론에 대한 유엔 활동 설명 역시 사무국의 임무이다.

⑦ 사무국 직원은 국제공무원으로서 사무총장과 함께 유엔에 대해서만 책임을 지며, 외부기관이나 회원국 정부로부터는 어떠한 지시도 받지 않는다.

⑧ 유엔헌장 100조에 따라 유엔회원국은 사무총장과 사무국 직원들이 가지는 책임의 국제적 성격을 존중해야 하며, 이들이 임무를 수행하는데 있어 부적절한 방법으로 영향력을 행사해서는 안 된다.

❸ 유엔과 지역기구의 관계

(I) UN헌장에서는 유엔(UN)과 지역적 기구들 간의 관계에 대해 몇 가지 주요 규정을 두고 있다. 이들 규정은 주로 유엔의 국제적인 역할을 강화하면서도 지역적 기구들이 지역적 특성에 맞는 문제를 해결하는 데 중요한 역할을 한다는 점을 강조한다.

(2) **UN헌장 제52조**: 지역적 기구의 역할
  ① UN헌장 제52조는 지역적 기구들의 역할을 규정한다.
  ② 이 조항에 따르면, 지역적 기구들은 국제적 평화와 안전의 유지를 위해 가능한 한 자주 평화적인 수단을 사용하여 유엔의 주된 목표를 지원해야 한다.
  ③ 유엔 안전보장이사회가 주도적으로 개입할 수 있을 때까지, 지역적 기구들이 자율적으로 문제를 해결하려는 시도는 보장된다.
    ➡ 지역적 약정을 체결하거나 지역적 기구를 구성하는 UN회원국은 지역 분쟁을 안전보장이사회에 회부하기 전에 지역적 약정 또는 지역적 기구를 통해 지역 분쟁의 평화적 해결을 위해 노력해야 한다.
  ④ 즉, 지역적 기구들이 문제가 발생했을 때 이를 해결하려고 노력하되, 유엔 안전보장이사회의 권한과 충돌하지 않도록 해야 한다는 것이다.
  ⑤ 유엔 안전보장이사회도 지역적 기구들이 평화적 수단을 사용하여 문제를 해결하려는 것을 지원 및 장려해야 한다.

(3) **UN헌장 제53조**: 지역적 기구의 사용
  ① UN헌장 제53조는 지역적 기구들이 유엔의 안전보장이사회와 협력하여 국제적인 평화와 안보를 유지하는 데 도움을 줄 수 있도록 규정한다.
  ② 지역적 기구들은 유엔의 승인을 받아 지역적 차원에서의 평화유지활동, 군사개입을 할 수 있으며, 이러한 활동은 UN의 기본 목적에 부합해야 한다.
    ➡ 지역적 기구나 지역적 약정의 경우 안전보장이사회의 <u>사전승인을 받는 것</u>이 원칙이나, 집단적 자위권의 경우 사후보고 실시도 가능하다.
  ③ 이는 지역적 기구가 UN의 목표를 저해하지 않도록 하기 위한 안전장치이다.
  ④ 유엔은 지역적 기구와 협력하여 지역적 갈등을 예방하고 해결할 수 있도록 하며, 지역적 기구는 국제적으로 인정된 유엔의 목표와 정책에 부합하는 방식으로 활동해야 한다.

❹ 유엔과 한국

(I) **유엔과 6·25 전쟁**: 역사상 최초의 UN 집단안보 발동
  ① 1950년 6월 25일, 북한의 남침공격에 대해 미국 정부는 이 사태를 유엔헌장상에 규정된 평화의 파괴 및 침략행위로 간주하고, 유엔 안전보장이사회를 긴급소집, 안보리는 "적대 행위의 즉각 중지와 북한군의 38선 이북으로의 즉시 철수"를 요구하는 결의 제82호를 채택하였다.
  ② 안보리는 6월 29일, "유엔 회원국들이 대한민국에 대한 무력 침공을 격퇴하고 이 지역의 국제 평화와 안전을 회복하는데 필요한 원조를 제공할 것"을 권고하는 결의 제83호를 채택하였다.

③ 또한 7월 7일, 결의 제84호를 채택하여 ㉠ 회원국들이 제공하는 병력 및 기타의 지원을 미국이 주도하는 통합 사령관(유엔군사령부)하에 두도록 권고하고, ㉡ 미국이 통합 사령관을 임명할 것을 요청하였으며, ㉢ 통합사령부에 참전 각국의 국기와 함께 유엔기 사용 권한을 부여하였다.

(2) 한국은 1991년 북한과 동시에 유엔에 가입하였다.

❺ 유엔의 한계

(1) 안보리의 권한 집중과 거부권(Security Council's Veto Power)

① 유엔안보리는 상임이사국 5개국(미국, 러시아, 중국, 영국, 프랑스)의 거부권(Veto power)을 가지고 있어, 이들 상임이사국이 동의하지 않으면 중요한 결정을 내리기 어렵다.

② 즉, 상임이사국 중 한 나라라도 거부권을 행사하면 안보리의 결의안은 통과되지 않는다.

③ 안보리 개혁이 논의되는 이유

㉠ 안보리 의사결정과정에서 상임이사국의 자국 이해에 기초한 선별적 개입

㉡ 회원국 증가에 대비하여 대표성 저하

㉢ 사안에 대한 안보리 이사국들의 소극적인 태도와 의사결정의 한계

④ 안보리 상임이사국 개편안

㉠ Quick Fix안 : 독일과 일본을 2개의 상임이사국으로 증대하고 나머지 3개의 비상임이사국을 증원하자는 방안이다.

㉡ 라잘리 안 : 5개의 상임이사국과 4개의 비상임이사국을 증대하자는 방안이다.

㉢ 지역 순환 상임이사국 안 : 2개의 상임이사국을 늘리고 아프리카 내의 국가들이 순환하면서 담당하자는 방안이다.

㉣ 순환 상임이사국 안 : 아랍 국가들의 주장이다. 이에 대해 상임이사국 지위를 갖고자 하는 국가들(Aspirant)은 반대한다.

⑤ 상임이사국 수를 증가시키려면 유엔헌장을 개정하여야 한다.

(2) 회원국 간의 갈등과 정치적 대립

① 유엔에서 모든 회원국이 동일한 목표를 추구하는 것은 아니며, 각국의 국익이 충돌할 수 있다. 특히 경제적, 정치적 이해관계가 얽힌 문제에서는 협상이 난항을 겪거나 결정이 지연될 수 있다.

② 유엔 내에서 강대국들의 영향력이 지나치게 크고, 소국들의 의견은 자주 무시되는 경향이 있다.

(3) 재정적 제약

① 유엔은 각 회원국의 기여금으로 운영되기 때문에 국가들의 기여가 부족하거나 미지급 상태일 경우 유엔의 활동에 심각한 영향을 미친다.

➡ 1985년 미국은 유엔 예산의 20% 이상을 미국이 부담하지 않도록 하는 '카세바움 수정법안'을 제정하였다.

② 일부 국가들은 유엔 운영 예산에 대한 기여금을 미납하거나 지불을 연기하는 경우가 많은데, 이는 유엔의 활동을 지연시키거나 예산을 축소시킨다.

(4) 국제법의 실행력 부족

① 유엔은 여러 국제법을 제정하고, 그 이행을 감독하는 역할을 하지만, 법적 강제력이 부족하여 일부 국가들은 유엔의 결정을 따르지 않거나 이행하지 않는 경우가 많다.

② 특정 국가가 유엔 결정을 무시하더라도 강제적인 처벌을 내리기 어렵다. 특히 인권 침해, 전쟁 범죄, 환경 보호와 관련된 문제에서 문제가 될 수 있다.

③ 일부 국가들은 국제재판소의 권한을 인정하지 않거나 협력하지 않는다. 예를 들어, 미국과 중국은 국제재판소의 판결을 따르지 않으며, 이로 인해 국제법의 효력이 제한되는 경우가 발생할 수 있다.

(5) 비효율적인 의사결정 과정

유엔은 매우 복잡한 의사결정 구조를 가지고 있으며, 많은 기관과 위원회가 동시에 활동하고 있다. 이러한 구조는 때때로 의사결정 속도와 효율성에 큰 지장을 주기도 한다.

❻ 기타 유엔 관련 사항

(1) 평화를 위한 의제(An Agenda for Peace)

① 냉전이 끝난 직후인 1990년 초반에 평화와 안보를 위한 국제연합의 의제는 급속히 확대되었다. 1992년 당시 사무총장 부트로스 갈리는 '평화를 위한 의제'라는 보고서에서 국제연합의 평화와 안보를 위한 새롭고 야심적인 역할을 제시하였다.

② 이 문서는 유엔의 평화유지활동의 정책 방향을 제시하는 중요 문서이다.

③ 유엔의 평화기능 강화를 위한 5가지 핵심

    ㉠ **예방 외교**: 신뢰구축, 실태조사, 이미 승인된 국제연합군 배치활용

    ㉡ **평화 형성**: 적대적 세력 사이의 합의를 평화적인 수단을 통해 도출하기 위한 활동

    ㉢ **평화 강제**: 모든 평화적 수단이 실패할 경우 헌장 제7장의 규정에 따라 평화 강제가 필요, 평화 강제는 당사자들의 합의 없이 이루어질 수 있음.

    ㉣ **평화유지**: 당사자들의 합의에 따라 국제연합 병력을 현장에 배치함(전통적 평화 유지).

    ㉤ **분쟁 후 평화 구축**: 폭력적인 분쟁을 방지하고 평화를 공고히 하기 위한 사회적, 정치적, 경제적 하부 구조 개발

    ➡ 유엔은 평화유지, 강제, 개입 등을 위해 군사적 조치를 취할 수 있으나, 상비군을 보유하고 있지는 않다.

    ➡ 이외에도 지역적 기구와 협력 및 지역적 기구 활용, 유엔 재정 기반 강화 등도 포함되어 있다.

    ➡ 소말리아에서 PKO가 실패한 이후 부트로스 갈리 사무총장은 1995년 '평화를 위한 의제-보완'이라는 보고서를 제출하여 PKO와 강제조치를 명확히 구분해야 한다고 지적했다.

(2) 77 그룹(Group of 77, 통칭 G-77)

① 국제연합 내 개발도상국의 연합체이다. 개발도상국을 대상으로 경제적으로 이익을 얻고 선진국으로 갈 수 있는 발판을 다지기 위해 만들어진 기구이다.

② 1964년 3월 제네바에서 개최된 제1차 국제연합무역개발회의(UNCTAD) 총회에서 제3세계권에 속하는 개발도상국 77개국이 선진국과의 협상에 있어서 의견통일과 공동대처를 도모할 목적으로 공동선언을 채택함으로써 출범하였고 77그룹이라는 명칭이 붙었다. 이후 많은 개발도상국들이 계속 새롭게 참여하여 130개국 이상으로 확대되었다.

③ 조직과 형식을 갖춘 특정기구는 아니지만 UNCTAD는 물론 국제연합·경제관련 기구나 회의에서 개발도상국가들의 권익을 대변하고 있다.

④ 비동맹회의가 제3세계 비동맹운동의 정치적 중추라고 한다면 77그룹은 그와 동일한 성격의 경제적 협력체라고 볼 수 있다.

(3) **신국제경제질서(New International Economic Order)**

① 신국제경제질서는 국제경제질서를 근본적으로 개혁하기 위해 1970년대 초 개발도상국이 시작한 운동이다.

② 1974년 제6회 UN특별총회에서 아시아, 아프리카의 제3세계 국가 등 77그룹으로 불리는 국가에 의해 선진국이 주도하는 국제경제질서를 폐지하고 자원 주권을 확립하는 것을 중심으로 하는 신국제경제질서의 수립에 관한 선언이 채택되었다.

③ 즉, 77그룹은 "현재 세계경제의 매커니즘은 선진공업국의 이익만을 추구할 뿐 개발도상국의 이익은 존재하지 않으므로 근본적으로 국제경제질서가 개편되어야 한다."고 주장했다.

④ 이들이 요구한 것은 천연자원에 대한 항구적 주권 행사, 개발도상국에 불리한 교역조건 개선과 국제통화제도의 개혁, 개발도상국에 대한 원조 증대, 생산지 카르텔 성립, 다국적기업의 규제와 감시 등이다.

더 알아보기

새천년개발목표

2001년 제56차 유엔총회는 2000년 채택한 '새천년개발목표'에 대한 구체적인 로드맵의 일환으로 국제사회가 이행해야 할 8개 과제를 발표했다.

• **극심한 빈곤과 기아의 근절**: 1일 수입 1달러 이하로 생활하는 사람의 비율을 1990년에서 2015년 사이에 절반으로 줄일 것, 기아로 고통받는 사람의 비율을 1990년에서 2015년 사이에 절반으로 줄일 것
• **초등교육 의무화 달성**: 전 세계 모든 소년, 소녀의 2015년까지 초등교육 전 과정 이수를 보장
• **양성평등촉진과 여성의 힘 증진**: 초등 및 중등교육에서 성별차를 가능한 2005년까지, 모든 교육과정에서는 2015년까지 근절
• **아동사망률 감소**: 5세 이하 아동 사망률을 1990년에서 2015년 사이에 3/4으로 줄일 것
• **모자보건 향상**: 모성 사망률을 1990년에서 2015년 사이에 3/4으로 줄일 것
• **질병퇴치**: 2015년까지 HIV/AIDS 확산방지, 확산감소로의 전환, 2015년까지 말라리아 및 여타 주요 질병 발병 억제, 발병 감소로의 전환
• **환경의 지속가능성 보장**: 2015년까지 안전한 식수에 지속 가능한 접근이 불가능한 사람들의 비율을 절반으로 감소, 2020년까지 최소한 1억 명의 빈민가 거주자의 생활에 유의미한 향상 달성, 기아로 고통받는 사람의 비율을 1990년에서 2015년까지 사이에 절반 감소
• **개발을 위한 글로벌 파트너십 조성**: 개방적 규정에 의거하고, 예측가능하며 비차별적인 개방무역과 재정 시스템의 개발 등

---

(4) 유엔헌장에는 영어, 불어, 중국어, 스페인어, 러시아어가 유엔 공식 언어로 규정되어 있으나, 그 뒤 아랍어가 총회, 안전보장이사회 및 경제사회이사회 공용어로 추가되었다.

❼ 유엔전문기구* 목록

✐ UN 해당기관의 직접적인 지시나 통제를 받지 않지만 관련 협력단체로 고유의 역할을 수행하는 기구이다. 즉, 유엔 산하 소속기관은 아니다. 특정 분야에서 목표를 달성하기 위해 자율적, 독립적으로 운영되지만 UN경제이사회와 총회에서 승인을 받게 되는 기구이다. 유엔헌장 제64조에 따라 매년 경사리에 보고서를 제출하며 경사리를 통해 유엔 또는 다른 전문기구와 협력한다. UN 전문기관의 활동영역은 경제협력분야, 문화 및 과학협력 분야, 사회협력분야, 교통체신협력 분야, 농업협력분야, 공업개발분야 등이다.

(1) 식량 농업 기구(FAO)

(2) 국제 민간 항공 기구(ICAO)

(3) 국제 농업 개발 기금(IFAD)

(4) 국제 노동 기구(ILO)

(5) 국제 통화 기금(IMF)

(6) 국제 해사 기구(IMO)

(7) 국제 전기 통신 연합(ITU)

(8) 유엔 교육 과학 문화 기구(UNESCO)

(9) 유엔 공업 개발 기구(UNIDO)*

   ✐ 유엔 공업 개발 기구는 1966년 제21차 유엔총회의 결의로 종래의 유엔공업개발센터를 계승하여 1967년 1월 유엔총회의 보조기구로 발족했다. 1979년 UNIDO 헌장이 채택되고 1985년 그 효력이 발생함에 따라 1986년에 경사리와 특별협정에 체결하여 유엔의 16번째 전문기구가 되었다.

(10) 세계 관광 기구(WTO)

(11) 만국 우편 연합(UPU)

(12) **세계 은행(WB) 그룹**

   ① 국제 부흥 개발 은행(IBRD)
   ② 국제 투자 분쟁 해결 센터(ICSID)
   ③ 국제 개발 협회(IDA)*

      ✐ 저개발국의 경우 IBRD의 대출조건 하에서는 대출을 받을 수 없기 때문에 보다 관대한 조건으로 대출을 해주어야 할 필요성을 느끼게 되었고, 1960년 미국의 발의로 IBRD 회원국들은 특혜적 조건으로 저개발국에 대해 대출을 해주기 위해 IDA가 설립되었다.

   ④ 국제 금융 공사(IFC)*

      ✐ 1956년 개발도상국의 민간기업을 지원하기 위해 설립되었으며, IBRD를 보조하여 저개발국의 민간기업의 성장을 보조하여 경제적 발전을 지원하는 국제기구이다.

(13) 다자간 투자 보증 기구(MIGA)

(14) 세계 보건 기구(WHO)

(15) 세계 지적 재산권 기구(WIPO)

(16) 세계 기상 기구(WMO)

더 알아보기

세계보건기구

- 1946년 7월 22일 61개국이 WHO 헌장에 서명, 1948년 4월 7일 발표, 한국은 1949년에 가입하였다.
- 총회는 연 1회 개최, 사무총장의 임기는 5년(재선 가능)이다.
- 집행이사회는 총회에서 선출하는 34개 이사국이 지명하는 전문가로 구성되며 임기는 3년이다.
- 모든 국가는 국제연합과 WHO 간 협정의 조건에 따를 것을 전제로 하여 회원국이 되기 위해 신청할 수 있고, 이 신청이 보건총회에서 과반수로써 승인될 경우 회원국으로 인정된다.
- 보건총회는 각 회원국당 3명을 초과하지 않는 대표가 참석하며 동 회원국은 대표 중 1명을 수석대표로써 임명한다.
- 각 회원국은 보건총회에 있어서 1개의 투표권을 가지며, 중요 문제에 관한 보건총회의 결정은 출석하고 투표하는 회원국의 2/3 찬성으로 결정된다.
- 미국은 2020년 7월 탈퇴를 통고, 1년 후 효력 발생 → 바이든 정부 시 복귀 → 2025년 1월 다시 탈퇴 통고
- 국제보건규제(IHR)
  ➡ IHR이란 국제사회가 인류를 위협할 수 있는 심각한 공중보건 위험을 예방하고 대응하도록 돕는 국제법적 문서(194개 WHO회원국 포함 총 196개국 적용)이다.
  ➡ IHR은 국제공중보건에서 국가들의 주권적 권리나 경제적 이익을 중시한다.
  ➡ 최초 IHR은 통지의무 대상을 콜레라, 장티푸스, 페스트, 활열병, 천연두, 회귀열에 한정했다.
  ➡ 2005년 개정된 IHR은 2003년 SARS를 계기로 보고의무가 있는 질병의 범위를 확대함으로써 큰 틀을 잡았다.
  ➡ 초국경적 감염병이 발생하는 경우 국가는 이를 통지하고 감염병을 통제할 수 있는 적절 수준의 공중보건체계를 수립할 의무가 있으며 이는 법적 구속력이 있다.
  ➡ 2024년 6월 국제보건규약 개정 : 코로나19 대응 시 늦은 초동대응, 백신보급에 있어 일관성 부족에 대한 반성으로 개정 요구가 증대되었다.

2022년 5월 제75차 세계보건총회	IHR 개정을 위해 '회원국 주도의 IHR 개정에 관한 실무그룹(WGIHR)'을 설립하기로 결정, 회원국에게 2022년 9월 30일까지 IHR 개정안 제안 요청
2022년 11월 14일	WGIHR은 IHR 개정안 작업 시작
2023년 1월	IHR 개정에 관한 검토회의가 WHO 사무총장에게 IHR 개정 관련 기술적 권고사항을 담은 보고서 제출
2024년 5월 24일	WGIHR IHR 개정안 작업 완료, WGIHR이 제출한 개정안은 제77차 세계보건총회에서 검토되도록 제출
2024년 5월 29일~6월 1일	IHR 개정안은 2024년 5월 29일~6월 1일까지 제77차 세계보건총회 위원회가 설립한 초안 작성 그룹의 작업을 통해 회원국들이 합의
2024년 6월 1일	제77차 세계보건총회는 결의안을 통해 IHR 개정안 채택

  ➡ 주요 개정 내용
   ① 팬더믹 비상사태를 정의하고 선언하기 위한 시스템 구축
   ② 의료 제품 및 자금 조달에 대한 접근성 강화, 연대와 형평성에 대한 약석
   ③ 개정된 규정의 효과적인 이행 촉진을 위한 당사국 위원회 설립
   ④ 국가 IHR 시행위원회 설립

❽ 주요 유엔 결의안

구분	원인	주요 내용
제825호 (1993. 5. 11.)	북한의 NPT 탈퇴 (1993. 3. 12.)	북한에 NPT 탈퇴 선언 재고를 촉구
제1695호 (2006. 7. 15.)	북한 미사일 발사 (2006. 7. 5.)	북한의 도발을 규탄하면서 미사일 관련 물자·상품·기술·재원의 북한 이전을 금지
제1718호 (2006. 10. 14.)	북한 제1차 핵실험 (2006. 10. 9.)	물적 규제(재래식 무기, WMD 관련 물자, 사치품 등), 금융 규제, 출입국 규제, 화물 검색 등 대북제재 조치
제1874호 (2009. 6. 12.)	북한 제2차 핵실험 (2009. 5. 25.)	기존 안보리 결의 제1718호에 화물 및 해상 검색 강화, 금융·경제 제재 강화, 무기 금수 조치 확대 등 강력한 추가 제재 조치 포함
제2087호 (2013. 1. 22.)	북한 장거리 미사일 발사 (2012. 12. 12.)	기존 안보리 결의 제1718호 및 제1874호에 제재 대상의 확대, 금융기관 활동 감시 강화, 대북 수출 통제 강화 등 추가적인 대북제재 조치
제2094호 (2013. 3. 7.)	북한 제3차 핵실험 (2013. 2. 12.)	제재 대상과 통제 품목 확대, 금융제재, 화물 검색, 항공기 차단, 금수조치(catch-all 시행 촉구 등) 분야에서 제재 조치의 실질적 강화
제2270호 (2016. 3. 2.)	북한 제4차 핵실험(2016. 1. 6.) 및 장거리 미사일 발사(2016. 2. 7.)	북한의 수출입 화물 전수 검색 및 운송봉쇄, 선박입항 및 항공기 영공 통과 금지, 금융제재, 무역제재(민생 제외), 핵·미사일 관련 전용 가능한 무기 금수 및 모든 물품 금수
제2321호 (2016. 11. 30.)	북한 제5차 핵실험 (2016. 9. 9.)	북한의 석탄 수출 상한제 도입, 북한의 수출금지 광물(은, 동, 아연, 니켈) 추가 및 조형물 공급 판매 이용 금지, 회원국 금융기관의 북한 내 사무소 및 은행계좌 개설 활동 금지, 회원국 내 북한 공관규모 축소, 북한에 대한 항공기 및 선박대여, 승무원 제공 금지(민생 목적 예외 조항 삭제), 제재 대상 개인 및 단체 추가, 북한과의 과학기술협력 금지
제2356호 (2017. 6. 2.)	북한 탄도미사일 발사 (2017. 10. 15.~)	핵, 탄도미사일 개발 관련 제재 대상 추가(개인 14명 및 단체 4개)
제2371호 (2017. 8. 5.)	북한 장거리 미사일 '화성-14형' 발사 (2017. 7. 4.·28.)	북한의 석탄, 철, 철광석, 해산물 및 납, 납광석 수출 금지(원산지 무관), WMD 재래식 이중용도 통제 품목 추가, 북한 해외 노동자 수를 결의 채택 시점으로 동결(제재위가 인도적 사유 결정 시 예외), WMD 개발 기여 가능한 대북 금융거래 금지 의무가 회원국을 통한 대금정산(clearing of fund)에도 적용
제2375호 (2017. 9. 11.)	북한 제6차 핵실험 (2017. 9. 3.)	대북 원유 공급 제한[원유 공급량 현 수준 동결, 정제유 공급량 감축, 콘텐세이트(condensate) 및 액화천연가스(LNG) 공급 금지], 북한의 섬유 수출금지(원산지 무관, 유예기간 90일), 북한 해외 노동자 신규 노동 허가 금지(계약기간 만료 시 연장 금지), 신규 기존 북한과의 합작 합영 사업 금지(120일 내 폐쇄), WMD 및 재래식 무기 이중용도 통제 품목 추가, 선박 검색 강화, 제재 대상 추가[개인 1명(박영식), 단체 3개(당중앙군사위, 조직지도부, 선전선동부)]
제2397호 (2017. 12. 22.)	북한 장거리 미사일 '화성-15형' 발사 (2017. 11. 29.)	유류 공급 제한 강화, 해외 파견 노동자의 24개월(2년) 이내 송환 조치, 수출입 금지 품목의 확대, 해상 차단 조치의 강화, 개인 (16명) 및 단체(인민무력성)에 대한 제재 대상 추가 지정

(1) **안보리 결의안 제678호**

사담 후세인에 대한 무력사용 승인

(2) **안보리 결의안 제688호**

쿠르드족 보호를 위한 이라크에 대한 개입 승인

(3) **안보리 결의안 제743호**

크로아티아에 평화유지군 창설

(4) **안보리 결의안 제770호**

보스니아－헤르체코비나에 평화유지군 건설

(5) **안보리 결의안 제794호**

미국의 소말리아 군사개입 승인(만장일치)

(6) **안보리 결의안 제816호**

보스니아에 비행금지구역 설정

(7) **안보리 결의안 제1325호**

여성 폭력 문제 종식(여성, 평화, 안보에 대한 결의안)

(8) **안보리 결의안 제1441호**

이라크 사담 후세인 정권의 대량 살상 무기 공개 요구(공개하지 않으면 '심각한 결과' 초래할 것이라 경고)

➡ 미국은 무력사용 허가라고 주장

(9) **안보리 결의안 제1718호**

북한 핵실험에 대한 북한 제재 승인

(10) **안보리 결의안 제1769호**

수단 다르푸르 지역에서 아프리카 연합과 국제연합의 합동 작전 수행 허가

제3절 │ 유럽연합(EU)

❶ 개요

(1) **창립일자**: 1993. 11. 1.

(2) **현재 회원국**: 27개국

⊘ 1952년 ECSC창설국(6개국): 독일, 프랑스, 이탈리아, 네덜란드, 벨기에, 룩셈부르크

Part 02

❷ 주요 연혁

1952. 8.	유럽석탄철강공동체(ECSC) 출범
1957. 3.	로마조약, 유럽경제공동체(EEC), 유럽원자력공동체(EURATOM) 창설
1967. 7.	유럽공동체(European Communities, EC) 기관 단일화
1993. 1.	유럽단일시장 출범
1993. 11. 1.	유럽연합 출범(마스트리흐트 조약 발효)
1999. 1.	유럽통화연맹(EMU) 출범
1999. 5.	암스테르담 조약 발효
2001. 2.	니스조약 서명
2002. 2.	유로화 공식 일반 통용(12개국)
2004. 5.	EU 25개국 확대
2004. 10.	EU 헌법조약 서명
2007. 12.	EU 개혁조약(리스본 조약) 서명 및 Schengen 협정의 동유럽 9개국 확대
2008. 1.	사이프러스 및 몰타의 유로존 가입
2008. 12.	리스본조약 25개국 비준
2009. 6.	유럽의회 선거
2009. 12.	리스본조약 발효
2014. 5.	유럽의회 선거
2016. 6.	영국 EU 탈퇴문제 국민투표(탈퇴로 가결)
2017. 1.	유럽의회 선거
2019. 5.	유럽의회 선거
2020. 1.	영국 탈퇴

◎ 유럽경제협력기구(1948): 제2차 세계대전 이후 미국의 유럽 부흥 계획인 마샬플랜을 수용하여 결성된 국제기구
◎ 유럽자유무역연합(1960. 5.): 유럽연합(EU)에 참가하지 않은 스위스, 노르웨이, 아이슬란드, 리히텐슈타인 등 서유럽 4개 강소국으로 구성된 자유무역체제
◎ 솅겐조약: 유럽 각국이 공통의 출입국관리정책을 시행하여 국가 간의 통행에 제한이 없게 한다는 내용을 가진 조약으로, 1985년 룩셈부르크 남부 솅겐에서 독일·프랑스·네덜란드·벨기에·룩셈부르크 5개국이 처음으로 체결하였으며 1995년 효력이 발휘되었다.

❸ 유럽연합 세부설립과정

(1) 유럽석탄철강공동체(ECSC)의 발족

① 제1, 2차 세계대전의 원인이 되었던 독일과 프랑스 간의 적대 요인 해소 및 유럽결속의 필요성에 따라, 당시 프랑스 경제계획청장인 장 모네(Jean Monnet)의 아이디어를 빌어, 로베르 슈망(Robert Schuman) 프랑스 외무장관이 1950. 5. 9. 기자회견을 통해 석탄 및 철강 산업을 초국가적인 기구를 통해 공동 관리하자는 '슈망선언'을 발표했다.

② 이 제의를 독일, 이탈리아 및 베네룩스 3국이 수락(영국은 거부)함에 따라 프랑스·독일·이태리·네덜란드·벨기에·룩셈부르크 6개국이 1952년 8월 유럽석탄철강공동체(European Coal and Steel Community)를 정식으로 발족하였다.

(2) 유럽경제공동체(EEC) 및 유럽원자력공동체(EURATOM) 창설

① 석탄, 철강산업만을 대상으로 한 공동시장을 모든 산업으로 확대하기 위한 움직임과 함께, 중요성이 날로 증가하던 원자력의 공동개발 및 이용을 목적으로 하는 유럽원자력공동체 결성 필요성이 대두하였다.

② EEC(European Economic Community)는 관세동맹, 경제 및 화폐동맹과 회원국간의 상품·사람·서비스 및 자본의 자유이동을 이룩함으로써 공동의 경제·산업·사회·재무 및 재정정책을 지닌 단일시장을 형성하려는 목적의 공동체이다.

③ EURATOM(European Atomic Energy Community)은 공동에너지 시장의 창설, 핵 원료의 균형공급 보장, 핵에너지의 안전 및 인간과 환경의 보호를 위한 특별계획 등을 추진하려는 목적의 공동체이다.

(3) 유럽공동체(EC)의 성장

① 독립된 집행부를 가진 별도의 기구로 출발한 ECSC, EEC, EURATOM 3개의 공동체는 1967. 7. 1. '유럽공동체의 단일이사회 및 단일집행위 설립에 관한 조약'(Merger Treaty)의 발효에 따라 집행부를 이사회로 단일화하였다.

② 동 조약으로 단일기관이 각 공동체의 업무를 모두 관장하게 되고 공동 예산제도를 실시하게 됨으로써 동 3개 공동체는 사실상 단일공동체화하여 명칭도 3개 공동체를 총괄하는 EC(European Communities)로 통칭했다.

③ EC는 기본이념 달성을 위해 관세동맹(역내 관세철폐와 대외공동관세 시행), 공동시장(Common market) 및 공동농업정책(Common Agricultural Policy)을 우선적으로 추진하였으며, EC 역내 환율안정 구상을 발전시켰고, 1979. 3. 유럽통화제도(European Monetary System, EMS)를 발족하였다.

(4) 단일시장의 출범과 유럽연합(EU)의 발족

① EC 회원국들은 EC 역내시장 완성을 위해 EEC 조약을 보강하는 단일유럽 의정서(Single European Act)를 1986. 2. 체결(1987. 7. 발효)하였다.

② 동 의정서에 따라 인적, 물적, 자본 및 서비스의 자유이동을 제한하는 각종 규제를 철폐하는 국내 입법을 시행하였고, 1993. 1. 역내 단일시장을 성립시켰다.

③ EC의 성장과 발전 그리고 역내 단일시장의 완성으로 인해 심화된 유럽 경제통합의 성과를 바탕으로 일정분야에서의 정치통합을 실현하고 궁극적인 단일 경제·통화권을 건설하기 위한 유럽 통합 움직임은 더욱 가속화되었다.

④ EC 12개국은 1991. 12. 유럽연합조약(마스트리히트 조약)을 확정하고 국내 비준 절차를 마침으로써 마침내 1993. 11. 유럽연합(European Union)을 출범하였다.

⑤ 유럽연합은 기존 EEC, ECSC, EURATOM을 포함하는 EC를 한층 발전시킴과 아울러 공동외교안보정책(Common Foreign and Security Policy, CFSP)을 시행함으로써 실질적인 정치 통합을 이루고, 내무·사법협력까지를 포함하는 공동체로 구성되었다.

(5) 회원국 확대 및 통합 진전 노력

① 1997. 6. 암스테르담 정상회담에서 중·동구 국가들과의 EU 확대 협상을 위해 1992년 마스트리히트 조약을 대체하는 "암스테르담 조약"을 채택하고, 1997. 10. 동 조약에 서명하였다.

② 동 조약 체결에 따라 1998. 3.부터 우선 협상 대상국 6개국(폴란드, 헝가리, 체코, 슬로베니아, 에스토니아, 사이프러스)과 회원국 확대 교섭을 개시하였다.

③ 1999. 1. 1.부터 회원국 중 11개국이 참가한 유럽 단일통화(유로화)가 도입되었고, 참가국의 통화 및 금리정책을 유럽중앙은행에서 추진하게 됨으로써 경제통화 통합에 성공하였다.

④ 1999. 5. 1. "암스테르담 조약"이 발효됨으로써 이를 바탕으로 회원국 확대 교섭이 더욱 진전되고 경제통합 차원을 넘어, 정치, 사회분야에서의 통합을 위한 공동 외교안보정책 및 내무·사법 분야에서의 통합 노력을 보다 적극적으로 추진하였다.

⑤ 2000. 12. 니스 정상회의에서는 암스테르담 조약에 포함되지 못한 집행위의 규모 및 구성, 각료 이사회 투표권수 조정, 가중다수결에 의한 결정분야 확대, 긴밀한 협력 등에 관해 합의한 "니스 조약"을 채택하고 2001. 2. 26. 동 조약에 시명(2003. 2. 1. 발효)하였다.

⑥ 2002. 12. 코펜하겐 정상회의에서 10개국(헝가리, 폴란드, 체코, 에스토니아, 라트비아, 리투아니아, 몰타, 슬로바키아, 슬로베니아 및 사이프러스)과의 EU 가입 협상이 완료되었다.

▶ 유럽의 통합과 변천

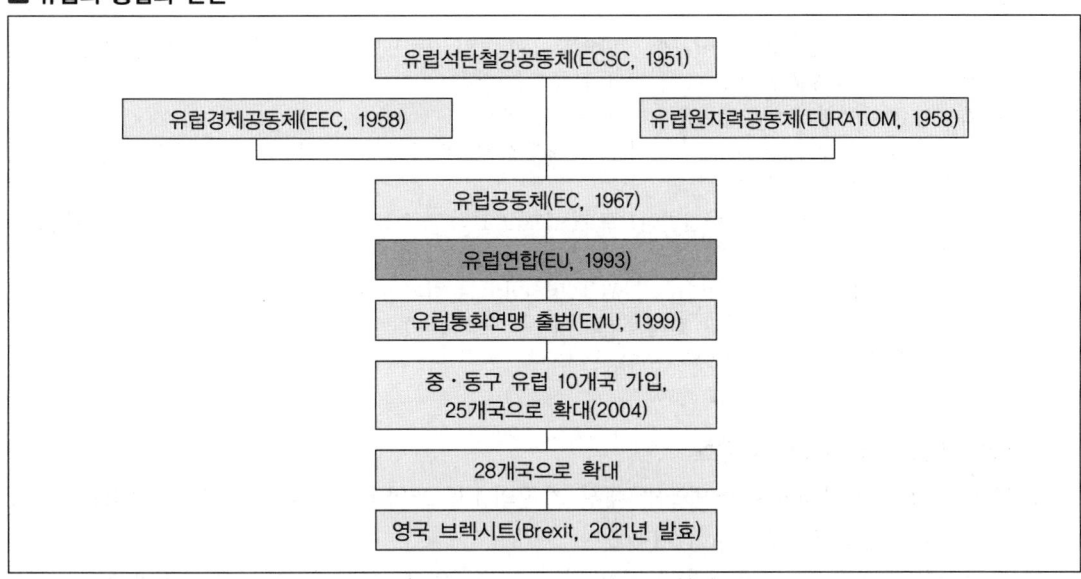

(6) EU 헌법조약(Treaty establishing a Constitution for Europe)

① 2001년 말 벨기에 라켄에서 열린 유럽연합(EU) 15개 회원국 정상회담의 합의에 따라 출범한 유럽미래회의는 15개 EU 회원국 정부-의회-민간기구, EU 집행위원회, EU 의회, EU 가입후보국 대표 등 100여 명의 참여로 시작되었다.

② 의장은 발레리 지스카르 데스탕 전 프랑스 대통령이 맡았고, 줄리아노 아마토 전 이탈리아 총리와 장 뤼크 드하네 전 벨기에 총리가 공동 부의장에 임명되었다.

③ 유럽연합(EU)의 확대계획에 따라 그 정체성을 규정하고 통합 유럽헌법을 제정하기 위해 2002년 2월 28일 브뤼셀에서 개막하였다.

④ 2003년 5월 선출직 대통령 및 외무장관직 신설을 골자로 하는 새 유럽연합(EU) 헌법 초안을 공개하였고, 검토를 한 번 더 거친 뒤 2003년 6월 유럽헌법 초안을 최종 작성해 EU 정상회의에 제출하였다.

⑤ 이 유럽헌법 초안은 2003년 6월 개최된 EU 정상회의에서 채택되었으며, EU는 2003년 말까지 EU 헌법을 최종 확정할 계획이었다.

⑥ 그러나 2003년 12월 헌법안 확정을 위한 EU 정상회담이 일부 회원국들의 반발로 인해 결렬되어, EU 헌법의 최종합의에 실패하였다.

⑦ 2004년 유럽 정상 25개국은 브뤼셀에서 정상회담을 열고 EU 헌법안에 어렵게 합의하였고, 2006년 11월 1일 발효를 목표로 각 회원국 국내 비준 절차를 진행하였다.

➡ 기존협약체계의 정비, EU 확대에 따른 의사결정 방식의 효율성 제고, 유럽 시민에 대한 기본권 강화, EU 기관과 회원 국가 권한 배분의 명확화 등이 목적이었다.

⑧ 그러나 프랑스와 네덜란드가 국민투표에서 부결됨에 따라 2007년 6월 EU 정상회의는 헌법조약안 대신 기존 유럽연합조약들을 개정한 리스본조약을 내놓았다. 이후 리스본조약은 2009년 12월 1일 발효되었다.

> ### 더 알아보기
>
> **헌법조약의 주요 내용**
>
> • 2년반 임기의 EU 대통령(EU 이사회 상임의장, 1회 연임 가능), EU 외무장관 신설, EU 집행위, 이사회, 유럽의회 등 EU 기관의 구성 등에 관한 규정의 명확화
> ➡ 유럽연합 대통령과 외무장관은 EU 정상들이 선출
> ➡ 이사회에서 가중다수결로 결정할 경우, 이사회 회원국의 최소 55%, 즉 15개국 이상의 찬성과 유럽연합의 인구 중 최소 65% 이상의 찬성이 필요
> • 로마 조약, 마스트리트 조약 등 산발적으로 흩어져 있었던 각종 EU 조약 등을 하나로 묶어 EU 헌법조약 내로 통합
> • 유럽 시민권, 유럽 시민의 보호와 기본권을 명시하고 유럽의회의 권한을 강화
> • 의사결정상 효율성을 제고하기 위해서 가중다수결에 의한 정책 결정분야를 확대
> • EU에 법인격(legal personality)을 부여

(7) 리스본조약(Lisbon Treaty) 발효

① 2007. 6. EU 정상회의시 헌법조약 대신 기존의 EU 조약을 개정하는 방식의 'Reform Treaty'(소위 '리스본조약') 추진에 합의하였다.

② 초국가적인 개념(국기, 국가 등)을 삭제하되, 헌법조약의 주요 내용(EU 정상회의 상임의장, EU 외교안보 고위대표, EU의 법인격 보유, 가중다수결 방식 등)을 그대로 반영하고, 의회를 통한 비준방식을 채택(아일랜드 제외)하였다.

③ 2008. 6. 아일랜드 국민투표시 부결된 바 있으나, 국방·조세 등 분야의 아일랜드측 우려사항에 대한 법적보장을 제공한 후, 2009. 10. 재실시한 제2차 국민투표에서 비준 통과하였으며, 유일한 미서명국이었던 체코가 2009. 11. 서명함으로써 27개 전회원국 비준이 완료되어 2009. 12. 1. 리스본조약이 발효되었다.

④ 리스본조약 발효로 EU는 새로운 지도체제를 갖춘바, EU를 대외적으로 대표하는 EU 이사회 상임의장과 일반국가의 외교장관에 상응하는 외교안보 고위대표직이 신설되었다.

④ 주요 조약 내용

(1) 로마조약(1957)

유럽경제공동체 창설, 6개국이 창립 회원국(서독, 프랑스, 이탈리아, 룩셈부르크, 벨기에, 네덜란드)

(2) 마스트리히트조약(1993)

유럽중앙은행 창설과 단일통화 사용의 경제통화동맹, 공동외교안보정책(CFSP), 단일 사회정책 등의 내용을 핵심으로 유럽연합이 시장통합을 넘어 완전한 경제 및 통화 동맹뿐 아니라 실질적으로 정치연합까지 달성하는데 있어 중요한 전환점

(3) 암스테르담조약(1997)

유럽연합의 공동 외교·안보 정책(CFSP)을 강화하는 방향으로 개혁을 추진

(4) 니스조약(2001)

유럽연합 확장을 위한 대비

(5) 리스본조약(2009)

유럽의회의 권한을 강화하고 정책결정의 효율성을 증대하기 위해 EU 정상회의 상임의장, 외교안보정책고위대표(유럽대외관계청, EEAS)직 신설

⑤ EU의 기구

(1) 핵심 5개 기구 및 기능

기구명	소재지	구성	기능
이사회 (UN 정상회의 및 각료이사회)	브뤼셀	27개국 정상 및 각료, 외교안보정책 고위대표 및 집행위원장	EU 최고 입법 및 주요 정책 결정 기구
집행위원회	브뤼셀	1인의 집행위원장과 26명 집행위원(각국 1명, 임기 5년)	• 집행기관 • EU 법안 제안권 • 공동체 이익 대변
유럽의회	• 스트라스부르그 • 브뤼셀 • 룩셈부르크	705명(직접선거 : 임기 5년) • 회원국 인구 비례로 의원수 결정 • 출신국별이 아닌 정치노선에 따라 정치그룹 구성	• 입법, 예산 및 감독 기관 • 신규회원국 가입 등 주요사항 동의권, 법안 공동 결정권 • 예산 확정권 • 집행위원장 선출, 집행위원 임명 동의 및 집행위원에 대한 불신임권
유럽사법재판소	룩셈부르크	27명 법관(각국 1명, 임기 6년)	• EU 법규 해석권 • EU 조치의 적법여부 판결권
유럽회계감사원	룩셈부르크	27명 감사위원(각국 1명, 임기 6년)	• EU 회계감사 • 유럽의회의 재정적 성격의 법안 입법시 의견 제출

(2) 핵심 5개 기구 외 아래 5개 기관이 주요 기구를 보완하는 역할을 수행한다.

① 유럽경제사회위원회(European Economic & Social Committee) : 경제사회문제에 대한 유럽시민
사회의 입장 대변 역할
② 지역위원회(Committee of the Regions) : 지역적 다양성과 지역발전 촉진 기능
③ 유럽중앙은행(European Central Bank) : 유로권 통화정책 관리
④ 유럽옴부즈맨(European Ombudsman) : EU기구의 행정권 남용 견제
⑤ 유럽투자은행(European Investment Bank) : EU 개발지원 프로그램 지원

❻ EU 정상회의(European Council)

(1) 구성 및 운영

① EU 정상회의 상임의장, 회원국 정부수반 및 EU 집행위원장으로 구성되며, 외교안보정책 고위
대표도 참석한다.
② 정상회의는 연 4회 브뤼셀에서 개최된다.

(2) 성격 및 권한

① EU 각국 정상들의 모임으로서, 이사회나 집행위 차원에서 회원국 정부의 입장이나 의지를 대변
하는데 한계가 있음에 주목하여 정상차원의 자유로운 토의 및 정치적 합의를 통해 EU의 복잡한
문제들에 대한 신속한 해결을 위해 이사회를 확대하는 차원에서 등장하였다.
② EU 시스템 전체와 관련된 광의의 정책 결정에 주요한 영향력을 발휘하며, 리스본조약 발효 이후
점점 더 많은 주요 사안들이 정상회의를 통해 결정되고 있다.

❼ EU 각료이사회(Council of the European Union)

(1) 구성

① '각료이사회'라고도 칭하며 EU 회원국 각 분야별 각료(장관)급이 참석하는 회의로서 EU의 주요
정책을 결정한다.
② 회원국의 이해관계를 조정하는 <u>정부간 협력체로서</u> 정치적 중요성을 보유한다.

(2) 의장

이사회에는 의장국제도가 있어 각 회원국의 정해진 순서에 따라 6개월씩 수임한다. 지역적 다양성과
지역발전 촉진 기능을 위함이다.

(3) 권한

최고 의사결정기구	• 유럽의회와 더불어 집행위의 제안을 심의, 의결하는 최고 의사결정기구 • 공동외교안보정책 및 일부 내무, 사법분야에서는 이사회가 여전히 의사결정기구 역할 유지
회원국간 조정권	회원국간 경제정책에 대한 광범위한 조정권을 행사하며, EU 정상회의가 제시한 가이드라인을 바탕으로 EU의 공동외교안보정책 수립 이행
협정 체결권	집행위가 편성·제안한 예산안을 유럽의회와 공동으로 심의·확정하며, 집행위에 대해 EU의 협정체결을 위한 협상개시 권한을 위임하고 최종적인 협정체결권을 행사

⑷ 의사결정

① 이사회는 법안을 채택하거나 거부하는 역할을 한다.

② 대부분의 의사결정은 다수결에 의해 결정되며, 중요한 결정은 가중 다수결*(qualified majority voting) 방식으로 이루어진다.

✎ 가중 다수결은 회원국 수와 인구수에 비례하여 각국의 표에 가중치를 부여하는 것이다.

⑧ 집행위원회(European Commission)

⑴ 성격 및 구성

① 집행위원회는 유럽 통합 관련 조약을 수호하고 EU의 행정부 역할을 담당하며 각종 정책을 입안하고 EU의 이익을 수호하는 유럽 통합의 중심기구이다.

② 집행위원회는 임기 5년의 집행위원장 1명과 26명의 집행위원으로 구성되며, 이들 총 27명 전체를 '집행위원단'이라고 한다.

⑵ 기능 및 권한

정책 및 법안의 제안과 개발	• EU 내에서 국가의 내각과 유사한 기능을 하며 정책의 제안과 개발에 관한 기본적인 권한 보유 • 집행위의 정책 개발과정에서 여러 EU 기구나 회원국, 이익단체 등이 적극적으로 개입하며 특히 이사회가 정책 제안을 요구할 경우 집행위는 이행할 의무
행정기능	• EU의 재정관리(유럽사회기금, 유럽농업지도·보장기금, 유럽지역 개발기금, 유럽개발기금, 결속기금 등 EU 5대 기금을 관리·운영) • EU 공동정책을 회원국 정부와 기업, 개인이 충실히 이행하고 있는지 감독
EU법의 수호 역할	EU법(지침, 결정, 규정)이 공동체 모든 영역에서 동일한 방식으로 준수되는지를 유럽사법재판소와 함께 감독
긴급조치조항 운영권	긴급수입제한 조치, 덤핑규제 등 긴급사안에 대해 이사회의 승인 없이 필요한 조치를 강구
대표기능 및 협상자 역할	집행위는 대외협상에서 EU를 대표하며, 이사회의 위임에 따라 외국과 대외협상을 수행하는 권한을 갖고 있으나, 유럽대외관계청(EEAS)이 신설되어 대외적 대표기능은 다소 축소

⑨ 유럽의회(The European Parliament)

⑴ 역사

① 1952. 9. 유럽석탄철강공동체의 총회(Assembly)로 스트라스부르크에 설치

② 1958. 3. EEC 총회와 EURATOM 총회와 통합

③ 1962. 3. 유럽의회(European Parliament)로 개칭

④ 1979. 6. 최초로 직접 보통선거에 의해 유럽의회 의원 선출

⑤ 1999. 6. 15개 회원국에서 동일한 비례대표제 선거방식 채택

(2) **구성 및 조직**

① 각 회원국에서 직접 보통선거로 선출된 임기 5년의 총 700여 명의 의원으로 구성되며, 각국의 인구수에 비례하여 회원국별로 의원 수를 할당한다.

② 유럽의회에는 의장 1명, 부의장 14명, 5명의 재무관으로 구성되는 임기 2년반의 집행부(Bureau)와 각 정치그룹의 대표가 참가하는 확대집행부로 구성한다.

③ 유럽의회는 외교, 경제, 금융문제, 농업, 개발 예산 등 22개 상임위원회가 있으며, 필요시 특정 사안에 관한 임시위원회 설치가 가능하고, 비회원국(유럽 및 비유럽) 의회와 교류를 위한 40개의 의원친선 대표단(delegation)이 존재한다.

(3) **소재지 및 운영**

1년에 12회 개최되는 본회의는 스트라스부르그에서, 4~6회의 미니(mini) 본회의와 각종 위원회 회의는 브뤼셀에서 개최되며, 의회 사무국은 룩셈부르크에 위치해 있다.

(4) **기능 및 권한**

입법권	• 대부분의 분야에서 이사회와 공동으로 입법안을 수정, 거부할 수 있는 공동결정권 보유 • 유럽의회의 권한은 1987년 단일의정서(SEA), 1993년 마스트리흐트조약, 1999년 암스테르담조약, 2003년 니스조약을 거치며 권한이 대폭 확대, 2009년 리스본조약 발효를 계기로 이사회와 거의 동일한 권한 행사
감독 통제권	• 집행위원장 선출, 집행위원단 전체의 임명에 대한 승인 및 불신임권 보유 • 집행위 및 이사회를 상대로 서면 또는 구두로 질의 가능하고, 유럽의회 본회의에 의장국 각료가 참석하며, EU 정상회의 상임의장은 EU 정상회의 개최 후 본회의에 출석하여 결과 보고 • 집행위는 매년 활동계획, 활동결과보고서, 예산안 집행기록을 의회에 제출 • 의회 상임위는 해당 집행위의 활동에 대해 감독 및 조사할 수 있으나, 조사에 필요한 물적, 인적 자원 부족으로 조사권 행사 사례는 매우 희소 • EU법 시행상의 부실행정이나 위반행위에 대해 EU 옴부즈맨을 통해 조사 실시
예산권	• 예산분야에서 이사회와 동등한 권리를 보유 • EU 예산 확정을 위해서는 유럽의회의 동의가 필수적

❿ 유럽사법재판소(Court of Justice of the European Communities)

(1) 유럽사법재판소는 EU조약 및 제반 법률의 해석과 그 적용에 대한 판결을 통하여 EU법의 이행을 보장하는 역할을 담당하고 있으며, 각 회원국이 임명하는 28명의 법관과 법관의 업무를 조력하는 11명의 법무관으로 구성(룩셈부르크 소재)된다.

(2) 재판소장은 임기 3년으로 연임이 가능하며 법관들이 비밀투표를 통해 내부선출하고, 법관과 심의관의 임기는 6년으로 중임 가능하며, 회원국 합의에 의해 임명한다.

(3) 최상급심인 사법재판소는 3개 법원으로 구성된다.

(4) 하급심 기관은 EU 경쟁, 반덤핑 및 지적재산권 등에 대한 1차 심사를 담당하는 일반법원 및 EU 기관과 그 직원간 법적 분쟁사건을 다루는 행정법원으로 구성된다.

(5) 유럽사법재판소는 유럽연합법이 회원국 국내법에 대한 우위를 가지고 있다는 원칙을 확립하고 있다.

⑪ 유럽연합 가입 절차

(1) 유럽연합조약(Treaty on European Union) 제49조에서 모든 유럽국가는 유럽연합(European Union, EU)에 가입 신청이 가능함을 명시한다.

(2) 가입 희망국이 유럽이사회(European Council)에 가입 신청서를 제출하면 이사회는 유럽 집행위원회 (European Commission)와 협의 후 유럽의회(European Parliament)의 동의를 얻어 가입 여부를 결정한다.

(3) 유럽연합에 가입하기 위해서는 후보국이 특정 가입 기준을 충족해야 하는데, 이러한 기준이 1993년 6월 덴마크 코펜하겐에서 열린 유럽이사회에서 결정됨에 따라, 이를 '코펜하겐 기준(Copenhagen criteria)'이라 한다.

① 첫째, 민주주의와 법치주의 등 민주국가 체제를 갖추고 인권 보장과 소수자 존중 및 보호에 대한 제도를 안정적으로 확립해야 하고,

② 둘째, 시장경제체제를 유지하고 유럽연합 내의 타 국가와 조화롭게 경쟁할 수 있는 능력을 보유해야 하며,

③ 셋째, 정치·경제·통화 동맹인 유럽연합의 회원국으로서 그 의무를 준수할 수 있는 능력을 갖추어야 한다.

제4절 | 북대서양조약기구(NATO)

❶ 설립개요

(1) 북대서양조약기구(NATO)는 냉전이 시작된 1949년에 설립된 북미와 유럽 등 서방 국가들의 군사 동맹이다.

(2) NATO는 유럽과 북미 지역 32개 회원국으로 구성되어 있으며, 본부는 벨기에의 수도 브뤼셀에 위치한다.

(3) 창설회원국은 미국, 캐나다, 영국, 프랑스, 이탈리아, 네덜란드, 벨기에, 룩셈부르크, 덴마크, 노르웨이, 포르투갈, 아이슬란드 12개국이다.

❷ NATO의 역할

(1) 동맹국의 자유와 안전 보장을 위해 공격 억지 및 방어

(2) 분쟁의 효과적 예방을 통한 위기 관리

(3) UN헌장 원리에 따라 정치, 군사적 수단에 의한 동맹국의 자유와 안전 보장

(4) 민주주의 및 인권 보호, 법의 지배

❸ NATO 설립 요인

(1) 1945년 제2차 세계대전이 끝나고 1~2년 사이에 동유럽이 도미노처럼 모두 공산화되자, 미국 등 서방 국가들은 큰 위협을 인식했다.

(2) 패전국 독일은 연합국이 4분할 점령하고 있었는데, 미·영·프 3국은 독일에서 군정을 끝내고 민주적 총선을 통해 새로운 민주 정부를 만들어 독립시키는 방안을 추진하였다.

(3) 소련은 타 동유럽 지역에서 했던 방식과 마찬가지로 이미 1946년 독일의 자국 점령 지역, 즉 동독에 사회주의통일당(SED)이라는 공산당을 만들어 바이마르 공화국 시절부터 있던 기존 독일 공산당과 독일 사회민주당 등 동독의 좌파 세력을 복속 혹은 숙청하여 동독을 장악한 상태였다.

(4) 소련은 독일에 민주적 총선을 실시하여 독립시키자는 미·영·프 3국의 방안을 반대했다.

(5) 결국 독일 총선 및 독립 방안이 미·영·프 측과 소련의 대립으로 합의에 이르지 못하며 좌초되었다.

(6) 1947년 동·서독지역이 각각 다른 화폐를 사용하기 시작하였고, 경제적으로 분리되었다.

(7) 베를린의 봉쇄로 소련의 팽창주의와 군사적인 위협이 서방으로 확대되어 군사적 동맹 창설에 합의하였고, 1949년 4월 4일 북대서양조약 조인, 동년 8월 24일 조약 효력이 발생하였다.

> **더 알아보기**
>
> **베를린 봉쇄**
> - 베를린 봉쇄(1948. 6. 24.~1949. 5. 12.)는 서독의 마르크화가 서베를린에 유통되자 소련이 취한 정책이다.
> - 소련이 미국, 영국, 프랑스가 제2차 세계대전 이후에 장악했던 서베를린의 관할권을 포기하도록 하기 위해 취한 봉쇄를 의미한다. 전쟁으로 먹을 것이 부족해진 상태에서 서베를린 사람들의 생활고가 베를린 봉쇄로 더욱 심각해졌으며, 미국은 비행기로 식량과 연료를 제공하였다.

📖 **동·서 베를린**

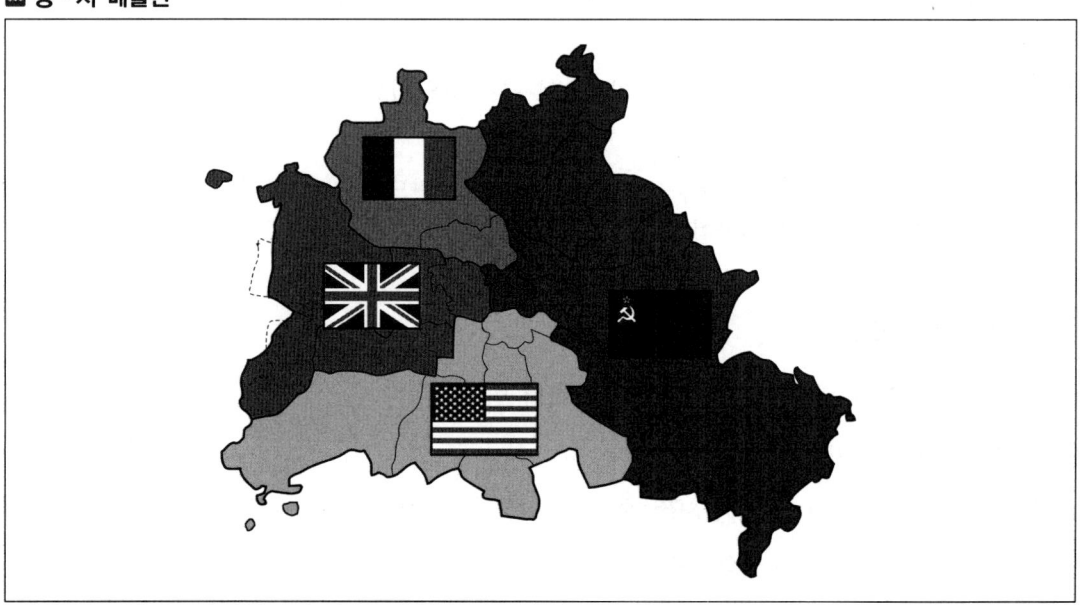

❹ NATO의 핵심 조항 : 북대서양조약기구 헌장 제5조

"당사국은 유럽 또는 북미에서 발생하는 회원국 중 하나 이상에 대한 무력 공격이 회원 모두에 대한 공격으로 간주된다는데 동의하며, 따라서 그러한 무력 공격이 발생하는 경우 유엔헌장 제51조에 의해 인정된 개별적 혹은 집단적 자위권 행사 차원에서 북대서양 지역의 안보를 복원 및 유지하기 위해 <u>무력의 사용을 포함한 필요하다고 간주되는 행동을 개별적으로 혹은 다른 당사국들과 협력하여 실행함으로써 당사국을 지원할 것에 합의한다.</u> 이러한 무력 공격과 그 결과 취해진 모든 조치는 즉시 유엔 안전보장이사회에 보고되어야 한다. 또한 이러한 조치는 안전보장이사회가 국제 평화와 안전을 회복하고 유지하기 위하여 필요한 조치를 취할 때 종료된다."

❺ 반동맹의 형성 : 바르샤바조약기구

(1) NATO는 1955년 5월 9일 서독의 NATO 가입을 승인하였다.

(2) 그러자 소련은 NATO가 반공 동맹을 형성했다고 맹비난하면서 5일 후인 5월 14일, 동유럽 위성국가들을 규합하여 바르샤바조약기구를 창설하였다.

(3) 냉전 종식 후 1991년 7월 1일 공식적으로 해체되었다.

❻ 냉전종식 후 NATO

(1) NATO는 해체되지 않고 확장

① 미국이 처음부터 NATO 확장에 적극적이었던 것은 아니다. 1994년 1월 11일에 개최된 백악관 각료들과 중부 유럽 외무장관들과의 회의에서 러시아의 팽창에 큰 경계심을 가지고 있던 폴란드, 체코, 슬로바키아, 헝가리 외무장관이 NATO에 즉각적으로 가입하고 싶다고 요청하였지만 백악관은 이에 대해 '러시아가 개혁에 성공해서 좋은 곰(good bear)이 될지, 아니면 팽창주의적인 나쁜 곰(bad bear)이 될지 지켜보자.'면서 이들 국가의 NATO 가입 요구를 거절하기도 하였다.

② 미국이 NATO 확장에 적극적으로 전환한 요인

㉠ 역사적으로 러시아에 피해를 당했던 중유럽, 남유럽 국가들의 끈질긴 요청이 있었다.

㉡ 보스니아 전쟁(1992. 4.~1995. 12.)처럼 NATO가 아닌 나라에서 전쟁과 대량학살 사태가 벌어졌을 때 미국과 NATO가 무력하게 아무런 군사적 개입을 할 수 없었다.

㉢ 여전한 러시아의 혼란, 특히 1993년 12월 거행된 러시아 총선거에서 러시아 극우주의 정당인 러시아 자유민주당이 최대 의석을 차지했다.

㉣ 1994년 12월 실시된 미국 상원, 하원 선거에서 NATO 팽창주의 정책을 추구하던 공화당이 상원과 하원을 장악함으로써 NATO 확장 정책을 펼치는 것은 미국 내에서 거스를 수 없는 대세가 되었다.

(2) **동(남, 북)유럽 국가들의 NATO 가입 RUSH**

① 1999년 3월 : 체코, 헝가리, 폴란드

② 2004년 3월 : 에스토니아, 라트비아, 리투아니아, 슬로바키아, 슬로베니아, 루마니아, 불가리아

③ 2009년 : 크로아티아와 알바니아

④ 2017년 : 몬테네그로

⑤ 2020년 : 북마케도니아

⑥ 2023년 : 핀란드

⑦ 2024년 : 스웨덴

(3) **현재 회원국** : 32개국

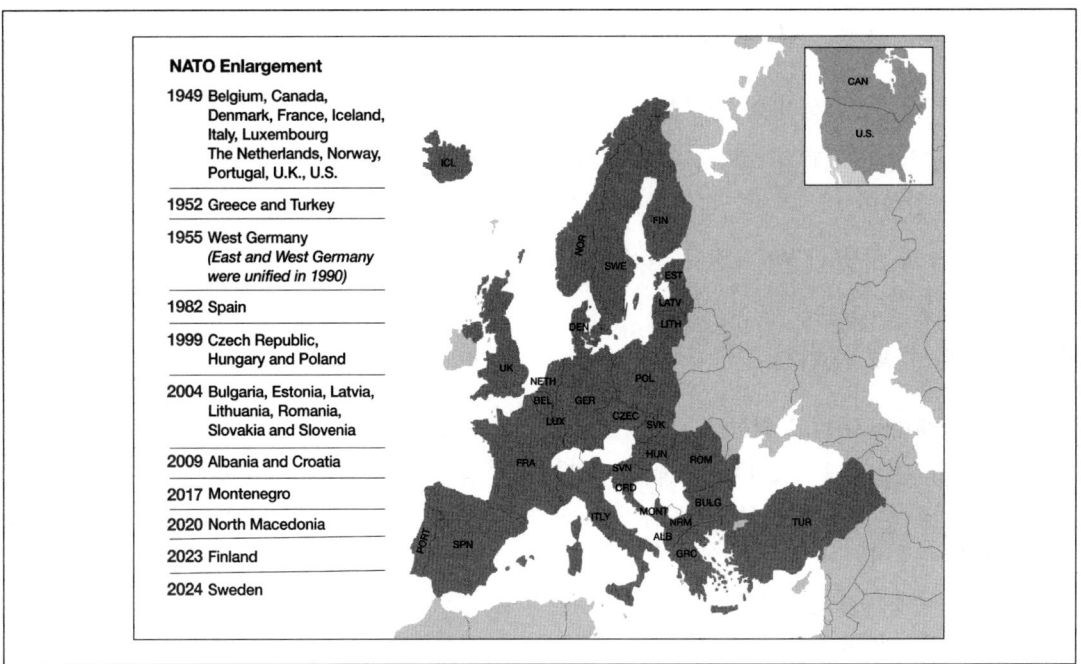

⊘ 스위스, 오스트리아, 아일랜드, 몰타, 몰도바, 키프로스 등은 NATO 회원국과 밀접하게 붙어 있지만 NATO 회원국이 아니다.

❼ 기타 NATO 관련 사항

(1) NATO 최고 의결기구는 북대서양이사회(North Atlantic Council, NAC)이다.

(2) 9·11 테러 이후 NATO는 새로운 안보위협에 대응하는 것에 중점을 두면서 기존의 유럽이라는 지역적 수준이 아닌 지구적 수준에서 발생하는 초국가적, 비대칭 안보 위협에 대응하고 있다.

(3) **NATO 2020 신 전략개념**

① 2022년 6월 마드리드에서 개최된 NATO정상회의에서 채택되었다.

② 러시아가 NATO의 가장 중대하고 직접적인 위협임을 지적하면서, 이 위협이 유럽－대서양 지역에 국한되지 않고 국제적 안보 문제라고 강조하였다.

③ 우크라이나, 조지아, 보스니아−헤르체코비나와 같은 NATO 가입 희망국에 대해 원칙적인 차원에서 NATO의 가입 가능성을 확인하였다.

④ NATO의 안보이익에 부합한다면 NATO는 중국에 대해 건설적인 관여를 할 의지가 있음을 천명하였다.

제5절 │ 유럽안보협력기구(OSCE)

1 개요

(1) 유럽안보협력기구(Organization for Security and Co-operation in Europe)는 안보협력을 위해 유럽과 중앙아시아, 북아메리카 등의 57개 국가가 가입되어 있는 정부간 협력기구이다(러시아, NATO 회원국 등이 가입).

(2) 1975년 8월 1일 헬싱키 협정에 의해 유럽안보협력회의(Conference on Security and Co-operation in Europe, CSCE)로 설립되었다.

(3) 1994년 부다페스트 정상회담에서 OSCE라는 명칭으로 개칭하는데 합의되어 1995년 1월 1일 지금과 같은 이름으로 변경되었다.

> **더 알아보기**
>
> **헬싱키 의정서**
> - 헬싱키 의정서는 1975년 7월 30일부터 3일간 핀란드 헬싱키에서 열린 안보협력회의에서 합의된 최종문서이다.
> - 미국, 동서 유럽국가 등 35개국이 주권존중, 전쟁방지, 인권보호를 핵심으로 체결한 협약이다.
> - **주요 조인 사항**
>   - 현 국경선의 존중 및 국가 간에 규정한 기본관계를 10개 원칙으로 한 유럽의 안전보장
>   - 경제, 과학, 기술, 환경 분야의 협력
>   - 인도 및 그 밖의 분야의 협력

2 주요 특징

(1) 유럽지역의 민주주의 증진과 군비통제, 인권보호, 긴장완화, 분쟁방지 등이 핵심 목적이다.

(2) NATO와 같이 물리적 군사력을 갖추지는 않았으나, 유럽의 안보문제에서 핵심적 역할을 수행하면서 민주주의와 인권 등이 유럽의 공동 이념으로 구현되도록 하는데 기여한다.

(3) 한국은 OSCE 협력 동반자국이다.

❸ 조직

(1) 유럽안보협력기구의 최고 의결 기관은 회원국 정상회담으로, 정상회담은 부정기적으로 중요한 사안의 의결을 위해 개최된다.

(2) 상시적인 의사결정은 매년 말 정기적으로 개최되는 장관급 회담에서 이루어진다.

(3) 오스트리아 빈에 본부를 두고 있다.

(4) **구성**

① 정상회의(Summit)
② 각료이사회(Ministerial Council)
③ 상설이사회(Permanent Council)
④ 안보협력포럼(Forum for Security Council)
⑤ 민주제도 및 인권사무소(ODIHR : Office for Democratic Institutions and Human rights)
⑥ 소수민족보호 고등판무관(High Commissioner for National Minorities)
⑦ 언론자유담당관(Representative on Freedom of Media)
⑧ 사무국(Secretariat)

제6절 | 동남아국가연합(ASEAN)

❶ 개요

(1) 동남아국가연합(Association of Southeast Asias Nations)은 정치, 경제, 사회, 문화적으로 매우 다양한 동남아 국가들의 연합체이다.

① ASEAN의 특성은 중심성, 연계성, 분열성의 개념으로 제시된다.
② **중심성** : 지리적으로 동아시아 지역의 중심에 아세안이 있음을 의미함과 동시에 중심적인 역할을 가지고 있는 위상을 의미한다.
③ **연계성** : 아세안 역내에서 사람, 상품, 서비스, 자본 등이 국경을 넘어 자유롭게 이동할 수 있도록 교통, 통신 네트워크 수단, 자원 등을 창출하고 법적 및 제도적 장애물을 제거하며 국민들 간의 접촉을 장려하는 것을 의미한다.
④ **분열성** : 경제발전 수준, 지리적 위치, 종교, 인구, 종족 등의 사회적 차이, 민주주의와 권위주의 체제의 혼재, 대미·대중 관계 측면에서 의견과 행동을 달리하는 것을 의미한다.

(2) ASEAN은 역내 내적 갈등과 분규를 평화적으로 조정, 관리해오고 있다.

(3) 국제사회에서 발언권도 강화되고 있으며, 안보협력 분야로 협력의 폭도 확대되고 있다.

② 창설배경

(1) ASEAN은 1967년에 설립된 국가연합이며 국제기구이다.

(2) 베트남전 본격화, 인도차이나 공산주의 확산 등 국제 정세 급변에 따른 공동 대응 필요성에 따라, 1967년 8월 8일 아세안 5개국(인도네시아, 태국, 말레이시아, 필리핀, 싱가포르)이 외교장관 회의를 개최하여 아세안 창립선언(방콕 선언)을 발표함으로써 결성되었다.

➡ 공산주의 위협 외에도 강대국의 동남아시아 패권쟁탈전에 대한 중립 보장과 경제적인 고충 해결 등이 핵심 창설 목적이다.

(3) 궁극적으로 유럽연합과 같은 국가연합이 되는 것이 최종 목적이며 동남아시아의 정치, 경제, 안보, 사회, 문화 공동체를 추진하고자 한다.

(4) 매년마다 정상회의를 개최하며, 주로 11월에 개최된다.

(5) 동남아연합(ASA)과 마필린도(MAPHILDO)*는 아시아태평양위원회(ASPAC)와 동남아조약기구 (SEATO)와는 달리 동남아 국가들만으로 구성된 최초의 지역협력체였으며, 아세안이 출범하게 된 중요한 선례가 되었다.

✎ 1963년 7월 31일 말레이시아, 인도네시아, 필리핀이 마닐라에서 마닐라협정을 체결하면서 공식적인 국가연합이 되었다. 그러나 1963년부터 이어지던 말레이시아-인도네시아 대치로 1963년 8월 마필린도는 붕괴했다. 마필린도 개념은 아세안 선언 채택 시 일부 반영되었다.

① SEATO는 1954년 9월 8일 마닐라에서 형성되었으며, 동남아 국가뿐 아니라 호주, 프랑스, 뉴질 랜드 등도 참가하였다.

② 동아시아에서 공산주의 팽창을 저지하기 위한 목적으로 창설되었으나 참가국들의 이질성과 소극 성으로 성공적으로 운용되지는 못한 것으로 평가된다.

③ 세부 설립 목적

(1) **지역안정 및 평화유지**

ASEAN은 동남아시아 지역의 평화와 안정을 증진시키기 위해 설립되었다. 이를 위해 지역 내 정치적, 사회적 갈등을 해결하고, 분쟁을 평화적으로 해결하는 데 중점을 둔다.

(2) **경제적 협력 강화**

ASEAN은 경제적 협력을 증진시키고, 지역경제의 성장과 발전을 촉진하는 것을 목표로 하였다. 이를 위해 자유무역협정(FTA), 투자 촉진, 상호 무역 장벽 해소 등을 추진하였다.

(3) **문화적 교류와 이해 증진**

동남아시아 지역 내에서 문화적 다양성을 존중하고, 서로 간의 이해와 우호 관계를 증진하기 위해 노력한다.

(4) **사회적 발전**

ASEAN은 회원국들이 사회적, 교육적, 환경적 문제를 함께 해결하고, 지속 가능한 발전을 추구한다. 이는 지역 내 빈곤 감소, 교육 향상, 보건 개선 등의 목표를 포함한다.

(5) **외교적 협력**

ASEAN은 국제사회에서 회원국들의 공동 외교적 목소리를 내며, 세계 다른 지역 및 국제기구와의 협력을 강화한다. 또한 ASEAN은 국제법과 규범에 따라 외교 관계를 형성하고, 지역 및 세계 차원의 문제에 공동 대응한다.

① 지역 국가들도 ASEAN과 협력을 위해 노력한다. 일례로 중국은 ASEAN에게 2007년 상호 정치적 신뢰, 경제 및 무역 관계 강화, 비전통적 안보분야 협력, ASEAN 통합과정 지지, 사회·문화·인적교류 확대를 강조하는 5대 제안을 하기도 하였다.

② 미국은 2009년 7월에 동남아시아 우호협력조약(Treaty of Amity and Cooperation, TAC)에 서명함으로써 아세안과의 관계를 강화하려는 의지를 보였다.

③ 2010년 9월 버락 오바마 미국 대통령은 뉴욕에서 아세안 정상들과 정상회의를 개최하였는데, 이 정상회의는 미국과 아세안 간의 협력을 강화하고 동남아시아에서의 미국의 영향력을 증대하기 위한 회담이었다.

④ 2025년 한-아세안은 포괄적 전략 동반자 관계를 수립하고 CSP 정책을 제시하였다.

　　㉠ Contributor(조력자): 아세안의 꿈과 희망을 이루는 조력자
　　㉡ Springboard(도약대): 아세안의 성장과 혁신의 도약대
　　㉢ Partner(파트너): 아세안의 평화와 안정의 파트너

❹ 주요 특징

(1) 설립되었을 때까지만 해도 반공국가들만의 모임에 가까웠지만 1990년대 냉전 붕괴 이후 공산국가인 베트남과 라오스, 미얀마, 캄보디아 등이 가입하면서 전체 동남아 지역을 포괄하는 협의체로 발전하였다.

(2) ASEAN은 내전 등 어떠한 일이 발생하더라도 회원국 간 내정간섭을 하지 않는 것을 원칙으로 삼고 있다.

　➡ 2008년 12월 15일 지역공동체의 헌법 역할을 하는 아세안 헌장을 발표하였다.

(3) 2015년에 ASEAN 공동체(ASEAN Community)를 출범하였는데 정치안보(ASEAN Political-Security Community, APSC), 경제(ASEAN Economic Community, AEC), 사회문화(ASEAN Socio-Cultural Community, ASCC) 등 3대 분야의 공동체로 구성된다.

(4) 본부는 인도네시아 자카르타에 있으며, 의장국은 일반적으로 알파벳 순서에 따라 지정(1년마다 교체)된다.

❺ ASEAN 헌장(ASEAN Charter)

(1) 2008년에 발효된 ASEAN 헌장은 ASEAN의 외교정책과 행동 규범의 핵심적인 문서로, ASEAN의 목표와 원칙, 조직의 구조와 기능을 규명한 문서이다.

(2) ASEAN 헌장은 법적 구속력을 가지며, 외교적 관계에서 ASEAN의 공동 목표와 가치를 명확히 규정한다.

(3) 핵심 행동 규범은 다음과 같다.

① ASEAN 회원국들은 분쟁이나 갈등을 평화적으로 해결할 것을 의무화하며, 군사적 수단(힘에 의한 위협 및 힘의 사용)보다는 외교적 협상과 대화를 우선시한다(평화적 해결).

② ASEAN은 회원국 간에 내정에 대한 간섭을 피하고, 각국의 주권, 평등, 영토보전과 독립성을 존중하는 것을 핵심 원칙으로 삼는다(비간섭).

③ ASEAN은 정치, 경제, 사회, 문화적 협력을 통해 동남아시아 공동체를 형성하고, 이를 바탕으로 외교적 대응을 강화한다(공동체).

> **더 알아보기**
>
> **ASEAN의 핵심 운영체제**
> - 민감한 정치이슈는 회피
> - 특정 국가가 의제설정을 지배해서는 안 됨.
> - 외부 강대국(세력)의 영향력 배제
> - 모든 의사결정은 지속적인 협의를 통한 합의방식
> - 다양한 수준의 접촉과 의사전달을 통해 항상 회원국들간의 상호이해 조정을 도모
> - 모든 회원국의 주권 유지 / 타회원국의 국내정치 관여 철저히 배제
> - 서방의 동남아 국가 인권문제 거론 반대
> - 역내 문제는 역내국들끼리 해결 / 역외 강대국(세력)에 대한 의존 감소 노력
> - 조직체의 목표와 목적을 지나치게 구체화해서는 안 됨.

❻ 기타 ASEAN 관련 사항

(1) 1971년 동남아시아 평화-자유-중립지대 선언에 의해 지역의 중립화 구상 발표

(2) 1976년 ASEAN 최초 정상회담(발리)

(3) 1992년 ASEAN 자유무역지대(AFTA) 추진 합의(2002년 출범)

(4) 1995년 동남아 비핵지대화 조약을 체결하여 핵무기의 개발, 생산, 획득, 보유, 통제권 보유, 주둔, 수송, 실험 및 사용을 금지하고 핵물질 및 핵폐기물 투기 및 처분을 금지

(5) 1997년 ASEAN 비공식 정상회의에서 ASEAN이 목표로 해야 할 미래상으로서 '비전 2020' 채택

(6) 2003년 ASEAN Community 선언(제9차 정상회의), 2020년까지 정치 및 안보공동체, 경제공동체, 사회 및 문화공동체 창설을 목표로 함.

(7) 한국은 ASEAN과 2004년 상품분야 FTA 협상을 개시하여, 2006년 타결하였다(2007년 발효).

제7절 아세안 지역안보포럼(ARF)

❶ 개요

(1) 아세안 지역안보포럼(ASEAN Regional Forum)은 아세안(ASEAN) 국가들과 그 외의 주요 아시아 태평양 국가들이 참여하는 다자간 안보 협의체이다.

(2) 아시아 태평양 지역의 평화와 안정을 증진하는 것을 목표로 1994년 창설되었다.

(3) 첫 번째 ARF는 1994년 방콕에서 개최되었다. 한국은 1994년, 북한은 2000년에 가입하였다.

(4) **ARF 회원국은 27개국**

ASEAN(10개국)	말레이시아, 필리핀, 싱가포르, 인도네시아, 태국, 브루나이, 베트남, 라오스, 미얀마, 캄보디아
대화상대(10개국)	한국, 미국, 일본, 중국, 러시아, 캐나다, 호주, 뉴질랜드, 인도, EU
기타(7개국)	파푸아뉴기니, 몽골, 북한, 파키스탄, 동티모르, 방글라데시, 스리랑카

❷ ARF의 주요 목표 및 특징

(1) **평화와 안보 증진**

ARF는 지역 내의 군사적 긴장 완화와 갈등 예방을 위한 대화와 협력을 촉진하는 역할

(2) **다자간 대화와 협력**

아세안 회원국뿐만 아니라, 미국, 중국, 일본, 인도, 러시아, 한국 등 주요 국가들이 참여하는 포럼

(3) **심화된 신뢰구축**

군사적인 신뢰를 구축하고, 신뢰를 바탕으로 더 심화된 협력을 도모

(4) **정기적인 회의**

매년 장관급 회의가 열리며, 이를 통해 회원국들은 안보위협에 대한 공동 대응 방안을 모색

> **더 알아보기**
>
> **ASEAN + 3**
> - 1990년 12월 마하티르 말레이시아 총리가 미국·호주 등을 제외한 아태지역 국가들만의 경제협의체 결성을 목표로 '동아시아 경제회의'(EAEC) 창설을 주장했다.
> - 1993년 7월 ASEAN 외무장관 회의 시 EAEC 창설을 추진키로 합의했으나 미국의 경계와 일본의 소극적 태도로 무산되었다.
>   ※ 미국은 한·일 EAEC 불참을 요청하고 EAEC를 무역장벽으로 간주한다고 경고했다.
> - 그러나 동아시아 국가 간의 교역·투자 확대 등 상호의존이 심화되면서 미국의 아·태 경제질서 주도 등에 대항하여 동아시아 경제권의 독자적인 목소리를 내야 한다는 여론이 점증하였다.
> - 이러한 가운데 1994년 10월 고촉동 싱가포르 총리의 제의로 ASEM이 가동됨에 따라 EU의 규모와 결속력에 상응하는 동아시아 국가 간의 협력 강화 필요성이 제기되었다.

> - 이를 배경으로 ASEAN은 1997년 창설 30주년 기념 정상회의에 한·중·일을 초청하였다.
> - 1998년 12월 하노이 정상회의에서 한·중·일 참석 정례화를 결정하였다.
> - ASEAN이 ASEAN+3 협력을 추진하는 것은 한·중·일 3국의 협력과 지원을 확보하여 성장의 동력을 확보하기 위함이다.

제8절 | 동아시아 정상회의(EAS)

⑴ 동아시아 정상회의(East Asia Summit)는 동아시아의 16개 국가가 참가해 매년 개최되는 정상회의이다.

⑵ 중국과 말레이시아는 초기에 동아시아 중심의 협의체가 되는 것을 선호했기 때문에 미국과 같은 비동아시아 국가들의 참여에 대해 소극적이거나 반대하는 입장을 보였다. 그러나 끝까지 반대하지는 않았고, 최종적으로 비동아시아 국가들의 참여를 허용하였다.

⑶ 첫 회의는 2005년 12월 14일에 쿠알라룸푸르에서 개최되었으며, 정기 정상회의가 끝난 뒤에는 개별적인 정상회의가 열린다.

⑷ 2006년 회의에서는 동아시아 정상회의 비전과 역할을 담은 쿠알라룸푸르 선언문이 채택되었고, 지금까지 매년 참가국들이 돌아가며 개최하고 있다.

⑸ EAS는 'ASEAN+3'의 최종 목표점인 '동아시아 공동체'를 둘러싼 주도권 경쟁과 직결되는 회의체이기 때문에 ASEAN+3 회원국은 물론 중국을 견제하려는 미국과 러시아 등 외부 국가 간의 치열한 주도권 다툼이 펼쳐지고 있다.

⑹ 현재는 19개국이 참가국[ASEAN 11개국 + 3(한·중·일) + 미국, 러시아, 뉴질랜드, 호주, 인도]이다. 미국은 초기 EAS 출범에는 참여하지 않았으나, 2010년 참여 의사를 밝혔고, 2011년에 러시아와 함께 정식으로 EAS에 참여하였다.

⑺ 2025년 EAS 20주년 쿠알라룸푸르 선언을 채택하였다.

제9절 | 아시아-유럽 정상회의(ASEM)

❶ 개념 및 배경

(1) ASEM(Asia-Europe Meeting)은 아시아 및 유럽정상, EU 집행위원장과 ASEAN 사무총장이 참석하여, 2년에 한 번씩 개최하는 아시아-유럽 정상회의를 의미한다.

(2) **창설 배경**

① 1990년대 냉전질서가 붕괴되고 세계화가 급속히 진행되면서 국제질서는 아시아, 북미, 유럽 3개 지역을 중심으로 급속히 재편되었다.

② 유럽과 북미는 정치·경제·문화 등 모든 분야에서 전통적으로 긴밀한 관계를 구축해 왔으며, 아시아와 북미 간 관계도 1989년 창설된 아시아-태평양 경제협력체(APEC) 등을 통해 꾸준히 발전되었다.

③ 그러나 아시아-유럽 간의 관계는 '잃어버린 고리(missing link)'로 불릴 정도로 미약했다.

④ 1990년대 아시아 신흥경제대국 등장과 EU를 중심으로 한 유럽지역 통합이 가속화됨에 따라, 아시아와 유럽 두 지역 간 관계 강화 필요성이 대두되었다.

⑤ 1994년 10월 싱가포르가 ASEM 창설을 제안하고, 한·중·일 동북아 3국, ASEAN 및 EU가 동의함으로써 아시아-유럽 정상회의 개최에 합의하였다.

❷ 경과

(1) 1994년 10월 싱가포르는 APEC과 같은 경제협력을 위한 동아시아-EU 정상회의(Europe Asia Summit, EAS) 개최를 제안하였다.

➡ 유럽국가들은 지역 이슈 및 인권 문제 등 제반현안을 포함하여 포괄적 협의를 희망했다.

(2) 1995년 3월 ASEAN 고위관리회의(3. 17.~19, 싱가포르)에서 동아시아-EU 정상회의 개최에 대한 컨셉 페이퍼(Concept Paper)를 작성, EU 및 한·중·일 동북아 3국에 회람하였다.

(3) ASEAN 고위관리회의(SOM) 결과로 유럽이 주도하는 인상을 주는 Europe Asia Summit라는 명칭 대신 아시아가 주도하는 인상을 주는 A(S)EM으로 변경했다.

(4) 1995년 5월 싱가포르에서 EU-ASEAN SOM 회의가 개최되었다. 제1차 회의의 태국 개최 합의 등 구체적인 개최 방안, 의제 등에 대해 협의하였다.

(5) 1996년 3월 제1차 ASEM 정상회의가 태국에서 개최됨으로써 본격 출범하였다. ASEAN 7개국 및 한·중·일, EU 15개국과 EU 집행위원회가 참여하였다.

(6) 제3차 정상회의는 2000년 10월 서울에서 개최되어, 새로운 천년을 맞아 향후 10년간 ASEM의 비전, 원칙, 목적을 담은 '아시아-유럽 협력 기본 지침서'를 채택하였다.

❸ 회원국

51개 회원국 + EU 집행위원회, ASEAN 사무국

❹ ASEM의 특징

(1) **비공식적 협력체(Informality)**

모든 참가자들이 정치, 경제, 사회·문화 분야의 공통의 관심사안에 대해 자유롭게 논의

(2) **다차원성(Multi-dimensionality)**

아시아와 유럽 지역에 관계된 모든 이슈를 포괄하며, 정치, 경제, 문화·사회 3개 분야에 동일한 비중을 두고 협력

(3) **동등한 파트너십(Equal partnership)**

동등한 동반자 관계, 상호존중과 호혜를 바탕으로 한 대화와 협력 강조

(4) **다중심 협력(Dual focus on high-level and people-to-people)**

정상회의를 중심으로 한 정부간 협력뿐 아니라 사람과 사람, 사회와 사회 등 다양한 사회적 계층간 교류를 통해 아시아-유럽 지역 간 소통 확대를 위한 노력 경주

(5) **ASEM 사무국의 부재**

비공식 협력체이기 때문이다.

❺ ASEM의 의사결정 방식

(1) ASEM에서 모든 의사결정은 ASEM의 운영 규칙에 따라 전원합의(consensus) 원칙으로 결정된다.

(2) 전원합의(Consensus)는 정상회의는 물론 각료급 회의 및 고위관리회의 등 ASEM 프로세스 내 모든 단계에서 공히 통용되는 의사결정 방식이다.

❻ ASEM의 3대 협력 분야

(1) **정치 분야**

① 글로벌 이슈에 대한 비공식적이고 자유로운 토의를 통해 아시아-유럽 양 지역간 신뢰 증진과 협력 확대를 추구한다.

② ASEM 협력의 중점 분야로 정상회담, 외교장관회담을 개최한다.

③ 한반도 문제, 중동문제 등 주요 지역정세와 국제테러, 기후변화, 인권, 문명간 대화 등을 주제로 논의한다.

④ 최근에는 유엔의 역할 강화, 군축 및 WMD 비확산, 이민 문제, 초국가범죄, 자연재해 등 다양한 글로벌 이슈에 대해 협의하고 있다.

(2) 경제 분야

① '무역원활화 행동계획(TFAP) 및 투자촉진 행동계획(IPAP)' 채택 등 아시아−유럽간 무역 및 투자 증진을 위한 성과가 도출되고 있다.
② 재무장관들은 매 2년마다 재무장관회의를 개최하여 세계 경제 동향을 진단하고, 국제 금융 시스템 개편, 거시경제 정책 조화, 세관분야 협력 등 양 지역의 공동 관심사안에 대해 논의하고 협력방안을 모색한다.

(3) 사회·문화 분야

① 아시아−유럽지역 국민들간 인적 교류확대를 통한 상호이해 증진 및 새로운 문화적 유대관계 구축을 목적으로 ASEM 유일한 상설기구인 아시아−유럽 재단(Asia-Europe Foundation, ASEF)을 1997년 싱가포르에 설립하였다.
② 다양한 교육·문화·인적 교류 사업을 추진하고 있다.

제10절 아시아태평양 경제협력체(APEC)

❶ 개요

아시아태평양 경제협력체(Asia-Pacific Economic Cooperation)는 아시아 및 태평양 연안 국가들의 원활한 정책대화 협의를 주목적으로 하는 협의체이다.

❷ 비전과 목표

(1) 아시아태평양 경제협력체(APEC)는 아시아태평양 공동체의 달성을 장기 비전으로 하여 아시아태평양 지역의 경제성장과 번영을 목표로 삼고 있다.
(2) 이를 위해 1994년 정상회의에서 보고르 목표(Bogor Goal)를 채택했다.
① 선진국은 2010년, 개도국은 2020년을 시한으로 하여 무역 및 투자 자유화를 달성한다.
② 2020년 이후에는 보고르 목표 달성을 위한 후속 작업 논의도 진행한다.

> **더 알아보기**
>
> **보고르 목표**
> • 1994년 인도네시아 보고르(Bogor)에서 열린 제2차 APEC 정상회의 선언문에 포함된 내용이다.
> • 선진국은 2010년까지, 개도국은 2020년까지 무역 및 투자의 자유화를 달성한다는 목표를 의미한다.
> • 2005년 부산에서 개최된 APEC에서는 보고르 목표의 중간점검(mid-term stocktaking)이 이루어져 그동안 회원국이 이룩한 성취를 평가하고 향후 목표시한까지 보고르 목표의 달성을 위한 작업계획을 수립하였다.
> • 이러한 결과가 종합되어 부산 APEC 정상회의에서 발표된 것이 부산로드맵이다.

⑶ 2020년 APEC 정상회의에서 보고르 목표 종료 이후 향후 20년 미래 비전인 푸트라자야 비전을 채택하였으며, 3대 핵심요소로 무역투자, 혁신·디지털 경제, 포용적·지속 가능한 성장을 3대 축으로 설정·운영하고 있다.

⑷ 2025년 APEC은 경주에서 개최되었다. 경주 APEC에서는 3대 중점과제로 연결, 혁신, 번영을 제시하였다.

❸ APEC의 특징

⑴ APEC은 전세계 인구의 약 37%, GDP의 약 61%, 교역량의 약 50%를 점유하는 세계 최대의 지역협력체이다.

⑵ 의사결정은 컨센서스 방식에 따르며, 비구속적(non-binding) 이행을 원칙으로 함으로써, 회원의 자발적 참여 또는 이행을 중시한다.

⑶ 정상회의는 Retreat 형식(비공식 자유토론)으로 진행됨으로써, 정상들간에 형식에 구애받지 않는 협의, 보다 내실있는 결과 도출에 역점을 두고 있다.

⑷ APEC 참가 자격은 주권국가(country)가 아닌 경제체(economy)로서 회원 경제체(member economy)로 부른다는 점이 다른 협의체와의 차이점이다.
  ① '국가'라는 명칭 사용이나 국기 게양이 허용되지 않는다. 단, 회의 이후 자체적으로 시행하는 양자 회담 등에서는 국기 사용이 가능하다.
  ② 그러므로 대만과 홍콩은 각각 "Chinese Taipei"와 "Hong Kong, China"로 표기되고 있다.

❹ APEC의 발전과정

⑴ APEC은 1989년 호주 캔버라에서 한국을 포함한 12개국 간 각료회의로 출범하였다.
  ① 창설멤버 12개국: 한국, 미국, 일본, 호주, 뉴질랜드, 캐나다, ASEAN 6개국(말레이시아, 인도네시아, 태국, 싱가포르, 필리핀, 브루나이)
  ② 이외 가입국 9개국: 중국, 대만, 홍콩, 멕시코, 파푸아뉴기니, 칠레, 러시아, 베트남, 페루
    ⊘ 북한은 가입국 아님.

⑵ 이어, 미국의 클린턴 대통령의 제안으로 1993년부터 정상회의로 격상되어 오늘날의 구조를 갖추게 되었다.

⑶ 1차 APEC 정상회의가 미국 시애틀에서 개최되었으며, 1998년에는 현재의 21개국 회원국이 완성되었다.

⑷ 2005년에는 대한민국 부산에서 제13차 APEC 정상회의가 개최되었으며, 2025년에는 경주에서 제32차 APEC 정상회의가 개최되었다.

더 알아보기

부산로드맵

1. 개요

2005년 보고르 목표 중간점검 결과를 바탕으로 향후 보고르 목표 달성을 위해 APEC이 나아가야 할 방향을 설정한 것으로, 2005년 의장국인 우리나라 주도로 작성되었고, 부산 정상회의에서 합의되었다.

2. 의의

① 보고르 목표 달성 시한을 앞두고, 그간의 성과 평가 및 향후 목표 달성을 위한 주요 정책수단별 구체적인 작업 방향을 제시한 중기 계획이다.

② 1994년 보고르 목표 채택 당시 주요 자유화 대상이었던 국경조치 뿐만 아니라 국내조치(예 국내규제, 경쟁정책, 지식재산권 보호 등)도 포함된다.

3. 주요 내용

① 다자무역 체제 지원

② 개별행동계획(IAP) 강화

  ㉠ APEC 회원국들의 자유화 조치를 평가하는 IAP 검토를 강화

  ㉡ 2007~2009년간 전 회원국 대상 IAP 이행 검토 실시

③ 높은 수준의 RTAs/FTAs 추구 : 2008년까지 가능한 많은 분야(chapters)에 대한 표준모델 개발과 이를 통한 역내 FTA의 동질화 모색

④ 무역원활화 및 기업·투자 환경 개선(Busan Business Agenda)

  ㉠ 2010년까지 거래비용 추가 5% 감축 목표 설정

  ㉡ 지식재산권(IPR) 보호 강화를 위한 추가조치 시행

  ㉢ 반부패, 중소기업 육성, 안전한 교역환경 구축

⑤ 전략적 능력배양 추구

⑥ 선구자적(Pathfinder) 접근방법 지속 활용

2025 APEC 정상선언 '경주 선언'

1. 우리 아시아태평양경제협력체(APEC) 정상들은 2025년 10월 31일부터 11월 1일까지 대한민국 경주에서 만났다. 우리는 '우리가 만들어 가는 지속가능한 내일(Building a Sustainable Tomorrow)'이라는 올해 APEC 주제 아래, 서울, 부산, 제주, 인천 등 한국 도시에서 만남을 갖고 세 가지 중점과제, 즉 '연결, 혁신, 번영'을 통해 우리 공동의 목표들을 진전시켜 왔으며, 풍성한 문화유산을 지닌 천년 고도 경주에서 그 결실을 맺었다.

2. 아시아·태평양 지역은 중대한 기로에 서 있다. 우리는 글로벌 무역체제가 중대한 도전에 직면해 있음을 인식한다. 더 나아가, 인공지능(AI)과 같은 혁신 기술의 급속한 발전과 노동시장의 구조를 재편하고 있는 인구구조 변화는 APEC 회원들에게 중대한 장기적 함의를 지니고 있다. 이와 관련, 모두가 혜택을 누릴 수 있는 경제 성장을 위해 협력을 강화하고 실질적인 조치를 취할 것을 촉구한다.

3. 우리는 현재의 상황이 역내 경제 협력을 위한 최상위 포럼이자 아이디어 육성의 장이라는 APEC의 중요성과 역할을 더욱 명확히 보여주고 있음을 강조한다. 우리는 「APEC 푸트라자야 비전 2040(PV)」이 제시한 공동의 사명에 의거해 「아오테아로아 행동계획(APA)」의 이행을 포함해 모든 국민과 미래 세대의 번영을 위해 개방적이고, 역동적이며, 회복력 있고, 평화로운 아시아·태평양 공동체를 2040년까지 실현한다는 목표 달성을 위해 지속적으로 나아갈 것이다.

◇ **연결 : 세계에서 가장 역동적이고 상호연결된 지역경제 구축**

4. 우리는 견고한 무역 및 투자가 아시아·태평양 지역의 성장과 번영에 필수적이라는 공동 인식을 재확인하며, 변화하는 글로벌 환경을 헤쳐나가기 위해 경제 협력을 계속해서 심화시켜 나갈 것을 약속한다. 우리는 모두에게 회복력을 촉진하고 혜택을 제공하는 무역 및 투자 환경의 중요성을 인식한다. 우리는 글로벌 무역의 현황과 미래에 관한 다양한 논의를 주목하며, 이와 관련 회원간 협력의 필요성을 인정한다.

5. 우리는 아시아·태평양 자유무역지대(FTAAP) 의제에 대한 논의를 포함해 시장 주도적인 방식으로 아시아·태평양 지역의 경제 통합을 추진해 나갈 것이다. 우리는 회원간의 경험 공유, 역량 강화, 기업 참여, 기술 협력 노력을 지속적으로 확대해 나가며, 이를 통해 회원들이 높은 수준의 포괄적인 역내 협력체제에 참여할 준비 태세를 강화할 수 있도록 지원할 것이다.

6. 우리는 서비스 부문의 경제 성장에 대한 기여와 디지털 기술을 기반으로 한 서비스의 역할이 확대되고 있음을 인식하면서, APEC 역내 회원들의 서비스 부문 경쟁력을 지속적으로 강화해 나갈 것이다. 또한 우리는 APEC 서비스 경쟁력 로드맵이 APEC 역내 서비스 부문의 효과적인 개혁과 성장을 뒷받침하는 데 기여해 왔음을 주목한다.

7. 우리는 투명성 제고, 종이 없는 무역과 국경 간 전자상거래 촉진, 표준에 관한 협력 심화, 적합성 평가 절차의 간소화 등 다양한 무역 원활화 노력을 계속 추진해 나갈 것이다. 우리는 이러한 노력들이 무역 비용을 낮추고, 소상공인·중소기업(MSMEs)의 국경 간 무역 참여를 촉진하는 데 기여함을 인정한다. 또한, 우리는 AI 기반 절차가 무역촉진에 기여할 잠재력을 인식하며, AI 도입 및 관련 정책에 관한 자발적 경험 공유를 장려한다.

8. 글로벌 공급망이 여러 도전에 직면해 있음을 인식하면서, 우리는 민간 부문의 APEC 관련 논의 참여 확대를 포함하여 아시아·태평양 지역 전반에서 글로벌 가치 사슬의 핵심 요소로서 회복력 있는 공급망을 보장하기 위한 노력을 지지한다. 우리는 공급망 연계성 프레임워크 행동 계획 3단계(SCFAP III) 이행에 대한 우리의 이행 의지를 재확인하며, 교란의 영향을 완화하고, 거래 비용을 낮추며, 무역을 촉진하기 위해 역내 및 글로벌 연계성 강화를 추진할 것이다. 또한, 이러한 노력을 지원하기 위해 역량 강화, 기술 지원 및 국경 간 협력을 촉진해 나갈 것이다.

9. 우리는 구조 개혁을 포함하여 아시아·태평양 지역 전역에서 혁신, 생산성 및 역동성을 촉진하겠다는 우리의 의지를 재확인한다. 우리는 새롭고 강화된 프레임워크로서 강화되고 향상된 APEC 구조개혁 의제(SEAASR)의 채택을 환영한다. 또한, 우리는 재무장관 프로세스 하에서 인천 플랜이 채택된 것을 환영한다.

10. 우리는 부패가 국경을 초월하여 시장을 왜곡하고, 공공 신뢰를 훼손하며, 조직범죄를 포함한 범죄를 조장하는 등 심각한 위협으로 작용하고 있음을 인정한다. 우리는 반부패 노력이 보다 혁신적이고, 긴밀히 조율되며, 보다 효과적으로 이루어져야 함을 재확인한다. 우리는 부패 행위자와 불법 자산에 안전한 은신처를 제공하지 않기 위한 노력을 지속해 나갈 것이다.

11. 우리는 역내 연계성 증진의 중요성을 강조한다. 이와 관련, 우리는 2026년에 완료 예정인 최종 검토를 포함하여 'APEC 연계성 청사진'과 연계된 노력을 주목한다. 우리는 역내 무역 및 투자를 증진하는 데 있어 기업간 교류의 중요성을 인식하며, APEC 기업인 여행 카드(ABTC)를 통한 기업 이동성 촉진 및 연결성 강화 노력을 환영하고, ABTC 참여 회원들이 모바일 기업인 여행카드의 활용과 수용을 확대할 것을 장려한다. 또한 우리는 양질의 인프라 개발과 투자의 중요성을 재확인한다.

12. 우리는 문화창조산업(CCIs)이 경제성장에 기여하는 긍정적인 영향을 인식하며, 강력한 지식재산권 보호의 중요성을 확인한다. 우리는 문화창조산업이 경제 성장에 기여하고, 회원국 간 인적 교류를 촉진하며, 상호 이해와 존중을 증진하는 데 있어 점점 더 중요한 역할을 하고 있음을 인식한다. 우리는 또한 문화창조산업이 역내 경제 및 문화 교류에서 차지하는 비중이 확대되고 있으며, AI를 포함한 디지털 기술의 발전이 창작·제작·유통·소비 전반에서 창의성을 촉진하고 혁신을 가능하게 하고 있음을 인식한다. 우리는 APEC 회원간 문화창조산업에 관한 대화와 협력이 역내 경제 성장에 기여할 것임을 주목한다.

◇ **혁신 : 디지털 및 AI 전환에 준비된 아태 지역**

13. 우리는 과학기술의 진보가 공동의 도전을 해결하는 데 기여하고, APEC 지역내 새로운 성장 동력을 창출할 수 있음을 인식한다. 또한 우리는 과학·기술·혁신(STI) 분야를 포함한 기관, 기업, 스타트업 간의 연구개발 협력과 과학 인재의 자발적 교류, 정책 및 지식의 자발적 공유, 그리고 역량 강화 노력이 아시아·태평양 지역의 전반적인 혁신 역량을 제고하고, 이를 통해 미래의 경제 성장에 기여할 수 있음을 인식한다.

14. 우리는 디지털 전환이 주도하는 혁신이 아시아·태평양 지역 전역의 모든 사람과 기업의 연계성, 생산성 및 참여를 제고하는 데 핵심적인 역할을 할 수 있으며, 이를 통해 이들의 잠재적인 경제적 역량을 최대한으로 실현하는 데 기여할 수 있음을 인정한다. 우리는 회원들이 지역경제 협력을 가속화하는 정보통신기술 및 디지털 정책과 관련한 자발적 정보 공유를 적절히 확대할 것을 장려한다. 우리는 APEC 인터넷 및 디지털 경제 로드맵(AIDER)에 대한 의지를 지속적으로 유지하며, AIDER의 효과적인 실행을 진전시키기 위한 올해의 노력을 높이

평가한다. 우리는 급속히 변화하는 디지털 환경 속에서 기회를 극대화하고 도전을 해결할 수 있는 접근 방안을 국제법에 부합하도록 개발할 필요가 있음을 인정한다. 우리는 역량 강화, 디지털 기술과 역량을 제고하는 정책, 그리고 민관 협력 강화 등을 최우선으로 하는 것을 포함해 디지털 격차 해소, 디지털 연계성 향상, 디지털 문해력 증진, 그리고 디지털 전환의 혜택을 모두가 누릴 수 있도록 하는 것이 중요함을 강조한다. 우리는 또한 국민, 근로자 및 소상공인·중소기업을 포함한 기업을 위해 디지털 및 AI 생태계에 대한 신뢰와 확신을 강화하는 것이 중요함을 강조한다. 우리는 디지털 경제에서 데이터의 중요성이 점점 커지고 있음을 인정하면서, 데이터 흐름 촉진과 디지털 거래에서 기업 및 소비자 신뢰 강화를 위한 협력을 지속해 나갈 것이다.

15. 우리는 인공지능(AI)이 혁신의 새로운 영역을 개척하고 생산성 향상, 경쟁력 강화, 경제적 번영 및 회복력 제고를 통해 전 세계 경제를 근본적으로 재편할 잠재력을 가지고 있음을 인정한다. 우리는 APEC 내 성공적인 AI 전환을 추진하고, 역내 협력을 포함해 모든 수준에서 AI 역량을 구축하며, 회복력 있는 AI 인프라를 위한 투자 생태계를 조성하기 위한 공동의 노력으로서 APEC AI 이니셔티브를 채택한다. 우리는 또한 노동력, 교육, 역량 강화 정책에서 균형 있고 인간 중심적인 접근을 통해 모두가 AI의 혜택을 누릴 수 있도록 AI의 보안성, 접근성, 신뢰성 및 안정성을 제고하기 위한 지속적인 노력을 촉구한다. 우리는 회원들이 AI 전환의 혜택을 누리고 모든 사람이 AI 기반 경제에 의미있게 참여할 수 있도록 협력적 접근을 탐색할 것을 장려한다. 이를 통해 모든 국민이 기술 발전의 혜택을 누리고, AI가 국민 전체의 삶의 질 향상에 기여하는 사회 기반을 마련해 나갈 것을 장려한다.

◇ **번영 : 도전을 함께 극복하고 성장의 혜택을 모두와 공유**

16. 우리는 아시아·태평양 지역의 모든 국민이 성장과 번영의 기회와 혜택을 함께 누릴 수 있도록 하는 것이 중요함을 확인한다. 이와 관련, 우리는 경제 참여의 장벽을 해소하고 모두를 위한 경제적 역량 강화를 촉진하며, 회복력 있는 경제 성장을 위한 환경을 조성하기 위한 APEC의 기존 및 지속적인 노력을 인정한다.

17. 우리는 기업가 정신 함양, 규제 장벽 제거, 공급망 네트워크 강화, 대기업을 포함한 주요 이해관계자간 연계 강화, 생산성·효율성·혁신 역량 제고 등을 통해 소상공인·중소기업 및 스타트업이 성장할 수 있는 유리한 기업 환경 조성이 중요함을 재확인한다. 또한 우리는 '공식경제 및 글로벌 경제로의 전환 촉진을 위한 리마 로드맵' 등 소상공인·중소기업 발전을 위해 각 회원이 기울여 온 노력에 주목한다.

18. 저출생, 인구 고령화, 도시화의 가속화로 특징지어지는 인구구조 변화가 아시아·태평양 지역의 경제와 공동체에 근본적이고 장기적인 변화를 가져오고 있다. 우리는 인구구조 변화가 가져오는 광범위한 경제적 영향이 포괄적이고 세대 간 정책을 통한 공동 대응을 필요로 한다는 점을 인식한다. 이와 관련, 우리는 인구구조 변화에 대한 APEC 협력 프레임워크를 채택하며, 이를 통해 아시아·태평양 지역에서 모두가 누릴 수 있는 경제 성장과 번영의 새로운 기회를 모색하기 위해 협력할 것임을 재확인한다. 우리 지역의 미래 번영이 다음 세대의 역량 강화에 달려 있음을 인식하면서, 우리는 청년들이 자신의 미래를 주도적으로 설계할 수 있도록 역량 개발의 기회와 필요한 도구를 지속적으로 제공해 나가길 기대한다.

19. 우리는 에너지, 식량안보, 환경, 극한 기상 및 자연재해 등 글로벌 도전과제에 효과적으로 대응하기 위해 협력과 조정을 강화해 보다 회복력 있는 아시아·태평양을 구축해 나갈 것이다. APEC 지역 전반에서 전력 수요가 증가하고 있음을 주목하면서, 우리는 안정적인 전력 공급의 필요성을 인정하고, 회원들이 전력원과 기술을 다양화하고 필요한 투자를 지원하며 기술 혁신을 촉진하는 한편, 전력시장 설계와 에너지 속성 인증서와 같은 시장 기반 수단을 활용해 전력 시스템의 유연성, 회복력, 안정성을 강화할 수 있도록 효율적인 시장 운영을 도모할 것을 장려한다. 이 모든 노력은 각국의 여건과 우선순위에 부합하도록 추진되어야 한다. 우리는 천연가스와 LNG가 지속가능하고 안정적이며 경제적이고 신뢰할 수 있는 에너지를 제공하고, 각국의 에너지 시스템에 유연성을 부여하는 데 중요한 역할을 할 수 있음을 인식한다. 에너지 안보 강화를 위해 전력 인프라의 현대화와 확충이 매우 중요함을 인정하면서, 우리는 전력망 인프라를 개선하고 지역간 연계성을 강화하는 것이 보다 효율적이고 신뢰할 수 있는 전력망 구축에 기여할 수 있음을 인식한다. 우리는 재생에너지 및 에너지 집약도와 관련된 논의를 주목한다. 또한 우리는 에너지 분야에서 AI가 지닌 혁신적 잠재력에 주목한다.

20. 우리는 식량 공급망의 혼란을 최소화하고, 생산적이고, 회복력 있으며 혁신적인 농식품 시스템을 촉진하며, 식량 손실과 낭비를 방지 및 감소시키고, 농업 자원의 효율적 활용을 도모함으로써 식량 안보를 강화하는 것이 중요함을 강조한다. 또한 이러한 접근에는 모든 경제에 동일하게 적용될 수 있는 단일한 해법이 존재하지 않음을 인식한다.

Part 02

21. 우리는 또한 과학·기술 기반 접근 방식을 활용하면서, 불법·비보고·비규제(IUU) 어업 근절과 증가하는 해양 쓰레기 문제 대응을 포함해 해양 및 연안 지역사회의 회복력을 높이고, 해양 자원의 보전과 관리 촉진을 위해 협력할 것이다.

22. 우리는 역내에서 회복력 있고, 지속가능하며, 접근가능하고, 연령 대응적이며, 다부문적이고 미래 대비형 보건 및 돌봄 시스템을 구축하겠다는 우리의 의지를 재확인한다. 또한, 디지털 헬스와 AI가 환자 중심의 의료서비스 제공, 조기 발견, 진단, 치료 및 전반적인 건강 성과를 향상시키는 혁신적 잠재력을 지니고 있음을 인식한다. 우리는 재난 위험 관리가 경제 성장의 핵심 기반임을 인정하면서, 안전하고 회복력 있는 미래를 확보하기 위해 노력할 것이다.

◇ 미래 전망

23. 우리는 다중 이해관계자 참여 강화가 APEC의 고유한 특징 중 하나로서 아이디어 육성의 장으로서의 APEC의 기능을 강화하는 데 기여함을 인정한다. 우리는 APEC 기업인자문위원회(ABAC) 및 태평양경제협력이사회(PECC)를 비롯한 다양한 이해관계자와의 협력을 포함해 APEC CEO 서밋 등 여러 계기를 통해 다중 이해관계자 참여를 한층 강화해 나가길 기대한다.

24. 우리는 2025년 APEC 외교통상합동각료회의와 해양, 고용노동, 교육, 통상, 디지털·AI, 식량안보, 여성과 경제, 에너지, 중소기업, 보건과 경제, 재무 및 구조개혁 관련 장관회의, 그리고 반부패 협력 및 문화창조산업 고위급 대화를 개최한 대한민국에 감사를 표한다. 우리는 제36차 APEC 외교통상합동각료회의의 성과를 향후 협력을 위한 중요한 기반으로 높이 평가한다.

25. 우리는 2025년 APEC 회의를 성공적으로 개최한 대한민국에 감사를 표한다. 또한 정상회의를 위한 따뜻한 환대와 철저한 준비로 성심껏 맞아주신 경주 시민과 경주시에도 진심 어린 감사의 뜻을 전한다. 우리는 향후 APEC 의장국으로서 중국(2026년), 베트남(2027년), 멕시코(2028년), 싱가포르(2030년), 일본(2031년), 칠레(2032년), 파푸아뉴기니(2033년), 페루(2034년)의 역할을 기대한다.

❺ APEC 관련 참고사항

(1) 개방적 지역주의를 추구하여 역외국에 대해서도 무역장벽 제거의 혜택 부여를 지향한다.

(2) 9·11 테러 이후, 테러, 보건 등 비경제분야로 활동범위가 확대되고 있으며 재난대응능력 및 식량안보에 대해서도 적극적으로 다루고 있다.

(3) ASEAN은 APEC 프로세스에 적극적으로 참여하고 있으나, 강력한 APEC 출현에 따른 ASEAN의 약화를 우려하기도 한다.

(4) 1995년 오사카 APEC에서 채택된 '오사카 행동 지침'에서는 '유연성 원칙'과 '자주적 및 협조적 자유화' 조항이 포함되었다.

① **유연성 원칙**: 자유화를 추진하는데 있어 예외 분야를 일시적으로 인정하는 것이다.

② **자주적 및 협조적 자유화**: 각 회원국이 따라야 할 공통 목적을 정할 필요성을 고려하면서 각 회원국의 재량을 존중하고 자유화를 추진한다는 것이다.

제11절 경제개발협력기구(OECD)

❶ 개요

(1) 경제협력개발기구(Organization for Economic Cooperation and Development, OECD)는 시장경제와 다원적 민주주의, 인권존중을 기본가치로 회원국들의 경제성장과 인류의 복지증진을 도모하는 정부간 정책 연구 협력기구이다.

(2) **설립**: 1961년 9월 30일

(3) **회원국(38개국)**

오스트리아, 벨기에, 캐나다, 덴마크, 프랑스, 독일, 그리스, 아이슬란드, 아일랜드, 이탈리아, 룩셈부르크, 네덜란드, 노르웨이, 포르투갈, 스페인, 스웨덴, 스위스, 터키, 영국, 미국, 일본, 핀란드, 호주, 뉴질랜드, 멕시코, 체코, 헝가리(1996), 폴란드(1996), 한국(1996), 슬로바키아(2000), 칠레(2010), 슬로베니아(2010), 에스토니아(2010), 이스라엘(2010), 라트비아(2016), 리투아니아(2018), 콜롬비아(2020), 코스타리카(2021)

⊘ 우리나라는 1996년 12월 29번째 회원국으로 가입

(4) 유럽 16개국이 1948년 결성한 유럽경제협력기구(OEEC)를 모태로 탄생되었다.

❷ 목적

(1) OECD는 상호 정책조정 및 협력을 통해 회원국의 경제사회발전을 모색하고 나아가 세계경제문제에 공동으로 대처하기 위한 정부간 기구이다.

(2) **설립협약 1조에 나타난 OECD의 목적**
   ① 회원국의 경제성장과 금융안정을 촉진하고 세계경제발전에 기여
   ② 개도국의 건전한 경제성장에 기여
   ③ 다자주의와 무차별주의에 입각한 세계무역의 확대에 기여

❸ 주요 특징

(1) **3대 가치관의 공유**

개방된 시장경제, 다원적 민주주의, 인권존중이라는 3대 가치를 공유하는 국가들에게만 문호를 개방하는 가치관의 동질성을 추구한다.

(2) **접근방식**
   ① 정책대화(policy dialogue): 회원국 정책담당자들간의 정책대화를 통한 정책협의이다.
      ➡ 공통관심 이슈의 파악에서 모범관행(best practice)과 대응방안의 도출 및 이행에 이르기까지 단계별로 경험과 의견을 교환한다.

② 실증적·전문적 분석: 정책대화의 내용, 방향 및 결론 등은 사무국 전문가들의 과학적 분석에 의해 제시되고 유도된다.

③ 동료압력(peer pressure)의 행사: 정책지침, 정책권고 혹은 국제규범을 도출하고 이에 입각해 각 개별회원국의 제도와 정책을 동료 검토(peer review)함으로써 회원국 정책의 개선과 조정을 유도한다.

④ 비회원국으로의 전수: OECD 회원국이 아닌 개발도상국들에 대해서도 다양한 형태로 정책대화 사업을 전개함으로써 OECD의 가치관 및 축적된 경험을 전수한다.

⑤ 시민사회로의 전파: 기업, 노동계 등을 대표하는 주요 국제 NGO들과의 정책대화를 통해 이들의 다양한 의견을 수렴하는 동시에 OECD의 가치와 정책을 전파한다.

❹ OECD 관련 사항

(1) 다자간 투자협정(Multilateral Agreement on Investment, MAI)

① OECD에서 직접투자 장벽을 제거하기 위해 추진하는 새로운 국제협약이다.

② 외국인 투자자에 대한 내국민 대우, 최혜국 대우, 외국투자자와 분쟁시 이를 조정할 합리적 기준과 절차 마련, 투자 보장에 관한 국제적 기준 마련, 외국투자업종 제한 완화 등이다.

③ 현재 MAI 협상은 각국의 이해관계가 얽혀 협상타결이 지연되고 있다.

(2) 개발원조위원회(Development Assistance Committee, DAC)

① OECD 산하 25개 위원회 중 하나이며, OECD 회원국 중 가입 심사기준을 통과한 회원에게만 자격을 부여한다.

② DAC는 對 개발도상국 개발협력 활동과 관련된 정보 교류 및 ODA 관련 정책에 대한 공여국 간 협의, 조정 기능을 수행한다.

③ 공적개발원조에 관한 규범 제정기관으로 원조의 비구속화, 2005년 '원조 효과성에 관한 파리선언', 2008년 '아크라 행동 계획' 제정 등 원조제공과 관리 개혁을 주도하고 있다.

④ DAC 회원국은 GNP 기준 0.7%를 기부하는 것이 권고적 의무이다. 그러나 실제로 많은 국가들이 이 의무 사항을 달성하지 못하는 것이 현실이다.

⑤ DAC 회원국의 정부 원조 가운데 3/4 정도가 양자간 원조형태로 수혜국으로 제공된다.

⑥ 가입 기준
　㉠ 개발협력 조직, 전략, 정책 보유
　㉡ 적절한 원조 규모
　㉢ 원조사업에 대한 모니터링, 평가시스템 보유

⑦ 한국은 2010년에 회원국이 되었다.

(3) 경제정책회의에서는 세계경제동향을 연 2회 종합 점검하여 "OECD Economic Outlook"을 발간한다.

(4) OECD와 G7은 구별 필요

① G7은 OECD 내 속한 기관이 아니다.

② G7은 서방선진 7개국이 모여 세계정세에 대한 인식을 같이 하고 경제정책조정을 논의하는 등 선진공업국 간의 협력과 단결을 꾀하는 모임이다.

원조 효과성에 관한 파리선언(2005)

• 원조의 효과성 제고를 위해 원조 공여국의 공여관행을 개선하기 위한 노력의 일환이다.
• 법적 구속력을 갖지 않으나 연성 법규로서 기능을 한다고 볼 수 있다.
• 단순한 선언에 그치지 않고 이행을 위한 성과측정 지표 등을 구체적으로 제시하였다.
• 수원(혜)국 주도의 개발협력원칙을 제시하였다.
• 원조의 효과 제고를 위한 5개 원칙 제시
  − 협력대상국 주도의 개발협력(ownership)
  − 원조공여국 간 협력관계 수립(Harmonisation)
  − 협력대상국의 기관과 제도체계를 이용한 일관된 원조수행(Alignment)
  − 성과 중심 원조관리(managing for Results)
  − 상호 책임(Mutual Accountability)

OECD 뇌물방지협약

• 공식적으로 '국제업무거래에서 외국공무원의 뇌물공여 근절 협약'이라 한다.
• 서명국들이 외국공무원의 뇌물공여를 형사처벌하도록 하는 OECD 반부패협약이다.
• 이 협약은 기업이나 개인이 외국공무원에게 뇌물을 제공하거나 주는 행위를 형사처벌함으로써 뇌물 제공의 측면에 초점을 맞춘 법적 구속력이 있는 국제협약이다.
• 국제 비즈니스 환경에서 공정한 경쟁의 장을 만드는 것이 목표이다.
• 1989년 OECD는 외국공무원의 뇌물 수수와 관련한 국가 입법 비교 검토를 위한 특별 실무단을 설립하였다.
• 1994년 OECD 각료회의는 '국제업무 거래에서의 뇌물 수수 협의회 권고안'을 채택했다.
• 1997년 12월 17일에 본 협약을 체결하였다(1999년 2월 15일에 발효).

제12절 동북아협력대화(NEACD)

❶ 창설배경

(1) 동북아협력대화(Northeast Asia Cooperation Dialogue)는 1990년대 초 냉전종식과 구소련의 붕괴 등으로 인해 동북아지역의 급격한 안보·전략환경의 변화에 따라 능동적으로 대처할 수 있는 다자 안보대화 및 협력의 필요성이 강력히 제기됨에 따라 만들어지게 되었다.

(2) NEACD는 미국 캘리포니아대학 샌디에이고 분교 부설 '세계분쟁 및 협력연구소(Institute on Global Conflict and Cooperation, IGCC)'가 주관하고 있는 동북아 다자간 안보대화 포럼이다.

(3) 1993년 미 국무부의 후원을 받아 회의를 개최하기 시작했는데, 당시 참여대상국은 동북아지역의 주요 국가인 남북한을 비롯하여 미국, 일본, 중국, 러시아 6개국이었다.

❷ 목적

NEACD는 회의목적을 '동북아 국가 간에 대화를 통한 상호이해증대 · 신뢰구축 · 협력증진'(to enhance mutual understanding, confidence, and cooperation among countries in Northeast Asia through dialogue)에 두고 있다.

❸ 주요 특징

(1) NEACD에는 한국, 북한, 미국, 일본, 중국, 러시아의 외교 · 국방 및 안보전문가 등 국가별 5~6명의 대표단이 개인 자격으로 참가(민간전문가 + 정부대표)한다.

(2) 북한은 준비회의(1993년 7월) 참가 이후 본회의에 불참하다가 제13차 회의(2002년 10월, 모스크바)에 최초로 참가했다.

(3) 1993년 7월 미국 샌디에이고에서 준비회의를 시작으로, 1993년 10월 미국 샌디에이고에서 제1차 회의가 개최되었고, 이후 연 1~2회 개최되고 있다.

(4) NEACD는 다자간 안보대화 포럼의 성격을 가지므로 안보문제와 관련된 사항을 다루고 있는데 특히, 동북아안보상황에 대한 각국의 시각을 다루고 있다.

  ① 동북아안보상황에 대한 각국의 입장은 제1차 회의 때부터 다루어 온 주제이지만 NEACD의 중요한 목적이 국가 간 상호 불신제거와 신뢰구축에 있으므로 동북아지역에 적용될 수 있는 기본적 신뢰구축조치(CBMs)라고 할 수 있는 상호안심조치(Mutual Reassurance Measures, MRMs)의 개발도 집중적으로 논의되고 있다.

  ② 또한 주요 의제로 국가 간 관계에 관한 규제원칙도 다뤄지고 있는데, 이 의제 하에서는 주권존중 · 영토보전 · 무력불사용 · 내정불간섭 등 국가 간 관계를 규제하는 기본원칙과 무역 · 투자 · 기술 등 경제협력증진, 환경보호, 테러 · 마약 · 조직범죄 및 불법이민 방지 등 행동원칙에 관한 사항이 광범위하게 논의되고 있다.

(5) NEACD는 동북아지역 국가 간 다자간 안보대화로서 외형상 '제2트랙'(Track II)으로 불리는 민간 차원의 회의이지만 실질적으로 정부인사가 개인자격으로 다수 참가하는 준정부간 회의이다.

(6) 이런 의미에서 NEACD는 기본적으로 정부 차원의 1.5트랙 학술회의로도 불린다.

(7) NEACD는 본회의(Plenary Meeting)와 국방정보공유회의(Defense Information Sharing Meeting)로 구성된다.

  ① NEACD의 본회의에서 주로 논의되고 있는 사항은 동북아 안보정세에 대한 평가 및 전망이며, 북한 미사일 발사, 북한 정세, MD, 남북관계, 정부간 다자 안보협력대화 출범 필요성 등이다.

  ② 국방정보공유회의에서는 국방정책 방향, 국방개혁 사례, 국방예산, 군사적 신뢰구축 조치 등이 논의된다.

제13절 G20 정상회의

❶ 출범배경

(1) 미국 서브프라임 사태* 및 대형금융기관 파산으로 시작된 미국발 금융위기가 전세계로 확산되면서 금융위기 상황과 관련된 제반 문제를 검토하고 새로운 국제금융·통화질서(이른바 "Bretton Woods II" 체제) 수립에 대한 논의의 필요성이 대두되었다.

> ✎ 서브프라임 모기지 사태(subprime mortgage crisis)는 미국에서 2007년부터 2010년까지의 일련의 경제위기 사건들로, 국제금융시장에 신용경색을 불러 2007~2008년 세계 금융위기를 일으키는 데 직접적인 영향을 준 전 세계적 금융위기이다. 미국에서 부동산 거품이 꺼진 후 발생한 부동산 가격의 급락으로 촉발됐으며, 이는 모기지론 부실, 대규모 차압 및 주택저당증권 가치 하락을 일으켰다. 이로 인한 부동산 투자 침체 이후 대침체가 발생했으며, 그 후 소비자지출 및 사업 투자가 감소하는 현상이 일어났다.

(2) 프랑스(2008년 EU 의장국) 사르코지 대통령은 2008년 9월 UN총회에 참석하여 2008년 11월 중 세계지도자와 국제금융기관이 참석하는 세계경제회의 개최를 제안하였다.

(3) 2008년 10월 18일 Camp David에서 개최된 미국-프랑스-EU 정상회의에서 세계 금융정상회의 개최에 합의하였다.

(4) 미국은 G7, 한국, 호주 등 주요 국가와 참석 국가 범위를 협의하였으며, 국제경제에서 신흥국들의 비중을 감안하여 신흥경제국을 포함한 G20 정상회의 개최를 2008년 10월에 발표하였다.

❷ 회원국

구분	국가
G7	미국, 일본, 영국, 프랑스, 독일, 캐나다, 이탈리아
아시아·대양주(6)	한국, 중국, 인도, 인도네시아, 사우디아라비아, 호주
라틴아메리카(3)	아르헨티나, 브라질, 멕시코
유럽(3)	러시아, 튀르키예, EU
아프리카(2)	남아프리카공화국, 아프리카연합(AU)

⊘ 별도의 사무국이 없으며, 의장국이 임기(1년) 동안 사무국 역할

⊘ G-20 의장국은 의장국 수임 연도 前, 後 1년씩 G-20 Management Troika의 일원으로 의장국의 자문단 역할

❸ G20 재무장관 및 중앙은행 총재회의

(1) 출범배경

① 1997년 아시아 외환위기 이후, 국제금융시장의 안정을 위한 협의체의 필요성이 대두되었다.

② 1999년 9월 IMF 연차총회 당시 개최된 G-7 재무장관회의에서 G-7 국가와 주요 신흥시장국이 참여하는 G-20 창설에 합의하고 1999년 12월 독일 베를린에서 제1차 회의를 개최하였다.

③ 중앙은행은 국제금융시장 안정을 위한 통화정책의 담당자로 참가하였다.

(2) 설립 목적

세계경제체제에 있어 중요한 국가 간에 경제 및 금융정책 현안에 관한 대화를 확대하고 안정적이며 지속 가능한 세계경제 성장을 위한 협력 증대에 있다.

❹ 역대 G20 정상회의 결과

(1) 2008년 워싱턴 G20 정상회의

① 금융위기의 실물경제로 전이 방지를 위해 국제공조 하에 고강도의 금융, 재정정책 등 경기부양책을 시행하기로 하였다.

② 금융위기 극복을 위한 자유무역 활성화의 중요성 인식을 공유하였다.

③ 향후 12개월간 무역과 투자에 대한 신규 무역장벽 설치, 수출제한 등을 동결하자는데 합의(이명박 대통령 제안)했다.

④ 금융개혁을 위한 5개의 공통원칙에 합의하고, 47개 중·단기 이행과제를 설정하였다.

(2) 2009년 런던 G20 정상회의

① 거시경제 정책공조 관련 통화, 재정정책 공조를 통한 세계수요증진 및 고용창출 필요성에 대해 공감대를 형성하였다.

② 금융시장 안정 관련 금융부실에 의한 불확실성 지속으로 은행 부실자산의 조속한 처리 필요성에 공감하였다.

③ 신흥국에 대한 유동성 공급 확대를 통한 세계경제 성장 촉진 및 무역 금융의 중요성을 강조하였다.

(3) 2009년 피츠버그 G20 정상회의

① 위기 이후 세계경제의 수요 부족 및 저성장 문제 대응과 중장기적으로 지속 가능한 균형성장을 위한 G20 차원의 협력 체제에 합의하였다.

② 금융규제 개선 관련 금융기관의 과도한 위험부담 방지 등 4개 과제에 대한 조치에 합의하였다.

③ 국제금융기구 개혁 관련 IMF 및 세계은행 개혁방안을 마련하였다.

④ G20을 세계경제협력을 위한 주 논의의 장(premier forum)으로 지정하고, G20 정상회의의 연례적 개최를 결정했다.

⑷ 2010년 토론토 G20 정상회의

① 금융분야 개혁 관련 자본유동성 규제 및 시스템적으로 중요한 금융기관(SIFIs) 규제에 대해 서울 정상회의에서 최종 결론을 도출키로 합의하였다.

② 무역, 투자 분야의 신규 장벽 동결(standstill) 등 보호주의 저지 약속을 2013년 말까지 3년 연장했다.

③ 개발 실무그룹(WG) 설치에 합의하고, 서울정상회의에서 채택할 개발 어젠다 및 다년간 행동계획 마련을 지시하였다.

⑸ 2010년 서울 G20 정상회의

① 강하고 지속 가능한 협력체계 구축 관련 G20의 정책공조 방안과 개발국가별 정책약속들을 종합한 Seoul Action Plan에 합의하였다.

② 금융규제 개혁 관련 은행자본, 유동성 규제(바젤 III), 체계적으로 중요한 금융기관(SIFIs) 규제 등에 승인하였다.

③ 개발 관련 단순한 재정원조를 넘어 개도국 능력배양(capacity building)을 통한 자생력 확충을 중심으로 하는 "서울 개발 컨센서스"에 합의하였고, 성장과 연관된 분야(인프라, 인적자원개발, 무역·투자, 개발경험 공유 등)에서 다년간 행동계획(Multi-Year Action Plan)을 채택하였다.

④ 비즈니스 서밋의 개최 환영 및 지속적 개최를 기대함으로써 한국의 이니셔티브가 향후 G20 정상회의에서도 지속되는 계기를 마련하였다.

⑤ 아웃리치 관련 비G20 회원국 및 국제기구와의 협의를 확대하기로 합의함으로써 G20의 신뢰성과 대표성을 제고하였다.

⑹ 2011년 깐느 G20 정상회의

① 거시경제 공조 관련 단기적인 신뢰회복과 성장지원을 위한 각국별 정책 명시, 중장기적으로도 구조조정 등 성장기반 강화를 위한 개혁과제에 합의하였다.

② 무역 관련 2013년까지 보호무역조치 동결(standstill) 및 신규 무역제한 조치 원상회복 원칙에 대한 기존 합의를 재확인하였다.

③ 국제경제협력의 최상위 포럼으로서 G20의 독보적(unique) 지위를 확인하였다.

④ 대형금융기관(SIFIs) 종합규제체계 마련, 금융안전위원회(FSB)에 대한 법인격 부여 및 기능을 강화하였다.

⑤ 농업, 에너지, 고용, 반부패 등 분야별 실무그룹 및 장관회의에서 채택한 결과물을 승인하였다.

⑺ 2012년 로스카보스 G20 정상회의

① 유로존 경제위기 극복을 위한 정치적 의지를 결집하였다.

② 세계 경제위기 대응을 위한 4,560억 불의 IMF 재원을 조성하였다.

③ 보호무역주의 동결(standstill) 약속을 2014년까지 연장하였다.

④ 녹색성장, 인프라, 식량안보를 중심으로 개발의제를 진전시켰다.

⑤ 반부패 약속 이행 의지 확인, 자금세탁방지기구(FATF)의 강화된 기준을 지지하였다.

⑻ 2013년 상트페테르부르크 G20 정상회의

① 선진국 통화정책을 포함한 각국 정책이 세계경제 성장과 금융안정에 기여할 수 있도록 파급영향을 관리하자는 데 합의하였다.

② IMF 중심의 국제금융체제를 보완하고 금융위기 대응능력을 높이기 위해 지역금융안전망(RFAs) 역할을 강화하는 데 합의하였다.

③ 중기 재정건전성 강화를 위해 GDP 대비 국가채무 비중이 지속 가능한 경로에 있도록 2016년 이후의 중기 재정전략을 마련하고 이행을 약속했다.

④ 일자리 창출은 거시경제정책, 고용정책 등을 포괄한 통합적인 접근과 G20 공동의 해결방안 모색이 필요하다는 데 합의하였다.

⑤ 제9차 WTO 각료회의에서 DDA 분야 조기수확 성과 도출을 위해 G20 회원국이 적극 기여할 것임을 약속하고 G20 보호무역주의 동결 서약을 2016년까지 재연장하기로 합의하였다.

⑼ 2014년 브리즈번 G20 정상회의

① 향후 5년간 G20 GDP를 현 추세 대비 2% 이상 제고를 위한 종합적 성장전략과 브리즈번 행동계획을 마련하였다.

② 인프라 투자 활성화를 위한 글로벌 투자 인프라 허브 설립에 합의하였다.

③ 고용률 제고를 위한 남녀간 경제활동 참가율 격차를 25% 감축(단, 각국별 사정 고려)하기로 하였다.

④ 국제송금비용 5% 감축 노력에 합의하고, G20 식량안보 및 프레임워크를 승인하였다.

⑤ 역외 조세회피 대응을 위한 BEPS(소득이전을 통한 세원잠식) 대응방안을 2015년까지 마무리하고, 역외 조세회피 방지를 위한 조세정보자동교환을 2017년 또는 2018년 말까지 이행하기로 하였다.

⑽ 2015년 안탈랴 G20 정상회의

① 세계경제의 회복세가 더디고 국가별로 상이하다는 진단 하에, 거시정책 추진에 있어 '신중한 조정, 명확한 소통'을 통해 불확실성 및 부정적 파급효과 최소화 노력에 합의하였다.

② 브리즈번 정상회의에서 채택한 회원국의 성장전략 이행 성과를 평가하였다.

③ 글로벌 대형은행의 손실흡수능력(TLAC) 마련 등 금융규제개혁의 핵심과제를 완료하였다.

④ 역외 조세회피(BEPS) 대응방안 패키지를 최종 승인하고 신속한 이행을 촉구하면서, 조세투명성 제고를 위해 G20이 조세정보 자동교환을 2017년 내지 2018년에 이행한다는 약속을 재강조했다.

⑤ 2030 개발의제 이행에 부합하는 방향으로 G20 업무를 조정하기 위한 행동계획을 2016년에 수립하기로 합의하였다.

⑥ 사하라 이남 아프리카 등 개도국 에너지 접근성 강화를 위한 액션 플랜을 마련하였다(자발적 협력에 기초).

(11) 2016년 항저우 G20 정상회의

① 중국 항저우에서 개최된 제11차 G20 정상회의에서 정상들은 "혁신, 활력, 연계, 포용적인 세계 경제 건설이라는 주제하에 혁신, 신산업혁명, 디지털경제, 구조개혁, 국제금융, 조세, 에너지, 반부패, 무역투자, 개발, 고용, 기후변화, 난민, 테러리즘, 보건 등 범세계적 이슈에 대한 G20 차원의 정책 공조 방안을 논의하여, 정상선언문 및 「혁신적 성장을 위한 청사진」 등 37개의 부속서를 채택했다.

② "향후 5년간 2% 추가성장(2 in 5)" 목표(2014 브리즈번 정상회의) 달성을 위한 G20 회원국별 '성장전략' 이행을 촉구하였다.

③ 노동·교육·재정분야 구조개혁, 금융시스템 개선, 무역·투자 및 경쟁촉진, 인프라 투자 확대 등 구조개혁 9개 우선추진 분야 및 기본원칙을 마련하였다.

④ 2018년 말까지 보호무역 조치 동결 및 철폐 약속 연장에 합의하였다.

⑤ 2016년 말까지 파리협정 발효 노력 및 녹색기후기금(GCF)을 통한 지원의 중요성을 재확인하였다.

⑥ '안정적이고 회복력 있는 국제금융체제를 위한 G20 발전방안'을 마련하였다.

(12) 2017년 함부르크 G20 정상회의

① 함부르크에서 개최된 제12차 G20 정상회의에서 정상들은 무역, 기후변화, 철강 과잉생산 등 쟁점 현안에 대해 합의를 도출하고, G20 정상선언문, 테러대응 별도성명 및 14개 부속서를 채택했다.

② 보호무역주의 배격, 상호호혜적 무역의 중요성을 주목하며 시장개방 유지, 규범에 기반을 둔 국제무역시스템 역할을 강조하였다.

③ 파리협정에 대한 입장표명 확인 및 완전한 이행에 대한 의지를 재확인하였다.

④ 보조금 및 기타 정부지원 철폐 촉구, 공정경쟁의 장 확보를 위한 공동 해법을 마련하기 위해 노력하기로 합의하였다.

(13) 2018년 부에노스아이레스 G20 정상회의

'공정하고 지속 가능한 개발을 위한 컨센서스 구축'이라는 주제로 개최되어 무역, 철강 과잉공급, 이주·난민 등 쟁점 현안에 대해 합의를 도출하고, G20 정상선언문 및 32개 부속문서를 채택했다.

(14) 2019년 오사카 G20 정상회의

정상회의 결과물로 정상선언문과 고품질 인프라, 고령화, 지속가능발전 등 분야 20개 부속문서를 채택하였다.

(15) 2020년 리야드 G20 정상회의

'모두를 위한 21세기 기회 실현'이라는 의제로 정상들은 3월 특별 정상회의 이후 성과를 점검하고, 코로나19 대응 및 성장, 일자리 회복, 지속 가능한 발전 및 포용성 증진을 달성하는 포스트 코로나 시대에 대한 정책 공조 방안을 제시하였다.

(16) 2021년 로마 G20 정상회의

① '사람(People), 환경(Planet), 번영(Prosperity)'을 주제로 개최되었다.

② 백신 보급 및 팬데믹 대응, 디지털세 합의 환영, 기후 위기 대응의 시급성, 개도국 경제회복 지원 등을 반영한 정상선언문을 채택하였다.

⒄ **2022년 발리 G20 정상회의**

① '함께하는 회복, 보다 강한 회복'이라는 주제로 개최되었다.

② 우크라이나 전쟁 관련 국가·진영 간 대립에도 불구하고, 세계경제 둔화, 기후변화, 식량·에너지 위기, 지정학적 분쟁 등 현안 대응 시급성 및 공조 필요성 등을 담은 정상선언문을 채택하였다.

⒅ **2023년 뉴델리 G20 정상회의**

① '하나의 지구, 하나의 가족, 하나의 미래'를 주제로 개최되었다.

② 우크라이나 전쟁 관련, 국제법 원칙 준수 촉구 및 평화 회복, 기후변화 대응 노력 제고, 다자개발은행 개혁, 국제 AI 거버넌스 관련 협력 증진 등의 내용을 담은 정상선언문을 채택하고, 아프리카연합(AU)의 G20 신규 회원 가입에 합의했다.

⒆ **2024년 리우 G20 정상회의**

① '정의로운 세계와 지속 가능한 지구 구축'을 주제로 개최되었다.

② 우크라이나, 중동정세 관련, 당사자의 국제법 원칙 준수를 촉구하였다.

③ 개발·기후 재원 증대를 위해 협력하기로 하였다.

④ 유엔 등 주요 글로벌 거버넌스 개혁 등의 내용을 담은 '리우 G20 정상선언문'을 채택하였다.

제14절 BRICS

❶ 개념

⑴ 브릭스(BRICS)는 경제적으로 빠르게 성장하는 브라질(Brazil), 러시아(Russia), 인도(India), 중화인민공화국(China), 남아프리카 공화국의 앞글자를 따서 붙인 이름이다.

⑵ 원래는 경제적 용어로 불리던 말이었지만, 2006년을 기점으로 정식 국제 협력기구를 부르는 명칭이 되었다.

⑶ 최초에는 남아프리카 공화국을 제외한 "BRIC"으로 불렸지만, 2010년 남아프리카 공화국이 참여하면서 현재의 명칭이 되었다.

❷ 등장배경

⑴ 2001년 당시 골드만삭스의 글로벌경제 리서치 부문의 헤드였던 짐 오닐(Jim O'Neil)은 이들 브라질, 러시아, 인도, 중국 네 나라가 2050년에 세계 경제를 주도하는 가장 강력한 나라가 될 잠재력이 있다는 주장을 발표하였다.

⑵ 이때까지 BRICS는 나라의 모임이 아니라 단순한 개념에 불과한 명칭이었다.

⑶ 2006년 이들 4개국의 외무장관이 모여 고위급 회담을 개최하였으며, 2009년에는 최초로 정상회담을 개최함으로써 브릭스는 국가의 모임으로 성격이 변화되었다.

(4) 본래 공식적인 정부간 조직은 아니었으나 2009년 이후 매년 정상회담을 열며 선진국의 G7을 견제하는 개발도상국 블록의 형성을 도모하기 시작하였으며, 2010년 12월 24일에는 남아프리카 공화국이 5번째 정규 회원으로 추가되었다.

(5) 2022년부터 회원국 확대를 모색하다가 2023년 남아공에서 열린 제15차 정상회담에서 이집트, 에티오피아, 이란, 아랍에미리트가 새 회원국으로 발표되었고, 2024년 1월 1일을 기해 정식 가입하였다.

❸ 주요 역사

(1) 2009년 6월 6일 예카테린부르크에서 처음으로 공식 정상회담이 열려 룰라 다 실바, 드미트리 메드베데프, 만모한 싱, 후진타오가 참석했다. 이들은 새로운 글로벌 기축통화의 필요성을 강조하였는데 사실상 미국 달러의 지배력에 대한 견제 목적이 핵심이었다.

(2) 2014년 각자 자본금을 분담하여 운영하는 신개발은행의 창설을 발표하였다. 주요한 대출 초점은 인프라 프로젝트였다.

(3) 2023년 8월 남아공 요하네스버그에서 열린 제15차 BRICS 정상회담에서 남아공의 시릴 라마포사 대통령은 또 다른 신흥국 총 6개국(아르헨티나, 이집트, 에티오피아, 이란, 사우디아라비아, 아랍에미리트)이 블록에 가입하도록 초대했다고 발표하였는데, 이 가운데 이집트, 에티오피아, 이란, 아랍에미리트 4개국은 2024년 1월 1일에 브릭스에 새로 합류하였다. 이후 인도네시아가 2025년 1월 6일에 가입하였다.

제15절 | 상하이 협력기구(SCO)

❶ 개요

(1) 상하이 협력기구(Shanghai Cooperation Organization, SCO)는 2001년에 창립된 국제적인 다자간 협력기구로, 주로 중앙아시아, 동아시아, 러시아 및 인도 등을 포함한 회원국들이 참여하였다.
 ① 1996년 4월 26일 중국 상하이에서 모인 러시아, 중국, 카자흐스탄, 키르기스스탄, 타지키스탄 정상들이 '국경 지대의 군사적 신뢰 강화를 위한 조약'을 체결하면서 상하이 5국(Shanghai Five)이 형성되었다.
 ② 2001년 6월 15일에 우즈베키스탄이 합류하면서 상하이 5국은 상하이 협력기구로 개편되었다.

(2) SCO의 주요 목표는 경제, 안보, 문화 교류를 증진하고 지역 내 안정을 도모하는 것이며, 특히, 테러리즘, 극단주의, 마약 밀매 등과 같은 지역 내 위협에 대응하기 위해 긴밀한 협력을 이루자는 것이다.

❷ 특징

(1) 초기에는 중국, 러시아, 카자흐스탄, 키르기스스탄, 타지키스탄, 우즈베키스탄 6개국이 창립 멤버였으나, 2017년 인도와 파키스탄, 2023년 이란, 2024년 벨라루스가 가입하여 현재는 10개국이 정회원국이다.

(2) 주요 목표는 지역 안보를 보장하는 것으로, <u>특히 테러리즘, 마약 밀매, 극단주의에 대한 공동 대응을 강화하는 데 중점을 두고 있다.</u>

　➡ 2005년에는 한반도에 핵무기가 존재해서는 안 된다는 내용의 공동성명을 채택하였다.

(3) SCO는 회원국 간의 경제협력을 강화하고, 공동의 경제발전을 위한 프로젝트를 추진한다.

(4) 또한, 문화 및 인문 교류를 증진시키는 활동을 하며, 이를 통해 지역 내 상호 이해와 협력의 토대를 마련하려고 노력한다.

(5) SCO는 매년 정상회담과 다양한 장관급 회의를 통해 정책을 조율하고 주요 안보, 경제적 사안을 논의한다.

(6) SCO는 회원국 외에도 여러 나라들이 '관찰국' 자격으로 참여하고 있으며, 다양한 국가들이 파트너국으로 협력하고 있다.

(7) SCO는 NATO와 유사한 군사적 동맹이나 경제적 기구보다는, 상호 협력을 중심으로 하는 다자간 협의체로서, 회원국 간의 문화적, 정치적 차이를 존중하면서도 공동의 이익을 추구하는 기구이다.

제16절 ｜ 국제통화기금(IMF)

❶ 개요

(1) 국제통화기금(International Monetary Fund, IMF)은 제2차 세계대전 후의 경제적 혼란을 해결하고, 국제적인 경제 안정과 발전을 도모하기 위해서 1944년에 설립된 국제 금융 기구로, 세계 경제의 안정성을 증진하고, 국제 무역을 촉진하며, 경제성장과 빈곤 감소를 지원하는 역할을 수행한다.

(2) 1944년 미국 뉴햄프셔 주 브레튼우즈에서 열린 국제회의(브레튼우즈 회의)에서 44개국은 전후 세계 경제의 재건과 안정화를 위한 새로운 국제 금융 체제를 구축하기로 합의했으며, 이 회의에서 IMF 설립이 결정되었다. IMF의 주요 임무는 각국의 환율 안정과 국제 거래의 원활한 흐름을 보장하는 것이었다.

(3) IMF는 전 세계 190개국 이상의 회원국을 두고 있으며, 각국 경제의 안정과 지속 가능한 성장을 위한 다양한 활동을 하고 있다.

(4) IMF는 태국의 통화위기로 촉발된 아시아 금융위기를 성공적으로 진압하지 못하고 러시아나 남미 등 여타 신흥시장으로까지 확산되는 것에 대해 큰 역할을 하지 못하였다.

　① 정보투명성의 제고, 가맹국 금융 감독에 대한 강화 등의 개혁 요구가 등장하였다.

　② 과거에 비해 IMF에 대한 신뢰가 상당 부분 상실되었다.

❷ IMF의 주요 기능

(1) 경제 감시(Surveillance)

① IMF는 회원국들의 경제와 금융 상태를 감시하고 분석하여, 경제적 불균형이나 잠재적 문제를 조기에 식별하고 이에 대한 정책적 조언을 제공한다.

② 또한 글로벌 경제의 동향을 분석하고, 각국 정부에 필요한 경제정책을 권고한다.

(2) 금융 지원(Financial Assistance)

① IMF는 경제적 위기에 처한 국가에 금융 지원을 제공한다.

② 대출을 통해 외환부족 문제를 해결하고, 경제적 안정화를 위한 정책 개혁을 지원하는데 IMF는 주로 구조조정 프로그램을 통해 대출을 제공한다.

(3) 기술 지원 및 교육(Capacity Development)

IMF는 경제정책, 재정관리, 통화정책 등의 분야에서 회원국 정부에 기술적 지원을 제공하고, 정책 입안자들에게 교육을 실시하여 각국의 경제 관리 역량을 강화한다.

(4) 연구 및 데이터 제공

① IMF는 세계 경제 및 지역경제에 대한 연구와 데이터를 수집하여, 이를 바탕으로 정책 입안자들에게 유용한 정보를 제공한다.

② 또한, 경제 문제에 대한 연구를 통해 경제학자들과 일반 대중에게 중요한 경제적 인사이트를 제공한다.

❸ IMF의 구조

(1) IMF는 190개 이상의 회원국을 보유하고 있으며, 각 회원국은 자금을 기여하여 IMF의 자원을 조성한다.

① 이 자금 기여는 쿼터라고 하며, 각국의 경제 규모에 비례하여 설정된다.

② 쿼터는 또한 각국의 투표권을 결정한다(가중치 다수결).

(2) IMF는 운영을 총괄하는 이사회를 두고 있으며, 이사회는 각 회원국의 대표로 구성하고, IMF의 중요한 결정들을 내린다.

(3) IMF의 총재는 이사회의 결정에 따라 선출되며, IMF의 일상적인 운영을 책임진다.

❹ 특별인출권 제도

(1) 국제통화기금(IMF)의 특별인출권(Special Drawing Rights, SDR)은 IMF가 회원국들에게 제공하는 국제적인 교환 수단이다.

(2) SDR은 실물화폐는 아니고, IMF가 회원국에 배분하는 신용으로, 외환 보유 자산으로 사용될 수 있는 권리이다.

(3) 각국은 외환부족 시 IMF를 통해 다른 통화로 교환하거나 국제적인 거래에서 사용할 수 있다.

(4) 1969년에 도입된 이 제도는 주로 국제통화기금의 회원국들이 필요할 때 외환을 확보할 수 있도록 지원하는 목적을 가지고 있다.

(5) 특별인출권의 가치는 IMF가 5년마다 정한다.

(6) IMF는 특별인출권을 정기적으로 각 회원국에 배분하는데, 각국의 경제규모나 IMF 기여율에 따라 배분량이 다르다. 예를 들어, 미국과 중국은 IMF에 큰 비율로 기여하므로 더 많은 SDR을 배분받는다.

(7) **SDR의 사용**

① **외환 보유고**: SDR은 회원국들이 외환보유고에 포함시키고, 이를 통해 국제 무역 및 금융 거래에서 유동성을 높일 수 있다.

② **다른 통화로 교환**: SDR은 다른 국가의 통화(미국 달러, 유로, 일본 엔 등)와 교환할 수 있으며, IMF 회원국 간의 거래에서 활용된다.

③ SDR은 실제 화폐가 아니므로 직접적인 지불 수단으로 사용되지 않으며, 교환을 통해 다른 통화로 변환해야만 사용할 수 있다.

제17절 | 국제부흥개발은행(IBRD)

❶ 개요

(1) 국제부흥개발은행(International Bank for Reconstruction and Development)은 세계은행 그룹의 주요 기관 중 하나로, 세계 경제 발전과 빈곤퇴치를 목표로 하는 국제 금융 기관이다.

(2) 세계은행 그룹*은 총 5개의 기관으로 구성되어 있으며, IBRD는 이 중에서 개발도상국을 위한 재정적 지원을 주로 담당한다.

> ✎ 세계은행 그룹은 국제부흥개발은행(IBRD)과 국제개발협회(IDA), 국제금융공사(IFC), 국제투자보증기구(MIGA), 국제투자분쟁해결본부(ICSID) 등을 통틀어 일컫는 말이다. 이들 기관은 형식적으로는 별도기관이지만 IBRD 총재가 각 산하기구의 총재직을 겸임하기 때문에 운영상으로는 매우 밀접하게 연관되어 있다.

(3) 1944년 7월 1일에 설립되었으며(1945년 12월 27일 발표, 1946년 6월 25일 업무 개시), 처음에는 제2차 세계대전 이후 유럽의 재건을 돕기 위해 만들어졌다. 현재는 개발도상국을 포함한 전 세계 국가들의 경제발전과 인프라 프로젝트를 지원하는 역할을 수행하고 있다.

(4) 한국은 1955년 8월 26일 가입하였다.

❷ 주요 목적

(1) **개발도상국 지원**

IBRD는 주로 중·저소득 국가들에게 금융 지원을 제공하여 경제발전을 촉진하고, 지속 가능한 성장을 이루도록 지원한다.

(2) **전세계 재정 지원**

(3) **인프라 및 사회적 프로젝트 지원**

IBRD는 도로, 학교, 병원 등 사회 기반 시설 프로젝트를 지원하며, 이를 통해 국가들의 경제성장과 복지 향상에 기여한다.

③ 주요 기능

(1) **금융 지원**

① IBRD는 중·저소득 국가들에게 자금을 대출해 준다.

② 이를 통해 국가들은 경제발전을 위한 인프라 프로젝트, 교육, 보건 등 다양한 분야에 투자한다.

③ IBRD의 대출은 보통 낮은 이자율로 제공되며, 대출 조건은 국가의 신용도와 경제 상황에 따라 달라지고, 긴 상환 기간을 제공한다.

(2) **기술 지원 및 정책 조언**

① IBRD는 대출 외에도 개발도상국의 경제정책 수립과 실행을 돕기 위해 기술 지원을 제공한다.

② 이를 통해 국가들이 자립적인 경제성장을 달성할 수 있도록 지원한다.

(3) **경제 분석 및 연구**

① IBRD는 세계 경제와 각국의 경제 발전 현황에 대한 연구를 진행한다.

② 이를 바탕으로 국가들에게 정책 권고를 제공한다.

제18절 관세 및 무역에 관한 일반협정(GATT)

① 개요

(1) 관세 및 무역에 관한 일반협정(General Agreement on Tariffs and Trade)은 1947년에 체결된 국제 협정으로, 제2차 세계대전 이후 전 세계 무역의 자유화와 규제 체계를 마련하기 위해 설립되었다.

➡ 당시 미국의 제안으로 설립하려던 국제무역기구(ITO)는 미국 의회의 반대에 부딪혀 설립되지 못했다. 이에 대한 대안으로 무역질서 관장을 위해 GATT가 활용되었다.

(2) GATT의 주요 목적은 국가 간의 무역장벽을 줄이고, 국제 무역을 촉진하는 것으로 주로 관세, 무역 제한, 무역 규제 등에 관한 규정을 포함하고 있으며, 세계 경제의 안정과 성장을 도모하는 역할을 수행한다.

(3) 한국은 1967년에 가입하였다.

더 알아보기

하바나 헌장

- 1947년 11월부터 1948년 3월까지 쿠바의 수도 하바나에서 개최된「국제연합무역고용회의」에서 채택된 국제무역헌장으로서 ITO(International Trade Organization)헌장이라고도 한다.
- 세계무역을 자유무역체제 하에서 재건 및 촉진하려는 목적으로 1945년 11월 1일 미 국무성이 제안한「세계무역 및 고용확장에 관한 제안」에서 발단되었다.
- 초안은 1946년 11월 런던에서, 1947년 1월 뉴욕, 그리고 1947년 4월 제네바에서 여러 차례의 수정 끝에 1948년 3월 하바나회의에서 채택되었다.
- 전문 8장 106조로 되어 있고, 주요 내용은 ① 관세인하와 특혜관세의 폐지, ② 할당제와 차별대우의 금지, ③ 환통제의 철폐, ④ 사적 카르텔의 금지, ⑤ 잉여물자처리법의 규제, ⑥ 수출보조금의 폐지, ⑦ 완전고용의 유지, ⑧ 국제무역기구(ITO)의 설치 등이다.
- 하지만 헌장의 내용이 너무나 자유무역의 이상에 빠져있다는 평가가 있었고 미국에서조차 인준을 얻지 못하여 발효되지 못하였다.

❷ GATT의 주요 목적

(1) 무역 자유화

GATT는 국가들 간에 무역장벽을 줄이고, 관세를 낮추거나 철폐하여 국제 무역을 촉진하려는 목적을 가지고 있다.

(2) 상호주의 요구 및 유도

① 협정은 상호주의의 원칙을 바탕으로 하여, 각국이 다른 국가들과의 무역에서 공정한 경쟁을 보장하도록 한다.

② 즉, 한 나라가 무역장벽을 낮추면, 다른 나라가 이에 상응하는 조치를 취하도록 요구한다.

(3) 무역분쟁 해결

GATT는 무역분쟁이 발생했을 때 이를 해결할 수 있는 체계를 마련하여, 무역 갈등이 다른 형태의 정치적 갈등이나 경제적 갈등으로 번지는 것을 방지한다.

❸ GATT의 주요 원칙

(1) 비차별 원칙 및 호혜주의

① GATT는 최혜국대우(MFN) 원칙을 채택하여, 모든 회원국이 다른 회원국과 동일한 조건에서 무역을 하도록 규정한다.

② 즉, 한 나라가 다른 나라와 체결한 무역 혜택을 다른 모든 회원국에도 동일하게 적용하도록 한다.

(2) 내국민 대우

GATT는 회원국들이 외국 제품과 자국 제품을 차별하지 않도록 하고, 외국 제품에 대해서도 자국 제품과 동일한 세금과 규제를 적용하도록 요구한다.

⑶ 관세 인하

GATT의 주요 목표 중 하나는 관세를 점진적으로 인하하는 것이었으며, 이를 통해 무역을 촉진하고, 각국의 경제발전을 지원하고자 하였다.

⑷ 투명성

① GATT는 각국이 자국의 무역 규정을 투명하게 공개하고, 이를 국제적으로 알려야 한다는 원칙을 지지한다.

② 이를 통해 국가 간의 무역 관계를 명확하게 하고, 불확실성을 줄이기 위함이다.

❹ 기타 특징

⑴ GATT의 주요 활동은 주기적인 협상 라운드를 통해 이루어졌다.

① 각 라운드에서 회원국들은 관세 인하, 무역장벽 제거 등 다양한 문제를 다루었다.

② 대표적인 협상 라운드로는 도쿄 라운드, 우루과이 라운드 등이 있다.

더 알아보기

주요 협상 라운드

1. **제네바 1차 라운드(1947)**
   - 제네바 1차 라운드는 GATT 협정이 체결된 후 열린 최초의 다자간 무역 협상이다.
   - 1947년 제네바에서 열린 회의는 무역장벽을 낮추고 세계 경제를 재건하는 것을 목표로 하였다.
   - 23개국이 참가하여 약 2,000여 개 품목의 관세를 인하하는 합의를 도출했다.
   - GATT의 기본 틀이 확립되었으며, 국제무역 체계의 기초가 확립되었다.

2. **딜런 라운드(1960~1961)**
   - 딜런 라운드는 1960년부터 1961년까지 미국의 경제학자 아더 딜런(Arthur Dillon)을 중심으로 진행된 협상이다.
   - 이 라운드는 주로 농업 및 산업 품목의 관세를 인하하는 데 중점을 두었으며, 미국의 경제적 영향력 확대를 목표로 하였다.
   - 농업 및 산업 제품에 대한 관세 인하가 이루어졌지만, 농업 부문에 대한 깊은 논의는 여전히 해결되지 않았다.

3. **케네디 라운드(1964~1967)**
   - 케네디 라운드는 1964년부터 1967년까지 진행된 GATT 협상으로, 당시 존 F. 케네디 대통령의 지휘 하에 이루어졌다.
   - 농업, 산업, 서비스 등 광범위한 품목에 대해 관세 인하와 무역장벽을 철폐하는 데 중점을 두었다.
   - 전체 관세의 약 35% 감소라는 중요한 성과를 이루었고, 서비스와 같은 새로운 분야에 대한 논의가 본격적으로 시작되었다.
   - 항공, 해운, 수출 보조금 등에 대한 논의도 활발히 이루어졌으며, 농업 문제에 대한 기초가 다져졌다.

4. **도쿄 라운드(1973~1979)**
   - 도쿄 라운드는 1973년부터 1979년까지 진행된 협상으로, 일본 도쿄에서 주요 회의가 진행되었다.
   - 도쿄 라운드는 비관세 장벽, 기술 장벽, 서비스 등 새로운 무역 이슈를 다루었다.
   - 농업과 서비스 문제에 대한 구체적인 합의가 이루어지지 않았지만, 기술 장벽과 비관세 장벽에 대해 중요한 협상이 이루어졌다.

- 특히, 기술적인 규제, 표준화 문제 해결을 위한 여러 국제 협정들이 마련되었다.
- 또한, 관세뿐만 아니라 비관세 장벽을 다루는 방식으로 무역의 범위가 확장되었다.

5. 우루과이 라운드(1986~1994)

- 우루과이 라운드는 1986년부터 1994년까지 진행된 GATT 협상으로, <u>가장 중요한 라운드 중 하나로 평가된다.</u>
- 농업, 서비스, 지적 재산권, 무역 관련 투자 등을 포함한 광범위한 문제를 다루었고, <u>WTO(세계무역기구)의 출범을 준비하는 중요한 협상이었다.</u>
- 국제무역체제에서 법률적 구속력이 있는 분쟁해결기구를 공식적으로 출범시켰다(Dispute Settlement Body, DSB).
- 농업에 대한 새로운 합의가 이루어졌고, 무역 관련 지적 재산권(TRIPs)과 서비스 분야(GATS)가 포함된 협약이 체결되었다.
- WTO 설립이 결정되었으며, GATT 체제의 한계를 넘어서 세계무역기구(WTO)가 출범하게 되는 중요한 기반이 마련되었다.

6. 도하 개발 어젠다(DDA) 협상(2001~)

- 도하 개발 어젠다(DDA)는 2001년 카타르 <u>도하에서 열린 WTO 제4차 각료회의에서 출발한 협상이다.</u>
- 주요 의제로 농업, 서비스, 비농산물시장 접근, WTO 규범, 환경문제 등을 다루고 있다.
- 이 협상은 특히 개발도상국의 경제적 이익을 증진시키고, 농업 보조금, 지적 재산권 문제, 서비스 분야 등의 개혁을 중점적으로 다루고 있다.
- 농산물 관세 인하, 농업에 대한 보조금 삭감, 무역장벽을 낮추는 문제를 다루고 있지만, 개발도상국의 요구를 반영하는 데 어려움을 겪고 있다.
  ➡ 미국, EU, 브라질, 인도 등 주요 무역국들 간에 마찰이 발생하였다.
- 협상이 지속적으로 교착 상태에 빠지면서 진전이 지연되고 있다.

⑵ 1995년에 세계무역기구(WTO)가 출범하면서 GATT는 WTO로 대체되었다. WTO는 GATT의 기본 원칙을 계승하면서도, 무역뿐만 아니라 서비스, 지적 재산권, 투자 등 더 넓은 범위의 문제를 다루게 되었다.

⑶ **GATT의 한계와 문제점**

① GATT는 주로 상품 무역에 초점을 맞추었기 때문에, 서비스와 지적 재산권 등 다른 중요한 무역 문제를 다루지 않았다.

② GATT 체제에서는 특정 국가들이 불균형적인 무역을 지속적으로 하면서 다른 국가들이 피해를 보는 문제가 발생했다.

③ GATT에서는 농업과 관련된 보호주의적인 정책을 완전히 해결하지 못했으며, 특정 국가들이 농업 보조금 등의 혜택을 계속 제공하는 문제도 있었다.

④ 1990년대부터 지역 및 양자 간 무역협정이 확산되었다.

제19절 세계무역기구(WTO)

1 개요

(1) 세계무역기구(WTO)는 국가 간 경제분쟁에 대한 판결권과 그 판결의 강제집행권 이용, 규범에 따라 국가 간 분쟁이나 마찰조정 등을 목적으로 하는 단체이다.

➡ WTO는 분쟁해결기구(DSB)를 설립하여 무역보복조치 허가 권한을 가지고 있어 GATT보다 무역 분쟁 해결능력이 강화되었다.

(2) 사무국은 스위스 제네바에 소재하며, 영어, 불어, 스페인어 3개 국어를 공용어로 사용하고 있다. 사무국은 여타 국제기구와 마찬가지로 각 회원국들의 분담금으로 운영되고 있다.

(3) WTO 회원국은 총 166개국(2024. 8. 30. 기준)이다.

> **더 알아보기**
>
> **가입 절차**
> • 'WTO 설립을 위한 마라케시 협정'* 제12조는 WTO 가입 관련 규정을 명시하고 있다.
>   ✐ 세계무역기구 설립을 위한 협정. 동 협정에 의해 세계무역기구(World Trade Organization)가 설립되었으며, 4개의 부속서를 통하여 다자간 및 복수국간 협정을 포함한다. 1994년 4월 15일 마라케시 각료회의에서 채택되어 1995년 1월 1일에 발효되었다. 4개의 부속서는 부속서 1A) 상품무역에 관한 협정, 부속서 1B) 서비스 무역에 관한 협정, 부속서 1C) 지적재산권에 관한 협정, 부속서 2) 분쟁해결양해, 부속서 3) 무역정책검토 제도, 부속서 4) 복수국가 간 무역협정이다.
> • 이 조항의 경우 완전한 자치를 갖는 독립적 관세영역(separate territory possessing full autonomy)은 WTO 가입자격이 있다고 규정한다.
> • 가입신청국은 자국의 무역 및 경제 관련 규정이 WTO 규정과 합치하도록 해야 하며 상품 및 서비스 관세 인하, 시장개방을 기존 WTO 회원국과 합의해야 한다.
> • 가입 절차
>   – 우선 가입신청국에 대한 WTO 가입작업반을 설치하고 회의를 열어 가입신청국 국내 규정의 WTO 합치성 등을 검토
>   – 가입신청국은 관심 회원국들과 상품·서비스 시장접근에 대한 양자 협상 진행
>   – 양자 협상이 완료되고 가입작업반에서 가입신청국의 국내 규정이 WTO와 조화돼 가입자격을 갖췄다고 판단하면 WTO 사무국이 최종 보고서 작성
>   – 보고서를 일반이사회 및 각료회의에 보고해 승인 획득
> • WTO가 1995년 128개 회원국으로 출범한 이후 현재까지 마라케시 협정 제12조에 따라 WTO에 가입한 회원국은 총 38개국이다.
> • 이들 회원국은 '12조 그룹(Article XII Members)'으로 분류되고 있으며, 대표적으로 중국(2001년 가입), 러시아(2012년 가입)가 있다.

② WTO의 주요 특징

(1) 모든 주요한 결정들은 각료회의, 대사 또는 대표단을 통해 전체 회원국들에 의해 이루어지며, 총의제에 의한다.

> ⊘ WTO 설립협정 제9조 1항 : WTO는 1947년 GATT에서 지켜졌던 컨센서스에 의한 결정의 관행을 계속 유지한다. 달리 규정되지 아니하는 한, 컨센서스에 의하여 결정이 이루어지지 아니하는 경우 문제가 된 사항은 표결에 의한다.

(2) WTO는 회원국의 무역정책을 검토하기 위해 무역정책검토제도를 설치한다.

(3) WTO는 기존 GATT가 가지고 있었던 주요 원칙을 포함한 다음의 원칙을 유지한다.

① **최혜국 대우 원칙** : 모든 회원국이 다른 회원국과 동일한 조건에서 무역을 하도록 규정한다.

② **내국민 대우 원칙** : 동종의 상품, 서비스, 지적재산권 등 교역권에 대하여 내국인에게 주는 혜택을 외국인에게도 주어야 한다는 것이다.

③ **호혜주의 원칙** : 한 국가가 무역장벽을 낮추면 다른 국가도 이에 상응하는 조치를 취해야 한다는 원칙이다.

④ **투명성 원칙** : 각국이 자국의 무역 규정을 투명하게 공개하고, 이를 국제적으로 알려야 한다는 원칙이다.

⑤ **다자주의 원칙** : 관세수준과 기타 무역 제한수준 등과 같은 각종 무역규범의 제정, 변경, 적용, 집행 등을 위해서는 모든 관련 국가의 참여하에 논의되고 결정되어야 하며, 협정당사국에 분쟁이 발생한 경우 모두 참여한 다자간 협상을 통해 해결되어야 한다는 원칙이다.

⑥ **시장접근보장 원칙** : 관세나 조세를 제외한 재화와 용역의 공급에 대한 일체의 제한이 철폐되어야 한다는 원칙이다. 이 원칙은 내국민 대우 원칙과 함께 시장개방의 두 축을 이루고 있다.

③ 주요 조직

(1) 최고 의사결정기구인 각료회의는 최소 2년마다 개최되어야 하며, WTO 다자무역협정하의 모든 분야에 대한 결정권을 갖고 있다.

(2) 일반이사회는 각료회의의 결정을 집행하며 산하에는 상품교역, 서비스교역, 지적 재산권 이사회 등이 있다.

(3) 기타 환경, 개발, 국제수지 등과 관련된 위원회가 조직되어 있다.

(4) 사무총장은 각료회의에서 지명하는데 각료회의에서는 사무총장의 권한과 의무, 근무 조건 및 임기를 결정한다.

① 사무총장의 임기는 4년이며 재임 가능하다.

② 현 사무총장 임기 만료 9개월 전에 선출 절차를 개시하며, 임기 만료 3개월 전 신임 사무총장을 결정한다.

③ 사무국 직원의 임명과 근무조건은 각료회의에서 정한 규칙에 따라 사무총장이 임명한다.

④ 분쟁해결기구(DSB)

(1) WTO(세계무역기구)의 분쟁해결기구(Dispute Settlement Body)는 국제 무역에서 발생할 수 있는 분쟁을 법적 절차를 통해 해결하기 위해 설계된 제도이다.

(2) 분쟁해결기구는 WTO 회원국들 간에 무역분쟁을 해결하는 핵심적인 역할을 한다.

(3) **분쟁해결기구의 주요 절차**
  ① 분쟁 제기
    ㉠ WTO 회원국은 상대국의 조치가 WTO 협정을 위반했다고 판단되면, 분쟁해결기구에 제소할 수 있다.
    ㉡ 분쟁을 제기하려면 해당 국가가 자발적으로 대화를 통해 문제를 해결하려는 노력을 해야 한다.
  ② 조정 절차(Consultations)
    ㉠ 분쟁을 제기한 국가(원고국)는 상대국(피고국)과의 직접적인 협의를 요청한다.
    ㉡ WTO는 두 국가 간의 조정을 위한 자문과 중재 역할을 수행한다.
    ㉢ 협의가 성과를 보지 못하거나, 60일 내에 해결되지 않으면, 원고국은 WTO 분쟁해결기구에 공식적으로 분쟁 해결 절차를 시작한다.
  ③ 패널 설치(Panel Formation)
    ㉠ 협의가 결렬되면, 패널이 설치된다. 패널은 전문가로 구성되며, 양측의 주장과 관련 법령을 조사하고, 결론을 내린다.
    ㉡ 패널은 문제의 법적 해석을 바탕으로 판결을 내린다. 이 판결은 WTO 규정에 따른 위반 여부를 평가하는 과정이다.
    ㉢ 판결은 각국에 30일 내로 통보되며, 양측은 판결에 대해 반박하거나 수정을 요청할 수 있다.
  ④ 상소(Appellate Body)
    ㉠ 패널의 판결에 대해 불복이 있을 경우 상소할 수 있다.
    ㉡ 상소기구는 판결의 법적 해석이나 절차적 문제를 다루며, 패널의 결정을 수정하거나 유지할 수 있다.
    ㉢ <u>상소기구의 결정은 최종적이며, WTO 회원국들은 이를 준수해야 한다.</u>
    ㉣ 상소기구 위원 임기 만료 전에 배당된 분쟁은 임기 만료 이후에도 계속 담당하도록 규정한다.
      ➡ 미국은 상소기구 위원 임기는 DSB 승인사항이라 주장했다.
    ㉤ 상소기구는 7인의 위원으로 구성되며 위원은 회원국의 총의로 임명한다.
    ㉥ 위원은 최초 임명 시 4년의 임기가 주어지며, 재임 가능하다.
  ⑤ 이행 및 보상(Implementation and Compliance)
    ㉠ 분쟁 해결을 위한 판결이 내려지면, 피고국은 WTO 규정을 준수하고 조치를 이행해야 한다.
    ㉡ <u>만약 피고국이 판결을 따르지 않으면, 원고국은 보복적 조치를 취할 수 있으며, 보복의 수준은 WTO의 허용 범위 내에서 이루어져야 한다.</u>
  ⑥ 보복조치(Retaliation)
    ㉠ 피고국이 판결을 이행하지 않으면, 원고국은 보복조치를 요청할 수 있다.
    ㉡ 보복조치는 WTO의 승인을 받아 피고국에 불리한 조치를 취할 수 있게 하는 것으로, 통상적으로는 수입제한, 세금부과 등의 방식이 있다.

❺ 무역정책검토제도(TPRM)

(1) WTO 무역정책검토제도(Trade Policy Review Mechanism)는 WTO 회원국들이 자국의 무역정책을 정기적으로 평가하고 검토하는 제도이다.

(2) 이 제도는 무역의 투명성을 높이고, 회원국 간의 정책 대화를 촉진하며, WTO 규정 준수 여부를 확인하는 중요한 역할을 한다.

(3) TPRM은 1995년 WTO 출범 이후 시작되었으며, 무역의 투명성을 강화하고 국제적인 협력을 증진시키는 중요한 기제로 작용하고 있다.

(4) **무역정책검토제도의 목적**

① 회원국들이 자국의 무역정책을 WTO와 다른 회원국들에게 공개하고, 다른 국가들의 정책을 이해함으로써 무역 환경의 예측 가능성을 높인다.

② 각국의 무역정책이 WTO의 규정에 부합하는지 점검하고, 이를 통해 무역규범이 일관성을 강화한다.

③ 각국의 무역정책을 검토함으로써 상호이해와 협력을 증진시키고, 무역분쟁 예방에 기여한다.

④ 검토 과정에서 비효율적인 무역정책이나 규제의 문제점을 지적하여, 개선할 수 있도록 유도한다.

(5) **무역정책검토의 절차**

① TPRM의 절차는 정기적 검토와 상호 평가를 중심으로 진행되며, 크게 세 가지 주요 단계로 구분된다.

② 1단계 보고서 제출, 2단계 무역정책검토위원회 심의, 3단계 결과발표로 진행된다.

(6) **무역정책검토의 빈도와 주기**

① TPRM은 각 국가의 무역정책 검토 주기가 다르며, 주로 다음 기준에 따라 검토 주기가 설정된다.

② 대형 경제국(경제 규모가 큰 국가 **예** 미국, 중국, EU 등)은 2년마다 검토한다.

③ 중소형 경제국(경제 규모가 작은 국가)은 4년마다 검토한다.

❻ 일반특혜관세제도(GSP)

(1) 일반특혜관세제도(Generalized System of Preferences)는 개발도상국들이 선진국에 대해 상품을 수출할 때, 일정 조건 하에 세금을 면제하거나 세금 인하 혜택을 부여하는 제도이다.

(2) 이 제도는 개발도상국의 경제성장을 촉진하고, 선진국과 개발도상국 간의 경제적 격차를 줄이기 위한 목적에서 시작되었다.

(3) **주요 특징**

① 대상국 : GSP 혜택은 주로 경제적으로 발전이 부족한 국가들에 적용된다.

② 적용 상품 : GSP 혜택은 특정 상품군에 대해 적용된다. 즉, 모든 상품이 혜택을 받는 것은 아니며, 국가별로 혜택이 다를 수 있다.

③ 세금 혜택 : 일반적으로 GSP 혜택을 받는 상품은 정상적인 수입세율보다 낮거나 세금이 면제된다. 이러한 혜택은 상품의 가격을 낮추고, 개발도상국들의 수출이 증가하는 데 도움이 된다.

④ 조건 : GSP 혜택을 받기 위해서는 각국의 규정에 맞는 조건을 충족해야 한다. 예를 들어, 상품의 생산이 해당 국가에서 이루어졌다는 증명이 필요하거나, 일정 비율 이상의 현지 자원을 사용해야 하는 경우 등이다.

제20절 석유수출국기구(OPEC)

❶ 개요

(1) 석유수출국기구(Organization of the Petroleum Exporting Countries)는 1960년 석유를 주로 수출하는 나라들이 모여 만든 국제적인 기구이다.

(2) OPEC의 주요 목표는 회원국 간의 석유 생산 및 수출 정책을 조정하여 석유 시장을 안정시키고, 석유 생산국들에게 공정하고 안정적인 수익을 제공하는 것이다.

❷ 등장배경

(1) OPEC 결성 전 국제 석유 시장은 주로 "7대 국제 석유 기업(Seven Sisters)*"이라고 불리는 서방의 대형 석유회사들이 지배하고 있었으며, 이들 기업이 글로벌 석유 시장을 통제하고 가격을 결정했다.

  ✎ 7대 석유 기업은 1940년대와 1950년대에 세계 석유 시장에서 지배적인 위치를 차지했던 서방의 대형 석유회사들을 말한다. 이들 기업은 대부분 미국, 영국, 네덜란드 등 서방 국가들에 본사를 두고 있었다.

(2) 이는 석유 생산국들이 직접 시장에 영향을 미칠 수 있는 구조가 아니었으며, 석유를 생산하는 국가들의 자원과 독립적인 의사결정이 제약을 받았다.

(3) 국제 석유 시장에서의 불평등한 상황에서, 석유 수출국들은 공동의 이익을 지키기 위한 협력의 필요성을 느끼기 시작하였고, 이에 따라 1960년 이란, 이라크, 쿠웨이트, 사우디아라비아, 베네수엘라 등 주요 석유 생산국들이 OPEC을 결성하게 되었다.

❸ 핵심목표

(1) **석유 가격 안정화**

  ① OPEC은 석유의 공급을 조절하여, 가격이 급격하게 상승하거나 하락하지 않도록 조정한다.

  ② 이는 석유 생산국들에게 안정적인 수익을 보장하고, 소비국들에게도 적정한 가격을 유지하기 위한 목적이다.

(2) **석유 생산 조정**

  ① OPEC 회원국들은 정기적으로 회의를 통해 각국의 석유 생산량을 결정한다.

  ② 이를 통해 세계 석유 공급량을 조절하고, 시장에서의 영향력을 행사한다.

(3) 경제적 협력 강화

OPEC은 회원국 간의 경제협력을 증진시키고, 각국이 석유 산업을 발전시키는 데 필요한 기술적 및 재정적 지원을 제공한다.

❹ OPEC의 회원국(2025년 기준)

알제리, 콩고(공화국), 적도 기니, 가봉, 이란, 이라크, 쿠웨이트, 리비아, 나이지리아, 사우디아라비아, 아랍에미리트(UAE), 베네수엘라

❺ OPEC +

(1) OPEC의 영향력을 확장하기 위해 OPEC+라는 협력이 존재한다.

(2) OPEC+는 OPEC 회원국에 비회원인 석유 생산국, 특히 러시아와 같은 주요 생산국들이 참여하여 석유 생산량 조절에 협력하는 그룹이다.

(3) 이 협력은 글로벌 석유 시장에서 더욱 강력한 영향을 미칠 수 있다.

> **더 알아보기**
>
> **제1차 오일쇼크(Yom Kippur War / 4차 중동 전쟁)**
> - 1973년 10월부터 발발한 이스라엘과 아랍 국가들 간의 4차 중동 전쟁(Yom Kippur War)에서 아랍 국가들은 이스라엘을 지지한 미국 등 서방 국가들에 대한 경제적 보복을 위해 석유 수출을 중단하였다.
> - OPEC의 석유 수출 중단은 세계적으로 석유 가격을 급격히 상승시키고, 전 세계적인 에너지 위기를 초래하였다. 이 사건은 석유의 전략적 중요성을 강조하며, 석유가 정치적 도구로 사용될 수 있음을 보여주었다.

> **더 알아보기**
>
> **2차 오일쇼크(이란혁명)**
> - 1979년 이란혁명으로 이란의 샤(왕정)가 무너지고, 호메이니 지도자가 이끄는 이슬람 공화국이 수립되었다. 이란혁명은 석유 생산에 큰 혼란을 일으켰고, 이란의 석유 수출이 급감하게 되었다.
> - 또한, 혁명 후 이란은 서방 국가들에 대해 적대적인 자세를 취하였다.
> - 이란의 석유 생산 감소와 함께, OPEC 내 다른 국가들이 석유 공급 부족을 보충하기 위해 생산량을 늘리기로 했지만, 석유 가격은 여전히 상승하였다.
> - 사우디아라비아는 이란의 석유 공급 감소를 어느 정도 대체했지만, 석유 가격 상승은 세계 경제에 큰 영향을 미쳤다.

제21절 국제노동기구(International Labour Organization, ILO)

1 개요

(1) 1919년 4월 베르사이유 조약(제13편 노동)에 의거하여 국제연맹 산하에 설립되었다.

(2) 1946년 12월 UN의 전문기구로 편입되었다.

(3) 1969년 노벨평화상을 수상하였다.

2 설립 목적

(1) 사회정의에 기초한 세계평화의 실현

(2) 근로조건의 개선을 위한 국내적, 국제적 노력

(3) 결사의 자유 확보

3 회원국 현황 : 187개국

4 조직 구성

(1) **총회(International Labour Conference)**
　① 구성 : 3자 구성원칙에 따라 각국당 정부 2명, 노사 각 1명씩 총 4명이 대표로 구성된다.
　② 기능 : 협약 및 권고 심의·채택, 회원국 가입 승인, 예산 및 분담금 결정 등을 진행한다.
　③ 회기 : 연 1회 개최된다(통상 매년 5월 마지막 화요일부터 3주간).

(2) **이사회(Governing Body)**
　① 구성 : 정이사(정부대표 28명, 사용자 대표 14명, 근로자 대표 14명) 및 부이사(정부대표 28명, 사용자 대표 19명, 근로자 대표 19명)로 구성된다.
　　⊘ 임기는 3년, 정이사 정부대표 중 10명은 선진공업국 상임직
　　⊘ 사용자 및 근로자 대표는 개인자격으로 선출
　② 기능 : 총회 의제 결정, 사무총장 임명 및 사무국 감독 등을 진행한다.
　③ 회기 : 연 3회 개최된다(3월, 6월, 11월).

(3) **사무국(International Labour Office)**
　① 제네바에 소재하며, 사무총장과 직원들로 구성된다.
　② 상설기구로서, 총회 및 이사회 활동을 위한 기술적 준비작업과 노동문제에 관한 정보수집 및 출판활동을 진행한다.

⑷ **지역회의(Regional Meetings)**

　① 해당 지역과 관련이 있거나 영향을 미치는 ILO 활동이나 각종 토의 주제에 관한 예비토론을
　　진행한다.

　② 통상 4년마다 개최된다(아·태, 아프리카, 미주, 유럽).

제22절 　남미공동시장(MERCOSUR)

❶ 개요

⑴ 남미공동시장(Mercado Común del Sur)은 남미 국가들의 경제적 통합과 협력을 증진하기 위해
　설립한 지역경제 공동체이다.

⑵ MERCOSUR는 1991년에 창설되었으며, 주로 경제적 협력과 자유무역을 촉진하고, 회원국 간의
　경제적 통합을 목표로 한다.

⑶ 이와 함께 민주주의 공고화 및 아르헨티나와 브라질 간의 경쟁 종식 등 정치적 목적도 추구한다.

❷ 창설배경

⑴ 1980년대 후반과 1990년대 초반, 남미 국가들은 정치적 변화와 경제적 개혁을 거치며, 경제 협력을
　위한 필요성에 공감대를 형성하였다.

⑵ 아순시온 조약(Tratado de Asunción)에 의해 설립되었는데 이 조약은 남미 국가들 간의 자유무역과
　경제통합을 추진하기 위해 체결되었다.

⑶ MERCOSUR의 창립 회원국은 아르헨티나, 브라질, 파라과이, 우루과이 4개국이었으며, 후에 볼리
　비아, 베네수엘라 등도 가입하였다.

❸ 주요 목적

⑴ **세금 장벽 철폐**

　회원국 간의 상품 및 서비스에 대해 세금 장벽을 없애고, 자유무역 실현을 추진한다.

⑵ **공동 외부 관세**

　외부 국가와의 무역에서 공동의 외부 관세를 설정한다.

⑶ **경제적 통합**

　공동 시장을 구축하기 위해 노동력과 자본의 자유 이동을 촉진한다.

제23절 | 채무와 개발에 관한 유럽 네트워크(Eurodad)

❶ 개요

(1) 1990년에 수립된 채무와 개발에 관한 유럽 네트워크(European Network on Debt and Development)는 유럽 내의 비정부기구(NGO)와 개발 단체들이 모여 구성한 국제적인 네트워크이다.

(2) 개발도상국의 채무 문제 해결과 지속 가능한 발전을 촉진하는 것을 목표로 한다.

❷ 세부 목적

(1) **채무 감축 및 해결 촉진**
① Eurodad는 개발도상국의 과도한 외채가 그들의 경제적 발전과 사회적 복지에 미치는 부정적인 영향을 줄이기 위해 노력한다.
② 이 네트워크는 채무 감축 캠페인과 정책 옹호 활동을 통해 공정한 채무 해결을 촉진하고, 채무 문제의 근본적인 원인을 해결하려고 한다.
③ 개발도상국이 지고 있는 불합리한 채무 부담을 경감시키기 위한 채무 탕감 캠페인을 전개한다.
④ 채무 상환 조건을 재협상하여 개발도상국들이 지속 가능한 경제성장을 위한 자금을 확보할 수 있도록 지원한다.

(2) **개발도상국의 책임있는 활동 추구**
개발도상국들이 국제금융기관(IMF, 세계은행 등)과의 관계에서 투명성과 책임성을 유지하도록 지원하는 활동을 추구한다.

> **더 알아보기**
>
> **주빌리 2000(Jubilee 2000)**
> • 주빌리 2000(Jubilee* 2000)은 1990년대 후반에 형성된 국제적인 NGO 중 하나로, 개발도상국들의 외채 탕감을 촉구하며 시작되었다.
>   ✎ 희년(禧年, jubilee)은 성경에 나오는 단어로 안식년이 일곱 번 지난 50년마다 돌아오는 해를 의미한다. 이 해가 되면 유대인들은 유일신 야훼가 가나안 땅에서 나누어 준 자기 가족의 땅으로 돌아가고 땅은 쉬게 한다.
> • 이 운동의 핵심목표는 빈곤 감소와 개발 촉진을 위해 개발도상국들이 지고 있는 불합리한 외채를 감면하거나 탕감하여, 그들이 교육, 보건, 식량, 물 등 기본적인 사회적 요구를 충족할 수 있는 자원을 확보하게 하는 것이었다.

제24절 아랍연맹(League of Arab)

① 개요

(1) 1945년 3월 아랍 각국의 주권 확보, 중동 평화, 反이스라엘 운동을 기치로 출범하였으며, 회원국 간 정치·경제·사회·문화적 연대 강화 및 분쟁 조정을 목적으로 하여 설립되었다.

(2) 제2차 세계대전 중에 발전한 아랍민족운동의 중심점 역할을 해주었다.

(3) **회원국(22개국)**

사우디아라비아, 예멘, 오만, 쿠웨이트, 바레인, 카타르, 아랍에미리트, 이라크, 레바논, 시리아, 요르단, 이집트, 수단, 리비아, 모로코, 알제리, 튀니지, 모리타니, 소말리아, 지부티, 코모로, 팔레스타인

② 조직 및 구성

(1) 정상회의(연 1회 개최), 외교장관급 각료회의(연 2회 개최) 및 분과별 각료회의(사회경제·주택건축·교통·관광·에너지·내무·정보·수자원·IT·보건 등), 정치·경제·군사·인권 등 분야의 상임위원회, 아랍의 이스라엘 보이콧 사무국 등

(2) 아랍연맹 산하 아랍의회(AP), 아랍경제연합국, 아랍국방송연맹(ASBU), 아랍교육문화과학기구(ALESCO), 아랍노동기구(ALO), 아랍위성통신기구(ARABSAT), 아랍원자력에너지국(AAEA), 아랍여성기구, 아랍통화기금(AMF), 아랍경제사회개발기금 등

(3) 1국 1표 원칙이며, 총회 결정의 효력은 투표 불참국에는 적용되지 않는다.

(4) 아랍연맹사무국은 이집트 카이로에 소재해 있다.

③ 특이사항

(1) 역대 사무총장 7명은 튀니지인 한 명을 제외하고 모두 이집트인이었다.
   ① 이처럼 아랍연맹은 이집트의 주도권이 강하다.
   ② 이에 대해 사우디아라비아 등이 반발해서 이슬람 협력기구가 설립되는 계기가 되기도 하였다.

(2) 1979년에는 이집트가 이스라엘과 평화협정을 맺었다는 이유로 연맹에서 추방당하기도 하였다. 그러다 1989년에 다시 복귀하면서 본부도 카이로로 다시 옮겨졌다.

(3) 1990년 8월 2일 쿠웨이트 침공에 대해 연맹국간에 분열이 발생했다.

제25절 IGOs VS NGO

❶ 개요

IGO와 NGO는 국제관계 및 사회적, 정치적 활동에서 중요한 역할을 하는 두 가지 유형의 조직으로, 이들은 목표와 활동의 범위에서 차이를 가지고 있다.

❷ IGO(Intergovernmental Organization) : 정부간 기구

(1) IGO는 정부간 기구로, 여러 나라의 정부가 회원국으로 참여하는 국제기구를 의미한다.

(2) 이 조직은 회원국들 간의 협력과 상호작용을 촉진하며, 국가들 간의 문제를 해결하고 국제적인 법과 규정을 따르기 위해 활동한다.

(3) **주요 특징**

① **회원국** : IGO는 주로 국가들의 정부가 회원국으로 참여한다.

② **목표** : IGO는 국제적 협력, 경제적 발전, 평화유지, 인권 보호 등 다양한 국제적 문제를 해결하기 위한 활동을 수행한다.

③ **법적 지위** : IGO는 국제법에 따라 운영되며, 여러 국제협약과 조약을 통해 법적 권한을 가질 수 있다.

(4) **주요 기능**

① **국제 문제해결** : 환경, 경제, 안보 등 글로벌 문제해결을 위해 협력한다.

② **국제법과 규범 준수** : 국제 조약과 협약을 체결하고 이행한다.

③ **국제분쟁 해결** : 국제법에 기반하여 분쟁을 조정하고 평화유지활동을 한다.

❸ NGO(Non-Governmental Organization) : 비정부기구

(1) NGO는 비정부기구로 정부와는 독립적인 비영리 단체이다.

(2) NGO는 다양한 사회적, 정치적, 경제적 문제에 대해 활동하며, 인권, 환경보호, 빈곤퇴치 등과 같은 사회적 문제에 초점을 맞추고 활동한다.

(3) 국가들이 국제협약이나 국제규범을 준수하는지를 감시하는 역할을 한다.

(4) NGO는 IGO로부터 재정지원을 받아 필요한 프로젝트를 수행하기도 한다.

(5) NGO는 주로 민간에서 자발적으로 운영된다.

⑹ **주요 특징**

① 회원 : 정부와는 독립적이며, 개인, 자원봉사자, 기업 등 다양한 개인과 단체들이 회원으로 활동한다.

② 목표 : NGO는 사회적 문제해결, 인권 보호, 환경보호 등 다양한 분야에서 활동하며, 그들의 주된 목표는 사회적 변화를 촉진하거나, 정부가 하지 못하는 부분을 보완하는 것이다.

③ 법적 지위 : NGO는 정부의 규제를 받지 않지만, 비영리 단체로서 특정 법적 요구사항을 준수해야 할 수는 있다.

⑺ **주요 기능**

① 사회적 문제해결 : 환경보호, 보건, 교육, 인권 등을 위한 활동을 진행한다.

② 정책 제안 및 로비 : 정부나 국제기구에 정책 변화나 개혁을 촉구하기 위해 로비 활동을 진행한다.

③ 구호활동 : 전 세계적으로 재난 구호와 개발지원 활동을 수행한다.

➡ NGO의 기능을 운용기능, 교육기능, 대변기능, 감시기능으로 분류하기도 한다.

⑻ **주요 단체**

① 국제적십자사(Red Cross) : 재난 구호와 인도적 활동을 하는 세계적인 NGO 단체이다.

② 그린피스(Greenpeace)* : 환경보호와 기후변화 문제해결을 위해 활동하는 NGO 단체이다.

✎ 프랑스 핵실험을 반대하기 위하여 발족하였고, 고래보호단체로도 유명하다. 국제연합 총회에 포괄적 핵실험금지협약(CTBT)이 통과되는데 크게 기여하였다.

③ 앰네스티 인터내셔널(Amnesty International) : 인권 보호와 옹호를 위한 활동을 하는 NGO 단체이다.

IGO와 NGO의 비교

특성	IGO(정부간 기구)	NGO(비정부 기구)
구성	주로 국가들의 정부가 회원국으로 참여	개인, 단체, 자원봉사자 등이 참여
설립 목적	국가 간 협력 및 국제 문제 해결	사회적, 정치적, 경제적 문제 해결
법적 지위	국제법에 의해 규제됨.	각국의 법에 의해 규제되지만 정부와 독립
주요 활동 영역	국제적인 문제 해결, 평화 유지 등	환경, 인권, 구호, 개발 등 사회적 문제 해결
예시	유엔(UN), 세계무역기구(WTO), NATO	국제적십자사(Red Cross), 그린피스(Greenpeace)

❹ **유엔과 NGO**

⑴ 유엔은 NGO에게 공식적인 지위를 부여하여 NGO가 유엔에서 수행할 수 있는 역할과 활동의 범위, 유엔과의 관계를 규정하는 중요한 기준으로 활용하고 있다.

⑵ **일반적 협의 지위(General Consultative Status)**

① 일반적 협의 지위는 NGO가 유엔 경제사회이사회(ECOSOC)와 협력할 수 있는 가장 높은 수준의 지위이다.

② 이 지위를 가진 NGO는 유엔의 활동에 깊게 참여할 수 있으며, 다양한 유엔 회의 및 기구에 대한 정기적인 참여와 의견 제시가 가능하다.

(3) **특별 협의 지위(Special Consultative Status)**

① 특별 협의 지위는 일반적 협의 지위보다는 제한적인 지위로, 특정 분야나 이슈에 대해 활동하는 NGO에 부여한다.

② 이 지위를 가진 NGO는 유엔 경제사회이사회의 참여는 가능하지만, 일반적 협의 지위를 가진 NGO만큼 광범위한 권한을 가질 수는 없다.

(4) **명부상 협의 지위(Roster Consultative Status)**

① 명부상 협의 지위는 유엔과의 관계에서 가장 제한적인 지위이다.

② 이 지위를 가진 NGO는 유엔 기구와 협력할 수 있지만, 그들의 참여가 정기적이지 않고 유엔의 주요 활동에 직접적인 발언권이나 영향력을 행사하지 않는 경우에 해당한다.

(5) **지위 요약**

협의 지위	설명	참여 범위
일반적 협의 지위	유엔 경제사회이사회에서 정기적이고 중요한 의견 제시와 참여 가능	유엔의 주요 회의 및 기구에서 활발한 참여
특별 협의 지위	특정 분야에 대해 제한적이고 전문적인 의견 제시와 협력 가능	특정 분야의 유엔 기구와 협력하며 의견 제시
명부상 협의 지위	단기적이고 비정기적인 참여, 유엔 활동에 대한 영향력 제한	제한적인 참여만 가능, 주로 단기적이고 비정기적 활동

❺ 비정부기구의 주요 특성

(1) **중립성과 독립성(Neutrality and Independence)**

① NGO는 중립적이어야 하며, 정치적, 경제적, 군사적 목적에 연관되지 않아야 한다. 즉, 유엔과 협력하는 NGO는 특정 정부나 정치적 입장을 대표하지 않으며, 그 활동은 완전히 독립적이어야 한다.

② NGO는 자체적인 자금과 정책을 기반으로 활동하며, 외부 정부의 영향력에 의해 좌우되지 않아야 한다.

(2) **비영리성(Non-Profit Nature)**

NGO는 비영리 단체로서 활동해야 한다. 그들의 목적은 사회적, 인도적, 환경적 목적을 달성하는 데 집중되며, 경제적 이익을 추구하지 않아야 한다.

(3) **자율성과 자발성(Autonomy and Voluntarism)**

① NGO는 자율적이고 자발적인 조직이어야 한다.

② 즉, 그들은 독립적인 자율적 결정을 내릴 수 있으며, 정부나 기업과 같은 외부 압력에 의해 영향을 받지 않아야 한다.

Part 02

⑷ **인권 존중(Respect for Human Rights)**

① NGO는 그들의 활동에서 인권을 존중하고 보호하는 중요한 역할을 해야 한다.

② NGO는 모든 사람의 권리를 존중하고, 차별을 해소하며, 평등과 자유를 증진하는 활동을 해야 한다.

⑸ **투명성과 책임성(Transparency and Accountability)**

NGO는 그들의 활동에서 투명성과 책임을 가져야 하며, 유엔과 협력하는 모든 NGO는 정기적인 보고와 평가를 통해 자신의 활동을 투명하게 공개하고, 책임을 다하는 방식으로 운영해야 한다.

⑹ **협력과 파트너십(Cooperation and Partnership)**

NGO는 국제적 및 지역적 협력을 통해 유엔 및 다른 조직들과 협력해야 하며, 다른 이해관계자들과 협력하여 공동의 목표를 달성해야 한다.

⑺ **사회적 참여와 공공의 이익(Public Participation and Public Interest)**

NGO는 사회적 참여를 촉진하고, 공공의 이익을 우선시해야 한다.

더 알아보기

NGO의 6가지 조건(경제사회이사회의 결의에 의한 NGO의 조건)
- NGO는 UN의 목적과 활동을 지원해야 함.
- NGO는 확인 가능한 본부, 직원, 민주적 정책결정회의를 책임질 대표기구가 존재
- NGO는 영리추구 기구가 될 수 없음.
- NGO는 폭력을 사용하거나 선동할 수 없음.
- NGO는 국내문제 불간섭 규범을 존중해야 함.
- 국내 NGO는 정부간 협정에 의해 창설되는 것은 아님.

⑻ **NGO 목록**

① 세계야생동물기금(World Wild Fund for Nature, WWF)

② 지구의 벗(Friends of the Earth International, FOEI) : 환경시민운동

③ 시에라클럽(Sierra Club) : 미국에서 금광개발로 서부의 산림지대가 훼손되자 이를 지키기 위해 1892년 미국 국내조직으로 설립되었다. 1972년 국제적 조직으로 발전하였으며 미국의 국립공원 및 자연보존지역의 지정과 보호운동을 활발히 벌여 왔고, 야생지역의 보호, 지구 생태계 및 자원의 책임있는 이용 등을 위해 활동한다.

④ 옥스팜(Oxford Committee for Famine Relief) : 제2차 세계대전 중 영국 옥스퍼드의 주민들이 나치스 치하에서 고생하는 그리스인을 구호할 목적으로 결성한 단체이다. 이후 활동 폭을 넓혀 전쟁이 끝난 뒤 벨기에 등에서 전쟁 난민구호 및 빈민구호에 앞장서면서 국제적인 단체가 되었다.

⑤ 월드비전(World Vision) : 긴급 구호활동과 개발 사업을 하고 있는 기독교 민간구호단체이다.

⑥ 엠네스티 인터네셔널(Amnesty International) : 인권단체로 정치범 석방 캠페인이나 전쟁지역의 민간인 보호 활동 등이 주된 활동이다.

⑦ UN Women : 여성의 정치, 경제, 사회적 참여를 증진시키고 성별에 따른 차별을 없애기 위해 다양한 활동을 전개하고 있다.

⑧ 세이브 더 칠드런(Save the Children) : 아이들에게 교육과 의료, 식량을 지원하며 더 나은 미래를 꿈꿀 수 있도록 지원한다.

⑨ 동물의 윤리적 대우를 위한 사람들의 모임(People for the Ethical Treatment of Animals, PETA) : 동물의 권리를 옹호하며, 실험용 동물의 권리 보호, 공장식 축산 반대, 모피 사용 반대 캠페인 등을 펼치고 있다.

⑩ 케어(CARE) : 동물구조단체로 유기동물 구조 및 입양지원, 학대받는 동물 구조활동을 하고 있다.

더 알아보기

국제대인지뢰금지운동

- 국제대인지뢰금지운동(International Campaign to Ban Landmines, ICBL)은 지뢰로 인한 피해를 줄이고, 전 세계적으로 지뢰를 금지하기 위한 국제적인 운동이다.
- 1992년에 시작되었으며, 지뢰가 민간인에게 미치는 심각한 위험을 줄이기 위한 목적을 가지고 있다.
- 국제사회에 지뢰 사용과 매설을 금지하고, 이미 매설된 지뢰를 제거하며, 지뢰로 피해를 입은 사람들에게 지원을 제공하는 것을 목표로 한다.
- 특히, 1997년에 채택된 '지뢰금지협약'(Ottawa Treaty)은 이 운동의 주요 성과 중 하나이다.
- 이 협약은 지뢰 사용·생산·보유·이전을 금지하고, 지뢰 제거 및 피해자 지원을 위한 조치를 취하도록 각국에 요구한다.
- 국제대인지뢰금지운동으로 조디 윌리엄스(Jody Williams)는 노벨평화상을 수상하였다.

⑪ 노벨평화상을 받은 NGO
  ㉠ 2017년 : 핵무기폐지국제운동(International Campaign to Abolish NW, ICAN)
  ㉡ 2015년 : 튀니지의 국민4자대화기구(The National Dialogue Quartet in Tunisia)
  ㉢ 2013년 : 화학무기금지기구(OPCW)
  ㉣ 1999년 : 국경없는 의사회(MSF)*

  ✎ 1995년 10월에서 12월까지 NGO로는 처음으로 북한 수해현장에 투입되어 전염병 예방과 의약품, 의료장비 지원 활동을 수행한 바 있다.

  ㉤ 1997년 : 국제대인지뢰금지운동(ICBL)
  ㉥ 1995년 : 국제평화군축단체 퍼그워시 회의
  ㉦ 1985년 : 핵전쟁방지국제의사회(IPPNW)
  ㉧ 1977년 : 국제앰네스티(AI) 사면위원회*

  ✎ 1961년 5월 영국인 변호사 피터 베넨슨에 의해 창설된 세계 최대의 국제인권운동단체이다. 1978년에는 유엔 인권상도 수상하였다. 많은 국제기구(UN, UNESCO, EU 등)와 공식적으로 상호협조적인 지위를 가지고 있다.

더 알아보기

국제기구에 관한 학자들의 주장

- **이스니 클라우드(Inis L. Claude)** : 국가들이 국제관계를 보다 효율적으로 수행하기 위한 공식적이고 지속적인 제도적 관계를 수립, 발전시키는 가운데 나타나는 과정이다.
- **윌러스, 싱어, 베네트** : 회원국들의 공통된 이익을 추구할 목적으로 둘 이상의 주권국가들 사이의 협정에 의하여 창설된 것으로서 기구 내 특별한 기능을 수행하기 위한 정식조직을 지닌 공식적이고 지속적인 결사체이다.
- **로버트 코헤인(Robert Keohane)** : 명시적인 규칙, 개인과 집단으로의 역할의 구체적 할당, 그리고 행동을 위한 역량을 가지고 있는 목표 지향적인 제도이다.
- **존 러기(John G. Ruggie)** : 국제레짐을 가장 상위의 포괄적인 개념으로 간주하고 여기에 국제제도와 국제기구가 포함된다.
- **오란 영(Oran R. Young)** : 직원, 예산, 그리고 시설 등을 가지고 있는 구체적인 구조를 가지고 있는 물적인 실체이다.
- **존 맥코믹(John McCormick)** : 기능주의에서 이제설정이 정제 및 시회적 이슈와 깊은 하위정지 노는 소프트 이슈들에 중점을 두고 시작되어 상위정치 영역으로 확산되는데 특정 영역에서 기능하는 국제기구는 정책형성과 실행에 있어 결정적인 역할을 수행한다.
- **존 미어샤이머(John J. Mearsheimer)** : 국제제도가 국가 간 협력을 유도할 수 있다는 신자유제도주의자의 주장을 상대적 이익에 대한 우려 등을 내포한 국제정치의 속성을 간과한 것이라고 비판했다.
- **리사 마틴(Lisa L. Martin)** : 국제제도가 상대방의 의도 파악, 감시, 거래비용 감소 등을 위한 수단을 제공함으로써 국가들의 절대적 이익을 위한 국제협력을 촉진시킬 수 있다.

박민형
국제정치학
기본 이론서

안보론

CHAPTER 01 안보문제

제1절 안보이론

❶ 정전론(Just War Theory)

(1) 아퀴나스의 정전론은 전쟁이 윤리적으로 정당화될 수 있는 조건을 제시한 고전적인 철학이론이다.

(2) **전쟁 개시의 정당성(Jus ad Bellum)**
  ① **정당한 권위**: 전쟁은 반드시 합법적인 권위를 가진 자에 의해 선포된다.
  ② **정당한 목적**: 전쟁은 반드시 정의를 회복하거나 방어를 위한 목적으로 수행된다.
  ③ **정당한 의도**: 전쟁의 목적은 선을 이루고 악을 방지하려는 것이어야 한다.

(3) **전쟁 수행의 정당성(Jus in Bello)**
  ① **비례성**: 전쟁에서 사용되는 힘은 목적을 이루기 위한 최소한의 수준으로 한다.
  ② **비전투원 보호**: 전쟁 중 비전투원은 보호되어야 한다.

> **더 알아보기**
>
> **마이클 왈저**
> - 왈저는 정의로운 전쟁에 대한 전쟁 개시의 이유와 전쟁 수행의 수단들에 대한 기준을 제시하였다.
> - **전쟁 개시**: 정당한 이유, 올바른 의도, 적절한 권위와 공개적인 선언, 성공 가능성, 비례의 원칙
> - **전쟁 수행**: 민간인에 대한 면책, 비례의 원칙, 대량 살상 무기와 같은 사악한 수단 금지, 보복행위 금지

❷ 생피에르의 평화구상론

(1) 생피에르는 프랑스의 성직자이자 평화사상가로, 칸트에게 영향을 주었다.

(2) **주요 주장**
  ① 생피에르는 평화를 실현하기 위해 종교나 도덕성에 호소하는 대신 인간의 이기심과 합리적 이성에 따를 것을 주장했다.
  ② 생피에르는 전쟁이란 인간의 이기심이 대립하면서 시작되는 것이고, 그것을 평화적으로 해결할 방법이 없어 무력에 호소할 수밖에 없는 상태로 본다.
  ③ 따라서 전쟁이 비록 인간의 이기심 때문에 발생하지만, 오히려 인간의 이기심을 이용하면 평화로 이끌 수 있다고 주장한다.
  ④ 또한 군주에게 전쟁에 따르는 불이익과 평화에 따르는 이익을 제시하여 평화가 유리하다는 것을 증명하면 군주 스스로 평화를 지향할 것이라고 강조한다.

⑤ 또한, 공리적 관점을 바탕으로 군주들의 연합을 만들면 항구적인 평화를 실현할 수 있다고 주장한다(상설기구를 통해 해결한다면 국제평화 실현 가능).

➡ 루소는 생피에르의 국제기구는 군주국가들의 연합체에 불과하고 그것은 군주들의 욕심을 채우기 위한 방편에 지나지 않는다고 비판했다.

➡ 따라서 군주제는 전쟁을 불러오고 또한 전쟁은 독재를 불러오는 강력한 상호의존체제가 있다고 주장했다.

❸ 도이치(Karl Deutch)의 안보공동체론

(1) 핵심주장

① 도이치는 국가들 사이의 평화에 대한 기대를 발전시켜 안보딜레마를 극복하는 방식으로 다원적 안보공동체를 제시했다.

② 공동체가 안보공동체로 기능할 때 그 구성원늘 사이에는 전쟁의 가능성이 없다.

③ 안보공동체로 통합할 때는 공식적인 병합이나 정치조직의 병합이 반드시 필요한 것은 아니다.

④ 안보공동체는 평화적 변경이 가능하다는 공동체 의식과 기구, 관행을 갖게 된 조건을 의미한다.

⑤ 국가는 사실상 통합되지 않았더라도 분쟁의 평화적 해결을 위해 노력해야 한다.

⑥ 국가 상호 간 신뢰를 기초로 사회심리적 공동체의 형성을 추진해야 한다.

⑦ 국가 간 정보의 유통량 증대로 통합이 촉진된다.

⑧ 통합하고 있는 정치단위의 관계는 무력보다도 타협, 조정에 의해 문제를 해결한다.

(2) 안보공동체의 유형

① 융합적 안보공동체 : 상위의 주권적 중앙권위체를 공동으로 형성하고 그 아래로는 융합된다. 예로 연방국가가 있다.

② 다원적 안보공동체 : 주권을 그대로 유지하면서 군사적 충돌 가능성이 없는 상태로 통합된 안전 공동체이다.

(3) 안보공동체 형성 조건

① 지역 및 계층 간 지속적인 의사소통

② 주요 가치들의 상호양립성

③ 정치적으로 관련된 계층간의 인적 유동성

❹ 치킨게임

(1) 개요

① 치킨게임(Chicken Game)은 게임이론에서 주로 사용되는 개념으로, 두 명 이상의 참여자가 상충하는 이익을 추구하면서도 서로 충돌을 피하려는 상황을 설명한다.

② 이 게임의 핵심은 각 참여자가 상대방이 먼저 양보하기를 기대하면서도, 자신의 입장에서 양보하지 않는 것이 유리하다는 점이다.

(2) **기본적인 구조**

① 치킨게임에서는 두 명의 운전자가 고속도로에서 서로 마주 보고 달리고 있다고 가정한다.

② 두 사람은 충돌을 피하기 위해 한 명이 먼저 핸들을 꺾고 길을 비켜줘야 한다. 만약 두 사람이 모두 핸들을 꺾지 않으면, 결국 충돌이 발생하고 두 사람 모두 큰 손해를 보게 된다.

③ 그러나 한 명이 핸들을 꺾고 다른 한 명은 계속 직진하면, 핸들을 꺾은 사람이 '치킨'이라고 불리며, 직진한 사람이 승리한다.

(3) **각 참여자의 선택**

① 직진(불굴의 자세) : 상대방이 양보할 때까지 강경한 태도를 유지한다.

② 양보(회피) : 충돌을 피하기 위해 길을 비켜준다.

(4) **선택에 대한 보상**

① 두 사람이 모두 직진 : 두 사람 모두 큰 손해(충돌)를 입는다.

② 한 사람이 직진하고 다른 사람이 양보 : 직진한 사람은 승리하고, 양보한 사람은 '치킨'으로 취급되어 패배한다.

③ 두 사람 모두 양보 : 두 사람 모두 안전하다. 큰 보상은 없다.

(5) **선택의 선호도**

① 나는 직진, 상대방 양보 - 승리

② 나는 양보, 상대방 양보 - 무승부

③ 나는 양보, 상대방 직진 - 패배

④ 나는 직진, 상대방 직진 - 전멸

❺ 억지(제)이론

(1) **개념**

① 억지이론(Deterrence theory)은 냉전 당시 핵무기에 대응하는 전략을 설명하는데 활용된 핵심 이론이다.

② 억지(력)란 아직 시작되지는 않았으나 적국이 위협이 될 수 있는 조치를 취하지 않도록 강압외교(Coercive diplomacy)의 방식을 의도적으로 취하는 것 혹은 제3국이 원하는 다른 어떤 상황이 발생되지 않도록 하는 전략을 말한다.

③ 핵 억지에 있어서는 2차 보복 능력이 중요하다.

> **예** 냉전시대 미·소는 핵 전쟁 억지를 위해서 대륙간 탄도미사일과 잠수함 탄도미사일을 2차 보복 능력의 핵심 전력으로 개발하였다.

④ 확장억지(extended deterrence)란 핵보유국의 동맹국이나 우방국에 대하여 제3국이 핵공격을 위협하거나 핵능력을 과시하려 들 때 핵보유국의 억제력을 이들 국가에 확장하여 제공하는 것으로서, 핵우산의 구체화된 표현이다.

➡ 2016년 10월 19일, 워싱턴에서 한미 외교·국방 장관 2+2 회담을 갖고 미국의 대한국 확장억제 제공에 한국 측의 목소리를 현재보다 더 반영하는 확장억제전략협의체(EDSCG)를 신설하기로 결정하였다.

➡ 제1차 회의 2016. 12. 20.(워싱턴), 제2차 회의 2018. 1. 17.(워싱턴), 제3차 회의 2022. 9. 16.(워싱턴), 제4차 회의 2023. 9. 15.(서울), 제5차 회의 2024. 9. 4.(워싱턴)

➡ 도널드 트럼프 행정부 출범(1기) 시기 제대로 운영되지 못했다.

(2) 억지의 성공 조건(3C)

① 상대방에게 군사적 보복을 가할 수 있는 군사력의 보유(Capability)

② 아측이 공격당할 시 군사적 보복을 반드시 실행할 것이라는 상대방의 믿음(Credibility)

③ 아측이 군사적 보복을 할 것이라는 것을 상대방이 믿게 하는 소통 능력(Communication)

(3) 관련 전략

① 유연반응전략 : 핵능력이 있는 저대국이 재래식 무기로 공격하더라도 상황에 따라 석대국에 핵무기로 대응할 수 있다는 전략이다.

② 대량보복전략(Massive Retaliation Strategy) : 1954년 아이젠하워 행정부의 덜레스(John Dulles) 국무장관이 천명한 개념으로, 다양한 형태의 침략을 전면적 핵보복 공격 위협을 통해 저지한다는 것이다. 이 전략은 미국의 소련에 대한 절대적 핵 우위가 확보되었던 시절의 핵전략이다.

㉠ 유럽에서 소련에 대한 재래식 전력의 열세를 핵 우위로 상쇄하고자 한 전략이다.

㉡ 국무장관 덜레스는 자유세계에 대한 공격이 있을 경우 미국이 선택한 방법과 장소에서 즉각적이고 대량으로 보복하겠다는 것을 천명했다.

㉢ 미국 동맹국에 대한 소련 공격의 억지도 핵심 목적이다.

③ 상호확증파괴(mutual assured destruction, MAD) : 핵무기를 보유하고 대립하는 2개국이 있을 때, 둘 중 어느 한쪽이 상대방에게 선제 핵공격을 받아도 상대방이 핵전력을 보존시켜 보복 핵공격을 할 수 있는 경우 핵무기의 선제적 사용이 쌍방 모두가 파괴되는 상호파괴를 확증하는 상황이 되므로 이론적으로 상호확증파괴가 성립된 2개국 간에는 핵 전쟁이 발생하지 않게 된다는 것이다.

㉠ 미·소 핵경쟁으로 대량보복전략의 수정이 불가피하다는 판단하에 수립된 개념이라고 할 수 있다.

㉡ 맥나마라 국방장관(1961~1968)에 의해 추진된 전략으로, 적에게 참을 수 없는 만큼의 강력한 보복응징을 내세움으로써 상대방의 선제공격을 제지한다는 것이다.

㉢ 역사적으로는 냉전기 미국과 소련 사이에 상호확증파괴가 성립되었다.

㉣ **삼지주 체제(TRIAD)** : 제2차 공격능력을 유지하기 위해 고안된 것으로 지상발사 대륙간 탄도미사일(ICBM), 잠수함발사 탄도미사일, 전략폭격기 등이다(전술핵, 전략핵, 비핵전력이라고도 함).

㉤ 부시 행정부의 핵태세보고서(NPR)는 핵전력을 '신 삼지주체제(NEW TRIAD)'로 확충하였는데 첫째, 핵전력 또는 재래식 전력의 공격체계, 둘째, 적극적 또는 소극적 탄도미사일 방어망, 셋째, 핵무기 생산과 투발수단 능력을 향상시키는 핵무기 하부 산업기반이다.

⑥ 허츠의 안보딜레마 이론

(1) 1950년 허츠(Herz)가 처음 고안하여 1978년 저비스(Jervis)가 체계화한 국제정치학 개념이다.

(2) 한 국가의 군사적 준비가 다른 국가를 심리적으로 불안하게 하여 군사적 대비를 강화하게 함으로써 결국, 최초 자국의 안보를 강화하기 위한 조치가 오히려 자국의 안보를 더 불안하게 만드는 역설이다.

(3) 안보딜레마 개념이 중요해진 이유는 바로 현실주의와 안보딜레마가 냉전의 사례를 적절하게 설명하였기 때문이다.

⑦ 반 에베라의 공격방어(공수이론) 이론

(1) 반 에베라(Van Evera)는 1970년대에 제기된 '공격방어 균형(offense-defense balance)' 개념을 사용하여 국가의 행동을 설명하였다.

(2) 반 에베라는 일반적인 현실주의자(왈츠 등)가 주장한 '국가 행동을 결정하는 변수는 단순한 총량적 수준(aggregate level)에서 추정하는 상대적 힘'이 아닌 개별 상황에서 사용되는 특정한 군사적 힘(military power)이라고 주장했다.

① 왈츠식 신현실주의가 국가 행동의 세밀한 부분을 정확히 예측하지 못하는 '이론적 결정력 부족'의 문제가 있음을 지적했다.

② 개별 국가가 지닌 군사력을 '공격'과 '방어' 측면에서 측정할 필요성을 주장하였다.

③ **군사기술의 중요성 강조**: 국가의 행동이 군사기술에 따라 달라진다. 즉, 군사기술은 국내정치와 국가의 대외행동 및 국제정치를 연결하는 매개변수이다.

(3) 공격방어이론과 안보딜레마

① 상대 국가가 현상유지국가인지 현상타파국가인지 정확히 파악할 수 없는 불확실성(uncertainty)이 존재한다.

② 안보딜레마의 강도는 종속변수이며, 독립변수로는 '공격방어 균형'과 '공격방어 구분 가능성'이 작용한다.

③ **공격방어 균형**: 해당 국가가 직면한 '전략적 취약성' 결정

    ㉠ **공격우위 상황**: 공격이 방어보다 유리한 상황이라면, 상대 국가의 기습 공격으로 치명타를 입을 수 있다.

    ㉡ **방어우위 상황**: 방어가 공격보다 유리한 상황이라면, 상대 국가의 기습 공격에도 치명타를 입지 않는다.

④ **공격방어 구분 가능성**: 상대 의도에 대한 불확실성

    ㉠ **구분 가능 상황**: 상대 국가의 군사력 구축 형태를 보고 상대의 공격·방어 의도 파악이 가능하다(불확실성 미존재).

    ㉡ **구분 불가능 상황**: 상대의 공격·방어 의도 파악이 불가능하다(불확실성 존재).

구분	공격우위	방어우위
공-방 구분 불가능	안보딜레마 강도 가장 큼.	중간 정도의 안보딜레마
공-방 구분 가능	중간 정도의 안보딜레마	안보딜레마 강도 가장 낮음.

⑧ 저비스의 인식−오인식 이론

(1) 모든 전쟁은 <u>오인(誤認)</u>에서 비롯된다고 주장하는 것이 핵심이다.

(2) 오인의 원인으로는 집중화 인식, 인식에 대한 욕구와 공포의 영향력, 인식의 부조화 등이다.

(3) 외교적 문제가 발생하면 정책결정자는 신념체계가 먼저 작용하여 역사적 교훈을 통해 해서는 안될 정책부터 배제한다.

(4) 유추된 전례에 따라 일단 정책의 방향이 정해지면 그와 배치되는 정보를 거르거나 수정함으로써 정책을 합리화한다.

⑨ 로렌즈(Konard Lorenz)의 공격본능이론

(1) 공격본능은 계통발생학적인 것으로 변경할 수 없다.

(2) 공격심리는 자연발생적이다.

(3) 공격행위는 개인과 종족의 보존을 위해 필수 불가결할 뿐만 아니라 인간의 창조적 능력의 확보를 위해서라도 필요하다.

⑩ 핵무기 등장과 전통적 군사이론

(1) 핵무기 등장으로 힘이 열세인 국가도 억지가 가능하고, 전통적인 양적 균형의 필요성이 감소되었다.

(2) 핵무기 등장은 군사력은 사용되기 위해 존재한다는 가정에 의문을 제기한다.

(3) 핵무기 등장은 군비증강 시 많은 자원 소요에 대한 생각에 변화를 가져왔다. 즉, 효율성 및 효과성 요인을 더 고려하게 하였다.

(4) 핵무기 등장으로 방어능력과 공격능력의 구분이 명확하지 않았던 전통적 이론의 수정이 불가피해졌다.

(5) 핵무기 등장으로 동맹의 억지력과 개입 가능성의 괴리가 발생하였다. 전통적 이론에서는 억지력과 개입 가능성의 차이가 작으나, 핵무기는 억지력은 크나 참전 가능성은 상대적으로 감소시켰다.

제2절 핵무기 군비통제

❶ 개념

핵무기 군비통제협정(Nuclear Arms Control Agreements)은 국가들이 핵무기의 수, 배치, 개발, 시험 등에 대해 제약을 두고 상호 합의하는 협정이다.

❷ 핵무기 군비통제 협정의 주요 목표

(1) 핵 전쟁 방지

핵무기 사용에 따른 글로벌 재앙을 피하기 위해 협정 필요

(2) 핵무기 축소

군비 경쟁을 방지하고, 점진적인 핵무기 축소를 추진

(3) 핵무기 확산 방지

핵무기의 확산을 방지하고, 국제적으로 핵무기 개발을 제한하는 법적 기반을 제공

(4) 신뢰 구축

국가 간 신뢰를 구축하고 군비축소에 대한 협력적 노력을 증진

❸ 핵심 핵무기 군비통제 협정

(1) 핵확산금지조약(Non-Proliferation Treaty, NPT)

① 1968년에 체결되고 1970년에 효력이 발생한 NPT는 핵무기의 확산을 방지하고, 핵무기 보유국과 비보유국 간의 차이를 규명하며, 핵무기 제거를 위한 협력을 촉진하는 국제적인 협정이다.

② 핵무기 보유국은 핵무기의 확산을 막고, 비핵보유국에게는 핵무기 개발을 금지하며, 평화적 원자력 개발을 지원한다.

(2) 전략무기제한협정(Strategic Arms Limitation Talks, SALT)

① 1962년 10월에 쿠바 미사일 위기를 겪자, 미국과 소련에서는 전략핵무기 상호 제한의 필요성이 제기되었다. 핵무기의 위력이 점차 증대되고, ICBM과 전략 핵잠수함에서 발사할 수 있는 SLBM이 개발되면서 핵 전쟁의 우려가 더욱 커졌다.

② 이에 정부에 핵무기의 제한을 요구하는 국민들의 목소리가 커져 가기 시작했고 결국 미국과 소련(현재의 러시아) 간에 전략핵무기 제한 협정을 체결하였다.

③ SALT I(1972)

㉠ 1972년 5월 26일 소비에트 연방 모스크바에서 조인된 1차 협정은 양국간의 핵무기 배치를 '동결'하는 것을 중점으로 합의하였다.

㉡ 운반체라는 개념을 도입하여, 미사일 사일로당 전략 미사일 1기, 잠수함의 경우 잠수함의 발사관 수당 미사일 1기, 폭격기는 대당 1기라는 개념을 세워 동결시켰다.

➡ 서로의 핵무기 기술 공개를 꺼렸기 때문에 일단 쉽게 관찰할 수 있는 운반체를 제한하는 것으로 합의하였다.

ⓒ 이 조약으로 미국은 ICBM 1,054기, SLBM 710기, SSBN 44척으로 제한되었고, 소련은 ICBM 1,618기, SLBM 950기, SSBN 62척으로 제한되었다.

ⓔ 또한, 미·소 양측의 탄도탄요격미사일(ABM) 기지를 2곳으로 제한하고, ABM 미사일도 100기를 넘게 보유하지 못하도록 제한하였다.

ⓜ 양측의 협정 준수 여부는 미·소 양측의 정찰위성이 상호 감시하였다.

④ SALT Ⅱ(1979)

ⓣ 1979년 6월 18일 비엔나에서 조인된 2차 협정은 본격적인 감축과 기존의 양적 제한이 아닌 질적 제한까지 포괄적으로 다루어졌다.

ⓛ 이로 인해 양국은 모두 2,250기의 핵 운송수단을 가질 수 있으며, 특히 다탄두 미사일의 경우 1,200기, 잠수함과 폭격기는 합쳐서 총 1,320기로 제한하는 협정을 맺었다.

ⓒ 소련의 아프가니스탄 침공으로 미국은 비준을 거부했다.

(3) START(Strategic Arms Reduction Treaty) 협정

① START 협정은 1991년부터 미국과 러시아 간에 체결된 핵무기 축소 협정이다.

② START I, II, New START로 이어졌으며, 핵탄두와 대륙간탄도미사일의 수가 크게 줄어들었다.

③ START I(1991) : ICBM 등 전략무기 감축에 관한 협정으로, 1,600기 한도 내에서 발사체를 각각 보유하고, 핵탄두를 냉전기의 50%로 감축하였다.

④ START II(1993) : ICBM 등 전략핵무기 감축에 관한 협정으로, 2007년까지 핵탄두를 각각 3,000~5,000개 수준으로 감축하기로 하였다(미발효).

⑤ START 협정은 냉전 후 핵무기 군비축소의 중요한 이정표로 간주된다.

(4) 포괄적 핵실험금지조약(Comprehensive Nuclear-Test-Ban Treaty, CTBT)

① 지하 핵실험을 포함한 모든 형태의 핵무기의 실험, 개발, 사용을 전면적으로 금지하는 국제 협정이다(1996년 유엔총회에서 조약안 채택).

② 이 조약은 핵무기 확산을 방지하고, 핵무기 개발의 진전을 차단하여, 세계적인 핵 전쟁의 위험을 줄이는 데 목적이 있다.

더 알아보기

부분적 핵실험 금지조약(Partial Nuclear Test Ban Treaty, PTBT)
• 지하를 제외한 (대기권, 우주공간, 수중) 모든 곳에서 핵실험을 금지하는 협약이다.
• 미국·소련·영국이 1963년 8월 5일 모스크바에서 조인하였다.
• 이를 통제할 수 있는 기관, 현지조사 체제, 국제감독기구 등을 갖추지 못했다.
• 뿐만 아니라, 핵저장량을 감축시키지 못했으며, 핵무기 생산을 중지하거나 전시 핵무기 사용을 제한하지도 못했다.

(5) 전략공격무기 감축협정 : 뉴 스타트(New START)

① 2010년에 체결된 미국과 러시아 간의 핵무기 축소 협정이다.

② 이 협정은 전략핵무기의 배치 수와 운반수단의 수를 제한하는 내용이 핵심이다.

③ 이 협정은 START 협정의 후속으로, 양국의 핵무기 보유를 줄이고 군비통제를 강화하려는 목표를 가지고 있다.

cf. INF(Intermediate-Range Nuclear Forces Treaty) 협정

① 1987년 12월(1988년 9월 발효) 미국과 소련(후에 러시아)이 서로의 중거리 핵미사일을 폐기하여, 해당 미사일의 전개를 금지하는 협정이다(미국 : 레이건, 소련 : 고르바초프).

② 체결된 INF 협정은 500에서 5,500킬로미터 범위의 중거리(탄도 & 순항) 미사일의 생산, 실험, 배치를 전면 금지하고 전량 폐기하는 내용을 담고 있다.

③ 이에 따라 2,619개의 미사일을 3년에 걸쳐 단계적으로 모두 폐기하기로 하였다.

④ 협정 준수를 확인하기 위해 감시인 제도를 도입했다. 감시인은 미사일 폐기 여부를 직접 확인하고 감시할 수 있는 권한을 보유한다.

⑤ 동 조약은 유효기간이 없다. 2007년 푸틴 대통령은 동 조약이 러시아의 이익에 부합되지 않는다고 선언하고, 만약 미국이 중동부 유럽 내 MD체제를 구축할 경우 탈퇴할 수도 있다는 의사를 밝혔다.

cf. 탄도탄요격미사일통제조약(Anti-Ballistic Missile Treaty, ABM 조약)

1972년에 미국과 소련(현재 러시아) 간에 체결된 국제 조약으로, 두 나라의 탄도 미사일 방어 시스템(ABM 시스템) 개발과 배치를 제한하기 위한 것이다. SALT Ⅰ 협정 중 체결되었다.

cf. 방콕협정(1995)

동남아시아 비핵지대 수립을 목표로 하였다.

➡ 아프리카(펠린디바 조약), 남미(트라테로코 조약), 남태평양, 중앙아시아 등도 비핵지대를 수립하였다.

➡ 중앙아시아 비핵지대 조약은 2006년 채택되었으며, 카자흐스탄, 키르기스스탄, 타지키스탄, 투르크메니스탄, 우즈베키스탄을 중심으로 체결되었다. 역외국도 가입 가능하다.

더 알아보기

비핵지대

• 비핵지대(Nuclear-Free Zone)란 핵무기 및 기폭장치의 군사적 배치나 사용이 금지되는 지역을 의미한다.

• 또한, 비핵지대란 특정 지역 내에서 국가 간 조약에 의해 핵무기의 생산, 보유, 배치, 실험 등을 포괄적으로 금지하고, NPT상의 5개 핵보유국들이 비핵지대 조약 당사국에게 핵무기 사용 및 위협금지를 내용으로 하는 소극적 안전보장을 제공하는 핵 군축 방식이다.

• 일반적으로 비핵지대는 다음과 같은 특징을 가지고 있다.

- 핵무기 관련 군사 시설의 설치 금지 : 핵실험이나 미사일 실험도 금지되며 이 원칙은 국제법상 인정된다.
- 외국군의 핵무기 반입 또한 금지 : 단, 유엔 평화유지군 등 합법적인 경우에는 예외이다.
- 비군사목적인 원자력 이용은 허용 : 다만, 군사시설 건설 혹은 군사훈련용으로는 사용할 수 없고, 방사성 물질의 수출·수입 역시 제한된다.

냉전 이후 핵무기 군비통제협정

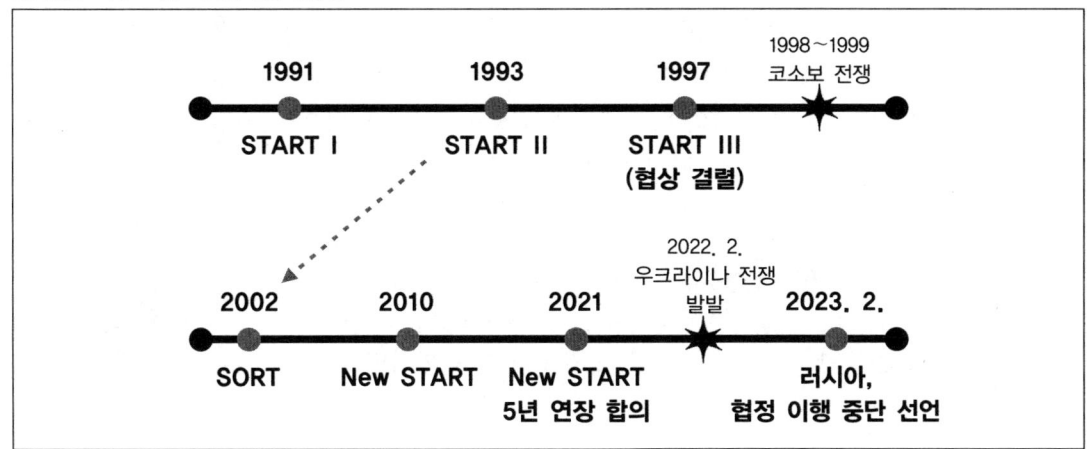

✅ 전략공격무기감축조약(Strategic Offensive Reduction Treaty) : 핵탄두 배치 숫자 제한

제3절 핵확산금지 조약(NPT)

❶ 등장배경

(1) 1945년 히로시마와 나가사키에 원자폭탄 투하 이후, 핵무기 확산이 국제평화와 안전에 가장 심각한 위협 요인이라는 인식이 팽배해졌다.

(2) 핵 비확산 조약에 관한 구상은 1950년대 말에 처음으로 대두되어 폴란드, 아일랜드, 스웨덴 등이 제시한 안을 기초로 유엔에서 논의되었다.

(3) 이후 프랑스(1960년 2월) 및 중국(1964년 10월)이 각각 핵실험을 실시함에 따라 핵무기 확산에 대한 우려가 현실화되었다.

(4) 미·소 양국은 1968년 3월 제네바 군축회의에 NPT 공동 초안을 제출하였고, 1968년 6월 유엔총회에서 초안이 채택된 후 1970년 3월 발효되었다.

❷ 핵심 개념

(1) 1968년에 유엔총회에서 채택된 조약으로 1970년 3월 5일 발효해 25년 후 존폐를 논의하기로 하였고, 1995년에 무기한으로 연장하였다.

(2) 핵무기의 확산을 방지하고, 핵 군축을 촉진하며, 원자력의 평화적 이용을 장려하는 것을 목표로 하는 협약으로, 핵보유국을 기존 5개국으로 동결시켰다.

➡ 핵무기가 비(非) 핵보유국에 확산되는 것을 수평적 핵확산이라고 하며, 핵보유국이 핵무기의 양·질적인 수준을 높이는 것을 수직적 핵확산이라고 한다. 통상 핵확산이라고 할 때는 수평적 확산을 말한다.

(3) 요약하면, NPT의 핵심 목적은 ① 핵무기의 수평적 확산(새로운 핵무기 보유국의 등장) 방지로 세계 평화에 기여하며, ② 핵무기의 수직적 확산(기존 핵보유국에 의한 핵무기의 질적·양적 증가)을 방지하고 핵군축 및 핵무기 없는 세계를 구현하며, ③ 원자력의 평화적 이용을 증진하는 것이다.

(4) 즉, 이 조약은 핵무기 보유 국가와 비핵국가 간의 상호 약속을 바탕으로, 핵무기의 확산을 제한하고 국제안보를 강화하려는 목적을 가지고 있다.

더 알아보기

핵무기 확산과 전쟁가능성(감소)

신현실주의자인 왈츠는 핵무기 확산에 낙관적인 주장을 펼쳤다. 즉, 핵무기 확산이 전쟁의 가능성을 줄일 수 있다고 주장하는데 그 이유는 핵 보복 능력이 전쟁을 억제할 수 있다는 것이다.

더 알아보기

핵무기 확산과 전쟁가능성(증가)

- 스콧 세이건(Scott Sagan) 스탠포드 대학교 교수는 핵무기 보유국이 증가할 경우 예상되는 위험에 대해 경고하며, 핵무기 보유국들이 서로의 핵 능력을 억제하는 역할을 한다는 "안정적 억제(Stable Deterrence)" 이론과 달리, 핵무기 확산이 불안정성을 초래할 수 있다고 주장했다.
- 세이건은 핵무기의 확산이 예방 전쟁을 초래할 위험을 높일 수 있다는 점을 강조하였다.
  - 핵무기 보유국이 증가할 경우, 국가 간 긴장이 고조되고, 오해와 불신이 생길 수 있으며 이로 인해 핵 전쟁의 위험은 증가한다.
  - 새로운 핵무기 보유국이 등장하면 기존의 핵보유국들은 이를 자신들의 안보에 대한 위협으로 인식한다.
  - 특히, 신생 핵무기 보유국이 핵무기를 사용할 가능성으로 인해 선제공격(preemptive strike)을 고려할 수 있다는 것이다.
- 싱어(D. Singer)는 경쟁국가 간의 상호 핵무기확보 정책은 '무기-긴장 악순환'을 야기하고 이는 전쟁가능성을 증대시킨다고 주장하였다.
- 스나이더(G. Snyder)는 핵무기가 저강도 분쟁을 유발하는 반면 고강도 전면전을 억제한다는 '안정-불안정 역설'을 주장하였다.
- 나이(Joseph Nye)는 핵확산을 막지 않을 경우 잘못된 추측(오판)으로 인해 대규모 피해가 발생할 수 있다고 경고했다. 핵확산 허용의 오판이 핵확산금지의 오판보다 피해가 크기 때문에 금지를 위해 노력해야 한다.
- 라우흐하우스(Rauchhaus)는 핵비대칭성, 즉 분쟁 당사국 중 한쪽만 핵무기를 보유하고 상대방은 핵무기를 보유하지 않는 상황에서는 저강도 분쟁과 전면전 모두 가능성이 높다고 주장했다.

❸ NPT의 주요 조항

(1) NPT는 서문과 11개 조항으로 구성되어 있다. 내용은 ① 핵 비확산, ② 핵무기 군비축소, ③ 핵 기술(원자력)의 평화적 사용의 세 가지로 요약할 수 있다.

(2) **NPT 주요 조항의 내용**

① 제1조: 핵 보유국의 비보유국에 대한 핵무기, 핵폭발 장치, 그 통제권 양도 금지 및 핵개발 지원 금지

② 제2조: 핵무기 비보유국이 핵무기, 핵폭발 장치를 양도받거나 원조를 받지 않을 의무

③ 제3조 : 핵 비보유국의 IAEA와의 안전 협정 체결 의무

④ 제4조 : 모든 당사국의 평화적 목적을 위한 원자력 연구, 생산, 개발에 관한 권리 인정

⑤ 제5조 : 핵 폭발의 평화적 응용으로부터 발생하는 이익의 핵 비보유국에 대한 제공 의무

⑥ 제6조 : 핵 보유국의 핵무기 경쟁 중지 및 군축 교섭에 진지하게 임해야 함.

⑦ 제7조 : 비핵지대 설치 권리 인정

⑧ 제8조 : 조약의 개정 절차 및 <u>5년 간격의 평가회의 개최</u>

⑨ 제9조 : 모든 국가에 개방, 1967년 1월 1일 이전에 핵무기 또는 핵폭발장치를 제조하고 폭발한 국가가 조약상 핵보유국임.

⑩ 제10조 : 조약의 탈퇴, 탈퇴 통고는 3개월 전에 모든 당사국과 안보리에 행함.

더 알아보기

적극적 · 소극적 안전보장

국제 핵비확산 체제에서는 소극적 안전보장과 적극적 안전보장을 각각 다음과 같이 설명하고 있다.
- **소극적 안전보장** : 핵보유국으로부터 핵무기로 공격하거나, 위협하지 않는다는 보장을 받는다.
- **적극적 안전보장** : 모든 핵보유국은 핵공격을 받거나 핵위협을 받는 국가를 지원한다(유엔 안보리 결의 제984호).
- 소극적 · 적극적 안전보장은 핵보유국의 기본적인 것이고, 핵우산으로 간주되지도 않는다.

❹ NPT의 의미 및 특징

(1) NPT는 1968년에 채택된 뒤, 1970년 3월 5일 공식적으로 발효되었으며, 현재 약 190개국 이상이 가입한 세계에서 가장 널리 가입된 국제 조약이다.

(2) NPT는 핵무기 보유국을 미국, 러시아(구 소련), 중국, 영국, 프랑스로 제한하고 있으며, 이들 국가는 핵무기를 보유한 상태로 NPT에 서명하였다.

(3) 비핵국가들은 핵무기 개발을 금지하고, 핵물질을 평화적인 용도로만 사용해야 하며, IAEA의 정기적인 사찰(감시)을 받아야 한다.

(4) NPT는 5년마다 평가회의를 개최하며, 평가회의 이전에 3회의 준비회의를 한다.

(5) NPT는 25년 기한이었으나 1995년 뉴욕 평가회의에서 조약의 무기한 연장이 결정되었다. 평가회의 시 주요 논의 사항은 핵군축, 핵비확산, 소극적 안전보장, 안전조치, 비핵지대 등이다.

(6) 조약 탈퇴를 원할 경우 해당 국가는 탈퇴 의사를 유엔에 공식적으로 통보해야 한다.

① 이 통보는 최소한 3개월 전에 이루어져야 하며, 이 기간 동안 해당 국가가 탈퇴 이유를 설명해야 한다.

② 탈퇴 통보 후 3개월이 지나면, 해당 국가는 공식적으로 NPT에서 탈퇴한 것으로 간주된다.

③ NPT 탈퇴에 대한 법적인 제재조치는 없으나, NPT 탈퇴가 세계 평화에 대한 위협으로 판단될 경우 안보리에 의한 제재가 실행될 수 있다.

④ NPT 탈퇴는 IAEA 안전조치협정도 자동적으로 파기되어 IAEA 사찰 의무는 없어진다.

(7) 인도, 파키스탄, 이스라엘, 남수단 4개국을 제외한 모든 국가들이 비준한 상황이다. 북한은 1985년 12월 12일 가입하였고, 2003년 1월 10일 탈퇴 선언을 하였다.

(8) 대한민국은 1975년 4월 23일에 가입하였다.

❺ NPT의 한계

(1) 핵무기 비보유국은 핵무기 제조나 보유의 포기는 물론 IAEA 사찰 의무가 있으나, <u>핵무기 보유국의 군축 의무는 강제조항이 아니며 IAEA 사찰 의무도 없다는 '불평등한 조약'</u>이다.

➡ "조약당사국은 조속한 일자 내에 핵무기 경쟁중지 및 핵군비 축소를 위한 효과적 조치에 관한 교섭과 엄격하고 효과적인 국제적 통제 하의 일반적 및 완전한 군축에 관한 조약 체결을 위한 교섭을 성실히 추구하기로 약속한다."

(2) 핵무기 보유국 간의 경쟁이 심화되어 미국과 중국이 포괄적 핵실험 금지 거부 등 핵개발 의지를 포기하지 않고 있다.

(3) 핵무기 비보유국 간의 불신 및 대립으로 핵개발이 확산되고 있다.

(4) 핵무기 비보유국에 대한 안전보장이 미비하여 핵무기 비보유국의 불만이 고조되고 있다.

(5) IAEA 핵사찰의 한계점으로 인한 핵확산 감시의 불충분성이 존재한다.

더 알아보기

핵무기금지조약(TPNW)

- 핵무기를 전면 금지하는 법적 구속력이 있는 국제조약으로(Treaty on the Prohibition of Nuclear Weapons, TPNW) 2021년 1월 발효되었다.
- 궁극적 목표는 지구상에서 핵무기를 완전히 제거하는 것이다.
  ➡ 핵무기의 개발·실험·생산·사용·전달·보유·설치·배치 등의 행위는 물론 핵보유국이 핵비보유국에게 핵우산을 제공하는 행위 또한 금지한다.
- 핵확산금지조약(NPT)을 대체할 목적으로 만들어졌다.
  ➡ 1970년 발효된 핵확산금지조약은 기존 핵보유국의 핵보유를 인정하되 더 이상의 핵확산을 금지하고 핵보유국은 점차 핵무기 군축을 한다는 내용을 담고 있다.
  ➡ 이 조약은 기본적으로 핵보유 예외 및 특권을 인정한 불평등 조약이었고, 실질적으로 핵군축이나 핵비보유국의 핵무장 방지에 실패하였다는 비판을 받았다.
  ➡ 핵무기금지조약은 핵확산금지조약과 달리 핵무기 자체를 비인도적인 데다 불법이라 간주하고 핵보유국의 핵보유 권리 등 어떤 예외도 인정하지 않았다.
- 2017년 7월 유엔총회에서 회원국의 60%인 122개국의 찬성으로 채택되었다.
  ➡ 2020년 10월 50개국이 비준하였고, 50개국이 비준하는 시점으로부터 90일 후 발효된다는 규정에 따라 2021년 1월 공식발효되었다.
  ➡ 2024년 하반기 기준 94개국이 서명하고 그 중 73개국이 비준한 상태이다. 하지만 핵확산금지조약 체재 내 공식적 핵보유국 5개국(미국·러시아·영국·프랑스·중국)과 실질적 핵보유국 4개국(인도·파키스탄·이스라엘·북한), 그리고 미국의 핵우산 아래에 들어가 있는 한국·일본과 북대서양조약기구(NATO) 회원국 대부분은 이 조약에 서명하지 않았다.

- 조약은 전문과 20개 조항으로 구성되었다.
  ➡ 주요 조항은 금지, 신고, 안전조치, 핵무기 완전 제거 과정, 피해자 지원 및 환경 복구, 국제협력 및 지원에 대한 것이다.
  ➡ 금지 조항에는 핵무기나 기타 핵폭발장치의 개발·실험·생산·취득·가공·비축·전달·인수, 사용 및 사용 위협, 조약 당사국 영토 내에서의 주둔·배치·설치, 직간접적 통제 등의 행위를 금지하고 금지된 활동에 대한 지원·권장·유도 행위도 금지한다는 내용이 명시되어 있다.
- 검증 레짐을 포함하고 있지는 않으며, 조약 당사국들은 IAEA와 별도의 안전조치 협정을 체결해야 한다.
- 협약에 대한 유보가 전면 금지되며, 효력 기간은 무기한이다.

제4절 | 포괄적 핵실험금지조약(CTBT)

❶ 개념 및 개요

(1) 포괄적 핵실험금지조약(Comprehensive Nuclear Test Ban Treaty)은 핵무기의 개발, 실험, 생산, 보유, 배치 등을 금지하는 국제 조약이다.

(2) 1996년 5월 모스크바에서 유엔총회 결의로 채택*되었다.

✐ 미국, 중국, 북한, 이스라엘, 이란, 이집트, 인도, 파키스탄이 비준하지 않았다. 2023년 11월 러시아가 비준을 무효화하였다.

(3) CTBT는 기존의 핵확산금지조약(NPT)보다 더 강력한 핵실험 금지 규정을 포함하고 있다.

① NPT가 핵무기의 비확산만을 다루고 있다면, CTBT는 핵무기의 개발과 관련된 일체의 행위를 금지한다.

② 이를 '포괄적'이라고 표현하며 두 조약은 서로 보완적인 역할을 하고 있다.

❷ 조약의 주요 내용

(1) 포괄적 핵실험금지조약은 다음과 같은 세 가지 분야로 구성되어 있다.

① 대기권 내 핵실험: 전면 금지

② 수중 핵실험: 전면 금지

③ 지하 핵실험: 원칙적으로 금지하되 특정 조건 하에서만 허용

(2) 또한, 타국의 주권 침해나 군사 목적으로 전용 가능성이 있는 어떠한 핵폭발 장치도 소유, 제작, 관리, 발사 또는 사용하는 것을 금지한다.

(3) 단, 의료용 방사성 동위원소 생산시설에서의 핵분열 반응 과정으로부터 발생하는 중성자 방출 조사(照射) 활동은 예외로 인정한다.

(4) 그리고 이미 저장중인 농축 우라늄 혹은 플루토늄을 연료로 사용하는 경우에도 무기급 물질의 제조로 연결될 가능성이 있기 때문에 동일하게 금지 대상에 포함한다.

(5) 이외에도 구체적인 방법론 제시까지 세밀하게 기술되어 있으며 위반 시 제재 조치 방안도 마련하였다.

(6) 즉, CTBT는 불이행으로 인해 조약의 목표와 목적에 손상이 발생할 경우에는 국제법에 따라 집단적 조치를 취할 수 있음을 규정하고 있다.

제5절 | 핵안보정상회의

① 개요

(1) 미국 오바마 대통령은 2009년 4월 프라하 연설에서 '핵무기 없는 세상' 비전을 제시하였다.

(2) 이 비전을 실현하기 위해 3대축(핵군축, 핵비확산, 핵안보)의 하나로 '핵안보'를 제시하였으며, 이를 목표로 2010년 핵안보정상회의 개최를 제안하였다.

➡ 핵비확산은 국가행위자의 핵물질 전용과 핵개발을 저지하려는 조치를 말하고, 핵안보는 개인, 범죄집단, 테러집단 등 비국가행위자의 무기용 핵물질 획득을 저지하기 위한 조치를 말한다.

(3) 핵안보는 광의로는 핵테러를 방지하기 위한 일련의 외교, 경제, 기술적 조치를 포함하며, 협의로는 핵물질을 보호하는 보안조치를 의미한다.

(4) IAEA는 핵안보를 "핵물질, 방사성물질, 관련 시설 등에 대한 절취, 무단접근, 불법이전, 기타 악의적 행동 등을 예방, 탐지, 대응하는 일체의 조치"로 정의한다.

② 제1차 워싱턴 핵안보정상회의(2010년 4월 12일~13일)

(1) **회의경과**

① 47개국(37개국의 정상이 참가)과 3개 국제기관(UN, IAEA, EU)이 참가하여, 미국이 개최한 정상회의로서는 1945년의 UN 창설을 위한 샌프란시스코 국제회의 이후 최대규모의 다자 정상회의였다.

② 이례적으로 이스라엘, 인도, 파키스탄 등 소위 '사실상(de facto) 핵보유국'이 참석했는데, 이 3개국은 NPT체제 밖의 핵보유국으로서 일체의 국제 비확산 레짐과 원자력 협력에서 참여가 배제되었으나, 핵안보의 실질적인 성과를 위해 특별히 초청되었다.

③ 북한, 이란 등 소위 '불량' 핵확산국이며 적극적인 비핵화 대상국은 초청대상에서 제외되었는데, 이것은 양국의 참가로 인한 논란 때문에 합의가 저해되는 사태를 예방하고, 이미 NPT 체제가 통제하고 있는 '국가'의 핵확산 문제보다는 '비국가행위자'에 의한 핵테러 행위에 초점을 맞추기 위해서였다.

④ 핵물질 안보 전문가 그룹인 '핵분열물질 실무그룹(Fissile Materials Working Group, FMWG)'이 주관한 'NGO 핵안보정상회의(NGO Nuclear Summit)'가 열려 38개국에서 220여 명의 핵안보·비확산 전문가가 참가하는 등 민간부문의 참여가 활발하게 이루어졌다.

⑵ **정상선언문의 주요 내용**

① 무기용 핵물질을 포함한 국내 모든 핵물질과 핵시설에 대한 효과적인 방호를 유지

➡ 비국가행위자가 핵물질을 악용하기 위한 정보 및 기술의 획득을 방지하는 것이 국제의무에 따른 국가의 기본적인 책임임을 재확인함과 동시에 이 책임을 국내적으로 집행하기 위한 국내 입법과 규제 틀의 중요성을 강조하였다.

② 고농축우라늄과 분리 플루토늄에 대한 특별한 주의가 필요하다는 점을 인식하여, 이 핵물질의 보안·계량·통합 조치를 촉진하기로 합의

➡ 경제적·기술적으로 가능한 한 고농축우라늄(HEU) 핵연료 사용 원자로를 저농축우라늄(LEU) 용으로 전환하고 고농축우라늄의 사용을 최소화할 것을 권고하였다.

③ 기술개발, 인적자원 개발, 교육훈련 등을 통해 핵안보 문화를 고양하기 위한 양자·지역·다자 차원의 핵안보와 협력을 위한 역량 강화의 필요성을 강조

➡ 이를 실천하기 위한 국제협력과 지원을 최적화 할 것을 역설하였다.

④ 핵안보에서 빈산분야를 포함한 원자력산업계의 역할을 인정

➡ 종래 국가주도 비확산 집행체제의 한계를 인식하여 세계화 시대의 핵안보 위협에 대처하기 위한 새로운 접근방법이다.

⑶ **주요 성과**

① 정상들이 핵테러 위협의 긴급성에 대한 공감대를 구축하였다.

② IAEA의 역할이 강화되었다.

㉠ 워싱턴 정상회의는 국제 핵안보 레짐에서 IAEA의 중심적 기능을 재확인하고 확대를 모색했다.

㉡ IAEA를 중심으로 종래에는 원자력의 평화적 이용을 위한 전제조건으로 '2S(Safeguards, Safety)'가 제기되었으나, 여기에 안보(Security)를 포함하여 '3S'원칙을 정립하였다.

❸ 제2차 서울 핵안보정상회의(2012년 3월 26일~27일)*

✐ 국제안보의 단일 이슈를 다룬 최대 규모의 정상회의로 기록되었다.

⑴ **회의경과**

① 제2차 서울회의 전까지 20개국이 개정 핵물질방호협약을 비준했고, 14개국이 핵테러억제협약을 비준했으며, 한국을 포함한 6개국은 핵안보 교육훈련센터를 설립했다.

② 참가국들 간에 정상회의의 의제를 조율하고 서울 정상선언문의 내용을 가다듬기 위해서 교섭 대표회의와 부교섭 대표회의가 각각 네 차례(2010년 11월 브에노스 아이레스, 2011년 10월 헬 싱키, 2012년 1월 뉴델리, 2012년 3월 서울)와 두 차례(2011년 3월 비엔나, 2011년 6월 서울) 개최되었다.

(2) **정상선언문의 주요 내용**

① 핵테러 방지를 목표로 하는 국제규범 및 국제 핵안보를 강화

  ㉠ 원자력시설 테러 방지에 중요한 개정 핵물질방호협약이 2014년까지 발효될 수 있도록 공동으로 노력한다.

  ㉡ 2013년 IAEA 주관으로 핵안보 국제 협력체들간의 조정회의를 개최한다.

② 고농축우라늄과 플루토늄의 제거 및 최소화 노력을 통해 핵무기 원료인 핵물질을 제거해 나감으로써 핵테러 가능성 차단

  ㉠ 특히 고농축우라늄 최소화를 위한 목표(불필요한 핵물질 제거 및 HEU사용 연구로를 LEU 연구로로 전환하는 것 등)를 각국이 2013년 말까지 자발적으로 수립·발표할 것을 독려한다.

  ㉡ HEU 핵연료를 대체할 수 있는 고밀도 LEU 핵연료 개발을 위한 국제협력을 추진한다.

③ 2011년 3월의 후쿠시마 원전사고의 영향을 고려하여 한국이 제안한 원자력 사용의 안전에 대한 내용이 포함

  ㉠ 원자력 안전과 핵안보의 통합적 논의를 통한 원자력 시설 방호 강화를 추진한다.

  ㉡ 사용 후 핵연료 및 방사성 폐기물 관리를 위한 적절한 계획을 국가 차원에서 수립할 것을 장려한다.

④ 운송보안 강화, 핵감식 능력 증진 등 핵·방사성 물질의 불법거래에 대처

  ㉠ 핵·방사성 물질의 악의적 탈취에 취약한 운송중 물질의 보안 강화를 위해 효과적인 관리·추적시스템 구축을 장려한다.

  ㉡ 인터폴과의 협력을 포함한 불법거래 예방, 탐지, 대응 능력을 강화한다.

  ㉢ 핵테러 범죄 수사에 기여할 수 있는 핵감식 기술을 강화한다.

⑤ 핵안보 문화 강화 및 민감한 정보 보안

  ㉠ 핵안보 교육훈련센터 설립 등 인적 역량 배양으로 핵안보 문화를 강화한다.

  ㉡ 사이버보안 문제를 포함하여 핵테러에 악용될 수 있는 정보유출 방지 노력을 강화한다.

(3) **주요 성과**

① 핵안보정상회의의 프로세스를 선언적 단계에서 실천의 단계로 격상하였다.

  ➡ 2013년 말까지 HEU 이용을 최소화하는 계획을 자발적으로 발표키로 한 것, 핵안보 관련 국제 협약 가입, 2014년까지 개정 핵물질 방호협약 발효 추진 등은 '실천'을 위한 구체적인 조치였다.

② 무기용 핵물질인 HEU의 감축으로서 아르헨티나, 호주, 체코 등 8개국이 핵무기 19개 분량인 HEU 480kg을 완전히 포기함으로서 새로이 '고농축우라늄-프리' 국가가 되었다.

③ 개별국가가 공약하는 '하우스 기프트' 방식에 더해 새로이 특정 제안에 동의하는 국가들이 집단으로 공약하는 '기프트 바스켓(gift basket)' 방식을 도입하였다.

④ 국가별로 '국가 핵안보 진전 보고서'를 제출하도록 하여 사실상 이행을 보장하는 효과를 거두었다.

⑤ 서울 회의에는 워싱턴 회의에 참가했던 국가와 국제기구에 더해서 추가로 6개 나라와 인터폴이 초청됨(53개 국가와 4개 국제기구)으로써 핵안보의 저변을 확대하였다.

⑥ 핵테러 및 방사능 테러 방지를 위한 포괄적이고 구체적인 실천 조치를 담은 '서울 코뮤니케'가 채택되었다.

⑦ 북핵 문제는 국가행위자에 의한 핵확산의 문제이기 때문에 2010년과 2012년 핵안보의 의제가 되지는 않았다.

❹ 제3차 헤이그 핵안보정상회의(2014년 3월 24일~25일)

(1) 회의경과

① 헤이그 핵안보정상회의는 당초 '최종' 핵안보정상회의로서 '4년 내 핵물질 안보 확보' 목표의 달성여부를 평가할 것으로 알려졌으나, 미국이 다시 2016년 정상회의 개최를 선언함에 따라 지난 2년간 성과를 점검하는 회의가 되었다.

② 참가국들 간에 정상회의의 의제를 조율하고 헤이그 정상선언문의 내용을 가다듬기 위해서 교섭대표 회의가 이스탄불(2012. 11.), 비엔나(2013. 6.), 오타와(2013. 10.), 파타야(2014. 1.), 헤이그(2014. 3.) 에서 총 5차례, 부교섭대표회의가 헤이그(2013. 4.)와 비엔나(2013. 6.)에서 총 2차례 개최되었다.

(2) 정상선언문의 주요 내용

① 국제 핵안보체제 강화

ㄱ 핵물질방호협약(CPPNM) 가입 및 2005년 개정 CPPNM 비준 촉구, 2014년 말까지 개정 CPPNM 발효 노력, 핵테러억제협약(ICSANT) 가입 촉구, 핵안보 모델 법령 개발 노력을 환영한다.

ㄴ IAEA 물리적 방호 자문 서비스 활용 장려, IAEA에 대한 정치적, 기술적, 재정적 지원을 장려한다.

② 위험 핵물질 최소화 장려

ㄱ 국가들의 HEU 최소화 및 플루토늄 재고량의 최소 수준 유지를 장려한다.

ㄴ 원자로 연료의 HEU에서 LEU로의 전환 장려 및 관련 기술 협력을 환영한다.

ㄷ 방사성 동위원소 생산을 위한 비HEU 기술 개발을 장려한다.

③ 국제협력 강화

ㄱ 국제협력을 통한 핵테러 대처 역량 제고 및 모범관행 공유를 장려한다.

ㄴ 핵안보 교육훈련센터 등 교육·훈련 관련 국제적, 지역적 협력을 지지한다.

④ 정상회의 프로세스의 미래

ㄱ 국제 핵안보체제 강화는 진행형 프로세스로서 지속적인 노력이 필요하다.

ㄴ 미국이 2016년 핵안보정상회의를 개최한다.

(3) 주요 성과

① 핵물질 감축

ㄱ 일본, 이탈리아, 벨기에, 폴란드 등은 향후 핵물질 제거를 공약하였다. 특히 일본과 미국은 일본 내 미국산 플루토늄과 HEU 수백 킬로그램 제거 합의를 성과로 발표하였다.

ㄴ 우리나라 포함 13개국이 HEU-Free 공동발표문을 발표하여 2016년까지 가능한 모든 국가 들이 자국의 영토 내 HEU를 전량 제거할 것을 권고했다.

② 핵안보 관련 국제규범 공고화
　㉠ 서울 정상회의 이후 핵테러억제협약(ICSANT)에 13개국, 개정 핵물질방호협약(CPPNM)에 18개국이 추가로 비준하였다.
　㉡ '안보리 결의 1,540호의 보편적 이행 강화' 공동성과물을 발표하였다(한–캐나다 주도, 32개국 참여).
　㉢ '핵안보 모델입법' 공동성과물을 발표하였다(인도네시아 주도, 30개국 참여).
③ IAEA 핵안보 활동 지원 강화
　㉠ 제1차 워싱턴 정상회의 이후 11개국, 제2차 서울 정상회의 이후 5개국이 IAEA 물리적방호 자문서비스(IPPAS) 수검, 헤이그 정상회의에서 10개국이 신규 수검 계획을 발표하였다.
　㉡ 우리나라, 호주, 루마니아 등이 IAEA 핵안보기금(NSF)에 추가 재정기여를 발표했다.
　㉢ 의장국 트로이카(한, 미, 네덜란드) 공동 주도로 '핵안보 이행 강화' 공동성과물을 발표하였다 (35개국 참여).
④ 불법거래 방지
　㉠ 28개국이 방사선 감지시스템 구축 등 항만 또는 국경에서의 통제강화 실적을 발표하였다.
　㉡ 핵밀수 방지 공동선언문(요르단 주도), 운송보안 공동선언문(일본 주도), 해상공급망 안보 공동선언문(미국 주도)을 발표하였다.
⑤ 핵안보 문화 증진
　㉠ 우리나라 포함 12개국이 핵안보 교육훈련센터 설립 사실을 발표하여 8개국은 설립 중, 4개 국은 설립 검토 중이라고 발표했다.
　㉡ 핵안보 교육훈련센터 공동선언문(이탈리아 주도), 정보보안 공동선언문(영국 주도) 등을 발표 하였다.
⑥ 시나리오 기반 정책토의의 성과
　㉠ 핵안보 비상상황을 상정하여 정상들의 대처방안 논의를 목적으로 헤이그 핵안보정상회의 에서 최초로 도입되었다.
　㉡ 영상물 방영을 통해 핵·방사능 테러 가상 시나리오가 제시된 후, 시나리오 상황 관련 정책 현안 및 정책옵션이 제시되며, 각국 정상들이 정책옵션을 선택하고 선택 이유 등을 설명하며 토의하는 방식이다.
　㉢ 정상들은 사전 예방조치(핵물질 및 원자력시설 방호 강화), 테러 대응을 위한 국제협력(국가 간 신속한 정보 공유 등), 위기상황에 대한 사전 준비 및 대응태세 강화(모의훈련 등) 등의 중요성을 일깨워준 의미 있는 토론이었다고 평가한다.

❺ 제4차 워싱턴 핵안보정상회의(2016년 3월 31일~4월 1일)

(1) 회의경과
① 전 세계 52개국 지도자와 반기문 유엔 사무총장 등 4개 국제기구 수장이 참여하였다.
② 워싱턴 컨벤션센터에서 이틀간의 회의 일정을 마무리하고 코뮈니케와 5개 행동계획을 채택하고 폐막했다.

③ 오바마 대통령의 '핵없는 세상'을 슬로건으로 2010년 4월 처음 개최된 핵안보정상회의는 4차 회의를 끝으로 막을 내렸다.

⑵ 정상선언문(워싱턴 코뮈니케)의 주요 내용

① 코뮈니케의 부속서로 채택된 5개 '행동계획'은 핵안보 관련 임무를 수행하는 5개 국제기구·협의체 각각의 핵안보 역할 및 활동을 지지하고 지원하는 각국의 공약으로, 포괄적이고 구체적인 지원 내용을 포함하고 있다.

② 국제원자력기구(IAEA)는 핵안보 관련 전문성을 바탕으로 ㉠ 고위급 정치적 모멘텀 확보, ㉡ 개정 핵물질방호협약(CPPNM) 발효, ㉢ 분야별 핵안보 지침 개발, ㉣ 각국 역량강화 지원 및 국제협력 증진, ㉤ 핵안보 문화 증진 등 향후 국제 핵안보 강화를 위한 중심적 역할을 수행할 것을 지지하는 내용이 포함되었다.

③ '유엔 행동계획'은 비국가행위자의 대량파괴무기(WMD) 획득을 방지하기 위한 안보리 결의 제1,540호와 핵테러억제협약(ICSANT) 이행 강화, '인터폴 행동계획'은 핵테러 사건 수사 관련 국제 공조 확대 등 각 국제기구의 핵안보 관련 소관 업무 위주로 구성한다고 강조하였다.

④ '세계핵테러방지구상 행동계획'은 핵테러 예방·탐지·대응 관련 각국의 역량 강화, '글로벌파트너십 행동계획'은 핵안보 증진을 위한 국가간 지원 등 각 기구·협의체의 역할 및 중점 분야를 지원하기 위한 조치를 포함하고 있다.

⑤ 참여국들은 5개 행동계획 이행을 통해 정상회의 종료 후 국제기구·협의체를 중심으로 항구적인 국제 핵안보 체제를 구축해 나갈 예정임을 밝혔다.

⑶ 주요 성과

① 워싱턴 핵안보정상회의에서 한·미·일 정상회의 등을 통해 북핵 문제 대응을 위한 3국 안보협력 강화 방안 등을 논의했다.

② 북한의 핵능력 고도화를 차단하고 잘못된 셈법을 바꾸기 위해 3국이 무엇을 함께해 나갈 것인가를 심도 있게 논의하고 대북 공조를 더욱 강화하는 계기가 되었다.

③ 한국은 '핵·방사능 테러 대비 및 대응 역량강화' 및 '유엔 안보리 결의 제1,540호 보편적 이행 강화' 공동성과물(gift basket)을 주도해 발표함으로써 향후 핵테러 대응을 위한 각국의 역량강화 및 대량파괴무기(WMD) 비확산을 위한 국제 공조에 기여해 나가겠다는 의지를 표명하였다.

④ 핵과 방사능 테러 대응을 위한 국제 공조가 지속되어야 하며, 지난 1~3차 핵안보정상회의의 성과를 바탕으로 강력하고 포괄적인 국제 핵안보 체제를 구축하기 위해 협력해 나갈 것을 결의하였다.

⑤ 아울러, 워싱턴 정상회의가 마지막 핵안보정상회의임을 확인하는 한편, 정상회의 종료 후에도 참여국 정부간 네트워크 유지 및 확대를 통해 모멘텀을 이어나가겠다는 의지를 표명하였다.

제6절 대량살상무기(핵무기 외) 통제협정

① 제네바의정서

(1) 개요

① 제네바의정서(Geneva Protocol)는 1925년에 체결된 국제적인 협약으로, 전쟁에서 <u>화학무기와 생물학적 무기의 사용을 금지하는</u> 내용이다.

② 이 협약은 제1차 세계대전 동안 사용된 화학무기의 참혹함을 경험한 뒤, 이를 방지하기 위한 국제적인 노력의 일환으로 만들어졌다.

> **예** 제1차 세계대전 중 1915년 4월 22일 독일군이 벨기에 이프르에서 영·불 연합군의 방어진지를 유린하기 위해 염소가스 사용

(2) 주요 내용

① 화학 무기 및 생물학적 무기의 사용 금지 : 모든 종류의 독가스 및 화학무기, 그리고 생물학적 무기의 전쟁 중 사용을 금지하였다.

② 실험과 저장에 관한 제한
➡ <u>무기화된 화학무기나 생물학적 무기의 개발, 생산, 보유 등을 제한하는 조항은 포함되지 않았다.</u> 따라서 일부 국가들은 제네바의정서에 서명했으나 비밀리에 이러한 무기를 보유하거나 개발하기도 하였다.

③ 대체 무기 사용 금지 : 기존의 화학무기 외에도 대체 가능한 화학물질로 무기화된 물질을 사용하는 것도 금지하였다.

(3) 제네바의정서는 국제법상 중요한 이정표라고 할 수 있으나 일부 국가들은 이를 비준하지 않았으며 위반 사례도 있었다. 특히 1930년대와 1940년대의 전쟁에서 화학무기가 사용되기도 하였다.

② 화학무기금지협약(Chemical Weapons Convention, CWC)

(1) 개요

① 이 협약은 화학무기의 <u>개발, 생산, 저장, 사용을 금지하고 그 폐기를 규정한</u> 국제협약이다.

② 이 협약은 1997년에 발효되었으며, 국제사회에서 화학무기를 완전히 근절하여 <u>화학무기의 사용 가능성을 완전히 제거하는 것이 주요 목적이다.</u> 이를 위한 법적 체계를 마련하고 있다.

➡ 1991년 미국의 부시(George H. W Bush) 대통령이 자국의 모든 화학무기를 무조건 폐기한다고 선언함으로써 CWC의 탄생에 크게 기여하였다.

(2) 주요 내용

① 화학무기 금지 : 협약은 화학무기의 사용, 개발, 생산, 저장, 이전, 그리고 이를 보유하는 것을 금지한다. 이를 통해 모든 국가가 화학무기의 위험에서 자유로울 수 있도록 하며, 화학무기의 사용이 인류와 환경에 미치는 심각한 영향을 예방한다.

② 화학무기 폐기

　　㉠ 화학무기금지협약에 의하면 가입하는 당사국은 발효 후 30일 이내에 화학무기 보유 여부를 신고해야 한다(자국의 영토 또는 제3국의 영토에 배치된 모든 화학무기 및 화학무기 생산시설).

　　㉡ 모든 국가가 자국에 보유한 화학무기를 폐기해야 하며(10년 이내), 폐기 절차를 국제적으로 감독받아야 한다. 협약은 폐기 일정과 방법(소각 또는 매립)을 명시하며, 이를 독립적인 국제기구인 화학무기금지기구(OPCW)가 감독 및 사찰한다.

　　㉢ OPCW(Organization for the Prohibition of Chemical Weapons)의 역할

　　　　ⓐ 협약이행과 관련된 정기사찰은 물론 협약 위반 의심국에 대해서 12시간 전 사전통보에 이은 불시강제사찰이 가능하다.

　　　　ⓑ 특히, 국제군축 사상 최초로 어느 한 당사국이 다른 나라의 협약 위반 혐의에 대하여 의혹을 제기할 경우 OPCW 3/4 이상의 이사국이 반대하지 않는 한 어떠한 시간, 어떠한 장소를 가리지 않고 현장조사가 가능한 원칙에 따라 신고 또는 미신고 시설의 구별없이 최단기 12시간 전 통고 후 불시 강제사찰을 실시할 수 있다.

③ 화학무기 생산시설 파괴 : 화학무기를 생산하는 시설이나 관련 인프라는 폐쇄하고 파괴한다. 이러한 시설의 존재는 철저히 신고해야 하며, 국제사회는 이를 검증할 권한을 보유한다.

④ 협약에 따라 각국은 화학무기를 보유하고 있지 않다는 것을 입증한다.

⑤ 화학무기를 생산하거나 보유한 국가들은 이를 자발적으로 신고한다.

(3) NPT가 기존 핵보유국들의 기득권을 인정하였던 것과는 달리 CWC 가입국은 예외없이 모든 화학무기를 폐기해야 한다.

(4) 여전히 이 조약을 비준하지 않거나 화학무기를 보유한 국가들이 많다.

　① 한국은 1993년 서명, 1997년 4월 발효, 북한은 미가입(이라크, 리비아, 시리아 가입)했다.

　② 러시아의 경우 폐기작업에 소요되는 막대한 재정 조달의 어려움이 있다는 이유로 폐기를 지연하고 있다.

　③ 주요 당사국의 분담금 및 사찰비용 납부가 지연되고 있어 재정이 악화되고 있다.

❸ 생물학무기금지협약(Biological Weapons Convention, BWC)

(1) 개요

　① 이 협약은 1972년에 체결된 국제적인 협약으로, 생물학적 무기의 개발, 생산, 보유(비축, 획득) 및 사용을 금지한다(남북한 모두 가입).

　② 이 협약은 전 세계적으로 생물학적 무기(병원체나 바이러스를 무기로 사용하는 것을 포함)의 사용을 금지하고, 해당 무기의 확산을 방지하려는 목적을 가지고 있다.

(2) 주요 내용

　① 생물학무기의 금지 : 협약은 모든 형태의 생물학적 무기와 그 생산, 저장, 개발, 보유를 금지한다. 이는 인간, 동물 및 식물을 대상으로 하는 생물학적 무기뿐만 아니라, 무기화된 병원체나 독소까지 포함한다.

② **생물학 무기의 개발 및 생산 금지**: 협약은 생물학적 무기의 개발, 생산 및 보유를 명확히 금지하며, 이를 위반하는 행동에 대해 국제적인 제재를 가할 수 있다.

③ **무기화된 생물학적 물질의 파기**: 협약에 따라 이미 보유한 생물학적 무기는 폐기해야 하며, 생물학적 무기와 관련된 연구 및 시설도 국제적으로 검증을 받아야 한다.

④ **병원체 및 독소의 평화적 사용**: 생물학무기금지협약은 <u>질병 연구나 백신 개발 등 평화적 목적을 위한 생물학적 연구는 허용하지만</u>, 이를 군사적인 목적이나 무기로 변환하는 것은 금지한다.

⑤ **국제협력 및 투명성**: 국가들은 생물학적 무기를 보유하고 있지 않다는 것을 입증하기 위해 상호 투명성을 증진시켜야 하며, 협약의 이행 상태를 정기적으로 보고한다.

(3) 생물학 무기의 전면적 생산 및 사용 금지를 규정한 협약임에도 불구하고 위반 여부를 확인할 수 있는 효율적인 검증체계는 미흡하다. 따라서 검증체계 강화를 위한 위원회 구성, 현장조사 및 방문, 불시 조사의 의무화 등의 필요성이 제기된다.

(4) 개도국들은 자국의 생명공학 발전을 명분으로 선진국과 개도국 간 정보, 기술교류의 확대 및 특별기구 설치를 제안하지만, 서방 선진국들은 대량살상무기 확산을 우려하여 이에 반대한다.

❹ 대인지뢰금지조약 : 오타와 협정

(1) 협정과정

① 1991년 11월 '세계대인지뢰금지운동(ICBL)'이라는 NGO를 결성하였다.

② 1995년 10월 오스트리아 빈에서 열린 군축회의에서 '특정통상무기금지 및 제한조약 개정의정서'를 채택하도록 유도했다.

③ 1996년 6월 미국의 '대인지뢰포기선언', 1996년 10월 캐나다의 '대인지뢰금지협약', 1996년 12월 유엔의 '대인지뢰금지협약 촉구 결의' 등을 이끌어냈다.

④ 1997년 12월 3일 오타와 협정을 체결하였다. 이는 국제 NGO가 국제협약을 이끌어낸 대표적인 사례이다.

(2) 주요 내용

① 대인지뢰의 사용 및 취급 전면 금지

② 조약 가입 후 4년 이내 모든 비축지뢰 폐기

③ 정당한 이유가 없는 한 10년 이내 매설 지뢰 제거

④ 협약준수를 위한 국내입법 등을 통한 투명한 조치

(3) 기타사항

① <u>남북한은 현재까지 미가입 상태이다.</u>

② 1997년 조디 윌리엄스가 세계지뢰금지운동으로 노벨평화상을 수상하였다.

❺ 국제 전략물자* 수출통제 제도

✎ 전략물자란 무기류와 무기류의 제조 개발에 이용될 수 있는 민수용 물품과 기술로서, 우려 국가 또는 단체에 이전될 경우 국제평화와 안전에 위해를 가할 수 있기 때문에 자유거래가 제한되는 물품과 기술을 일컫는다.

더 알아보기

국제 전략물자 수출통제

• 세계평화 및 안전의 유지를 목적으로 설립된 선진국들의 비공식적 협의체들로 각 체제별로 별도의 회원국과 운영체계를 운영하고 있다.
• 다자간 수출통제체제는 국제 비확산협정의 실효성에 의문이 제기됨에 따라 전략물자 공급능력을 갖춘 국가들이 모여 각각 해당분야의 수출을 자발적으로 규제하기로 약속한 협의체이다.
• 국제 전략물자 수출통제제도로는 구 공산권에 대한 수출통제제도였던 COCOM, 그 후신인 Wassenaar(바세나르) 재래식 무기 협정, 미사일기술 등의 통제를 담당하는 MTCR, 핵무기 및 원자력산업 관련부품과 기술에 대한 통제를 담당하는 NSG /쟁거위원회, 생화학무기 관련 기술을 통제하는 AG(호주그룹) 등이 있다.
• 통제와 관련한 제도로는 수출허가 심사제도, 재수출통제(일반적으로 제3국에서 생산한 물품이라도 자국의 부품 또는 기술이 25% 이상인 경우에는 자국규정에 의해 수출통제), 기업의 자율관리 제도(자사 상품 또는 자사기술, 부품으로 생산된 제3국의 재수출 상품에 대하여 기업 스스로 통제하는 제도) 등이 있다.
• 국제 전략물자 수출통제제도는 수출통제뿐만 아니라, 연구, 제조, 비축시설 및 활동까지 감시하는 제도로 강화추세에 있다.

(1) 쟁거위원회(Zangger Committee, ZC)

① 핵비확산조약(NPT) 제3조 2항의 실행을 위해 1971년 설립논의가 시작되어 1974년 두 개의 양해각서(Understanding) A, B를 IAEA 문서 INFCIRC/209로 발간하여 설립되었다.
② 참가국 : 39개국
③ 주요 내용
　㉠ 양해각서 A는 핵물질을 통제하기 위해 핵물질의 모든 수출은 안전조치를 받아야 하며, NPT 회원국이 아닌 핵무기 비보유국으로의 핵물질의 수출 및 재이전은 핵폭발에 사용하지 않을 것을 보증토록 규정한다.
　㉡ 양해각서 B는 양해각서 A에서 정의한 평화적 이용, 안전조치, 안전조치를 받은 재이전의 적용을 유발하는 설비품목으로 구성되었다.

(2) NSG : 핵공급국 그룹

① 목적 : 핵관련 기자재 공급 능력이 있는 국가들에 의하여 쟁거위원회의 원자력전용품목(Trigger List)을 구체화하고, 핵관련 수출통제 가이드라인을 통하여 핵무기의 비확산에 기여한다.
② 참가국 : 48개국
③ 주요 내용 : NSG 가이드라인은 참가국 정부의 법령과 관행에 따라 이행되며, 수출허가 결정은 참가국별 수출허가 요건에 의거한다.

(3) AG : 호주그룹*

✐ 1984년 UN사찰단이 이란-이라크 전쟁에서 화학무기가 사용되었다는 점을 확인하고, 화학무기의 원료 및 물질이 서방국가로부터 도입된 것을 확인하면서, 다자 차원에서 화학물질 이전의 제한을 목적으로 형성되었다.

① 목적 : 생화학무기 관련 물질과 제조에 전용될 수 있는 장비 및 설비에 대한 참가국 간의 수출통제 정책의 조화를 도모하고 확산 우려국가에 관한 정보공유를 통하여 생화학무기의 확산을 저지한다.

② 참가국 : 43개국

③ 주요 내용

  ㉠ 호주그룹의 참가국들은 모두 '화학무기금지협약(CWC)'과 '생물무기금지협약(BWC)'의 가입국이며, 시행근거도 각각의 협약에 근거한다.

  ㉡ '생물무기금지협약'은 현재 국제적으로 정해진 통제목록이 없으며 검증장치도 없기 때문에 호주그룹이 통제수단이 되고 있다.

(4) MTCR : 미사일 기술통제체제

① 목적

  ㉠ 대량살상무기(WMD) 운반시스템의 수출통제를 통하여, WMD 확산리스크를 경감하고 통제대상 물자 및 기술에 대한 테러조직과 테러리스트의 획득 가능성을 차단한다.

  ㉡ 탄두중량 500kg 이상, 사거리 30km 이상의 탄도미사일 및 순항미사일의 수평적 확산을 방지한다.

② 참가국 : 35개국(1987년 미국 주도로 체결)

③ 주요 내용 : MTCR은 확산방지를 위하여 수출허가 정책을 조화시키려는 국가들 간의 비공식적인 가이드라인으로, WMD 운반시스템 개발에 기여하지 않는 한 개별 국가의 평화적 우주개발 프로그램과 이에 관한 국제협력은 제한하지 않는다.

(5) WA : 바세나르협정(COCOM 계승)

① 목적 : 재래식 무기와 이중용도 물품, 소프트웨어 및 기술 이전의 투명성을 제고하고 책임성을 강화함으로써 국가안보를 위협하는 재래식 무기의 과잉축적을 방지하고 이를 통해 지역 및 국제안보와 안정을 도모하고, 재래식 무기와 이중용도 물자 및 기술의 테러단체나 테러리스트로의 이전을 방지한다.

② 참가국 : 42개국

③ 주요 내용 : 참가국들이 자발적으로 상호 간 무기이전과 민감 이중용도 물자 및 기술에 관한 정보를 교환하여 투명성을 제고하고 이러한 정보를 토대로 이전 관련 위험에 대한 참가국 간 수출통제 정책의 조정을 위한 범위를 평가한다.

📖 국제 전략물자 수출통제 제도 현황

체제구분	설립	가입국 현황	대한민국 가입 시기
NSG	1978년 1월	48개국	1995년 10월
ZC	1974년 8월	39개국	1995년 10월
MTCR	1974년 4월	35개국	2001년 3월
AG	1985년 4월	43개국	1996년 10월
Wassenaar	1996년 7월	42개국	1996년 7월

국제 군축 및 비확산 체제 현황

구분		협약 발효	가입국	남/북한 현황	주요 미가입국 및 기타
국제 협약	NPT (핵비확산조약)	'68. 7. 채택 '70. 3. 발효	191개국 가입	• 한국 '75. 4. 가입 • 북한 '85. 12. 가입 '03. 1. 탈퇴선언	인도, 파키스탄, 이스라엘 등
	CTBT (포괄적핵실험 금지조약)	'96. 9. 채택 현재 미발효	178개국 가입 (186개국 서명)	• 한국 '99. 9. 가입 • 북한 미가입	• 서명 후 미비준 국가: 미국, 중국, 이스라엘, 이집트, 이란 • 미서명 국가: 인도, 파키스탄, 북한
	CWC (화학무기금지협약)	'93. 1. 채택 '97. 4. 발효	193개국 가입	• 한국 '97. 4. 가입 • 북한 미가입	북한, 이집트, 이스라엘, 남수단 등
	BWC (생물무기금지협약)	'72. 4. 채택 '75. 3. 발효	185개국 가입	• 한국 '87. 6. 가입 • 북한 '87. 3. 가입	이스라엘 등
	대인지뢰금지협약 (오디외협약)	'99. 3. 발효	164개국 가입	남·북한 미가입	미국, 중국, 러시아, 인도, 베트남 등
	CCW (특정재래식무기 금지협약)	'83. 12. 발효	125개국 가입	• 한국 '01. 5. 가입 • 북한 미가입	
	제1의정서	'83. 12. 발효	118개국 가입	• 한국 '01. 5. 가입 • 북한 미가입	
	개정 제2의정서	'98. 12. 발효	104개국 가입	• 한국 '01. 5. 가입 • 북한 미가입	
	제3의정서	'83. 12. 발효	115개국 가입	남·북한 미가입	
	제4의정서	'98. 7. 발효	108개국 가입	남·북한 미가입	
	제5의정서	'06. 11. 발효	93개국 가입	• 한국 '08. 1. 가입 • 북한 미가입	
	CCM (확산탄금지협약)	'08. 5. 채택 '10. 8. 발효	124개국 서명 111개국 비준	남·북한 미가입	미국, 중국, 러시아, 터키, 인도, 이스라엘 등
	ATT (무기거래조약)	'13. 4. 채택 '14. 12. 발효	141개국 서명 113개국 비준	• 한국 '17. 2. 가입 • 북한 미가입	미국, 러시아, 인도, 파키스탄, 이스라엘 등

❻ 기타 대량살상무기 관련 사항

(1) 미사일 방어

① 미사일방어 체제는 탄도미사일 확산에 대처하기 위한 전역미사일방어체제(TMD)와 국가미사일 방어체제(NMD)로 구분할 수 있다.

② TMD는 사정거리 80~3,000km의 탄도미사일을 요격 및 파괴하는 방어체제이다.

③ NMD는 미국 본토를 겨냥한 대륙간 탄도미사일을 우주, 해상, 지상 등의 요격체제를 통해 파괴하는 체제이다.

(2) 확산방지구상(Proliferation Security Initiative, PSI)

① 무기나 무기 관련 물자의 이동을 제한하는 정책이다.

② 핵무기, 화학무기, 생물학무기 등 대량살상무기와 관련 물자들이 확산되는 것을 막으려는 목적으로 도입되었다.

③ 2003년 5월 조지 부시 미국 대통령이 폴란드 크라코우(Krakow) 연설을 통해 PSI를 발표했으며, 그해 9월 파리에서 "PSI 차단원칙"에 관한 합의문을 11개국이 공동으로 발의하면서 본격적으로 활동이 시작되었다.

➡ PSI의 아이디어를 낸 사람은 조지 W. 부시 행정부에서 국무부 차관보와 UN 대사를 지낸 존 볼튼(John R. Bolton)으로 알려져 있다.

④ 한국 정부는 최초로 2005년 12월 말 국제사회 주요 국가들이 PSI에 참여하고 있는 현실과 남북관계의 특수성을 감안하여 PSI에 부분적으로 참여하기로 결정하였으나, 북한의 지속적인 미사일 발사로 이명박 정부는 PSI의 정식참여를 공식 선언하였다.

⑤ PSI는 현행 국제법 체제에서는 한계가 많은 해상에서의 정선(停船), 검색, WMD 관련 물질의 압수 같은 작전을 어떻게 하면 효과적으로 진행할 수 있을까 하는 고민에서 출발했다.

➡ PSI는 국제법적으로 많은 문제점이 존재한다.

(3) 군비통제의 분류

① 운용적 군비통제 : 군사력의 운용을 통제하는 조치로서 상호 간 의사소통증대, 대규모 군사훈련의 사전통보, 신뢰구축조치 등이 포함된다.

② 구조적 군비통제 : 군사력의 구조를 통제하는 것으로 군사력의 상호 상한선을 설정하거나 군사력의 제한 및 감축 등의 조치가 포함된다.

더 알아보기

대량살상무기 통제 사례

• 남아프리카공화국은 자발적으로 핵무기 개발을 포기하고 1991년 비핵보유국으로 NPT에 가입했다.

• 1991년 우크라이나는 핵을 폐기하는 대가로 미국, 영국, 프랑스, 러시아로부터 안전을 보장받고 경제적 지원을 받았다.

➡ 우크라이나는 미국의 Nunn-Lugar Program에 따른 지원을 보장받은 뒤 핵개발을 중단했다.

➡ Nunn-Lugar Program이란 1991년 미상원 의원 루거가 주도한 법안을 근거로 만들어진 것으로, 소련 붕괴 당시 러시아, 우크라이나 등이 보유한 핵무기와 핵물질, 핵기술 등을 폐기할 때 필요한 자금과 장비, 인력 등을 미국이 지원할 것을 약속한다는 것이다. 공식 명칭은 '협력적 위협 감축 프로그램(Cooperative Threat Reduction, CTR)'이다.

• 이라크 내부의 대량살상무기 확산 방지를 위하여 미국은 영국과 동조하여 이라크에 대한 군사적 공격을 감행하였다(프랑스, 러시아, 이탈리아, 독일 등은 군사공격 반대).

제7절 평화유지활동(Peace Keeping Operation, PKO)

1 개념

(1) 유엔 평화유지활동(UN Peacekeeping Operations, UNPKO)은 유엔이 회원국들의 협력 하에 국제적인 갈등을 예방하고, 평화를 유지하며, 분쟁 후의 회복을 지원하는 활동이다.

(2) 이 활동은 1948년 이스라엘 건국을 둘러싸고 일어난 제1차 중동 전쟁 때 파견된 UNTSO(United Nations Truce Supervision Organization, 유엔 휴전감시단)이 시초이다.

(3) 이후 유엔 평화유지활동은 점차 확대되었으며, 전 세계적으로 다양한 분쟁 지역에서 평화와 안정을 유지하려는 노력이 계속되고 있다.

(4) 특히 유엔 평화유지군은 파란색 베레모 또는 파란색 전투모를 착용하여, 블루베레 혹은 블루 헬멧이라고도 불린다.

(5) 유엔 평화유지군은 1988년 노벨평화상을 수여받았다.

(6) 최근에는 평화유지활동의 초점이 과거 소극적 평화의 구현에 맞추어진 것과는 다르게 점차 적극적 평화의 영역으로 확대되고 있다.

(7) 평화유지활동은 UN헌장 6장에 규정된 분쟁의 평화적 해결과 7장에 명기된 군사적 조치의 중간지대라고 할 수 있어, UN헌장 6.5장이라고 하기도 한다. 이는 UN헌장에 명시된 PKO 근거 규정이 없다는 것을 의미한다.

더 알아보기

냉전기 PKO(1세대)

1. 개요

냉전기(1947~1991) 동안의 평화유지활동은 주로 유엔(UN)을 중심으로 이루어졌다. 이 시기에는 초강대국인 미국과 소련 간의 이념적 대립과 군사적 긴장 상태가 지속되었으므로, 유엔 평화유지활동은 대개 전통적인 형태의 군사적 개입보다는 군사적 충돌을 피하고 갈등을 관리하는 역할에 중점을 두었다.

2. 냉전기의 평화유지활동의 주요 특징

① 유엔 평화유지군(PKOs)의 확대
② 군사적 개입의 제한(분쟁의 최종적 해결을 지향한 것은 아님.)
③ 강대국 간의 대립 속에서의 어려움.
④ 파견수용국의 동의를 기초로 하였음.

3. 대표적인 평화유지활동

① 1956년 수에즈 운하 위기: UN 긴급군 최초 파견
  • 이집트의 가말 압델 나세르가 수에즈 운하를 국유화하려고 하자, 이스라엘, 영국, 프랑스가 군사적으로 개입하였다.
  • 유엔은 평화유지군을 파견하여 휴전협정을 체결하게 하고, 군사적 충돌을 종식시켰다.
  • 이는 유엔 평화유지활동의 초기 성공 사례로 평가받는다.

② 1960년 콩고 위기
- 콩고에서 독립 직후, 내전과 정치적 혼란이 발생하였다.
- 유엔은 콩고에 평화유지군을 파견하여 내전을 진압하고, 정치적 안정화를 지원하였다.
- 이는 유엔 평화유지군이 복잡한 내전 상황에서 중요한 역할을 했던 사례이다.
③ 1973년 중동 전쟁(욤 키푸르 전쟁)
- 이 전쟁에서 유엔은 군사적 개입을 통해 휴전협정을 지원하였다.
- 유엔 긴급 중재군(UNDOF)은 이스라엘과 시리아 사이 정전 감시 활동을 수행하였다.
④ 1988년 이란−이라크 전쟁
- 1988년 유엔은 이란−이라크 사이 전쟁 종식을 위한 평화유지활동을 시작하였다.
- 이란−이라크 전쟁에서의 휴전 및 평화 체결을 돕기 위한 중재 역할을 수행하였다.

❷ 주요 목표

(1) 군사적 중립 유지

평화유지군은 군사적 중립을 지키면서 갈등 당사국 간의 충돌을 방지

(2) 인도적 지원 제공

인권 보호 및 난민, 피난민을 위한 지원을 포함한 인도적 작업을 수행

(3) 정치적 협상 촉진

분쟁 후의 정치적 협상과 평화 구축을 위한 중재 및 지원을 제공

(4) 법치 및 민주주의 지원

법의 지배와 민주적 제도의 재건을 지원

❸ 유엔 평화유지군의 기본 원칙

(1) 상임이사국의 거부권 행사로 파견이 불가능해지자 고안되었다.

(2) **분쟁당사국의 PKO 활동에 대한 동의(Consent of the Parties)**
① "유엔의 평화유지활동"은 의미가 다르다. 즉, 이는 유엔 평화유지군을 포함하는 개념이다.
② 유엔헌장 제24조는 국제평화와 안전의 유지에 관한 일차적 책임을 안전보장이사회에 부여하고 있는데, 안보리는 헌장 제7조에 의거 강제조치가 가능하다.
③ 즉, 안보리가 국제평화와 안전의 유지를 위한 활동을 수행함에 있어 반드시 분쟁 당사자의 동의가 필요한 것은 아니다.

(3) 분쟁당사자 간 중립성을 유지한다(Impartiality).

(4) 자위적 목적 하에서만 군사행동을 허용한다.

❹ 결성 절차

(1) 어떠한 국가 또는 지역이 극심한 분쟁에 휘말린 경우 유엔 안전보장이사회는 평화유지활동을 결의한다.
　① 총회에서 평화를 위한 단결결의를 기초로 파견하기도 한다.
　② 유엔 평화유지군에 대해서는 안보리의 권한만 인정하는 입장과 안보리가 기능을 수행하지 못할 경우 총회에도 권한을 인정해야 한다는 입장이 대립된다.
　③ 평화유지군 사령관은 관리, 감독 책임을 가진 유엔사무총장이 임명한다.

(2) 유엔 안전보장이사회의 평화유지활동이 결의되면 유엔 평화유지부는 해당 국가 또는 지역의 평화유지활동을 위한 방안을 수립한다.

(3) 이러한 평화유지활동에 분쟁의 억제를 위한 군사력이 필요하다고 인정될 경우 안전보장이사회의 승인을 얻어 평화유지군을 결성한다.

(4) 유엔은 상시적인 군사력을 보유하지 않기 때문에 평화유지군은 임무마다 각국의 자발적인 파병으로 결성된다.

(5) 유엔은 PKO 경비조달을 위해 특별계정을 두고 있다(특별예산제도).
　➡ 국제연합은 PKO문제를 다루기 위해 'PKO특별위원회'를 두고 있다.

❺ 평화유지활동의 구성

(1) **군사력**
　유엔 평화유지군은 주로 군사적 임무를 수행하며, 주로 군인들로 구성된 다국적 군대이다.

(2) **경찰력**
　법과 질서를 유지하고, 분쟁 후 지역에서 치안 강화를 돕기 위해 경찰을 파견한다.

(3) **민간 인력**
　법률, 인도적 지원, 복구 및 재건을 담당하는 전문가들이 활동한다.

❻ 유엔 평화유지활동의 주요 임무들

(1) **1956년 수에즈 운하 위기**
　최초의 평화유지군이 수에즈 전쟁 후 팔레스타인과 이집트 지역에서 활동을 시작했다.

(2) **1990년대 유고슬라비아 내전**
　유고슬라비아의 분열과 관련된 분쟁을 해결하기 위한 활동을 하였다.

(3) **르완다, 콩고 민주 공화국**
　내전 및 대량 학살을 방지하고, 인도적 지원을 제공하는 활동을 하였다.

(4) 현재 유엔은 남수단, 중앙아프리카 공화국, 레바논, 다르푸르 등지에서 평화유지활동을 활발히 진행하고 있다.

❼ 평화유지 개념의 확장

(1) 최근 분쟁의 성격이 다양해지고 유엔의 개입 범위가 확대됨에 따라 평화유지의 개념도 평화조성(peace making), 평화집행(peace enforcement), 평화구축(peace buliding)을 포함하는 적극적 개념으로 발전하였다.

① 평화조성
  ㉠ 갈등의 발생 또는 잠재적 갈등을 예방함으로써 그로 인한 피해를 최소화하는 활동을 의미한다. 평화조성은 갈등의 근본적인 원인을 해결하고, 갈등 후 재건을 위한 기초를 마련하는 데 초점을 맞춘다.
  ㉡ 경제적 재건: 경제적 기회 제공과 빈곤 감소
  ㉢ 사회적 재건: 교육, 보건, 사회 서비스 개선
  ㉣ 정치적 재건: 민주적 제도 강화, 인권 존중, 법의 지배 확립
  ㉤ 문화적 접근: 사회적 통합과 문화적 차이를 해소하는 노력
  ㉥ 중재와 대화: 갈등 당사국 간의 협상과 대화 촉진

② 평화강제(집행)
  ㉠ 중립적 감시자로서 더 이상 평화를 유지하는 것이 불가능한 분쟁 지역에서 강제적인 수단과 방법을 통해 평화를 회복시키는 활동이다.
  ㉡ 군사적 개입: 유엔 평화유지군이 주둔하여 군사적 충돌을 방지하고, 분쟁을 중재
  ㉢ 인도적 지원: 식량, 의약품 등의 지원을 통해 피해를 최소화
  ㉣ 치안 유지: 지역 내 질서를 회복하고, 폭력과 범죄를 예방
  ㉤ 사람 보호: 민간인의 안전을 보장하며, 인도적 지원을 제공

③ 평화구축
  ㉠ 평화구축은 전쟁이나 갈등이 끝난 후, 장기적으로 안정적이고 지속 가능한 평화를 확립하기 위한 포괄적인 활동을 의미한다. 평화구축은 정치적, 경제적, 사회적, 문화적 측면에서 안정적인 환경을 조성하는 데 집중한다.
  ㉡ 사회적 통합: 다양한 사회 집단 간의 갈등을 해소하고, 사회적 통합을 도모
  ㉢ 법적 제도 정비: 법의 지배, 사법 제도 정비, 인권 존중
  ㉣ 경제적 회복: 경제적 재건, 일자리 창출, 빈곤 퇴치
  ㉤ 지역 사회 참여: 지역 주민들의 참여를 통해 지속 가능한 평화 구축
  ㉥ 평화 교육: 평화적 가치와 갈등 해결 방법을 교육하여 갈등 예방

(2) 냉전 시기의 평화유지활동은 지역기구와의 협력으로 확대되었다.

❽ 한국의 평화유지활동

(1) 한국군의 평화유지활동 주요 참가 부대
  ① 소말리아: 1993년 상록수부대(첫 해외 파병: 공병)
  ② 앙골라: 1995년 상록수부대
  ③ 동티모르: 1999년 상록수부대

④ 이라크 : 2004년 자이툰부대

⑤ 레바논 : 2007년 동명부대

⑥ 아이티 : 2010년 단비부대(시설 복구 및 진료 부분에서 활약)

⑦ 남수단 : 2013년 한빛부대

(2) 평화유지활동 참여에 관한 법률 제정

① 한국은 2010년 「국제연합 평화유지활동 참여에 관한 법률」을 제정하였다.

② 한국은 UN이 PKO와 관련하여 운영하고 있는 상비약정체제(stand-by Arrangement System)에 참여하고 있다. 상비약정체제는 PKO를 신속하게 전개하기 위해 사전약정을 체결하는 제도이다.

⑨ PKO 2세대

(1) 탈냉전 초기 전개된 2세대 PKO는 1992년 부트로스 갈리 유엔 사무총장 보고서 '평화를 위한 과제'에서 제안한 것의 실현*이었다.

> ⚠ 부트로스 갈리가 제안한 평화조성, 평화유지, 평화재건, 예방외교 중 PKO 활동은 예방외교와 관련이 있다. 예방외교란 당사국 사이에 분규 발생을 예방하며, 발생한 분규가 고조되어 분쟁으로 발전되지 않도록 예방하고 분쟁이 발생했을 때 이러한 분쟁의 확산을 제한하는 활동으로 정의하고 있다.

(2) 무력분쟁이 발생하기 전에 예방의 목적으로 파견된 것이 특징이다.

(3) 이른바 제7장형 PKO도 존재한다. 즉, 유엔헌장 제7조에 따라 반드시 분쟁당사국의 동의를 전제하지 않고도 파견되거나, 무력사용 권한을 부여받기도 하였다.

제8절 | 테러리즘

① 개념

테러리즘(Terrorism)은 정치적, 종교적, 이념적 목표를 달성하기 위해 무고한 사람들에 대한 폭력적인 행동을 사용하는 범죄적 활동을 의미한다.

② 테러리즘의 특징

(1) 테러리즘은 일반적으로 두 가지 주요 요소로 특징지을 수 있다. 첫째, 폭력의 사용, 둘째, 공포 조성과 영향력 행사이다.

(2) 폭력의 사용

① 테러리즘은 일반적으로 폭력적이고 극단적인 방법을 사용하여 사람들을 위협하거나 공포를 조성한다.

② 이러한 폭력은 무차별적인 폭탄 테러, 총격, 납치, 암살 등의 형태로 나타날 수 있다.

(3) **공포와 영향력 행사**

① 테러리스트들은 자신의 목표를 달성하기 위해 사회나 정부에 대한 공포를 일으키고, 특정 사상이나 행동에 대한 압박을 가한다.

② 이들은 종종 대중의 관심을 끌기 위해 공개적으로 폭력을 사용하며, 피해자들뿐만 아니라 더 넓은 사회나 정치적 환경에도 영향을 미친다.

(4) **기타 특징**

① 점조직의 특성을 가지고 있다. 각지의 소규모 무장조직에 자금과 테러 기법을 전수하고, 실제 테러를 수행하는 것은 현지인인 경우가 많다.

② 종교적 근본주의에 이념을 두고 있어 자신의 희생도 감수하고, 다수의 민간인이 사망하여도 죄책감을 갖지 않는다.

③ 전 지구적인 남북문제로 인한 빈곤이나 기아가 비합리적인 테러리즘을 부추기는 측면이 있다.

④ 9 · 11 테러 이후 '뉴테러리즘'은 서방 혹은 미국에 대한 적개심을 이유로 테러를 감행한다. 뉴테러리즘은 과거 정치적 테러와 달리 대규모 살상을 목적으로 한다. 이로 인해 뉴테러리즘을 메가테러리즘이라고 한다.

❸ 테러리즘의 목적

(1) 테러리즘의 목적은 다양하지만, 주로 정치적, 종교적, 또는 이념적 목표를 달성하려는 시도로 나타난다.

(2) 또한, 테러리즘은 종종 특정 집단이나 정부에 대한 반감을 나타내거나, 특정 사회적 변화를 촉구하는 수단으로 사용되기도 한다.

(3) 결국, 테러리즘의 궁극적 목적은 정부의 정책에 영향을 미치는 것이다.

❹ 테러리즘의 주요 유형

(1) **국가 지원 테러리즘**

어떤 국가가 다른 국가나 집단에 테러리스트 활동을 지원하는 형태

(2) **이념적 테러리즘**

특정 정치적, 종교적 또는 사회적 이념을 실현하려는 목표를 가지고 폭력을 행사하는 경우

(3) **종교적 테러리즘**

종교적 신념에 근거하여 폭력을 행사하는 테러리즘

(4) **자유주의적 테러리즘**

독립적인 국가를 만들기 위해 정부나 사회에 대한 폭력을 행사하는 경우

❺ 주요 테러조직

(1) 보코하람(Boko Haram)

① 보코하람은 나이지리아를 중심으로 활동하는 극단적인 이슬람주의 무장단체로, 2002년에 설립되었으며, 나이지리아를 비롯한 서아프리카 지역에서 강력한 영향력을 행사한다.

② 보코하람은 "서구 교육은 금지된다." 의미의 아랍어 이름을 가지고 있으며, 서구 교육, 현대 문명, 그리고 나이지리아 정부에 대한 강력한 반감을 표출하는 것으로 유명하다.

③ 보코하람은 2015년에 IS(이슬람 국가)와의 연대를 선언하였다.

④ 대표적인 테러로 2014년 치복 여학생 납치 사건이 있다. 보코하람은 나이지리아 북부의 치복(Chibok)에서 276명의 여학생을 납치한 사건을 일으켰으며, 이 사건은 국제적으로 큰 반향을 일으켰다.

(2) 헤즈볼라

① 1982년 이스라엘의 레비논 침공에 빈발하여 창실되있다. 레바논 선생에서 낭시 호메이니를 지지하며 이스라엘에 대항한 시아파 민병대에서 출발하여 레바논 내전 당시 이스라엘이 차지했던 레바논 지역에서 저항활동을 하였다.

② 레바논에 근거지를 둔 과격 시아파 단체로서 교전단체이자 정당단체이다. 이란의 지원을 받고 있다.

③ 헤즈볼라는 레바논 정치에서 중요한 역할을 하고 있으며, 레바논 정규군보다 강력한 무력을 소유한 것으로 알려져 있다.

④ 헤즈볼라가 이스라엘 병사를 납치한 사건이 전쟁의 촉발 요인이 되어 2006년 이스라엘이 레바논을 침공하였다.

> **더 알아보기**
>
> **수니파와 시아파**
> • 수니파는 전세계 무슬림의 85~90%를 차지하는 이슬람교의 가장 큰 분파이다. 수니파는 아랍어로 '순나를 따르는 자'라는 뜻으로, 여기서 순나는 무함마드의 가르침이다.
> • 수니파 다음가는 규모의 이슬람교 분파는 시아파이다.
> • 이 둘의 차이는 무함마드의 계승에 대한 의견 차이에서 비롯되었는데, 이후 신학과 법률을 포함해 더 광범위한 정치적 차이로 확장되었다.

(3) 하마스

① 하마스(정식 명칭 '이슬람 저항 운동')는 팔레스타인의 수니파 이슬람주의 및 민족주의 정당이자 준군사조직이다.

② 이스라엘에 저항하는 팔레스타인 무장 투쟁을 주도하고 있다. 미국, 캐나다, 유럽연합, 이스라엘은 하마스를 테러단체로 규정하는 반면 시리아, 조선민주주의인민공화국, 베네수엘라, 파키스탄, 중화인민공화국, 이란, 러시아, 튀르키예 및 기타 아랍 국가들은 하마스에 대해 지원하거나 또는 중립적 자세를 취한다.

(4) 알카에다

① 알카에다는 사우디아라비아 출신인 오사마 빈 라덴이 창시한 극단적 살라프파 무슬림에 의한 국제 무장세력으로, 이슬람 원리주의 계통에 속해 반미국, 반이스라엘을 표방한다.

② 알카에다는 소련의 아프가니스탄 침공에 대항한 이슬람 의용군(무자헤딘)이 연대한 조직이 기원이다. 그 후, 오사마 빈 라덴은 걸프 전쟁을 계기로 미국이 군대를 사우디아라비아에 있는 이슬람교의 양대 성지 메카와 메디나에 상주하게 하자 이것이 신성한 땅을 더럽힌 것이라고 분노하여 반미국 투쟁으로서 무자헤딘을 재결집시켰다.

③ 1990년대 이래 주로 미국을 표적으로 테러를 자행하였으며 많은 사건을 대상으로 스스로 그 실행을 인정했다.

④ 2001년 미국에 동시 다발 테러를 단행하여 미국을 비롯한 전세계에 충격을 주었다. 2001년에 뉴욕 세계무역센터와 워싱턴 DC 국방부 건물 테러 사건, 같은 해 사우디아라비아에 소재한 미국 군대 기지 폭파 사건, 케냐와 탄자니아에 있는 미국 대사관 폭파 사건, 예멘 근해에 체류한 미국 군함인 콜을 습격한 사건에 관여했다고 간주되고 있다.

⑤ 2003년 말 이후에는 이라크에 알카에다계 활동 인원이 다수 잠입하였으며, 2004년의 미국인 닉버그와 김선일씨의 처형에도 간접적으로 연관되었을 것으로 추정되고 있다.

⑥ 이로 인해 전 세계의 계속되는 테러와의 전쟁 끝에 2011년 파키스탄에 은둔하던 빈 라덴이 미군에 의해 사살되었다. 아이만 알자와히리가 후계자가 되었으나 이후 세력이 약화되었다.

⑦ 특히 이라크 지부는 시아파 세속 정부에 반대하는 수니파 극단주의 민병으로 변질되어 2014년에 등장한 이라크 레반트 이슬람 국가(ISIS)에 통합되었다.

⑧ 2022년 7월 31일 알자와히리도 아프가니스탄에서 미군의 드론 공격으로 사망하였다.

⑨ 알카에다의 과격 테러로 인해 중동 국가들마저도 알카에다에 매우 적대적인 입장이다.

(5) 이슬람 국가(ISIS)

① 2004년 조직된 이라크 내 서방세력 축출 및 수니파 이슬람 국가 건설을 목표로 하는 테러조직이다.
  ➡ 2011년 미국이 이라크에서 철수함에 따라 '이라크 이슬람 국가(IS)'로 명명하고 반정부 투쟁을 전개하였다.

② 수니파 이슬람 극단주의 성향으로 주 활동지역은 이라크 중북부(바그다드, 카르발라, 니나와, 안바르, 디얄라 등) 및 시리아 동부지역이다.

③ 조직원은 약 3.5만 명으로 이 중 외국인 전투원은 2만 2천여 명, 서방국 출신자는 약 4,400명으로 알려져 있다.

④ 이라크 정부 및 시아파 대상 폭탄테러 등을 자행하고 있다.

⑤ 창설과정
  ㉠ 90년대 말, 알 자르카위(2006. 6. 사망)가 아프간에서 이라크로 귀국 후 현지 급진세력을 규합하여 팔루자에서 '유일신과 성전'을 결성했다.
  ㉡ 2004년 알 자르카위가 알카에다와 연대를 선언하고, 조직 명칭을 이라크 알카에다(AQI)로 변경했다.
  ㉢ 2006. 10. 이라크 이슬람 국가(ISI)로 조직명 변경을 선언했다.

　　ⓔ 2013. 4. 이라크·시리아 이슬람 국가(ISIS/ISIL)로 명칭을 변경하고, 시리아 반군 알 누스라 전선(AQ 산하조직)과의 합병을 선언했다.

　　ⓜ 2014. 2. 알카에다(AQ)는 'ISIL이 AQ분파가 아니라는 성명'을 발표했다.

　⑥ 주요 활동

　　㉠ 2004. 6. 팔루지 지역에서 한국인 근로자 '김선일' 납치·살해를 주도했다.

　　㉡ 2010. 10. 바그다드 소재 기독교 교회를 점거하여 인질극을 벌이다 이라크 군·경과의 대치 과정에서 58명이 사망하고 75명이 부상을 입었다.

　　㉢ 2011. 5. 오사마 빈 라덴 제거에 대한 보복으로 힐라에서 자폭테러를 자행하여 경찰 96명이 사상하였다.

　　㉣ 2012. 7. 수도 바그다드 및 중남부 주요도시(25개)에서 시내 중심가, 경찰서 등 대상 동시다발 폭탄테러를 자행하여 102명이 사망하고 264명이 부상을 입었다.

　　㉤ 2013. 9. 바그다드 시아파 집단 거주지 사드르 시티에서 추모객으로 붐비는 장례식장에서 자폭테러를 자행하여 72명이 사망하고 120명이 부상을 입었다.

　　㉥ 2014. 1. 이라크 서부 안바르주, 6월 모술 장악 후 이라크 군·경과 공방전을 거듭하면서 바그다드·아르빌 등 대도시에서 후방 테러를 자행하였다.

　　㉦ 2014. 8.~2015. 1. 미군 주도 연합군의 공습에 반발하여 인질로 잡고 있던 미국인 3명, 영국인 2명 및 일본인 2명을 잇따라 참수하였고, 요르단 조종사를 공개화형시켰다.

　　㉧ 2014. 8. 시작된 연합군 공습으로 2015. 5.까지 조직원 10,000여 명이 사망했다(6. 3. 미 국무부 부장관 '블링큰'이 파리에서 개최된 ISIL 대책회의에서 발표).

　　㉨ 2015. 11. ISIL은 프랑스 파리 동시다발(스타드 드 프랑스 축구장, 바타클랑 극장, 캄보디아 식당) 테러사건 관련 총 8명의 지하디스크가 범행을 자행했다고 발표했다(2015. 11. 14.).

(6) 테러조직 분류

　① 종교적 극단주의 : 알카에다, 헤즈볼라

　② 영토회복 목적 : 하마스, 이슬람 지하드

　③ 분리주의 : 아일랜드 공화군(IRA)

　④ 전통 좌파 게릴라 : 민족 해방군, 콜롬비아 혁명군

❻ 시대별 테러리즘 특징

(1) 1960년대

팔레스타인 해방기구가 등장(1964)하였으며, 이들은 한 해 동안 35건의 항공기 납치를 단행하는 등 한정된 대상이 아닌 민간인들에 대한 테러를 자행하였다.

(2) 1970~1980년대

세계적 경제성장이 이어지면서 테러리즘 발생건수도 증가하였고 규모도 대형화되기 시작하였다. 베이루트 주재 미국 대사관 공격(1983)이 대표적이다.

(3) 1990년대

공산진영이 붕괴하면서 극좌조직의 기반이 상실되고 자금 유입이 동결되어 테러리즘 발생건수는 줄어들었으나 규모는 대형화되었으며 무차별적 양상을 보였다. 일본의 옴진리교 사린가스 사건 (1995)이 대표적이다.

(4) 2000년대

테러리즘 발생건수가 증가하였으며 테러리즘이 국제화·대형화되었다. 공격주체가 더욱 불명확해 졌으며, 인터넷 등의 발달로 공포의 확산이 용이해졌다.

제9절 | 군사적 개입의 정당성 : 군사적 개입이론

① 개요

(1) 마이클 월저(Michael Walzer)는 현대 정치 철학 및 국제 윤리학자이다.

(2) 특히 그의 군사적 개입에 대한 논의는 국제관계에서의 윤리적 문제를 다루는 데 중요한 이론적 기초를 제공했다.

(3) 그는 군사적 개입에 관한 주요 저서인 『Just and Unjust Wars』(정당한 전쟁과 부당한 전쟁)에서 전쟁의 윤리적 문제를 깊이 탐구하였다.

(4) 이 책은 1977년에 처음 출판되었으며, 전쟁과 군사적 개입의 윤리적 기준을 제시한 역작으로 평가된다.

② Walzer는 정당한 전쟁 이론(Just War Theory)에서 군사적 개입을 정당화하는 조건을 다음과 같이 제시

(1) 자위적 목적(Self-defense)

① 군사적 개입이 정당화될 수 있는 가장 중요한 이유는 자신이나 다른 국가를 방어하기 위한 자위적 목적이어야 한다는 것이다.

② 즉, 국가나 집단이 공격을 받았을 때 이를 막기 위한 전쟁은 정당하다고 본다.

(2) 인도주의적 개입(Humanitarian Intervention)

① 특정 국가에서 발생하는 인권 침해나 폭정(예 집단 학살, 인종 청소 등)을 막기 위해 외부 국가들이 군사적 개입을 할 수 있다고 주장했다.

② 그러나 그는 이를 매우 제한적으로 보고, 개입이 불가피할 경우에만 정당화될 수 있다고 강조했다. 예를 들어, 나치 독일에 대한 연합군의 개입이다.

(3) **비례성(Proportionality)**

　① 군사적 개입의 정당성은 그 규모와 강도가 상황에 비례해야 한다.

　② 즉, 개입의 목적을 달성하기 위한 힘의 사용이 과도해서는 안 된다고 강조한다.

(4) **합법성(Legitimacy)**

　① 군사적 개입이 국제법에 부합해야 한다.

　② 이를 위해서는 국제사회, 특히 국제연합(UN)의 승인을 받는 것이 중요하다.

❸ 기타 논점

(1) 월저는 군사적 개입을 단순히 "적국을 정복하거나 점령하기 위한 행동"으로 보지 않고, 윤리적이고 도덕적인 기준을 적용해야 한다고 주장했다.

(2) 그는 군사적 개입의 정당성을 평가할 때 여러 가지 요소—목적, 비례성, 수단, 결과 등을 종합적으로 고려해야 한다고 수상했다.

(3) 월저는 제국주의적 침략이나 민간인에 대한 대규모 폭력 행위를 목표로 한 전쟁을 비판했다.

(4) 그는 다른 국가의 내정에 대한 개입에 대해 신중해야 한다고 경고하며, 특히 민주주의와 주권을 존중해야 한다고 강조했다.

(5) 군사적 개입이 다른 국가의 정치 시스템을 바꾸려는 목적이라면, 이는 국제법과 윤리에 위배된다고 주장했다.

제10절 전쟁권한법(War Powers Act)

❶ 개요

(1) 전쟁권한법은 1973년에 미국에서 제정된 법으로, 미국 대통령의 전쟁 발발 및 군사력 사용에 대한 권한을 제한하고, 의회가 전쟁에 대한 결정을 더 큰 역할로 관여하도록 하기 위해 만든 법이다.

(2) 이 법은 미국 대통령이 군사력을 사용할 때 의회의 승인을 받도록 하는 것을 목적으로 한다.[*]

　✎ 대사임명, 전쟁지휘, 조약협상 등은 미국 대통령의 권한이지만 전쟁선포권은 의회의 권한이다.

(3) 닉슨 대통령은 이 법에 대해 거부권을 행사하였으나 의회는 이를 무효화하고 법을 확정하였다.

❷ 제정 배경

(1) 전쟁권한법은 1960년대와 1970년대 베트남 전쟁을 비롯한 미국의 군사 개입 시 의회의 권한이 약화된 상황에서 제정되었다.

(2) 베트남 전쟁 동안 대통령이 전쟁을 결정하는 과정에서 의회의 동의 없이 군사력을 발동한 것에 대해 비판이 많았고, 이로 인해 의회의 권한을 강화하려는 움직임이 발생하였다.

❸ 주요 내용

(1) 대통령이 군사력을 사용하는 경우, 48시간 이내에 의회에 이를 보고한다.

(2) 대통령이 군사력을 사용하여 전쟁에 참여할 수 있는 기간은 60일로 제한한다.
   ① 60일 이내에 의회의 승인이 없으면 대통령은 군사 작전을 중지
   ② 철수기간 30일

(3) 대통령은 군사작전을 시작하기 전에 의회와 협의(의무는 아님), 전쟁권한법은 이러한 협의를 장려한다.

❹ 전쟁권한법의 의의

(1) 의회의 권한 강화

(2) 대통령의 군사력 사용에 대한 통제

❺ 전쟁권한법의 한계와 논란

(1) 많은 대통령들이 이 법을 존중하지 않거나 법의 요건을 무시하고 군사작전을 시행해 왔다.

(2) 1990년대 걸프 전쟁이나 2001년의 아프가니스탄 전쟁, 2003년의 이라크 전쟁 등에서 미국 대통령들은 의회의 승인 없이 군사작전을 시작하였다.

제11절 | 보호책임(Responsibility to Protect, R2P)

❶ 개요

(1) 보호책임은 국가가 자국민을 대량 학살, 전쟁 범죄, 민간인에 대한 범죄 등 심각한 인권 침해로부터 보호할 책임을 지는 원칙이다.

(2) 이 원칙은 2005년 유엔총회에서 채택*된 것으로, 각국의 주권을 존중하면서도 인류의 보편적 가치를 보호하기 위한 국제적인 방안이다.

   ✎ 2001년 '개입과 국가주권에 관한 국제위원회'에 의해 마련된 보고서에 명시되었다가 2005년 총회에서 채택되었다. 집단학살, 전쟁범죄, 인종청소, 인도에 대한 죄 등 4가지 사항에 대해서만 보호책임이 적용된다.

(3) R2P는 국제사회가 인도적 위기를 예방하고 대응하는 데 있어 중요한 역할을 할 수 있도록 하는 체계적인 접근을 제시한다.

❷ R2P의 세 가지 주요 원칙

(1) 국가의 책임

모든 국가에는 자국민을 보호하고 인권을 지킬 책임이 있다. 즉, 정부는 자국민을 대량 학살, 전쟁 범죄, 인종 청소, 고문 등의 인권 침해로부터 보호할 의무가 있다.

(2) 국제사회 책임

만약 한 국가가 자국민을 보호하지 못하거나 이를 방기하는 경우, 국제사회는 개입하여 보호를 도울 책임이 있다. 이는 외교적 압박, 제재, 인도적 지원, 그리고 필요시 군사적 개입을 포함할 수 있다.

(3) 국제공동체의 강제적 수단을 통한 책임(군사적 개입의 조건)

국가가 자국민을 보호하지 못할 경우, 국제사회는 군사적 개입을 고려할 수 있다. <u>군사적 개입은 최후의 수단으로 간주되며, UN의 승인을 받아야 하고, 개입은 가능한 한 제한적이고 비례적으로 이루어져야 한다.</u>

❸ R2P의 역사적 배경

(1) R2P의 개념은 1990년대 후반부터 2000년대 초반까지 벌어진 여러 인도적 위기, 특히 르완다 대량 학살(1994)과 보스니아 전쟁(1992~1995), 코소보 전쟁(1999) 등의 사례에서 비롯되었다.

(2) 당시 국제사회는 민간인에 대한 심각한 인권 침해를 막기 위한 개입을 실패한 사례들이 많았고, 이러한 실패를 반영하여 보호책임에 대한 논의가 활발히 진행되었다.

❹ R2P의 발전

(1) 2001년 국제위원회의 "인류 보호의 책임"이라는 제목으로 발표된 보고서는 R2P의 기본 개념을 처음으로 구체화한 문서이다.

(2) 이 보고서는 국가의 주권을 존중하면서도 국제사회가 민간인 보호를 위해 개입할 수 있어야 한다고 주장한다.

(3) R2P 원칙은 2005년 유엔 세계 정상 회담에서 공식적으로 채택되었다. 이 회담에서 각국 정상들은 <u>"국가가 자신의 국민을 보호할 책임을 지며, 이를 할 수 없을 경우 국제사회가 개입해야 한다."</u>는 원칙을 명확히 하였다.

❺ R2P의 적용 사례

(1) 리비아(2011)

① 리비아에서 무아마르 카다피 정권이 반정부 시위를 폭력적으로 진압하던 중, 유엔 안보리는 리비아 내 민간인 보호를 명분으로 군사적 개입을 승인하였다.

② 이는 R2P의 적용 사례 중 하나로 평가받지만, 개입 후 리비아 내 상황은 혼란에 빠지고 국제사회는 비판을 받기도 했다.

(2) **수단(다르푸르 지역, 2000년대)**

① 수단 다르푸르 지역에서 발생한 대규모 학살에 대해, 국제사회는 개입을 시도했으나 실제적인 군사적 개입이나 효과적인 보호에는 한계에 직면했다.

② 이 사건은 R2P가 적용되어야 하는 상황이었지만, 제약된 자원과 정치적 어려움 때문에 효과적인 보호가 어려운 사례로 남아 있다.

❻ 한계와 논란

(1) **국가 주권과의 충돌**

① R2P는 국가 주권을 존중하면서도 국제적 개입을 주장하는데, 일부 국가들은 이 개입이 자국의 주권을 침해한다고 반발한다.

② 특히 강대국들은 이를 자기 정치적 이익을 위한 도구로 사용할 수 있다고 우려하기도 한다.

(2) **군사적 개입의 남용**

① R2P의 군사적 개입이 과도하게 사용될 수 있다고 우려하기도 한다.

② 리비아 개입 사례처럼 군사적 개입이 상황을 악화시킬 수 있다는 비판도 존재한다.

(3) **정치적 이익의 개입**

국제사회의 군사적 개입이 항상 인도적 이유만으로 이루어지는 것이 아니라, 국제정치적 계산과 맞물려 이루어질 수 있다는 점에서 공정성에 대한 의문이 제기된다.

제12절 | 비대칭 위협

❶ 개요

(1) 비대칭 위협(Asymmetric Threat)은 전통적인 군사적 강점을 가진 국가나 조직에 비해 상대적으로 약한 상대방이 비정상적이고 비대칭적인 방법으로 위협을 가하는 상황을 의미한다.

(2) 즉, 군사력, 경제력, 기술력 등에서 큰 차이를 보이는 두 세력 간에 발생하는 갈등에서, 상대방은 전통적인 군사적 수단 대신 비정상적이고 창의적인 방식으로 대응하는 경우를 의미한다.

❷ 비대칭 위협의 주요 특징

(1) **비전통적인 전술 사용**

① 상대방은 일반적인 군사 충돌보다는 게릴라전, 사이버 공격, 테러리즘, 정보전 등 비전통적인 방식으로 공격을 감행한다.

② 예를 들어, 테러리스트 그룹은 대규모 군대와 싸우지 않지만, 폭탄 테러나 자살 폭탄 공격을 통해 치명적인 피해를 입힐 수 있다.

(2) 군사적 불균형

① 비대칭 위협은 두 세력 간 군사력 차이가 클 때 발생한다. 강대국이 높은 기술력과 군사력을 가지고 있어 단순히 일반적인 접근으로는 그 차이를 좁히기 어려울 때 사용되는 수단이다.

② 예를 들어, 저비용 무기 등을 활용해서 상대적 강대국을 공격하는 것이 있을 수 있다. 물론 대량 살상무기(핵, 생화학 무기 등)를 활용할 수도 있다.

(3) 불확실성과 예측 불가능성

① 비대칭 위협은 예측이 어려운 점에서 전통적인 군사적 위협과 다르다.

② 상대방이 전통적인 전투가 아니라, 불규칙한 방법으로 위협을 가하기 때문에 대응하기가 어려운 경우가 많다.

(4) 목표와 의도

① 비대칭 위협의 목적은 주로 심리적, 정치적, 경제적 압박을 가하는 데 있다.

② 예를 들어, 테러리즘은 군사적 승리가 아니라 사회적 불안이나 국제적 긴장을 유발하려는 목표를 가질 수 있다.

❸ 비대칭 위협 종류(예)

(1) 테러리즘

알카에다나 IS(이슬람국가)와 같은 테러리스트 단체는 전통적인 군사적 교전을 피하고, 민간인을 대상으로 한 공격을 통해 심리적 압박을 가하고 국제적 위협을 증대시킨다.

(2) 사이버 공격

① 사이버 공격은 물리적인 군사력 없이 상대국의 중요한 인프라를 공격하거나 데이터를 훔치는 방식으로 국가안보를 위협한다.

② 예를 들어, 스턱스넷(Stuxnet) 바이러스는 이란의 핵시설을 공격하는 데 사용되었다.

(3) 게릴라전

베트남 전쟁이나 아프가니스탄 전쟁에서 볼 수 있듯, 약한 세력은 게릴라 전술을 통해 강대국의 군사력을 무력화시키거나 적의 민심을 교란한다.

제13절 인간안보 개념

❶ 인간개발지수(Human Development Index, HDI) 소개

(1) 1994년 유엔개발계획(UNDP) 인간 개발 보고서는 "인간 개발 지수"(Human Development Index, HDI)라는 중요한 개념을 소개했다.

(2) "모든 개인이 인간으로써의 능력을 최대한 높여, 경제, 사회, 문화, 정치 등의 모든 영역에서 능력을 충분히 발휘할 수 있는 것"을 목표로 하는 인간개발의 개념을 제시하였다.

② 인간개발의 요체

(1) 국가와 국민경제를 중심으로 추진해 온 종래의 개발정책의 개발개념을 개혁할 필요가 있다.

(2) 인간개발에 초점을 맞춘 개발을 추진하는 것이야말로 사람들이 살아가는데 있어 선택의 폭을 넓힐 수 있다.

(3) 하지만, 현실세계에서는 인간개발을 방해하는 많은 위협이 존재하므로 그러한 위협으로부터 사람들을 보호하기 위해서는 인간안보의 확보가 필요하다.

③ 인간안보 개념 최초 제시

(1) 전통적인 국가 안보개념*을 넘어서는 새로운 안보개념으로, 사람들의 삶의 질과 개인의 안전을 중심에 놓고 발전을 정의하려는 접근을 제시하였다.

  ✎ 전통적인 안보개념은 국가를 중심으로, 군사적 위협과 국가의 방어에 초점을 맞추고 있다. 그러나 인간 개발 보고서는 인간안보를 제시하면서, 개인과 지역 사회의 안전을 중요시하였다. 인간안보는 사람들이 기본적인 생활을 영위할 수 있도록 보장하는 데 초점을 맞추며, 경제적, 사회적, 정치적 안전을 포함하는 보다 포괄적인 개념이다.

(2) 이는 단순히 군사적 위협이나 국가 간의 전쟁에 대한 대응을 넘어서는 개념으로, 사람들이 직면하는 위협을 더 넓은 범위에서 인식하고 이를 해결하려는 방안을 제시한 것이다.

(3) **인간안보의 7가지 주요 차원**

  ① 경제 안보(빈곤으로부터의 자유) : 경제 안보는 사람들이 기본적인 생활을 유지할 수 있는 충분한 자원을 보장받는 상태를 의미한다. 즉, 빈곤과 실업 등의 문제로부터 사람들이 보호받고, 최소한의 생계 유지가 가능하도록 하는 것이 핵심이다.

  ② 식량 안보(기아로부터의 자유)

  ㉠ 개념 : 모든 사람이 항상 충분하고 안전한 음식을 접근할 수 있는 상태로 이는 경제적, 사회적, 환경적 조건에 따라 각국이나 지역의 식량 생산과 분배가 안정적이고 지속 가능한지 여부를 의미한다.*

    ✎ 세계보건기구(WHO)와 국제연합식량농업기구(FAO)에서 정의한 바에 따르면, 식량이 단지 충분히 공급되는 것이 아니라, 사람들이 그 식량을 영양적으로 안전하고 균형 잡힌 방식으로 섭취할 수 있어야 한다는 의미도 포함된다.

  ㉡ 최근 곡물(식량)의 수요증가는 사료용 곡물 수요증가, 인구증가, 곡물의 바이오 에너지화 등으로 발생하고 있다.

  ㉢ 반면, 식량 공급의 부족원인은 유가와 비료비 인상, 농업 투자 감소, 비식용 농작물 생산 확대, 기후변화로 인한 자연재해 등이 있다.

  ㉣ 식량안보 문제는 수요과 공급 문제, 분배 문제 등이 복합적으로 작용된다.

  ㉤ **식량안보의 4가지 핵심 요소**

    ⓐ **식량의 가용성(Availability)** : 충분한 생산 및 비축

    ⓑ **식량의 접근성(Accessibility)** : 경제적 또는 물리적 접근

    ⓒ **식량의 이용 가능성(Utilization)** : 식량의 질과 안전성

    ⓓ **식량의 안정성(Stability)** : 안정적 공급

③ **건강(보건) 안보(질병으로부터의 자유)**: 건강 안보는 질병과 전염병으로부터 사람들을 보호하는 것을 의미한다. 여기에는 기본적인 의료서비스와 건강한 삶을 위한 환경이 포함되며, 건강 문제가 개인의 안보와 밀접하게 연결된다는 인식이 포함된다.

④ **환경 안보(청결한 물과 공기의 확보)**: 환경 안보는 자연재해나 환경 파괴로부터 사람들을 안전하게 지킬 수 있는 상태를 의미한다. 기후변화, 자연재해, 환경오염 등의 위협에 대비하고, 지속 가능한 환경을 보장하는 것이 중요하다.

⑤ **개인 안보(폭력, 범죄, 약물의 공포로부터의 자유)**: 개인의 신체적 안전을 의미한다. 이는 폭력, 범죄, 인권 침해 등으로부터 사람들을 보호하고, 법과 질서를 통해 개인이 안전하게 생활할 수 있는 조건을 만드는 것이다.

⑥ **사회(공동체) 안보(가족생활, 각각의 민족집단에 참가할 수 있는 자유)**: 사회 안보는 사회적 약자나 소수자들이 차별받지 않고, 평등한 기회를 가질 수 있도록 보장하는 것이다. 또한, 사회적 연대와 협력이 이루어지는 환경을 만드는 것이 핵심이다.

⑦ **정치 안보(기본적인 인권을 향유할 수 있는 자유)**: 정치 안보는 자유롭고 공정한 정치적 환경을 의미한다. 이는 사람들이 정치적 자유, 표현의 자유, 이념의 자유, 정보의 자유, 민주적 참여를 통해 정치적으로 안전하게 자신을 표현하고, 참여할 수 있도록 하는 것이다.

⑷ **인간안보의 유형 구분**

① **인간개발(능력강화: empowerment)형**: 경제, 식량, 건강, 환경

② **평화구축(보호: protection)형**: 개인, 지역사회, 정치

➡ 실제 정책을 운영함에 있어 인간개발형과, 평화구축형이 필요에 따라 병행, 병존하는 것이지, 양자택일의 관계는 아니다.

제14절 | 사이버 안보

❶ 개념

⑴ 사이버 안보의 정의에 대해 국가마다 조금씩 이견이 있지만, 현재 우리나라는 사이버 안보를 "정보통신망과 정보시스템을 보호하고, 나아가 국가 전체의 사이버 공간 자체의 안전성을 보장"하는 것으로 정의한다.

⑵ 과거에는 사이버 안보를 사이버 공간 상에서 이용되는 정보를 보호하는 것으로 바라보았지만, 최근에는 사이버 공간을 현실 세계와 연결되어 있는 공간으로 보게 됨으로써 사이버 안보의 개념을 보다 포괄적으로 받아들이고 있다.

❷ 사이버 공격의 특징

⑴ 책임소재가 불분명하다.

⑵ 공격원점을 찾는 것이 어렵다.

⑶ 공격의 대상이 매우 다양하다. 네트워크를 활용하는 공적, 사적 공간 모두 가능하다.

⑷ 개인 등 비국가 행위자들도 사이버 공간에서 안보문제에 영향을 줄 수 있다.

⑸ 최근에는 개인 또는 집단이 개별적으로 저지르는 공격을 넘어서 국가 차원의 공격도 시행된다. 따라서 사이버 공간에서의 공격이 국가 간 국제적인 분쟁으로 문제화 될 가능성이 크다.

⑹ 가상공간에서의 공격이 생활 경제에까지 타격을 입히며 "현실 세계에 위협"을 초래하고 있다.

❸ 각국의 대응

⑴ **미국의 대응**
① 미국은 국토안보부와 국방부가 사이버 안보 전략을 수립하고 추진한다.
② 전략의 핵심 원칙은 "기본적 자유, 프라이버시, 자유로운 정보의 흐름" 등이다.
③ 세부전략은 다음과 같다.
 ㉠ 사이버 공간의 방어력 및 복원력을 증가시키기 위해 동맹국들과의 협력 증진 추구
 ㉡ 민간 부문과의 파트너십 구축 강화
 ㉢ 사이버 억지력과 대응력을 확보하기 위해 국제 대응 체제 확립
 ㉣ 강력한 사이버 안보 연합 구축을 위해 나토(NATO), 유럽연합(EU), 인도−태평양 지역과 안보협력 증진

⑵ **유럽연합(EU)의 대응**
① 사이버 안보 전략의 일환으로 'EU 사이버 방어정책'을 발표하였다.
 ㉠ 강력한 사이버 방어를 위한 공동 대응체계 마련
 ㉡ 민간 단체와 공조 강화
 ㉢ EU 전체적으로 국방 생태계 구축을 위해 군사 인프라와 공동 방어 임무, 연구 기관 등에 보안을 강화하고 투자를 촉진
② 주변국들과 파트너십 강화
 ㉠ NATO와 파트너십을 필수요소로 인식하여 EU-NATO 관계 강화
 ㉡ 동맹국들과 파트너십 강화
 ㉢ 사이버 방어 분야를 포함한 다양한 위협에 대한 회원국들간 공유 체계 강화
③ 사이버 성숙도가 낮은 국가에 대해 역량을 강화시킨다.

⑶ **중국**
① '중앙인터넷 안전정보화영도소조'와 국가안전부가 서로 협력하여 전략을 구축한다.
② 정권의 정치적 안정을 도모하기 위해 다소 공세적인 전략을 추진한다.

③ 사이버 공간에서의 국제협력을 위한 전략의 주요 내용
  ㉠ 사이버 상에서 국가 주권 인정
  ㉡ 국제규범 체제 확립
  ㉢ 인민의 합법적 권익 보장

(4) 러시아

① '연방보안부'와 '해외정보부'가 총괄하여 안보 전략을 수립한다.
② 사이버 전략의 특징
  ㉠ 정치, 사회체제 보호에 중점
  ㉡ 정보의 공공안전을 중시해 '정보 주권' 강조
  ㉢ 사이버 공간 관련 문제를 국내 차원의 안보문제로 보고 대응하여, 사이버상에서의 국가 주권 인정, 국가 정보에 대한 통제권 인정을 주장

더 알아보기

탈린 매뉴얼

• 2013년 3월 북대서양조약기구(North Atlantic Treaty Organization, NATO)가 사이버테러에 관한 조항들을 성문화한 최초의 사이버교전 수칙이다(95개).
• 구속력은 없으나 사이버교전에서 국제적인 가이드라인 역할을 한다.
• 탈린 매뉴얼은 2007년 DDoS(분산 서비스 거부) 공격으로 탈린 지역의 인터넷이 마비된 사건을 계기로 사이버테러의 심각성이 대두되자 사이버교전에서 최소한의 인도적 교전 규범이 필요하다는 인식에서 마련되었다.
• 이 수칙은 에스토니아의 탈린에 위치한 나토 산하 사이버방어협력센터(CCDCOE)의 총괄 아래 20여 명의 국제법 전문가들이 3년에 걸쳐 완성하였다.
  – 무장공격에 상응하는 사이버공격을 받은 국가는 자기방어권 행사 가능
  – 사이버공격의 피해 국가가 다수일 경우에는 집단적 자기방어권 행사 가능
  – 사이버공격에 직접적으로 가담한 민간인은 국제법상 보호받지 못함.
• 탈린 매뉴얼에 따르면 사이버공격을 무력 분쟁의 하나로 규정하고 사이버테러를 당했을 경우 피해 정도에 비례해 대응조치를 취할 수 있도록 되어 있다.
• 자국민의 살상, 심각한 재산피해 시에는 군사력을 동원한 공격도 가능하지만 댐이나 제방, 원자력발전소 등은 공격하지 못하도록 하고 있다.

---

④ 다중이해당사자주의 VS 정부간 주의

(1) 서방 진영은 사이버 공간에서 표현의 자유, 개방, 신뢰 등의 기본원칙을 존중하면서 개인, 업계, 시민사회 및 정부기관 등과 같은 다양한 이해당사자들의 의견이 수렴되는 방향으로 세계질서를 모색해야 한다고 주장한다.

(2) 이에 대해 러시아와 중국으로 대변되는 진영은 사이버 공간은 국가주권의 공간이며 필요시 정보 통제도 가능한 공간이므로 기존의 인터넷 거버넌스를 주도해 온 서방 진영의 주장처럼 민간 중심의 이해당사자주의에 의해서 사이버 공간을 관리할 수는 없다고 주장한다.

제15절 집단안보 VS 공동안보 VS 협력안보

❶ 집단안보

(1) 집단안보란 한 집단 내의 국가들이 자국의 안보를 위해 자국에만 의존하는 자조나 동맹에 의존하는 것이 아니라, 구성원 개별국가의 안보를 집단 내 모든 구성원의 공동 관심사로 이해하고 집단 내 평화 유지와 전쟁방지를 위한 조직적이며 체계적인 국가 간의 협력에 참여함으로써 달성하는 안보이다.

(2) 따라서 집단안보체제에서 국가들은 체제의 어느 한 국가에 대한 침략을 협력체 전체에 대한 위협으로 간주하며, 침략이 발생하기 이전에 그러한 침략이 발생했을 때 어떻게 대처할지에 대한 합의된 행동요령을 마련한다.

➡ UN의 집단안보체제는 회원국에만 적용되는 것은 아니다. UN헌장 제2조 6항에 따르면 비회원국에게도 적용될 수 있음을 시사하고 있다.[*]

   ✐ 유엔헌장 제2조 6항에서는 세계 평화를 파괴하는 국가에 대하여 국제평화와 안전의 유지에 필요한 경우 비회원국에 대하여 집단적 간섭권을 인정한다.

(3) **집단방위와는 차이**

① 집단방위는 자조의 원칙을 다자로 확장한 것으로 사전에 적과 동지를 구분하고 "특정한" 적을 상정하여 공동의 방어체제를 구축하는 것이다.

② 반면, 집단안보는 특정한 적을 상정하지 않고 한 국가에 대한 적을 자동으로 모든 국가에 대한 적으로 규정한다.

> **더 알아보기**
>
> **집단안보의 제한사항**
> - 집단안보가 작동하기 위해서는 국가들이 침략자와 희생자를 명확히 구분하고 침략자에 대응해야 하는데 때때로 위기의 순간에 이러한 구분은 어렵다.
> - 모든 침략은 잘못된 것이라 가정하지만, 위협적인 이웃을 정복하는 것이 정당화되는 경우도 있다.
> - 몇 몇 국가들은 역사적 또는 이념적 이유 때문에 특히 친밀한 관계를 유지하는데, 이 중 한 국가가 침략자로 낙인찍힐 때 우방국이 그에 맞설지는 불확실하다.
> - 국가 간의 역사적 반목이 집단안보 노력을 복잡하게 할 수 있다.
> - 국가들이 자동적, 집단적으로 침략에 맞서기로 합의하더라도 부담을 어떻게 분배할 것인가 결정하는데 어려움이 생길 수 있다(비용전가 가능성 존재).
> - 집단안보체제는 지역수준의 갈등을 국제수준의 갈등으로 상승시키기에 국가들은 집단안보 노력에 동참하는 것에 주저할 수 있다.
> - 민주주의 국가가 침략에 자동적으로 대응해야 한다는 관념은 국가의 주권을 침해할 수 있다.
> - 책임국들이 실제로 위협받는 국가를 구원할 것인가에 대해 의문을 제기하는 군사력 사용에 대한 상반된 의견도 존재할 수 있다. 책임국들이 전쟁을 혐오해 무력사용을 부인할 수도 있다.

❷ 공동안보

(1) 공동안보는 한 국가의 자조나 동맹이 아니라 타국들과의 다자협력을 통해 전체 국가의 안보를 증진시킨다는 맥락에서 상당부분 집단안보와 유사하다.

(2) 하지만 공동안보는 대화와 제한적 협력을 통해 상대의 안보를 보장하여 자국의 안보를 달성하려는 방식이다. 즉, 적대국과의 협력을 통해 안보를 달성하려는 것이다.

(3) 팔머위원회*의 보고서는 오인과 사고로 원치 않는 전쟁이 일어날 가능성에 대하여 공동으로 인식하게 된 이상 전략적 상호의존의 세계에 있어서 생존을 보장하기 위한 적과의 협력이 필요하다고 강조하며, 6가지 공동안보원칙을 제시하였다.

    ✎ 스웨덴의 팔머위원회는 1982년 Common Security : A blueprint for Survival을 제시하였고, 1989년 최종 보고서를 제출하였다.

    ① 첫째, 모든 국가는 안보를 위한 정당한 권리를 갖는다.
    ② 둘째, 군사력은 국가 간의 분쟁 해결을 위한 성낭한 도구가 아니다.
    ③ 셋째, 국가 정책의 표현에는 제한이 필요하다.
    ④ 넷째, 안보는 군사적 우위로 얻을 수 없다.
    ⑤ 다섯째, 무기의 양적인 감축과 질적인 제한은 공동안보를 위해 필수적이다.
    ⑥ 여섯째, 무기 협정과 정치적 사안의 연계는 피해야 한다.

❸ 협력안보(Cooperative Security)

(1) 각 국가의 군사체계 간의 대립관계를 청산하고 나아가 협력적 관계의 설정을 추구함으로써 근본적으로 상호 양립 가능한 안보 목적을 달성하는 것이다.

(2) 탈냉전 이후 더욱 복잡한 안보환경에 맞닥뜨리면서 이에 대응하기 위한 새로운 안보레짐 구축 필요성이 절감되었다.

(3) 협력안보는 집단안보나 공동안보의 개념과 유사하게 보이지만, 가장 큰 차이점은 협력안보는 침략과 갈등 발생 전에 예방적 수단으로서의 역할을 강조한다는 것이다.

(4) 따라서 협력안보는 '예방외교(Preventive diplomacy)'의 중요성을 강조한다.

❹ 안보공동체

공동체 성원 사이에 '평화적 변화'의 기대를 보장할 정도로 충분한 제도와 관행이 형성되고 또 그렇게 되어야 한다는 믿음이 있는 상태를 의미한다.

❺ 안보레짐

일단의 국가들이 스스로의 행동과 타국의 행위에 대한 가정을 통해 안보딜레마를 줄임으로써 그들 간의 분쟁을 해결하고 전쟁을 피할 수 있는 상태이다.

제16절 남북한 군비통제

한반도 평화 연표

6·25 전쟁 휴전협정	1953년 7월 27일
7·4 남북공동성명	1972년 7월 4일
남북 유엔 동시 가입	1991년 9월 17일
남북기본합의서	1991년 12월 13일
2000년 남북정상회담(김대중)	2000년 6월 13일~15일
6·15 남북공동선언	2000년 6월 15일
2007년 남북정상회담(노무현)	2007년 10월 2일~4일
10·4 남북정상선언	2007년 10월 4일
봄이 온다	2018년 4월 1일~3일
2018년 제1차 남북정상회담(문재인)	2018년 4월 27일
판문점 선언	2018년 4월 27일
2018년 제2차 남북정상회담	2018년 5월 26일
2018년 북미정상회담	2018년 6월 12일
2018년 제3차 남북정상회담	2018년 9월 18일~20일
2019년 2월 북미정상회담	2019년 2월 26일~28일
2019년 6월 북미정상회담	2019년 6월 30일

① 개요

남북한 군비통제 역사에는 여러 차례 중요한 시도와 협상이 있었으며, 이는 주로 군사적 긴장 완화, 전쟁방지, 상호 신뢰구축을 목표로 진행되었다.

② 시기별 주요 내용

(1) 6·25 전쟁 후 군비통제 논의

① 전쟁 후, 남북한은 군사적 대립 상태에 있었고, 군비통제에 대한 논의는 한동안 실질적인 진전을 보지 못했다.

② 그럼에도 불구하고 1950년대와 1960년대에는 다양한 국제적, 국내적 요구에 따라 군비통제에 대한 논의 시도는 있었다.

(2) 1960년대~1970년대 초기 군비통제 논의

① 1972년 남북공동성명 : 1972년 7월 4일 남북은 제1차 남북정상회담을 통해 공동성명을 채택하며 군사적 충돌을 방지하고, 서로의 군사적 긴장을 완화할 필요성을 강조하였다. 그러나 이 합의서에 군비통제에 대한 구체적인 사항은 포함되지 않았다.

㉠ 7·4 남북공동성명 제1조 : 조국 통일 원칙에 합의하였다(자주, 평화, 민족대단결).

㉡ 제1조 외에도 남북 적십자 회담 성사 추진, 서울과 평양을 연결하는 상설 직통전화 배치, 남북 조절 위원회 구성 등을 합의하였다.

7·4 남북공동성명

최근 평양과 서울에서 남북관계를 개선하며 갈라진 조국을 통일하는 문제를 협의하기 위한 회담이 있었다. 서울의 이후락 중앙정보부장이 1972년 5월 2일부터 5월 5일까지 평양을 방문하여 평양의 김영주 조직지도부장과 회담을 진행하였으며 김영주 부장을 대신한 박성철 제2부수상이 1972년 5월 29일부터 6월 1일까지 서울을 방문하여 이후락 부장과 회담을 진행하였다.

이 회담들에서 쌍방은 조국의 평화적 통일을 하루빨리 가져와야 한다는 공통된 염원을 안고 허심탄회하게 의견을 교환하였으며 서로의 리해를 증진시키는데서 큰 성과를 거두었다.

이 과정에서 쌍방은 오랫동안 서로 만나보지 못한 결과로 생긴 남북 사이의 오해와 불신을 풀고 긴장의 고조를 완화시키며 나아가서 조국 통일을 촉진시키기 위하여 다음과 같은 문제들에 완전한 견해의 일치를 보았다.

1. 쌍방은 다음과 같은 조국 통일 원칙들에 합의를 보았다.
   첫째, 통일은 외세에 의존하거나 외세의 간섭을 받음이 없이 자주적으로 해결하여야 한다.
   둘째, 통일은 서로 상대방을 반대하는 무력행사에 의거하지 않고 평화적 방법으로 실현하여야 한다.
   셋째, 사상과 이념, 제도의 차이를 초월하여 우선 하나의 민족으로서 민족적 대단결을 도모하여야 한다.
2. 쌍방은 북과남 사이의 긴장상태를 완화하고 신뢰의 분위기를 조성하기 위하여 서로 상대방을 중상 비방하지 않으며 크고 작은 것을 막론하고 무장도발을 하지 않으며 불의의 군사적 충돌사건을 방지하기 위한 적극적인 조치를 취하기로 합의하였다.
3. 쌍방은 끊어졌던 민족적 련계를 회복하며 서로의 이해를 증진시키고 자주적 평화통일을 촉진시키기 위하여 남북 사이에 다방면적인 제반교류를 실시하기로 합의하였다.
4. 쌍방은 지금 온 민족의 거대한 기대 속에 진행되고 있는 남북적십자회담이 하루빨리 성사되도록 적극 협조하는데 합의하였다.
5. 쌍방은 돌발적 군사사고를 방지하고 남북 사이에 제기되는 문제들을 직접, 신속 정확히 처리하기 위하여 서울과 평양 사이에 상설 직통전화를 놓기로 합의하였다.
6. 쌍방은 이러한 합의사항을 추진시킴과 함께 남북 사이의 제반문제를 개선 해결하며 또 합의된 조국 통일 원칙에 기초하여 나라의 통일문제를 해결할 목적으로 이후락 부장과 김영주 부장을 공동위원장으로 하는 남북 조절위원회를 구성, 운영하기로 합의하였다.
7. 쌍방은 이상의 합의사항이 조국 통일을 일일천추로 갈망하는 온 겨레의 한결같은 념원에 부합된다고 확신하면서 이 합의사항을 성실히 이행할 것을 온 민족 앞에 엄숙히 약속한다.

서로 상부의 뜻을 받들어
이후락
김영주
1972년 7월 4일

---

② 1974년 군비통제 및 평화 회담 제안 : 남북한은 군비축소와 군사적 긴장 완화를 위해 회담을 진행하려 했으나, 실제적인 협상은 이루어지지 않았다.

(3) 1990년대 한반도 비핵화와 군비통제 논의

① 1991년 남북기본합의서 : 1991년 12월 남북은 '남북기본합의서'를 체결하여 상호불가침을 다짐하고, 군비축소 및 상호 신뢰구축을 위한 노력을 하기로 합의하였다.

㉠ 1991년 9월 남북한이 유엔에 동시에 가입하였고, 이를 배경으로 12월 남북한 기본합의서를 채택하였다.

ⓛ 이 기본합의서의 주요 사항은 <u>남북한 상호 체제 인정과 상호불가침, 남북한 교류 및 협력 확대</u> 등이다.

ⓒ 1992년 9월 16일부터 9월 17일까지 열린 제8차 남북고위급회담에서 양측은 남북합의서 이행과 관련한 3가지 부속합의서에 합의하였다.

➡ 3가지 부속합의서는 <u>남북화해의 이행과 준수를 위한 부속합의서, 남북불가침의 이행과 준수를 위한 부속합의서, 남북교류협력의 이행과 준수를 위한 부속합의서</u>이다.

ⓔ 기본합의서 채택과 함께 이뤄진 것이 바로 비핵화공동선언이며, 이를 통해서 남한과 북한은 한반도 비핵화에 대한 입장에 합의하게 되었다.

ⓜ 이 협정은 군사적 긴장 완화와 군비축소를 목표로 했으나, 북한의 핵개발 문제와 군사적 신뢰 부족으로 구체적인 성과를 얻지는 못했다.

ⓗ 남북기본합의서 협상 간 불가침 경계선 획정 문제가 가장 타결이 어려웠다. 정전협정 수립 시 육상경계선은 책정하였지만, 해상경계선은 책정하지 않았기 때문이다.

남북 사이의 화해와 불가침 및 교류협력에 관한 합의서

남과 북은 분단된 조국의 평화적 통일을 염원하는 온 겨레의 뜻에 따라 7·4 남북공동성명에서 천명된 조국 통일 3대 원칙을 재확인하고, 정치군사적 대결상태를 해소하여 민족적 화해를 이룩하고, 무력에 의한 침략과 충돌을 막고 긴장완화와 평화를 보장하며, 다각적인 교류, 협력을 실현하여 민족공동의 이익과 번영을 도모하며, 쌍방 사이의 관계가 나라와 나라 사이의 관계가 아닌 통일을 지향하는 과정에서 잠정적으로 형성되는 특수관계라는 것을 인정하고 평화통일을 성취하기 위한 공동의 노력을 경주할 것을 다짐하면서 다음과 같이 합의하였다.

2.2.1. 제1장 남북 화해
제1조   남과 북은 서로 상대방의 체제를 인정하고 존중한다.
제2조   남과 북은 상대방의 내부 문제에 간섭하지 아니한다.
제3조   남과 북은 상대방에 대한 비방, 중상을 하지 아니한다.
제4조   남과 북은 상대방을 파괴, 전복하려는 일체 행위를 하지 아니한다.
제5조   남과 북은 현 정전 상태를 남북 사이의 공고한 평화 상태로 전환시키기 위하여 공동으로 노력하며 이러한 평화 상태가 이룩될 때까지 현 군사정전협정을 준수한다.
제6조   남과 북은 국제무대에서 대결과 경쟁을 중지하고 서로 협력하며 민족의 존엄과 이익을 위하여 공동으로 노력한다.
제7조   남과 북은 서로의 긴밀한 연락과 협의를 위하여 이 합의서 발효 후 3개월 안에 판문점에 남북연락사무소를 설치, 운영한다.
제8조   남과 북은 이 합의서 발효 후 1개월 안에 본회담 테두리 안에서 남북 정치분과위원회를 구성하여 남북 화해에 관한 합의의 이행과 준수를 위한 구체적 대책을 합의한다.

2.2.2. 제2장 남북 불가침
제9조   남과 북은 상대방에 대하여 무력을 사용하지 않으며 상대방을 무력으로 침략하지 아니한다.
제10조   남과 북은 의견 대립과 분쟁 문제들을 대화와 협상을 통하여 평화적으로 해결한다.
제11조   남과 북의 불가침 경계선과 구역은 1953년 7월 27일자 군사정전에 관한 협정에 규정된 군사분계선과 지금까지 쌍방이 관할하여 온 구역으로 한다.
제12조   남과 북은 불가침의 이행과 보장을 위하여 이 합의서 발효 후 3개월 안에 남북 군사공동위원회를 구성, 운영한다. 남북 군사공동위원회에서는 대규모 부대 이동과 군사연습의 통보 및 통제 문제, 비무장지대의 평화적 이용 문제, 군 인사 교류 및 정보 교환 문제, 대량살상무기와 공격 능력의 제거를 비롯한 단계적 군축실현 문제, 검증 문제 등 군사적 신뢰 조성과 군축을 실현하기 위한 문제를 협의, 추진한다.

제13조 남과 북은 우발적인 무력 충돌과 그 확대를 방지하기 위하여 쌍방 군사당국자 사이에 직통전화를 설치,
운영한다.

제14조 남과 북은 이 합의서 발효 후 1개월 안에 본회담 테두리 안에서 남북 군사분과위원회를 구성하여 불가침에
관한 합의의 이행과 준수 및 군사적 대결상태를 해소하기 위한 구체적 대책을 협의한다.

2.2.3. 제3장 남북 교류 협력

제15조 남과 북은 민족경제의 통일적이며 균형적인 발전과 민족 전체의 복리 향상을 도모하기 위하여 자원의
공동개발, 민족 내부교류로서의 물자교류, 합작투자 등 경제교류와 협력을 실시한다.

제16조 남과 북은 과학, 기술, 교육, 문화·예술, 보건, 체육, 환경과 신문, 라디오, 텔레비전 및 출판물을 비롯한
출판, 보도 등 여러 분야에서 교류와 협력을 실시한다.

제17조 남과 북은 민족구성원들의 자유로운 왕래와 접촉을 실현한다.

제18조 남과 북은 흩어진 가족, 친척들의 자유로운 서신거래와 왕래와 상봉 및 방문을 실시하고 자유의사에 의한
재결합을 실현하며, 기타 인도적으로 해결할 문제에 대한 대책을 강구한다.

제19조 남과 북은 끊어진 철도와 도로를 연결하고 해로, 항로를 개설한다.

제20조 남과 북은 우편과 전기통신교류에 필요한 시설을 설치, 연결하며, 우편, 전기통신 교류의 비밀을 보장한다.

제21조 남과 북은 국제무대에서 경제와 문화 등 여러 분야에서 서로 협력하며 대외에 공동으로 진출한다.

제22조 남과 북은 경제와 문화 등 각 분야의 교류와 협력을 실현하기 위한 합의의 이행을 위하여 이 합의서 발효
후 3개월 안에 남북 경제교류, 협력 공동위원회를 비롯한 부문별 공동위원회들을 구성, 운영한다.

제23조 남과 북은 이 합의서 발효 후 1개월 안에 본회담 테두리 안에서 남북 교류, 협력 분과위원회를 구성하여
남북교류, 협력에 관한 합의의 이행과 준수를 위한 구체적 대책을 협의한다.

2.2.4. 제4장 수정 및 발효

제24조 이 합의서는 쌍방의 합의에 의하여 수정 보충할 수 있다.

제25조 이 합의서는 남과 북이 각기 발효에 필요한 절차를 거쳐 그 문본을 서로 교환한 날부터 효력을 발생한다.

1991년 12월 13일

남북 고위급 회담 남측대표단 수석대표 대한민국 국무총리 정원식

북남 고위급 회담 북측대표단 단장 조선민주주의인민공화국 정무원총리 연형묵

더 알아보기

남북 UN 동시 가입

• 한국은 1949년 1월 19일 가입신청을 하였고, 42년만에 가입이 승인되었다.

• 북한은 "유엔가입은 한반도 분단 고착화"라는 이유를 들어, 남한 단독 가입은 물론 남북한 동시 가입도
반대하였으나, 동시 가입이 확실해지자 반대를 철회하였다.

• 1990년 10월 1일 미국 조지 부시 대통령은 대한민국의 유엔 가입 지지 선언 및 북한 가입도 반대하지
않는다고 선언하였다.

• 일본, 러시아, 중국 등도 반대하지 않았다.

② 1992년 <u>한반도의 비핵화에 관한 공동선언</u> : 1992년 남북한은 '한반도 비핵화 공동선언'을 통해
한반도에서 핵무기를 개발, 생산, 실험을 하지 않기로 합의하였다.

 ㉠ 남과 북은 핵에너지를 평화적 목적에만 이용한다.

 ㉡ 남과 북은 핵재처리시설과 우라늄농축시설을 보유하지 아니한다.

 ㉢ 남과 북은 핵무기의 시험, 제조, 생산, 보유, 저장, 사용 등을 하지 아니한다.

  ➡ 이는 군비통제의 일환으로, 핵무기 확산 방지와 군사적 긴장 완화의 중요한 단계로 평가된다.

한반도의 비핵화에 관한 공동선언(91. 12. 31. 합의 92. 2. 19. 발효)

남과 북은 한반도를 비핵화 함으로써 핵 전쟁위험을 제거하고 우리나라의 평화와 평화통일에 유리한 조건과 환경을 조성하여 아시아와 세계의 평화와 안전에 이바지하기 위하여 다음과 같이 선언한다.

1. 남과 북은 핵무기의 시험, 제조, 생산, 접수, 보유, 저장, 배비, 사용을 하지 아니한다.
2. 남과 북은 핵에너지를 오직 평화적 목적에만 이용한다.
3. 남과 북은 핵재처리시설과 우라늄 농축시설을 보유하지 아니한다.
4. 남과 북은 한반도의 비핵화를 검증하기 위하여 상대측이 선정하고 쌍방이 합의하는 대상들에 대하여 남북핵통제공동위원회가 규정하는 절차와 방법으로 사찰을 실시한다.
5. 남과 북은 이 공동선언의 이행을 위하여 공동선언이 발효된 후 1개월 안에 남북핵통제공동위원회를 구성·운영한다.
6. 이 공동선언은 남과 북이 각기 발효에 필요한 절차를 거쳐 그 문본을 교환한 날부터 효력을 발생한다.

1991년 12월 31일
남북고위급회담 남측대표단 수석대표 대한민국 국무총리 정원식
북남고위급회담 북측대표단 단장 조선민주주의 인민공화국 정무원총리 연형묵

(4) 2000년대 평화적 군비통제 시도

① 2000년 <u>6·15 공동선언</u>: 김대중 대통령과 김정일 국방위원장이 정상회담을 통해 '6·15 공동선언'을 발표하였다. 이 선언은 군사적 긴장을 완화하고 평화적 공존을 목표로 했으나, 군비통제와 관련된 구체적인 조치는 포함되지 않았다.

6·15 공동선언

조국의 평화적 통일을 염원하는 온 겨레의 숭고한 뜻에 따라 대한민국 김대중 대통령과 조선민주주의인민공화국 김정일 국방위원장은 2000년 6월 13일부터 6월 15일까지 평양에서 역사적인 상봉을 하였으며 정상회담을 가졌다. 남북 정상들은 분단 역사상 처음으로 열린 이번 상봉과 회담이 서로 이해를 증진시키고 남북관계를 발전시키며 평화통일을 실현하는데 중대한 의의를 가진다고 평가하고 다음과 같이 선언한다.

1. 남과 북은 나라의 통일문제를 그 주인인 우리 민족끼리 서로 힘을 합쳐 <u>자주적</u>으로 해결해 나가기로 하였다.
2. 남과 북은 나라의 통일을 위한 <u>남측의 연합제안과 북측의 낮은 단계의 연방제안</u>이 서로 공통성이 있다고 인정하고 앞으로 이 방향에서 통일을 지향시켜 나가기로 하였다.
3. 남과 북은 올해 8·15에 즈음하여 흩어진 가족, 친척방문단을 교환하며 <u>비전향장기수 문제</u>를 해결하는 등 인도적 문제를 조속히 풀어 나가기로 하였다.
4. 남과 북은 경제협력을 통하여 민족경제를 균형적으로 발전시키고 사회·문화·체육·보건·환경 등 제반 분야의 협력과 교류를 활성화하여 서로의 신뢰를 다져 나가기로 하였다.
5. 남과 북은 이상과 같은 합의사항을 조속히 실천에 옮기기 위하여 이른 시일 안에 당국 사이의 대화를 개최하기로 하였다.

김대중 대통령은 김정일 국방위원장이 서울을 방문하도록 정중히 초청하였으며 김정일 국방위원장은 앞으로 적절한 시기에 서울을 방문하기로 하였다.

2000년 6월 15일
대한민국 대통령 김대중
조선민주주의인민공화국 국방위원장 김정일

② 2007년 <u>10 · 4 선언</u> : 노무현 대통령과 김정일 위원장은 다시 한번 군비축소와 긴장 완화를 위한 논의를 진행했으며, 남북간 군사적 신뢰구축을 위한 다양한 조치(국방장관 회담 개최 등)들이 논의되었다.

남북관계 발전과 평화번영을 위한 선언

대한민국 노무현 대통령과 조선민주주의인민공화국 김정일 국방위원장 사이의 합의에 따라 노무현 대통령이 2007년 10월 2일부터 4일까지 평양을 방문하였다.

방문기간 중 역사적인 상봉과 회담들이 있었다.

상봉과 회담에서는 6 · 15 공동선언의 정신을 재확인하고 남북관계발전과 한반도 평화, 민족공동의 번영과 통일을 실현하는데 따른 제반 문제들을 허심탄회하게 협의하였다.

쌍방은 우리민족끼리 뜻과 힘을 합치면 민족번영의 시대, 자주통일의 새시대를 열어 나갈 수 있다는 확신을 표명하면서 6 · 15 공동선언에 기초하여 남북관계를 확대 · 발전시켜 나가기 위하여 다음과 같이 선언한다.

1. 남과 북은 6 · 15 공동선언을 고수하고 적극 구현해 나간다.
   남과 북은 우리민족끼리 정신에 따라 통일문제를 자주적으로 해결해 나가며 민족의 존엄과 이익을 중시하고 모든 깃을 이에 시향시켜 나가기로 하였다.
   남과 북은 6 · 15 공동선언을 변함없이 이행해 나가려는 의지를 반영하여 6월 15일을 기념하는 방안을 강구하기로 하였다.
2. 남과 북은 사상과 제도의 차이를 초월하여 남북관계를 상호존중과 신뢰 관계로 확고히 전환시켜 나가기로 하였다.
   남과 북은 내부 문제에 간섭하지 않으며 남북관계 문제들을 화해와 협력, 통일에 부합되게 해결해 나가기로 하였다.
   남과 북은 남북관계를 통일 지향적으로 발전시켜 나가기 위하여 각기 법률적 · 제도적 장치들을 정비해 나가기로 하였다.
   남과 북은 남북관계 확대와 발전을 위한 문제들을 민족의 염원에 맞게 해결하기 위해 양측 의회 등 각 분야의 대화와 접촉을 적극 추진해 나가기로 하였다.
3. 남과 북은 군사적 적대관계를 종식시키고 한반도에서 긴장완화와 평화를 보장하기 위해 긴밀히 협력하기로 하였다.
   남과 북은 서로 적대시하지 않고 군사적 긴장을 완화하며 분쟁문제들을 대화와 협상을 통하여 해결하기로 하였다.
   남과 북은 한반도에서 어떤 전쟁도 반대하며 불가침의무를 확고히 준수하기로 하였다.
   남과 북은 서해에서의 우발적 충돌방지를 위해 <u>공동어로수역을 지정하고 이 수역을 평화수역으로 만들기 위한 방안과 각종 협력사업에 대한 군사적 보장조치 문제 등 군사적 신뢰구축조치를 협의하기 위하여 남측 국방부 장관과 북측 인민무력부 부장간 회담을 금년 11월 중에 평양에서 개최하기로 하였다.</u>
4. 남과 북은 현 정전체제를 종식시키고 항구적인 평화체제를 구축해 나가야 한다는데 인식을 같이 하고 직접 관련된 3자 또는 4자 정상들이 한반도지역에서 만나 종전을 선언하는 문제를 추진하기 위해 협력해 나가기로 하였다.
   남과 북은 한반도 핵문제 해결을 위해 6자회담 「9 · 19 공동성명」과 「2 · 13 합의」가 순조롭게 이행되도록 공동으로 노력하기로 하였다.
5. 남과 북은 민족경제의 균형적 발전과 공동의 번영을 위해 경제협력사업을 공리공영과 유무상통의 원칙에서 적극 활성화하고 지속적으로 확대 발전시켜 나가기로 하였다.
   남과 북은 경제협력을 위한 투자를 장려하고 기반시설 확충과 자원개발을 적극 추진하며 민족내부협력사업의 특수성에 맞게 각종 우대조건과 특혜를 우선적으로 부여하기로 하였다.
   남과 북은 해주지역과 주변해역을 포괄하는 「서해평화협력특별지대」를 설치하고 공동어로구역과 평화수역 설정, 경제특구건설과 해주항 활용, 민간선박의 해주직항로 통과, 한강하구 공동이용 등을 적극 추진해 나가기로 하였다.

남과 북은 개성공업지구 1단계 건설을 빠른 시일 안에 완공하고 2단계 개발에 착수하며 문산—봉동간 철도화물 수송을 시작하고, 통행·통신·통관 문제를 비롯한 제반 제도적 보장조치들을 조속히 완비해 나가기로 하였다.

남과 북은 개성—신의주 철도와 개성—평양 고속도로를 공동으로 이용하기 위해 개보수 문제를 협의·추진해 가기로 하였다.

남과 북은 안변과 남포에 조선협력단지를 건설하며 농업, 보건의료, 환경보호 등 여러 분야에서의 협력사업을 진행해 나가기로 하였다.

남과 북은 남북 경제협력사업의 원활한 추진을 위해 현재의 「남북경제협력추진위원회」를 부총리급 「남북경제 협력공동위원회」로 격상하기로 하였다.

6. 남과 북은 민족의 유구한 역사와 우수한 문화를 빛내기 위해 역사, 언어, 교육, 과학기술, 문화예술, 체육 등 사회문화 분야의 교류와 협력을 발전시켜 나가기로 하였다.

남과 북은 백두산관광을 실시하며 이를 위해 백두산—서울 직항로를 개설하기로 하였다.

남과 북은 2008년 북경 올림픽경기대회에 남북응원단이 경의선 열차를 처음으로 이용하여 참가하기로 하였다.

7. 남과 북은 인도주의 협력사업을 적극 추진해 나가기로 하였다.

남과 북은 흩어진 가족과 친척들의 상봉을 확대하며 영상편지 교환사업을 추진하기로 하였다.

이를 위해 금강산면회소가 완공되는데 따라 쌍방 대표를 상주시키고 흩어진 가족과 친척의 상봉을 상시적으로 진행하기로 하였다.

남과 북은 자연재해를 비롯하여 재난이 발생하는 경우 동포애와 인도주의, 상부상조의 원칙에 따라 적극 협력해 나가기로 하였다.

8. 남과 북은 국제무대에서 민족의 이익과 해외 동포들의 권리와 이익을 위한 협력을 강화해 나가기로 하였다.

남과 북은 이 선언의 이행을 위하여 남북총리회담을 개최하기로 하고, 제1차 회의를 금년 11월 중 서울에서 갖기로 하였다.

남과 북은 남북관계 발전을 위해 정상들이 수시로 만나 현안 문제들을 협의하기로 하였다.

2007년 10월 4일 평양
대한민국 대통령 노무현
조선민주주의인민공화국 국방위원장 김정일

(5) 2010년대 후반 군비통제와 비핵화 논의

① 2018년 판문점 선언 : 문재인 대통령과 김정은 위원장은 판문점에서 정상회담을 통해 군사적 긴장 완화 및 군비통제를 위한 다양한 조치를 약속하였다.

② 주요 내용으로는 군사적 충돌을 방지하기 위해 군사분계선 인근에서의 군사 활동을 제한하고, 양측의 군사적 긴장을 완화하기 위한 상호신뢰 조치가 포함되었다.

③ 이 선언은 한반도 평화 프로세스의 중요한 전환점이라 할 수 있었지만, 군비통제의 구체적인 실행은 여전히 확실하지 않았다.

제17절 | 북핵문제

① 개관

1993년 북한이 핵확산방지조약(NPT) 탈퇴를 선언*하면서 본격화된 북핵 문제는 지금까지 계속되고 있는 동아시아 지역 및 전 세계적인 안보문제이다.

✎ 북한은 1985년 12월 12일에 가입하고, 1993년 3월 12일 탈퇴를 선언했으나 1993년 6월 11일 탈퇴를 일방적으로 유보하였다. 이후 2차 북핵위기가 고조되던 2003년 1월 10일에 탈퇴 선언을 재발효하여 NPT에서 탈퇴하였다.

② 경과

(1) 1994년 미·북 제네바합의(Agreed Framework) 타결

(2) **2003년 남·북 및 미·중·일·러가 참가하는 6자회담 출범**

　① 2005년 9·19 공동성명

　② 2007년 2·13 합의 및 10·3 합의

　➡ 핵물질 및 핵시설 검증에 대한 이견으로 인해 6자회담은 2008년 12월을 마지막으로 열리지 못했다.

　➡ 9·19 공동성명, 2·13 합의, 10·3 합의 등을 이행해 나가는 과정속에서도 북한은 핵·미사일 개발을 지속하였다.

(3) 2006년 제1차 핵실험

(4) 2009년 제2차 핵실험

(5) 2010년 3월 천안함 피격

(6) 2010년 11월 연평도 포격도발

(7) 2012년 북·미 대화에서 핵과 미사일 발사 중단 등을 포함한 2·29 합의 타결

(8) 2013년 2월 12일 3차 핵실험

(9) 2013년 3월 9일 '핵보유국 지위 영구화 선언', 3월 31일 '경제건설 및 핵무력건설 병진노선' 채택

(10) 2016년 1월 4차 핵실험

　➡ 한국 개성공단 폐쇄(2016년 2월), 안보리결의 2270호(2016년 3월)

(11) 2016년 9월 5차 핵실험

(12) 2017년 9월 6차 핵실험

(13) 2018년 남북정상회담 3회(4·27 판문점 선언, 9·19 평양공동선언)

(14) 2018년 6월 1차 북미정상회담(북미공동성명)

(15) 2019년 2월 2차 북미정상회담

⒃ 2020년 9월 공세적 핵교리를 담은 「핵무력 정책법」 제정

⒄ 2023년 9월 핵무력 정책을 헌법에 포함

❸ 국제사회 대응

⑴ 국제사회는 어떠한 경우에도 북한의 핵보유를 절대 용납하지 않을 것임을 천명하였다.

⑵ 북한의 거듭된 도발과 국제의무 위반을 절대로 좌시하지 않겠다는 국제사회의 단합된 의지는 안보리 대북 제재 결의안을 통해 공식화되었다.

⑶ 2270호(2016. 3.), 2321호(2016. 11.), 2356호(2017. 6.), 2371호(2017. 8.), 2375호(2017. 9.) 및 2397호(2017. 12.) 등이다.

❹ 주요 합의문

⑴ **미북제네바 합의(Agreed Framework)**

① 제네바 합의는 북한과 미국이 1994년 10월 21일에 맺은 외교적 국제 합의이다.

② 이 합의는 2003년 전격적으로 파기되었다.

③ 북한의 핵개발 포기의 대가로 북미수교, 북미간 평화협정, 북한에 대한 경수로 발전소 건설과 대체 에너지인 중유 공급을 주 내용으로 한다.

④ 또한, 북미간 정치 및 경제관계 정상화를 추진하였다(관계를 대사급으로 승격).

⑤ 북한은 한반도의 비핵화에 관한 남북공동선언을 이행하기 위해 조치를 취한다는 내용이 포함되었다.

⑥ 합의 이후 주요 조치 및 결과

㉠ 미국은 북한에 대해 핵개발 동결대가로 1,000MWe급 경수로 2기를 제공하고 대체에너지로 연간 중유 연 50만t을 제공하기로 하였다.

㉡ 이에 대해 북한은 핵확산금지조약(NPT) 완전 복귀와 모든 핵시설에 대한 국제원자력기구(IAEA)의 사찰 허용, 핵 활동의 전면 동결 및 기존 핵시설의 궁극적인 해체를 약속했다.

➡ 합의 내용에 따라 북한은 핵문제를 카드로 하여 미국과의 관계 개선을 이끌어내고 핵개발을 포기하는 대신에 경수로를 지원받게 되었으며, 미국은 경수로 건설비용을 한국과 일본이 부담함으로써 재정 부담이 없이 북한의 핵개발 포기와 특별사찰 수용이라는 성과를 거두었다.

㉢ 북한은 미국과의 합의 이후 핵확산방지조약(NPT) 탈퇴를 유보하였다.

㉣ 또한, 미국과 북한 간의 합의문 이행과 북한에 대한 한국형 경수로지원 및 대체에너지 제공 등을 추진하기 위한 국제기구로서 한국, 미국, 일본 3개국으로 구성된 한반도에너지 개발기구(KEDO)가 1995년 3월 정식 출범하였다.

㉤ 1996년 북한 신포지구에 경수로 건설을 착공하였다.

ⓗ 당초 2003년까지 예정된 경수로 건설 지연과 북·미관계 악화, 북한의 핵개발 계획 시인 등으로 핵문제가 다시 대두되었으며, 2001년 미국에서 일어난 9·11 테러사건을 계기로 부시 행정부가 북한을 3대 테러국가로 지목하였다.

ⓢ 북한은 제네바 합의에서 금지하기로 약속한 흑연감속로를 가동하겠다고 선언하였고, 이에 미국은 제네바 합의의 파기를 선언하였다.

미북 제네바 합의 전문

미합중국(이하 미국의 호칭) 대표단과 조선민주주의인민공화국(이하 북한으로 호칭) 대표단은 1994. 9. 23.부터 10. 21.까지 제네바에서 한반도 핵문제의 전반적 해결을 위한 협상을 가졌다.

양측은 비핵화된 한반도의 평화와 안전을 확보하기 위해서는 1994. 8. 12. 미국과 북한 간의 합의 발표문에 포함된 목표의 달성과 1993. 6. 11. 미국과 북한 간 공동발표문 상의 원칙과 준수가 중요함을 재확인하였다.

양측은 핵문제 해결을 위해 다음과 같은 조치들을 취하기로 결정하였다.

Ⅰ. 양측은 북한의 흑연감속원자로 및 관련시설을 경수로 원자로발전소로 대체하기 위해 협력한다.
  1) 미국 대통령의 1994. 10. 20.자 보징서한에 의거하여 미국은 2003년을 목표시한으로 총발전용량 약 2,000 MWe의 경수로를 북한에 제공하기 위한 조치를 주선할 책임을 진다.
     − 미국은 북한에 제공할 경수로의 재정조달 및 공급을 담당할 국제 콘소시엄을 미국의 주도하에 구성한다. 미국은 동 국제 콘소시엄을 대표하여 경수로 사업을 위한 북한과의 주 접촉선 역할을 수행한다.
     − 미국은 국제콘서시엄을 대표하여 본 합의문 서명 후 6개월 내에 북한과 경수로 제공을 위한 공급 계약을 체결할 수 있도록 최선의 노력을 경주한다. 계약 관련 협의는 본 합의문 서명 후 가능한 조속한 시일 내 개시한다.
     − 필요한 경우 미국과 북한은 핵에너지의 평화적 이용 분야에 있어서의 협력을 위한 양자협정을 체결한다.
  2) 1994. 10. 20.자 대체에너지 제공 관련 미국의 보장서한에 의거 미국은 국제콘서시엄을 대표하여 북한의 흑연감속원자로 동결에 따라 상실될 에너지를 첫번째 경수로 완공시까지 보전하기 위한 조치를 주선한다.
     − 대체에너지는 난방과 전력생산을 위해 중유로 공급된다.
     − 중유의 공급은 본 합의문 서명 후 3개월 내 개시되고 양측간 합의된 공급일정에 따라 연간 50만톤 규모까지 공급된다.
  3) 경수로 및 대체에너지 제공에 대한 보장서한 접수 즉시 북한은 흑연감속원자로 및 관련 시설을 동결하고 궁극적으로 이를 해체한다.
     − 북한의 흑연감속원자로 및 관련 시설의 동결은 본 합의문 서명 후 1개월 내 완전 이행된다. 동 1개월 동안 및 전체 동결기간 중 IAEA가 이러한 동결 상태를 감시하는 것이 허용되며, 이를 위해 북한은 IAEA에 대해 전적인 협력을 제공한다.
     − 북한의 흑연감속원자로 및 관련 시설의 해체는 경수로 사업이 완료될 때 완료된다.
     − 미국과 북한은 5MWe 실험용 원자로에서 추출되는 사용 후 연료봉을 경수로 건설기간 동안 안전하게 보관하고 북한 내에서 재처리하지 않는 안전한 방법으로 동 연료가 처리될 수 있는 방안을 강구하기 위해 상호 협력한다.
  4) 본 합의 후 가능한 조속한 시일 내에 미국과 북한의 전문가들은 두 종류의 전문가 협의를 가진다.
     − 한쪽의 협의에서 전문가들은 대체에너지와 흑연감속원자로의 경수로로의 대체와 관련된 문제를 협의한다.
     − 다른 한쪽의 협의에서 전문가들은 사용 후 연료 보관 및 궁극적 처리를 위한 구체적 조치를 협의한다.
Ⅱ. 양측은 정치적, 경제적 관계의 완전 정상화를 추구한다.
  1) 합의 후 3개월 내 양측은 통신 및 금융거래에 대한 제한을 포함한 무역 및 투자 제한을 완화시켜 나아간다.
  2) 양측은 전문가급 협의를 통해 영사 및 여타 기술적 문제가 해결된 후에 쌍방의 수도에 연락사무소를 개설한다.
  3) 미국과 북한은 상호 관심사항에 대한 진전이 이루어짐에 따라 양국관계를 대사급으로까지 격상시켜 나아간다.

Ⅲ. 양측은 핵이 없는 한반도의 평화와 안전을 위해 함께 노력한다.
　1) <u>미국은 북한에 대한 핵무기를 불위협 또는 불사용에 관한 공식 보장을 제공한다.</u>
　2) 북한은 한반도 비핵화공동선언을 이행하기 위한 조치를 일관성 있게 취한다.
　3) 본 합의문이 대화를 촉진하는 분위기를 조성해 나아가는 데 도움을 줄 것이기 때문에 북한은 남북대화에 착수한다.
Ⅳ. 양측은 국제적 핵비확산 체제 강화를 위해 함께 노력한다.
　1) <u>북한은 핵비확산조약(NPT) 당사국으로 잔류하며 동 조약상의 안전조치협정 이행을 허용한다.</u>
　2) 경수로 제공을 위한 공급계약 체결 즉시 동결 대상이 아닌 시설에 대하여 북한과 IAEA간 안전조치 협정에 따라 <u>임시 및 일반사찰</u>이 재개된다. 경수로 공급계약 체결시까지 안전조치의 연속성을 위해 IAEA가 요청하는 사찰은 동결 대상이 아닌 시설에서 계속된다.
　3) 경수로 사업의 상당 부분이 완료될 때, 그러나 주요 핵심 부품의 인도 이전에 북한은 북한 내 모든 핵물질에 관한 최초보고서의 정확성과 안전성을 검증하는 것과 관련하여 IAEA와의 협의를 거쳐 IAEA가 필요하다고 판단하는 모든 조치를 취하는 것을 포함하여 IAEA 안전조치협정(INFCIRC/403)을 완전히 이행한다.

조선민주주의 인민공화국 수석대표 조선민주주의인민공화국 외교부 제1부부장 강석주
미합중국 수석대표 미합중국 본부대사 로버트 갈루치

(2) 2005년 9 · 19 공동성명

① 9 · 19 공동성명은 제4차 6자회담 중 2005년 9월 19일 북한이 모든 핵무기를 파기하고 NPT, IAEA로 복귀한다는 약속을 포함한 성명이다.

② 또한, 한반도 평화협정, 단계적 비핵화, 북한에 대한 핵무기 불공격 약속, 북미 간의 신뢰구축 등을 골자로 하고 있는 선언이다.

③ 1994년 제네바 합의의 중유제공과 관련된 내용도 포함되었다.

④ 대한민국은 조선민주주의인민공화국에 매년 200만 킬로와트의 대북송전을 무상으로 제공하기로 하였다.

제4차 6자회담 공동성명(2005. 9. 19, 베이징)

제4차 6자회담이 베이징에서 중화인민공화국, 조선민주주의인민공화국, 일본, 대한민국, 러시아연방, 미합중국이 참석한 가운데 2005년 7월 26일부터 8월 7일까지 그리고 9월 13일부터 19일까지 개최되었다.

우다웨이 중화인민공화국 외교부 부부장, 김계관 조선민주주의인민공화국 외무성 부상, 사사에 켄이치로 일본 외무성 아시아대양주 국장, 송민순 대한민국 외교통상부 차관보, 알렉세예프 러시아 외무부 차관, 그리고 크리스 토퍼 힐 미합중국 국무부 동아태 차관보가 각 대표단의 수석대표로 동 회담에 참석하였다.

우다웨이 부부장은 동 회담의 의장을 맡았다.

한반도와 동북아시아 전반의 평화와 안정이라는 대의를 위해, 6자는 상호 존중과 평등의 정신하에, 지난 3회에 걸친 회담에서 이루어진 공동의 이해를 기반으로, 한반도의 비핵화에 대해 진지하면서도 실질적인 회담을 가졌으며, 이러한 맥락에서 다음과 같이 합의하였다.

1. 6자는 6자회담의 목표가 한반도의 검증가능한 비핵화를 평화적인 방법으로 달성하는 것임을 만장일치로 재확인하였다.
조선민주주의인민공화국은 모든 핵무기와 현존하는 핵계획을 포기할 것과, 조속한 시일 내에 핵확산금지조약(NPT)과 국제원자력기구(IAEA)의 안전조치에 복귀할 것을 공약하였다.
미합중국은 한반도에 핵무기를 갖고 있지 않으며, 핵무기 또는 재래식 무기로 조선민주주의인민공화국을 공격 또는 침공할 의사가 없다는 것을 확인하였다.

대한민국은 자국 영토 내에 핵무기가 존재하지 않는다는 것을 확인하면서, 1992년도 「한반도의 비핵화에 관한 남·북 공동선언」에 따라, 핵무기를 접수 또는 배비하지 않겠다는 공약을 재확인하였다.

1992년도 「한반도의 비핵화에 관한 남·북 공동선언」은 준수, 이행되어야 한다.

조선민주주의인민공화국은 핵에너지의 평화적 이용에 관한 권리를 가지고 있다고 밝혔다. 여타 당사국들은 이에 대한 존중을 표명하였고, 적절한 시기에 조선민주주의인민공화국에 대한 경수로 제공 문제에 대해 논의하는데 동의하였다.

2. 6자는 상호 관계에 있어 국제연합헌장의 목적과 원칙 및 국제관계에서 인정된 규범을 준수할 것을 약속하였다.

조선민주주의인민공화국과 미합중국은 상호 주권을 존중하고, 평화적으로 공존하며, 각자의 정책에 따라 관계 정상화를 위한 조치를 취할 것을 약속하였다.

조선민주주의인민공화국과 일본은 평양선언에 따라, 불행했던 과거와 현안사항의 해결을 기초로 하여 관계 정상화를 위한 조치를 취할 것을 약속하였다.

3. 6자는 에너지, 교역 및 투자 분야에서의 경제협력을 양자 및 다자적으로 증진시킬 것을 약속하였다.

중화인민공화국, 일본, 대한민국, 러시아연방 및 미합중국은 조선민주주의인민공화국에 대해 에너지 지원을 제공할 용의를 표명하였다.

대한민국은 조선민주주의인민공화국에 대한 2백만 킬로와트의 전력공급에 관한 2005. 7. 12.자 제야을 재확인하였다.

4. 6자는 동북아시아의 항구적인 평화와 안정을 위해 공동 노력할 것을 공약하였다.

직접 관련 당사국들은 적절한 별도 포럼에서 한반도의 항구적 평화체제에 관한 협상을 가질 것이다.

6자는 동북아시아에서의 안보협력 증진을 위한 방안과 수단을 모색하기로 합의하였다.

5. 6자는 '공약 대 공약', '행동 대 행동' 원칙에 입각하여 단계적 방식으로 상기 합의의 이행을 위해 상호조율된 조치를 취할 것을 합의하였다.

6. 6자는 제5차 6자회담을 11월 초 북경에서 협의를 통해 결정되는 일자에 개최하기로 합의하였다.

⑶ **2007년 2·13 합의(5차회담)**: "9·19 공동성명 이행을 위한 초기조치"

① 북한은 영변의 핵시설 가동을 중지하고 봉인하였다. 여기에는 재처리시설도 포함되었다.

② 국제원자력기구(IAEA)의 요원을 다시 불러 필요한 감시와 확인절차 시행에 합의하였다.

③ 북한과 미국은 양자간 현안을 해결하고 전면적인 외교관계로 나아가기 위한 양자대화를 개시했다.

④ 미국은 북한을 테러지원국 지정으로부터 해제하기 위한 과정을 개시하고, 대적성국 교역법 적용을 종료시키기 위한 과정을 진전시켜 나갔다.

⑤ 5개국은 북한에 대해 긴급 에너지 지원을 하는데 시작은 중유 5만 톤부터이며 60일 이내에 이를 개시하기로 하였다.

⑥ 모든 6개국은 상호 신뢰 증진, 동북아의 평화 지속을 위한 공동 노력을 하기 위한 긍정적인 발걸음을 내디딜 것에 동의했다.

⑦ 당사국은 직접 한반도의 영구적인 평화를 위해 적절한 별도의 포럼에서 협상하기로 하였다.

⑧ 6개국은 한반도 비핵화, 북미관계 정상화, 북일관계 정상화, 경제와 에너지 협력, 동북아 평화와 안전 등에 관한 5개의 실무그룹을 만들었다.

9 · 19 공동성명 이행을 위한 초기조치(최종)(2007. 2. 13.)

제5차 6자회담 3단계회의가 베이징에서 중화인민공화국, 조선민주주의인민공화국, 일본, 대한민국, 러시아연방, 미합중국이 참석한 가운데, 2007년 2월 8일부터 13일까지 개최되었다.

우다웨이 중화인민공화국 외교부 부부장, 김계관 조선민주주의인민공화국 외무성 부상, 사사에 켄이치로 일본 외무성 아시아대양주 국장, 천영우 대한민국 외교통상부 한반도평화교섭본부장, 알렉산더 로슈코프 러시아 외무부 차관, 그리고 크리스토퍼 힐 미합중국 국무부 동아태 차관보가 각 대표단의 수석대표로 동 회담에 참석하였다. 우다웨이 부부장은 동 회담의 의장을 맡았다.

Ⅰ. 참가국들은 2005년 9월 19일 공동성명의 이행을 위해 초기 단계에서 각국이 취해야 할 조치에 관하여 진지하고 생산적인 협의를 하였다. 참가국들은 한반도 비핵화를 조기에 평화적으로 달성하기 위한 공동의 목표와 의지를 재확인하였으며, 공동성명상의 공약을 성실히 이행할 것이라는 점을 재확인하였다. 참가국들은 '행동 대 행동'의 원칙에 따라 단계적으로 공동성명을 이행하기 위해 상호 조율된 조치를 취하기로 합의하였다.

Ⅱ. 참가국들은 초기 단계에 다음과 같은 조치를 병렬적으로 취하기로 합의하였다.
   1. 조선민주주의인민공화국은 궁극적인 포기를 목적으로 재처리 시설을 포함한 영변 핵시설을 폐쇄 · 봉인하고 IAEA와의 합의에 따라 모든 필요한 감시 및 검증활동을 수행하기 위해 IAEA 요원을 복귀토록 초청한다.
   2. 조선민주주의인민공화국은 9 · 19 공동성명에 따라 포기하도록 되어있는, 사용 후 연료봉으로부터 추출된 플루토늄을 포함한 공동성명에 명기된 모든 핵프로그램의 목록을 여타 참가국들과 협의한다.
   3. 조선민주주의인민공화국과 미합중국은 양자간 현안을 해결하고 전면적 외교관계로 나아가기 위한 양자대화를 개시한다. 미합중국은 조선민주주의인민공화국을 <u>테러지원국 지정으로부터 해제하기 위한 과정을 개시하고, 조선민주주의인민공화국에 대한 대적성국 교역법 적용을 종료시키기 위한 과정을</u> 진전시켜 나간다.
   4. 조선민주주의인민공화국과 일본은 불행한 과거와 미결 관심사안의 해결을 기반으로, 평양선언에 따라 양국관계 정상화를 취해 나가는 것을 목표로 양자대화를 개시한다.
   5. 참가국들은 2005년 9월 19일 공동성명의 1조와 3조를 상기하면서, 조선민주주의인민공화국에 대한 경제 · 에너지 · 인도적 지원에 협력하기로 합의하였다. 이와 관련, 참가국들은 초기 단계에서 조선민주주의인민공화국에 긴급 에너지 지원을 제공하기로 합의하였다. 중유 5만톤 상당의 긴급 에너지 지원의 최초 운송은 60일 이내에 개시된다.
   참가국들은 상기 초기 조치들이 향후 60일 이내에 이행되며, 이러한 목표를 향하여 상호 조율된 조치를 취한다는데 합의하였다.

Ⅲ. 참가국들은 초기조치를 이행하고 공동성명의 완전한 이행을 목표로 다음과 같은 실무그룹(W/G)을 설치하는데 합의하였다.
   1. 한반도 비핵화
   2. 미 · 북 관계정상화
   3. 일 · 북 관계정상화
   4. 경제 및 에너지 협력
   5. 동북아 평화 · 안보 체제
   실무그룹들은 각자의 분야에서 9 · 19 공동성명의 이행을 위한 구체적 계획을 협의하고 수립한다. 실무그룹들은 각각의 작업진전에 관해 6자회담 수석대표 회의에 보고한다. <u>원칙적으로 한 실무그룹의 진전은 다른 실무그룹의 진전에 영향을 주지 않는다.</u> 5개 실무그룹에서 만들어진 계획은 상호 조율된 방식으로 전체적으로 이행될 것이다.
   참가국들은 모든 실무그룹 회의를 향후 30일 이내에 개최하는데 합의하였다.

Ⅳ. 초기조치 기간 및 조선민주주의인민공화국의 모든 핵프로그램에 대한 완전한 신고와 흑연감속로 및 재처리 시설을 포함하는 모든 현존하는 핵시설의 불능화를 포함하는 다음단계 기간중, 조선민주주의인민공화국에 최초 선적분인 중유 5만톤 상당의 지원을 포함한 중유 100만톤 상당의 경제 · 에너지 · 인도적 지원이 제공된다. 상기 지원에 대한 세부 사항은 경제 및 에너지 협력 실무그룹의 협의와 적절한 평가를 통해 결정된다.

Ⅴ. 초기조치가 이행되는 대로 6자는 9 · 19 공동성명의 이행을 확인하고 동북아 안보협력 증진방안 모색을 위한 장관급 회담을 신속하게 개최한다.

Ⅵ. 참가국들은 상호신뢰를 증진시키기 위한 긍정적인 조치를 취하고 동북아에서의 지속적인 평화와 안정을 위한 공동노력을 할 것을 재확인하였다. 직접 관련 당사국들은 적절한 별도 포럼에서 한반도의 항구적 평화체제에 관한 협상을 갖는다.

Ⅶ. 참가국들은 실무그룹의 보고를 청취하고 다음 단계 행동에 관한 협의를 위해 제6차 6자회담을 2007년 3월 19일에 개최하기로 합의하였다.

⑷ **2007년 10 · 3 합의** : "9 · 19 공동성명 이행을 위한 제2단계 조치

① 2 · 13 합의에 대한 조치를 확인하였다.

② 북한의 현존하는 핵 시설의 불능화 및 신고(2007년 12월 31일 기한)를 합의하였다.

③ 북미관계 · 북일관계의 정상화를 추진하기로 하였다.

9 · 19 공동성명 이행을 위한 제2단계 조치(2007. 10. 3.)

제6차 6자회담 2단계 회의가 베이징에서 중국, 조선민주주의인민공화국, 일본, 대한민국, 러시아연방, 미국이 참석한 가운데 2007년 0월 27일부디 30일까지 개최뇌었나.

우다웨이 중국 외교부 부부장, 김계관 조선민주주의인민공화국 외무성 부상, 사사에 겐이치로 일본 외무성 아시아대양주국장, 천영우 대한민국 외교통상부 한반도평화교섭본부장, 알렉산더 로슈코프 러시아 외무부 차관, 그리고 크리스토퍼 힐 미국 국무부 동아태 차관보가 각 대표단의 수석대표로 동 회담에 참석했다.

우다웨이 부부장은 동 회담의 의장을 맡았다.

참가국들은 5개 실무그룹의 보고를 청취, 승인하였으며 2 · 13 합의 상의 초기조치 이행을 확인하였고 실무그룹 회의에서 도달한 컨센서스에 따라 6자회담 과정을 진전시켜 나가기로 합의하였으며 또한 평화적인 방법에 의한 한반도의 검증가능한 비핵화를 목표로 하는 9 · 19 공동성명의 이행을 위한 제2단계 조치에 관한 합의에 도달하였다.

Ⅰ. 한반도 비핵화

1. 조선민주주의인민공화국은 9 · 19 공동성명과 2 · 13 합의에 따라 포기하기로 되어있는 모든 현존하는 핵 시설을 불능화하기로 합의하였다.
   영변의 5MWe 실험용 원자로, 재처리시설(방사화학실험실) 및 핵 연료봉 제조시설의 불능화는 2007년 12월 31일까지 완료될 것이다.
   전문가 그룹이 권고하는 구체 조치들은 모든 참가국들에 수용 가능하고, 과학적이고, 안전하고, 검증가능하며, 또한 국제적 기준에 부합돼야 한다는 원칙들에 따라 수석대표들에 의해 채택될 것이다.
   여타 참가국들의 요청에 따라 미국은 불능화 활동을 주도하고 이러한 활동을 위한 초기 자금을 제공할 것이다. 첫번째 조치로서 미국은 불능화를 준비하기 위해 향후 2주 내에 조선민주주의인민공화국을 방문할 전문가 그룹을 이끌 것이다.

2. 조선민주주의인민공화국은 2 · 13 합의에 따라 모든 자국의 핵 프로그램에 대해 완전하고 정확한 신고를 2007년 12월 31일까지 하기로 합의하였다.

3. 조선민주주의인민공화국은 이어 핵 물질, 기술 또는 노하우를 이전하지 않는다는 공약을 재확인했다.

Ⅱ. 관련국간 관계 정상화

1. 조선민주주의인민공화국과 미국은 양자관계를 개선하고 전면적 외교관계로 나아간다는 공약을 유지한다. 양측은 양자간 교류를 증대하고 상호 신뢰를 증진할 것이다. 조선민주주의인민공화국을 테러지원국 명단에서 삭제하기 위한 과정을 개시하고 또 조선민주주의인민공화국에 대한 대적성국 교역법 적용을 종료시키기 위한 과정을 진전시켜나간다는 공약을 상기하면서 미국은 조미 관계정상화 실무그룹 회의를 통해 도달한 컨센서스에 기초해 조선민주주의인민공화국의 조치들과 병렬적으로 조선민주주의인민공화국에 대한 공약을 완수할 것이다.

2. 조선민주주의인민공화국과 일본은 불행한 과거 및 미결 관심사안의 해결을 기반으로, 평양 선언에 따라 양국관계를 신속하게 정상화하기 위해 진지한 노력을 할 것이다. 조선민주주의인민공화국과 일본은 양측 간의 집중적인 협의를 통해 이런 목적 달성을 위한 구체적인 조치를 취해 나갈 것을 공약하였다.

Part 03

> Ⅲ. 조선민주주의인민공화국에 대한 경제 및 에너지 지원
>   2·13 합의에 따라, 중유 100만t 상당의 경제, 에너지, 인도적 지원(이미 전달된 10만t 중유 포함)이 조선민주주의인민공화국에 제공될 것이다. 구체 사항은 경제 및 에너지협력 실무그룹에서의 논의를 통해 최종 결정될 것이다.
> Ⅳ. 6자 외교장관회담
>   참가국들은 적절한 시기에 베이징에서 6자 외교장관 회담이 개최될 것임을 재확인하였다.
>   참가국들은 외교장관회담 이전에 동 회담의 의제를 협의하기 위해 수석대표 회의를 개최하기로 합의했다.

⑸ 2012년 북미 3차회담 2·29 합의

① 북한은 장거리미사일 발사와 핵실험을 잠정 중단하기로 하였다.

② 북한은 영변에 있는 우라늄 농축시설의 가동을 잠정 중단하기로 하였다.

③ 북한은 국제원자력기구의 사찰을 다시 수용하기로 하였다.

④ 미국은 북한에 대해 적대적 의도를 갖지 않으며, 주권과 평등에 대한 상호 존중의 정신으로 양자 관계를 증진시킬 조치를 취할 준비가 되어 있다는 점을 재확인하였다.

⑤ 미국은 2005년 9·19 공동성명의 이행을 재확인하였다.

⑥ 미국은 1953년 정전협정을 한반도 평화와 안정을 위한 초석으로 인식하였다.

⑦ 미국과 북한 영양지원팀은 지속적인 수요에 근거한 추가 지원 계획을 바탕으로 24만톤 분량의 첫 영양지원을 포함한 미국 대북지원 프로그램에 대한 행정적 세부사항을 매듭짓기 위해 조만간 만나기로 하였다.

⑧ 미국은 문화, 교육, 스포츠 분야를 포함한 인적 교류를 강화할 조치를 취할 준비가 되어 있음을 밝혔다.

⑨ 미국의 대북제재는 북한 주민들의 삶을 겨냥한 것은 아님을 밝혔다.

⑹ 2018년 4·27 판문점 선언

① 판문점 선언은 2018년 4월 27일 판문점 평화의 집에서 열린 2018년 1차 남북정상회담에서 대한민국 문재인 대통령과 조선민주주의인민공화국 김정은 국무위원장이 합의해 발표한 공동선언이다.

② 핵심 내용

  ㉠ 한반도의 항구적이며 공고한 평화체제 구축을 위하여 적극 협력한다.

  ㉡ 특히 연내 종전선언과 남북미 혹은 남북미중 회담을 추진하여, 65년간 이어져 왔던 휴전 중인 한국 전쟁을 완전히 종식하고 연내 종전선언과 함께 평화체제를 구축하기로 남북이 합의한다.

  ㉢ 아울러 "어떤 형태의 무력도 사용하지 않는" 불가침 합의를 재확인하였다.

  ㉣ 군사적 긴장 해소와 신뢰의 실질적 구축을 위해 단계적 군축 실현을 추진한다.

  ㉤ 이밖에도 정기적인 회담과 직통 전화를 개설하기로 하였다.

③ 문재인 대통령은 2018년 가을 평양을 방문하였다.

Part 03

한반도의 평화와 번영, 통일을 위한 판문점 선언

대한민국 문재인 대통령과 조선민주주의인민공화국 김정은 국무위원장은 평화와 번영, 통일을 염원하는 온 겨레의 한결같은 지향을 담아 한반도에서 역사적인 전환이 일어나고 있는 뜻깊은 시기에 2018년 4월 27일 판문점 평화의 집에서 남북정상회담을 진행하였다.

양 정상은 한반도에 더 이상 전쟁은 없을 것이며 새로운 평화의 시대가 열리었음을 8천만 우리 겨레와 전 세계에 엄숙히 천명하였다.

양 정상은 냉전의 산물인 오랜 분단과 대결을 하루 빨리 종식시키고 민족적 화해와 평화번영의 새로운 시대를 과감하게 열어나가며 남북관계를 보다 적극적으로 개선하고 발전시켜 나가야 한다는 확고한 의지를 담아 역사의 땅 판문점에서 다음과 같이 선언하였다.

1. 남과 북은 남북관계의 전면적이며 획기적인 개선과 발전을 이룩함으로써 끊어진 민족의 혈맥을 잇고 공동번영과 자주통일의 미래를 앞당겨 나갈 것이다.

   남북관계를 개선하고 발전시키는 것은 온 겨레의 한결같은 소망이며 더 이상 미룰 수 없는 시대의 절박한 요구이다.

   ① 남과 북은 우리 민족의 운명은 우리 스스로 결정한다는 민족 자주의 원칙을 확인하였으며 이미 채택된 남북 선언들과 모든 협의늘을 철저히 이행함으로써 관계 개선과 발전의 전환적 국면을 열어나가기로 하였다.

   ② 남과 북은 고위급 회담을 비롯한 각 분야의 대화와 협상을 빠른 시일 안에 개최하여 정상회담에서 합의된 문제들을 실천하기 위한 적극적인 대책을 세워나가기로 하였다.

   ③ 남과 북은 당국 간 협의를 긴밀히 하고 민간교류와 협력을 원만히 보장하기 위하여 쌍방 당국자가 상주하는 남북공동연락사무소를 개성지역에 설치하기로 하였다.

   ④ 남과 북은 민족적 화해와 단합의 분위기를 고조시켜 나가기 위하여 각계각층의 다방면적인 협력과 교류, 왕래와 접촉을 활성화하기로 하였다.

   안으로는 6·15를 비롯하여 남과 북에 다같이 의의가 있는 날들을 계기로 당국과 국회, 정당, 지방자치단체, 민간단체 등 각계각층이 참가하는 민족공동행사를 적극 추진하여 화해와 협력의 분위기를 고조시키며, 밖으로는 2018년 아시아경기대회를 비롯한 국제경기들에 공동으로 진출하여 민족의 슬기와 재능, 단합된 모습을 전 세계에 과시하기로 하였다.

   ⑤ 남과 북은 민족 분단으로 발생된 인도적 문제를 시급히 해결하기 위하여 노력하며, 남북 적십자회담을 개최하여 이산가족·친척상봉을 비롯한 제반 문제들을 협의 해결해 나가기로 하였다.

   당면하여 오는 8·15를 계기로 이산가족·친척 상봉을 진행하기로 하였다.

   ⑥ 남과 북은 민족경제의 균형적 발전과 공동번영을 이룩하기 위하여 10·4 선언에서 합의된 사업들을 적극 추진해 나가며 1차적으로 동해선 및 경의선 철도와 도로들을 연결하고 현대화하여 활용하기 위한 실천적 대책들을 취해나가기로 하였다.

2. 남과 북은 한반도에서 첨예한 군사적 긴장상태를 완화하고 전쟁 위험을 실질적으로 해소하기 위하여 공동으로 노력해 나갈 것이다.

   한반도의 군사적 긴장상태를 완화하고 전쟁위험을 해소하는 것은 민족의 운명과 관련되는 매우 중대한 문제이며 우리 겨레의 평화롭고 안정된 삶을 보장하기 위한 관건적인 문제이다.

   ① 남과 북은 지상과 해상, 공중을 비롯한 모든 공간에서 군사적 긴장과 충돌의 근원으로 되는 상대방에 대한 일체의 적대행위를 전면 중지하기로 하였다.

   당면하여 5월 1일부터 군사분계선 일대에서 확성기 방송과 전단살포를 비롯한 모든 적대 행위들을 중지하고 그 수단을 철폐하며 앞으로 비무장지대를 실질적인 평화지대로 만들어 나가기로 하였다.

   ② 남과 북은 서해 북방한계선 일대를 평화수역으로 만들어 우발적인 군사적 충돌을 방지하고 안전한 어로 활동을 보장하기 위한 실제적인 대책을 세워나가기로 하였다.

   ③ 남과 북은 상호협력과 교류, 왕래와 접촉이 활성화되는 데 따른 여러 가지 군사적 보장대책을 취하기로 하였다. 남과 북은 쌍방 사이에 제기되는 군사적 문제를 지체 없이 협의 해결하기 위하여 국방부장관회담을 비롯한 군사당국자 회담을 자주 개최하며 5월 중에 먼저 장성급 군사회담을 열기로 하였다.

3. 남과 북은 한반도의 항구적이며 공고한 평화체제 구축을 위하여 적극 협력해 나갈 것이다.

한반도에서 비정상적인 현재의 정전상태를 종식시키고 확고한 평화체제를 수립하는 것은 더 이상 미룰 수 없는 역사적 과제이다.

① 남과 북은 그 어떤 형태의 무력도 서로 사용하지 않을 때 대한 불가침 합의를 재확인하고 엄격히 준수해 나가기로 하였다.

② 남과 북은 군사적 긴장이 해소되고 서로의 군사적 신뢰가 실질적으로 구축되는 데 따라 단계적으로 군축을 실현해 나가기로 하였다.

③ 남과 북은 정전협정체결 65년이 되는 올해에 종전을 선언하고 정전협정을 평화협정으로 전환하며 항구적이고 공고한 평화체제 구축을 위한 남·북·미 3자 또는 남·북·미·중 4자회담 개최를 적극 추진해 나가기로 하였다.

④ 남과 북은 완전한 비핵화를 통해 핵 없는 한반도를 실현한다는 공동의 목표를 확인하였다.

남과 북은 북측이 취하고 있는 주동적인 조치들이 한반도 비핵화를 위해 대단히 의의 있고 중대한 조치라는 데 인식을 같이 하고 앞으로 각기 자기의 책임과 역할을 다하기로 하였다.

남과 북은 한반도 비핵화를 위한 국제사회의 지지와 협력을 위해 적극 노력하기로 하였다.

양 정상은 정기적인 회담과 직통전화를 통하여 민족의 중대사를 수시로 진지하게 논의하고 신뢰를 굳건히 하며, 남북관계의 지속적인 발전과 한반도의 평화와 번영, 통일을 향한 좋은 흐름을 더욱 확대해 나가기 위하여 함께 노력하기로 하였다.

당면하여 문재인 대통령은 올해 가을 평양을 방문하기로 하였다.

2018년 4월 27일 판문점
대한민국 대통령 문재인
조선민주주의인민공화국 국무위원회 위원장 김정은

⑺ 2018년 6월 12일 북미정상회담

미합중국 도널드 J. 트럼프 대통령과 북한 김정은 국무위원장 간의 싱가포르 북미정상회담 공동합의문

미합중국 대통령 도널드 J. 트럼프와 북한 국무위원장 김정은은 2018년 6월 12일 싱가포르에서 처음으로 역사적인 회담을 개최하였다.

트럼프 대통령과 김정은 국무위원장은 새로운 북미관계 수립과 한반도에서의 지속적이고 강건한 평화체제 건설에 관한 의제에 대하여 포괄적이고 면밀하며 진실성 있는 의견교환을 이뤄냈다. 트럼프 대통령은 북한에 체제 안전보장을 약속하였고, 김정은 국무위원장은 단호하고 확고하게 한반도에서의 완전한 비핵화를 약속하였다.

새로운 북미관계의 수립이 한반도에서의 평화와 번영에 기여함을 확신하고 양국간 상호신뢰 구축이 한반도 비핵화를 촉진시킬 수 있음을 인지하면서 트럼프 대통령과 김정은 국무위원장은 다음과 같이 선언한다.

1. 미합중국과 북한은 양국 국민들의 평화와 번영을 향한 염원에 부합하면서 새로운 북미관계를 수립하기로 약속하였다.

2. 미합중국과 북한은 지속적이고 안정적인 평화체제를 한반도 내에서 구축하기 위한 노력에 협력하기로 하였다.

3. 2018년 4월 27일 발표된 판문점 선언의 의의를 재확인하며, 북한은 한반도에서의 완전한 비핵화를 위해 노력하기로 약속하였다.

4. 미합중국과 북한은 전쟁포로(POA; Prisoner of War)와 전시행방불명자(MIA; Missing in Action)에 대한 유해 발굴과 신원 기확인자(이미 확인된 사람)에 대한 즉각적인 유해송환을 추진하기로 합의하였다.

역사상 최초로 개최된 북미정상회담이 지난 수십년 동안 양국간 긴장과 적대로 점철된 시간을 극복하고 다가올 새로운 미래를 준비하는데 있어서 커다란 의미를 가지고 있는 신기원적 사건임을 인지하면서, 트럼프 대통령과 김정은 국무위원장은 이번 합의문에 규정된 사항들을 완전히 그리고 신속하게 이행할 것을 약속하였다. 미합중국과 북한은 미합중국 국무장관인 마이크 폼페오와 이에 상응하는 북한 유관 고위당국자의 협의를 통해 가능한 최대한 빠른 시일 내에 북미정상회담의 결과물을 이행하기 위한 추가 협상을 진행하기로 약속하였다.

미합중국 대통령 도널드 J. 트럼프와 북한 국무위원장 김정은은 새로운 북미관계의 발전과 한반도와 세계의 평화, 번영 그리고 안정의 촉진을 위해 협력할 것을 다짐하였다.

> 미합중국 대통령 도널드 J. 트럼프
> 북한 국무위원회 위원장 김정은
> 2018년 6월 12일 센토사 섬, 싱가포르

(8) 2018년 9 · 19 평양공동선언

① 2018년 9월 19일 평양에서 개최된 남북정상회담에서 문재인 대통령과 김정은 국무위원장이 합의해 발표한 공동선언이다.

② 주요 내용(5가지 분야)

   ㉠ 비핵화 분야 : 비핵화 분야는 동창리의 엔진 시험장과 대륙간 탄도미사일 발사대를 유관 기관 참관 아래 영구적으로 폐기하며, 미국의 상응 조치에 따라 영변의 핵 시설 역시두 영구저 폐기를 약속하였다.

   ㉡ 군사 분야 : 군사 분야는 판문점 선언 이행합의서에 대한 부속합의서를 채택하여 군사 공동위원회를 가동하고 남북 간에 한국 전쟁 유해 공동 발굴을 합의하였다. 또한, 남북 공동 경비구역(JSA) 내의 완전한 비무장화로, 기존에 탄창을 갈아 끼우다가 사격하는 등의 우발적인 무력 충돌 가능성을 제거하며, 향후 북측지역에 민간인도 출입가능하도록 하는 등에 합의하였다.

   ㉢ 경제 분야 : 경제 분야는 비핵화 관련된 조건과 여건이 마련되는 것에 따라, 서해 및 동해선 철도와 도로를 착공하며, 서해 경제특구와 동해 관광특구를 개설하고, 개성공단과 금강산 관광을 정상화하기로 하였다.

   ㉣ 이산가족 분야 : 이산가족 분야는 이산가족 상시 면회소를 설치하며, 향후 화상 상봉을 추진하기로 하였다.

   ㉤ 문화 체육 분야 : 문화 체육 분야는 2032년 하계올림픽 남북 공동개최, 10월 중 평양 예술단 서울 공연 등에 합의하였다.

판문점 선언 9월 평양공동선언(2018)

9 · 19 선언

대한민국 문재인 대통령과 조선민주주의인민공화국 김정은 국무위원장은 2018년 9월 18일부터 20일까지 평양에서 남북정상회담을 진행하였다.

양 정상은 역사적인 판문점 선언 이후 남북 당국간 긴밀한 대화와 소통, 다방면적 민간교류와 협력이 진행되고, 군사적 긴장완화를 위한 획기적인 조치들이 취해지는 등 훌륭한 성과들이 있었다고 평가하였다.

양 정상은 민족자주와 민족자결의 원칙을 재확인하고, 남북관계를 민족적 화해와 협력, 확고한 평화와 공동번영을 위해 일관되고 지속적으로 발전시켜 나가기로 하였으며, 현재의 남북관계 발전을 통일로 이어갈 것을 바라는 온 겨레의 지향과 여망을 정책적으로 실현하기 위하여 노력해 나가기로 하였다. 양 정상은 판문점 선언을 철저히 이행하여 남북관계를 새로운 높은 단계로 진전시켜 나가기 위한 제반 문제들과 실천적 대책들을 허심탄회하고 심도있게 논의하였으며, 이번 평양정상회담이 중요한 역사적 전기가 될 것이라는 데 인식을 같이 하고 다음과 같이 선언하였다.

Part 03

1. 남과 북은 비무장지대를 비롯한 대치지역에서의 군사적 적대관계 종식을 한반도 전 지역에서의 실질적인 전쟁 위험 제거와 근본적인 적대관계 해소로 이어나가기로 하였다.
   ① 남과 북은 이번 평양정상회담을 계기로 체결한 「판문점 선언 군사분야 이행합의서」를 평양공동선언의 부속합의서로 채택하고 이를 철저히 준수하고 성실히 이행하며, 한반도를 항구적인 평화지대로 만들기 위한 실천적 조치들을 적극 취해나가기로 하였다.
   ② 남과 북은 남북군사공동위원회를 조속히 가동하여 군사 분야 합의서의 이행실태를 점검하고 우발적 무력충돌 방지를 위한 상시적 소통과 긴밀한 협의를 진행하기로 하였다.
2. 남과 북은 상호호혜와 공리공영의 바탕 위에서 교류와 협력을 더욱 증대시키고, 민족경제를 균형적으로 발전시키기 위한 실질적인 대책들을 강구해 나가기로 하였다.
   ① 남과 북은 금년 내 동, 서해선 철도 및 도로 연결을 위한 착공식을 갖기로 하였다.
   ② 남과 북은 조건이 마련되는 데 따라 개성공단과 금강산관광 사업을 우선 정상화하고, 서해경제공동특구 및 동해관광공동특구를 조성하는 문제를 협의해나가기로 하였다.
   ③ 남과 북은 자연생태계의 보호 및 복원을 위한 남북 환경협력을 적극 추진하기로 하였으며, 우선적으로 현재 진행 중인 산림분야 협력의 실천적 성과를 위해 노력하기로 하였다.
   ④ 남과 북은 전염성 질병의 유입 및 확산 방지를 위한 긴급조치를 비롯한 방역 및 보건·의료 분야의 협력을 강화하기로 하였다.
3. 남과 북은 이산가족 문제를 근본적으로 해결하기 위한 인도적 협력을 더욱 강화해 나가기로 하였다.
   ① 남과 북은 금강산 지역의 이산가족 상설면회소를 빠른 시일내 개소하기로 하였으며, 이를 위해 면회소 시설을 조속히 복구하기로 하였다.
   ② 남과 북은 적십자 회담을 통해 이산가족의 화상상봉과 영상편지 교환 문제를 우선적으로 해결해나가기로 하였다.
4. 남과 북은 화해와 단합의 분위기를 고조시키고 우리 민족의 기개를 내외에 과시하기 위해 다양한 분야의 협력과 교류를 적극 추진하기로 하였다.
   ① 남과 북은 문화 및 예술분야의 교류를 더욱 증진시켜 나가기로 하였으며, 우선적으로 10월 중에 평양예술단의 서울공연을 진행하기로 하였다.
   ② 남과 북은 2020년 하계올림픽경기대회를 비롯한 국제경기들에 공동으로 적극 진출하며, 2032년 하계올림픽의 남북공동개최를 유치하는 데 협력하기로 하였다.
   ③ 남과 북은 10·4 선언 11주년을 뜻깊게 기념하기 위한 행사들을 의의있게 개최하며, 3·1 운동 100주년을 남북이 공동으로 기념하기로 하고, 그를 위한 실무적인 방안을 협의해나가기로 하였다.
5. 남과 북은 한반도를 핵무기와 핵위협이 없는 평화의 터전으로 만들어나가야 하며 이를 위해 필요한 실질적인 진전을 조속히 이루어나가야 한다는 데 인식을 같이 하였다.
   ① 북측은 동창리 엔진시험장과 미사일 발사대를 유관국 전문가들의 참관 하에 우선 영구적으로 폐기하기로 하였다.
   ② 북측은 미국이 6·12 북미공동성명의 정신에 따라 상응조치를 취하면 영변 핵시설의 영구적 폐기와 같은 추가적인 조치를 계속 취해나갈 용의가 있음을 표명하였다.
   ③ 남과 북은 한반도의 완전한 비핵화를 추진해나가는 과정에서 함께 긴밀히 협력해나가기로 하였다.
6. 김정은 국무위원장은 문재인 대통령의 초청에 따라 가까운 시일 내로 서울을 방문하기로 하였다.

2018년 9월 19일
대한민국 대통령 문재인
조선민주주의인민공화국 국무위원장 김정은

(9) **2018년 9·19 군사합의**

① 9월 평양공동선언의 부속합의서이다.

② 2023년 11월 23일 북한의 전면 폐기 선언으로 합의가 완전히 무력화되었다.

③ 2024년 6월 4일 한국 정부는 북한의 서해 GPS 교란과 오물풍선 살포 등 연쇄 도발에 대응하여 국무회의를 통해 군사합의 전체 효력 정지안을 통과시켰다.

판문점 선언 이행을 위한 '군사분야합의서'(2018. 9. 19.)

남과 북은 한반도에서 군사적 긴장 상태를 완화하고 신뢰를 구축하는 것이 항구적이며 공고한 평화를 보장하는 데 필수적이라는 공통된 인식으로부터 한반도의 평화와 번영, 통일을 위한 판문점 선언을 군사적으로 철저히 이행하기 위하여 다음과 같이 포괄적으로 합의하였다.

1. 남과 북은 지상과 해상, 공중을 비롯한 모든 공간에서 군사적 긴장과 충돌의 근원으로 되는 상대방에 대한 일체의 적대행위를 전면 중지하기로 하였다.
   ① 쌍방은 지상과 해상, 공중을 비롯한 모든 공간에서 무력충돌을 방지하기 위해 다양한 대책을 강구하였다. 쌍방은 군사직 충돌을 야기할 수 있는 모든 문제를 평화적 방법으로 협의·해결하며, 어떤 경우에도 무력을 사용하지 않기로 하였다.
      - 쌍방은 어떠한 수단과 방법으로도 상대방의 관할구역을 침입 또는 공격하거나 점령하는 행위를 하지 않기로 하였다.
      - 쌍방은 상대방을 겨냥한 대규모 군사훈련 및 무력증강 문제, 다양한 형태의 봉쇄 차단 및 항행방해 문제, 상대방에 대한 정찰행위 중지 문제 등에 대해 '남북군사공동위원회'를 가동하여 협의해 나가기로 하였다.
      - 쌍방은 군사적 긴장 해소 및 신뢰구축에 따라 단계적 군축을 실현해 나가기로 합의한 판문점 선언을 구현하기 위해 이와 관련된 다양한 실행 대책들을 계속 협의하기로 하였다.
   ② 쌍방은 2018년 11월 1일부터 군사분계선 일대에서 상대방을 겨냥한 각종 군사연습을 중지하기로 하였다.
      - 지상에서는 군사분계선으로부터 5km 안에서 포병 사격훈련 및 연대급 이상 야외기동훈련을 전면 중지하기로 하였다.
      - 해상에서는 서해 남측 덕적도 이북으로부터 북측 초도 이남까지의 수역, 동해 남측 속초 이북으로부터 북측 통천 이남까지의 수역에서 포사격 및 해상 기동훈련을 중지하고 해안포와 함포의 포구 포신 덮개 설치 및 포문폐쇄 조치를 취하기로 하였다.
      - 공중에서는 군사분계선 동 서부 지역 상공에 설정된 비행금지구역 내에서 고정익항공기의 공대지유도무기사격 등 실탄사격을 동반한 전술훈련을 금지하기로 하였다.
   ③ 쌍방은 2018년 11월 1일부터 군사분계선 상공에서 모든 기종들의 비행금지구역을 다음과 같이 설정하기로 하였다.
      - 고정익항공기는 군사분계선으로부터 동부지역(군사분계선표식물 제0646호부터 제1292호까지의 구간)은 40km, 서부지역(군사분계선표식물 제0001호부터 제0646호까지의 구간)은 20km를 적용하여 비행금지구역을 설정한다.
      - 회전익항공기는 군사분계선으로부터 10km로, 무인기는 동부지역에서 15km, 서부지역에서 10km로, 기구는 25km로 적용한다.
      - <u>다만, 산불 진화, 지/해상 조난 구조, 환자 후송, 기상 관측, 영농지원 등으로 비행기 운용이 필요한 경우에는 상대측에 사전 통보하고 비행할 수 있도록 한다. 민간 여객기(화물기 포함)에 대해서는 상기 비행금지구역을 적용하지 않는다.</u>
   ④ 쌍방은 지상과 해상, 공중을 비롯한 모든 공간에서 어떠한 경우에도 우발적인 무력충돌 상황이 발생하지 않도록 대책을 취하기로 하였다.
      - 이를 위해 지상과 해상에서는 경고방송 → 2차 경고방송 → 경고사격 → 2차 경고사격 → 군사적 조치의 5개 단계로, 공중에서는 경고교신 및 신호 → 차단비행 → 경고사격 → 군사적 조치의 4개 단계의 절차를 적용하기로 하였다.
      - 쌍방은 수정된 절차를 2018년 11월 1일부터 시행하기로 하였다.

⑤ 쌍방은 지상과 해상, 공중을 비롯한 모든 공간에서 어떠한 경우에도 우발적 충돌이 발생하지 않도록 상시 연락체계를 가동하며, 비정상적인 상황이 발생하는 경우 즉시 통보하는 등 모든 군사적 문제를 평화적으로 협의하여 해결하기로 하였다.

2. 남과 북은 비무장지대를 평화지대로 만들어 나가기 위한 실질적인 군사적 대책을 강구하기로 하였다.
   ① 쌍방은 비무장지대 안에 감시초소(GP)를 전부 철수하기 위한 시범적 조치로 상호 1km 이내 근접해 있는 남북 감시초소들을 완전히 철수하기로 하였다.
   ② 쌍방은 판문점 공동경비구역을 비무장화하기로 하였다.
   ③ 쌍방은 비무장지대 내에서 시범적 남북공동유해발굴을 진행하기로 하였다.
   ④ 쌍방은 비무장지대 안의 역사유적에 대한 공동조사 및 발굴과 관련한 군사적 보장대책을 계속 협의하기로 하였다.

3. 남과 북은 서해 북방한계선 일대를 평화수역으로 만들어 우발적인 군사적 충돌을 방지하고 안전한 어로활동을 보장하기 위한 군사적 대책을 취해 나가기로 하였다.
   ① 쌍방은 2004년 6월 4일 제2차 남북장성급군사회담에서 서명한 '서해 해상에서의 우발적 충돌 방지' 관련 합의를 재확인하고, 전면적으로 복원 이행해 나가기로 하였다.
   ② 쌍방은 서해 해상에서 평화수역과 시범적 공동어로구역을 설정하기로 하였다.
   ③ 쌍방은 평화수역과 시범적 공동어로구역에 출입하는 인원 및 선박에 대한 안전을 철저히 보장하기로 하였다.
   ④ 쌍방은 평화수역과 시범적 공동어로구역 내에서 불법어로 차단 및 남북 어민들의 안전한 어로활동 보장을 위하여 남북 공동순찰 방안을 마련하여 시행하기로 하였다.

4. 남과 북은 교류협력 및 접촉 왕래 활성화에 필요한 군사적 보장대책을 강구하기로 하였다.
   ① 쌍방은 남북관리구역에서의 통행 통신 통관(3통)을 군사적으로 보장하기 위한 대책을 마련하기로 하였다.
   ② 쌍방은 동·서해선 철도·도로 연결과 현대화를 위한 군사적 보장대책을 강구하기로 하였다.
   ③ 쌍방은 북측 선박들의 해주직항로 이용과 제주해협 통과 문제 등을 남북군사공동위에서 협의하여 대책을 마련하기로 하였다.
   ④ 쌍방은 한강(임진강) 하구 공동이용을 위한 군사적 보장대책을 강구하기로 하였다.

5. 남과 북은 상호 군사적 신뢰구축을 위한 다양한 조치들을 강구해 나가기로 하였다.
   ① 쌍방은 남북군사당국자사이에 직통전화 설치 및 운영 문제를 계속 협의해 나가기로 하였다.
   ② 쌍방은 남북군사공동위원회 구성 및 운영과 관련한 문제를 구체적으로 협의·해결해 나가기로 하였다.
   ③ 쌍방은 남북군사당국간 채택한 모든 합의들을 철저히 이행하며, 그 이행상태를 정기적으로 점검·평가해 나가기로 하였다.

6. 이 합의서는 쌍방이 서명하고 각기 발효에 필요한 절차를 거쳐 그 문본을 교환한 날부터 효력을 발생한다.
   ① 합의서는 쌍방의 합의에 따라 수정 및 보충할 수 있다.
   ② 합의서는 2부 작성되었으며, 같은 효력을 가진다.

CHAPTER 02 1950년 이후 주요 안보문제

제1절 | 6 · 25 전쟁

① 남침계획

(1) 1949년 3월 김일성과 박헌영이 모스크바를 찾아가서 스탈린에게 남한을 무력공격할 의지를 피력하였다.

(2) 하지만, 스탈린은 반대했다. 이유는 다음과 같다.

① 북한군이 남한군보다 숫적으로 열세하고, 무기도 열세하다.

② 남한에는 주한미군이 여전히 존재한다.

③ 미소 간에 38선에 관한 협정이 존재한다.

(3) 1950년 4월 스탈린은 김일성과 연이은 회담 끝에 남한 선제공격을 허락(동의)하였다.

① 1949년 6월 계속되는 북한의 남침 징후에도 불구하고 미군은 철수하였다.[*]

✎ 정부 수립 전후 한반도에 주둔하고 있던 미국 병력은 7만 7천여 명이었으나, 1949년 6월 이후에는 500명 정도로 축소되었다.

② 1949년 말 중국의 패권을 둘러싼 전쟁인 국공내전에서 공산당이 승리하였다.

➡ 국민당을 지원하던 미국이 개입을 포기하고 중국 전역이 공산화되었다.

(4) 소련 설득시 김일성의 논리는 다음과 같다.

① 미국이 개입 시 빠르더라도 한 달의 시간이 소요될 것이다.

② 북한은 3일 이내에 서울 점령이 가능하다.

③ 남한 내의 공산주의 세력 20만 당원이 봉기할 것이다.

(5) 스탈린은 마오쩌둥이 동의한다는 조건 하에 김일성의 남침계획을 승인하였다.

② 휴전협상

(1) 이승만은 통일에 대한 열망 때문에 휴전에 반대하였다.

① 이승만은 북한의 위협을 근본적으로 제거하지 못하면 또 다른 화근이 될 것이라는 점을 강조하며 전쟁 중 지속적으로 북진통일론을 고수하였다.

② 한미동맹 체결을 보장받은 후 정전에 동의하였다.

㉠ 최초 미국은 한국과의 동맹체결에 소극적인 입장을 보였다.

㉡ 이에 따라 이승만 대통령은 "한미 방위조약 체결 전에는 휴전할 수 없고, 반공 애국 동포를 북한으로 보낼 수 없다."라고 하면서 1953년 6월 18일 0시에 영천, 대구, 논산, 마산, 부산, 거제도 등 7개의 포로수용소에 있던 반공포로 2만 5천여 명을 미국, 유엔군사령부 등과 상의 없이 한꺼번에 석방시켰다.

      © 나아가 한국 측의 요구가 관철되지 않으면 휴전 교섭 파기를 위해 보다 강력한 조치를 취하겠다는 태도를 보였다.

      ② 결국, 미국은 한미상호방위조약 체결, 경제원조, 한국군 증강(육군 사단 20개로 확충, 해공군 지원) 등을 조건으로 하여 이승만에게 휴전 동의를 얻었다.
         ➡ 최초 미국 아이젠하워 행정부는 한국과 방위조약을 체결하는 대신 한국군의 전력 증강을 위한 지원만을 제안하였다.
         ➡ 이승만의 동의는 정전 과정에서 직접 참여하는 것이 아니라, 일종의 방해를 하지 않는 형태로 이루어졌다.

(2) 포로 교환 문제 때문에 휴전협상이 지연되었다.

  ① 유엔군측 : 개개인의 자유의사에 따라 선택하는 '자유송환방식'을 주장하였다. 공산군측 주장을 받아들일 경우, 인도주의와 자유주의를 포기한다는 것을 의미함으로 양보 불가능하였다.

  ② 공산군측 : 중공군과 북한군 포로는 각각의 고국으로 송환되어야 한다는 '강제송환방식'을 주장하였다.

      ⊙ 유엔군측 주장을 받아들일 경우, 일부 포로가 본국 송환을 거부한다면 자신들이 주장했던 '침략자를 몰아내고 남한을 해방시킨다.'는 전쟁 목적에 의구심이 발생할 수 있다.

      © 또한, 실제로 본국 송환을 거부하는 포로가 상당수 존재하고 있다는 것을 인식하고 있었다.[*]
        ✎ 1952년 4월 10일 유엔군사령부가 공산군 포로들을 대상으로 조사를 실시한 결과 공산군 포로 약 17만 명(민간인 억류자 포함) 가운데 약 10만 명의 포로가 자유 송환을 원하고 있는 것으로 나타났다.

  ③ 이러한 주장이 배치되어 1952년 2월 27일부터 약 2개월 동안 협상이 중단되었고, 1952년 10월 8일에는 무기휴회 되었다.

  ④ 1953년 3월 소련의 스탈린 사망으로 휴전협상은 급속도로 진척되어 1953년 4월 16일 공산군측의 요청에 따라 휴전회담이 재개되었다.

      ⊙ 1953년 4월~5월 : 부상병 포로를 쌍방 간 교환(리틀 스위치 작전)

      © 1953년 8월~12월 : 모든 잔류 포로 쌍방 간 교환(빅 스위치 작전)
         ➡ 송환을 거부한 포로들에게는 90일 동안 의사를 바꿀 기간이 주어졌다.

❸ 정전협정

(1) 정식 명칭은 '국제연합군 총사령관을 일방으로 하고 조선민주주의인민공화국 최고사령관 및 중공인민지원군 사령원을 다른 일방으로 하는 한국 군사정전에 관한 협정'이다.

  ① 1950년 6월 25일 6 · 25 전쟁이 일어난 뒤, 계속되는 전쟁에 부담을 느낀 국제연합군과 공산군은 비밀 접촉을 거쳐 1951년 7월 10일 개성(開城)에서 첫 정전회담을 개최했다.

  ② 이어 1952년 7월 개성에서 본회담이 시작되어 같은 해 10월 판문점으로 회담 장소를 옮겼으나 전쟁 포로 문제 등으로 인해 9개월 간 회담은 중지되었다.

  ③ 그 후, 1953년 7월 27일 판문점에서 국제연합군 총사령관 클라크(Mark Wayne Clark)와 북한군 최고사령관 김일성, 중공인민지원군 사령관 펑더화이가 최종적으로 서명함으로써 협정이 체결되었다.

⑵ 협정은 영문·한글·한문으로 작성되었고, 내용은 서언과 전문 5조 63항, 부록 11조 26항으로 이루어져 있다.

① 서언: 협정의 체결 목적·성격·적용
② 1조: 군사분계선과 비무장지대(DMZ)
③ 2조: 정화(停火) 및 정전의 구체적 조치
④ 3조: 전쟁 포로에 관한 조치
⑤ 4조: 쌍방관계 정부들에 대한 건의

⑶ 정전 협정으로 인해 남북의 적대행위는 일시적으로 정지되었지만 전쟁상태는 계속되는 국지적 휴전상태에 들어갔다.

① 백령도, 대청도, 소청도, 연평도, 우도를 국제연합군 통제하에 두기로 했다.
② 남북한 사이에는 비무장지대와 군사분계선이 설치되었다.
　　◇ 남북이 각각 2km씩 후퇴하며 비무장지대 설정
③ 국제연합군과 공산군 장교로 구성되는 군사정전위원회와 스위스·스웨덴·체코슬로바키아·폴란드로 구성된 중립국감독위원회를 설치하기로 하였다.

⑷ **군사정전위원회(UNC Military Armistice Commission, UNCMAC 또는 군정위)**

① 군사정전위원회는 정전협정의 이행을 감시하고 위반사건을 협의·처리하기 위하여 설치된 공동기구이다.
② 이 위원회는 정전 이후 남북한의 직·간접적인 의사전달기구의 역할을 담당함으로써 양측의 전면적인 무력대결을 억제하고 한반도 정세의 안정에 기여하였다.
③ 군정위는 남북 간 유일한 군사문제를 협의하는 창구로서 이러한 사건이 발생할 때마다 대화를 통하여 사건 확대를 방지하고 문제를 해결하고자 노력하였다.
④ 군정위는 유엔사측과 조선인민군 및 중국인민지원군 측으로부터 각각 5명씩 10명의 위원들로 구성되었다.
⑤ 휴전 직후부터 유엔군 측은 미군 장성이 그리고 조·중 측은 북한군 장성이 군정위 수석위원직을 수행하였다.
⑥ 한국군 장성은 1954년 3월 6일 제38차 군정위 회의 시부터 군정위 위원으로 임명되어 회의에 참석하게 되었고, 1991년 3월 25일에 최초로 군정위 수석위원직에 임명되었다.
⑦ 유엔군 측 수석위원의 임명은 유엔군사령관의 고유 권한임에도 불구하고, 북측은 한국군 장성이 군정위 회의에 참석하는 것은 묵인할 수 있으나 한국군 대표는 정전협정에 서명하지 않았기 때문에 정전협정 당사자가 아니라는 이유로 군사정전위원회의 수석위원이 되는 것을 인정할 수 없다고 강력히 반대하였다.
⑧ 한국군 장성이 수석위원에 임명되자 북측은 즉각적인 거부반응을 보이면서 수석위원이 참석하는 군정위 본회의 개최 및 수석위원 명의의 모든 전문 접수를 거부하면서 군정위 기능을 약화시켰다.
⑨ 1994년 4월 28일 북측은 군정위를 판문점에서 철수시키고, 1994년 5월 24일 기존 군정위 위원들로 구성된 '조선인민군 판문점 대표부'를 설치하여, 군정위를 대체할 새로운 기구를 설치할 것을 요구하였다.

(5) **중립국 감독위원회(Neutral Nations Supervisory Commission, NNSC)**

① 중립국 감독위원회는 한국 전쟁 휴전 이후 휴전 상황을 감시할 목적으로 수립되었다.

② 정전협정에 따라, 중립국 감독위원회는 4개의 국가로 이루어져 있으며, 2개의 중립국은 국제연합군 사령부에서, 2개의 다른 중립국은 공산 진영에서 지명하였다.

③ 이들 중립국은 한국 전쟁에 가담하지 않은 국가 중에서 선별되었으며, 유엔군사령부 측에선 스웨덴과 스위스를, 공산 진영에서는 폴란드와 체코슬로바키아를 지명하였다.

④ 북한은 소련해체 이후 1993년에는 체코 대표단을, 1995년에는 폴란드 대표단을 추방시켰다.

⑤ 현재 대한민국 측에만 스웨덴과 스위스 위원이 5명씩 주재하고 있다.

> **더 알아보기**
>
> **북방한계선(NLL)**
> - 정전협정 체결 시 유엔군과 공산측은 쌍방 간의 견해 차이로 인하여 지상에서의 군사분계선(MDL)과 같이 명확히 구분될 수 있는 해상경계선에 대한 합의에 실패하였다.
> - 이에 따라 1953년 8월 30일 유엔군사령관(Mark W. Clark 대장)은 한반도 해역에서의 남북 간 우발적 무력 충돌 가능성을 줄이고 예방한다는 목적으로 동해 및 서해에서 한국 해군 및 공군의 초계활동을 한정하기 위한 선으로 북방한계선을 설정하였다.

④ 휴전 이후

(1) 1954년 한미상호방위조약이 공식 발효됨으로써 한미동맹의 근간이 형성되었다.

(2) 미국은 6·25 전쟁을 계기로 NATO의 역할을 강화하였다. 즉, 미국은 6·25 전쟁을 통해 공산주의의 위협에 대한 실질적인 인식이 가능하였다. 이것은 서독의 NATO 가입 승인 요인 중 하나로 작용하였다.* 서독의 NATO 가입은 바르샤바조약기구 설립의 핵심요인이었다.

   ✎ 서독은 NATO의 승인 없이는 미사일, 핵무기, 생화학무기를 보유하지 않기로 합의하고 1955년 5월 NATO에 가입하였다.

(3) 6·25 전쟁은 국제사회에서 미국 대통령의 외교적 역량이 더 확대되는 계기가 되었고, 독일(서독)의 재무장과 일본의 경제 부흥에 긍정적 요인으로 작용하였다.

제2절 | 동아시아 양자 동맹 체결

① 미일동맹(1951)

(1) 일본 제국이 1945년에 제2차 세계대전에서 패전한 이후 연합군이 일본 열도를 점령하고 일본의 국방과 전쟁을 담당하던 일본군이 해체되었다.

(2) 하지만 전후 냉전이 시작되고 한반도에서 6·25 전쟁이 발발하자 극동 지역과 일본의 안보는 상당히 불안한 상황에 놓이게 되었다.

(3) 이에 일본 정부는 자국의 안보를 위해서 주권 회복 이후에도 주일미군이 일본 국토에 주둔하고 일본의 방위를 지원하게 하는 미일안전보장조약을 1951년 9월 8일에 미국 정부와 체결하였다. 조약의 효력은 1952년 4월 28일부터 발효되었다.

(4) 조약을 체결한지 얼마 지나지 않아 1954년에 군대 대신 일본의 방위를 담당하는 자위대가 창설되었다.

❷ 한미동맹(체결 : 1953년 10월 1일 / 발효 : 1954년 11월 18일)

대한민국과 미합중국 간의 상호방위조약

본 조약의 당사국은,

모든 국민과 모든 정부가 평화적으로 생활하고자 하는 희망을 재확인하며, 또한 태평양 지역에 있어서의 평화 기구를 공고히 할 것을 희망하고,

당사국 중 어느 1국이 태평양 지역에 있어서 고립되어 있다는 환각을 어떠한 잠재적 침략자가 갖지 않도록 외부로부터의 무력 공격에 대하여 그들 자신을 방위하고자 하는 공동의 건의를 공공연히 또한 공식으로 선언할 것을 희망하고, 또한 태평양 지역에 있어서 더욱 포괄적이고 효과적인 지역적 안전보장 조직이 발달될 때까지 평화와 안전을 유지하고자 집단적 방위를 위한 노력을 공고히 할 것을 희망하여 다음과 같이 동의한다.

제1조 당사국은 관련될지도 모르는 어떠한 국제적 전쟁이라도 국제평화와 안전과 정의를 위태롭게 하지 않는 방법으로 평화적 수단에 의하여 해결하고 또한 국제관계에 있어서 국제연합의 목적이나 당사국이 국제연합에 대하여 부담한 업무에 배치되는 방법으로 무력에 의한 위협이나 무력의 행사를 삼갈 것을 약속한다.

제2조 당사국 중 어느 1국의 정치적 독립 또는 안전이 외부로부터의 무력 공격에 의하여 위협을 받고 있다고 어느 당사국이든지 인정할 때에는 언제든지 당사국은 서로 협의한다. 당사국은 단독으로나 공동으로 자조(自助)와 상호 원조에 의하여 무력 공격을 저지하기 위한 적절한 수단을 지속 강화시킬 것이며 본 조약을 이행하고 그 목적을 추진할 적절한 조치를 협의와 합의하에 취할 것이다.

제3조 각 당사국은 타 당사국의 행정 지배하에 있는 영토와 각 당사국이 타 당사국의 행정 지배하에 합법적으로 들어갔다고 인정하는 금후의 영토에 있어서 타 당사국에 대한 태평양 지역에 있어서의 무력 공격을 자국의 평화와 안전을 위태롭게 하는 것이라 인정하고 공통한 위험에 대처하기 위하여 각자의 헌법상의 수속에 따라 행동할 것을 선언한다.

제4조 상호적 합의에 의하여 미합중국의 육군, 해군과 공군을 대한민국의 영토 내와 그 부근에 배치하는 권리를 대한민국은 이를 허여(許與)하고 미합중국은 이를 수락한다.

제5조 본 조약은 대한민국과 미합중국에 의하여 각자의 헌법상의 수속에 따라 비준되어야 하며 그 비준서가 양국에 의하여 워싱턴에서 교환되었을 때 효력을 발생한다.

제6조 본 조약은 무기한으로 유효하다. 어느 당사국이든지 타 당사국에 통고한 후 1년 후에 본 조약을 종지(終止)시킬 수 있다.

이상의 증거로서 하기 전권위원은 본 조약에 서명한다.

본 조약은 1953년 10월 1일 워싱턴에서 한국문과 영문 두벌로 작성되었다.

대한민국을 위하여 변영태
미합중국을 위하여 존 포스터 덜레스

❸ 북소동맹(조소동맹, 1961년 7월 6일~1996년 9월 10일)

1995년 8월 7일 러시아는 북한에게 이 조약의 기한을 늘리지 않겠다고 선언하였으며 1996년 9월 10일 폐기하였다.

❹ 북중동맹(조중동맹, 1961년 7월 11일)

❺ 북러조약(포괄적 전략 동반자 조약, 2024년 6월 19일)

포괄적 전략 동반자 조약

조선민주주의인민공화국과 로씨야련방(이 아래부터 ≪쌍방≫이라고 함.)은 력사적으로 형성된 조로친선과 협조의 전통을 보존하고 미래지향적인 새시대 국가간관계를 구축하려는 공동의 지향과 념원으로부터 출발하여 두 나라 인민들의 부흥과 복리를 도모하면서, 쌍방사이의 포괄적인 전략적동반자관계를 발전시키는 것이 두 나라 인민들의 근본리익에 부합하며 평화와 지역 및 세계의 안전과 안정을 보장하는데 기여하게 되리라는 것을 확신하면서, 유엔헌장의 목적과 원칙 그리고 기타 공인된 국제법의 원칙과 규범에 충실할 것이라는 것을 확인하면서, 패권주의적 기도와 일극세계질서를 강요하려는 책동으로부터 국제적 정의를 수호하며 국가들 사이의 성실한 협조, 호상리익존중, 국제문제들의 집체적 해결, 문화 및 문명의 다양성, 국제관계에서의 국제법 우위에 기초한 다극화된 국제적인 체계를 수립하며 공동의 노력으로 인류의 존재를 위협하는 임의의 도전들에 대처해 나가려는 지향을 확인하면서, 동지적이고 친선적인 쌍무관계를 공고히 하고 모든 분야에서의 협조를 확대강화함으로써 조로관계를 지역과 세계의 평화와 번영을 추동하는 공고한 수준으로 끌어 올리는 것을 지향하면서 다음과 같이 합의하였다.

제1조
쌍방은 자기 국가들의 법과 국제적 의무를 고려하면서 국가주권에 대한 호상존중과 령토의 불가침, 내정불간섭, 평등의 원칙 그리고 국가들 사이의 친선관계 및 협조와 관련한 기타 국제법적 원칙들에 기초한 포괄적인 전략적동반자관계를 항구적으로 유지하고 발전시킨다.

제2조
쌍방은 최고위급회담을 비롯한 대화와 협상을 통하여 쌍무관계문제와 호상 관심사로 되는 국제문제들에 대한 의견을 교환하며 국제무대들에서 공동보조와 협력을 강화한다.
쌍방은 전지구적인 전략적 안정과 공정하고 평등한 새로운 국제질서수립을 지향하며 호상 긴밀한 의사소통을 유지하고 전략전술적 협동을 강화한다.

제3조
쌍방은 공고한 지역적 및 국제적 평화와 안전을 보장하기 위하여 호상 협력한다.
쌍방 중 어느 일방에 대한 무력침략행위가 감행될 수 있는 직접적인 위협이 조성되는 경우 쌍방은 어느 일방의 요구에 따라 서로의 립장을 조률하며 조성된 위협을 제거하는데 협조를 호상 제공하기 위한 가능한 실천적 조치들을 합의할 목적으로 쌍무협상통로를 지체없이 가동시킨다.

제4조
쌍방 중 어느 일방이 개별적인 국가 또는 여러 국가들로부터 무력침공을 받아 전쟁상태에 처하게 되는 경우 타방은 유엔헌장 제51조와 조선민주주의인민공화국과 로씨야련방의 법에 준하여 지체없이 자기가 보유하고 있는 모든 수단으로 군사적 및 기타 원조를 제공한다.

제5조

매 일방은 타방의 자주권과 안전, 령토의 불가침, 정치, 사회, 경제, 문화제도를 자유롭게 선택하고 발전시킬 수 있는 권리와 타방의 기타 핵심리익을 침해하는 협정을 제3국과 체결하지 않으며 그러한 행동들에 참가하지 않을 의무를 지닌다.

쌍방은 제3국이 타방의 자주권과 안전, 령토의 불가침을 침해할 목적으로 자기 령토를 리용하는 것을 허용하지 않는다.

제6조

쌍방은 국가주권을 수호하고 안전과 안정을 보장하며 발전권을 옹호하기 위한 평화애호정책과 조치들을 호상 지지하며 정의롭고 다극화된 새로운 세계질서를 수립하는데로 지향된 이러한 정책을 실현하는데서 적극 협력한다.

제7조

쌍방은 국제평화와 안전을 유지하려는 목적으로부터 출발하여 유엔과 그 전문기관들을 비롯한 국제기구들의 테두리 내에서 쌍방의 공동의 리익과 안전에 대한 직접적 또는 간접적인 도전으로 될 수 있는 세계와 지역의 발전문제들에서 호상 협의하고 협조한다.

쌍방은 호상성에 기초하여 매 일방이 해당한 국제 및 지역기구들에 가입하는 것을 협조하며 지지한다.

제8조

쌍방은 전쟁을 방지하고 지역적 및 국제적 평화와 안전을 보장하기 위한 방위능력을 강화할 목적 밑에 공동조치들을 취하기 위한 제도들을 마련한다.

제9조

쌍방은 식량 및 에네르기안전, 정보통신기술분야에서의 안전, 기후변화, 보건, 공급망 등 전략적 의의를 가지는 분야들에서 증대되고 있는 도전과 위협들에 공동으로 대처하기 위하여 호상 협력한다.

제10조

쌍방은 무역경제, 투자, 과학기술분야들에서의 협조의 확대발전을 추동한다.

쌍방은 호상무역량을 늘이기 위하여 노력하며 세관, 재정금융 등 분야들에서의 경제협조에 유리한 조건을 마련하며 1996년 11월 28일에 채택된 조선민주주의인민공화국정부와 로씨야련방정부 사이의 투자장려 및 호상보호에 관한 협정에 따라 호상투자를 장려하고 보호한다.

쌍방은 조선민주주의인민공화국과 로씨야련방의 특별 또는 자유경제지대들과 이러한 지대들에 관여된 단체들에 협조를 제공한다.

쌍방은 우주, 생물, 평화적원자력, 인공지능, 정보기술 등 여러 분야들을 포함하여 과학기술분야에서 교류와 협조를 발전시키며 공동연구를 적극 장려한다.

제11조

쌍방은 종합적인 쌍무관계확대에서 가지는 특별한 중요성으로부터 출발하여 호상 관심사로 되는 분야들에서의 지역간 및 변강협조발전을 지지한다. 쌍방은 조선민주주의인민공화국과 로씨야련방의 지역들사이의 직접적인 련계수립에 유리한 조건을 마련하며 기업연단, 토론회, 전시회, 상품전람회를 비롯한 지역간 공동행사들을 진행하는 방법 등으로 지역들의 경제 및 투자잠재력에 대한 호상료해를 촉진한다.

제12조

쌍방은 농업, 교육, 보건, 체육, 문화, 관광 등 분야에서의 교류와 협조를 강화하며 환경보호, 자연재해방지 및 후과제거분야에서 호상 협력한다.

제13조

쌍방은 조선민주주의인민공화국과 로씨야련방 사이에 규격과 실험기록부, 합격품질증명서의 호상인정, 규격의 직접적인 적용, 측정의 통일성보장을 위한 분야에서 얻은 경험과 최신성과의 교류, 전문가양성, 실험결과인정분야에서의 협력을 발전시킨다.

제14조
매 일방은 자기 령토에 있는 타방의 법인들과 공민들의 합법적권리와 리익을 보호한다.
쌍방은 민사 및 형사사건들에 대한 법률상방조를 제공하는 문제, 자유박탈형을 언도받은 자들을 인도 및 이관하는 문제 그리고 범죄적 방법으로 획득한 자산반환분야에서의 합의를 리행하는 문제들에서 협조한다.

제15조
쌍방은 두 나라의 립법, 집행 및 법보호기관들 사이의 접촉을 심화시키며 법제정 및 적용분야와 기타 호상 관심사로 되는 문제들과 관련한 경험과 의견교환을 진행한다.

제16조
쌍방은 치외법권적인 성격을 띠는 조치를 비롯하여 일방적인 강제조치들의 적용을 반대하며 그러한 조치들의 실행을 비법적이고 유엔헌장과 국제법적규범에 저촉되는 행위로 간주한다. 쌍방은 국제관계에서 이러한 조치들의 적용실천을 배제하기 위한 다무적발기를 지지하기 위해 노력을 조률하며 호상 협력한다.
쌍방은 직접 또는 간접적으로 타방을 겨냥하고 타방의 자연인과 법인 혹은 타방의 사법관할하에 있는 그들의 소유를 침해하며 일방으로부터 타방으로 향한 상품과 작업, 봉사, 정보, 지적활동의 결과물 그리고 이에 대한 독점권을 침해하는 일방적인 강제조치들을 적용하지 않는다는 것을 담보한다.
쌍방은 직접 또는 간접적으로 타방을 겨냥하고 타방의 자연인과 법인 혹은 제3국의 사법관할하에 있는 타방의 소유를 침해하며 일방으로부터 타방으로 향한 상품과 타방의 납입자들이 제공하는 작업, 봉사, 정보, 지적활동의 결과물 그리고 이에 대한 독점권을 침해하는 임의의 제3국의 일방적인 강제조치들에 합세하거나 그러한 조치들을 지지하는 것을 삼가한다.
일방을 반대하여 임의의 제3국이 일방적인 강제조치들을 적용하는 경우 쌍방은 위험을 감소시키고 이러한 조치들이 호상경제적련계, 쌍방의 자연인과 법인 혹은 쌍방의 사법관할하에 있는 그들의 소유, 일방으로부터 타방으로 향한 상품과 쌍방의 납입자들이 제공하는 작업, 봉사, 정보, 지적활동의 결과물 그리고 이에 대한 독점권에 미치는 직접 또는 간접적인 영향을 제거하거나 최소화하기 위한 실천적인 노력을 기울인다. 쌍방은 또한 제3국이 이와 같은 조치들을 적용하고 강화하는데 리용할 수 있는 정보의 류포를 제한하기 위한 조치들을 취한다.

제17조
쌍방은 국제테로와 극단주의, 다국적 조직범죄, 인신매매, 인질억류, 불법이주, 비법자금류통, 범죄적 방법으로 획득한 수입의 합법화(세척), 테로자금지원, 대량살륙무기전파에 대한 자금지원, 민용항공 및 해상항행의 안전에 위협을 조성하는 위법행위들, 상품과 자금, 자금수단, 마약 및 정신부활제와 그 원료, 무기, 문화 및 력사유물의 비법류통과 같은 도전과 위협들과의 투쟁에서 호상 협력한다.

제18조
쌍방은 국제정보안전분야에서 호상 협력하며 해당한 법률규범적 토대를 발전시키고 기관들 사이의 대화를 심화시키는 방법 등으로 쌍무협조강화를 지향한다.
쌍방은 종합적이고 법적구속력을 가지는 문건들을 작성하는 방법 등으로 국제정보안전보장체계의 형성을 추동한다.
쌍방은 ≪인터네트≫ 정보통신망관리에서 국가들의 평등한 권리를 주장하며 정보통신기술을 주권국가들의 존엄과 영상에 먹칠하고 주권적 권리를 침해하는데 악용하는 것을 반대하며 전지구적인 망의 국가별 구성 부분들의 조정과 안전보장에 대한 주권적 권리를 구속하려는 임의의 시도들을 용납할 수 없는 것으로 간주한다.
쌍방은 정보통신기술의 리용과 련관된 범죄 및 기타 위법행위들에 대한 경고, 적발, 차단, 조사에 필요한 정보들의 교환을 포함하여 정보통신기술을 범죄적 목적에 리용하는 것을 반대하는 분야에서의 협조를 확대한다.
쌍방은 국제기구와 기타 협상무대들의 테두리 내에서 행동을 조정하고 공동으로 발기들을 추진하며 수자발전분야에서 협조하고 쌍방의 권한있는 기관들 사이의 호상협동에 필요한 정보를 교환하고 조건을 마련한다.

제19조
쌍방은 공보 및 출판활동분야에서 협조한다.
쌍방은 자기 국가들에서 조선문학과 로씨야문학의 보급을 장려하고 로씨야련방에서의 조선어연구와 조선민주주의인민공화국에서의 로어연구를 추동하며 조선민주주의인민공화국과 로씨야련방 인민들 사이의 호상료해와 교제를 촉진한다.

제20조

쌍방은 두 나라 인민들의 생활에 대한 지식수준을 높이고 국제언론공간에서 조선민주주의인민공화국과 로씨야련방 그리고 두 나라 사이의 쌍무협조에 대한 객관적인 정보를 전파하며 두 나라 대중보도수단들 사이의 호상협조에 유리한 조건을 계속 마련하고 허위정보와 도발적인 정보활동에 대처하는데서 공동보조를 강화하기 위하여 언론분야에서의 폭넓은 협조를 추동한다.

제21조

쌍방은 이 조약의 리행을 위한 부문별협정 그리고 이 조약에서 규제하지 않은 기타 분야들과 관련한 협정들을 체결하고 리행하는데서 적극 협력한다.

제22조

이 조약은 비준을 받아야 하며 비준서가 교환된 날부터 효력을 가진다.

이 조약이 효력을 발생하는 날부터 2000년 2월 9일에 채택된 「조선민주주의인민공화국과 로씨야련방 사이의 친선, 선린 및 협조에 관한 조약」은 효력을 상실한다.

제23조

이 조약은 무기한 효력을 가진다.

쌍방 중 어느 일방이 이 조약의 효력을 중지하려는 경우 이에 대해 타방에게 서면으로 통지하여야 한다. 조약의 효력은 타방이 서면통지를 받은 날로부터 1년 후에 중지된다.

이 조약은 2024년 6월 19일 평양에서 체결되고 조선어와 로어로 각각 2부씩 작성되었으며 두 원문은 동등한 효력을 가진다.

⑥ 중소 우호 동맹(1950. 2.)

제3절 │ 쿠바 미사일사태(1962)

❶ 개요

(1) 1962년 10월 14일 미국 측 첩보기에 의해 쿠바에서 건설 중이던 소련의 ss-4 중거리 탄도 미사일 기지와 건설현장으로 부품을 운반하던 선박의 사진이 촬영되면서 시작되었다.

(2) 미국 정부는 소비에트 연방의 쿠바 미사일 기지 건설을 무력시위라고 주장하며 미사일 기지의 완공을 강행한다면 이를 선전포고로 받아들일 것이며, 제3차 세계대전도 불사하겠다는 공식성명을 발표했다.

(3) 미국과 소련의 필사적인 외교를 통해 소련측의 미사일 기지 건설이 중지되고, 그에 대한 대가로 터키에 있던 미국의 주피터 기지를 철수시킨다는 조건하에 사태는 종결되었다.

② 전개과정

⑴ 1959년 쿠바에 카스트로 사회주의 정권이 등장했다. 카스트로 정권은 미국계 설탕공장을 국유화하였고 이에 대해 미국은 미국 법원에 제소하는 사건이 발생하였다(사바티노 사건).

⑵ 미국은 1961년 4월 중앙정보국(CIA)에 의해 망명 쿠바인 부대의 쿠바 침공을 실시(피그만 침공)하였으나 실패하였다.

➡ 이외에도 미국은 미주기구(OAS)로부터의 쿠바 축출, 미국 해공군의 영해 및 영공 침범 등 군사, 외교적 압력을 행사하였다.

> **더 알아보기**
>
> **피그만 침공**
> - 존 F. 케네디가 대통령직에 오른 지 석달도 안 된, 1961년 4월에 작전을 개시하였다.
> - 존 F. 케네디는 쿠바 사회주의 정책이 자신들의 영향력을 줄어들게 할 것으로 보아 CIA의 도움을 받는 쿠바 망명자들이 쿠바를 공격하도록 지원하였다.
>   ➡ 교수이자 쿠바 혁명 이후 최초의 총리를 맡은 호세 미로 카르도나가 임시 수장을 담당하면서 쿠바에서 다당제 민주주의가 회복되도록 지원하였다.
> - 미 중앙정보국(CIA) 주도로 쿠바 망명자 1,500여 명을 동원해 쿠바 침공에 나선 미군은 소련의 훈련을 받고 무장한 쿠바군에게 격퇴되었다.
>   - 미군은 불과 사흘 만에 100여 명의 사상자를 내고, 1,000여 명이 생포되는 참담한 패배를 경험하였다.
>   - 카스트로 정부는 1961년 12월 몸값으로 5,300만 달러를 받은 뒤에야 당시 사로잡은 1,113명을 석방하였다.
>   - 결론적으로 미국의 계획은 실패로 돌아갔으며 쿠바와 미국간의 관계는 급속히 냉각되었다.

⑶ 피그만 사건으로 소련은 쿠바의 안전 확보의 필요성을 인식하였다. 흐루시초프는 쿠바의 방위를 위해서 중거리 핵미사일의 반입을 결정하였고, 카스트로의 동의도 획득하였다.

⑷ 1962년 10월 14일 쿠바에 건설 중인 미사일 기지가 발각되었다.

⑸ 10월 22일 케네디 정부는 소련에 미사일 철거를 요구하고 쿠바에 대한 해상봉쇄(전쟁수행 행위를 의미하는 Blockade가 아닌 격리 Quarantine) 및 쿠바로부터의 미사일 공격에 대한 대소 핵보복을 천명하였다.

⑹ 10월 26일 소련은 미국과 협상 끝에 미국이 쿠바를 침공하지 않는다는 것을 약속한다면 미사일 기지 해체와 미사일 철거를 표명하였다.

⑺ 10월 27일 소련은 쿠바의 소련 미사일기지와 터키의 미국 미사일기지의 상호철수를 제안하였다.

⑻ 이에 대해 미국은 27일 제안은 무시하고, 26일 제안을 수락할 것을 결정하였다.

⑼ 이 사건을 계기로 1963년 미소 간 핫라인이 개설되고, 핵 전쟁 회피라는 공통의 과제 하에서 '부분적 핵실험금지조약(PTBT)'이 체결되었다.

제4절 | 베트남 전쟁

① 개요

(1) 베트남의 역사 속에는 1,000여 년 동안(B.C. 179~A.D. 938)의 중국에 의한 지배와 프랑스에 의한 100년(1859~1954)에 가까운 지배의 경험이 자리 잡고 있었다.

(2) 이러한 외국세력들의 지배를 받는 기간 동안 의식적으로는 민족의식과 저항의식이, 전략적으로는 게릴라전 전략이 베트남 사회에 뿌리 깊이 자리매김하였다.

(3) 약 100년에 걸친 프랑스의 식민통치는 베트남을 정치·경제를 포함한 모든 분야에서 뒤처지는 국가로 만들었으며, 여기에 세계경제 대공황까지 겹쳐 당시 베트남 국민들은 굶주림과 가난으로 큰 고통을 겪었다.

(4) 1945년 한 해 동안 베트남 북부 지역에서만 무려 2백여만 명 이상의 아사자가 발생하였다.

(5) 이런 상황은 베트남 사람들의 독립에 대한 열망, 즉 반식민 민족주의 운동이 발생하게 되는 계기로 작용하였고, 이와 함께 공산주의 운동도 조직적으로 확산되기 시작하였다.

② 전쟁발생 요인

(1) 프랑스는 제2차 세계대전 기간 중인 1940년 8월, 일본과의 조약 체결을 통해 동남아시아에서 일본의 정치, 경제적 우위를 인정함으로써 베트남은 실질적으로 일본의 지배하에 들어가게 되었다.

(2) 이는 베트남의 對프랑스 저항운동에 중요한 전환점이 되었다.

(3) 1941년 5월에는 베트남 공산당이 중국에 망명하고 있던 민족주의자들과 연합전선을 형성하여 반일 투쟁 조직이자 베트남 민족주의 운동의 핵심 세력이라 할 수 있는 베트남독립동맹(越盟)을 결성하였다.

(4) 일본의 무조건 항복이 있은 직후인 1945년 9월 2일 호치민은 베트남독립선언문을 발표하고 베트남 민주공화국(the Democratic Republic of Vietnam) 수립을 선포하였다.

(5) 제2차 세계대전 종전 직후 프랑스는 베트남에 대한 자신들의 지배력을 회복하기 위해 노력하였고, 결국 프랑스는 베트남 전역을 재점령하였다.

(6) 그러나 이러한 프랑스의 시도는 베트남민주공화국 수립 이후 베트남을 장악한 호치민 세력의 강한 반발에 부딪치게 되는데 이것이 베트남 전쟁의 시발점이 되었다.

(7) 이렇듯 베트남 전쟁은 반식민주의에 대한 민족주의와 공산주의가 결합하여 외세를 몰아내고자 하는 동인이 가장 크게 작용하였다.

❸ 전쟁 경과

(1) 제1차 베트남 전쟁(1946~1954) : 항불 전쟁*

✐ 베트남인들은 제1차 베트남 전쟁을 항불인민해방 전쟁(抗佛人民解放戰爭)이라 부른다.

① 1945년 7월 개최된 포츠담회담에서 미국, 영국, 소련의 정상들은 베트남 문제에 대해 북위 16도 선을 경계로 북부는 중국군이, 남부는 영국군이 진주하는 것으로 결정하였다.

② 이에 따라 북부지역에는 원난성의 군벌 루한이 지휘하는 18만 명의 중국군이 9월 9일 하노이에 도착했으며, 남부에는 9월 12일 그레이시 소장이 지휘하는 7,500명의 영국군이 진주하였다.

③ 그러나 프랑스는 이에 굴하지 않고 남부에 진주하는 영국군 대대에 프랑스군 1개 중대를 포함 시켰고, 당시 남부지역에 진주한 영국군 사령관 그레이시 장군은 영국 정부의 뜻에 따라 "프랑 스의 인도차이나 점령은 당연한 것이며, 영국군의 주둔은 프랑스가 베트남을 통제할 수 있을 때까지만 계속된다."며 노골적으로 프랑스를 지지하였다.

④ 게다가 프랑스는 중국과 1946년 1월부터 시작된 협상에서 쿤밍(昆明)의 철도운영권을 포함한 중국에서의 자신들의 이권을 포기하는 조건을 제시하였고 중국군은 이를 받아들여 1946년 2월 23일 베트남 철수를 단행하였고, 이후 프랑스는 베트남 전역을 재점령하였다.

⑤ 그러나 이러한 프랑스의 시도는 베트남민주공화국 수립으로 베트남을 장악한 호치민 세력의 강한 반발에 직면했다. 결국 1946년 12월 19일 호치민군의 기습공격으로 제1차 베트남 전쟁이 시작되었다.

⑥ 1954년 7월 20일 제네바에서 평화협정을 체결하였다.

　㉠ 북위 17도선을 경계로 300일 이내 호치민 정부군은 이북으로, 그리고 프랑스군은 이남으로 이동한다.

　㉡ 민간인도 자유의사에 따라 17도선 이남과 이북으로 거주이전이 가능하다.

　㉢ 군사경계선은 잠정적일 뿐이며 정치적 통일문제는 1956년 7월 이전에 총선거를 실시하여 결정한다.

　㉣ 이후 일체의 외국군대는 증원될 수 없으며 프랑스군은 총선거 때까지 주둔한다.

　㉤ 캐나다·폴란드·인도 3개국으로 구성되는 국제감시위원회를 두어 협정의 이행을 감시한다.

(2) 제2·3차 베트남 전쟁(1954~1975) : 항미 전쟁 및 남북 전쟁

① 제네바 협정 이후 프랑스는 베트남에서 철수하였으나, 미국은 공산주의 팽창 저지의 일환으로 베트남에 적극 개입하였다.

② 1955년 10월 26일 미국의 지원을 받은 응오딘지엠(Ngo Dinh Diem) 정부(베트남공화국)가 탄생 하였다. 이에 따라 베트남은 북위 17도선을 경계로 남북 분단체제가 형성되었다.

③ 1964년 8월 4일 통킹만 공해상에 정박한 미군 함정이 북베트남 어뢰정의 공격을 받는 일명 '통킹만 사건'이 발생했다.

④ 이를 계기로 미국은 8월 5일 항공모함을 급파해 북베트남 내의 항구 시설을 폭격하였다. 당시 미국은 공군 폭격만으로 북베트남의 항복을 충분히 받을 수 있을 것으로 예상하였으나, 베트콩과 북베트남군이 미군 기지를 기습적으로 공격하는 '치고 빠지기(hit & run)' 전략을 구사함으로써 미군의 피해는 크게 늘어나게 되었고 결국 1965년 3월 미국의 지상군 파병이 시작되었다.

📖 미국의 군사개입 과정

연도	주요 내용
1950년	700명 군사 고문단 베트남 파견
1961년	미군 지원부대 파견
1962년	미 군사지원 사령부 창설
1964년	통킹만 사건에 대한 보복조치로 북베트남 해군기지 공격
1965년	미 지상 전투부대 파견으로 전면적 군사개입

⑤ 1968년 1월의 뗏(Tet : 음력 1월 1일) 공세 이후 미국 내 반전여론이 크게 형성되었다.

⑥ 1973년 1월 27일 평화협정 조인*으로 베트남 전쟁은 종료되었다.

　✎ 평화협정의 주요 내용은 미국 병력의 전면 철수, 전쟁포로 석방, 남북 베트남의 평화적 재통일 등이었다.

⑦ 1974년 10월 북베트남 노동당 중앙위원회는 총공세를 결의하여 12월 13일 사이공 북쪽 135km 지점의 푸옥롱(Phuoc Long)성을 공격하여 점령하였고, 1975년 3월 10일 3개 사단으로 전략적 요충지인 부온마투옷(Buon Ma Thuot)을 기습 점령하였다.

⑧ 1976년 7월 2일 북베트남이 주도하는 '베트남사회주의 공화국'(the Socialist Republic Vietnam)이 수립되었다.

❹ 미국의 베트남전 참전 이유

(1) 미국은 1949년 중국 본토가 공산화되면서 국제적으로 공산주의 확산에 대한 우려가 커졌다.

(2) 이에 미국 정부는 1949년 12월 30일 NSC-48/2를 채택하여 공산주의 확장 저지, 인도차이나반도에 대한 개입, 중국 공산 정부의 불승인, 동남아시아에서의 반공 연합체제 형성 등의 내용을 담은 새로운 아시아정책을 발표하였다.

(3) 인도차이나 반도가 공산화되는 것을 막기 위해 제1차 베트남 전쟁을 수행하고 있던 프랑스를 지원하였다.

(4) 그러나 프랑스는 전쟁에서 패배하여 철수하였고, 그 후 미국은 베트남에 직접 개입하였다.

(5) 미국의 프랑스 지원을 통한 전쟁 개입은 도미노 이론에 근거한 심리적 위협, 즉 공산주의 확산이 가장 중요한 요인으로 작용하였다고 볼 수 있으며, 결과적으로 미국의 봉쇄정책이 인도차이나로 확대된 것이었다.

□ 베트남 전쟁 연표

연도	주요 사건	비고
1940. 8.	일본에 의한 실질적 지배	
1941. 5.	호치민 베트남독립동맹(越盟) 결성	Vietminh
1945. 9.	호치민 베트남민주공화국 선포	
1946. 2.	프랑스 베트남 재점령	
1949. 3.	프랑스에 의한 베트남 통일정부 수립	제1차 전쟁기간 중
1954. 7.	제네바 평화협정 체결(프랑스군 베트남 철수)	남북분단(북위 17도)
1955. 10.	미국에 의한 베트남공화국 수립	분단 고착화
1960. 12.	남베트남 내 민족해방전선(NLF) 결성	공산주의자 주도
1961. 1.	NLF의 군사조직 베트콩(Viet Cong) 창설	인민해방군
1964. 8.	통킹만 사건(북베트남 미군 함정 공격)	
1973. 1.	파리 평화협정 체결(미군 베트남 철수)	
1976. 1.	베트남사회주의 공화국 수립	적화통일

❺ 한국군의 파병

(1) 1964년 4월 23일 미국의 존슨 대통령은 '더 많은 깃발(more flags)'의 기치를 내걸고 한국 측에 베트남전 파병을 요청하였다.

(2) 이에 한국 정부는 7월 31일 국회의 동의를 얻어 1964년 9월 비전투부대인 1개 이동외과병원과 태권도 지도요원 등 130여 명을 파병하였다.

(3) 그 후 파병의 규모는 점차 커지면서 전투부대로까지 확대되어 1973년 3월까지 323,864명을 베트남에 파병하였다.

(4) 당시 한국군의 베트남 파병 이유는 다양한 요인들이 작용되었다.
  ① 첫째, 박정희 정부의 정통성의 문제
  ② 둘째, 반(反)공산주의에 대한 정서
  ③ 셋째, 6 · 25 전쟁에서 우리를 도와준 우방에 대한 보답
  ④ 넷째, 북한에 대한 억제력인 주한미군을 한국에 계속 주둔시키기 위한 조치

(5) 한국은 베트남전을 통해 군사적, 경제적 이익을 보았다.

제5절 중-소 우수리강 분쟁(1969)

① 개요

(1) 중국과 소련의 우수리강 분쟁(전바오다오 섬을 중심으로 갈등)은 1960년대 후반에 발생한 국경 분쟁으로, 주로 우수리강(또는 Amur River)을 중심으로 한 지역에서 일어난 갈등이다.

➡ 이 분쟁은 우수리강 주변의 다수 섬들에 대한 영유권 분쟁에서 비롯되었다.

(2) 이 분쟁은 중국과 소련 간의 냉전 초기 갈등의 일환이었으며, 두 나라의 국경 문제를 둘러싼 긴장을 표출한 사건이었다.

(3) 주요 충돌로는 1969년 3월 2일 중국과 소련의 국경 근처에서 발생한 총격전으로, 양측 모두 병력을 동원해 격렬한 전투를 벌였고, 많은 사상자가 발생하였다.

🔖 우수리강 위치

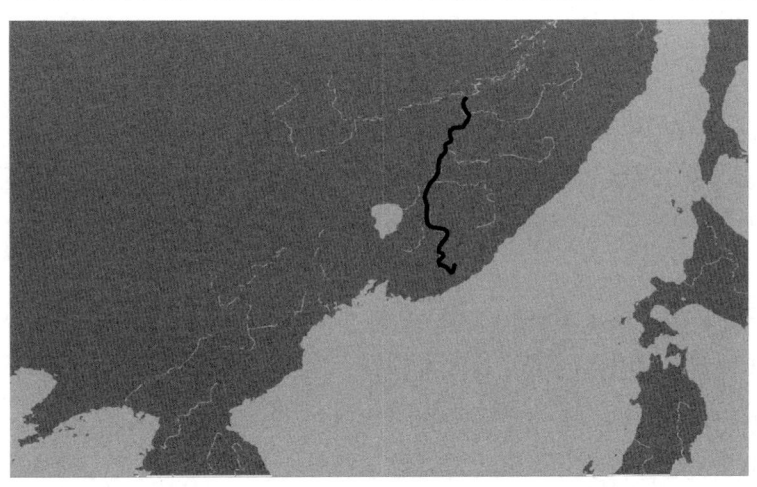

② 배경

(1) 우수리강은 중국의 헤이룽장성과 소련의 우스리스크 지역을 가로지르는 강으로, 두 나라 간의 중요한 국경선 역할을 하였다.

(2) 19세기 중반, 제정 러시아와 청나라는 양국 간 국경을 정하는 여러 협약을 체결했으며, 특히 1858년의 아이훈 조약과 1860년의 베이징 조약에서 우수리강을 포함한 지역의 경계가 확정되었다.

(3) 이때 두 나라의 국경선은 우수리강을 기준으로 나뉘었으며, 여러 섬과 지역들이 양국 사이의 영유권 문제를 일으킬 수 있는 잠재적인 요소로 남게 되었다.

❸ 냉전과 국경 갈등

(1) 소련과 중국은 초기에는 공산주의 이념을 공유하며 우호적인 관계를 유지했으나, 1950년대 후반부터 두 나라 간의 이념적 갈등이 본격적으로 시작되었다.

(2) 스탈린 사망 이후, 소련의 니키타 흐루쇼프는 평화 공존 정책을 내세우며 중국과의 관계에서 점차 차이를 보였고, 이는 중국의 마오쩌둥 정부와의 갈등을 불러일으켰다.

(3) 1950년대 후반, 소련은 중국의 대약진 운동과 문화대혁명을 비판했으며, 중국은 소련의 평화 공존 정책을 반대하고, 더 강력한 혁명적 노선을 주장하였다.

(4) 이러한 정치적 갈등은 국경 분쟁으로도 이어졌다. 특히 1960년대 후반, 두 나라 간 국경을 구성하는 여러 강과 섬들에 대한 영유권 문제가 부각되었고, 그 중 우수리강 지역이 중요한 쟁점으로 떠오르게 되었다.

❹ 분쟁의 원인

(1) **이념적 갈등**

중국과 소련은 1960년대에 이념적으로 대립 양상을 보였다. 마오쩌둥은 중국을 중심으로 한 세계 혁명을 주장했으며, 흐루쇼프는 평화 공존을 추구하였다. 이러한 이념적 차이는 국경 분쟁으로 이어졌다.

(2) **국경선의 모호성**

19세기 중반에 체결된 조약들에서는 명확한 국경선이 정해졌지만, 당시의 지도와 실제 지형 사이에는 모호한 부분이 있었고, 일부 섬들에 대한 명확한 소유권 문제가 해결되지 않았다.

(3) **소련의 군사적 우위**

소련은 당시 중국에 비해 상대적으로 강력한 군사력을 보유하고 있었기 때문에, 중국은 자신들의 국경을 방어하기 위해 군사적 대응을 고려할 수밖에 없었다.

❺ 결과와 영향

(1) 중국은 소련을 "사회-제국주의 국가"라고 주장하면서 미국보다 소련에 대한 위협을 더욱 강조하는 등 중국과 소련 간의 관계가 악화되었다.

(2) 중국은 소련과의 국경 문제를 해결하기 위해 자국의 군사력을 강화하였다.

(3) 우수리강 분쟁 이후 양국은 군사적 충돌을 피하고자 1970년대 초반부터 국경 협상을 시작하였다. 그러나 양국의 관계는 여전히 긴장 상태였고, 국경 협상은 수년간 지연되었다.

(4) 1989년 중소 국경 협정에 따라 우수리강을 포함한 여러 국경 문제는 해결되었다. 소련은 중국에게 일부 지역을 양도하고, 중국은 이를 인정하는 방향으로 협정이 체결되었다.

제6절 미중 상하이 공동성명(1972. 2. 28.)

1 개요

(1) 미중 상하이 공동성명은 1972년 2월 28일 리처드 닉슨 미국 대통령과 마오쩌둥 중국 공산당 주석, 저우언라이 중국 총리가 중국 상하이에서 체결하였다.

(2) 이 성명은 미국과 중국 간의 외교 관계 정상화를 위한 중요한 첫걸음으로 평가되며, 냉전 시대의 중요한 전환점이라고 할 수 있다.

2 역사적 배경

(1) 1970년대 초반까지 미중 관계는 냉전과 관련된 이념적 갈등과 정치적 장벽으로 인해 오랫동안 단절되었다.

(2) 하지만 1960년대 말, 중국과 미국은 각각 소련에 대한 불만과 공통의 이익을 가지고 있었기 때문에, 서서히 접점을 찾기 시작하였다.

① 중국은 소련과의 갈등으로 고립되었고, 미국은 소련과의 핵 군비 경쟁을 완화하고자 하는 의도가 있었다.

② 이러한 상황 속에서 양국은 교섭의 문을 열기 위한 노력을 기울였다.

3 상하이 공동성명 주요 내용

(1) 양국 관계 정상화

① 미국은 "하나의 중국" 원칙을 인정하며, 대만 문제에 대한 중국의 입장을 존중한다고 선언했다.

② 이로 인해 미국은 대만을 중국의 일부로 인정하게 되었으며, 이는 중국과의 외교 관계를 여는 중요한 신호탄이 되었다.

(2) 대만 문제

미국은 대만과의 공식 외교 관계를 끊고, 대만관계법에 의거하여 대만과의 비공식적인 관계만 유지하기로 하였다. 이는 사실상 대만을 중국의 일부로 인정하는 것이었으며, 중국은 대만 문제를 내정 문제로 간주하였다.

(3) 평화적인 공존과 상호 존중

① 두 나라는 평화적인 공존과 상호 존중을 바탕으로 서로의 핵심 이익을 존중하고, 적대적인 행동을 피할 것을 다짐했다.

② 이는 군사적 긴장 완화와 경제적 협력을 위한 전제 조건이 되었다.

(4) 소련에 대한 공동의 경계심 표출

양국은 소련의 군사적 팽창주의와 냉전적 압박에 대응하기 위해 협력할 필요성을 인식하고, 이를 해결하기 위한 협력 방안을 모색하기로 합의하였다.

더 알아보기

대만관계법

- 미국은 1979년에 중화인민공화국을 공식 승인하고 외교관계를 수립하면서, 대만과의 외교관계를 단절하였으나 전통적인 우방으로 여겼던 대만에 대한 예우의 차원에서, 제한적인 관계를 유지하기 위해 대만관계법을 제정하였다.
  ➡ 대(對) 중화민국 무기수출과 전술 제공, 미국 내 대만의 자산에 관한 문제 등이 규정되었다.
- 국제법이 아닌 한 나라의 국내법임에도 불구하고, 외국의 방위를 보장하는 내용을 담은 이례적인 경우였다.
- 미국은 1982년 중국과의 8·17 공동성명 직전에 '6개 보장(Six Points)'을 발표하였다. 6개 보장은 대만관계법과 함께 미국의 대중국 정책의 기준이 되고 있다.
  - 미국은 대만에 대한 무기 수출에 관해 기한을 정하지 않는다.
  - 미국은 대만에 대한 무기 수출에 있어 중국과 사전 협상을 진행하지 않을 것이다.
  - 미국은 대만 해협 양안 간의 중재자 역할을 담당하지 않는다.
  - 미국은 대만관계법을 수정하지 않는다.
  - 미국은 대만의 주권에 대한 일관된 입장을 변경하지 않는다.
  - 미국은 대만으로 하여금 중국과 협상토록 강요하지 않는다.

---

④ 상하이 공동성명 평가

(1) 상하이 공동성명은 미국과 중국 간 외교 관계 정상화의 중요한 첫걸음이었으며, 1979년 미중 수교로 이어지는 중요한 기반이 되었다.

(2) 상하이 공동성명은 중국의 국제적 위상을 크게 상승시키는 계기로 작용하였다.

제7절 **소련의 아프가니스탄 침공(1979~1989)**

① 개요

(1) 소련의 아프가니스탄 침공은 1979년 12월 24일에 시작되어 1989년 2월 15일까지 진행되었다.

(2) 이 침공은 소련이 아프가니스탄의 공산주의 정부를 지원하기 위해 군을 파견한 사건으로, 당시 아프가니스탄은 내전 중이었고, 사회주의 정부와 반정부 세력 간의 갈등이 심화되고 있었다.

❷ 배경

(1) 1978년 아프가니스탄에서 공산주의 세력인 인민민주당(DRA)이 쿠데타를 통해 권력을 장악했다.

(2) 하지만 이 정부는 아프가니스탄 내에서 강력한 저항에 직면하게 되었고, 반정부 세력인 무자히딘 (이슬람 반군)과의 갈등이 심화되었다.

(3) 이로 인해 아프가니스탄의 상황은 불안정해졌고, 소련은 이 사회주의 정부를 지원하기 위해 군을 파견하기로 결정하였다.

❸ 침공의 전개

(1) 소련의 침공은 1979년 12월 24일 소련군이 아프가니스탄 수도 카불에 상륙하면서 시작되었다.

(2) 소련은 아프가니스탄 내에서 자신들의 이익을 지키고 공산주의 정부를 안정시키기 위해 개입했으니, 이는 국제적으로 큰 논란을 야기하였다.

(3) 아프가니스탄 전역에서는 무자히딘을 포함한 다양한 반군 세력이 소련군과 싸웠고, 많은 민간인들이 피해를 입게 되었다.

❹ 국제적 반응

(1) 소련의 침공은 국제적으로 큰 반발을 불러일으켰다.

(2) 미국을 비롯한 서방 국가들은 아프가니스탄 침공을 비난하고, 소련의 군사적 개입을 제국주의적 야욕으로 간주하였다.

(3) 미국은 아프가니스탄의 반군인 무자히딘에게 경제적, 군사적 지원을 제공하였고, 이를 통해 무자 히딘은 소련군과의 전투에서 중요한 승리를 거두기도 하였다.

(4) 또한, 이 사건은 냉전 시대의 갈등을 더욱 격화시켰다. 1980년 미국은 소련의 침공에 항의하며 모 스크바에서 열릴 예정이었던 1980년 하계 올림픽에 불참하기로 결정했으며, NATO는 소련의 침 공에 대해 강력히 비판하였다.

❺ 소련의 철수

(1) 소련은 아프가니스탄 전쟁에서 장기적인 군사적 승리를 거두지 못하고, 자국 내외에서 점점 더 큰 압력을 받게 되었다.

(2) 이 전쟁은 소련 경제와 군사에 심각한 부담을 주었고, 또한 소련 내에서의 반전 여론도 커졌다.

(3) 1986년 미하일 고르바초프가 소련의 지도자로 취임하면서, 그는 "페레스트로이카"(경제 개혁)와 "글라스노스트"(정치적 개방) 정책을 추진하였고, 아프가니스탄에서의 철수를 고려하게 되었다.

(4) 1988년 소련은 아프가니스탄 정부와의 협정을 통해 철수 계획을 마련하고, 1989년 2월 15일에 소련 군은 아프가니스탄에서 완전히 철수하였다.

❻ 파급효과 및 영향

(1) 소련의 아프가니스탄 침공은 여러 가지 중요한 결과를 야기하였다.

(2) 이 전쟁은 소련의 군사력과 경제에 큰 부담을 주었고, 결국 소련의 붕괴를 촉진시키는 요인 중 하나로 작용하였다.

(3) 무자히딘 반군은 소련군과의 전투에서 승리를 거두었고, 이후 아프가니스탄의 정치적인 주도권을 확보하였다. 그러나 이들은 이후에도 내전과 권력 다툼이 계속되었다.

(4) 이 전쟁은 미국과 소련의 갈등을 심화시켰고, 양국 간의 냉전적 긴장을 더 강화시켰다.

제8절 냉전 이후 현상변경 전쟁

❶ 2008년 조지아(그루지야) 침공

(1) 러시아의 조지아 침공은 조지아군이 2008년 8월 7일 자국에서 분리독립하려는 남오세티야 자치공화국을 공격함으로써 시작되었다.

(2) 조지아군의 남오세티야 공격 때 남오세티야에 이미 주둔해 있던 러시아 평화유지군 몇 명이 사망했다는 것을 명분으로 러시아가 다음날인 8일 탱크 등을 앞세워 조지아를 공격하였다.

(3) 러시아는 7만 9천여 명의 병력을 투입해 비슷한 수준의 조지아군을 압도적인 공중·기갑·해상 전력으로 격퇴하였다.

(4) 조지아군은 이렇다할 저항도 하지 못한 채 같은 달 12일 4일 만에 항복하였다.

(5) 러시아는 남오세티야의 모든 영역을 신속하게 접수했다. 또 이 전쟁으로 남오세티야 자치공화국은 물론 조지아로부터 분리독립을 추진해온 압하지야 자치공화국도 실질적으로 독립하였다.

❷ 2014년 크림반도 병합

(1) 2014년 3월 러시아가 무력을 동원해 우크라이나로부터 크림반도를 강제 병합하였다.

(2) 2014년 2월 27일 오전 4시경 정체불명의 무장세력이 우크라이나 남부 크림자치공화국 수도 심페로폴의 정부청사와 국회의사당을 점령하고 크림반도의 분리독립을 요구했다.

(3) 소속 표시·계급 등 아무런 휘장 없는 군복 차림의 이들은 자신들을 '크림반도 민병대'라고 주장했지만 추후 러시아군으로 밝혀졌다.

(4) 이틀 뒤인 같은 해 3월 1일 러시아 상원은 우크라이나 군사 개입을 승인하고 푸틴 대통령은 곧바로 크림반도에 병력을 보내 압박하였다.

⑸ 크림자치공화국 의회는 같은 달 6일 러시아와 합병을 결의하고, 11일에는 우크라이나로부터 독립을 선포하였다.

⑹ 일주일 뒤인 18일에는 푸틴 대통령이 러시아 상·하원이 지켜보는 가운데 합병 조약에 서명하였다. 이 모든 과정은 20일 만에 속전속결로 진행되었다.

❸ 2022년 우크라이나 침공(진행중)

박민형
국제정치학
기본 이론서

PART
04

외교정책

외교정책이론

제1절 엘리슨 모델

❶ 개요

(1) 위기는 어떻게 발생하느냐의 문제도 중요하지만 이를 어떻게 관리하느냐의 문제가 더욱 중요하다.

(2) 위기를 효과적으로 관리하기 위해서는 위기를 사전에 예방하는 것이 최우선이다.

(3) 하지만, 위기가 발생했을 시에는 '최소한의 피해로 최대한 신속하게' 위기를 벗어나도록 하는 것 또한 매우 중요하다.

(4) 이를 위해서는 조직의 효율적인 의사결정체계가 필요하다고 할 수 있는데, 이러한 과정을 잘 보여 주고 있는 것이 엘리슨이 제시한 세 가지 모델이다.

(5) 엘리슨은 외교정책 결정 과정에서 개인적인 요인이 큰 영향을 준다는 주장에 대해 비판적이다.

(6) 이에 그는 정부를 포함한 그것을 구성하는 조직들이 의사결정 과정의 핵심적인 행위자라고 주장 한다.

(7) 자신의 저서 『결정의 에센스』에서 의사결정과정을 설명하기 위해 합리적 행위자 모델(Rational Actor Model), 조직 과정 모델(Organizational Process Model), 관료 정치 모델(Bureaucratic Politics Model) 을 제시하였다.

❷ 합리적 행위자 모델

(1) 기본 가정은 '국가는 합리적 행위자'라는 것이다. 즉, 국가는 자국의 이익과 목표를 달성하기 위해 여러 가지 대안 중 가장 합리적인 대안을 선택한다는 것이다.

(2) 이는 여러 조직들의 단일 집합체로써 완전한 정보를 가지고 있는 국가가 가치를 극대화하는 방법 으로 의사를 결정한다고 보는 방법이다.

(3) 이 모델에 따르면 위기에 봉착한 정부는 위기 타개를 위한 목표 및 목적을 설정하고 그것을 달성 하기 위한 다양한 대안을 도출하여 이를 바탕으로 각 대안들의 장단점, 즉 이익과 비용을 계산하여 가장 효율적인 대안을 선택한다는 것이다.

(4) 즉, 이러한 과정을 통해 선택된 대안이 국가이익을 위한 최선의 정책이며 이것을 실행함으로써 위기를 관리한다는 것이다.

(5) 합리적 행위자 모델은 국가를 하나의 통일된 행위자로 가정함으로써 복잡하고 혼란스러운 상황들을 하나의 역동적인 과정으로 설명이 가능하게 해준다. 따라서 국제정치 및 외교정책 분야에서 지금 까지 가장 널리 사용되어 온 모델이다.

❸ 조직 과정 모델

(1) 조직 과정 모델은 국가는 단일한 유기체가 아니라 독자적인 생명력을 가지고 있는 여러 조직이 느슨하게 엮어져 있는 연합체라는 것으로, 정부의 결정은 조직들이 미리 만들어 놓은 규정과 절차에 의해 움직인다는 것이다.

(2) 즉, 국가의 의사결정은 예하 조직의 움직임에 따라 결정되는 경향이 있다는 것이다.

(3) 이 모델에 따르면 문제해결을 위한 권한은 각 조직들에게 분권화되어 있는데, 이러한 조직들은 고유의 임무, 이를 수행하기 위한 절차, 조직적 능력, 독자적인 조직문화를 가지고 있다.
  ➡ 조직은 편협성과 타성이 있어 변화에 대응이 어렵다는 단점도 존재한다.

(4) 또한, 개별 조직들은 자체적인 기능을 통해 정보를 획득하고 문제를 식별하며, 가용한 능력 범위 내에서 대안을 산출한다.

(5) 따라서 위기 발생 시 채택될 수 있는 대응 정책은 각 소식이 표준행동절차(Standard Operating Procedure, SOP)에 따라 제시하는 산출물을 바탕으로 하고 있으며 이 산출물은 시간과 능력의 제한으로 인해 우선순위가 채택되며 이러한 것이 정부의 의사결정에 영향을 미치게 되는 것이다.

❹ 관료 정치 모델

(1) 관료 정치 모델은 정부 내부의 정치적 갈등과 협상에 중점을 두고 설명한다.

(2) 이 모델은 국가를 단일 행위자로 인식하지 않고 다양한 의사결정권자들의 집합으로 여기며, 의사결정과정의 상호 영향력이 의사결정에 영향을 미친다고 보는 관점이다.

(3) 즉, 정부의 행동은 단일 행위자의 합리적 선택도 아니고, 조직의 절차와 능력의 산물도 아니며, 다만 정책 결정에 참여하는 다양한 개별 행위자들의 협상과 흥정의 결과라는 것이다.

(4) 결국 정치 행위자들은 일관되고 단일화된 국가이익을 목표로 하는 것이 아니라 각각의 개인이익, 집단이익, 조직이익에 따라 움직인다는 것이다.

(5) 따라서 정부 정책이라는 최종산물은 정책결정과정에 참여한 행위자들의 이익을 부분적으로 반영한 일종의 콜라주 또는 절충안과 같다고 설명한다.

❺ 비교

(1) 엘리슨의 세 가지 모델은 서로 다른 특징들을 지니고 있으며, 모델들이 각각 설명력을 지니고 있다.

(2) 이 세 가지 모델은 행위자들의 응집성 차원에서 가장 큰 차이가 있다.
  ① 합리적 행위자 모델의 경우 정부를 하나의 잘 조직화된 유기체로 평가한다.
  ② 조직 과정 모델의 정부는 반독립적 하위조직들이 느슨하게 연결된 집합체이다.
  ③ 관료 정치 모델의 정부는 서로 독립적인 조직들의 집합체로 간주한다.

> **더 알아보기**
>
> **허만의 위기시 정책결정과정**
> - 찰스 허만(Charles F. Hermann)은 위기상황시 정책결정과정을 제시하였다.
>   - 국가위기의 특징: 예상하지 않은 기습적인 사태, 짧은 대응시간, 중대가치에 대한 위협
> - **위기시 정책결정자의 수**: 위기 사태시 결정하는 그룹은 극히 수가 적고, 최고 정책결정자와 행정책임자만 참석하는 것이 일반적이다.
> - **사태인식**
>   - 위기가 심각해지면 심각해질수록 사태에 대한 정확한 판단이 불가능해진다.
>   - 위기가 심각해지면 심각해질수록 적이 더 적대적으로 되는 것 같아 보인다.
>   - 위기시에는 자신의 정책 선택 범위는 좁으나 적의 정책 범위는 넓다고 인식한다.
> - **정보와 사태 처리 방법**
>   - 정책결정자는 위기에 처해 있을 때 많은 정보를 구하나, 위기가 지속되면 현재 가지고 있는 정보도 충분하다고 생각하는 경향이 있다.
>   - 위기가 악화되면 될수록 정책결정자는 대중의 불안을 덜어주려는 노력이 더 강해진다.
>   - 극히 긴장된 상태 하에서는 효과적인 정책결정을 하기 어려우나, 어느 정도 긴장할 때, 즉 다소 압력을 느낄 때는 더 능률적인 정책결정을 할 수 있다고 주장한다.

제2절 │ 모겐소의 외교정책 이론

(1) 모겐소는 전쟁과 외교를 국가가 목표를 달성하는 수단으로 간주한다.

(2) 그는 국제정치에서 전쟁을 피하려는 노력이 중요하다고 봤으나, 때로는 국가가 자신의 안전과 이익을 지키기 위해 전쟁을 해야 할 때가 있다고 주장했다.

(3) 또한, 외교는 전쟁을 예방하거나, 전쟁을 치르는 동안 유리한 조건을 만들기 위한 중요한 도구로 작용한다고 강조한다.

(4) 궁극적으로는 전쟁 수행과 외교정책 수행의 최종 목표가 동일하다고 주장한다.

제3절 │ 로즈노우의 외교정책결정 이론

❶ 기본개념

(1) 로즈노우(Richard Rosenau)는 국가들이 외교정책을 결정하는 과정에서 경제적, 군사적, 그리고 정치적 요소가 어떻게 상호작용하는지를 탐구했다.

(2) 로즈노우는 비교외교정책론의 효시를 이룬 분석틀을 제시했다는 평가를 받는다.

(3) 로즈노우는 특히 상호의존성과 경제적 협력의 중요성을 강조했으며, 그가 제시한 이론은 국제관계에서의 갈등과 협력을 이해하는 데 중요한 틀을 제공한다.

❷ 상호의존성과 외교정책

(1) 로즈노우의 이론에서 중요한 개념 중 하나는 상호의존성이다. 그는 국제사회에서 국가들이 서로 긴밀하게 연결되어 있으며, 경제적, 정치적 상호의존성이 갈등보다 협력을 촉진하는 경향이 있다고 주장한다.

(2) 이러한 상호의존성은 국가들이 전쟁을 피하고 평화를 유지하려는 동기를 제공하며, 국가 간 협력을 이끌어 낼 수 있다는 것이다.

(3) 로즈노우는 특히 경제적 상호의존성이 국가들의 외교정책을 결정짓는 중요한 요인으로 작용한다고 주장한다. 예를 들어, 상호의존적인 경제구조 속에서는 국가들이 전쟁보다는 경제적 협력을 통해 자신들의 이익을 증진시키는 경향이 강하다는 것이다.

❸ 협력적 외교정책

(1) 로즈노우는 국제정치에서 국가들이 단순히 힘의 균형에 의존하는 것보다 협력을 추구하는 경향이 더 강하다고 주장한다.

(2) 그는 전통적인 현실주의 이론이 국가들 간의 경쟁과 갈등을 지나치게 강조한다고 비판하면서, 협력적 접근을 강조한다. 특히 무역, 경제적 협정, 다자간 협상을 통해 국가들이 갈등을 해결하고 상호 이익을 추구한다고 강조한다.

(3) 국가들은 국제제도와 협상을 통해 분쟁을 해결할 수 있기 때문에 이러한 것들이 중요한 외교정책적 도구로 기능한다고 간주하였다.

❹ 경제적 패권주의와 권력

(1) 로즈노우는 경제적 패권주의를 중요한 외교정책의 결정적 요인으로 간주한다.

(2) 그는 경제적 패권을 지닌 국가가 국제사회에서 더 큰 영향력을 행사하며, 이를 통해 외교정책을 주도한다고 주장한다.

(3) 경제적 힘은 군사적 힘보다 더 지속적이고 유효한 수단이 될 수 있다는 점에서 경제적 우위의 중요성을 강조한 것이다.

(4) 그는 국제정치가 경제적 상호작용을 통해 재편성되고 있으며, 국가들의 외교정책도 그에 맞춰 변화하고 있다고 주장한다.

❺ 외교정책 결정 변수

(1) **경제적 변수**
① 무역 관계
② 경제적 패권
③ 자원의 분배

(2) **군사적 변수**

　① 군사력의 상대적 균형

　② 전략적 동맹

　③ 군비 경쟁

(3) **정치적 변수**

　① 내부 정치 구조(정부)

　② 국내 정치적 압력(사회)

　③ 지도자의 성향(개인)

(4) **국제적 변수(체제)**

　① 국제적 규범과 법

　② 국제 경제 환경

　③ 외교적 압력과 대외적 도전

(5) **문화적 및 사회적 변수**

　① 국민의 가치관과 사회적 태도

　② 역사적 경험

> **［더 알아보기］**
>
> **로즈노우의 예비이론**
> - 로즈노우는 외교정책이 단순히 국가 차원에서 결정되는 것이 아니라, 다양한 요인이 복합적으로 작용한다고 주장한다.
> - 로즈노우는 외교정책을 이해하기 위해 5가지 분석 수준(levels of analysis)을 제시하였다.
>   - 개인 수준(Individual level) : 지도자의 성격, 인식, 신념, 경험이 외교정책에 영향을 미친다.
>   **예** 닉슨의 반공주의 성향이 미중 관계 개선에 영향을 줌.
>   - 역할 수준(Role level) : 정책결정자의 공식적인 역할과 직책이 정책 결정에 영향을 미친다.
>   **예** 국무장관과 국방장관의 역할 차이
>   - 정부 수준(Governmental level) : 정부 조직의 의사결정 과정, 관료제의 역할이 정책 결정에 영향을 미친다.
>   **예** 미 국방부와 국무부의 의견 차이가 정책에 미치는 영향
>   - 사회 수준(Societal level) : 여론, 언론, 이익집단, 경제적 요인 등 사회 내부의 요인이 정책 결정에 영향을 미친다.
>   **예** 베트남전 반대 시위가 미국의 철군 결정에 영향
>   - 국제 수준(International level) : 국가 간 힘의 균형, 동맹 관계, 국제 질서가 정책 결정에 영향을 미친다.
>   **예** 냉전 시대 미·소 대립이 각국의 외교정책 결정에 영향
> - 이 이론은 외교정책 연구를 보다 체계적이고 과학적으로 분석하는 틀을 제시했다.
> - 국가 간 관계만이 아니라 개인, 조직, 사회, 국제환경이 모두 중요함을 강조한다.
> - 이후 다양한 외교정책 분석 모델(**예** 엘리슨의 모델)에 영향을 주었다.

❻ 분석수준과 국제정치현상 관계

개인	정책결정집단(역할)	사회	국가(정부)	국제체제
정책결정자 개인특성	관료 정치 집단사고	사회적 요구	정부유형	세력균형-종속 국가 간 상호의존

제4절 │ 알렉산더 조지의 조작적(운영) 코드 이론

❶ 개요

(1) 알렉산더 조지(Alexander L. George)는 지도자의 신념 체계와 인식이 외교정책 결정에 중요한 영향을 미친다고 주장하며, 이를 설명하기 위해 조작적 코드(Operational Code) 이론을 개발했다.

(2) 이 이론은 지도자가 세계를 어떻게 바라보고 행동하는지에 대한 철학적 신념(Philosophical Beliefs)과 도구적 신념(Instrumental Beliefs)을 분석하여 외교정책을 예측하는 데 초점을 맞춘다.

❷ 개념 및 기본가정

(1) 조작적 코드란 지도자가 가진 세계관과 행동원칙을 의미하며, 정치적·외교적 결정 과정에서 어떻게 사고하고 판단하는지를 분석하는 틀이다.

(2) **기본 가정**

① 지도자의 신념과 인식이 정책 결정에 직접적인 영향을 미친다.
② 각 지도자는 고유한 신념 체계를 가지고 있으며, 이를 바탕으로 정책을 결정한다.
③ 이 신념 체계는 철학적 신념과 도구적 신념으로 구분된다.

❸ 조작적 코드의 구성 요소

(1) **철학적 신념(Philosophical Beliefs)**

세계가 어떻게 작동하는지에 대한 지도자의 근본적인 믿음이다(정치 환경, 인간 본성, 국제관계에 대한 인식).

① 세계는 우호적인가 적대적인가?
　➡ 낙관적(협력 가능) vs. 비관적(갈등 중심)
　예 고르바초프(낙관적), 스탈린(비관적)
② 정치적 사건은 예측 가능한가?
　➡ 국제사회에서 규칙과 질서는 존재하는가, 아니면 혼란스럽고 예측 불가능한가?
③ 운명은 지도자의 행동에 의해 바뀔 수 있는가?
　➡ 지도자가 능동적으로 운명을 개척할 수 있는가, 아니면 외부 환경에 의해 결정되는가?

(2) 도구적 신념(Instrumental Beliefs)

목표를 달성하기 위한 전략과 방법에 대한 지도자의 신념이다(외교정책 수행 방식, 협상·무력 사용 여부 등).

① 목표를 달성하는 가장 효과적인 방법은?

➡ 협상과 외교 vs. 군사적 강압

예 카터(외교), 닉슨(군사력)

② 적과의 관계에서 가장 중요한 요소는 무엇인가?

➡ 신뢰와 협력 vs. 경쟁과 힘의 균형

③ 어떤 전술이 가장 효과적인가?

➡ 단계적 접근(점진적 협상) vs. 단기적 강경 압박

❹ 조작적 코드의 분석 방법

조지의 조작적 코드 이론은 지도자의 연설, 저서, 정책 결정 기록 등을 분석하여 해당 지도자의 신념 체계를 밝히는 방식으로 연구한다.

❺ 조작적 코드 이론의 의의와 한계

(1) 의의

① 지도자의 신념과 성격이 외교정책에 미치는 영향을 분석할 수 있다.

② 특정 지도자의 정책 결정을 예측하는 데 유용하다.

③ 심리학과 외교정책 분석을 결합한 정치 심리학적 접근법이다.

(2) 한계

① 지도자의 신념만으로 모든 정책을 설명하기 어렵다.

② 지도자의 신념이 변화할 수도 있다.

③ 실제 정책 결정 과정에서 관료제와 조직의 역할이 과소평가된다.

제5절 구르비치의 제2이미지 역전 이론

❶ 개요

(1) 구르비치의 제2이미지 역전 이론(Gurvitch's Second Image Reversed Theory)은 라자르 구르비치 (Léon Gurvitch)의 사회학적 관점에서 발전한 이론으로, 국제 관계 및 정치학 이론의 하나이다.

(2) 구르비치는 제2이미지 역전 이론을 통해 국내정치적 요인이 어떻게 국제적인 행동에 영향을 미치는지를 다루었으며, 이를 통해 기존의 국제정치이론을 확장하였다.

② 제2이미지 역전 이론의 주요 개념

(1) 제1이미지

① 전통적인 국제정치이론에서는 국제시스템과 국가 간의 상호작용이 국가 행동을 결정한다고 본다.

② 즉, 국제관계에서 발생하는 전쟁이나 갈등은 국가들 간의 힘의 균형이나 외교적 결정에서 비롯된다고 설명한다.

(2) 제2이미지

① 제2이미지 이론은 국가의 내부 정치와 사회적 요인이 국가의 외교정책에 큰 영향을 미친다고 주장한다.

② 이는 국내 정치체제, 경제적 상황, 사회적 갈등 등이 국가의 국제적 행동을 규명하는 데 중요한 요소로 작용한다는 것이다.

(3) 제2이미지 역전

① 제2이미지 역전은 기본적으로 기존의 제2이미지 이론을 반전시키는 개념이다.

② 즉, 국내정치의 변화나 사회적 요인이 국제관계에 미치는 영향보다 국제적 상황이나 외부 요인이 국가의 내부 정치 및 사회적 구조에 영향을 미친다고 주장하는 이론이다.

③ 구르비치는 이를 통해 국제적인 압력이나 외교적 환경이 각국의 내부 정치체제나 사회적 구조에 영향을 주고, 그로 인해 국가의 외교정책이나 국제적 행동이 변할 수 있음을 강조한다.

④ 예를 들어, 국가가 국제적인 압력이나 경제적 위기에 직면했을 때, 그 압력은 내부 정치체제의 변화를 일으킬 수 있고, 이는 궁극적으로 국제관계의 재구성을 초래할 수 있다.

예 냉전 시대에는 강력한 국제적 경쟁과 이념 대립이 각국 내부의 정치적 변화에 영향을 미쳤다. 미국과 소련 간의 갈등은 각국에서 민주화나 사회주의 혁명 등의 내부 정치적 변화를 자극했으며, 이로 인해 국제적 질서가 변화하게 되었다.

예 제2차 세계대전 이후, 제3세계 국가들은 국제적인 지원을 받으며 독립운동을 전개하였고, 이는 기존의 제국주의적 국제질서에 도전하는 형식으로 나타났다. 이러한 변화는 각국의 국내정치적 상황에 중요한 영향을 미쳤으며, 국가의 외교정책에 대한 전환을 이끌어냈다.

제6절 재니스의 집단사고이론

① 개념

(1) 집단사고이론(Groupthink Theory)은 1972년에 사회 심리학자 어빙 재니스(Irving Janis)가 제시한 이론으로, 집단 의사결정 과정에서 발생할 수 있는 비효율적인 결정 방식을 설명한다.

(2) 이 이론은 집단이 너무 강하게 일체감을 느끼거나 갈등을 피하려는 욕구가 강할 때, 비판적 사고와 대안 모색을 억제하여 결국 비합리적이고 잘못된 결정을 내리게 된다는 개념이다.

❷ 발생조건

(1) 집단 응집력

집단 구성원들이 서로 친밀하고 결속력이 강할수록 집단사고가 발생할 가능성이 높다. 응집력 있는 집단은 서로의 의견을 존중하고, 내부에서 갈등을 피하려는 경향이 커지기 때문이다.

(2) 강한 리더십

집단에 강력한 리더가 있을 때, 리더의 의견을 따르려는 압박이 생기며, 그로 인해 비판적 사고나 대안 검토가 부족해질 수 있다.

(3) 외부 압력과 위협

외부에서 위협을 느끼거나 긴장 상황에 처할 때, 집단은 빠른 결정을 내리려는 경향이 있다. 이럴 경우 대안을 충분히 검토하지 않고 급하게 결론을 내리는 경우가 많다.

(4) 집단의 고립성

집단이 외부 의견을 차단하거나(상충되는 정보 배척) 외부와의 교류를 최소화할 때, 집단 내에서만 정보가 흐르고 비판적 사고가 결여될 수 있다.

❸ 집단사고의 영향

(1) 비판적 사고의 부족

집단 내 구성원들이 갈등을 피하려는 욕구로 인해, 문제점이나 대안에 대해 비판적으로 토론하지 않는다.

(2) 대안 탐색 부족

집단은 대체 해결책을 탐색하기보다는 초기 결정을 빨리 고수하려는 경향이 있어 충분한 대안 검토가 부족하다.

(3) 자기검열

집단 구성원들이 자신의 의견이 집단의 합의에 반할까봐 자신의 생각을 표현하지 않는 경우가 발생한다(반대자에 대한 부정적 압박 존재).

(4) 합의의 착각

집단이 실제로 모두 동의하지 않더라도, 합의가 이루어졌다고 착각한다(만장일치 추구).

(5) 외부 의견의 무시

집단은 외부 의견이나 비판을 무시하고, 자신들의 생각만을 고집하는 경우가 많다.

❹ 집단사고의 전형적 예 – 1961년 피그만 침공

(1) 당시 미국의 케네디 대통령은 쿠바의 피그만 해변에 있는 쿠바 반군을 지원하여 쿠바 정부를 전복시키려는 계획을 수립했다.

(2) 그러나 이 계획은 제대로 검토되지 않았고, 집단 내부에서 비판적 논의가 부족한 상태에서 결정되었다. 결과적으로 침공은 실패로 돌아갔다.

⑤ 집단사고이론의 특징 요약

(1) 집단에 참여하는 행위자는 집단 전체의 의견에 따르도록 압력을 받는다.

(2) 구성원들은 자신들이 하는 일이라면 무엇이든지 옳다고 믿는 자기정당화 경향이 있다.

(3) 자신이 하는 일에 지나친 자신감을 갖게 되어 모험적인 특성을 지닌다.

(4) 대안의 불완전 검토, 목표의 불완전한 전망, 선택 재검토 실패, 거부된 제안 재검토 실패, 비상계획 개발 실패, 한쪽으로 쏠린 정보처리, 정보 탐색 미비 등의 결점을 가지고 있다.

⑥ 집단사고를 방지하는 방법

(1) **비판적 사고 촉진**

(2) **리더의 중립성**

(3) **외부 전문가 참여**

(4) **소규모 소그룹 논의**

큰 집단에서는 일부 구성원이 의견을 내기 어려울 수 있기 때문에, 소규모로 나누어 논의하고 다양한 의견을 공유하는 방법도 효과적이다.

(5) **"악마의 대변인" 역할 필요**

제7절 │ 퍼트남의 양면게임이론

① 이론 개요

(1) 미국 하버드 대학교 로버트 퍼트남(Robert Putnam) 교수는 양면게임이론을 통해 국가 간 협상을 설명했다.

(2) 이 이론은 국가들은 다른 국가들과의 협상 시 국제적 요인과 국내적 요인을 동시에 고려한다고 주장한다.

(3) 양면게임이론은 국제정치적 측면과 국내정치적 측면으로 구분하여 국가 간 갈등 및 협력관계를 설명하는 기존 이론들을 비판하고 두 가지 측면이 상호 밀접하게 연관되어 국가들이 협상에 임한다고 주장한다.

❷ 핵심 내용

(1) 이 이론에 따르면 모든 협상은 두 개의 영역에서 동시에 진행되는 게임이다.

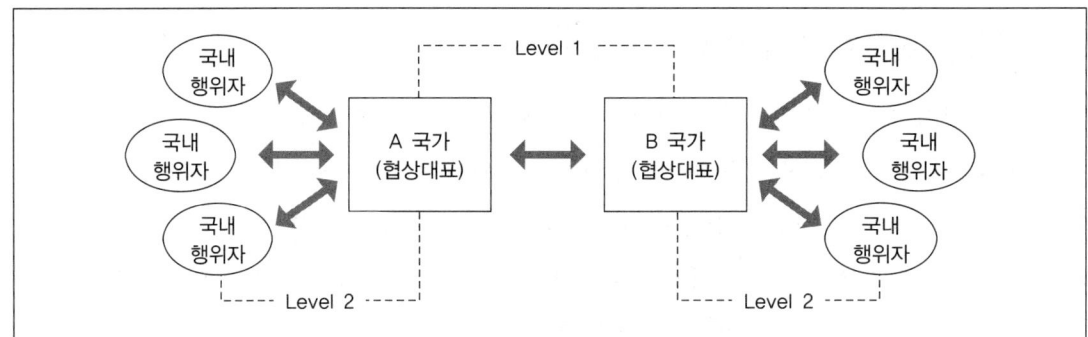

(2) 제1면(Level 1)에서는 국가 간 합의를 위한 국제적 게임이 진행되는데 이는 각 국가의 협상 대표자 (단)들 간의 게임을 의미한다.

(3) 제2면(Level 2)에서는 국내적 차원의 게임이 진행되는데 이것은 각 국가의 협상 대표자(단)와 국내 단체 간의 이루어지는 게임이다. 즉, 협상 대표자(단)에게 영향을 줄 수 있는, 예를 들어 의회, NGO 단체, 기타 이익집단 등과의 게임을 의미한다.

(4) 이 이론은 결국 한 국가가 다른 국가와 협상하기 위해서는 협상 상대 국가 대표자와 협상하는 동 시에 국내의 관련 집단들의 주요 당사자들과도 협상을 해야 한다는 것이다.

(5) 협상이 성공적으로 이루어지기 위해서는 상대 국가의 대표자와 원만하게 협상을 진행하는 것도 중요하지만, 협상 당사국 내부 이해 당사자들로부터의 동의를 얻는 것도 매우 중요하다고 주장하는 것이다.

(6) 하지만, 국제적 게임과 국내적 게임이 인과적 과정 위에 놓여있는 것이 아니라 두 게임이 동시에 진행된다.

　① 즉, 국가는 단일한 하나의 행위자가 아니고 내부의 의회, 정당, 국내 각 기관, 이익집단, 국민 등 다양한 이해 당사자가 존재하는 복합적인 행위자이다.

　② 내부 당사자들은 협상 사안에 관한 선호와 이해관계를 가지게 되며 이러한 다양한 당사자들의 선호가 결국 국가의 정책결정에 영향을 미친다.

❸ 핵심 개념

(1) 양면게임이론에서 가장 중요한 개념은 윈셋(winset)으로, 국가가 특정 국가와 협상에 있어서 국내 에서 양보를 할 수 있거나 혹은 양보를 이끌어 낼 수 있는 정도이다.

(2) 국가 간의 협상이 진행되기 위해서는 국내에서 여론형성 등 윈셋 설정이 이루어지고 이를 바탕으로 협상이 진행되며, 양 국가 간 윈셋이 교차하는 부분이 있어야 합의가 가능하다. 윈셋이 교차하는 범위가 넓을수록 국가 간 합의 가능성이 증가한다.

(3) **협상 당사국들이 모두 큰 윈셋을 가지고 있을 경우**

　① 윈셋이 교차될 가능성도 그만큼 커진다.

　② 이는 협상의 성공 가능성이 커진다는 것을 의미한다.

(4) **한 국가만 윈셋이 클 경우**

　① 상대적으로 큰 윈셋을 가진 국가의 양보로 협상이 이루어질 가능성이 높다.

　② 따라서 윈셋이 큰 국가의 경우, 즉 국내 행위자간 협상 주제에 대한 이견이 적은 경우, 상대
　　국가와 합의 가능성은 높아지지만, 상대국의 윈셋 크기에 따라 자국의 이득이 줄어들 수 있다.

(5) 결국, 윈셋의 크기와 교차하는 범위에 따라 협상의 타결 가능성과 협상에서의 아측의 입장 반영
　수준이 달라진다고 할 수 있다.

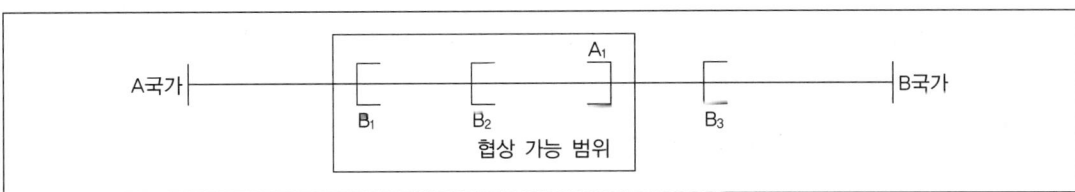

❹ 협상전략

(1) 양면게임이론에서는 협상 대표자가 사용하는 전략에 따라 윈셋이 변화하게 되며 이를 통해 협상이
　합의에 이르거나 결렬될 수 있다고 설명한다. 윈셋의 크기 변동을 위해 사용 가능한 전략은 크게
　다음의 세 가지 유형으로 설명한다.

(2) **첫째, 자국의 윈셋을 변화하는 전략**

　자국의 윈셋을 축소하거나 확대하는 전략으로 다시 나눌 수 있다.

　① **자국의 윈셋을 축소하는 전략**: 이러한 전략은 협상 주제에 대해 반대하는 국내 세력들에게 공개
　　적인 약속을 하거나, 정치쟁점화를 유도하여 국내에 강경한 입장을 강화하는 전략을 말한다
　　("발목잡히기"). 물론 이러한 전략의 경우 협상 대표자(단)의 유연성을 제한하여 아측에 불리하게
　　작용할 수 있기 때문에 협상 상대국의 윈셋이 충분히 클 경우에 시행되는 것이 일반적이다.

　② **자국의 윈셋을 확대하는 전략**: 이는 협상으로 인해 아측이 얻을 수 있는 결과가 확연히 클 경우
　　사용되는 전략으로 이 전략을 수행하기 위해서 협상 테이블에 올라와 있는 주제를 되도록 '사
　　활적 이익'에 부합하는 차원으로 확대하여야 한다. 이런 전략을 '고삐 늦추기'라고 한다("이면보상").

(3) **둘째, 상대국의 윈셋을 변화시키는 전략**

　① 협상을 아측에 유리하게 하기 위해 상대방 내부의 변화를 유도하는 전략으로 직접적인 로비,
　　강경파 또는 무관심 집단을 온건한 입장으로 변화시키는 행동 등이 해당한다. 이는 상대방에게
　　직접적으로 호소하는 전략이라 하여 '메아리 전략'이라 한다.

　② 단일 사안에서 상대국의 양보를 얻어내기 어려운 경우 다른 사안을 연계시켜 "상승적 연계"의
　　효과를 추구하는 전략이다. 이는 특정 집단을 표적으로 사안의 구조 자체를 바꾼다고 하여 '표적
　　사안 연계'라고 한다.

(4) **셋째, 초국가적 외교 전략**

이는 국내 이익집단을 통해 상대국의 정책 결정 과정에 영향력을 행사하는 것으로 브로커, 현지 법률고문 등의 자문을 통해 상대국에 직접 영향을 주는 방법과 공동의 이해관계를 가진 상대국의 이익집단과 연대 또는 제휴를 통해 간접적인 영향을 주는 것을 말한다.

제8절 메스키타의 선출인단이론(Selectorate Theory)

① 개요

(1) 메스키타(Bruce Bueno de Mesquita)의 선출인단이론은 특히 독재국가의 행동을 설명하는데 강력한 설명력을 발휘한다.

(2) 북한 연구에 적극적으로 활용되고 있다.

② 주요 내용

(1) 독재정권은 권력투쟁으로 인하여 출범 6개월~1년 6개월 사이에 붕괴되기도 하지만 이 기간이 지나면 독재자는 오랫동안 통치할 가능성이 높아진다.

(2) 민주주의 정권은 다수의 유권자의 표심을 만족시키기 위하여 그들이 선호하는 다양한 정책들을 제시하고 추진할 의지와 능력을 보여주어야 한다. 그러나 독재정권 지도자는 몇백 명이 되지 않는 최측근에게 권력과 부를 적절히 배분하여 그들의 충성심만 확보하면 자신의 권력을 유지할 수 있다.

(3) 독재 정권의 안정기에는 집권하는 데 공을 세운 승자연합(winning coaliation)에 대한 보상을 축소하고 자신에게 위협적이거나 충성심이 부족한 경우에는 새로운 인사를 발탁하여 자신에 대한 무한한 충성심을 경쟁시킨다.

(4) 승자연합 중에서 불만이 있더라도 현재 누리고 있는 부와 권력 때문에 현상유지에 충실하려고 한다.

③ 핵심 용어 설명

(1) **선출인단**
① 선출인단은 지도자를 선택함에 있어서 발언권을 가지고 있고 또 승자연합의 구성원이 될 자격이 있는 사람들의 집합을 의미한다.
② 선출인단은 명목 선출인단과 실질 선출인단으로 구분된다.
   ㉠ **명목 선출인단**: 지도자를 선출하는데 있어서 법적인 발언권을 가진 모든 사람이다.
      예 전체 유권자
   ㉡ **실질 선출인단**: 실제로 지도자를 선출하는 집단이다. **예** 실제 투표자

(2) 승자연합

① 승자연합(Winning coalition)은 선출인단의 부분집합으로 지도자가 자리를 유지하기 위해 지지를 받아야 하는 필수적인 집합을 의미한다. **예** 지지자

② 정치체제에 따라 다양한 승자연합이 나타날 수 있다.

③ 민주주의 국가는 승자연합이 크지만, 독재주의 국가는 승자연합이 매우 작다.

④ 선출인단 이론의 5가지 규칙

(1) "권력을 유지하기 위해서 가능한 적은 수의 주요 인사에 의존하라."

(2) "가능한 많은 사람들 중 작은 연합을 필수 구성원으로 뽑아라."

(3) "가능한 한 많은 세금을 부과하라. 그러나 이러한 세금이 국민들이 납세를 포기하거나 반란을 일으킬 수준이 되어서는 안 된다."

(4) "필수 지지자들에게는 충분히 보상하라. 그러면 더 많은 보상을 해 줄 새 지도자를 찾아나서지 않고 당신 곁에 머물 것이다."

(5) "필수연합 구성원들의 충성심을 유지하기 위해 필요한 자원이라면 보통사람들에게 쓰지 마라."

제9절 피어론의 청중비용이론(Audience Cost Theory)

① 개요

(1) 제임스 피어론(James Fearon)의 청중비용이론은 국제정치학에서 주로 외교정책과 관련하여 사용되는 개념이다.

(2) 정치지도자가 자신이 취한 정책에 대해 국내의 청중(국민 또는 유권자)에게 발생하는 비용을 설명하는 이론으로, 정치지도자가 국제관계에서 중요한 결정을 내릴 때, 그 결정이 국내에서의 정치적 반응을 어떻게 일으키는지, 그리고 이러한 반응이 그들의 정치적 입지에 어떤 영향을 줄 것인지에 대한 것을 설명하는 이론이다.

② 핵심 개념

(1) 정치지도자가 외교적 결정을 내릴 때, 예를 들어 전쟁에 참전하거나 외교적 합의를 하는 등의 결정은 청중비용을 발생시킬 수 있다. 이는 주로 그 결정이 국내에서 불만을 일으키거나 정치적 위험을 초래할 수 있기 때문이다.

(2) 청중비용이론의 핵심은 이런 상황에서 정치지도자는 결국 국내정치적 청중(즉, 유권자나 국민)의 반응을 고려하면서 외교정책 결정을 내린다는 것이다. 왜냐하면 자신이 내린 정책이나 결정을 통해 발생할 수 있는 국내 비판이나 선거에서의 불이익을 피하고자 하기 때문이다.

(3) 결국, 민주주의 국가는 권위주의 국가보다 외교정책을 결정함에 있어 더 신중하게 된다. 이는 시간적으로 장기간 소요된다는 것을 의미하기도 하며, 정책의 수정 또한 어렵다는 것을 의미한다.

❸ 한계와 비판

(1) 정치지도자가 청중의 반응을 정확히 예측하기 어렵기 때문에, 이론이 실제로 모든 상황에 일관되게 적용되기는 어렵다. 즉, 정치적 결정은 내외부 요인에 의해 복잡하게 영향을 받을 수 있다.

(2) 외교적 결정을 내리는 과정에서, 때로는 국내정치적 비용을 넘어서 국제적 환경이나 국가의 전략적 이익이 더 중요할 수 있다. 따라서 청중비용이론은 국제정치의 다른 중요한 변수들을 간과하였다는 비판이 있다.

제10절 전망이론

❶ 개요

(1) 1979년 아모스 트버스키와 대니얼 카너먼에 의해 기대효용이론이 맞지 않는 심리학적인 현상을 설명하기 위한 이론으로 발전하였다.

(2) 이 이론은 위험이 수반된 상황에서 제시되는 대안들을 어떻게 사람들이 결정하는지를 설명한다.

(3) 정책 결정의 과정에서 비합리적, 탈균형적, 비일관적 측면을 이해하는데 유용한 이론적 툴을 제공한다.

❷ 핵심 주장

(1) 사람들은 기본적으로 이득과 손해가 같을 것이라고 생각되는 점을 준거점으로 삼는다. 일반적으로 현재 상태(status quo)를 준거점으로 인식한다.

(2) 준거점보다 낮은 경우 손해, 높은 경우 이득이라고 간주한다.

(3) **실험**
   ① 문제 1 : [A] 400만원을 받을 확률 0.8 VS [B] 300만원을 다 받기
   ② 문제 2 : [C] 400만원을 잃을 확률 0.2 VS [D] 300만원을 잃을 확률 0.25

(4) **결과**
   ① 실험의 결과는 문제 1에서는 [B]를 택한 사람이 80% 그리고 문제 2에서는 [C]를 택한 사람이 65%로 나타났다.
   ② 이 결과는 기대효용이론과 맞지 않는데, 이것은 사람들이 결정할 때 이득의 경우 위험을 회피하려고 하고, 손해가 될 경우 위험을 받아들이려는 경향(선호)이 있기 때문이라는 것이다.

③ 사람들은 불확실하게 확률로 주어진 이득보다는 확실한 이득을 더 높게 평가한다. 이것을 확실성 효과(certainty effect)라고 한다.

④ 이득 상황이냐 손실 상황이냐에 따라 사람들의 확실성에 대한 선호가 정반대로 바뀌게 되는 심리적 현상을 반사효과라고 한다.

⑤ 사람들을 일반적으로 위험회피적이라고 하는 것은 옳지 않다는 것이다.

제11절 결집효과

1 개요

(1) 결집효과(Rally Round the Flag Effect)라는 용어는 제임스 A. 데이비스(James A. Davis)가 1950년 대에 제시한 개념으로, 국가의 위기 상황에서 국민들이 정부를 지지하고, 국가적 단결을 이루는 현상을 설명하는 국제정치학 이론이다.

(2) 즉, 전쟁이나 국제적 위기와 같은 상황이 발생하면 국민들이 외부의 위협이나 도전에 맞서기 위해 정부와 지도자에게 지지를 표하는 경향을 말한다.

2 결집효과 사례

(1) 9·11 테러 사건 직후, 미국 내에서 조지 W. 부시 대통령의 지지율이 급격히 상승한 예는 결집효과의 대표적인 사례이다.

(2) 1990년 이라크가 쿠웨이트를 침공한 후, 조지 H. W. 부시 대통령은 군사적 대응을 지시하며 미국은 국제적인 군사 작전을 시작했다. 당시 국민들은 국가적 위기의 상황에서 부시 대통령의 결정을 지지하며, 그의 지지율도 급격히 상승하였다.

제12절 20세기 신 외교제도

1 신 외교의 등장배경

(1) 구 외교(Old Diplomacy)의 문제점

① 19세기까지의 외교는 비공개적인 비밀조약과 세력균형(Balance of Power) 유지를 중심으로 이루어졌다.

② 유럽의 강대국들은 밀약과 동맹을 통해 세력을 확장하려 했으며, 이러한 방식은 결국 제1차 세계 대전(1914~1918)의 발발 원인 중 하나가 되었다.

예 1882년 삼국동맹(독일, 오스트리아-헝가리, 이탈리아), 1907년 삼국협상(영국, 프랑스, 러시아)

(2) **미국 대통령 윌슨의 14개조 원칙(1918)**

① 우드로 윌슨(Woodrow Wilson) 미국 대통령은 1918년 1월 "평화 원칙 14개조(Fourteen Points)"를 발표하며, 비밀외교 철폐 및 공개외교를 강조하였다.

② 특히, 제1조에서 "비밀조약을 폐지하고 외교는 공개적으로 이루어져야 한다."고 주장하였다. 이 원칙은 이후 유럽에서 신 외교의 기본 이념이 되었다.

(3) **국제연맹(League of Nations)의 창설(1919)**

① 1919년 베르사이유 조약(Verasilles Treaty) 이후 국제연맹이 창설되면서 다자 외교(Multilateral Diplomacy)가 중요해졌다.

② 개별 국가 간 비밀 협상이 아닌 국제기구를 통한 외교 협의가 신 외교의 핵심으로 자리 잡은 것이다.

❷ 신 외교의 주요 특징

(1) 비밀 외교에서 공개 외교로 전환

(2) 다자 외교(Multilateral Diplomacy)의 강화

(3) 국제법과 국제기구의 역할 증대

(4) **외교의 민주화**

외교정책 결정에 민간과 언론, 의회의 참여가 증가했다. 즉, 외교에 대한 다양한 의견 개진이 가능해지고, 외교관 단독 행동 등 통제가 강화되었다.

제13절 기타 이론 및 모델

❶ 합리적 선택 이론(rational choice theory)

(1) 합리적 선택 이론은 사회적, 경제적 행동을 이해하고 모형화하기 위한 틀이다.

(2) **합리적 선택 이론의 기본적 전제**

① 집합적인 사회적 행위는 개별적인 행위자의 행위로부터 연유한다.

② 행위자 각각은 개별적인 결정을 내린다.

③ 그러므로 이 이론은 개인의 결정요인에 초점을 맞춘다.

(3) 합리적 선택 이론은 선택 가능한 대안 중에서 개인은 반드시 선호를 가지고 있다고 가정한다.

① 이러한 선호는 완결되고, 전이된다고 가정한다.

② 합리적 주체는 자신의 선호를 결정할 때 이용 가능한 정보, 사건의 가능성, 잠재적 비용과 이익을 고려하며, 스스로 결정한 행위의 가장 좋은 대안을 정할 때 일관적으로 행동한다고 가정한다.

❷ 기대효용이론

(1) 소비자는 결과가 확실한 소비묶음 중에서 선택을 하는 경우가 많지만, 때로는 자신의 소득을 지출하여 얻게 될 대가가 어느 정도인지조차 확정되지 않은 경우도 있다.

(2) 다시 말해서 재화 또는 서비스가 상황에 따라 '확률적'으로 주어질 때 소비자의 행동을 분석하는 이론이 바로 기대효용이론 또는 기대효용가설이라고 한다.

(3) **기대효용이론의 기본 주장**
   ① 합리적인 경제주체는 자신의 행동의 결과가 확정되지 않았을 때는 결과에 의한 효용의 기대치에 입각하여 행동을 결정한다.
   ② 즉, 100원을 얻을 확률이 40%라고 하면 합리적 행위자는 40원을 얻을 것이라는 판단하에 행동하는 것이다.

❸ 알렉산더 조지(Alexander George)의 인식지도(cognitive map)모델

(1) 인식지도모델은 정책결정자의 심리적 구조와 신념체계가 정책결정 과정에 미치는 영향을 강조한다.

(2) 알렉산더 조지는 지도자의 경험, 가치관, 세계관, 그리고 정보처리 방식이 정책 선택에 중요한 영향을 미친다고 주장한다.

(3) 정책결정자는 자신의 심리적 '인식지도'를 통해 세계를 해석하고, 이를 바탕으로 정책적 대안을 수립한다. 예를 들어, 냉전기 미국 트루먼 대통령은 공산주의를 단일한 위협으로 간주하고 이를 억제하는데 초점을 맞춘 외교정책을 추진하였는데, 이것은 그의 반공주의적 신념과 세계관이 반영된 결과였다.

(4) 이 모델은 정책결정자의 개인적 특성과 심리적 요인을 분석하는데 유용하지만, 조직적, 구조적 요인을 간과할 수 있다는 한계가 존재한다.

❹ 린드블럼(Charles Lindblom)의 단편적 점진주의

(1) 단편적 점진주의는 정치과정을 분석한다.

(2) 여러 중간단계의 작은 결정들이 수정되고 보완되는 점진적인 과정을 통해 결정이 이루어진다는 것이 핵심 개념이다.

(3) 보완과정은 기존의 정책들을 중심으로 구성된 한계 가치가 기준이 되며, 다양한 이익집단이 참여한다.

❺ 윌다브스키(A. Wildavsky)의 두 개의 대통령직

(1) 대통령은 외교정책에 집중하는 것을 선호한다는 주장이다.

(2) 국내정치에서 부여받는 권한보다 국제정치에서는 더욱 전통적이고 헌법적인 그리고 법규에 따른 권한을 부여받기 때문이다.

(3) 대통령은 국내정치에서는 의회, 여론의 통제와 견제로 '약한 대통령'의 모습이 나타난다.

(4) 반면, 외교분야에서는 의회가 외교정책을 추구하는 것보다 더욱 재빠르고 능동적으로 외교정책을 수행하므로 '강한 대통령'의 모습이 나타난다.

❻ 싱어(David Singer)의 분석수준

(1) 싱어는 국제정치를 연구함에 있어 분석수준 접근법을 제시했다.

(2) 이는 어떤 수준에서 연구하느냐가 연구결과에 영향을 준다는 것을 의미한다.

(3) 그는 1961년 「국제관계론에서 분석수준의 문제」란 논문에서 분석수준을 국제체제와 민족국가로 제시하였다.

❼ 포괄적 합리성 VS 제한적 합리성

(1) 사이먼(Herbert Simon)은 정책결정과정에서 포괄적 합리성과 제한적 합리성을 제시했다.

(2) **포괄적 합리성**
   ① 행위자가 가질 수 있는 모든 대안들을 검토한다.
   ② 이를 바탕으로 가장 큰 효용을 주는 대안을 선택한다.
   ③ 즉, 모든 대안과 각 대안으로부터 나타날 수 있는 모든 결과들을 정확히 평가하여 정책결정자의 가치를 극대화할 수 있는 한 가지 대안을 선택한다.

(3) **제한적 합리성**
   ① 정책결정자의 지식과 계산능력에 한계가 있음을 인정한다.
   ② 정책결정자는 목적, 대안, 결과, 선택의 과정에서 완전히 합리적이지 못하며 주어진 한계 내에서 결정한다고 주장한다.

❽ 외교관 및 영사의 임무 및 권한

(1) **외교관의 의무**
   ① 주재국의 법령 준수의 의무
   ② 국내문제 불간섭의 의무
   ③ 영리활동에 종사하지 않을 의무

⑵ **외교관(공관)의 면책 특권**

　① 대사관은 주재국 관헌의 수색과 강제침입으로부터 면책

　② 외교관은 주재국의 조세법이나 형사, 민사 관할권으로부터 면책

　　➡ 단, 공식외교업무와 무관한 상행위의 경우, 외교관은 주재국의 조세법과 법적 소송의 대상이 된다.

⑶ 영사는 해외 자국민의 이익을 보호하기 위한 일종의 국가 행정기관이며, 1963년 영사관계 비엔나 협약상의 영사의 직무는 다음과 같다.

　① 자국 및 자국민의 이익 보호

　② 통상우호촉진

　③ 적법한 정보수집

　④ 여권, 사증 발급

　⑤ 자국민 원조

　⑥ 공증 및 호적 사무

　⑦ 상속권 보호

　⑧ 후견적 보호

　⑨ 자국민간 분쟁 조정

　⑩ 자국 사법기관 보조

　⑪ 자국 선박, 항공기 감독

Part 04

CHAPTER 02 미국의 외교 및 대외정책

제1절 고립주의

① 개요

(1) 고립주의(Isolationism)는 미국이 외교적으로 다른 나라와의 개입을 최소화하겠다는 것이다.

(2) 특히, 유럽과 아시아의 국제분쟁에 거리를 두려는 외교정책을 의미한다. 이는 18세기 후반부터 20세기 중반까지 미국 외교정책의 중요한 원칙 중 하나였다.

② 배경

(1) **조지 워싱턴의 경고(Farewell Address, 1796)**
  ① 미국 초대 대통령 조지 워싱턴은 퇴임 연설에서 "유럽의 정치적 분쟁에 개입하지 말고, 영구적인 동맹을 피하라."고 조언했다.
  ② 이는 이후 미국 외교정책의 중요한 기조가 되었다.

(2) **토마스 제퍼슨(Tomas Jefferson)**
  ① 제3대 대통령인 제퍼슨은 "다른 나라들과 평화, 무역, 정직한 우정에 기초한 관계를 유지하되, 그 어떤 나라와도 골치 아픈 연맹에 휘말리지 않는다."고 강조했다.
  ② 팽창주의적 정책은 공화주의적 이상과 불일치한다고 간주하였고, 제국건설과 자유의 획득이 양립할 수 없는 목표임을 강조했다.

(3) **제임스 메디슨(James Madison)**
  ① 1812년 영국과의 전쟁도 미국이 상업과 명예, 주권의 수호라는 차원에서 결정한 것이라고 강조했다.
  ② 전쟁 중에도 독자적인 대외정책을 고수했다.

(4) **먼로 독트린(Monroe Doctrine, 1823)**
  ① 제5대 대통령 제임스 먼로는 "유럽 국가들은 아메리카 대륙에 간섭하지 말라."는 원칙을 발표했다.
  ② 이는 미국이 서반구(미주 대륙)의 문제에 집중하겠다는 입장을 보인 것이며, 동시에 유럽의 분쟁에는 개입하지 않겠다는 의지를 나타낸 것이다.

(5) 미국의 고립주의는 예외주의와도 긴밀한 연관이 있다.

③ 미국 고립주의의 전성기(19세기~20세기 초)

(1) 미국은 유럽의 전쟁과 정치적 갈등에 개입하지 않으려 했으며, 대신 북미 대륙에서의 영토 확장과 경제 성장에 집중했다.

(2) 제1차 세계대전에서도 미국은 초기에는 개입하지 않다가, 1917년 독일의 무제한 잠수함 작전 등의 이유로 결국 참전하였다. 전쟁이 끝난 후 미국은 다시 고립주의로 회귀하며 국제연맹(League of Nations) 가입을 거부하기도 하였다.

(3) 19세기 미국의 고립주의는 원칙적으로 계속되었으나, 아시아 국가들과 수교 등을 통해 자유주의적 개입주의도 추진하였다.

④ 고립주의의 종말(제2차 세계대전 이후)

(1) 1930년내에노 미국은 고립주의 정책을 유지하며, 중립법(Neutrality Acts, 1935~1939)을 제정하여 전쟁 중인 국가들과의 무역과 군사적 개입을 제한하였다.

(2) 그러나 진주만 공습(1941. 12. 7.) 이후 일본과 독일에 의해 미국이 직접적인 공격을 받으면서, 고립주의 정책은 사실상 종말을 맞이했다.

(3) 제2차 세계대전 이후, 미국은 NATO(북대서양조약기구) 창설, 냉전(Cold War) 개입 등 적극적인 국제주의(Interventionism) 정책으로 전환했다.

제2절 ┃ 먼로 정부의 외교정책 – 먼로 독트린(Monroe Doctrine)

① 개요

(1) 먼로주의(독트린)는 1823년 12월 2일에 미국의 제5대 대통령 제임스 먼로가 의회에 제출한 연두교서에서 밝힌 외교방침으로, 유럽과 아메리카 대륙 간에 상호 불간섭을 주요 내용으로 하는 외교적 고립정책을 말한다. 유럽 국가들이 아메리카 대륙에 식민지를 건설하는 것을 배격한다는 내용이 포함되었다.

(2) 이 선언으로 인해 중남미 독립 국가들은 미국으로부터 그 독립을 인정받게 되었으며, 아메리카 대륙 내에 질서가 미국 주도하에 일방적으로 재편되었다. 이는 강제력은 없었으나 외교상 실질적인 효과는 존재했다.

❷ 주요 내용

(1) 유럽 열강으로 하여금 더 이상 미 대륙을 식민지화하거나 미국이나 멕시코 등 미 대륙에 있는 주권 국가에 대한 간섭을 거부하는 내용을 담고 있다. 또한 중남미 국가에 대한 유럽의 개입을 미국에 대한 직접적인 위협으로 간주하였다.

(2) 그 대신 미국은 유럽 열강 간의 전쟁에 대해 중립을 표명했다.

(3) 하지만 만약 전쟁이 아메리카 대륙에서 일어날 경우, 미국은 그러한 행위를 미국에 대한 위협으로 간주하기로 하였다.

❸ 영향 및 평가

(1) 당시 미국은 군사력이 약했기 때문에 먼로주의는 대체로 국제사회에서 큰 반향을 불러일으키지는 못했다.

(2) 그러나, 후에 먼로주의에 대한 "루즈벨트 계론(Roosevelt Corollary)"*(시어도어 루즈벨트가 제시)을 통해 미국은 라틴 아메리카에 군사적으로 개입하여 이 지역에 유럽의 영향력이 확대되는 것을 막고 새롭게 성장하는 자국의 영향권을 만들게 된다.

> ✎ 이 수정은 미국이 서반구에서 유럽의 군사적 개입을 방지하기 위해, 미국의 군사력을 사용하여 서반구 국가들의 내정에 개입할 수 있다는 내용을 담고 있다. 이로써 미국은 중남미 국가들의 채무 불이행 문제 등 다양한 내정 문제에 개입할 수 있는 근거를 마련하게 되었다.

(3) 결국 먼로주의(독트린)는 유럽에 대해서 고립주의를, 미주 대륙에 대해서는 패권적 개입주의를 의미한다고 할 수 있다.

> **더 알아보기**
>
> **예외주의**
> • 미국의 예외주의(exceptionalism)는 미국이 다른 나라들과 근본적으로 다르며, 특별한 역할과 사명을 가진 나라라는 신념을 의미한다.
> • 이 개념은 미국의 역사, 정치, 경제, 그리고 외교정책에 강한 영향을 미쳤다.
> • 미국 예외주의는 존 윈스럽(John Winthrop)이 한 연설 "우리는 언덕 위의 도시(City upon a Hill)와 같다." 에서 찾을 수 있으며, 이는 미국이 도덕적 모범이 되어야 하며, 신이 선택한 특별한 나라라는 인식을 확산시켰다.
> • **미국 예외주의의 핵심요소**
>   − 자유와 민주주의의 전파
>   − 경제적 번영과 기회의 땅
>   − 세계 경찰 역할
> • **예외주의의 근거**
>   − 타국에 모범이 되는 미국으로서의 우월감(심리)
>   − 기독교 정신에 근거한 선민의식(종교)
>   − 지리적으로 외부세력의 침공 부재(지리)

제3절 트루먼 정부(1945~1953)의 외교정책 – 트루먼 독트린

① 개요

(1) 트루먼 독트린(Truman Doctrine)은 1947년 3월 12일 해리 S. 트루먼(Harry S. Truman) 미국 대통령이 발표한 외교정책으로, 냉전 초기 미국의 대외 전략을 정의한 중요한 원칙이다.

(2) 트루먼 독트린은 공산주의 확산을 막기 위해 미국이 세계 여러 나라에서 개입할 수 있다는 원칙을 제시한 것으로, 냉전 동안의 미국의 대외정책을 형성하는 데 중요한 역할을 하였다.

② 트루먼 독트린의 배경

(1) 트루먼 독트린은 제2차 세계대전이 끝난 후 급격히 대립이 심화된 미국과 소련 간의 냉전이 시작되면서 등장하였다.

(2) 제2차 세계대전 후, 소련은 동유럽에서 공산주의 국가를 구축하고, 그 영향을 확대하려는 의도를 보였고, 이는 미국과 그 동맹국들에게 큰 위협이 되었다.

(3) 트루먼 독트린이 발표된 배경에는 특히 그리스와 터키의 상황이 중요한 역할을 하였다.
　① 그리스는 내전으로 인해 공산주의 세력과 정부군 간 격렬한 싸움이 벌어지고 있었고, 터키는 소련의 압박을 받으며 공산주의의 확산 위험에 처해 있었다.
　② 그리스와 터키에서 공산주의 세력이 확산될 경우, 이 두 나라뿐만 아니라 중동과 유럽지역까지 영향을 미칠 수 있는 상황이었다.

③ 트루먼 독트린의 핵심 내용

(1) 트루먼 독트린의 핵심은 "자유민주주의 국가를 공산주의의 침략으로부터 보호하기 위해 미국이 군사적, 경제적 지원을 아끼지 않겠다."는 원칙이다. "미국은 무장한(armed) 소수나 외부의 압력에 의한 압제에 저항하고 있는 자유시민(free people)을 적극 지원할 것"임을 발표하였다.

(2) 이를 통해 트루먼은 공산주의의 확산을 막기 위한 미국의 개입을 정당화하였다.

(3) **트루먼 독트린의 주요 내용**
　① **공산주의 확산 저지**: 미국은 자유민주주의 국가가 공산주의 세력의 위협을 받을 때 이를 방어할 책임이 있다.
　② **군사적·경제적 지원 제공**: 미국은 경제적으로 취약한 국가들에 군사적·경제적 원조를 제공하여 공산주의 세력이 확산되지 않도록 노력한다.
　③ **미국의 국제적 책임 강조**: 트루먼은 미국이 자유 세계를 지키는 데 중요한 역할을 해야 한다고 강조한다.

④ 트루먼 독트린의 실행(예)

(1) 그리스는 내전으로 어려움을 겪고 있었고, 공산주의자들이 주요 지역을 장악하고 있었다. 트루먼은 그리스 정부에 군사적·경제적 지원을 제공하고, 그리스가 공산주의 세력에 굴복하지 않도록 지원하였다.

(2) 터키는 소련의 압박을 받으며 공산주의 세력의 확산을 우려하고 있었다. 트루먼은 터키에 경제적 지원과 군사적 지원을 제공하여, 소련의 영향을 막는 데 기여하였다.

⑤ 트루먼 독트린의 영향

(1) **냉전의 심화**

트루먼 독트린은 냉전 초기 미국의 대외정책을 뚜렷하게 정의한 사건으로, 미국과 소련 간의 대립을 심화시키는 계기가 되었다. 특히, 미국은 공산주의 확산을 막기 위해 전 세계적으로 개입하는 입장을 취하게 되었다.

(2) **마샬플랜**

① 트루먼 독트린의 발표 이후, 마샬플랜(Marshall Plan)이라는 경제 원조 계획이 이어졌다. 마샬플랜은 서유럽의 경제 회복을 지원하고, 공산주의 세력의 확산을 방지하기 위해 미국이 서유럽 국가들에 경제적 지원을 제공하는 계획이었다.

② 공식 명칭은 유럽부흥계획(European Recovery Program, ERP)이며, 당시 미국 국무장관 조지 마샬(George C. Marshall)의 이름을 따서 마샬플랜이라고 명명했다.

③ 1948년부터 1952년까지 미국이 약 130억 달러(현재 가치 약 1,500억 달러 이상)를 서유럽 국가들에 지원하였고, 직접적인 현금 지원뿐만 아니라, 식량, 연료, 원자재, 기계 등의 물자도 제공하였다.

④ 지원 대상 : 영국, 프랑스, 서독, 이탈리아, 네덜란드 등 16개국

(3) **미국의 국제적 리더십 강화**

트루먼 독트린은 미국이 국제적으로 공산주의의 확산을 저지하기 위한 주도적인 역할을 한다는 인식을 심어주었으며, 이후 미국은 핵무기 경쟁이나 한국 전쟁, 베트남 전쟁 등에서 더욱 적극적인 군사적 개입을 하게 되었다.

⑥ 조지 케넌의 봉쇄정책

(1) 1945년 제2차 세계대전 종전 이후 소련은 동유럽 국가들을 위성국으로 만드는 팽창주의 정책을 전개하였다.

(2) 이에 대해 미국의 조지 케넌(George F. Kennan)이 미국의 대 공산주의 봉쇄정책을 수립하였다.

① 소련의 미국 대사관에서 근무하던 케넌은 1946년 소련에 대한 봉쇄정책을 작성하여(이른바 long telegram) 워싱턴으로 전보를 보냈다.

② 봉쇄정책의 논리는 케넌이 1947년 7월 포린어페어지에 X라는 필명으로 발표한 '소련 외교정책의 원천(The Sources of Soviet Conduct)'이라는 논문에 잘 나타난다.

③ 조지 케넌의 봉쇄정책은 1947년 트루먼 독트린으로 공식화되었다.

더 알아보기

애치슨 선언

• 미국 전 국무장관이었던 애치슨은 1950년 1월 12일 전미국신문기자협회(National Press Club)에서 '아시아에서의 위기'라는 제목으로 연설하였는데, 이 연설을 소위 '애치슨 선언'이라 한다.

• 핵심 내용은 소련의 스탈린과 중공의 마오쩌둥의 공산화를 저지하기 위해 태평양에서의 미국 방위선을 알류산 열도−일본−오키나와−필리핀을 연결하는 선, 즉 애치슨 라인으로 정한다는 것이었다.

• 그러나 애치슨 선언은 미국의 극동 방위선에서 한국과 타이완・인도차이나 반도를 제외시킴으로써 한반도에 대한 군사적 공격에는 대응하지 않는다는 입장으로 비쳐져 북한의 오판을 불러일으켰고, 6・25 전쟁 발발을 묵인하는 결과를 가져왔다는 비판을 받았다.

▶ 애치슨 라인

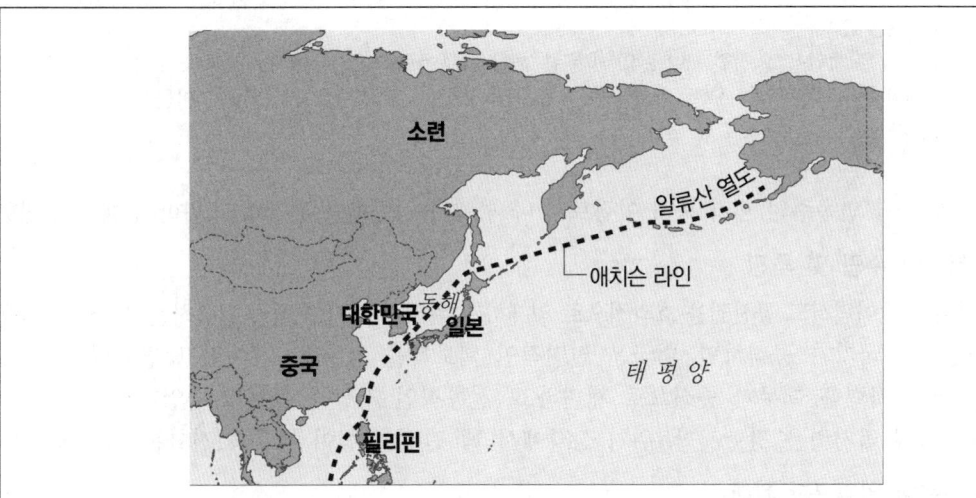

제4절 **아이젠하워 정부(1953~1961)의 외교정책 − 아이젠하워 독트린**

① 개요

(1) 아이젠하워(Dwight D. Eisenhower) 정부의 외교정책은 냉전의 심화 속에서 미국의 영향력을 유지하고 공산주의의 확산을 막는 것이 핵심이었다.

(2) "봉쇄(containment)" 정책을 강화하면서도, 군사비 지출을 줄이고 핵무기의 역할을 확대하는 방향으로 진행되었다.

❷ 주요 내용

(1) 아이젠하워 정부의 대표적인 외교정책은 중동에서 공산주의 확산을 막기 위한 미국의 개입 원칙을 천명한 아이젠하워 독트린(Eisenhower Doctrine, 1957)이다.

① 미국은 중동 국가들이 공산주의 위협을 받을 경우, 경제적·군사적 지원을 제공하고 직접 개입할 것을 선언하였다.

② 1958년 레바논 내전 개입 : 미국이 레바논에 해병대를 파견하여 친서방 정부를 보호하였다.

> **더 알아보기**
>
> **레바논 개입(블루 배트)**
> • 미국의 대통령 드와이트 D. 아이젠하워가 1958년 7월 15일 블루 배트(Blue Bat) 작전을 승인하면서 미국의 레바논 개입이 시작되었다.
> • 미군이 공산주의의 위협을 받는 정권이 있으면 즉시 개입할 것이라고 천명했던 아이젠하워 독트린 최초의 적용 사례였다.
> • 이 작전의 목표는 레바논 내부의 반대파와 시리아, 이집트의 위협으로부터 친서방파 정권인 샤문 정부를 보호하는 것이었다.
> • 미군의 간섭은 개입을 요청한 레바논의 대통령 카밀 샤문이 임기를 끝내기까지 약 3개월간 계속되었고, 미군과 레바논 정부는 베이루트 항과 베이루트 국제공항을 장악, 위기가 끝나자 미군은 베이루트에서 철수하였다.

③ 소련과 아랍 민족주의 세력(특히 이집트의 나세르)의 영향력을 견제하기 위한 정책을 추진했다.

(2) **대량보복전략 수립 및 추진**

① 국방비를 줄이면서도 공산권을 효과적으로 억제하기 위해 핵무기를 적극 활용하는 전략을 사용했다.

② "공산주의 국가가 공격하면, 미국은 전면적인 핵보복을 감행할 것"이라고 경고했다.

③ 미국의 군사력을 핵무기 중심으로 재편하고, 전통적인 지상군 규모를 줄였다.

④ 실제 전쟁 억지력은 강했지만, 위기 상황에서 핵 전쟁 위험이 너무 커진다는 비판도 받았다.

(3) **CIA를 활용한 비밀공작 확대**

① 아이젠하워 정부는 CIA(중앙정보국)를 적극 활용하여 공산주의 정권 및 반미 세력을 전복시키는 작전을 수행하였다.

② 이란(1953) - 모사데그 정권 전복

　㉠ 이란의 모하마드 모사데그 총리가 석유 산업을 국유화하자, 영국과 미국은 이를 반대했다.

　㉡ CIA가 "아약스 작전(Operation Ajax)"을 수행하여 모사데그를 축출하고 친서방 정권(팔레비 왕)을 복귀시켰다.

③ 과테말라(1954) - 좌파 정권 전복

　㉠ 과테말라의 하코보 아르벤스 대통령이 토지 개혁을 추진하며 미국의 기업(유나이티드 프루트 컴퍼니)에 불리한 정책을 시행하였다.

　㉡ CIA가 반군을 지원하여 아르벤스를 축출하고 친미 군사정권을 수립하였다.

④ CIA를 활용한 정권 전복 작전은 단기적으로 미국의 영향력을 확대했지만, 이후 이란과 중남미 지역에서 반미 감정을 심화시키는 결과를 초래하였다.

⑷ **미ㆍ소 냉전 경쟁**

① 아이젠하워 정부는 소련과의 대결을 지속하면서도, 전면전은 피하고 외교적ㆍ군사적 균형을 유지하는 전략을 수행하였다.

② 소련과 군비 경쟁 & 우주 경쟁

㉠ 1957년 소련이 세계 최초의 인공위성 "스푸트니크 1호"를 발사하자, 미국은 뒤처졌다는 위기의식이 고조되었다.

㉡ 1958년 미국은 NASA(미 항공우주국)를 창설하고, 과학ㆍ기술 교육을 강화하였다.

㉢ 소련과 핵무기 경쟁이 심화되면서 미사일 개발이 가속화되었다(ICBM 개발).

⑸ 아이젠하워는 "도미노 이론(Domino Theory)"을 제시하면서, "한 나라가 공산화되면, 주변국도 연쇄적으로 공산화될 것"이라 주장하였다.

제5절 닉슨 정부(1969~1974)의 외교정책 – 닉슨 독트린

❶ 개요

⑴ 닉슨 독트린(Nixon Doctrine)은 1969년 리처드 닉슨 미국 대통령이 제시한 외교정책 원칙이다.

⑵ 주로 아시아 및 제3세계 국가들에 대한 미국의 역할을 재정립하는 것을 목표로 하였다.

⑶ 닉슨 독트린은 미국이 직접 군사 개입을 최소화하고, 대신 현지 국가들이 자국의 방어를 책임지도록 하면서 미국은 경제적, 군사적 지원을 제공하는 방식으로 국가 간 관계를 강화하려는 내용을 담고 있다.

❷ 배경

⑴ 베트남 전쟁에서 군사적 소모는 미국에게 큰 부담이었고, 미국은 더 이상 전 세계적인 군사적 개입을 지속하기 어려운 상황에 직면하였다. 닉슨은 이를 해결하기 위해 "미국의 부담을 줄이면서, 동맹국들의 역할을 강화하는 방안"으로 닉슨 독트린을 제시하게 되었다.

⑵ 냉전 시대에 경쟁하고 있던 소련과의 군비경쟁 속에서 미국은 비용을 줄이고 전략적으로 중요한 지역에 대한 영향력을 유지하고자 노력하였다.

❸ 주요 내용

⑴ 닉슨 독트린의 핵심은 미국이 직접 군사적으로 개입하는 대신, 아시아 및 다른 지역의 국가들이 자신의 방위를 책임져야 한다는 것이다. 예를 들어, 동남아시아에서의 군사적 책임을 해당 국가들에 이양하는 방식으로, 미국은 군사적 지원을 제공하되 직접적인 군사 개입을 자제하는 것이다.

⑵ 닉슨 독트린은 필요시 핵무기를 포함한 군사력을 활용할 수 있다는 전제를 두고 있으며, 이는 미국의 글로벌 힘을 유지하는 중요한 요소로 간주되었다.

(3) 닉슨 독트린 발표 당시 미국은 베트남 전쟁에서의 철수 여부를 검토하고 있음을 시사하였으며, 미래 베트남 전쟁과 같은 전쟁을 피하는 것이 목적이라 밝혔다.

> **더 알아보기**
>
> **닉슨 독트린(1969)**
> - 미국은 앞으로 베트남 전쟁과 같은 군사적 개입을 피한다.
> - 미국은 아시아 제국과의 조약상 약속을 지키지만, 강대국의 핵에 의한 위협의 경우를 제외하고는 내란이나 침략에 대하여 아시아 각국이 스스로 협력하여 그에 대처하여야 할 것이다.
> - 미국은 '태평양 국가'로서 그 지역에서 중요한 역할을 계속하지만, 직접적인, 군사적인 또는 정치적인 과잉개입은 하지 않으며 자조의 의사를 가진 아시아 제국의 자주적 행동을 측면 지원한다.
> - 아시아 제국에 대한 원조는 경제중심으로 바꾸며 다수국간 방식을 강화하여 미국의 과중한 부담을 피한다.
> - 아시아 여러 국가가 5~10년의 장래에는 상호안전보장을 위한 국가기구를 만들기를 기대한다.

> **더 알아보기**
>
> **전쟁권한법(1973)**
> - 전쟁권한법은 1973년에 미국에서 제정된 법으로, 미국 대통령의 전쟁 발발 및 군사력 사용에 대한 권한을 제한하고, 의회가 전쟁에 대한 결정을 더 큰 역할로 관여하도록 하기 위해 만든 법이다.
> - 이 법은 미국 대통령이 군사력을 사용할 때 의회의 승인을 받도록 하는 것을 목적으로 한다.
> - 닉슨 대통령은 이 법에 대해 거부권을 행사하였으나 의회는 이를 무효화하고 법을 확정하였다.

> **더 알아보기**
>
> **의회예산국**
> - 전쟁 비용의 급증은 예산 감시와 정보 제공의 중요성을 부각했다. 특히, 의회가 대통령과 행정부의 재정적 결정을 감시하는 역할이 중요해졌고, 전쟁의 효율성과 재정적 지속 가능성을 평가할 수 있는 독립적인 기관이 필요하게 되었다.
> - 이에 미국은 의회 내에 의회예산국(Congressional Budget Office, CBO)을 1974년에 신설하였다.
> - 이와 함께 1914년 설립되어 의회가 법안을 논의하고 결정하는 데 필요한 정보를 제공하는 기관인 의회조사국(Congressional Research Service, CRS)을 확대하였다.

> **더 알아보기**
>
> **케이스-자블로키법(1972)**
> - 베트남 전쟁 과정에서 발언권을 갖기 어려웠던 의회의 권한을 강화할 목적으로 제정하였다.
> - 대통령의 행정협정에 대해 60일 이내에 하원 외교관계 위원회 및 상원 국제관계 위원회에 통보해야 한다.
> - 1978년 하원 결의를 통해 구두협정도 통보하도록 규정되었다.

❹ 닉슨 정부의 대중국 관계 개선(1972년 미중 관계 정상화)

(1) 1950~1960년대 미중 관계 : 단절

① 1949년 국공내전에서 중국 공산당이 승리하면서 중화인민공화국(중국)이 수립되었으나 미국은 대만(중화민국)을 합법적인 중국 정부로 인정하며 본토의 중국과 단절하였다.

② 1950~1953년 6·25 전쟁에서 미국과 중국이 직접 충돌하였다.

③ 1950~1960년대 미국의 대중국 봉쇄정책이 추진되었다(무역 금지, 외교적 고립).

(2) 1970년대 초 대중국 관계 개선 추진 : 대중국 관계 개선으로 외교적 균형 추진

① 소련 견제 필요(냉전 전략) : 1960년대 중소 분쟁으로 중국과 소련의 관계가 악화되었고, 미국이 중국과 손을 잡으면 소련을 더욱 고립시킬 수 있었다.

② 베트남전의 원활한 해결 : 베트남전에서 북베트남을 지원하는 중국의 영향력을 약화시키려 하였다.

③ 세계 정세 및 외교적 이익 추구

　㉠ 중국은 거대한 시장과 자원을 보유한 국가로 미국의 경제 발전을 위해 중요한 국가라는 인식이 확산되었다.

　㉡ 미국의 장기적 경제 이익을 고려해 관계 개선이 필요하였다.

(3) 미중 관계 정상화 과정(1971~1972)

① 1971년 - 핑퐁 외교(Ping-Pong Diplomacy)

　㉠ 미국과 중국의 탁구 선수단이 친선 교류를 하며 외교적 분위기를 조성하였다.

　㉡ 같은 해 키신저가 극비리에 베이징을 방문해 중국 지도자들과 회담을 가졌다.

② 1972년 - 닉슨의 역사적인 중국 방문 : 1972년 2월 21일 닉슨 대통령이 베이징을 방문(미국 대통령 최초의 중국 방문)하여 마오쩌둥(毛澤東) 주석 및 저우언라이(周恩來) 총리와 회담을 가졌다.

③ "상하이 코뮈니케(Shanghai Communiqué)" 발표

　㉠ 양국 관계 개선 의지를 확인하였다.

　㉡ 대만 문제에서 미국이 "하나의 중국 원칙"을 인정하는 방향으로 변화하였다.

　㉢ 미중 간 경제·문화 교류를 확대하기로 하였다.

　㉣ 양국은 아시아, 태평양 지역에서 지배권을 갖지 않으며, 제3국의 지배권 확립에도 반대한다고 합의했다.

제6절 카터 행정부(1977~1981)의 외교정책

1 개요

(1) 카터 행정부(1977~1981)의 외교정책은 인권을 중심으로 한 윤리적 외교와 냉전의 균형을 맞추려는 접근이 특징이다.

(2) 지미 카터 대통령은 외교정책에서 도덕적 리더십을 강조하며, 냉전 시기의 기존 외교정책과는 다른 방향을 제시하고자 하였다. 카터 행정부의 외교정책은 크게 인권 외교, 냉전 관리, 중동지역 평화 확대, 제3세계 국가들과의 관계 등으로 구분 가능하다.

2 주요 내용

(1) **인권 외교**

① 카터 정부는 외교정책에서 인권을 중요한 원칙으로 삼았다.

② 권위주의 정권과의 관계에서 인권 문제를 적극적으로 제기하였다.

③ 인권을 외교의 핵심으로 삼으면서, 카터 정부는 소련, 중남미, 아시아의 독재 정권들에 대해 비판적인 자세를 보였다.

(2) **냉전 관리(對 소련 관계)**

① 카터 정부는 소련과의 관계에서 긴장 완화를 목표로 하였다.

② 카터 행정부는 소련과의 핵무기 제한 협상을 계속 진행하였다. 이른바 SALT II(Strategic Arms Limitation Talks II) 협정은 1979년 미국과 소련이 체결한 핵무기 제한 협정으로, 핵무기 경쟁을 제한하는 중요한 합의였다.

⊘ 이 협정은 소련의 아프가니스탄 침공(1979) 이후 미국의 의회에서 비준되지 않았다.

③ 아프가니스탄 침공: 1979년 소련의 아프가니스탄 침공은 카터 외교정책의 전환점이 되었다. 이에 대한 대응으로, 카터는 소련 올림픽 불참을 선언하고, 소련에 대한 경제 제재를 강화하였다. 또한, 카터 독트린을 발표하여, 중동에 대한 소련의 군사적 개입을 미국의 주요 이해관계로 간주하고 이를 방어하기 위해 군사적 개입을 할 수 있다고 밝혔다.

(3) **중동지역 평화 확대**

① 카터는 중동에서의 평화를 중요하게 여겼고, 이를 실현하기 위해 이스라엘과 이집트 간의 평화 협정(1978)을 중재하였다(캠프 데이비드 협정).

② 이 협정에서 이집트는 이스라엘을 인정하고, 이스라엘은 시나이반도를 반환하는 내용을 포함하였다. 이는 중동에서 중요한 평화의 이정표로 평가받는다.

(4) **제3세계 국가들과 관계**

① 카터 정부는 제3세계 국가들의 자주성과 경제적 발전을 지원하였다.

② 개발 원조와 인권 존중을 중심으로 한 정책을 통해 아프리카, 아시아 및 라틴 아메리카에서의 미국의 영향력 확대를 추구하였다.

(5) 기타 주요 외교정책

카터 정부는 1979년에 중국과 외교관계를 정상화함으로써 중국과 상호 이해 증진을 위한 중요한 기초를 마련하였다. 중국과 외교 관계 정상화로 대만과는 관계가 단절되었다.

더 알아보기

대만관계법

- 미국은 1979년에 중화인민공화국을 공식 승인하고 외교관계를 수립하면서, 대만과의 외교관계를 단절하였으나 전통적인 우방으로 여겼던 대만에 대한 예우의 차원에서, 제한적인 관계를 유지하기 위해 대만관계법을 제정하였다.
  ➡ 대(對) 중화민국 무기수출과 전술 제공, 미국 내 대만의 자산에 관한 문제 등이 규정
- 국제법이 아닌 한 나라의 국내법임에도 불구하고, 외국의 방위를 보장하는 내용을 담은 이례적인 경우이다.
- 미국은 1982년, 중국과의 8·17 공동성명 직전에 '6개 보장(Six Points)'을 발표했다. 6개 보장은 대만관계법과 함께 미국의 대중국 정책의 기준이 되고 있다.
  - 미국은 대만에 대한 무기 수출에 관해 기한을 정하지 않는다.
  - 미국은 대만에 대한 무기 수출에 있어 중국과 사전 협상을 진행하지 않을 것이다.
  - 미국은 대만 해협 양안 간의 중재자 역할을 담당하지 않는다.
  - 미국은 대만관계법을 수정하지 않는다.
  - 미국은 대만의 주권에 대한 일관된 입장을 변경하지 않는다.
  - 미국은 대만으로 하여금 중국과 협상토록 강요하지 않는다.

더 알아보기

정보감시법(1980)

- 행정부의 비밀 조치를 상하 양원 관련 위원회에 통보할 것을 규정하는 법이다.
- 행정부에 대한 의회의 통제 권한을 확대하였다.

제7절 레이건 정부(1981~1989)의 외교정책 - 레이건 독트린

❶ 개요

(1) 레이건 정부의 외교정책은 냉전의 종식 과정에서 중요한 역할을 했으며, 강력한 반공주의, 군사력 증강, 그리고 미국의 세계적 리더십 회복에 중점을 두었다.

(2) 레이건 대통령은 냉전에서 소련과의 대립을 강화하며, 자유주의적 가치와 시장 경제를 강조하는 외교정책을 펼쳤다.

(3) 주요 정책 방향은 군사적 압박, 이념적 경쟁, 국제협력이었으며, 그 결과로 소련의 붕괴와 냉전의 종식에 기여한 것으로 평가되고 있다.

❷ 강경한 반공주의와 소련에 대한 압박

(1) 레이건은 소련을 "악의 제국"(Evil Empire)이라고 지칭하며, 소련에 대해 강경한 입장을 취했다. 그는 냉전의 승리를 목표로 했으며, 이를 위해 미국의 군사력을 강화하고, 소련에 대한 경제적, 군사적 압박을 강화하였다.

(2) 레이건은 별들의 전쟁이라 불리는 전략적 방위 구축(Strategic Defense Initiative, SDI)을 추진하였다.
　① 이는 우주 기반의 미사일 방어 체계를 구축해 소련의 핵 공격에 대비하는 프로젝트였다.
　② 이 계획은 현실성에 대한 논란이 있었지만, 미국의 군사적 우위를 강조하며 소련을 경제적으로 압박하였다.

(3) 동시에, 레이건은 소련과의 핵무기 감축 협상을 추진하였다. INF 조약(1987)에서는 중거리 핵미사일을 폐기하는 합의가 이루어졌고, 이는 냉전의 해빙을 의미하는 중요한 사건이었다.

❸ 군사력 증강과 군비 경쟁

(1) 레이건은 군사적 대응을 중시했으며, 이를 위해 미국의 군사력을 대폭 증강하였다.
　① 국방 예산을 증대시키고, 군사력의 현대화를 추진했다.
　② 특히, 핵무기와 미사일 방어 시스템을 강화하고, 미국 군대의 전반적인 전투 준비태세를 개선했다.

(2) 레이건 정부는 국방 예산을 대폭 증가시켰다. 1980년대 초반 미국의 국방 예산은 약 1조 달러를 넘어섰으며, 이를 통해 핵전략과 미사일 방어 시스템을 강화하였다.

(3) 레이건은 군사적 개입을 통해 미국의 이익을 확립하였는데, 그레나다 침공(1983)과 중미의 니카라과에 대한 군사적 압박은 대표적인 사례이다. 레이건은 전 세계에서 공산주의 확산을 막기 위한 군사적 대응을 강조하였다.

더 알아보기

그레나다 침공 사건
• 1983년 서인도 제도의 윈드워드제도 최남단의 독립국인 그레나다를 미국이 침공한 사건이다.
• 그레나다는 1665년 프랑스가 점령, 1783년 영국령이 되었고, 1966년 자치권을 얻었다. 1983년 10월 부총리 겸 재상인 코드가 군사령관 오스틴과 합세해서 쿠데타를 일으켜 정권을 잡은 후 강경한 마르크스주의자인 오스틴이 총리에 취임하였다.
• 그러자 그레나다에 건설되고 있는 비행장이 소련 기지로 이용될 것을 우려한 미국은 1983년 10월 25일 바베이도스 등 동카리브 해안 6개국과 연합하여 그레나다에 있는 미국인의 보호를 명분으로 그레나다를 침공하여 오스틴 사령관을 구속하고 신국민당의 블레이즈가 이끄는 친미정권을 성립시킨 후, 1985년 완전 철수하였다.

④ 이념적 외교정책 : 자유주의적 가치 강조

(1) 레이건은 자유주의적 가치를 전 세계에 확산하는 것을 목표로 추진

   ① 자유시장 경제, 민주주의, 그리고 인권을 강조하며, 공산주의 국가에 대한 대립을 이념적 경쟁
   으로 보고 이를 확산시키기 위해 노력했다.
   ② 레이건은 공산주의를 자유와 민주주의의 적으로 간주하며, 이를 전 세계에서 퇴치하려 노력하였다.
   ③ 자유주의와 민주주의의 우수성을 세계에 널리 알리고, 이를 통해 미국의 영향력 확대를 추구하였다.

(2) 레이건은 미국을 자유와 민주주의의 수호자로 재건하고, 전 세계적으로 미국의 리더십을 다시 확립하려 노력
   이를 위해 미국의 외교정책을 전방위적으로 추진하며, 서구와의 협력을 강화하였다.

⑤ 중동과 아프리카에서의 활동

(1) 레이건 정부는 중동과 아프리카에서의 군사적 개입과 대공산주의 정책을 강화하였다.

   ① 이란－이라크 전쟁, 레바논 내전, 남아프리카 공화국의 아파르트헤이트 문제에서 미국의 영향
   력을 확립하려 노력했다.
   ② 레이건 정부는 이란과 니카라과의 반정부 세력(콘트라)을 지원하기 위해 무기 거래를 한 사건이
   있었다. 이 사건은 비밀리에 이루어진 불법 거래로, 결국 정치적 스캔들로 비화되었지만, 당시
   레이건 정부는 공산주의에 대한 대응으로 이를 정당화하였다.

> **더 알아보기**
>
> **이란－콘트라 사건**
> • 이란－콘트라 사건은 1987년 미국 CIA가 스스로 적성 국가라 부르던 이란에 대해 무기를 불법적으로
> 판매한 사건이다.
> • 그 이익으로 니카라과의 산디니스타 정부에 대한 반군인 콘트라 반군을 지원한 정치 스캔들이었다.

(2) 레이건 정부는 카터 행정부의 정책을 계승하지 않고 반공 투쟁에 동참한다는 명분하에 군부독재
   세력들을 적극 지원하기도 하였다.

제8절 | 빌 클린턴 정부(1993~2001)의 외교정책

① 개요

(1) 클린턴 정부는 1990년대의 국제적 환경 속에서 여러 도전과 기회에 대응하기 위해 다각적인 외교
   전략을 구사하였다.

(2) 빌 클린턴 정부 외교정책은 글로벌화, 경제적 개방, 인권과 민주주의 촉진, 지역적 안정을 중요한
   요소로 삼았다는 특징이 있다.

② 경제적 글로벌화와 자유무역

(1) 클린턴 정부는 북미 자유무역협정(NAFTA)을 체결하여 미국, 캐나다, 멕시코 간의 무역을 자유화하고, 경제적 통합을 촉진하였다.

(2) NAFTA는 미국의 경제 성장과 경쟁력을 높이는 동시에, 멕시코의 경제발전을 돕는 주요 정책이었다.

(3) 클린턴 정부는 중국과 무역 관계를 강화하고, 2001년에는 중국의 세계무역기구(WTO) 가입을 지원하여 중국을 세계 경제 시스템에 통합시키는 데 중요한 역할을 하였다.

(4) 또한, 클린턴 행정부는 아시아태평양 경제협력체인 APEC을 강화하고자 노력하였다.

③ 인권과 민주주의 촉진

(1) 클린턴 정부는 국제적으로 민주주의와 인권을 촉진하려는 목표를 설정했으며, 이를 외교정책의 핵심으로 삼았다.

(2) 전 세계적으로 인권 침해와 독재 정권에 대해 비판적인 입장을 취하면서, 민주적 전환을 촉구했다.

(3) 소련 붕괴 후 동유럽 국가들의 민주적 발전을 지원하였는데 이는 NATO(북대서양조약기구) 확장과 연결되었고 클린턴 정부는 동유럽 국가들을 NATO에 가입시키기 위해 노력하였다.

(4) 클린턴 정부는 러시아, 중국 등과의 관계에서 경제적 협력과 함께 인권 문제를 제기하는 등 가치 기반 외교를 적극적으로 추진하였다.

④ 지역적 안정과 갈등 해결

(1) 클린턴 정부는 보스니아 전쟁(1992~1995)과 코소보 전쟁(1999)에서 미국의 군사적 개입을 통해 갈등을 해결하려 노력하였다.

(2) 보스니아 전쟁에서 NATO를 이끌며 데이튼 협정*을 통해 평화적 해결을 이끌어냈고, 코소보 전쟁에서는 NATO의 중심으로 참여하였다.

> ∅ 1995년 11월 21일 보스니아 전쟁을 종식시키는 협정으로, 보스니아 헤르체고비나의 평화적인 재건을 위한 중요한 협정이다. 이 협정을 통해 보스니아-헤르체고비나, 크로아티아, 세르비아 간의 전투는 끝나고, 전후 복구와 정치적 구조를 재편성하는 과정이 진행되었다.

(3) 또한, 클린턴 정부는 이스라엘-팔레스타인 평화 협상에 적극적으로 참여했으며, 오슬로 협정(1993)*을 중재하는 등 중동에서의 평화를 위해 노력하였다.

> ∅ 팔레스타인의 자치에 대한 원칙적인 합의와 이스라엘과 PLO의 상호 인준으로 구성되며 내용은 팔레스타인 자치와 선거, 과도기협정, 이스라엘군의 재배치와 철수, 예루살렘과 점령지의 최종 지위 협상, 유대인정착촌, 경제조항, 난민문제 등이 들어있다. 당시 미국 대통령 빌 클린턴의 중재로 이루어졌으며, 오슬로 자치안이라고도 한다.

더 알아보기

오슬로 협정

- 오슬로 협정은 이스라엘과 팔레스타인이 서로의 존재를 인정하고 분쟁을 종식하기로 한 평화 협정이다.
- 1993년 8월 20일 노르웨이 외무장관의 중재로 이스라엘과 팔레스타인 해방기구가 오슬로에서 만나 팔레스타인 자치안에 합의하였다.
- 1993년 9월 13일 워싱턴에서 이스라엘 라빈 총리와 아라파트 PLO 의장이 합의안에 서명하였다.
- 이스라엘 총리, PLO 의장, 이스라엘 외무장관은 1994년 노벨평화상을 수상하였다.
- 이 협정은 이스라엘이 가자지구와 요르단강 서안 등 점령지를 반환해 팔레스타인 자치국가를 설립하게 하고, 팔레스타인은 이스라엘에 대한 무장투쟁을 포기하는 것이 골자였다.
  ➡ 이른바 "땅과 평화의 교환"이 기본원칙이라 할 수 있다.

(4) 클린턴 정부는 북한과의 협상을 통해 1994년에 제네바 합의를 체결하며 북한의 핵개발을 동결시키는 성과를 얻었다.

❺ 러시아와 관계

(1) 클린턴 정부는 구소련 국가들이 민주화하고 시장경제로 전환하는 데 도움을 주기 위해 많은 노력을 기울였다.

(2) 경제적 지원과 함께, NATO 확장을 통해 동유럽 국가들의 민주화와 안보를 지원했으며, 이는 러시아와의 갈등을 일으켰다.

(3) 또한, 클린턴 정부는 러시아의 핵 군축을 지지하며 START II 협정(전략무기제한협정)을 체결했고, 핵확산금지조약(NPT)을 강화하는 데도 기여하였다.

❻ 중국과 관계

(1) 클린턴 정부는 중국과의 관계에서 건설적 관여를 추구하였다.

(2) 클린턴은 중국의 경제 개방을 지지하며, WTO 가입을 적극적으로 지원하였다.

(3) 또한, 중국과의 무역 관계를 확대하고, 중국을 국제적 경제 시스템에 통합시키려는 노력을 추진하였다.

(4) 한편, 클린턴은 중국의 인권 문제에 대해서는 비판적 입장을 고수하였다.

더 알아보기

개입과 확대

- 1994년 7월 '개입과 확대(Engagement and Enlargement)' 전략을 채택하였다.
- 이 전략은 소련의 위협이 사라진 냉전 이후의 유동적 국제 정세 속에서 미국이 세계질서 형성에 주도적 역할을 담당할 것을 목표로 하였다.
- 전통적 우방국에 대한 '협력적 개입' 전략과 중국과 러시아 등 공산주의 국가에 대한 '자유시장, 민주주의 확대' 전략이다.

⑦ 군사 관련 정책

(1) 클린턴 정부는 군사비를 축소하여 재정 균형을 추진하면서 MD 정책 등을 유예하였다.

(2) **미국의 군사개입을 제한(파월 독트린)**

　① 미군의 전투 파병은 미국의 국가안보 목표와 연결된 명확하고 제한적인 목표에 부합할 경우 가능하다.

　② 국내외의 포괄적인 지원이 있으며, 미국의 승리를 보장하는 압도적인 군사력을 배치할 능력이 있을 때 가능하다.

(3) **클린턴 행정부는 1995년 2월 '동아시아 및 태평양 지역전략보고서'를 발표**

　해당지역은 미국에게 있어 매우 중요한 이익이 걸려있는 곳으로 평가하면서, 이곳에 전방배치된 미 병력 10만 명은 그대로 유지시켰다.

제9절 | 부시 정부(2001~2009)의 외교정책 − 테러와의 전쟁

① 개요

(1) 부시 정부의 외교정책은 2001년 9월 11일 발생한 테러 공격을 계기로 급격하게 변화를 겪었다.

(2) 조지 W. 부시 대통령은 이 공격을 "미국에 대한 전쟁"으로 간주하고, 국가의 안보를 강화하기 위한 다양한 정책을 추진하였다. 그 중, 가장 두드러진 정책은 "테러와의 전쟁"(War on Terror)과 "선제 공격"(Preemptive Strike) 전략이다.

(3) 이를 위해 전략적 유연성을 강조하면서 신속기동 대응군으로 전환을 추구하였다.

　① 해외주둔 미군 재조정(Global Posture Review, GPR) 추진

　② 테러세력의 근원지에 보다 근접한 중동, 중앙아시아에 미군 전진 배치 추진

　③ 해공군력을 강화하고, 지상군은 정예화

　④ 동아시아 지역에서는 중장기적으로 중국에 대한 대비 차원도 포함

② 테러와의 전쟁(War on Terror)

(1) 부시 정부의 외교정책의 중심은 9 · 11 테러 공격 후 시행된 '테러와의 전쟁'이라고 해도 과언이 아니다.

(2) 부시 대통령은 테러리즘과의 전쟁을 전 세계적인 문제로 보고, 이를 해결하기 위한 국제적인 협력을 촉구하였다.

(3) 주요 목표는 알카에다와 같은 테러리스트 조직의 근본적 제거와 이를 지원하는 국가들에 대한 압박이었다.

(4) 주요 내용

① 아프가니스탄 전쟁(2001~2021)

    ㉠ 9·11 테러의 주범으로 지목된 알카에다의 지도자 오사마 빈 라덴과 그들의 후원국인 탈레반 정부를 제거하기 위해 2001년 10월, 미국은 아프가니스탄에 군사 공격을 시작하였다.

        ➡ 미국의 오사마 빈 라덴 인도, 알카에다 축출 요구를 탈레반이 거부했다.

        ➡ 이에 따라 미국은 영국과 함께 '항구적 자유 작전'을 돌입하였다.

    ㉡ 이 전쟁은 빠르게 탈레반을 무너뜨리고, 알카에다는 상당히 분열되었으나, 완전한 종식은 이루어지지 않았다.

        ➡ 당시 공격으로 탈레반 정권은 붕괴되었으나, 탈레반 최고지도자 무함마드 오마르와 빈 라덴은 체포되지 않았다.

        ➡ 2002년 6월, 아프가니스탄에는 카르자이를 수반으로 하는 과도정부가 설립되었고, 뒤이어 국민대회의에서 헌법 초안이 승인되었다.

        ➡ 빈 라덴은 2011년 사살되었다.

    ㉢ 아프가니스탄 전쟁은 동시다발테러 사건으로 인한 것이어서 미국과 영국의 공격은 국제사회로부터 대부분 지지를 얻었다.

        ➡ UN 안전보장이사회는 2001년 12월 국제치안지원부대의 설치를 결정하기도 하였다.

    ㉣ 2014년 5월, 오바마 행정부는 미국의 주요 작전이 2014년 12월 종료되고 잔여 병력을 아프가니스탄에서 철수한다고 선언하였다.

    ㉤ 2021년 5월, 미군이 아프가니스탄 철수를 시작하였다.

    ㉥ 2021년 8월, 아프가니스탄 정부는 탈레반에 항복하였다.

② 이라크 전쟁(2003~2011)

    ㉠ 9·11 테러 후, 부시 정부는 이라크의 사담 후세인 정부가 대량살상무기(WMD)를 보유하고 있으며, 이를 테러리스트에게 제공할 가능성이 있다고 주장하였다.

    ㉡ UN 안전보장이사회는 2002년 11월 이라크가 '무조건, 무제한적 사찰'을 받아들이도록 요구했고, 이에 따르지 않을 경우 '더욱 더 중대한 위반'으로 인정하고 '심각한 결과를 초래'할 것이라는 결의안 1441호를 채택하였다.

    ㉢ 이라크는 결의안을 수용하여 유엔에 의한 사찰이 개시되었다.

    ㉣ 미국과 영국은 이라크가 사찰에 전면적으로 협력하지 않는다고 주장하면서 결의안 1441호에 따라 이라크 공격이 가능하다고 주장하였다.

    ㉤ 결국, 미국과 영국은 <u>유엔의 승인 없이</u> 이라크 전쟁을 시작했고, 이는 많은 국제적 논란과 반대 속에서 이루어졌다.

        ⓐ 프랑스와 독일은 군사공격을 위해서는 안보리의 새로운 결의가 필요하다고 주장하며 반대하였다.

        ⓑ 반면, 미국의 입장을 지지하거나 또는 참전한 국가(이른바 '의지의 연합')는 일본을 포함 총 44개국이었다.

ⓑ 전쟁은 사담 후세인 정권을 무너뜨렸지만, 이라크 내 혼란과 ISIS의 등장 등을 초래하는 결과를 낳았다.

ⓢ 이라크 전쟁 이후 적극적으로 개입하였던 미국은 점차 이라크 측에 대한 조기 주권 이양과 UN의 개입 확대로 방침을 수정하였다.

❸ 선제공격(Preemptive Strike)

(1) 부시 정부는 미국과 동맹국들이 직접적인 위협을 받기 전에, 미리 공격하여 위협을 차단하는 선제공격 전략을 채택하였다.

(2) 이 전략은 "부시 독트린"이라고 불리기도 하며, 전통적인 방어적 접근법을 넘어서는 군사적 개입을 정당화하는 원칙이었다.

(3) **주요 내용**

① 부시 독트린은 "위협이 명확하고 즉각적인 경우" 미국은 선제적으로 군사력을 사용할 수 있다는 것을 명확히 하였다.

② 이 원칙은 이라크 전쟁을 정당화하는 데 사용되었으며, 미국의 군사적 개입이 필요할 경우 국제사회의 승인 없이도 이를 강행할 수 있다는 입장이었다.

❹ 이란과 북한과의 관계 악화

(1) 부시 정부는 "악의 축"(Axis of Evil)이라는 표현을 사용하여, 이란, 이라크, 북한을 주요 적대국으로 간주하였다.

① 불량국가가 미국에게 위협인 이유는 그들이 핵무기 및 생화학무기 등 WMD 개발, 확산할 위험이 있기 때문이다.

② 재래식 능력 측면에서는 미국이 압도하는 것은 사실이다.

(2) 이란과 북한의 핵개발 프로그램에 대해서도 강력하게 반대하며, 이를 제재하는 정책을 강화하였다.

❺ 민주화와 자유화 촉진

(1) 부시 정부는 "자유의 확산"을 주요 외교정책 중 하나로 추진하였다.

(2) 이는 특히 중동 지역에서 민주화와 자유를 촉진하는 정책으로 나타났다.

(3) 부시 정부는 "자유의 확산"을 내세워 중동 지역에서의 민주화 운동을 지원하고, 이를 통해 테러리즘과의 전쟁을 보다 효과적으로 진행하려 하였다.

더 알아보기

신보수주의(Neo-Con)

- 신보수주의를 특징짓는 정책은 국제정치에 있어서의 간섭주의이다.*
  - 역사를 두고 볼 때 신보수주의라는 말은 본래 1960~70년대에 반스탈린주의 좌파에서 보수주의 진영 측으로 흘러들어온 이들을 가리키던 데에 그 기원을 두고 있으며, 노먼 포더리츠(Norman Podhoretz)가 편집자로 있던 친유대주의 저널 Commentary에 학문적 뿌리를 두고 있다. 이들은 신좌파를 적극적으로 공격하였는데 이를 통해 역설적으로 신좌파를 하나의 흐름으로 정의하는 데 기여하게 되었다.
  - ➡ 국가이익을 달성하는데 있어 다자주의보다는 일방주의 노선을 취할 수 있는 의지와 능력을 가지고 있어야 한다고 주장한다.
  - ➡ 다른 국가가 미국에 도전하지 못하도록 군사력을 강화해야 한다.
- 이들은 민주주의의 확산을 적극적으로 옹호하고, 공산주의와 정치극단주의에 대해 전투적 태도를 보이며 "힘을 통한 평화"라는 모토를 신봉한다.
  - ➡ 민주주의의 확산을 위해서는 군사력 사용을 배제하지 않는다.
- 신보수주의는 1970년대에 형성되어 현재까지 이어지고 있는 정치의 흐름이기도 하며, 이 경향성은 조지 W. 부시 행정부에서 정점을 찍어 폴 월포위츠, 폴 브레머, 딕 체니, 도널드 럼즈펠드 등의 신보수주의자들이 정부 주요 각료에 포함되었다.
- 이들은 이스라엘의 방위와 중동에서의 미국 영향력 유지에 적극 개입하였고, 가장 대표적으로 2003년 이라크 침공을 주도하였다.

제10절 오바마 정부(2009~2017)의 외교정책

① 개요

(1) 오바마 정부의 외교정책은 2009년 취임 이후 다양한 글로벌 문제에 대해 전향적이고 협력적인 방안을 모색하려 하였다.

(2) 즉, 오바마 정부의 외교정책은 국제협력과 다자주의에 중점을 두고 추진되었다.

(3) 오바마 정부는 부시 정부의 핵확산방지구상(PSI)을 승계하였으나, 물리적 차단보다는 PSI 회원국들 간 확산 관련 정책 및 정보공유와 협조를 중심으로 전개하였다.

② 아시아 중시 정책(Pivot to Asia / Rebalance to Asia)

(1) 오바마는 아시아 지역의 경제 및 안보 중요성을 인식하고, 미국의 외교정책을 아시아에 집중시키는 Pivot to Asia와 Rebalance to Asia 전략을 추진하였다.

(2) 이는 중국의 경제적, 군사적 부상을 고려하여 아시아 지역에서의 미국의 영향력을 강화하려는 노력의 일환이었다.

(3) 아시아 재균형의 핵심 요소

① 경제적 참여 확대

㉠ 오바마 행정부는 아시아 태평양 지역에서의 경제적 우위를 확보하기 위해 환태평양경제동반자협정(TPP) 협상을 주도하였다. TPP는 아시아 태평양 지역의 12개 국가들 간 자유무역협정으로, 미국을 포함한 국가들은 무역 장벽을 낮추고 경제적 협력을 강화하는 방향을 추구하였다.

㉡ 중국의 경제적 영향력이 커지는 상황에서, 미국은 아시아 경제에 대한 영향력을 확립하려 노력하였다. TPP는 중국을 배제한 협정으로, 아시아에서 미국의 경제적 리더십을 강화하려는 의도가 있었다.

더 알아보기

환태평양경제동반자협정

- 환태평양경제동반자 협정(Trans-Pacific Strategic Economic Partnership, TPP)은 아시아－태평양 지역 경제의 통합을 목표로 공산품, 농업 제품을 포함 모든 품목의 관세를 철폐하고, 정부 조달, 지적재산권, 노동 규제, 금융, 의료서비스 등의 모든 비관세 장벽을 철폐하고 자유화하는 협정으로 2005년 6월에 뉴질랜드, 싱가포르, 칠레, 브루나이 4개국 체제로 출범하였다.
- TPP는 투자자 국가 분쟁 해결 방법을 만들고, 관세 같은 무역 장벽을 낮추는 역할도 수행한다.
- 2015년 10월 7일 미국, 일본, 오스트레일리아, 캐나다, 페루, 베트남, 말레이시아, 뉴질랜드, 브루나이, 싱가포르, 멕시코, 칠레가 TPP 협정을 타결하였다.
- TPP는 창설 초기 그다지 영향력이 크지 않은 다자간 자유무역협정이었으나, 미국이 적극적으로 참여를 선언하면서 주목받기 시작하였다.
- 버락 오바마 대통령은 TPP가 아시아 · 태평양 지역경제 통합에 있어 가장 강력한 수단이며, 세계에서 가장 빠르게 성장하는 지역과 미국을 연결해 주는 고리라고 평가했다.
- 하지만, 미국은 2017년 1월 23일 TPP를 탈퇴하였다.

더 알아보기

역내 포괄적 경제 동반자 협정

- 역내 포괄적 경제 동반자 협정(Regional Comprehensive Economic Partnership, RCEP)은 동남아시아 국가연합 회원국 10개국과 동남아시아 국가 연합과 자유무역협정을 체결한 대한민국, 중화인민공화국, 오스트레일리아, 뉴질랜드, 일본이 참여하는 자유 무역 협정이다.
- 미국이 참여하지는 않았다.

② 군사적 재배치 및 강화

㉠ 군사적 재균형 : 오바마는 아시아 태평양 지역에서 미국의 군사력을 재배치하고, 전략적 파트너십을 강화하는 방향으로 군사적 재균형을 추진하였다. 예를 들어, 미국은 아시아에 주둔하는 군대의 일부를 재배치하고, 호주, 일본, 한국 등과의 군사협력을 강화하였다.

㉡ 중국의 해양 영유권 주장과 관련된 분쟁을 염두에 두고, 미국은 남중국해와 같은 지역에서 군사적 존재감을 강화하고, 국제적인 항로의 자유를 지키기 위한 정책을 지속적으로 추진했다.

③ **외교적 참여 및 지역 협력**: 오바마 정부는 아시아 지역의 주요 국가 연합인 아세안과의 협력을 강화하였다.

④ **중국과의 관계 관리**: 중국의 부상에 대응하면서도, 오바마는 중국과의 협력을 추구하였다. 기후 변화, 북한 문제, 글로벌 경제 등 여러 이슈에서 중국과의 협력이 필요했기 때문에, 미국은 중국과 경쟁과 협력을 동시에 추진하는 균형 잡힌 접근법을 채택하였다.

⑤ **북핵 문제**

    ㉠ 북한의 핵 프로그램과 관련하여, 오바마는 "전략적 인내" 정책을 통해 북한의 도발을 억제하고, 다자간 협력을 통한 해결을 추진하였다.

    ㉡ 북한의 핵 미사일 위협에 대응하기 위해 괌에 THADD 배치를 완료하였다.

⑥ **인도-태평양 전략**: 오바마는 아시아 지역을 넘어서 인도-태평양 지역을 하나의 통합된 전략적 영역으로 정의하고, 이 지역에서의 미국의 역할을 강화하였다. 이를 통해 인도와의 관계를 강화하고, 중국의 영향력에 대한 균형을 맞추려는 목표를 설정하여 추진하였다.

⑦ **자유롭고 열린 아시아 태평양**: 오바마 행정부는 "자유롭고 열린 인노-태평양"을 강조하며, 아시아에서의 국제법과 규범의 존중, 자유로운 항로 확보를 주장하였다. 이는 특히 남중국해에서 중국의 영유권 주장과 관련된 긴장을 고려한 정책이었다.

❸ 핵무기 비확산 및 핵 군축

(1) 2009년 프라하에서 발표한 연설에서 오바마 대통령은 "핵 없는 세상"을 목표로 한다고 선언하였다.

(2) 이후 미국과 러시아는 "새로운 START 조약"을 체결하여 핵무기 감축을 약속하였다.

> **🔖 더 알아보기**
>
> **New START**
> - 뉴 스타트(New START, New Strategic Arms Reduction Treaty, 새로운 전략 무기 감축 협정)는 2010년 4월 8일 체코 프라하에서 서명된 미국과 러시아 간의 핵무기 감축 협정이다.
> - 양국의 비준을 거쳐, 2011년 2월 5일 발효되었으며, 2021년에 조약이 종료되었다.
> - 미국은 뉴 스타트 조약에 따라 당시 886개 수준인 핵 전력을 2018년 2월 5일까지 700개로 감축해야 했는데, 이에 따라 ICBM은 400기로, SLBM은 240기로, 핵폭격기는 60대로 실전배치 전력이 줄어들었다.
> - 감축되는 핵무기는 발사준비(launch-ready) 상태에서 대기 상태로 전환되었다.
>   ➡ 대기(standby) 상태는 운반 시스템과 폭격기, 잠수함 또는 ICBM 발사대를 유지, 보수는 하지만, 즉시 발사는 불가능하다.
> - 뉴 스타트 조약은 '보유'(standby) 핵무기나 '전술' 핵무기, '단거리' 핵무기 숫자는 제한하지 않았다.

④ 중동정책

(1) 오바마 정부는 이전 부시 정부의 '중동 민주화 구상(The Greater Middle East Initiative)'을 폐기하고 '비핵·반테러' 즉, 비폭력을 전제로 중동 내 다원적 정부체제를 수용한다는 포용적 입장인 '비폭력 다원주의'를 추진하였다.

　① 중동에서의 전쟁을 종식하여 미군을 철군시켰다.

　② 이 지역의 정치적 갈등은 현지 세력들이 직접 해결하여야 한다는 입장을 견지했다.

　③ 미국은 역외에서 필요시 지역 내 갈등 중재 및 외부 균형자 역할을 지향한다.

(2) 오바마 정부는 아랍의 봄(2010~2011) 동안 중동의 민주화를 지지하였으나, 각국의 내부 정치 상황에 따라 그 지원이 혼재되었다.

(3) 특히, 리비아에서는 NATO의 군사개입을 지원하여 카다피 정권을 전복시켰으나, 이후 리비아 내전의 장기화로 비판을 받기도 하였다.

(4) 오바마 정부는 이란과의 핵 협상을 통해 2015년에 역사적인 '이란 핵 협정(JCPOA)'을 체결하였다. 이 협정은 이란의 핵개발을 제한하고, 국제사회의 제재를 완화하는 내용이었으나, 2018년 도널드 트럼프 대통령에 의해 미국이 협정을 탈퇴하면서 논란이 되기도 하였다.

⑤ 기후 변화와 환경 정책

(1) 오바마 정부는 기후변화 문제를 외교정책의 중요한 축으로 간주하였다.

(2) 파리 기후 협약 체결을 통해 국제사회와 함께 탄소 배출을 줄여나가자는 목표를 제시했으며, 이 정책은 많은 국제적 지지를 받았다.

⑥ 국제 테러와의 싸움

(1) 오바마 정부는 부시 대통령의 "테러와의 전쟁"에서의 강경한 군사적 접근을 완화하고, 드론을 이용한 정밀 타격과 정보전 등으로 테러리스트와의 싸움을 이어갔다.

(2) 2011년 오사마 빈 라덴을 파키스탄에서 추적하여 사살함으로써 알카에다에 대한 강력한 메시지를 보내기도 하였다.

⑦ 스마트 파워 정책

(1) 스마트 파워 전략*은 국제관계에서 하드 파워(Hard Power)와 소프트파워(Soft Power)를 효과적으로 결합하는 전략을 의미한다.

　✎ 하버드 대학교 교수이자 정치학자인 조지프 나이(Joseph Nye)가 처음 제안한 개념으로, 군사적·경제적 강제력(하드 파워)과 외교·문화·가치 등의 설득력(소프트파워)을 조화롭게 활용하는 전략이다.

(2) 부시 행정부의 강경한 하드 파워 중심 정책(예 이라크 전쟁)과 차별화된 접근을 추진하고자 등장하였다.

(3) 스마트 파워의 전제는 강력한 군사적 능력을 보유하고 있는 것이다.

(4) 스마트 파워는 하드 파워와 소프트파워의 상호적 강화를 통해 국가 목표를 달성하는 권력을 의미한다.

(5) 스마트 파워는 힘, 제재, 보상 등의 방식을 활용하는 동시에 가치, 규범 등을 통해 다른 행위자들의 선호를 변화시켜 미국과 세계의 이익이 일치하도록 하는 전략을 말한다.

> [cf.] **소프트파워**: 군사적 강압이나 경제적 압력(hard power)을 사용하는 대신 유혹과 매력을 사용하여 다른 국가들이 자발적으로 자신의 의도와 의지를 따르도록 만드는 능력 또는 다른 행위자의 선호도를 변화시키는 능력이다.

더 알아보기

新 국방전략

- 2012년 1월, "미국의 세계적 지도력 유지: 21세기 국방우선순위" 발표
- 미국경제의 약화와 이라크 및 아프가니스탄 전쟁으로 인한 과도한 전쟁비용 사용으로 재정적 부담이 가중된 상황에서 국방비 감축 추진
- 지상군 감축, 미래전에 부합하는 합동전력 조정을 통해 군사력의 신속성과 융통성 제고
- 유럽지역 안보위협 축소에 따라 지역안보를 NATO에 일임하고, 부상하는 중국 위협에 미국의 국방력을 집중하고자 동맹국과 협동대응하기 위한 목적이 핵심

제11절 트럼프 정부(1기, 2017~2021)의 외교정책

① 개요

도널드 트럼프 행정부의 외교정책은 "미국 우선주의(America First)"를 기조로 했으며, 기존의 다자주의보다는 일방주의와 실용주의를 강조하였다.

② 세부 정책

(1) **미국 우선주의(America First)**

① 트럼프 행정부의 외교정책은 미국의 국익을 최우선으로 두고, 동맹국 및 국제기구와의 관계보다 미국의 경제적·군사적 이익을 강조하는 방향으로 전개되었다.

② 다자주의적 접근보다 개별 국가와의 양자 협상을 선호했으며, 동맹국들에게 방위비 부담 증가 등을 요구하였다.

(2) **동맹 정책 변화**

① NATO(북대서양조약기구): 트럼프는 NATO가 "시대에 뒤떨어졌다."며 회원국들에게 방위비 분담을 늘릴 것을 강력하게 요구하였다.

② 한미 동맹: 주한미군 주둔 비용 문제를 놓고 한국에 방위비 분담금 인상을 압박하였다.

③ 미일 관계: 일본과의 관계는 상대적으로 안정적이었지만, 무역적자 문제로 긴장이 조성되었다.

④ 미국-유럽 관계 : 프랑스, 독일 등과 기후변화, 이란 핵협정, 무역 문제 등을 둘러싸고 갈등을 빚었으며, 영국의 EU 탈퇴를 지지하였다.

> **더 알아보기**
>
> **이란 핵협정**
> - 이란 핵협정(Joint Comprehensive Plan of Action, JCPOA)은 2015년에 이란과 주요 강대국(미국, 영국, 프랑스, 독일, 러시아, 중국, EU)이 체결한 핵 합의이다.
>   ➡ 미국은 2012년 국방수권법을 통해 이란의 원유 수출 제한 조치를 확대하고 대이란 금융거래를 전면 중단시켜 이란 내부의 경제단을 가중시켜 이란을 핵 협상으로 유도하였다.
>   ➡ 미국의 제재로 환율이 급등하고 물자가 부족해지면서 특히 고통이 가중된 이란의 중산층이 미국과의 협상에 나설 것을 촉구하였고 이들의 요구가 2013년 대선에 반영되어 대미 온건파인 하산 로하니가 대통령으로 당선되었다.
> - 이 협정의 핵심 목표는 이란이 핵무기를 개발하지 못하도록 제한하는 것이며, 대신 이란에 대한 경제 제재를 해제하는 것이었다.
> - **주요 내용**
>   - 이란의 핵 프로그램 제한
>   - 우라늄 농축 수준을 3.67% 이하로 제한(핵무기 수준인 90%에 훨씬 못 미침.)
>   - 이란의 농축은 허용하되 15년간 저농축 수준을 유지하고, 전체 농축 우라늄 규모를 현재 10,000kg에서 300kg 이하로 제한
>   - 포드로(Fordo) 핵시설에서 농축 우라늄 생산 금지
>   - 아락(Arak) 중수로 원자로 개조(플루토늄 생산 불가)
>   - 국제원자력기구(IAEA)의 정기적인 사찰 허용
>   - 이란에 대한 경제 제재 해제
>   - 이란산 석유 수출 허용
>   - 금융·무역 제재 완화
>   - 해외에 동결된 이란 자산 수십억 달러 반환
> - **2018년** : 미국의 도널드 트럼프 대통령이 일방적으로 JCPOA 탈퇴를 선언하고, 대이란 제재를 복원하였다. 주요 이유는 다음의 세 가지이다.
>   - JCPOA가 이란의 핵개발을 영구적으로 막지 못한다.
>   - 이란이 테러조직 및 무장세력을 지원하고 있다.
>   - 강한 경제제재를 가하면 더 좋은 조건으로 협상 가능하다.
> - **이란의 대응** : 협정 준수를 점진적으로 포기하고, 우라늄 농축 수준과 저장량을 늘리기 시작했다.
> - **2021년 이후** : 미국과 이란이 협정을 복원하려는 협상을 벌였지만, 완전히 합의에 도달하지 못했다.

(3) 중국과의 경쟁 심화

① **미중 무역 전쟁** : 2018년부터 중국산 제품에 고율 관세를 부과하며 중국의 불공정 무역 관행을 비판하였다.

② **화웨이 및 5G 기술 견제** : 중국의 IT기업(화웨이, 틱톡 등)에 대한 제재와 금지 조치를 하였다.

③ **대만 문제** : 대만에 대한 무기 판매 확대, 고위급 인사 방문 등으로 중국을 자극하였다.

④ **홍콩 문제 개입** : 홍콩의 민주화 시위를 지지하고, 홍콩 국가보안법* 제정 이후 중국에 제재를 부과하였다.

> ✏ 홍콩 국가보안법(2020)은 국가 분열, 국가 정권 전복, 테러 활동, 외국 세력과의 결탁 등 4가지 범죄를 최고 무기징역형으로 처벌할 수 있도록 한 법안이다.

더 알아보기

대만여행법

- 대만과의 인적 교류 확대를 담고 있다.
- 미국 관료의 대만 방문 및 관계자 회담을 허용하였다.
- 외교부장관, 국방부장관 등 대만 고위 관료의 미국 방문 및 관계자 회담을 허용하였다.
- 대만대표부를 비롯한 그 밖의 대만 기관이 미국 의원, 연방 및 지방 정부 관계자 또는 대만 고위 관계자가 참여하는 미국 내 활동을 증진하기로 하였다.

더 알아보기

對 홍콩정책

- 미국은 1992년 홍콩정책법을 제정하여 무역, 사업, 여행과 기술이전 등에 있어서 중국보다 홍콩에 더 많은 혜택을 부여했다.
- 미국은 2019년 홍콩인권법을 제정하여 사람을 고문하거나 임의 구금하거나 중대한 인권 침해를 저지른 자에 대해 미국이 제재를 가할 수 있도록 하였다(예 미국 내 자산 동결, 미국 입국과 비자 발급을 거부).
- 미 국무부는 홍콩인권법에 따라 홍콩이 중국으로부터 충분한 자율권을 계속해서 인정받고 있는지를 조사해 연례 보고서를 작성하여 의회에 제출해야 한다.
- 홍콩은 1997년 영국에서 중국으로 반환되었다.

더 알아보기

탈동조화(Decoupling)

- 세계경제로부터 중국을 분리한다는 의미로 트럼프 정부 때 처음 가시화되었다.
- 외국기업책임법을 통해 2022년 1월 1일까지 미 상장회사회계감독위원회 기준을 충족시키지 못한 중국 기업을 미국 증시에서 상장 폐지시켰다.
- 미국 정부는 2022년 3월 동아시아 반도체 공급망 네트워크를 출범시켜 중국의 반도체 기술 확보를 견제하였다.
- 2022년 8월 7일 인플레이션 감축법을 통해 2024년부터 중국이 아닌 다른 나라에서 소재와 부품을 조달한 배터리에 한해 미국 정부가 제공하는 대당 7,500달러의 전기차 보조금을 받을 수 있게 하는 정책을 통해 중국을 견제하였다.

더 알아보기

디리스킹(Derisking)

- 2023년 4월 우르줄라 폰데어라이엔 유럽연합 집행위원장이 사용하며 공론화되었다.
- 우르줄라 폰데어라이엔은 중국으로부의 디커플링은 불가능하며, 유럽의 이익에도 부합하지 않음을 강조하면서 디커플링이 아닌 디리스킹에 초점을 맞추어야 한다고 주장하였다.
- 디리스킹의 핵심은 미국이 추구하는 첨단 기술의 중국 이전 방지 및 핵심 광물과 범용 제품에 대한 중국 의존도를 줄이는 대신 중국과 무역 거래를 지속하겠다는 것이다.
- EU가 공론화하고 미국이 받아들인 디리스킹은 2023년 5월 일본 히로시마에서 개최된 G7 정상회의에서 회원국들이 중국에 대한 디리스킹을 추구하기로 합의함으로써 결실을 맺었다.

(4) 대북 정책(최대 압박과 협상)

① **최대 압박 정책**: 초반에는 강경 노선을 취하며 대북 경제제재 강화 및 군사적 압박을 지속하였다.

② **북미 정상회담**: 2018년과 2019년 싱가포르, 하노이에서 김정은과 정상회담을 개최했으나, 실질적인 비핵화 진전은 이루지 못하였다.

(5) 이란 및 중동 정책

① **이란 핵합의 탈퇴(2018)**: 오바마 행정부가 체결한 이란 핵합의(JCPOA)에서 일방적으로 탈퇴하고 이란에 대한 경제제재를 복원하였다.

② **솔레이마니 제거(2020)**: 미군이 이란 혁명수비대 사령관 거셈 솔레이마니를 드론 공격으로 제거하면서 미국—이란 관계가 극도로 악화되었다.

③ **이스라엘—아랍 국가 관계 개선 중재**: 아브라함 협정(Abraham Accords)을 통해 이스라엘과 UAE, 바레인, 수단, 모로코 간 국교 정상화를 유도하였다.

> **더 알아보기**
>
> **아브라함 협정**
> - 아브라함 협정은 2020년 9월 15일 미국의 중재로 이스라엘과 UAE, 바레인, 모로코, 수단과 체결한 관계 정상화 협정으로 유대교·이슬람교·기독교의 공통 조상 '아브라함'에서 이름을 따왔다.
> - 협정을 통해 UAE·바레인 등은 이스라엘의 주권을 인정하고 완전한 외교관계를 수립하였다.
> - 협정은 이란의 영향력 확대와 탄도미사일 개발에 대한 아랍권의 공동 우려를 반영한 것으로 평가된다.

(6) 러시아와의 관계

① **양면적 태도**: 푸틴과의 개인적 친분을 강조하면서도, 크림반도 문제 등에서는 대러 제재를 유지하였다.

② **INF 조약 탈퇴(2019)**: 냉전시대에 체결된 중거리핵전력조약(INF Treaty)에서 탈퇴하며 미러 간 군비 경쟁 가능성을 증가시켰다.

(7) 다자기구 및 국제협약 탈퇴

① **파리 기후협약 탈퇴(2017)**: 기후변화 대응보다는 미국의 경제적 이익을 우선시하며 탈퇴를 결정하였다.

② **WHO(세계보건기구) 탈퇴 선언(2020)**: 코로나19 대응 과정에서 WHO가 중국에 편향적이라고 비판하며 탈퇴를 발표했다(바이든 행정부에서 복귀).

③ **TPP(환태평양경제동반자협정) 탈퇴**: 다자 무역협정보다는 개별 무역협정을 선호하였다.

제12절 조 바이든 정부(2021~2025)의 외교정책

1 개요

(1) 조 바이든 행정부의 외교정책은 동맹 복원, 다자주의 회복, 민주주의 가치 강조를 핵심 기조로 하였다.

(2) 트럼프 행정부의 "미국 우선주의(America First)"와는 차별화된 접근을 취하면서도, 미중 경쟁 심화 및 러시아 견제 등에서는 강경한 태도를 유지하였다.

2 주요 외교정책

(1) **동맹 및 다자주의 복원**

① NATO 및 유럽 동맹 강화 : 트럼프 행정부 시절 방위비 분담금 문제로 불거졌던 갈등을 완화하기 위해 노력하였다.

② 한미동맹 및 인도 · 태평양 지역 협력 강화

㉠ 한미 정상회담에서 "포괄적 전략 동맹" 강화를 약속하였다.

㉡ 한미일 3국 협력을 강화하며 중국을 견제하였다.

㉢ "쿼드(Quad, 미국 · 일본 · 호주 · 인도 협력체)"를 통한 인도 · 태평양 지역 협력을 확대하였다.

④ 국제기구 재가입 및 다자 협력 복원

㉠ WHO(세계보건기구) 재가입 및 글로벌 보건 협력을 확대하였다.

㉡ 파리 기후협약 복귀(2021) 및 기후변화 대응 리더십을 강화하였다.

㉢ 이란 핵합의(JCPOA) 복귀를 추진하였다(협상 난항).

(2) **대중국 정책** : 전략적 경쟁 강화

① 경제 및 기술 패권 경쟁

㉠ 반도체, 배터리, 희토류 등 첨단기술 공급망 재편을 추진하였다.

㉡ CHIPS법(반도체 지원법) 및 IRA(인플레이션 감축법)을 통해 대중국 경제 의존도를 축소시켰다.

㉢ 화웨이, 틱톡 등 중국 IT 기업 견제를 강화하였다.

② 군사 · 외교적 견제

㉠ 대만에 대한 군사 지원 확대 및 무기 판매를 승인하였다.

㉡ AUKUS(미 · 영 · 호주 안보협력체) 결성으로 중국을 견제하였다.

㉢ 남중국해에서 자유항행작전(FONOPS)을 강화하였다.

③ 인권 문제 비판

㉠ 홍콩 탄압, 신장 위구르 인권 문제 등을 이유로 중국을 압박하였다.

㉡ 외교적 보이콧(베이징 올림픽) 등 인권 문제를 국제무대에서 부각시켰다.

(3) **대러시아 정책**: 우크라이나 전쟁 대응

  ① **우크라이나 군사 및 경제 지원**: 2022년 러시아의 우크라이나 침공 이후 1,000억 달러 이상을 지원
  하였으며, 전차, 미사일, 방공 시스템 등 군사 지원을 지속하였다.

  ② NATO 동맹국과 협력하여 대러 제재를 시행하였다(러시아 금융·에너지 산업 제재).

  ③ NATO 확장 및 동유럽 방위 강화

    ㉠ 핀란드, 스웨덴의 NATO 가입을 지원하였다.

    ㉡ 폴란드, 발트 3국(에스토니아, 라트비아, 리투아니아) 등 NATO 동부 전선을 강화하였다.

  ④ 신전략무기감축협정(NEW START)을 2026년 2월 5일까지 5년간 연장하는데 러시아와 합의하
  였다.

(4) **대북 정책**: 확고한 억지 전략

  ① 선(先) 비핵화 원칙을 유지하였다.

  ② 트럼프 행정부의 "탑다운 정상외교" 대신, 외교관 실무 협상 방식을 선호하였다.

  ③ 한미일 안보협력을 강화하였다.

  ④ 한미 연합훈련을 재개하고 확대하였다.

  ⑤ 북한의 미사일 도발에 대해 한미일 3국 공동 대응을 강화하였다.

  ⑥ 북한 인권 문제를 강조하였고, 대북 제재를 강화하였다.

(5) **중동 정책**: 이스라엘·이란·사우디 관계 조정

  ① 아브라함 협정을 기반으로 이스라엘과 사우디·UAE 협력을 중재하였다.

  ② 팔레스타인 문제에 대한 해결책을 모색했지만, 큰 진전은 없었다.

  ③ 이란 핵합의 복귀를 추진했으나, 이란의 핵개발 속도 증가 및 미국과의 갈등 지속으로 실패
  하였다.

❸ 평가

(1) 바이든 행정부는 트럼프 행정부의 일방주의에서 벗어나 동맹과 다자주의를 복원하는 방향으로 외교
정책을 추진하였다.

(2) 미중 전략 경쟁이 본격화되면서, 경제·기술·군사·외교적으로 중국을 견제하는 기조를 유지하
였다.

(3) 우크라이나 전쟁 이후 대러 제재 및 NATO 확장을 통해 미국 중심의 글로벌 질서를 강화하였다.

(4) 북한 문제에서는 강경 기조를 유지하며 실질적 협상보다는 억지력 강화에 초점을 두었다.

(5) 기후변화 대응 및 국제협력 강화를 통해 글로벌 리더십을 회복하려는 노력을 기울였다.

제13절 인도−태평양 전략

1 개념

(1) 미국의 인도−태평양 전략(Indo-Pacific Strategy)은 미국이 인도와 태평양 지역에서 경제적, 군사적, 외교적 영향력을 강화하고, 이 지역의 평화와 안정을 보장하려는 포괄적인 전략이다.

(2) 이 전략은 특히 일대일로를 통해 아시아, 유럽 등에서 영향력 확대를 시도하는 중국의 군사적, 경제적 영향력 확대를 견제하기 위한 미국의 중요한 외교정책이다.

(3) 미국은 2018년 인도−태평양 전략 추진을 위해 기존의 태평양사령부의 명칭을 인도−태평양사령부로 변경하였다.

(4) 미국의 인도−태평양 전략은 공식적으로 2017년에 처음으로 구체화되었다.

① 2017년 11월 당시 도닐느 트럼프 미국 대통령은 아시아 순방 중 "자유롭고 개방된 인도−태평양"을 제시하며, 미국의 전략적 비전을 제시하였다.

② 이후, 2019년 미 국방부는 인도−태평양 전략에 대한 더 구체적인 정책을 수립하여 발표하였다.

2 주요 목표

(1) **안보와 안정 유지**

인도−태평양 지역에서의 평화와 안정 유지를 위한 협력 강화

(2) **자유롭고 개방된 무역 체제**

자유무역과 국제적 규범을 준수하는 경제 질서 유지

(3) **민주주의와 인권 존중**

민주주의와 법치주의를 강화하고, 국가들의 자주적인 선택을 존중하는 방향으로 추진

(4) **지역 국가들과의 협력**

미국을 비롯한 주요 국가들은 ASEAN(동남아시아 국가 연합), 한국, 뉴질랜드 등 다양한 국가들과 협력을 강화하고 있으며, 다양한 국제 포럼과 다자간 협력체를 통해 전략을 추진

3 주요(안보)협의체

(1) QUAD(Quardrilateral Security Dialogue)

미국, 인도, 호주, 일본이 속해 있으며, 국가 안보를 주제로 가지는 정기적 정상 회담으로, 인도−태평양 전략에서 가장 주체적으로 활약하고 있는 협력체이다.

(2) AUKUS

인도−태평양 지역의 평화와 안정 유지를 위해 결성한 군사기술 동맹으로, 미국, 영국, 호주가 속해 있다.

(3) **IPEF**

① 인도태평양 경제 프레임워크는 인도－태평양지역 국가들이 가입한 공급망 관련 협정이다.

② 2022년 5월 바이든 미국 대통령은 IPEF를 공식 발족시켰다.

③ IPEF는 대표적인 시장접근 조치인 관세 인하 협상을 포함하지 않으므로 전통적인 의미의 자유무역협정(FTA)과는 차이점이 존재한다.

④ IPEF는 경제 연결성(connected economy), 경제 회복력(resilient economy), 청정 경제(clean economy), 공정 경제(fair economy)를 추구한다.

⑤ 미국 외에 뉴질랜드, 말레이시아, 베트남, 브루나이, 싱가포르, 인도, 인도네시아, 일본, 태국, 피지 필리핀, 한국, 호주가 참여하고 있다.

제14절 | 미국의 외교정책 전통의 유형화(Walter R. Mead)

❶ 해밀턴 전통(Hamiltonian) － 현실주의 & 경제 중심

(1) 핵심 개념

강한 중앙정부, 국제 경제 질서 주도, <u>국익 중심의 현실주의 외교</u>

(2) 목표

경제적 번영과 글로벌 금융 네트워크에서 미국의 주도적 역할 유지

(3) 대표 사례

① 초대 재무장관 알렉산더 해밀턴이 주장한 경제 중심 외교

② 20세기 초 시어도어 루즈벨트의 강대국 외교

③ 1940년대 프랭클린 D. 루즈벨트의 브레튼우즈 체제 구축

④ 현대 미국의 자유무역 및 글로벌 금융 정책

❷ 제퍼슨 전통(Jeffersonian) － 국내 민주주의 우선주의

(1) 핵심 개념

국내 민주주의 보호, <u>외부 개입 최소화</u>, 제한적 외교

(2) 목표

해외 문제 개입보다 미국 내 민주주의와 자유 보호 우선

(3) 대표 사례

① 토머스 제퍼슨의 작은 정부, 외교보다는 국내 개혁 중시

② 우드로 윌슨 초기 정책 중 제1차 세계대전 참전 반대

③ 냉전 시기 일부 고립주의 정책

④ 현대 미국의 반전 운동과 해외 군사 개입 반대 여론

❸ 잭슨 전통(Jacksonian) − 강한 국방 & 민족주의

(1) 핵심 개념

강한 국방, 군사력 강화, 애국주의, 미국 우선주의

(2) 목표

미국의 안보와 이익을 적극적으로 방어, 군사적 대응 불사

(3) 대표 사례

① 앤드류 잭슨의 강한 군사력과 대중주의 정치
② 해리 S. 트루먼의 냉전 초기 정책(트루먼 독트린, 한국전 참전)
③ 로널드 레이건의 강경 반공 정책
④ 조지 W. 부시의 이라크전
⑤ 도널드 트럼프의 '미국 우선주의'

❹ 윌슨 전통(Wilsonian) − 민주주의 전파 & 국제주의

(1) 핵심 개념

민주주의와 인권 수호, 국제기구 중심 외교, 글로벌 리더십

(2) 목표

세계 질서 유지, 국제규범 강화, 미국식 민주주의 확산

(3) 대표 사례

① 우드로 윌슨의 국제연맹(League of Nations) 창설 시도
② 프랭클린 D. 루즈벨트의 유엔(UN) 창설
③ 빌 클린턴 · 버락 오바마의 다자주의 외교, 국제 협력 중시
④ 조 바이든의 민주주의 정상회의, 국제동맹 강화

CHAPTER 03 중국의 외교 및 대외정책

제1절 | 주우언라이의 평화공존 5원칙(1954)

❶ 개념

(1) 평화공존 5원칙(和平共處五項原則)은 중국 외교정책의 핵심 원칙으로, 중국과 다른 국가들 간의 평화롭고 협력적인 관계를 구축하기 위해 제시된 다섯 가지 기본 원칙을 의미한다.

(2) 이 원칙은 중국의 외교 전략의 근본적인 틀을 제공하며, 주권 존중, 평등과 평화로운 공존을 중시하는 방향으로 국가 간 관계를 형성하는 데 중요한 역할을 해왔다.

(3) 이 원칙은 1954년 인도-중국 회담에서 주우언라이 총리에 의해 처음 공식화되었으며, 이후 중국 외교정책의 중요한 이정표로 자리잡았다.

❷ 평화공존 5원칙의 핵심 내용

(1) 상호 존중의 주권과 영토 보전

① 각국은 다른 국가의 주권과 영토 보전을 존중해야 한다는 원칙이다.
② 이는 국가 간에 발생할 수 있는 영토분쟁이나 외교적 충돌을 방지하려는 취지를 담고 있다.
③ 각국은 상대방의 자주적인 권리를 인정해야 한다.

(2) 상호 비공격

① 국가 간에 군사적 공격이나 위협을 하지 않아야 한다는 원칙이다.
② 이 원칙은 전쟁의 예방을 위한 것으로, 평화적인 외교적 해결을 촉구하며, 국가들이 서로를 군사적으로 위협하지 않고 평화적으로 공존하도록 하는 데 중점을 두고 있다.

(3) 상호 평등과 상호 이익

① 상호 평등과 호혜적 이익을 바탕으로 한 관계를 유지해야 한다는 원칙이다.
② 이는 각국이 균등한 대우를 받으며, 상호 이익을 증진시키기 위해 협력하고 경제적 상호작용을 통해 발전할 수 있도록 해야 한다는 의미이다.
③ 각국은 불평등한 관계나 강압적인 압박을 피해야 한다.

(4) 상호 존중의 내정 불간섭

① 각국은 다른 국가의 내정에 간섭하지 않아야 한다는 원칙이다.
② 이는 국제관계에서 내정 불간섭의 원칙을 지키며, 각국의 정치적 시스템이나 사회적 문제에 대해 간섭하지 않도록 한다는 것을 의미한다.
③ 주권 국가의 자율성을 인정하는 이 원칙은 국가들 간의 독립성과 자주성을 보장해야 한다는 것이다.

⑸ **평화적인 공존**

　① 국가들은 평화롭게 공존하고 상호 협력을 통해 세계평화를 유지해야 한다는 원칙이다.

　② 이 원칙은 국가들이 갈등을 해결하는 방식으로 평화적 방법을 선택하고, 전쟁이나 폭력적 충돌 대신에 대화와 협상을 통한 해결을 추구해야 한다는 점을 강조한다.

❸ 1950년대~1960년대 중국의 안보정책

⑴ 1950년대 중국은 미국을 최대 안보위협국으로 규정하고, 소련에 의존하는 안보정책을 전개하였다.

⑵ 1960년대 중국은 소련과의 이념 갈등이 심화되고 양국 간 군사분쟁까지 발발하면서 미국과 소련 모두를 위협국으로 상정하는 반제반수*의 입장을 취하였다.

　✎ 반제반수는 반제국주의 반수정주의를 말한다. 제국주의는 미국을, 수정주의는 당시 소련을 의미한다.

제2절 마오쩌둥의 3개 세계론

❶ 개요

⑴ 3개 세계론(三世界理論, Three Worlds Theory)은 1974년 덩샤오핑(鄧小平)이 유엔 연설에서 공식적으로 발표한 이론으로, 마오쩌둥(毛澤東)의 국제 정세 인식을 반영한 개념이다.

⑵ 마오쩌둥은 냉전 시대의 국제질서를 미국과 소련 중심의 양극체제로 보는 것이 아니라, 세 개의 세계로 나누어 분석해야 한다고 주장하였다.

　① 3개 세계론은 마오쩌둥이 제시한 국제 정세 분석 틀이며, 미국과 소련의 패권주의에 반대하고 개발도상국과의 연대를 강조한 이론이다.

　② 이 개념은 중국이 스스로를 제3세계의 리더로 자리매김하고, 미국과 소련의 패권을 견제하려는 전략적 목적을 반영한 것이다.

　③ 비록 냉전 이후 영향력이 약해졌지만, 현재 중국의 '글로벌 사우스(Global South)'* 국가들과의 외교정책에도 영향을 미친 개념으로 평가된다.

　✎ 글로벌 사우스(Global South)는 주로 남반구나 북반구의 저위도에 위치한 아시아, 아프리카, 남아메리카 등의 개발도상국을 통칭하여 일컫는 말이다. 오늘날에는 인도, 사우디아라비아, 브라질, 멕시코 등을 비롯한 120여 개 국가들이 글로벌 사우스로 분류된다. 이와 달리 북반구에 위치한 미국, 유럽 등의 선진국은 글로벌 노스(Global North)라고 불리며, 글로벌 사우스와 대비된 개념으로 사용된다. 일반적으로 글로벌 사우스는 글로벌 노스에 비해 높은 인구밀도와 열악한 기반 시설을 가지고 있고, 농업 등 1차 산업에 대한 의존도가 높은 편이며, 경제 발전 수준이 낮아 저소득과 소득 불평등 문제를 겪고 있다. 정치적으로는 미성숙한 민주주의 체제로 정치적 불안성이 높게 나타나는 특징을 보인다.

❷ 3개 세계론의 구분

세계	구성국가	특징
제1세계(First World)	미국, 소련	초강대국, 제국주의 세력
제2세계(Second World)	서유럽(영국, 프랑스, 독일 등), 일본	제1세계의 동맹국이지만 종속적 지위
제3세계(Third World)	아시아, 아프리카, 라틴아메리카 개발도상국	식민주의 피해국, 반제국주의 투쟁

(1) 국제사회에서 주된 갈등은 강대국(제1세계)과 약소국(제3세계)의 대립이다.

(2) 중국은 제3세계의 일원으로서, 미국과 소련의 패권에 맞서야 한다.

❸ 배경

(1) **냉전 속 중소 관계 악화**

① 1950년대 소련과 중국은 동맹이었으나, 1960년대 중소 분쟁 이후 적대적 관계로 변화하였다.

② 중국은 미국과 소련이 동일한 제국주의 세력이며, 약소국을 착취한다고 인식하였다.

(2) **중국의 국제적 역할 강조**

① 중국은 제3세계 국가들과 연대하여 미국과 소련의 패권을 견제해야 한다고 주장하였다.

② 1970년대 비동맹운동(Non-Aligned Movement, NAM)과 연대하였다.

(3) **덩샤오핑의 유엔 연설(1974)**

① 1974년 4월 덩샤오핑이 유엔 총회에서 3개 세계론을 공식 발표하였다.

② "중국은 제3세계 국가의 대표로서, 미국과 소련의 패권주의에 맞설 것이다."

❹ 3개 세계론의 영향

(1) **중국의 외교 전략 변화**

① 제3세계 국가들과 연대를 강화하였다(아프리카, 아시아, 라틴아메리카).

② 서구와 관계 개선 : 1972년 미국과 수교(닉슨 방중)하는 한편, 소련과는 대립이 심화되었다.

> **더 알아보기**
>
> **중일평화우호조약(1978)**
> - 1978년 8월 12일에 베이징에서 서명하였고, 10월 23일 발효되었다.
> - 정식명칭은 '중화인민공화국과 일본간의 평화우호조약'이다.
> - 1972년의 중일공동성명에 의한 외교관계 수립 이후 중일 양국간의 관계에 법적 기초를 부여한 조약이다.
> - 전문 및 5개조로 이루어졌다. 중국이 소련을 염두에 두고 제기한 '반패권(反霸權)' 조항*과 센카쿠(尖閣) 제도의 영유권의 문제가 협상의 초점이 되었으며, 이것들을 둘러싸고 일시 협상은 난항을 겪었다.
>   ✐ 아시아·태평양지역을 포함한 전지역을 대상으로 어떤 국가의 패권 시도도 반대한다는 내용으로 소련을 대상으로 한 것이다.
> - 반패권 조항은 받아들였지만(2조), 그 결과 1980년대 말 동서냉전의 종결까지 소련의 북방영토의 기지화나, 베트남 정책을 둘러싼 중소간의 긴장의 한 원인이 되었다.

(2) 비동맹운동과 협력

① 중국은 유고슬라비아(티토), 인도네시아(수카르노), 이집트(나세르) 등 비동맹국들과 협력하였다.
② 아프리카에 대한 경제·군사 원조를 확대하였다.

(3) 냉전 구도에 대한 새로운 시각 제시

① 미국 vs. 소련의 이분법적 구도를 깨고, 약소국들의 독자적 역할을 강조하였다.
② 이후 중국의 개발도상국 외교정책의 기초가 되었다.

⑤ 3개 세계론의 한계

(1) 모순된 정책

중국은 제3세계 국가들과 연대한다고 했지만, 1970년대 미국과 협력하면서 제국주의 국가와 손잡는 모순을 보였다.

(2) 제2세계에 대한 모호한 정의

서유럽과 일본을 제2세계로 규정했지만, 실제로는 미국과 소련과도 다른 독자적인 행보를 보였다.

(3) 냉전 이후 영향력 약화

냉전이 끝나면서 미국과 소련의 대립 구도가 사라지며 3개 세계론의 현실적 적용이 약해졌다.

> **더 알아보기**
>
> **마오쩌둥의 국제정치관**
> • 마오쩌둥의 국제정치관은 중간지대론 → 신중간지대론 → 제3세계론으로 변화하였다.
> • 중간지대론은 미국과 사회주의 진영 사이를 광대한 중간지대로 간주하였다.
> • 신중간지대론은 미국과 사회주의 진영 사이에 제1중간지대(아시아, 아프리카, 라틴아메리카), 제2중간지대(서유럽 전체, 오세아니아주 및 캐나다)가 존재한다고 인식하였다.
> • 따라서 미소 초강대국이 지배하게 되는 국제정치체제에 대항하기 위하여 국제통일전선 구축이 필요하다고 주장하였다.

제3절 덩샤오핑의 도광양회(1978)

① 개념

(1) 도광양회(韜光養晦)는 중국의 중요한 외교 전략 중 하나로, "빛을 감추고 능력을 기른다." 또는 "자신의 능력을 숨기고 때를 기다린다."는 의미이다.

(2) 이 전략은 주로 덩샤오핑(鄧小平) 주도의 개혁개방 정책 하에 채택되었으며, 중국이 세계 무대에서 자신을 과시하지 않고, 서서히 실력을 키워 나가며, 국제적 영향력을 확장하는 방식을 의미한다.

② 역사적 배경

(1) 도광양회 전략은 1978년 덩샤오핑이 중국의 개혁개방을 시작하면서 본격적으로 채택되었다(중국 공산당 제11기 중앙위원회 제3차 전체회의).

(2) 중국이 대약진운동(1958~1962)과 문화대혁명(1966~1976) 등으로 인해 국제사회에서 경제적, 정치적 어려움을 겪고 있던 시점에서, 중국은 자신을 과시하거나 급격하게 군사적, 경제적 팽창을 추구하는 대신 내적 안정과 경제적 성장을 우선시하는 전략을 선택하였다.

> **더 알아보기**
>
> **대약진운동**
> • 마오쩌둥(毛澤東)의 주도하에 1958년부터 1960년대 초 사이에 일어난 노동력 집중화 산업의 추진을 통한 경제성장운동이다.
> • 마오쩌둥은 인민공사를 창설하고 철강사업과 같은 노동력 집중산업을 독려하는 대중적 경제부흥운동을 추진하였다.
> • 대약진이라는 구호 아래 중국 내부적으로 7년에 영국을, 8년 혹은 10년 안에 미국을 따라 잡는다는 목표를 설정하고 공업생산의 지표를 높였다.
> • 그 결과 급격한 공업노동력 수요로 농촌에서 과도한 인력을 강제로 착출하였고, 이로 인하여 도시의 인구가 급격히 증가하여 필수품의 공급부족이 일어났으며 노동력을 잃은 농촌의 농업생산력은 급격히 저하되어 농업경제의 파탄을 가져왔다.
> • 농업생산량의 부족에 연이은 자연재해로 인한 흉작과 구 소련과의 관계악화로 인한 경제원조 중단의 계속으로 인하여 수천만 명의 아사자(餓死者)가 발생하였다.
> • 이러한 악재들이 산재한 가운데 기술 개발을 병행하지 않고 노동력 집중만으로 과다하게 부흥시킨 중화학공업은 처음 설정한 경제지표에 못 미치는 성장결과를 보이면서 대약진운동은 실패하였다.
> • 마오쩌둥은 대약진운동 실패의 책임을 지고 국가주석의 자리에서 사임하였다. 3년여 동안의 대약진운동은 중국을 발전시키기 보다는 농·경공업의 퇴보와 중화학공업의 과다발전이라는 기형적 결과를 낳으며 중국 전체의 경제적·문화적 수준을 20년 이상 퇴보시켰다는 비판을 받는다.

> **더 알아보기**
>
> **문화대혁명(1966)**
> • 마오쩌둥(毛澤東)에 의해 주도된 운동으로 전근대적인 문화와 자본주의를 타파하고 사회주의를 실천하자는 운동이다(공산주의 사회의 조기 실현이 목표).
>   ➡ 마오쩌둥은 후르시초프의 스탈린 비판, 사회주의에의 평화적 이행론, 미국과의 평화공존 노선에 반발하여 중국식 공산주의 사회 건설을 추구하였다.
> • 전통적인 중국의 유교문화가 붕괴되었고 계급투쟁을 강조하는 대중운동으로 확산되었다(혁명은 공산당 권력투쟁으로 전개).
> • 마오쩌둥은 1950년대 말 대약진운동의 실패로 정치적 위기에 몰리게 되자 문화대혁명으로 중국공산당 내부의 정치적 입지를 회복하고 반대파들을 제거하기 위한 방편으로 활용하고자 하였다.
>   ➡ 중앙에서 열세에 놓여 있던 마오쩌둥은 4인방(장춘자오, 야오원위안, 장칭, 왕훙원), 자발적으로 결성된 학생조직인 홍위병, 린뱌오 중앙군사위 부주석 겸 국방부장 등의 지지 및 지원하에 문화대혁명을 추진하였다.
> • 당시 농업국가인 중국에서 과도한 중공업 정책을 펼쳐 수천만 명이 굶주리는 사태가 발생하였으며 국민경제가 좌초되는 실패를 가져왔다.

- 문화대혁명은 사람들의 인간 불신을 증폭시키고, 과학기술과 생활수준을 후퇴시켰지만, 지방분권과 투자 확대정책에 의해 1966년부터 1975년까지 국민소득 연평균 성장률 6.9%를 달성하였다.
- 문화대혁명은 1976년 9월 마오쩌둥의 사망, 4인방 체포로 막을 내렸다.

❸ 도광양회의 주요 내용

(1) 국제적 과시 자제

(2) 내부 발전에 집중

(3) 국제적 갈등 회피

(4) '시기'와 '기회' 강조

➡ 중국은 1970년대 말 농업, 공업, 과학기술, 국방 등 '4개 현대화'와 경제발전을 위해 미국과 일본, 그리고 서유럽으로부터 자본과 기술을 도입해야 한다는 인식 하에 미국과의 관계 개선에 적극적으로 임하였다.

➡ 또한, 중국은 개혁개방정책의 일환으로 중외합자경영기업법을 채택하였다(1979).

더 알아보기

중외합자경영기업법 제1조

중화인민공화국은 국제경제협력과 기술교류를 확대하기 위하여 외국회사, 기업과 기타 경제조직 또는 개인 (이하 "외국합영자"로 약칭한다)이 평등호혜의 원칙에 따라 중국정부의 비준을 거쳐 중국인민공화국 국경 내에 중국의 회사·기업 또는 기타 경제조직(이하 "중국합영자"로 약칭 한다)과 공동으로 합영기업의 설립을 허가한다.

❹ 전쟁에 대한 인식

(1) 마오쩌둥 시대의 중국은 국제 안보환경을 전쟁과 혁명의 시대로 인식하고 전쟁은 불가피한 것으로 보았다(전쟁불가피론).

(2) 덩샤오핑 시대로 진입하면서 중국은 평화와 발전이라는 시대적 규정을 통해 전쟁은 피할 수 있는 것이라고 인식하였다.

더 알아보기

흑묘백묘론(黑猫白猫論)

- 검은 고양이든 흰 고양이든 상관없이, 쥐를 잘 잡을 수 있으면 좋은 고양이이다.
- 제5대 중국 공산당 중앙군사위원회 주석이었던 덩샤오핑이 제창한 실용주의적 개혁개방정책으로 유명한 말이다.
- 오늘날 중국의 발전을 가속시킨 도화선과도 같은 발언이라고 평가된다.
- 이 발언은 쓰촨성 격언인 황묘흑묘론을 저우언라이가 인용한 말을 덩샤오핑이 재인용한 것이다.

제4절 | 장쩌민 시기 − 구동존이*

✎ 이견이 있으면 일단 미루어 두고 의견을 같이 하는 부분부터 협력한다. 예를 들어 홍콩에 대해 일국 양제를 적용하였다.

1 개요

장쩌민 시기 중국은 경제 개혁과 국제적 영향력 확장을 동시에 추구하였다.

2 외교정책의 특징

(1) **개혁과 개방의 지속**

① 장쩌민은 덩샤오핑(鄧小平)의 개혁 개방 정책을 계승하여, 중국의 국제화와 경제발전을 지속적으로 추진하였다.

② 2001년 중국은 WTO에 가입하면서, 국제무역에서의 위치를 확고히 하였고, 이는 중국 경제가 세계 경제와 더 긴밀히 연결되는 중요한 이정표가 되었다.

> **더 알아보기**
>
> **소강사회(小康社會)**
> • 소강사회는 중국의 개혁개방정책을 잘 보여주는 용어로서 중국이 추구하는 이상 사회를 말한다. 샤오캉 사회라고도 한다.
> • 1979년 덩샤오핑(鄧小平)은 의식주 문제가 해결되는 단계에서 부유한 단계로 가는 중간 단계의 생활 수준을 이르는 말로 사용하였다.
> • 장쩌민(江澤民)은 2020년까지 1인당 국민 소득 6,000달러에 이르는 사회의 건설을 목표로 제시하면서 이 용어를 사용하였다.
> • 시진핑 주석은 반부패 사정과 함께 '빈곤 탈피'를 자신의 최대 정치적 성과로 내세우면서 2020년까지 샤오캉 사회를 건설하겠다고 공언하였다.

(2) **평화적 부상 전략**

① 장쩌민은 중국의 부상을 전 세계적으로 인정받을 수 있는 형태로 이끌기 위해 평화적 부상 전략을 채택하였다.

② 그는 중국이 군사적 충돌을 피하고, 대신 경제적 성장을 기반으로 한 외교적 영향력 확대를 추구해야 한다고 강조하였다.

③ 1996년 군부의 반대에도 불구하고 중국은 포괄적핵실험금지조약(Comprehensive Nuclear-Test-Ban Treaty, CTBT)에 서명하였다.

④ 경제적 성장을 통한 소프트파워의 강화를 중요시했으며, 중국의 문화와 정치적 모델을 세계에 알리는 데 집중하였다.

(3) **미국과 전략적 협력 추구**

① 냉전 이후 미국의 영향력이 세계에서 여전히 강한 상황에서, 중국은 미국과의 협력을 통해 경제적 이익을 극대화하려 노력하였다.

② 중국은 미국과의 무역과 경제 협력을 강화했고, 이를 통해 중국의 경제발전을 촉진하였음은 물론 미국의 기술을 수입하여 산업 발전을 이루었다.

③ 1999년 베오그라드 중국 대사관 폭격 사건*으로 양국 간의 외교적 긴장이 높아지기도 하였다.

> ✎ 1999년 5월 7일 '코소보 전쟁' 당시 미국이 이끄는 나토(NATO · 북대서양조약기구) 공군 스텔스기가 유고슬라비아 연방공화국 수도였던 베오그라드의 중국 대사관을 폭격해 중국인 3명과 세르비아인 14명이 사망하는 등 20여 명의 사상자가 발생했던 사건을 말한다. 미국은 오폭이라 주장한 반면 중국에서는 대규모 반미시위가 발생할 정도로 큰 반향을 일으켰다. 당시 클린턴 대통령이 사과하기도 하였다.

(4) 중러 관계 강화

장쩌민은 러시아와의 관계를 중요한 외교적 축으로 간주하여 2001년 러시아와 상호 안보 협정을 체결하고, 전략적 파트너십을 강화하였다. 이는 두 나라의 군사적, 경제적 협력에 중요한 기여를 하였다.

(5) 장쩌민은 하나의 중국 원칙을 고수하며, 대만의 독립 움직임을 강력히 반대

① 1995~1996년의 제3차 대만 해협 위기 시, 중국은 대만 주변에서 군사적 압박을 강화하며, 대만의 독립을 시도하는 움직임에 대해 강력히 대응하였다.

② 대만의 경우, 일변일국론을 제시하였다. 즉, "각각 다른 나라"라는 의미이다.

더 알아보기

삼개대표론

- 장쩌민이 제시한 노선으로 중국 공산당이 선진생산력, 선진문화, 중국의 광대한 인민의 이익을 대표한다는 것이다.
- 선진생산력을 대표한다는 것은 당의 이론, 노선, 강령, 방침정책과 각종의 사업을 생산력 발전에 조응하도록 조정하는 것이다.
- 선진문화를 대표한다는 것은 당의 이론, 노선, 강령, 방침정책과 각종의 사업을 사회주의 정신문명 건설의 요구에 조응시키는 것이다.
- 인민의 이익을 대표한다는 것은 대다수 인민의 이익을 고려하고, 여러 가지 이해관계를 합리적으로 처리하며 대중이 구체적인 경제, 정치, 문화 이익을 얻게 한다는 것을 의미한다.

더 알아보기

신안보관

- 신안보관은 중국 외교정책의 최고 준칙인 평화공존 5원칙(영토보전과 주권, 상호불가침, 내정불간섭, 평등 및 상호이익, 평화공존)을 시대에 맞게 변화시킨 것이다.
- 상호신뢰, 상호이익, 평등, 협력 등이 핵심 개념이다.
  - 상호신뢰란 이념, 제도적 차이를 초월해 냉전식 사고방식과 권력정치를 반대하고 자국 안보정책 및 중대 군사행동에 대해 대화 및 상호 통보하는 것을 의미한다.
  - 상호이익이란 각국 안보이익 존중, 자국 안보이익 실현과 공동안보의 실현을 의미한다.
  - 평등이란 국가 대소를 불문하고 평등하게 참여하며 내정불간섭, 국제관계의 민주화를 추구함을 의미한다.
  - 협력이란 평화적 협상을 통한 분쟁 해결 및 협의 조정을 지향한다는 것이다.
- 상하이 협력기구가 중국의 신안보관을 바탕으로 창설된 기구의 대표적인 예이다.

제5절 후진타오 시기 - 화평굴기(和平崛起)

1 화평굴기

(1) 화평굴기는 후진타오 정부가 제시한 중요한 외교정책 및 국가발전 전략으로, "평화로운 부상" 또는 "평화롭게 일어선다"는 의미이다.

(2) 이 개념은 중국이 세계 강대국으로 성장하는 과정에서 갈등과 충돌을 피하고 평화적 방법을 통해 국제사회에서의 입지를 강화하겠다는 의지를 나타낸다.

(3) **화평굴기의 주요 특징**
① 평화적 발전
② 군사적 경쟁(부담) 최소화
③ 다자주의와 국제 협력
  ㉠ 국제적인 규범과 다자주의에 따라 외교정책을 추진하는 방향성을 보였다.
  ㉡ 중국은 UN, WTO, G20 등의 국제 기구에서 협력적 태도를 유지하고, 기후 변화, 경제적 불평등 등의 글로벌 이슈에서 중요한 역할을 하려고 했다.
④ 경제적 개방과 글로벌화
  ㉠ 후진타오는 중국의 시장경제를 적극적으로 활용하며, 중국을 세계 경제의 중요한 허브로 만들기 위해 다양한 무역협정과 외교적 노력을 기울였다.
  ㉡ 또한, 외국 자본 유치와 기술 혁신을 통해 중국 경제의 경쟁력을 키우려 노력하였다.
⑤ 강한 국가 주권 보호
  ㉠ 화평굴기에서 중국은 자국의 주권과 이익을 보호하는 것에 큰 중요성을 두고 있다.
  ㉡ 후진타오는 중국의 내정에 대한 외부 간섭을 강하게 반대했으며, 타이완 문제나 티베트 문제 등에서 외부의 압력에 대응하는 강력한 입장을 취했다.

2 미중 전략경제대화 발족

(1) **개요**
① 미중 전략경제대화는 2006년부터 시작되어, 미국과 중국 간의 주요 경제적 및 전략적 이슈를 논의하는 고위급 대화의 일환이다.
② 이 대화는 양국 간의 무역, 경제, 기술, 안보 등 다양한 분야에서 협력과 갈등을 조율하기 위해 발족되었다.
③ 주로 미국과 중국 정부의 주요 인사들이 참여하며, 대화의 목적은 상호 이해를 증진하고, 갈등을 해결하거나 최소화하는 것이다.
④ 후진타오 체제 하에서 중국은 지속적 경제성장을 위한 안정적 대미관계 구축과 유지를 추진하였다.

(2) **주요 토의이슈**

① 무역 문제 해결 : 미중 간의 무역 불균형이나 관세 문제 등 상호 경제적 갈등을 해결하기 위한 논의가 있었다.

② 경제성장 촉진 : 양국의 경제성장을 위해 협력방안을 모색하며, 특히 글로벌 경제에 미치는 영향력을 고려한 논의가 진행되었다.

③ 기술과 지식 경제 : 기술 경쟁, 특히 5G, 인공지능(AI), 반도체 등 첨단 기술 분야에서의 협력과 경쟁 등을 논의하였다.

④ 안보와 전략적 이해 : 군사적, 경제적 안보 이슈를 다루며, 양국의 전략적 이해를 공유하고 조율하였다.

❸ 기타 후진타오 시대 외교정책

(1) **유소작위(有所作爲)**

필요한 부분에는 적극 개입하여 자신의 뜻을 관철시킨다.

(2) **부국강병(富國强兵)**

(3) **화평발전(和平發展), 화해세계(和諧世界), 화자위선(和字爲善)**

① 유소작위, 부국강병이 서방측의 경계심을 초래하자 2004년 화평발전(和平發展), 화해세계(和諧世界), 화자위선(和字爲善) 등을 강조하였다.

② 화평발전, 화해세계 : 평화적인 발전의 길을 견지하고 조화로운 세계를 건설하는데 공헌한다.

③ 화자위선 : 평화, 조화를 우선한다.

④ 유소작위 또는 책임대국론이 미국 내 중국위협론자들의 힘을 실어주었다는 반성에 기초하여 보다 유연하고 현상유지적 대외전략을 지향하고자 강조되었다.

⑤ 미국과의 격차 인정이 근저에 있다고 할 수 있다.

제6절 **시진핑 시기(1기 : 2012~2017, 2기 : 2017~)의 대외정책 – 주동작위***

✎ 주동작위는 해야 할 일을 주도적으로 한다는 의미이다.

❶ 일대일로 정책

(1) '일대일로' 정책은 중국 시진핑 정부가 추진하는 야심찬 프로젝트로 아시아와 아프리카, 중국과 유럽의 연결과 협력을 증진시키는데 초점을 두고 있다. 이는 육로(일대)뿐만 아니라 해로(일로) 또한 강화하는 데 역점을 두고 있다.

➡ 신형대국관계론은 미국과의 협력관계 유지를 표방하지만, 일대일로는 미국의 대중국 봉쇄전략에 대응하여 동아시아, 중앙아시아, 유럽국가들과 협력 강화가 목적이다.

⑵ 2013년 9월 시진핑이 일대일로 구상을 제시한 이래 중국은 중앙아시아, 동남아시아, 남아시아는 물론 유럽, 아프리카까지 아우르는 여러 사업에 손을 뻗치고 있었다.

⑶ 일대일로 사업은 사실상 아메리카 대륙을 제외한 전 세계 대륙을 아우르는 대규모 사업으로, 중국은 '실크로드경제벨트'(일대)와 '21세기 해상실크로드'(일로)를 합쳐 일대일로로 명명하였다.

⑷ 그리고 관련국에 5통(五通) 즉 ① 정책 협의 기구 설치(정책구통), ② 인프라 건설(시설연통), ③ 무역 제도 합의(무역창통), ④ 금융 플랫폼 설치(자금융통), ⑤ 민간 교류 활성화(민심상통)를 제안하였다.

⑸ 일대일로는 지난 2017년 10월 개최된 중국 공산당 19차 당대회에서 당헌으로 삽입되며 장기간 추진될 국가 대전략의 위상을 확보하였다.

⑹ 특히 이 정책이 중국에 중요한 이유는 중국 내수를 증진시키기 위한 목적이기 때문이다.

⑺ 일대일로 정책은 중국이 경제발전을 지속할 수 있는 기회를 제공한다.

⑻ '실크로드경제벨트'는 충칭, 쓰촨성 청두, 산시(陝西)성 시안, 신장자치구 우루무치, 닝샤자치구 인촨, 칭하이성 시닝, 깐수성 란저우, 시짱자치구 라싸를 거점도시로 선정하였다.

⑼ '21세기 해상실크로드'는 연해 항구도시인 텐진, 랴오닝성 다롄, 상하이, 저장성 닝보, 푸젠성 푸저우와 샤먼, 광둥성 광저우와 선전, 광시자치구 난닝, 하이난성 하이커우, 윈난성 쿤밍을 거점도시로 선정하였다.

⑽ 중국 인근 국가로 이루어진 6개의 일대일로 경제 회랑은 다음과 같다.
　　① 신 유라시아 육로
　　② 중국−몽골−러시아 회랑
　　③ 중국−중앙아시아−서아시아 회랑
　　④ 중국−인도차이나반도 회랑
　　⑤ 중국−파키스탄 회랑
　　⑥ 방글라데시−중국−인도−미얀마 회랑

▣ 중국의 일대일로

⑾ 중국의 일대일로 추진에 있어 아프리카 국가들의 채무 부담을 증가시킨다는 비판이 있는데, 중국은 중국과 아프리카의 협력 발전의 길이라고 주장한다.

⑿ **중국은 재원확보를 위해 아시아인프라투자은행을 설립**

① 아시아 태평양 지역의 기반시설 구축 지원을 목적으로 한 다자개발은행이다.

② 기존에 일본이 주도하고 있는 아시아 개발은행(ADB)에 대항하기 위하여 설립되었다. 즉, 중국은 AIIB를 통해 아시아 인프라 투자의 거점을 일본·미국에서 중국으로 이동시키고자 한다. 더불어, 일대일로와 결합하여 아시아, 아프리카, 유럽 등에서 위안화 사용량을 늘리고자 한다.

③ 2013년 10월 2일 시진핑 주석이 공식제안 후, 2014년 10월 24일 중국, 인도, 싱가포르 등 22개 국가 대표가 베이징에서 AIIB 창립에 합의, 서명하였다.

④ 2015년 3월 12일 영국은 서방국가로는 처음으로 AIIB 회원국으로 신청하였으며, 프랑스, 독일, 이탈리아 등도 참여의사를 밝혔다.

⑤ 2015년 3월 26일 한국 참여가 결정되었다.

⑥ 미국은 AIIB 설립에 부정적 입장이다.

구분	ADB	AIIB	WB
본부	필리핀 마닐라	중국 베이징	미국 워싱턴 D.C
자본금	약 1,620억 달러	약 1,000억 달러	약 2,203억 달러
주요 출자국	일본, 미국	중국	미국, 일본, 중국
회원국 수	67개국 및 지역	21개국	188개국
설립 목적	인프라 개발, 빈곤 축소	지역 인프라 개발	세계 금융경제 질서 구축

❷ 신형국제관계

⑴ '신형국제관계'는 2012년 말 중국 공산당 제18차 전국대표대회와 2013년 초 제12기 전국인민대표대회를 통해 시진핑이 각각 당 총서기와 국가주석으로 등장하는 과정에서 '중화민족의 위대한 부흥의 중국몽', '운명공동체' 등과 함께 중국 외교정책의 핵심 키워드 중 하나로 언급되었다.

⑵ 이후 5년이 지나 시진핑 지도부 2기가 출범을 알리며 '신형국제관계'는 '중국특색의 대국외교', '인류운명공동체', '일대일로' 구상 등과 더불어 시진핑 지도부 2기의 외교정책 핵심 키워드로 부상하였다.

⑶ 이러한 정책기조의 일환으로 시진핑은 2013년 6월 주석 취임 후 처음으로 캘리포니아에서 열린 미·중 정상회담에서 버락 오바마 전 대통령에게 "신형대국관계"를 공식 제안했다(14자 방침).

① 충돌하지 않고 대립하지 않으며(不衝突 不對抗)

② 서로 존중하고(相互尊重)

③ 협력하여 윈윈(合作共榮)

④ 신형대국관계 제안에 대해 미국은 부정적 입장이었다. 특히, 상호 존중 부분에서 미국은 '상호 이익'을 의미한다고 인식하여 이익의 충돌 가능성을 염두에 두고 있기 때문이었다.

❸ 인류운명공동체

(1) 시진핑 중국 국가주석이 2012년 11월 개최된 중국 공산당 제18차 전국대표대회에서 처음 언급한 말로, 중국 중심의 역내 질서를 구축하기 위해 제시한 개념이다.

(2) 이는 미국 중심의 기존 세계질서에 대항해 주변국과 개도국들을 중국 중심으로 모아 중국의 역할과 영향력을 강화하고자 하는 새로운 세계관이라 할 수 있다.

(3) '인류운명공동체'는 2015년 9월 시진핑 주석의 유엔총회 연설과 2017년 1월 다보스포럼 연설에서 공식 표명되면서 본격화되었다.

(4) 이어 2017년 10월 제19차 당대회 연설에 포함된 데 이어 2018년 3월에는 중국 헌법서론에 해당 문구가 포함되기도 하였다.
   ① 중국 공산당은 '시진핑 신시대 중국 특색 사회주의사상'을 헌법에 포함시키기도 했다.
   ② 당시 시진핑 주석은 연설에서 중국이 미국의 자국 우선주의와 보호무역주의에 맞서 자유주의 경제체제를 견지할 것과 인류운명공동체 건설을 목표로 한다고 밝혔다.

(5) 이러한 인류운명공동체를 이론적으로 뒷받침하는 두 개의 축은 '글로벌안보이니셔티브'(GSI)와 '글로벌발전이니셔티브(GDI)'이며, 이를 실제 프로젝트로 구현한 것이 일대일로이다.

제7절 ┃ 중국의 對 대만정책

❶ 개요

(1) 중국의 대만 정책은 기본적으로 "하나의 중국" 원칙을 중심으로 진행한다.

(2) 중국은 대만을 자국의 일부로 간주하며, 대만이 독립적인 국가로 인정받는 것을 반대한다.

❷ 중국의 對 대만 정책의 주요 특징

(1) '하나의 중국' 원칙

(2) **군사적 압박과 외교적 압박**
   ① 중국은 대만에 대한 군사적 압박을 강화하고 있으며, 대만 해협에서 군사 훈련을 진행하거나 군사적 위협을 지속적으로 가하고 있다.
   ② 대만을 외교적으로 고립시키기 위해 여러 국가들에게 대만과의 외교 관계를 단절할 것을 요구하고 있다. 예 대만의 UN 가입 반대

더 알아보기

반분열국가법

- 중화인민공화국의 법률로 하나의 중국 원칙 재확인과 타이완 공화국으로 독립하는 것을 저지하려는 것을 목적으로 하고 있다.
- 이 법은 2005년 3월 14일에 열린 제10기 전국인민대표대회 3차 회의에서 찬성 2,896표, 반대 0표, 기권 2표로 통과되어 제정되었다.
- 반국가분열법이라고 부르기도 한다.
- 이 법은 중화민국 내에서 발효하고 있는 타이완 공화국의 독립을 지지하는 세력에 비평화적 수단을 취할 수 있도록 규정하고 있다.

⑶ 중국은 대만과 통일을 "평화적 방법"으로 해결하려고 하며, 이를 위해 대만에 대한 경제적, 문화적 교류를 증진시키고 있다.

⑷ 중국은 대만에 대해 경제적 혜택을 제공하거나 대만 주민들에게 중국 본토의 혜택을 누릴 수 있도록 제안하기도 한다.

⑸ **일국양제 제안**

① 중국은 대만에게 "일국양제"라는 모델을 제시하였다.

② 홍콩과 마카오와 비슷한 방식으로 대만이 중국의 일부로서 자치권을 유지하면서도 정치적으로는 중국의 통치를 받는 모델이다. 물론 대만은 이를 받아들이지 않고 있다.

더 알아보기

92공식

- '92공식'은 중국과 대만이 1992년 양안(兩岸)은 '하나의 중국'이라는 점에 합의했다는 의미를 담은 용어이다.
- '92컨센서스(consensus)'라고 명명된 '92공식'은 양안 사이의 합의로 알려져 있으나 중국과 대만의 정부 간 접촉이 아닌, 반관영기구 사이의 회담에서 공유된 내용을 의미한다.
- 1992년 양안의 교류업무 처리를 위한 사전 실무회담에서 대만의 해협교류기금회(해기회)와 중국의 해협양안관계협회(해협회)가 서로 합의한 내용이다.
- 1992년은 양안이 1949년 이래 오랜 적대적 대치와 단절을 끝내고 다시 인적교류와 물자교역을 본격화하려는 해였다. 따라서 관계 정상화를 위해 상대방을 적(敵)으로 간주하던 기존 인식을 바꿔야 할 필요가 있었다.
- 하지만 여기서 '중국'이 무엇을 의미하는가를 두고는 커다란 이견이 있었다. 중국은 당연히 1949년에 건국한 '중화인민공화국'을 지칭한다고 보았고, 대만은 1912년에 건국한 '중화민국'을 의미한다고 주장했다.

❸ 미국 입장

⑴ 미국은 대만과 비공식적인 외교 관계를 유지하며, 대만에 대한 군사적 지원을 제공하고 있다.

⑵ 그러나 미국은 공식적으로 "하나의 중국" 정책을 따르며, 대만 독립을 지지하지 않고 있다.

⑶ 미국은 중국과의 갈등을 피하려는 동시에, 대만의 자주권을 지지하는 입장을 취하고 있어 중국과 미국 간의 긴장 관계가 지속되고 있다.

⑷ 미국의 「타이베이 법안(TAIPEI Act : Taiwan Allies International Protection and Enhancement Initiative Act of 2019)」이 2020년 3월 26일(미국 시간) 정식 발효되었다.

① 「타이베이 법안」은 미국·타이완 사이의 경제교류 및 협력을 강화하고, 미 정부가 타이완의 국제기구 참여를 지지 및 지원하도록 촉구하는 내용을 담고 있다.

② 「타이베이 법안」은 국제사회에서 중국의 영향력 확대와 타이완의 고립 심화에 따라 미국의 경계감이 증대되면서 추진되었다.

③ 2016년 타이완에서 반중 성향의 민진당 차이잉원 후보가 총통으로 당선된 이후 중국의 대(對)타이완 외교 공세가 강화되었고, 이에 따라 국제사회에서 타이완의 위상이 위축되는 현상이 발생하였다.

④ 미국 내에서는 '중국이 국제사회를 대상으로 타이완과의 단교를 압박하고 국제기구에 대한 타이완의 참여를 방해하고 있다.'고 주장하며, 이를 저지해야 한다는 목소리가 높아졌다.

⑤ 2020년 타이완 선거에서 민진당의 차이잉원 총통이 재선에 성공함에 따라 양안관계 악화 및 중국의 對 타이완 외교 압박이 지속될 것으로 예상되면서 법안에 대한 공감대가 확산되었다.

❹ 대만 입장

⑴ **일변일국론 제기(천수이벤 총통 : 2000~2008)**

대만과 중국은 각기 다른 독립적인 국가라는 것이다. 이는 하나의 중국을 거부하는 것이다.

⑵ **일국양구론 제기(마잉주 총통 : 2008~2016)**

일국양제론과 유사하지만, 일국양제는 하나의 중국에 사회주의와 자본주의라는 두 개의 제도가 공존한다는 것인 반면, 일국양구론은 두 개의 정치적 실체의 존재를 인정하는 것이다.

CHAPTER 04 일본의 외교 및 대외정책

> **더 알아보기**
>
> **전후 일본의 외교정책 특징(공통)**
> • 미국과의 연계외교
> • 안보적 측면에서 미국에 의존하여 자국의 방위력을 최소화하는 정책
> • 경제외교

제1절 요시다 정부(1946~1954) - 요시다 독트린

1 개요

(1) 요시다 독트린은 일본의 외교정책 중 하나로, 일본의 전후 외교정책 방향을 정립한 개념이다.

(2) 이 용어는 제2차 세계대전 후 일본의 외교정책을 이끈 요시다 쇼인(吉田茂, 1878~1967)* 일본 총리의 이름에서 유래되었다.

✐ 요시다는 45대, 48대~51대 일본 총리를 역임하였다.

2 핵심 내용

(1) 요시다 독트린의 핵심은 일본이 군사적인 발전을 제한하는 대신, 미국과의 동맹을 중심으로 안보를 강화하고, 경제 재건에 집중하는 것이다.

(2) 일본은 제2차 세계대전 후 평화헌법을 채택하며 군사적 공격을 금지했기 때문에, 외교적으로 미국과의 긴밀한 관계를 유지하면서 경제 성장에 주력하는 방향으로 정책의 중심점을 잡은 것이다.

평화헌법 제9조
- 일본 평화헌법 제9조는 일본의 헌법 중에서 가장 중요한 조항 중 하나로, 일본의 군사력 보유·사용과 전쟁을 부인하는 내용이다.
- 제9조는 일본이 평화 국가로서의 의지를 명확히 표명하고, 전후 일본의 군사적 재무장을 제한하는 기초를 마련한 핵심 조항이다.
  - 제1항: "우리는, 전쟁의 포기와 전쟁을 수단으로 하는 국가의 주권을 부인하며, 전쟁의 위협 또는 전쟁 행위를 국가의 정책으로서 행하지 않으며, 육해공군과 그 밖의 전력을 보유하지 않으며, 전쟁의 수단을 가지지 않는다."
  - 제2항: "전항의 목적을 달성하기 위해, 육해공군을 보유할 수 없으며, 이와 같은 전력을 사용할 수 없고, 또한 다른 국가와 협력하여 전쟁의 수단을 사용할 수 없다."
- 평화헌법으로 인해 일본은 "집단적 자위권*을 행사할 수 없다."는 입장을 취해왔다.
  - 집단적 자위권은 자국이 아닌 다른 국가가 무력 공격을 받을 경우, 그 국가를 방어하기 위해 자신도 군사적 대응을 할 수 있는 권리를 말한다. 일본은 평화헌법에 따라 집단적 자위권 행사를 할 수 없다는 입장을 취해왔으나, 2014년 아베 정부에서 집단적 자위권을 행사할 수 있는 법적 해석을 변경하였다.

❸ 요시다 독트린의 주요 요소

(1) 미국과의 동맹 강화
일본은 미국의 군사적 보호 아래 안보를 보장받으며, 그 대신 미국과의 경제적 협력을 강화한다.

(2) 군사력의 제한
일본은 평화헌법에 따라 군사력을 적극적으로 확대하지 않고, 일본 자위대의 역할에 한정한다.

(3) 경제 재건
일본은 경제적인 발전과 국제적 경쟁력을 강화하는 데 주력한다.

❹ 평가

(1) 일본의 경제성장과 국제적인 안정에 기여하였다.

(2) 냉전 시기 동안 일본의 안보를 유지하는 중요한 역할을 하였다.

(3) 일본이 국제사회에서 경제 강국으로 자리 잡을 수 있는 기초를 마련한 외교정책이다.

제2절 | 기시 노부스케 정부(1957~1960)

1 핵심 업적

(1) 기시 노부스케 총리(岸信介)는 일본의 제56대 총리로, 미일 안보조약(미일 상호 방위 조약)의 개정 및 강화를 진행하였다.

(2) 미일 안보조약은 일본과 미국 간의 방위 및 군사적 협력의 기초를 마련한 조약으로, 1960년 기시 총리의 주도로 체결된 미일 안보조약 개정은 일본의 외교정책에 있어 중요한 전환점이 되었다.

2 미일 안보조약 개정 배경

(1) 1951년 제2차 세계대전 후 일본은 샌프란시스코 평화조약(1951)과 함께 미일 안전보장조약(1951)을 체결하였다.

(2) 이 조약은 일본의 군사적 자립을 제한하면서도, 일본의 안보를 미국이 보장하는 구조로 설계되었다.

(3) 이 조약은 일본의 주권을 제한하며, 일본이 미국의 군사적 기지의 역할을 할 수 있는 기반을 마련하였다.

(4) 그러나 일본 내에서 미군의 주둔에 대한 불만과 일본의 자주적 방위권을 강화해야 한다는 요구가 제기되었고, 이러한 요구는 1950년대 후반부터 기시 노부스케 총리의 정치적 의제로 떠오르게 되었다.

3 미일 안보조약 개정 내용

(1) 일본과 미국 간의 군사적 협력 관계를 재정립하고, 일본의 자주적 방위권 강화를 목표로 개정을 추진하였다.

(2) 개정된 미일 안보조약은 일본과 미국이 상호 방위 의무를 지고 있다는 내용을 명확히 규정하였다. 미국은 일본을 방위하기 위해 일본에 주둔하며, 일본은 미국의 군사적 기지를 제공하는 등의 협력 의무가 있음을 명확하게 명시하였다.

(3) 미국은 일본에 대한 방위 의무를 명시하고, 핵무기 사용을 포함한 군사적 개입을 할 수 있다는 점이 강조되었다. 이는 일본이 미국의 핵우산(nuclear umbrella) 아래에 있음을 의미하며, 일본의 방위 능력 향상에 중요한 요소로 작용되었다.

(4) 개정된 조약은 미일 양국이 아시아 태평양 지역에서의 안보협력을 강화하는 데 중점을 두었으며, 공산주의 국가의 확산을 막기 위한 협력이 포함되었다.

❹ 정치적 논란과 국내 반대

(1) 기시 노부스케 총리가 추진한 미일 안보조약 개정은 일본 내에서 강한 정치적 논란을 일으켰다.

(2) 특히, 개정된 조약이 일본의 자주적 방위권을 침해한다는 우려가 제기되었으며, 일본의 군사적 자립을 제한하는 조약이라는 비판이 제기되었다.

제3절 │ 사토 에이사쿠 정부(1964~1972)

❶ 핵심 업적

(1) 사토 에이사쿠 총리는 일본의 외교정책과 관련하여 중요한 결정을 하였다.

(2) 특히, 사토 총리는 일본의 핵무기 개발과 관련하여 중요한 입장 발표를 하였는데, 일본이 핵무기를 개발하지 않도록 하는 정책을 확립한 인물이다.

(3) 1967년에 발표한 '사토 선언'에서 사토 총리는 일본이 핵무기를 보유하지 않겠다는 입장을 명확히 하였고, 일본이 핵무기를 개발하지 않겠다는 결정을 공식화하였다.

(4) 또한, 사토 총리는 핵 비확산 조약(NPT)에 일본이 서명하는 데 중요한 역할을 하였으며, 일본은 핵무기의 비확산을 지지하며, 핵무기 보유를 하지 않겠다고 확고히 선언하였다.

(5) 일본은 NPT 가입을 통해 핵무기의 확산을 막고, 대신 평화적인 핵 에너지 이용을 촉진하는 방향을 채택하였다.

(6) **무기수출 금지 3원칙 공식화(1967)**

① 일본의 무기수출 3원칙은 일본이 군사 무기를 해외로 수출하지 않겠다는 원칙을 세운 정책이다.

② 이 원칙은 1950년대부터 일본의 무기수출에 대한 엄격한 제한을 두고 있었으며, 일본의 평화주의와 안보정책의 중요한 부분을 차지하였다.

③ 주요 내용

㉠ 공산권 제국에 대한 경우

㉡ 유엔 결의에 의해 무기 등의 수출이 금지되어 있는 국가에 대한 경우

㉢ 국제분쟁 당사국 및 그러한 우려가 있는 국가에 대한 경우

제4절 ｜ 다나카 가쿠에이 정부(1972~1974)

❶ 핵심 업적

(1) 다나카 가쿠에이 총리는 일본의 제64대~제65대 총리로, <u>1972년에 중일 공동성명을 체결하였다.</u>

(2) 이 공동성명은 일본과 중화인민공화국(중국) 간의 외교 관계 정상화를 의미하는 것으로 1972년 9월 29일에 일본 도쿄에서 발표되었다.

❷ 중일공동성명(1972)

(1) **개요**
  ① 중일공동성명은 일본과 중국 간의 외교 관계 회복과 양국 간의 갈등 해수를 위한 역사적 합의 었나.
  ② 이 성명은 다나카 가쿠에이 총리와 당시 중화인민공화국 주석인 저우언라이 총리가 서명하면서 공식적으로 체결되었다.
  ③ 양국 간의 전쟁과 침략의 역사적 갈등을 극복하기 위한 중요한 첫걸음이었다.

(2) **중일공동성명의 주요 내용**
  ① **외교 관계 정상화**: 일본은 중국의 하나의 중국 정책을 인정하고, 중화인민공화국을 유일한 합법적인 중국 정부로 인정한다.
  ② **대만 문제**: 중화민국(대만)과의 공식적인 외교 관계 단절을 발표한다.
  ③ **전쟁 책임 및 피해 보상 문제**: 일본은 중국에 대한 전쟁 책임을 명시적으로 사과하지 않았지만, 중일 전쟁(1937~1945) 동안의 피해와 고통에 대해 반성하고 사과의 의미를 표명한다.
  ④ **경제 협력 및 문화 교류**: 중국은 일본의 기술과 자본을, 일본은 중국의 자원을 얻는 상호 협력 체제를 구축한다.

제5절 ｜ 후쿠다 다케오 정부(1976~1978) – 후쿠다 독트린

❶ 핵심 업적

(1) 후쿠다 다케오는 일본의 경제발전과 안보정책에 중요한 영향을 미쳤다.

(2) **경제정책**: "후쿠다 경제정책"
  ① 일본 경제의 지속적인 성장을 위한 방향을 제시하였다.
  ② 특히 중소기업 지원과 함께, 경제 안정성을 강화하는 데 중점을 두었다.

(3) **안보정책** : "후쿠다 독트린"

① 1977년 8월 동남아시아를 방문한 후쿠다 수상은 일본의 동남아시아 외교정책 방향을 발표하였다.

② 첫째, 일본의 군사대국화의 부정

③ 둘째, 광범위한 분야의 상호신뢰

④ 셋째, ASEAN 국가들과의 연대성 강화와 상호협력

제6절 나카소네 야스히로 정부(1982~1987)

① 플라자 합의(Plaza Accord)

(1) 플라자 합의는 1985년에 체결된 국제 금융 협약으로, 주요 산업 국가들(미국, 일본, 서독, 프랑스, 영국 등)이 자국 통화 가치를 조정하기 위해 협력하기로 한 합의이다.

(2) 이 협정은 세계 외환 시장에서 달러화의 가치를 약화시키고, 무역 불균형을 해소하는 것을 목표로 하였다.

(3) **등장배경**

① 1980년대 초 미국은 무역적자와 경상수지* 적자를 겪고 있었으며, 이는 주로 강한 달러 때문이었다. 강한 달러는 미국 제품을 해외에서 비싸게 만들어 수출이 감소하고, 수입은 증가하여 무역 적자를 심화시켰다.

　✎ 경상수지와 무역수지는 국가 경제에서 중요한 지표로 한 나라가 해외에서 벌어들이는 수익과 지출을 보여준다. 경상수지는 국가의 해외 경제 활동 전반(상품, 서비스, 본원소득, 이전소득)을 아우르는 광범위한 개념이며, 무역수지는 그 중 상품 수출입에만 초점이 맞추어져 있다.

② 반면, 미국의 주요 거래국들인 일본과 독일은 상대적으로 자국 통화가 약세였으며, 이에 따라 미국의 경제적 문제를 해결하기 위해 국제적인 협력이 필요하다는 여론이 커졌다.

(4) **플라자 합의의 주요 내용**

① 합의의 핵심은 미국 달러의 가치를 약화시키는 것이다.

② 주요 경제국들은 외환 시장에서 자국 통화를 강화하기로 결정했으며, 특히 일본 엔화와 독일 마르크화의 가치를 올리는 방향으로 협상되었다.

(5) 그 결과, 달러는 1985년부터 1987년까지 급격히 하락하기 시작했으며 일본의 엔화는 급격히 상승하였다.

(6) 엔화가 급격히 강세를 보이면서 일본의 수출이 어려워졌고, 일본 기업들은 해외로의 투자를 확대하는 한편, 일본 내에서 자산 버블이 형성되는 등의 경제적 파장이 커졌다.

제7절 | 고이즈미 준이치로 정부(2001~2006)

① 개요

고이즈미 정권은 9·11 테러 이후 일어난 이라크 전쟁으로 인해 국제적으로 격동의 시기를 거쳤다.

② 주요 외교정책

(1) 이라크 파병 관련

① 2003년 미국 주도 연합군이 이라크 침공을 결정하자 고이즈미 정부는 일본 자위대를 파병하기로 결정하였다.

② 이 결정은 일본의 안보에 대한 미국의 약속을 공고히 하고 테러와의 전쟁에 대한 일본의 지원을 표방하기 위한 것이었다.

③ 일본의 파병은 헌법 해석을 둘러싼 논란과 국내외의 반대에도 불구하고 이루어졌다(많은 비판 직면).

④ 일본의 이라크 파병으로 인해 일본과 아랍 국가들 사이의 긴장 관계가 형성되었다.

⑤ 이라크 파병은 일본이 국제 안보에 더욱 적극적으로 참여하게 되는 계기가 되었다.

(2) 북한 위기 관련

고이즈미 정부는 북한의 핵무기 개발을 규탄하고 제재를 요구하였다. 이는 일본과 북한의 관계를 악화시켰다.

(3) 중국과의 관계

① 일본과 중국 사이의 관계는 고이즈미 정권 시대에도 긴장 관계가 형성되었다.

② 역사적, 영토적 분쟁은 두 나라 사이에 갈등을 일으켰고, 일본의 군사력 증강 계획은 중국의 우려를 불러일으켰다.

③ 고이즈미 정부는 대화와 협력을 통해 중국과의 관계를 개선하기 위해 노력했지만, 별다른 성과는 없었다.

(4) 기타 사항

① 고이즈미 정부는 중국과의 관계에 초점을 맞추는 동시에 인도, 한국, 동남아시아 국가 연합(ASEAN)과의 관계 강화에도 노력하였다.

② 고이즈미 정부는 일본의 UN 안전보장이사회 상임이사국 지위를 획득하기 위해 노력하였다.

③ 일본은 UN 평화유지작전에 자위대를 파견하였다.

④ 고이즈미 정부는 일본의 문화와 가치를 홍보하기 위해 '일본을 멋지게 만들기' 캠페인을 통해 소프트파워를 활용하였다.

⑤ 고이즈미 정부는 일본 자위대의 역할을 확대하고 미사일 방어 시스템의 배치를 승인하였다.

⑥ 이라크 파병 외에도 고이즈미 정부는 기후 변화, 빈곤 퇴치, 테러 대응을 포함한 광범위한 문제에 있어 국제적 협력을 강화하였다.

제8절 하토야마 유키오 정부(2009~2010)

❶ 외교정책 특징

(1) 외교정책에서 중요한 변화와 새로운 접근을 시도하였다.

(2) 가장 큰 특징은 일본 외교의 '독립성 강화'와 '동아시아 중심'에 초점을 맞춘 정책을 추진하였다.

❷ 동아시아 공동체 구상

(1) 하토야마 정부는 동아시아 공동체(East Asian Community)를 제안하며, 일본, 중국, 한국을 포함한 아시아 국가들이 더 긴밀히 협력하는 경제적, 정치적 공동체를 구축하자는 비전을 제시하였다.

(2) 이는 유럽연합(EU)처럼 아시아 내에서 협력과 통합을 강화하려는 의도로, 일본의 외교정책을 아시아 중심으로 전환하고자 한 것이다.

❸ 대미 독립성 강화 : 미국과의 관계 재조정

(1) 하토야마 정부는 미국과의 전통적인 동맹 관계를 유지하면서도, 일본의 독립적이면서도 대등한 대미 외교정책 기조를 강조하였다.

(2) 특히, 오키나와 미군 기지 문제에 대한 재검토를 제기했으며, 2009년 정부 초기부터 오키나와의 가키구시 군사기지 이전 문제에 대해 미국과 협상을 하였다.

(3) 당시 하토야마 총리는 일본 내에서 미군 기지의 분포와 그에 따른 환경적, 사회적 문제를 지적하며, 미군 기지 재배치를 요구했으나, 결국 이 문제는 해결되지 않았다.

❹ 한국, 중국과 관계 강화

(1) 하토야마 정부는 한국, 중국과 관계 강화에 중점을 두었다.

(2) 한국, 중국과 경제협력을 강화하고, 동아시아 지역의 평화와 안정을 위한 협력도 강조하였다.

❺ 평가

(1) 하토야마 정부는 일본의 외교정책을 보다 다자주의적이고 국제적인 방향으로 전환하려 노력하였다.

(2) 일본이 국제사회에서 보다 독립적이고 주도적인 역할을 해야 한다고 주장하며, 국제연합(UN) 내에서 일본의 입지를 강화하고자 노력하였다.

(3) 일본의 국제개발협력(ODA) 및 기후변화 대응 등에서의 적극적인 참여를 강조하였다.

제9절 아베 신조 정부(2006~2007, 2012~2020)

① 외교정책 특징

(1) 아베 정부 외교정책의 특징은 일본의 국제적 입지를 강화하고, 일본의 안보를 강화하며, 지역적 및 글로벌 차원에서 일본의 역할을 증대시키기 위한 방향으로 전개되었다.

(2) 보통국가를 추진하였다.

> **더 알아보기**
>
> **보통국가론**
> - 보통국가론은 일본도 군사력을 갖고 당당하게 외교·군사활동을 펼치자는 주장으로, 1990년대 초 보수파의 대표적 정객인 오자와 이치로(小澤一郎)가 주장하였다.
> - 보통국가란 군대를 보유하고 외국과 자유로이 동맹을 맺어 집단자위권을 행사할 수 있는 나라이다.
> - 즉, 1947년 연합군 점령 하에서 시행된 바 있는 강요된 평화헌법 체제를 정상적인 헌법체제로 보지 않고 이로부터 벗어나 평화헌법과 비핵 3원칙으로부터 탈피하여 군사적 정상국가로 가고자 하는 것이 이른바 일본의 보통국가론이다.
> - 일본은 제2차 세계대전 전범국인 탓에 1947년 평화헌법을 제정하면서 '공격당했을 때만 반격한다.'는 전수방위(專守防衛) 원칙을 고수하였다. 일본 역대 내각은 "집단자위권을 보유하고는 있지만 헌법 9조*와의 관계로 행사할 수 없다."는 해석을 해왔다.
>   ∅ 헌법 9조 전문은 다음과 같다. "일본 국민은 정의와 질서를 기조로 하는 국제 평화를 성실히 희구하고, 국권의 발동에 의거한 전쟁 및 무력에 의한 위협 또는 무력의 행사는 국제분쟁을 해결하는 수단으로서는 영구히 이를 포기한다. 이러한 목적을 성취하기 위하여 육해공군 및 그 이외의 어떠한 전력도 보유하지 않는다. 국가의 교전권 역시 인정치 않는다."
> - 그러나 아베 신조(安倍晋三) 총리는 2012년 12월 총선 승리로 재집권 이후 집단자위권 행사를 가능하게 하고, 자위대의 해외활동 범위를 확대하는 것을 골자로 한 안보법안(11개 제·개정안)을 통과시키면서 전쟁을 할 수 있는 보통국가로의 행보를 다짐하였다.

② 아베노믹스와 외교의 연결

(1) 아베는 경제정책인 '아베노믹스'를 통해 일본 경제를 재건하려 했으며, 외교정책도 경제적 목표와 밀접하게 연관되었다.

(2) 일본의 경제성장과 외교적 영향력을 동시에 추구하며, 특히 경제협력 및 자유무역을 강조하였다.

(3) 환태평양경제동반자협정*을 추진하며 일본이 글로벌 경제에서 중요한 역할을 맡도록 노력하였다.

∅ 환태평양경제동반자협정(Trans-Pacific Partnership, TPP)은 아시아 태평양 지역의 국가들 간에 체결된 자유무역협정으로, 참여국들 간에 상품, 서비스, 투자, 지식재산권 등의 경제적 장벽을 낮추고 상호 협력을 강화하려는 목적을 가지고 추진되었다. TPP는 2016년 2월에 협상이 완료되었다.

❸ 미일 동맹 강화

(1) 아베 내각의 외교정책에서 가장 중요한 요소 중 하나는 미일 동맹의 강화이다.

(2) 아베 총리는 일본의 안보를 미국과의 관계 개선을 통해 강화하고자 하였으며, 이를 위해 미국과의 군사적 협력을 확대하고, 공동 방위 능력을 강화하였다.

(3) 아베 정부는 미국과의 경제적 협력을 확대하는 한편, 미국의 대북정책 및 중국의 군사적 확장에 대응하는 외교정책을 지지하였다.

(4) 2015년 안전보장법 개정을 통해 일본은 집단적 자위권을 행사할 수 있게 되었고, 이는 일본이 보다 적극적인 군사적 역할을 수행할 수 있도록 하는 정책이었다.

   ※ 미국(오바마 정부)은 일본의 집단적 자위권 행사와 군사력 강화를 환영하는 입장을 보였다.

❹ "자유롭고 열린 인도-태평양" 구상

(1) 아베 정부는 "자유롭고 열린 인도-태평양"을 구상하며, 이 지역에서 일본의 리더십을 강조하였다.

(2) 이는 중국의 영향력 확대에 대응하기 위한 전략으로, 일본이 인도-태평양 지역에서의 자유로운 항로와 국제규범을 지키는 중요한 역할을 한다는 점을 강조한 외교적 비전이었다.

(3) 아베 정부는 인도, 호주, 일본, 미국 등과 협력하는 쿼드(Quad)에 참여하여 아시아-태평양 지역에서의 일본의 전략적 역할 확대를 추진하였다.

제10절 | 기시다 정부(2021~2024)

❶ 정부성향

(1) 기시다 총리는 2012~2017년 일본 외무상으로 재임하면서 '자유롭고 열린 인도-태평양' 전략을 주도하였다.

(2) 총리 취임 이후, '새 시대를 위한 현실주의 외교'를 목표로 군비 강화를 가속화하면서 미국 글로벌 전략의 핵심축이 되었다.

❷ 외교 안보 정책의 특징

(1) 일본 정부가 인식하고 있는 국제질서의 중심축이 아시아·태평양지역에서 인도·태평양 지역으로 이동하였다.

(2) **일본 방위력의 근본적 강화 추진**

① 2022년 개정된 안보 관련 3개 핵심 문건의 개정 골자는 <u>스탠드오프* 방위 능력 등을 활용한 반격 능력의 보유</u>이다.

✎ 스탠드오프란 공격자의 표적지역 화망을 충분히 벗어난 거리를 의미한다. 즉, 공격자의 1차 공격으로부터 안전하게 보호될 수 있는 능력을 말한다.

② 2027년 기준 GDP 2% 수준으로 <u>방위예산을 대폭 확대</u>하였다.

(3) **국익 우선의 제도설계 부각**

① 안전보장상의 목표에 처음으로 경제안보 개념이 포함되었다.

② 국익 실현을 개발협력 목적으로 명기하였고, ODA의 전략성을 강조하였다.

(4) **글로벌사우스(Global South)에 대한 지원 강화**

중국의 해양 진출을 염두에 두고 일본의 아세안에 대한 안보협력을 강화하였다.

(5) **대중(對中)정책의 복합적 양상 보임**

중국 경제와 디커플링이 불가능한 상황을 고려하여 견제와 협력이 양립할 수 있는 인도·태평양을 지향하였다.

제11절 | 기타 일본 관련 사항

❶ 주요 방위정책

(1) **PKO 법안**

자위대의 UN 평화유지활동 참여를 위해 1992년 6월에 제정된 법으로, PKO원칙 등을 포함하였다.

(2) **신방위정책 대강**

① 탈냉전기 변화된 안보환경에 기초하여 기존의 방위정책대강을 개정한 것이다.

② 1990년대 미국의 동아시아 전략변화에 발맞추어 추진되었다.

(3) **신가이드라인**

① 1978년 11월에 제정된 '미일방위협력지침'에 대한 개정으로 1997년 9월에 채택되었다.

② 미일 양국은 1994년 '미일 신안보공동선언'을 발표하여 미일 양국의 안보협력 범위를 기존의 '필리핀 이북의 극동'에서 '아시아−태평양 지역'으로 확대하였다.

③ 즉, 일본 주변지역에 개입할 것을 공식화한 것이다.

④ 이에 따라 미일방위협력지침을 개정한 것이다.

⑤ 주요 내용

　　㉠ 주변 사태란 그대로 방치할 경우 일본에 대한 직접 무력 공격으로 이어질 우려가 있는 경우 등 일본 주변지역에서 일본의 평화와 안전에 중요한 영향을 주는 사태이다.

　　㉡ 유사시 일본군은 미군에 대한 물품, 용역과 편의를 제공하는 후방지역 지원과 미군 병사를 구조하는 후방지역 수색 구조를 실시한다.

　　㉢ 후방지역지원과 수색구조의 자위대 활동 실시는 국회의 사전승인을 원칙으로 하되 긴급 시는 사후 승인하며, 승인이 없을 시는 활동을 종료한다.

　　㉣ 주변 사태 기본 계획의 결정, 변경 시에는 국회에 보고하고 종료 후에는 대응조치의 결과를 보고한다.

　　㉤ 지방자치단체의 장과 민간에 대한 협력 의뢰가 가능하다.

　　㉥ 후방지역자원과 수색구조에서 자위대원은 정당방위를 위해 무기 사용이 가능하다.

　　㉦ 해외 자국인 구출 시 현행 자위대기와 함께 자위대함의 사용도 가능하다.

(4) **테러대책특별조치법**

① 2001년 10월 18일 중의원에서 가결, 10월 29일 참의원에서 최종 통과됨으로써 성립하였다.

② 대테러 활동을 하고 있는 미국을 포함한 외국군대에 대해 일본이 실시할 조치를 규정하였다.

③ 대응조치에는 무력에 의한 위협이나 무력행사를 명시적으로 배제하고 있다.

④ 단, 신체나 생명보호 시 불가피한 경우 합리적인 선에서 무기사용이 가능하다는 예외조항이 포함되었다.

더 알아보기

일본의 과거사 반성

1. 고노 담화(1993)

① 고노 요헤이 당시 일본 관방장관이 발표한 이 담화는 일본 정부가 위안부 문제에 대해 사과와 반성을 표명한 역사적인 발표였다.

② 고노 담화는 일본 정부가 위안부로 강제로 동원된 여성들에게 자신들의 고통에 대해 책임을 지고 사과를 표명하는 내용을 포함하였다.

2. 무라야마 담화(1995)

① 1995년 무라야마 도미이치 일본 총리는 전후 50주년을 맞아 발표한 공식 담화에서 일본의 식민지 지배와 전쟁에 대한 책임을 인정하고 사과하였다.

② 이 담화는 일본의 전쟁 책임에 대한 인정과 사과의 의미를 담고 있으며, 일본 정부는 "전쟁으로 인한 고통과 희생"에 대해 깊은 반성을 표명하였다.

3. 고이즈미 담화(2005)

① 고이즈미 담화는 일본이 과거에 전쟁과 식민지 지배로 인한 고통과 희생에 대해 진심으로 사과하고 반성하는 내용을 담고 있다.

② 고이즈미 총리는 이 담화에서 전쟁 책임과 관련해 일본 정부의 입장을 명확히 하며, 아시아를 포함한 피해국들에게 사과의 뜻을 전달하였다.

4. 간 나오토 담화(2010)

① 간 나오토 일본 총리가 발표한 과거사 반성을 담은 공식적인 담화이다.

② 이 담화는 한국과 중국을 비롯한 아시아 국가들에 대한 일본의 전쟁 책임과 식민지 지배에 대한 반성의 의미를 담고 있으며, 일본이 위안부 문제를 비롯한 과거의 역사적 문제들에 대해 사죄하는 중요한 선언이었다.

더 알아보기

소지역 접근 VS 전지역 접근

• 소지역 접근이란 남북한의 대결과 북한 핵문제, 중국－대만관계, 일본－러시아 간의 북방영토문제, 인도차이나반도의 캄보디아 문제, 남중국해의 남사군도 영유권 문제 등과 같은 '당사자 해결 원칙'의 문제에 대한 일본의 외교정책 방향이다.

➡ 이러한 원칙은 제2차 세계대전 이후 일본의 소극적 외교정책의 일환으로 당사국간의 문제는 당사국들이 처리하도록 하고 문제가 해결되지 못할 경우 주변의 유관국가들이 개입한다는 원칙을 의미한다.

• 전지역 접근이란 일본이 아시아, 태평양지역에서 문제 해결에 주요한 역할을 하겠다는 정책 방향이다. 이러한 원칙은 냉전이 종식된 이후 특히 일본이 아시아, 태평양지역을 일본의 국익에 주요한 지역으로 간주하고 이 지역에서의 영향력 확대를 위해 노력하고 있음을 보여준다고 할 수 있다.

➡ 이러한 원칙은 미국과의 협력을 바탕으로 하고 있다.

CHAPTER 05 러시아의 외교 및 대외정책

제1절 러시아의 외교정책 방향

(1) 러시아는 이념이 아니라 합리적 사고에 기반을 둔 실용주의 노선을 추구한다. 러시아의 외교정책 보고서에 따르면 러시아의 외교정책 원칙은 다극체제, 실용주의, 타국과 갈등 없는 국익 추구 등이다.

(2) 러시아의 동북아정책은 '아시아적 정체성'에서 비롯된 것이 아니라, 아시아를 유럽과의 관계 속에서 조망하고 유럽에서 약화된 위상을 아시아에서 보상받으려는 현실적 동기가 주된 배경이다.

(3) 러시아는 크림 전쟁(1853~1856)의 패배로 유럽에서의 세력이 크게 위축되자, 동방진출을 가속화하였다.

(4) 러시아는 북핵문제 해결에 있어서 6자회담은 형식이고 중요한 본질은 북미합의라는 판단에 따라 북한과 미국 사이의 정직한 중재자의 역할을 수행하고자 한다.

(5) 러시아는 중국, 일본 간의 지역패권 경쟁이 자국 안보를 위협하지 않도록 하기 위해 미국과의 협력을 강화하고자 한다.

(6) 러시아의 강대국 정책기조는 세력균형론에 입각하여 미국의 위협에 대해 중국과 연대를 형성하는 것이다.

(7) 대한반도 정책은 반미 세력균형의 관점에서 북한에 상대적으로 가깝다.

제2절 러시아의 주요 외교정책

❶ 군사 · 안보 협력 강화

(1) 푸틴은 러시아 주도의 CIS국가들* 간 군사동맹조약인 '집단안보조약'을 2002년 '집단안보조약기구'로 개칭하고 회원국간 군사, 안보 협력을 강화하였다.

> ✎ 소비에트 사회주의 공화국 연방이 해체된 뒤 성립된 신체제의 국가 연합으로 CIS(Commonwealth of Independent States)라고 부른다. 1991년 12월 카자흐스탄의 수도 알마아타에서 소련 구성국이던 발트 3국과 그루지야를 제외한 11개 공화국이 참가하여 독립 국가 연합 창설에 합의하였다.

(2) CIS 국가들 간 경제통합을 위해 1996년 러시아 주도로 창설된 관세동맹은 2000년 '유라시아경제공동체'로 확대 개편되었다.

(3) 2015년 1월 유라시아경제공동체 및 관세동맹을 재구성하여 높은 수준의 통합(노동, 자본시장 등)을 지향하는 유라시아경제연합을 출범하였다.

(4) CIS 내에서 반러 또는 탈러 성향을 가진 조지아, 우크라이나, 아제르바이잔, 몰도바 등은 GUAM이라는 협력체를 결성하였다. 한때 우즈베키스탄이 참여함으로써 'GUUAM'이 된 적이 있지만, 2005년 우즈베키스탄이 탈퇴하면서 다시 GUAM으로 회귀하였다.

(5) 러시아는 CIS지역에서 배타적인 영향력 행사를 추구하지만 미국은 다원주의를 촉진하는 관점에서 유라시아 정책을 추진함으로써 미러 관계에 갈등이 존재한다.

❷ 미러관계

(1) 미국은 MD 추진을 위해 2001년 12월 ABM 조약 탈퇴를 일방적으로 선언하였다.

(2) 오바마 정부는 러시아와의 관계 개선을 위해 우크라이나와 조지아의 NATO 가입을 추진하지 않겠다고 선언하기도 하였다.

❸ 중－러(소)관계

(1) 1950년 2월 중국과 소련은 중소우호동맹조약을 체결하여 중국은 소련으로부터 안전보장과 경제원조를 얻을 수 있었다.

(2) 1956년 2월 소련의 흐루시초프가 스탈린을 비난하는 연설을 하고 중국이 이에 반박하면서 중소간 대립이 표면화되었다.

(3) 1958년 8월 중국이 대만에 포격을 가하자 소련은 국지전 발발 위험을 우려하여 중국에 대한 핵개발 원조를 중단하면서 중소 양국간 분쟁은 고조되었다.

❹ 북러관계

(1) 2012년 러시아의 대북 채무탕감 조치 이후 발전되었다.

(2) 2014년 러시아가 북한의 철도를 개보수하고 북한의 자원을 개발하는 '승리프로젝트'를 시행하였다.

(3) 2024년 체결된 북－러조약은 사실상의 군사동맹이라는 평가가 있다.

❺ 크림자치공화국

2014년 크림자치공화국이 투표를 통해 분리독립 및 러시아와의 병합을 결정하자, 러시아는 이를 수용하였다.

❻ 러－우 전쟁

(1) 러시아는 2008년 조지아 전쟁, 2014년 크림 병합 등 서구 유럽 민주주의 규범으로부터 독자적인 길을 탐색하였다.

(2) 2008년 4월 부카레스트 NATO 정상회담 당시 공동선언을 통해 우크라이나와 조지아의 나토 가입에 대한 지지를 명문화하였다.

(3) 2021년 10월 우크라이나는 미국과 '전략적 협력에 대한 파트너십 헌장'에 합의하였다.

(4) 2022년 2월 24일 새벽 러시아가 우크라이나 영토를 침공하여 전쟁이 발발하였다.

(5) 푸틴은 우크라이나 침공 이후 처음으로 행한 국정연설에서 미국과 맺은 신전략무기감축협정(New START) 참여 중단을 선언하였다.

CHAPTER 06 EU 외교 및 대외정책

제1절 EU 공동외교안보정책

❶ 개요

(1) EU 공동외교안보정책(Common Foreign and Security Policy, CFSP)은 유럽연합(EU) 회원국들이 외교 및 안보 분야에서 공동으로 협력하는 정책 틀이다.

(2) 이 정책은 EU의 외교적 결속력을 강화하고, 국제적으로 유럽의 영향력을 증대시키는 데 목적을 두고 있다.

❷ 배경

(1) 1990년대 유고슬라비아 내전 등과 같은 국제정치적 환경 변화는 EU의 공동외교안보정책에 대한 필요성을 강화시켜주는 계기가 되었다.

(2) EU 공동외교안보정책은 유럽 국가들이 경제적 통합을 넘어, 정치적, 외교적, 안보적 분야에서도 협력하기 위해 설정되었다.

(3) CFSP는 1993년 마스트리히트 조약(Maastricht Treaty)을 통해 공식적으로 수립되었으며, EU의 외교정책과 안보정책을 통합하는 중요한 기준이다.

❸ 목표

(1) 평화와 안정 유지

(2) 인권과 민주주의 촉진

(3) EU의 국제적 영향력 강화

❹ 핵심 원칙

(1) **공동성**

EU 회원국들은 외교 및 안보정책에서 공동으로 결정을 내리고 행동해야 하는데 이는 회원국들이 일관되게 외교적 입장을 취할 수 있도록 한다.

(2) **일치성**

EU는 모든 회원국들이 동일한 외교 및 안보정책을 따르도록 하는 원칙을 지향한다. 따라서, 모든 결정은 만장일치에 의해 이루어지는 경우가 일반적이다.

(3) 상호 보완성

외교 및 안보정책이 각국의 국가이익과 상호 보완적으로 작용하도록 하여, 국가 간 협력과 조정을 촉진한다.

제2절 주요 기관 및 역할

❶ 주요 기관

(1) CFSP를 실행하기 위해 EU는 여러 기관과 기구를 운영

① 2007년 리스본 조약에서 EU 정상회의 상임의장직과 외교안보고위대표직, 그리고 외교안보고위대표 업무를 지원하는 유럽대외관계청(EEAS)이 신설되었다.

② 유럽헌법조약은 2004년 6월 유럽연합 정상회의에서 최종합의를 도출하고 유럽연합 대통령과 외무장관을 신설하였으나, 2005년 프랑스와 네덜란드의 국민투표에서 부결되어 발효되지 못했다.

(2) 유럽 외교청(European External Action Service, EEAS)

① 2010년 설립된 유럽 외교청은 CFSP의 실질적 실행을 담당하며, EU의 외교정책을 관리하고, 외교적 조정과 일관성 있는 대응을 보장한다.

② 유럽연합의 외교 고위대표(High Representative)가 최고책임자이다.

(3) 유럽연합 외교 고위대표

① CFSP의 총괄 책임자이며, EU 외교정책의 대표로 국제적으로 활동한다.

② 또한 유럽연합 외교청을 이끌며, 회원국들 간의 외교정책을 조정하는 역할을 한다.

(4) EU 이사회(Council of the European Union)

① CFSP의 정책 방향과 주요 결정을 설정하는 주요 기관이다.

② 이사회는 EU 회원국의 외교장관들이 모여 정책을 논의하고 결정한다.

❷ 핵심 정책 영역

(1) 군사적 대응과 평화유지

(2) 인권과 민주주의

(3) 제재 및 외교적 압박

(4) 안보 및 방위

➡ 군사적 역할이 강조되기보다는 외교적 및 경제적 수단을 통한 안보정책이 더 중요한 비중을 차지한다.

🔖 유럽 연합 조약과 구조의 타임라인

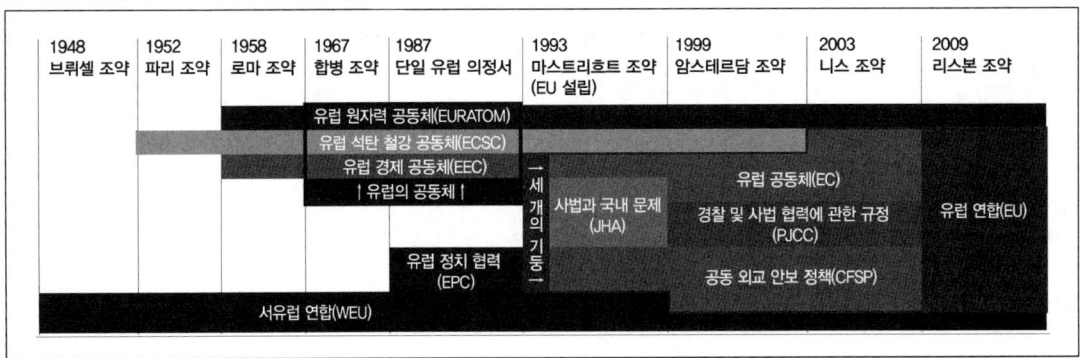

CHAPTER 07 독일의 외교 및 대외정책

제1절 콘라드 아데나워 정부(1949~1963)

❶ 개요

(1) 아데나워 정부는 1949년부터 1963년까지 서독을 이끌며 현대 독일의 시작을 열었다. 자유민주주의 체제와 사회적 시장경제 체제를 독일에 뿌리내렸다고 평가받는다.

(2) 특히, '경제 기적'이라고 불리는 서독 경제 재건의 기반을 마련하였고, 미국과 영국, 프랑스 등과의 관계 정상화와 소련과의 수교를 통해 서독이 국제사회에서 주요 국가의 일원으로 복귀하는 데 기여하였다.

(3) 아데나워 정부의 외교정책은 서방 지향적 외교, 프랑스와 화해, 유럽 통합, 주권 회복, 재군비와 NATO 가입 등을 중심으로 전개되었다.

❷ 주요 외교정책

(1) **서방 지향적 외교**

① 아데나워는 서독이 소련 및 동유럽 공산권과 거리를 두고 서방 진영에 확고히 자리 잡아야 한다고 믿었다.

② 이를 위해 미국, 영국, 프랑스와의 관계를 강화하고 서독을 서방 세계의 일원으로 만드는 데 집중하였다.

(2) **프랑스와 화해**

① 과거 독일과 프랑스는 오랜 갈등을 겪었으나, 아데나워는 프랑스와의 협력을 최우선 과제로 선정했다.

② 1963년 "엘리제 조약"(Élysée Treaty)을 체결하여 프랑스와의 우호 관계를 공식화하였다.

(3) **유럽 통합**

① 서독이 국제사회에서 신뢰를 회복하고 경제적으로 안정되기 위해 유럽 통합에 적극적으로 참여하였다.

② 1951년 유럽석탄철강공동체(ECSC) 창설에 참여하여 프랑스, 이탈리아, 베네룩스 3국과 협력하였다.

③ 1957년 로마조약을 통해 유럽경제공동체(EEC) 및 유럽원자력공동체(EURATOM) 창설에 기여하였다.

(4) 주권 회복 및 서독의 국제적 지위 강화

① 제2차 세계대전 이후 서독은 연합국(특히 미국, 영국, 프랑스)의 군정 하에 있었으며, 제한된 주권만 소유하였다.

② 1955년 파리 조약(Paris Treaties)을 통해 서독은 완전한 주권을 회복하고 국제사회에서 독립적인 국가로 인정받았다.

(5) 재군비 및 NATO 가입

① 소련과 동독의 위협에 대응하고 서방 방위 체제에 참여하기 위해 서독은 재군비를 추진하였다.

② 1955년 서독은 북대서양조약기구(NATO)에 가입하여 서방 방위 체제의 핵심 일원이 되었다.

③ 1956년 서독 연방군(Bundeswehr) 창설을 통해 자체적인 군사력을 보유하였다.

> **더 알아보기**
>
> **할슈타인 원칙(1955)**
> • 서독의 발타 할슈타인이 1955년 9월 22일에 내세운 외교 원칙으로, 서독만이 독일의 유일한 합법 정부이며, 독일 민주 공화국(동독)을 승인하거나 동독과 수교하는 국가(소련 제외)와는 관계를 설정하지 않겠다는 정책이다.
> • 하지만 1970년대에 빌리 브란트가 동방정책을 추진함에 따라 사실상 이 원칙은 무력화되었다.

③ 평가

(1) 아데나워의 외교정책은 서독을 서방 진영의 핵심 국가로 자리 잡게 했으며, 유럽 통합과 독일의 경제적 번영에 중요한 역할을 하였다.

(2) 또한, 프랑스와의 협력을 바탕으로 독일의 국제적 위상을 높이는 데 기여하였다.

(3) 다만, 소련 및 동독과의 관계는 단절되었고, 이는 이후 동방정책(Ostpolitik)의 필요성을 강화하는 계기가 되었다.

제2절 빌리 브란트 정부(1969~1974)

① 개요

(1) 빌리 브란트 정부 외교정책의 핵심은 동방정책이라 할 수 있다.

(2) 동방정책은 냉전 시대에 동독 및 동유럽 공산권 국가들과의 관계를 개선하고, 궁극적으로 독일 통일의 기반을 마련하는 것을 목표로 하였다.

❷ 주요 정책

(1) 동방정책 추진

① 동독(DDR), 폴란드, 소련 등 동유럽 국가들과의 관계를 개선하고자 하였다.

② 실용주의적 접근을 통해 동서독 관계를 개선하고자 하였다.

③ '작은 걸음 정책'(Politik der kleinen Schritte)을 채택하였다.

(2) 소련 및 동유럽 국가들과의 조약 체결

① 1970년: 모스크바 조약(소련과 국경 인정 및 평화적 관계 유지)

② 1970년: 바르샤바 조약(폴란드와 오데르-나이세선 국경 인정)

③ 1972년: 동서독 기본 조약(서독과 동독의 상호 국가적 관계 인정)

(3) 서방과의 긴밀한 협력 유지

① 서독의 나토(NATO) 및 서방 동맹을 지속하고자 하였나.

② 미국 및 서유럽 국가들과 협력을 강화하고자 하였다.

❸ 평가

(1) 노벨평화상 수상(1971)

동방정책을 통한 국제평화 기여로 수상하였다.

(2) 독일 통일의 토대 마련

동서독 간의 공식적인 관계를 개선함으로써 1990년 독일 통일의 길을 개척하였다.

(3) 냉전 완화 기여

유럽의 긴장을 줄이고, 동서 진영 간의 대화를 촉진하였다.

(4) 국제적 신뢰 확보

서독이 평화적이고 외교적인 국가로 자리 잡는데 기여하였다.

제3절 ┃ 헬무트 콜 정부(1982~1998)

❶ 개요

(1) 헬무트 콜(Helmut Kohl) 정부의 외교정책은 독일 통일과 유럽 통합을 중심으로 전개되었다.

(2) 독일 통일을 성공적으로 이끌었고, 유럽연합(EU)과 유로화 도입에도 중요한 역할을 수행하였다.

(3) 콜 행정부는 빌리 브란트가 추진한 동방정책을 계승하였다.

② 주요 외교정책

(1) 독일 통일을 위한 외교정책

① 콜 총리는 1989년 베를린 장벽 붕괴 이후 적극적으로 독일 통일을 추진하였다.

② "10개 항목 계획" 발표(1989) : 동독과 점진적인 협력을 통해 궁극적으로 통일을 이루겠다는 계획을 제시하였다.

③ 미국과의 협력 : 당시 미국 대통령 조지 H. W. 부시와 긴밀히 협력하며 서방의 지지를 확보하였다.

④ 소련과 협상 : 미하일 고르바초프와의 협상을 통해 소련이 독일 통일을 승인하도록 유도하였다.

⑤ 프랑스와 영국 설득 : 프랑수아 미테랑(프랑스 대통령)과 마거릿 대처(영국 총리)의 우려를 완화시키기 위해 유럽 통합을 더욱 강화하겠다고 약속하였다.

⑥ "2+4 회담" 주도(1990) : 동독과 서독(2) + 미국, 소련, 영국, 프랑스(4)가 참여한 협상을 통해 독일 통일을 국제적으로 지지받았다.

⑦ 이러한 외교적 노력으로 독일은 1990년 10월 3일 공식적으로 통일을 달성하였다.

(2) 유럽 통합과 유로화 도입

① 콜 정부는 독일 통일 이후, 유럽 통합을 적극 추진하였다.

② 마스트리흐트 조약 체결 : 유럽연합(EU) 창설의 기초가 되는 조약을 주도하여 유럽 경제·정치 통합을 강화하였다.

③ 유로화 도입 주도 : 독일 마르크화의 강한 경제적 영향력을 활용하여 유럽 단일통화(유로) 도입을 추진하였다.

④ 프랑스와 협력 강화 : 미테랑 대통령과 긴밀한 관계를 유지하며 독일과 프랑스의 협력을 유럽 통합의 핵심 축으로 삼았다.

(3) 대서방 및 대소련(러시아) 관계

① 미국과 긴밀한 동맹 유지 : NATO(북대서양조약기구) 내에서 미국과의 협력을 지속하며 서방 진영의 중심 역할을 하였다.

② 소련(러시아)과의 관계 개선 : 독일 통일 이후에도 보리스 옐친과 협력하여 러시아와의 경제적·외교적 관계를 강화하였다.

(4) 대동유럽 정책

① 구 동독뿐만 아니라 폴란드, 체코슬로바키아 등 동유럽 국가들과의 외교를 강화하며 유럽 내 화해와 협력을 강조하였다.

② 폴란드 국경 문제를 해결하여 폴란드와의 우호 관계를 형성하였다.

③ 평가

독일 통일을 평화적으로 이뤄내고, 유럽 통합의 초석을 마련한 점에서 콜 정부의 외교적 업적은 매우 높이 평가된다.

CHAPTER
08 ## 한국의 외교 및 통일정책

제1절 ### 이승만 정부(1948~1960) − 반공(反共) 및 한미동맹 중심

① 핵심 기조

강력한 반공 정책과 미국 중심의 외교

② 주요 정책

⑴ 1950년 한국 전쟁이 발발하자 미국을 비롯한 UN군과 협력하였다.

⑵ 1953년 한미상호방위조약을 체결하여 한국 안보의 핵심 축을 형성하였다.

⑶ 북진통일을 주장했다(이후 정전협정 반대).

⑷ 친미·반소·반중 정책을 유지하였다.

제2절 ### 박정희 정부(1961~1979) − 한미동맹 강화 및 자주국방 추진

① 핵심 기조

경제발전과 안보를 동시에 추진하는 실용주의 외교

② 주요 정책

⑴ 베트남전에 파병하였다(미국과 협력 강화).

⑵ 1965년 한일 국교를 정상화함으로써 경제 협력을 강화하였다.

⑶ 닉슨 독트린(1969) 이후 자주국방 강화 노력을 하였다.

　① 국방과학연구소를 설립하고, 전차·함정을 개발하였다.
　② 1972년 7·4 남북공동성명을 발표하였다(남북 대화 시작).

❸ 7 · 4 남북공동성명(1972년 7월 4일)

(1) 개요

① 7 · 4 남북공동성명은 1972년 7월 4일 당시 대한민국과 북한이 서울과 평양에서 각각 발표한 중요한 합의문이다.

② 이 성명은 <u>남북 간의 첫 공식적인 정치적 합의</u>로, 한반도 문제를 평화적으로 해결하려는 의지를 담고 있다.

(2) 주요 내용

① **한반도의 평화적 통일** : 남북은 한반도의 평화적 통일을 위해 협력할 것을 다짐하였으며, 이를 위해 상호 이해와 신뢰를 바탕으로 대화를 지속 추진하기로 하였다.

② **교류 및 협력** : 남북은 정치적, 군사적 긴장을 완화하고, 경제적, 사회적 분야에서 상호 교류와 협력을 확대하기로 하였다.

③ **상호 불가침** : 남북은 군사적으로 서로를 침략하지 않으며, 군사적 충돌을 방지하기 위해 협력하기로 하였다.

④ **통일 방안** : 남북은 한반도 통일을 이루기 위한 협의와 노력을 지속적으로 이어가기로 하였으며, 각자의 입장에서 통일 방안을 모색하기로 하였다.

(3) 조국 통일 3대 원칙

① 조국 통일 3대 원칙은 1972년 7 · 4 남북공동성명에서 제시된 핵심적인 원칙으로, 한반도의 평화적 통일을 위한 기본적인 방향을 제시한 원칙이다.

② **3대 원칙**

㉠ **자주** : 통일은 외부 세력의 간섭 없이, 남북이 자주적으로 해결해야 한다는 원칙이다.

㉡ **평화** : 통일은 전쟁이나 군사적 충돌이 아닌, 평화적 방법으로 이루어져야 한다는 원칙이다.

㉢ **민족대단결** : 통일 과정에서 모든 민족이 하나로 단결하여, 민족의 이익과 요구를 우선시해야 한다는 원칙이다.

❹ 6 · 23 선언(평화통일외교정책에 관한 특별성명)

(1) 개요

① 6 · 23 선언은 1973년 6월 23일 당시 대한민국 대통령 박정희가 발표한 평화통일외교정책에 관한 특별성명이다.

② 이 선언은 남북한 관계와 외교정책에 있어 중요한 전환점이 된 정책으로, 한반도의 평화 정착과 국제사회에서 대한민국의 외교적 입지를 강화하려는 목표를 담고 있었다.

(2) 배경

① **국제 정세 변화**

㉠ 1970년대 초반 미국과 소련 간 긴장 완화가 진행되면서 국제사회에서 냉전 구도가 변화되었다.

    ⓛ 1971년 미중관계 개선이 추진되면서 국제사회에서 중화인민공화국(중국)이 부상하였다. 1971년 유엔(UN)이 중화민국(대만)을 축출하고 중국을 대표국으로 인정하였으며, 북한도 유엔 가입을 추진하며 국제적 영향력을 확대하려 노력하였다.

  ② **남북 관계 개선 노력**

    ㉠ 1972년 7·4 남북공동성명을 통해 남북이 처음으로 평화통일을 위한 원칙에 합의하였다.

    ⓛ 하지만 이후 남북대화가 정체되면서 대한민국이 주도적으로 평화 정책을 제시할 필요성이 대두되었다.

(3) 6·23 선언의 주요 내용

  ① **평화통일 원칙 확인**

    ㉠ 무력 충돌이 아닌 평화적 방법을 통한 통일을 추구한다는 점을 강조하였다.

    ⓛ 북한을 포함한 모든 국가와의 관계 개선 가능성을 언급하였다.

    ㉢ 대한민국은 자유진영 국가뿐만 아니라 공산권 국가와도 관계를 개선할 수 있다는 점을 시사하였다.

  ② **유엔 가입에 대한 입장 변화**

    ㉠ 기존에는 남북한이 대한민국으로 단독 가입 또는 북한을 배제한 형태로 유엔에 가입해야 한다는 입장이었다.

    ⓛ 6·23 선언에서는 남북한이 유엔에 동시 가입하는 것도 고려할 수 있다는 입장을 밝혔다. 단, 이러한 것이 한국 정부가 북한을 국가로 인정한 것은 아니다.

  ③ **국제사회에 대한 개방 정책**: 대한민국은 국제사회에서 더욱 개방적인 외교를 추진하겠다고 선언하였다.

  ④ 이는 북한의 단독 유엔 가입을 견제하는 한편, 대한민국의 국제적 고립을 방지하기 위한 전략적 접근이었다.

❺ 6·23 선언의 영향

(1) 국제 사회에서 대한민국의 외교적 입지 강화

  ① 6·23 선언 이후 대한민국은 비공산권뿐만 아니라 공산권 국가들과도 외교 관계를 확대할 수 있는 명분을 확보하였다.

  ② 이후 1975년 유엔 총회에서 대한민국을 한반도의 유일한 합법 정부로 인정하는 결의안(3390호)이 채택되기도 하였다.

(2) 북한의 강한 반발

  ① 북한은 6·23 선언을 "2개의 조선을 만들려는 분열책동"이라며 강력히 반대하였다.

  ② 이후 북한은 자신들의 외교적 입지를 강화하기 위해 비동맹 국가들과의 관계를 더욱 공고히 하려는 전략을 추진하였다.

(3) **남북 관계의 새로운 기조 형성**
　① 6·23 선언은 대한민국이 남북 관계에서 보다 적극적인 외교정책을 펼칠 수 있는 기반이 되었다.
　② 이후 대한민국은 1980년대 북방정책(노태우 정부, 1988)을 통해 공산권 국가들과의 외교를 본격
　　적으로 추진하였다.

제3절 전두환·노태우 정부(1980~1993) − 북방외교 및 남북대화 확대

❶ 핵심 기조

냉전 해체에 대응하여 국제사회 외교 다변화

❷ 주요 정책

(1) 1983년 아웅산 테러 사건이 발생하였으나 군사적 대응은 실시하지 못하였다.

(2) 1988년 서울 올림픽을 성공적으로 개최하였다.

(3) 1989~1991년 북방외교를 추진하여 소련(1990), 중국(1992)과 수교하였다.

(4) 1991년 남북한이 UN에 동시 가입하고, 남북기본합의서를 체결하였다.

❸ 7·7 선언(1988)

(1) 7·7 선언은 1988년 7월 7일에 노태우 대통령이 발표한 '민족 자존과 통일 번영을 위한 대통령 특별
　선언'이다.

(2) **6개항으로 된 이 선언의 주요 내용**
　① 남북 동포의 상호교류 및 해외동포의 남북 자유왕래 개방
　② 이산가족 생사 확인 적극 추진
　③ 남북교역 문호개방
　④ 비군사 물자에 대한 우방국의 북한 무역 용인
　⑤ 남북 간의 대결외교 종결
　⑥ 북한의 대미·일 관계 개선 협조

(3) 이 선언 후 한국 정부는 대북 비난 방송을 중단했으며, 남북 대학생 국토순례대행진을 북한측에
　요구하기도 하였다.

> **민족 자존과 통일 번영을 위한 대통령 특별선언**
>
> 1. 정치인, 경제인, 종교인, 문화예술인, 체육인, 학자 및 학생 등 남북동포간의 상호교류를 적극 추진하며 해외 동포들이 자유로이 남북을 왕래하도록 문호를 개방한다.
> 2. 남북적십자회담이 타결되기 이전라도 인도주의적 견지에서 가능한 모든 방법을 통해 이산가족간에 생사, 주소확인, 서신왕래, 상호방문이 이루어질 수 있도록 적극주선, 지원한다.
> 3. 남북한 교역의 문호를 개방하고 남북한 교역을 민족내부 교역으로 간주한다.
> 4. 남북 모든 동포의 삶의 질을 향상시킬 수 있도록 민족경제의 균형적 발전이 이루어지기를 희망하며, 비군사적 물자에 대해 우리 우방과 북한이 교역을 하는데 반대하지 않는다.
> 5. 남북한간의 소모적인 경쟁, 대결외교를 종결하고 북한이 국제사회에 발전적 기여를 할 수 있도록 협력하며, 또한 남북 대표가 국제무대에서 자유롭게 만나 민족의 공동이익을 위하여 서로 협력할 것을 희망한다.
> 6. 한반도의 평화를 정착시킬 여건을 조성하기 위하여 북한이 미국·일본 등 우리 우방과의 관계를 개선하는데 협조할 용의가 있으며, 또한 우리는 소련·중국을 비롯한 사회주의국가들과의 관계개선을 추구한다.

❹ 한민족 공동체 통일방안(1989)

(1) 1988년의 7·7 선언을 계승하는 정책으로 1989년 9월 11일 노태우 정부가 제시한 통일방안이다.

(2) **제안 배경**

① 1987년 개정 「헌법」은 처음으로 「헌법」에서 분단 현실을 인정하고 통일은 평화적으로 달성되어야 한다는 원칙을 규정하였다.

② 「헌법」 전문에서는 조국의 평화통일 사명을 천명하고, 제4조에서 자유민주주의적 기본질서에 입각한 평화적 통일정책의 수립과 추진을 명시하였다.

③ 또한 제66조 3항에서는 대통령이 조국의 평화적 통일을 위한 성실한 의무를 진다고 규정하였다.

④ 이는 「헌법」에 통일 관련 조항을 규정함으로써 통일이 관념의 문제가 아닌 현실적 실천과제임을 확인한 것이다.

⑤ 1988년 2월 25일 출범한 제6공화국 정부는 과거와 다른 차원에서 새로운 남북관계의 정립을 위한 통일노력을 전개하였다.

(3) **주요 내용**

① 한민족 공동체 통일방안은 국회에서 대통령의 특별선언을 통해 발표되었다.

② 남북간에 누적된 불신과 대결의식, 이질화 현상을 그대로 둔 채 일시에 통일을 이룩한다는 것은 현실적으로 어렵다는 점을 전제로 하고 있다.

③ 따라서 완전한 통일을 이룩하려면 남북간의 교류와 협력을 통해 먼저 민족공동체를 회복 발전시키고, 이를 바탕으로 정치적 통일이 이루어질 수 있는 상태를 만들어 나가야 한다는 것이다.

Part 04

> **한민족 공동체 통일방안**
> 1. 통일의 원칙으로 자주·평화·민주를 제시하고 통일국가의 미래상으로는 자유·인권·행복이 보장되는 민주 국가를 제시한다.
> 2. 통일국가의 수립절차는 남북대화의 추진으로 신뢰회복을 기해나가는 가운데 남북정상회담을 통해 민족공동 체헌장을 채택한다.
> 3. 남북의 공존공영과 민족사회의 동질화, 민족공동생활권의 형성 등을 추구하는 과도적 통일체제인 남북연합을 건설한다.
> 4. 통일헌법이 정하는 바에 따라 총선거를 실시하여 통일국회와 통일정부를 구성함으로써 완전한 통일국가인 통일민주공화국을 수립하는 것이다.
> 5. 남북연합단계에서는 민족공동체 헌장에서 합의하는데 따라 남북정상회의·각료회의·평의회·공동사무처 등을 두기로 규정한다.

❺ 북방외교(정책)

(1) 개요
① 1988년부터 한국 정부가 추진해 온 대공산권 외교정책을 의미한다.
② 북방외교는 중국·소련·동유럽국가·기타 사회주의국가 및 북한을 대상으로 하는 외교정책 으로, 중국·소련과의 관계개선을 도모하여 <u>한반도의 평화와 안정을 유지</u>하고, 사회주의국가 와의 경제협력을 통한 <u>경제이익의 증진과 남북한 교류·협력관계의 발전을 추구</u>하며, 궁극적 으로는 사회주의국가와의 외교 정상화와 <u>남북한 통일의 실현</u>을 목적으로 한다.

(2) 등장배경
① 북방외교는 통일 이전 서독이 실시했던 동방외교에서 유래하였다.
② 한국 북방외교의 기원은 1973년 6·23 선언 당시 할슈타인원칙(Hallstein Doctrine)*을 포기한 시점으로 볼 수 있다.

> ✎ 할슈타인 원칙(1955)
> • 서독의 발터 할슈타인이 1955년 9월 22일에 내세운 외교 원칙으로, 서독만이 독일의 유일한 합법 정부이며, 독일 민주 공화국(동독)을 승인하거나 동독과 수교하는 국가(소련 제외)와는 관계를 설정하지 않겠다는 정책이다.
> • 하지만 1970년대에 빌리 브란트가 동방정책을 추진함에 따라 사실상 이 원칙은 무력화되었다.

③ 이 선언을 포기하면서 대공산권 외교가 보다 활성화 될 수 있었다.
④ 1983년 6월 이범석 당시 외무부장관은 국방대학원에서 행한 연설에서 '북방정책'이란 용어를 처음으로 사용하였다.
⑤ 이후 북방외교는 노태우 대통령이 1988년 2월 25일 취임사에서 본격적으로 정부의 대외정책 기조로 설정하면서 본격화되었다.

(3) 주요 내용
① 노태우 대통령이 취임사에서 강조한 북방외교란 "종래 이념과 체제가 다르다는 이유로 외교관 계가 없던 북방대륙의 국가들과 국제협력을 통해 새로운 관계를 구축해 나가겠다는 것"이다.
② 북방외교는 노태우 정권의 공식 외교노선이 되어 활발히 추진되었는데, 그 구체적 현실화가 7·7 선언이었다.

③ 7·7 선언 이후, 미·소 간의 신(新)데탕트 바람과 서울올림픽 개최, 대공산권 교역증대 등의 유리한 여건에 힘입어 1989년 2월 1일에는 동구 공산권 국가로는 처음으로 헝가리와 정식 수교를 맺었다.

④ 이어 1989년 11월 1일에는 폴란드*와 수교를 맺었다. 폴란드의 경우는 헝가리와의 수교와 달리 상주대표부라는 중간단계를 거치지 않고 직접 대사급 외교관계를 수립하였다.

    ✎ 폴란드는 동유럽 국가 중 인구가 가장 많고 면적이 가장 넓다.

⑤ 이후, 유고슬라비아(1989. 12. 28.), 체코슬로바키아(1990. 3. 22.), 불가리아(1990. 3. 23.), 루마니아 (1990. 3. 30.), 알바니아(1991. 8. 23.) 등과 잇달아 정식 외교관계를 수립하였다.

⑥ 1990년 2월 9일 정부는 그동안의 민간·밀사외교에서 벗어나 정부차원에서 북방외교를 전담하기 위해 북방외교추진본부를 외무부에 설치하여 정경분리 차원이 아닌 정경연계방식을 천명하였다.

⑦ 이를 토대로 1990년 6월 4일 샌프란시스코에서 노태우 대통령과 고르바초프 대통령 간의 한·소정상회담에 이어 9월 30일 뉴욕 국제연합본부에서 최호중 외무부장관과 셰바르드나제 소련 외무부장관이 대사급 외교관계를 수립한다는 공동성명에 서명함으로써 정식으로 한·소수교가 이루어졌다.

⑧ 한중 관계는 1991년 1월 30일 대한무역진흥공사 주 베이징 대표부의 개설로 새로운 전기를 마련 후, 1992년 8월 24일 베이징에서 이상옥 외무부장관과 첸치천(錢其琛) 중국 외교부장이 수교공동 성명에 서명함으로써 한중간의 정식수교가 이루어졌다.

⑨ 노태우 정부가 애초에 표방했던 북방정책의 궁극적 도달점이라고 할 수 있는 대북 통일외교는 1991년 9월 18일 유엔 동시 가입, 1992년 2월 19일 남북기본합의서와 비핵화 공동선언 등으로 일부 양국 간의 긴장완화와 통일을 향한 전 단계를 조성하는 수준에서 마무리되었다.

제4절   김영삼 정부(1993~1998) - 문민정부와 세계화

❶ 핵심 기조

민주주의 확대 및 국제사회와의 협력 강화

❷ 주요 정책

(1) 1994년 1차 북핵 위기 속에서 제네바 합의(북한의 핵개발 동결)가 타결되었다.

(2) 한미동맹 유지 속에서 일본·중국과 관계를 조정하였다.

(3) 1996년 OECD에 가입하여 선진국 외교를 지향하였다.

❸ 민족공동체 통일방안

(1) 개요

① 「민족공동체통일방안」은 한국 정부의 공식 통일방안이다.

② 1994년 8월 15일 김영삼 대통령이 제시한 통일방안으로서, 1989년 9월 11일 노태우 정부 시기에 발표된 「한민족공동체통일방안」을 계승하면서 "남북기본합의서" 발효 등 상황변화를 반영하여 보완·발전시킨 것이다.

(2) 배경 및 특징

① 1994년 8월 15일 김영삼 대통령은 광복절 경축사를 통해 새로운 통일방안을 제시하면서 「한민족 공동체 건설을 위한 3단계 통일방안」(약칭, 「민족공동체통일방안」)을 발표하였다.

② 「민족공동체통일방안」은 기본적으로 1989년 9월 11일 천명된 「한민족공동체통일방안」을 계승하면서 보완·발전시킨 것으로, 세계적인 탈냉전과 남북 체제 경쟁의 종결, 그리고 1992년 2월 19일 '남북기본합의서'* 발효 등 여러 가지 새로운 국면 조성에 부응하여 제시된 것이었다.

  ✐ 남북기본합의서는 7·4 남북공동성명에서 천명한 조국 통일 3대원칙을 재확인하였다는 평가를 받고 있다.

남북기본합의서

서문
대한민국과 조선민주주의인민공화국은 한반도의 평화와 안정, 그리고 두 나라의 공동 발전을 위해 다음과 같이 합의하였다.

제1조(상호 불가침)
남과 북은 상대방의 영토와 정치적 독립을 존중하며, 상호 군사적 침략을 하지 않기로 한다. 또한, 군사적 위협을 배제하고 평화적인 공존을 위해 노력한다.

제2조(남북 교류와 협력)
남과 북은 정치, 경제, 사회, 문화 등 여러 분야에서 상호 교류와 협력을 증진시켜 나가며, 공동의 번영을 추구한다.

제3조(핵 문제에 대한 공동 대응)
남과 북은 한반도의 비핵화와 핵무기 확산 방지에 공동으로 대응하며, 국제사회와 협력하여 핵무기를 개발하거나 보유하지 않도록 한다.

제4조(통일을 위한 협력)
남과 북은 한반도의 평화적 통일을 위한 노력에 지속적으로 협력하며, 통일을 위한 구체적인 방안을 협의한다.

제5조(합의의 이행)
남과 북은 이 합의서의 내용을 충실히 이행하며, 합의에 따른 구체적인 실천을 위해 협상과 대화를 계속 진행한다.

제6조(기타사항)
이 합의서의 내용에 관한 기타 사항은 남북 간의 추가 협상을 통해 해결한다.

합의서 서명
이 합의서는 1991년 12월 13일 대한민국 서울과 조선민주주의인민공화국 평양에서 각각 서명되었으며, 양측은 상호 존중과 협력의 정신에 따라 이를 이행하기로 한다.

③ 「민족공동체통일방안」은 동족상잔의 전쟁과 장기간의 분단이 지속되어 온 남북관계 현실을 고려한 바탕 위에서 통일의 접근방법을 제시하였다.
  ㉠ 남북 간 화해 협력을 통해 상호 신뢰를 쌓고 평화를 정착시킨 후 통일을 추구하는 점진적·단계적 통일방안을 제시하였다.
  ㉡ 남과 북의 이질화된 사회를 하나의 공동체로 회복·발전시켜 궁극적으로는 '1민족 1국가'의 통일국가 실현을 목표로 하고 있다.
④ 1989년 천명된 「한민족공동체통일방안」은 화해와 신뢰구축의 과정을 남북연합으로 나아가기 위한 자연스러운 과정으로 본데 비해, 「민족공동체통일방안」은 이 과정을 단계화한 것이 특징이다.
⑤ 「민족공동체통일방안」은 현재까지 대한민국 정부의 공식 통일방안으로 지속되고 있다.

(3) 주요 내용

① 통일의 기본철학과 원칙
  ㉠ 「민족공동체통일방안」에서는 통일의 기본철학으로서 자유민주주의를 제시하였다
  ㉡ 통일의 접근시각으로 민족공동체 건설을 제시하였다. 민족통일을 통하여 국가통일로 나가자는 의미이다.
  ㉢ 또한 「민족공동체통일방안」은 통일을 추진함에 있어서 견지해야 할 기본 원칙으로서 자주, 평화, 민주를 제시하였다.
  ㉣ '자주'의 원칙은 우리 민족 스스로의 뜻과 힘으로, 그리고 남북 당사자 간의 상호 협의를 통해 통일이 이루어져야 한다는 것을 의미한다.
  ㉤ '평화'의 원칙은 통일이 전쟁이나 상대방에 대한 전복을 통해서 이루어질 수 없으며, 오직 평화적으로 이루어져야 한다는 점을 강조한다.
  ㉥ '민주'의 원칙이란 통일이 민족구성원 모두의 자유와 권리를 바탕으로 이루어지는 민주적 통합의 방식으로 이루어져야 한다는 원칙이다.

② 통일의 과정
  ㉠ 「민족공동체통일방안」에서 통일은 하나의 민족공동체를 건설하는 방향에서 점진적·단계적으로 이루어 나가야 한다는 기조 하에 통일의 과정을 화해·협력단계 → 남북연합단계 → 통일국가 완성단계의 3단계로 설정하였다.
  ㉡ 1단계인 '화해·협력단계'는 남북이 적대와 불신·대립관계를 청산하고, 상호 신뢰 속에 긴장을 완화하고 화해를 정착시켜 나가면서 실질적인 교류 협력을 실시함으로써 평화공존을 추구해 나가는 단계이다. 즉 남북이 상호 체제를 인정하고 존중하는 가운데 분단상태를 평화적으로 관리하면서 경제·사회·문화 등 각 분야의 교류협력을 통해 상호 적대감과 불신을 해소해 나가는 단계이다.
  ㉢ 이러한 1단계 과정을 거치면서 남북은 상호신뢰를 바탕으로 민족동질성을 회복하면서 본격적으로 통일을 준비하는 방향으로 나가게 된다.
  ㉣ 2단계는 남북 간의 공존을 제도화하는 중간과정으로서 과도적 통일체제인 '남북연합단계'로 설정하였다. 이 단계에서는 남북 간의 합의에 따라 법적·제도적 장치가 체계화되어 남북연합 기구들이 창설·운영된다. 남북연합에 어떤 기구를 두어 어떤 일을 할 것인가는 남북 간의 합의에 의해 구체적으로 정해질 것이지만, 기본적으로는 남북정상회의, 남북각료회의, 남북 평의회 그리고 공동사무처가 운영될 것이다.

　　　⑩ 마지막 3단계인 '통일국가 완성 단계'는 남북연합 단계에서 구축된 민족공동의 생활권을 바탕으로 정치공동체를 실현하여 남북 두 체제를 완전히 통합하는 것으로서 1민족 1국가의 단일국가를 완성하는 단계이다. 즉, 남북 의회 대표들이 마련한 통일헌법에 따른 민주적 선거에 의해 통일정부, 통일국회를 구성하고 두 체제의 기구와 제도를 통합함으로써 통일을 완성하는 것이다.

📖 민족공동체 통일방안

통일의 철학	인간 중심의 자유민주주의
통일의 원칙	자주, 평화, 민주 • 자주 : 민족자결의 정신에 따라 남북 당사자간의 해결을 통해 • 평화 : 무력에 의거하지 않고 대화와 협상에 의해 • 민주 : 민주적 원칙에 입각한 절차와 방법으로
통일의 과정	화해협력 → 남북연합 → 통일국가
통일국가 미래상	자유·복지·인간존엄성이 구현되는 선진 민주국가

제5절 │ 김대중 정부(1998~2003) — 햇볕정책 및 남북 화해

❶ 핵심 기조

대북 포용정책(햇볕정책) 및 다자외교 강화

❷ 주요 정책

(1) 2000년 6·15 남북정상회담을 개최하였는데, 이것은 최초의 남북정상회담이었다.

(2) 개성공단 및 금강산 관광을 추진하였다.

(3) 한미관계를 재정립하였다(클린턴 행정부와 협력 강화).

❸ 햇볕정책

(1) 햇볕정책은 비유법으로 사용된 상징어로 대북화해정책, 대북포용정책 또는 포용정책으로도 불린다. 공식적인 명칭은 대북화해협력정책이다.

(2) 많은 면에서 1970년대 서독의 동방정책에 기초하였다.

(3) **주요 원칙** : 3원칙과 정경 분리

　　① 북측의 무력 도발을 허용하지 않는다.

　　② 남측은 흡수 통일을 시도하지 않는다.

　　③ 남측은 화해와 협력을 추진한다.

➡ 이러한 세 가지 원칙을 토대로 김대중 정부는 보다 많은 접촉과 보다 많은 대화, 보다 많은 협력을 추구하였다.

➡ 또한, 정경분리 원칙에 따른 경제 교류를 활성화했고, 인도적 차원의 대북 식량 지원과 이산가족 문제 해결에 주력하였다.

(4) 비판

① 햇볕정책이 실시되는 와중에도 북한은 연평해전과 같은 무력 도발을 감행하였고 계속된 핵개발로 핵실험을 실시하여 안보 측면에서 실패했다는 비판이 제기되었다.

② 북한의 핵개발을 위한 시간을 벌어주었다는 비판이 제기되었다.

제6절 노무현 정부(2003~2008) – 자주국방 및 균형외교

❶ 핵심 기조

동북아 균형자론 및 자주국방 강화

❷ 주요 정책

(1) 전시작전통제권 환수를 추진하였다.

(2) 이라크전에 파병(자이툰 부대)하였다.

(3) 2007년 2차 남북정상회담이 개최되어 10·4 선언을 발표하였다.

❸ 동북아 균형자론

(1) 동북아 균형자론의 등장배경에 대해 노무현 정부는 "대한민국 스스로의 선택이 대한민국의 운명을 바꾸는 데 아무런 역할을 할 수 없었던, 부끄러운 역사에 대한 반성의 인식 위에서 동북아 균형자론이 탄생한 것"이라고 밝혔다.

(2) 국가안전보장회의는 "무력이나 힘의 사용에 의존하지 아니하고, 동북아 역내에서 중견 국가의 위상에 맞는 역할을 하고자 하는 것이다. 우리의 국익을 위해, 변화하는 국제사회에서 존경받는 협력국가가 되기 위해, 과거 우리가 종속적 변수였던 상황에서 벗어나 적극적으로 우리의 역할을 찾아 나가자는 것이다."라고 설명했다.

(3) 목표로는 한미일과 북중러 3각 갈등을 최소화하고 동북아시아 내 안보 갈등을 완화시키는 것이다.

(4) 다양한 비판에 직면하였다. 예를 들어 균형자로서의 충분한 능력 보유 문제 등이 대표적 비판이었다.

④ 협력적 자주국방

(1) 개요

① '협력적 자주국방'은 우리가 한반도 안보에 주체적 당사자가 되겠다는 국가의지의 표현으로서, 노무현 대통령이 2003년 '광복절 경축사'와 '국군의 날 치사'를 통해 공식적으로 표방하였다.

② 국방부는 노무현 대통령의 전략지침에 따라 '참여정부 임기 내에 자주국방의 토대를 구축한다.'는 목표로 <협력적 자주국방 추진계획>을 수립, 2004년 11월 6일 대통령에게 보고하였다.

(2) 등장배경

① 한국군은 창군 이래 공고한 한·미동맹을 유지하면서 안보환경, 가용 국방재원, 국민적 관심 등 국내외적인 여건 변화에 따라 추진방법과 정도의 차이는 있었으나 '자주국방'을 위한 노력을 계속해 왔다.

② 이러한 자주국방 노력은 1971년부터 본격화되었다.

③ 1990년대 초까지 지속적으로 율곡사업을 추진하여 기본적인 방위력을 확보하고 합참의 작전수행 능력을 강화하였으며, 1994년에는 평시작전통제권을 환수하는 등 전력증강, 작전수행능력과 연합지휘체제 발전 측면에서 괄목할 만한 성과를 거두었다.

④ 그렇지만 북한의 핵개발, 주한미군 재조정 등 안보환경의 변화와 도전에 능동적으로 대처해 나가기 위해서 한국군의 방위역할을 확대해야 할 필요는 여전히 남아있었다.

(3) 주요 내용

① '협력적 자주국방'은 한·미동맹을 발전시키고 주변국과의 군사협력과 집단안보체제 등 대외 안보협력을 능동적으로 활용하면서 북한의 전쟁 도발을 억제하고, 도발하는 경우 이를 격퇴하는 데에 우리가 주도적인 역할을 수행할 수 있는 능력과 체제를 구비한다는 것이다.

② <협력적 자주국방 추진계획>의 주요 내용은 '한·미동맹의 미래지향적 발전', '전쟁억제능력 조기확충', '군구조 개편 및 국방개혁' 등 크게 3가지 분야로 구분되었다.

⑤ 평화번영정책

개념	한반도 평화를 증진, 남북 공동 번영 추구, 평화통일 기반 조성, 동북아 경제중심국가로의 발전토대 마련	
4대 정책기조	대화를 통한 문제해결, 상호 신뢰우선과 호혜주의, 남북 당사자 원칙에 의거한 국제협력, 국민과 함께 하는 정책	
달성 목표	평화증진, 공동번영	
추진 전략	북한 핵문제해결(단기), 한반도 평화체제 구축(중기), 동북아 경제중심국가 건설(중장기)	
대량살상 무기정책	정책기조	• 북핵 및 미사일문제의 평화적 해결을 전제로 단계별 대규모 대북 경제협력 단행 • 한반도 군사적 긴장 고조시키는 일체의 행위 반대 • 군사 및 경제도 고려하는 포괄적 안보 지향
	북핵문제원칙	• 북한 핵의 불용 • 대화를 통한 평화적 해결 • 한국의 적극적 역할

제7절 이명박 정부(2008~2013) - 실용외교 및 강경 대북정책

① 핵심 기조

한미동맹 강화 및 강경한 대북정책

② 주요 정책

(1) 비핵·개방·3000 정책(북한이 핵을 포기하면 경제 지원)을 실시하였다.

(2) 2010년 천안함 피격 사건으로 5·24 조치*를 시행하였다.

   ✐ 5·24 조치는 남북관계 단절 선언이다. 주요 내용으로는 개성공단·금강산을 제외한 북한지역 방문 불허, 남북교역
   중단, 대북 신규투자 금지, 북한 선박의 우리 해역 운항 불허, 대북지원사업의 원칙적 보류, 인도적 지원 차단 등이다.

(3) G20 정상회의(2010)를 개최히였다.

③ 비핵·개방·3000 정책

(1) 내용

   ① 이명박 정부가 2006년 북한의 미사일 발사와 핵실험으로 인해, 북한의 핵 포기 결단을 유도하기
      위해 제시한 대북정책 구상이다.

   ② 북한이 핵을 포기하고 개방의 길로 나선다면 한국은 국제사회와 함께, 10년 내에 북한의 1인당
      국민소득이 3,000달러 수준이 될 수 있도록 지원한다는 것이 핵심 주장이다.

(2) 배경 및 의도

   ① 기존 정부(김대중·노무현 정부)의 포용 정책(햇볕정책)과 차별화된 정책이었다.

   ② 무조건적인 대북 지원보다는 조건부 지원을 원칙으로 하였다(행동 대 행동).

   ③ 북한이 자발적으로 변화하도록 유도하는 전략이다.

제8절 박근혜 정부(2013~2017) - 신뢰외교 및 사드 배치

① 핵심 기조

신뢰를 바탕으로 한 외교 및 안보 강화

② 주요 정책

(1) 2015년 한·중 정상회담 및 한중FTA를 체결하였다.

(2) 2016년 사드(THAAD) 배치가 결정되면서 중국과 갈등을 겪었다.

(3) 개성공단을 전면 폐쇄하였다.

제9절 문재인 정부(2017~2022) – 한반도 평화 프로세스

❶ 핵심 기조

대북 대화 · 협력을 통한 평화 구축

❷ 주요 정책

(1) 2018년 남북정상회담을 3회 개최(판문점 선언, 평양 공동선언)하였다.

(2) 북미 정상회담을 중재하였다(트럼프–김정은 회담).

(3) 종전선언을 추진하였다.

❸ 신남방정책(New Southern Policy)

(1) 문재인 대통령이 2017년 11월 9일 인도네시아에서 개최된 '한–인도네시아 비즈니스포럼' 기조연설을 통해 공식 천명한 정책이다.

(2) 사람(People) · 평화(Peace) · 상생번영(Prosperity) 공동체 등 이른바 '3P'를 핵심으로 하는 개념으로, 아세안 국가들과의 협력 수준을 높여 미국 · 중국 · 일본 · 러시아 등 주변 4강국 수준으로 끌어올린다는 것이 핵심이다.

(3) 여기에는 상품 교역 중심에서 기술, 문화예술, 인적 교류로 그 영역을 확대하는 내용도 포함되었는데, 특정 국가 중심의 교역에서 벗어나 시장을 다변화하는 등 한반도 경제 영역을 확장한다는 의미도 담고 있었다.

(4) 문재인 정부는 신남방정책을 통해 아세안 국가와의 협력을 강화하고, 안보 차원에선 북한과 외교 관계를 맺고 있는 아세안과의 북핵 대응 공조와 협력을 이끈다는 구상이었다.

❹ 한반도 평화 프로세스

(1) 한반도 평화 프로세스는 문재인 정부의 대북정책으로, 2017년 7월에 문재인 대통령이 발표한 '베를린 구상'에서 기초하여 구축된 정책 기조이다.

(2) 한반도 평화 프로세스의 목표는 남북간 적대적 긴장과 전쟁 위협을 없애고, 한반도에 완전한 비핵화와 항구적인 평화를 정착하는 것이라고 밝혔다.

(3) 남북관계와 함께 북미관계의 진전에도 방점을 둔다는 점이 과거 정부들의 정책과 다른 특징 중 하나이다.

> **더 알아보기**
>
> **베를린 구상(2017)**
> - 2017년 7월 6일 문재인 대통령이 독일 쾨르버 재단의 초청을 받아 베를린의 옛 시청인 알테스 슈타트하우스 (Altes Stadthaus)에서 실시한 연설에서 북한에 대화 재개와 한반도의 항구적 평화 정착을 위한 노력을 제안하였다.
> - **한반도 항구적 평화정착을 위한 정책방향**
>   - 오직 평화
>   - 한반도 비핵화
>   - 항구적인 평화 체제 구축
>   - 한반도에 그리는 새로운 경제지도
>   - 비정치적 교류협력 사업 추진
> - **한반도 정책방향 실천 준비**
>   - 시급한 인도적 문제의 해결(이산가족)
>   - 북한의 평창동계올림픽 참가
>   - 군사분계선 적대행위 상호 중단
>   - 남북 간 접촉 및 대화 재개

제10절 │ 윤석열 정부(2022~2025) - 한미동맹 강화 및 자유 · 가치 중심 외교

① 핵심 기조

강경한 대북 정책 및 글로벌 외교 확대

② 주요 정책

(1) 한미일 3국 협력을 강화하였다.

(2) 확장억제(미국의 핵우산)를 강화하였다.

(3) 인도-태평양 전략을 추진하였다.

CHAPTER 09 동북아시아 국가들의 안보정책

제1절 | 미국

❶ 미국의 기본 안보정책 방향 : "글로벌 리더십 유지"

(1) 21세기 국제정치에서 가장 핵심적인 현상 중 하나는 바로 미중경쟁이다.

　① 중국은 급격한 경제 성장을 바탕으로 미국과 이른바 '신형 대국 관계'를 앞세워 미국이 주도하는 국제사회의 현상변경(Revision of Status Qua)을 추구한다.

　② 반면, 미국은 자국이 주도하는 국제질서의 현상유지(Status Qua)를 추진한다.

(2) 미국 안보정책의 방향성을 살펴보기 위해서는 미국 정부의 국가안보전략서(National Security Strategy, NSS)를 살펴볼 필요가 있다(바이든 정부).

　① 이 보고서에 따르면, 미국의 전략목표는 크게 세 가지로 미국 국민의 안전 도모, 국내외 경제적 기회 확대, 미국 주도의 민주적 가치 실현 및 방어이다.

　② 이에 대한 실행전략으로 미국의 힘과 영향력 확대를 위한 투자, 글로벌 문제 해결을 위한 동맹국과 연합 구축, 경쟁력 있는 국가안보를 위한 군의 현대화 등이 제시되었다.

(3) 오바마 정부 시절 발표된 2010년, 2015년 NSS에서는 당시 중국의 성장을 경계했지만 경제 협력을 통해 중국을 미국 주도의 세계질서로 초대하고, 중국과 초국가적 협력을 강조하였다.

(4) 트럼프 정부가 발표한 2017년 NSS에서는 이른바 '미국 우선주의'를 강조하면서 중국을 러시아와 더불어 현존 국제질서에 도전하는 수정주의 국가(revisionist power)로 규정하였다.

(5) 반면, 바이든 정부의 NSS에서는 중국을 국제질서 재편 능력과 의지가 있는 '유일한 경쟁국(the only competitor)'으로 인식하였다.

　① 냉전 이후 미국 주도의 세계질서가 이제는 붕괴되고 새로운 경쟁 시대가 도래하였음을 인정하였다.

　② 본격적인 중국 견제 추진을 위해 단·장기적 전략을 수립하여 중국과 경쟁에서 우위를 선점할 필요성을 강조하였다.

　③ 이에 미국 정부는 새로운 국제질서를 받아들이고 집단적 역량 강화를 위해 모든 국가와 협력을 도모해야 한다는 입장을 고수하였다.

(6) 결국, 미국의 안보정책 방향은 자국이 주도하는 국제질서를 지속하기 위하여 새로운 도전자의 부상을 견제하는 것이 핵심 목표이다. 이를 위해 국제사회에서 미국과 민주주의 가치를 공유하는 국가와 협력을 우선 강화하되 그러하지 않은 국가와 협력도 배제하지 않는다.

❷ 미국의 대북핵 정책

(1) **미국은 핵무기를 국제적 통제하에 두기 위해 노력**

① 1957년 국제원자력에너지기구(IAEA) 창설을 소련과 합의하였다.

② 1963년 부분적 핵실험 금지조약을 체결하여 핵 비확산을 위한 제도를 마련하였다.

③ 1968년 핵 비확산조약을 체결하였다.

(2) **냉전 시기 미국의 신흥 핵무기 보유국에 대한 정책**

① 미국의 국가이익과 국내정치적 상황을 고려하여 추진되었다.

② 인도의 경우 : 세계 전략적 차원에서 중국의 부상을 견제하고 인도양에서 우위를 확보하기 위하여 인도와 협력이 필요하다는 인식하에 핵 문제에 대해서도 협력적 정책을 추진하였다.

③ 파키스탄의 경우

    ㉠ 미국 입장에서 아프가니스탄에서 소련을 철수시키기 위해서는 파키스탄과 협력이 필요하였다.

    ㉡ 이에 미국은 최초 가했던 제재를 유예시켰음은 물론 32억 달러의 자금을 지원하기도 하였다.

    ㉢ 파키스탄의 핵개발에 대해 "묻지도 언급하지도 않는" 전략으로 전환하였다.

    ㉣ 당시 레이건 미국 대통령은 "파키스탄의 핵개발보다 아프가니스탄에서 소련 축출이 더 중요하다."고 주장하였다.

(3) **북한의 핵무기는 미국에게 있어 잠재적인 군사위협이자 국제정치적 위협이다.**

① ICBM 개발 시 미국에게 군사적 위협이 된다.

② 북한 핵무장 시 주변국 핵보유 추진이 가능해져 글로벌 안보가 위험해진다.

제2절 | 중국

❶ 중국의 기본 안보정책 방향 : "세계적 최강국 위상 확보"

(1) **2025년 현재 시점에서 중국이 발표한 가장 최근 국방백서(신시대 중국의 국방)의 주요 내용**

① 국가의 주권과 안전, 이익을 확고히 지키는 것이 신시대 중국 국방의 근본적인 목표라고 적시하였다.

② 중국군은 국가의 평화통일을 위해서는 무력사용 포기를 약속하지 않을 것을 명시하였다.

    ㉠ 중국을 분열하려는 시도와 외국의 내정 간섭에 반대한다고 강조하였다.

    ㉡ 패권을 영원히 추구하지 않고 영원히 확장하지 않겠다는 것이 신시대 중국 국방의 특징이라고 주장하였다.

⑵ **중국은 지금까지 군사전략으로 '적극방어'를 강조**

① 중국 해군은 근해작전은 물론이고 태평양을 향한 원해작전까지 투사능력의 향상에 중점을 두고 확장시켰다.

② 공군은 최신 전투기 및 공중 급유기 등을 도입 생산함으로써 작전 반경의 확대에 중점을 두었다.

⑶ **이와 함께, 최근 중국은 핵 능력을 강화**

① 스톡홀름국제평화연구소(SIPRI)는 '2024년 보고서'에서 중국이 세계에서 가장 빠른 속도로 핵무기를 늘리고 있다고 밝혔다.

② 이 보고서에 따르면 2024년 1월 기준 중국의 핵탄두 보유량은 500기로 추정된다. 2023년 410기에 비해 90기가 증가하였다.

국가명	핵탄두 보유수	2023 대비 증감
러시아	4,380	−109
미국	3,708	0
중국	500	+90
프랑스	290	0
영국	225	0
인도	172	+8
파키스탄	170	0
이스라엘	90	0
북한	50	+20

③ 2024년 7월 18일 공산당 제20기 중앙위원회 제3차 전체회의(20기 3중전회)에서 중국은 핵무기 개발에 속도를 내겠다는 뜻도 천명하였다.

❷ 중국의 대북핵 정책

⑴ 중국은 북한의 비핵화에 대해 한국 및 미국과 그 인식차가 분명하다.

⑵ 물론, 지금까지 중국은 북한의 핵개발 과정에서 수사적으로는 반대 의사를 표시하였다.

① 중국 정부는 유엔안보리 결의를 성실히 이행하고 국제적 의무를 이행하며 한반도의 평화와 안정을 수호하기 위해 최선을 다하고 있다고 주장한다.

② 이와 동시에 중국은 무차별적인 제재로는 한반도 문제가 해결되지 않는다는 입장을 보인다.

㉠ 2023년 유엔 안전보장이사회가 북한 인권문제와 대북 추가 제재를 여러 차례 논의했지만, 중국은 러시아와 잇따라 반대하였다.

㉡ 2024년 5월 중국을 방문한 블라디미르 푸틴 러시아 대통령과 시진핑 국가주석은 공동성명을 통해 "미국과 그 동맹국이 군사 영역에서 북한을 위협하고 무장 충돌 도발로 한반도 긴장을 격화하는 것에 반대한다."고 발표하였다.

제3절 일본

① 일본의 기본 안보정책 방향

(1) 일본 안보정책은 2022년 12월 16일 발표된 「국가안보전략」, 「국가방위전략」, 「방위력 정비계획」이라는 안보 관련 세 가지 문서에 잘 나타난다.

 ① 「국가안보전략」은 일본 외교・안보 정책의 포괄지침으로서 최상위 문건이다.

 ② 「국가방위전략」은 일본 방위 정책의 기본방침이다.

 ③ 「방위력 정비계획」은 「국가방위전략」에 따른 방위력의 구체적인 정비계획을 제시하는 문건이다.

(2) 이 문서들의 핵심은 결국 두 가지로 요약된다.

 ① 통합사령부 신설과 적 미사일 발사 거점 등을 공격할 수 있는 이른바 '반격 능력' 보유이다.

 ② 2027년까지 일본의 연간 국방예산을 기존 국내총생산의 1%에서 2%로 확대시키기로 하였다.

(3) **반격 능력의 확보**

 ① 반격 능력이란 '일본에 대한 무력 공격이 발생하고, 그 수단으로 탄도미사일 등에 의한 공격이 행해진 경우 추가 공격을 막기 위한 최소한의 조치로서, 상대의 영역에 일본이 유효한 반격을 가할 수 있는 방위 능력'으로 규정한다.

 ② 결국, 기존의 전수방위 원칙의 틀을 벗어나서 적 기지 공격 능력을 보유하겠다는 것을 공식화한 것이다.

 ③ 이러한 정책을 뒷받침 하기 위해 일본의 군사력 증강은 ㉠ 스탠드오프 방위 능력, ㉡ 통합방공 미사일 방위 능력, ㉢ 무인 장비 방위 능력, ㉣ 영역횡단작전능력, ㉤ 지휘통제・정보관련 기능, ㉥ 기동전개능력・국민보호, ㉦ 지속성・강인성(强靭化)의 7가지를 핵심으로 추진되었다.

 ④ 이중 안보 3문서 상에서 가장 중시하고 있는 것은 스탠드오프 방위 능력과 지속성・강인성 항목이다.

  ㉠ 스탠드오프 방위 능력이란 일본을 침공하는 함정과 상륙 부대 등에 대해 위협권 밖에서 대처할 수 있는 능력을 의미한다.

  ㉡ 지속성과 강인성이란 유사시 자위대가 실효적인 억제력을 발휘할 수 있도록 전투 지속 능력을 확보 및 유지하는 것을 의미한다.

(4) **방위비 분야**

안보 3문서의 계획대로라면 2027년에 일본은 세계 3위의 방위비 지출국으로 성장한다.

순위	국가명	국방비(USD, 10억 달러)	GDP 대비 비율(%)
1	미국	968.0	3.4
2	중국	235.0	1.7
3	러시아	145.9	5.9
4	독일	86.0	1.5
5	영국	81.1	2.3

6	인도	74.4	2.4
7	사우디아라비아	71.7	7.1
8	프랑스	64.0	2.1
9	일본	53.0	1.2
10	대한민국	43.9	2.8
11	호주	36.4	1.9
12	이탈리아	35.2	1.6
13	이스라엘	33.7	5.3
14	우크라이나	28.4	37.0
15	폴란드	28.4	3.8

❷ 일본의 대북핵 정책

(1) 북한의 사정거리 내 위치한 지리적인 근접성으로 인해 북한의 재래식 군사력은 물론 핵을 포함한 대량살상무기가 일본에게는 매우 강한 군사적 위협이다.

(2) 한반도 유사사태 발생 시 일본에 위치한 유엔사 후방기지는 전력제공의 역할을 담당하고 있어 일본이 함께 연루될 가능성도 높다.

(3) 따라서 일본은 지금까지 북핵에 대해 매우 강하게 반대 입장을 표명하고 있다.

(4) 일본은 2022년 프랑스와 함께 "북한의 핵·미사일 개발 움직임에 대해 검증 가능한 형태로 폐기해야 한다."는 내용을 담은 공동성명을 발표하였다.

제4절 | 러시아

❶ 러시아의 기본 안보정책

(1) 러시아는 과거 지위를 되찾아 세계적 강대국의 역할을 원한다.

(2) 러시아는 단지 유럽의 하나의 국가가 아닌 더 큰 러시아를 추진하고 있다.
   ① 러시아 수도 모스크바에 있는 '유럽 광장'(Europe Square)의 명칭을 '유라시아 광장'(Eurasia Square)으로 변경하였다.
   ② 블라디미르 푸틴 러시아 대통령은 러시아를 '유라시아의 강대국'이라고 표현하였다.

(3) 러시아는 전 세계적으로 많은 국가들과 협력 체계를 강화하고 있다.
   ① 러시아는 동아시아 지역에서 북중러 협력 체계를 강화하였다.
   ② 북한과 군사동맹 수준의 조약을 체결하였다.

③ 중국과의 관계도 강화하고 있다. 푸틴 대통령은 2024년 7월 카자흐스탄에서 열린 상하이 협력기구(SCO) 정상회의에서 중국과 관계에 대해 "포괄적 동반자 관계와 전략적 상호작용을 하는 양국 관계는 역사상 최고의 시기를 경험하고 있다."며 "평등, 상호 이익, 상호 주권 존중 원칙을 바탕으로 이 같은 관계가 구축됐다."고 평가하였다.

④ SCO에서 푸틴 러시아 대통령은 중국 외에도 튀르키예, 카자흐스탄, 몽골, 아제르바이잔, 파키스탄 등 5개국 정상과 연달아 양자 회담을 하기도 하였다.

⑤ 러시아는 글로벌 사우스 국가들을 반서방 대열에 합류시키려는 노력을 적극적으로 추진하고 있다.
　㉠ 러시아-우크라이나 전쟁 초기 글로벌 사우스의 다수 국가는 러시아의 침공을 규탄하는 유엔 결의에 합류하였다.
　㉡ 그러나 글로벌 사우스 국가 대부분은 서방의 대러 제재를 거부하였다.
　㉢ 러시아는 이러한 글로벌 사우스 국가들의 입장을 활용하여 서방의 '패권'과 '식민주의'에 대한 반대를 매개로 그들과의 유대 강화를 추진하였다.

⑥ 2024년 2월 러시아는 모스크바에서 '민족 자유를 위하여'라는 국제포럼을 개최하였다.
　㉠ 60개국에서 400여 명의 대표단이 참가하였다.
　㉡ 이 회의에서 러시아는 참가국들과 함께 서방의 '신 식민주의'에 반대하는 입장을 표명하였다.

⑦ 2024년 5월 세계 80여 개국에서 1만 1,000명이 넘는 대표단이 참여한 가운데 '러시아와 이슬람 세계 : 2024 카잔포럼'을 개최하였다. 이를 통해 경제, 금융 협력 및 문화 교류를 통한 러시아와 이슬람 국가 간 유대를 과시하였다.

❷ 러시아의 대북핵 정책 : 지지

박민형
국제정치학
기본 이론서

PART

05

외교사

CHAPTER 01 세계사

제1절 | 베스트팔렌 조약(1648)

❶ 개념 및 배경

(1) 베스트팔렌 조약(Westphalia Treaty)은 1648년에 체결된 일련의 평화협정으로, 유럽의 중요한 전환점을 이룬 조약이다. 이 조약은 30년 전쟁(1618~1648)과 80년 전쟁(1568~1648)을 종결짓기 위한 협상 결과로, 여러 국가 간에 이루어진 평화협정이다.

(2) **30년 전쟁**

① 1618년에 시작되었으며 유럽의 주요 강대국들이 종교적, 정치적 갈등을 해결하기 위해 참전한 전쟁이었다.

② 신성로마제국 내의 가톨릭과 개신교 간의 종교적 갈등이 존재했다. 30년 전쟁의 발단 중 하나로 아우크스부르크 평화회의를 들고 있는데, 이 회의에서는 구교와 개신교의 루터파만 인정하고 칼뱅파는 인정하지 않았다.

③ 프랑스, 스웨덴, 스페인 등 여러 국가들이 서로의 영향력을 확대하려는 정치적 이유로 참전하였다.

④ 덴마크, 스웨덴, 프랑스, 영국이 신교를 지원, 스페인이 구교를 지원하였다.

⑤ 30년 전쟁으로 네덜란드, 스위스, 밀라노 등이 신성로마제국에서 독립하였다.

(3) **80년 전쟁**

네덜란드가 스페인으로부터 독립을 선언하고 싸운 전쟁으로, 1568년에 시작되어 1648년까지 계속되었다.

❷ 조약의 주요 내용

(1) **신교도와 구교도의 종교적 평화**

① 종교적 갈등을 해결하기 위해 각국의 종교 선택권을 인정하였고, 이로 인해 프로테스탄트와 가톨릭 간의 공존이 가능하게 되었다.

② 종교적 자유를 인정했다는 데 의의가 있다.

(2) 정치 권력이 종교를 결정하고 국왕은 영토 내에서는 황제라는 원칙을 정하였다.

(3) 영토 변경

여러 국가들이 서로의 영토를 교환하거나 독립을 인정하였다. 예를 들어, 스웨덴은 독일 북부의 일부 지역을 얻었고, 프랑스는 알자스 지역을 확보하였다.

(4) 네덜란드 독립 인정

80년 전쟁의 결과로, 네덜란드는 스페인으로부터 독립을 공식적으로 인정받았다.

(5) 스위스 독립

스위스 연방의 독립도 국제적으로 인정받았다.

(6) 국가의 주권과 영토 개념의 확립

> **더 알아보기**
>
> **웨스트팔리아 체제의 핵심원리**
> - 국왕은 자기 영역에서 최고 권위를 가진다(주권절대의 원칙).
> - 국왕은 자기 영역 내의 종교를 자유롭게 선택한다(내정불간섭의 원칙).
> - 국가들 간의 평화를 유지하기 위해 상호 대등한 힘을 유지한다(세력균형의 원칙).

❸ 국제질서에 미친 영향

(1) 베스트팔렌 조약은 근대 국제질서의 기초를 다진 중요한 사건으로 평가된다.

(2) 특히, 조약에서 나온 국가 주권과 영토 불가침 원칙은 현대 국제법에 큰 영향을 주었다.

    ① 내정불간섭과 주권평등의 근대적인 영토주권 개념이 국제적으로 승인되었다는 데 큰 의의가 있다.

    ② 보댕의 국가주권론을 사상적 기반으로 하였다.

(3) 즉, 이 조약은 국제관계에서 각 국가의 주권을 존중하는 기틀을 마련하고, 국가 간의 협상 및 평화 유지의 중요성을 강조하였다.

> **더 알아보기**
>
> **근대 국제체제의 구성요소**
> - 외교사절의 파견과 접수
> - 국경선으로 구획되는 주권 행사의 공간적 한계를 가진 정치단위
> - 독립, 불간섭, 자위권, 상호성, 종교의 자유, 전쟁법 등으로 구성된 국제법 질서
> - 주권국가들의 병존(패권 ×)

제2절 뮌스터 조약 & 오스나브뤼크 조약(1648)

1 개요

(1) 뮌스터 조약(Münster Treaty)과 오스나브뤼크 조약(Osnabrück Treaty)은 1648년에 체결된 베스트팔렌 평화조약(Peace of Westphalia)의 일환으로, 30년 전쟁(1618~1648)과 80년 전쟁(1568~1648)을 종결시키기 위한 두 주요 협정이다.

(2) 이 두 조약은 각각 독일의 뮌스터와 오스나브뤼크에서 체결되었으며, 유럽의 정치적, 종교적 질서를 재편성하는 중요한 역할을 하였다.

(3) 뮌스터 조약은 신성로마제국이 구교 세력과 맺은 조약이고, 오스나브뤼크는 신성로마제국이 신교 세력과 맺은 조약이다.

2 뮌스터 조약(Münster Treaty)의 주요 내용 및 영향

(1) 뮌스터 조약에서 가장 중요한 내용은 스페인이 네덜란드의 독립을 공식적으로 인정한 것이다.

(2) 네덜란드는 독립을 인정받는 동시에, 영토를 확장하고 해상무역의 중심으로 성장할 수 있는 기회를 얻었다.

(3) 네덜란드의 독립을 인정한 것은 스페인에게 큰 타격이었고, 이는 스페인의 제국주의 쇠퇴를 가속화하는 계기가 되었다.

(4) 네덜란드는 독립을 통해 경제적 번영과 군사적 자립을 얻었고, 이후 17세기 황금시대를 맞이하게 되었다.

3 오스나브뤼크 조약(Osnabrück Treaty)의 주요 내용 및 영향

(1) 오스나브뤼크 조약은 가톨릭과 개신교 간의 갈등을 해결하기 위한 협정으로, 종교적 평화를 정착시키는 데 중점을 두었다.

(2) 이 조약은 가톨릭과 개신교를 동일한 권리와 지위를 가진 종교로 인정하는 내용을 담고 있다.

(3) 신성로마제국 내에서 각 지역은 자율적으로 종교를 선택할 수 있도록 했으며, 이는 종교적 관용의 원칙을 제시하는 중요한 이정표가 되었다.

제3절 유트레흐트 조약(1713)

1 개요

(1) 유트레흐트 조약(Treaty of Utrecht)은 1713년에 체결된 평화조약으로, 스페인 왕위 계승 전쟁(1701~1714)을 종결짓는 협정이다.

(2) 이 조약은 네덜란드 유트레흐트에서 체결되었으며, 여러 유럽 국가들이 참여하여 전쟁의 결과를 바탕으로 여러 국가 간의 영토와 권리를 재조정하였다.

(3) 유트레흐트 조약은 유럽 정치의 구조를 변화시키고, 새로운 강대국들이 등장하게 만든 중요한 사건이었다.

더 알아보기

오스트리아 왕위계승 전쟁
- 오스트리아 왕위계승 전쟁은 1740~1748년 오스트리아의 여왕 마리아 테리지아의 왕위계승을 둘러싼 전쟁이었다.
- 프랑스는 프로이센을 지원하였고, 영국은 오스트리아를 지원하였다.
- 오스트리아군은 프로이센과 강화를 맺어 슐레지엔을 프로이센에게 할양해 주기로 하였다(이는 7년 전쟁의 원인이 됨.).
- 왕위계승 전쟁은 아헨조약으로 종결되었다.

---

❷ 배경

(1) 스페인 왕위 계승 전쟁은 스페인 왕국의 왕위 계승 문제에서 비롯되었다.

(2) 1700년 스페인 왕 카를로스 2세가 후계자 없이 사망하면서, 그의 재산과 왕위를 둘러싼 경쟁이 시작되었다.

(3) 프랑스의 루이 14세와 합스부르크 가문의 오스트리아가 각각 왕위를 주장하면서 전쟁이 발생하였다.

(4) 프랑스와 스페인은 루이 14세의 손자 필리프를 왕위 계승자로 세우려 했고, 영국, 네덜란드, 오스트리아, 포르투갈 등이 이를 반대하며 전쟁에 참여하였다.
  ① 전쟁은 영국, 오스트리아, 네덜란드, 프로이센 VS 스페인, 프랑스 연합군의 상태로 진행되었다.
  ② 유트레흐트 조약은 영국, 네덜란드가 프랑스와 체결한 조약이다.

❸ 영향

(1) 유트레흐트 조약은 프랑스의 힘을 약화시키고, 영국, 오스트리아, 네덜란드 등 다른 국가들의 영향력을 강화시켰다.

(2) 특히 영국은 지브롤터와 아메리카 식민지를 확보하면서 해상 강국으로서의 입지를 굳건히 하였다.

(3) 스페인은 왕위 계승 전쟁에서의 패배로 인해 식민지와 영토의 많은 부분을 상실하였으며, 그로 인해 유럽 내에서의 정치적 영향력이 약화되었다.

제4절 │ 18세기 주요 국제관계

① 프렌치 인디언 전쟁(1754~1763)

(1) 유럽에서 7년 전쟁이 일어나고 있을 때 북아메리카 대륙에서 오하이오강 주변의 인디언 영토를 둘러싸고 일어난 <u>영국과 프랑스의 식민지 쟁탈 전쟁</u>이다.

(2) 영국과 프랑스 모두 인디언들과 동맹을 맺었지만 영국 측에서 볼 때 프랑스가 인디언과 동맹을 맺었기 때문에 프랑스 인디언 전쟁이라고 한다.

(3) 이 전쟁의 결과, 영국은 제2차 백년 전쟁이라고도 할 수 있는 <u>북미 식민지 전쟁의 참전국 중 가장 큰 발전을 이룰 수 있게</u> 되었다.

(4) 프랑스가 전쟁에서 패하자, 동맹국이었던 스페인은 영국에 플로리다를 할양했고, 프랑스는 이에 대한 보상으로 미시시피강 서쪽의 루이지애나를 스페인에게 할양하였다.

(5) 스페인은 영국에 플로리다를 할양한 대가로 쿠바의 아바나를 손에 넣었다.

(6) 영국은 북아메리카 동쪽 절반의 식민지 세력의 지배를 굳혔다.

② 7년 전쟁(1756~1763)

더 알아보기

7년 전쟁 요약

• 7년 전쟁은 오스트리아 왕위계승 전쟁에 프로이센에게 패배해 독일 동부의 비옥한 슐레지엔을 빼앗긴 오스트리아가 그곳을 되찾기 위해 프로이센과 벌인 전쟁이다.
• 이 전쟁에는 모든 열강이 참여하였고, 그들의 식민지가 있던 아메리카와 인도까지 퍼진 세계대전이었다.
• 주로 오스트리아-프랑스-스웨덴-러시아가 동맹을 맺어 프로이센-영국의 연합에 대항하였다.
• 유럽에서 벌어진 전쟁은 포메라니아 전쟁으로 불리며, 영국과 프랑스는 아메리카 대륙에서 프렌치-인디언 전쟁을 수행하였다.
• 유럽에서는 영국의 지원을 받은 프로이센이 최종 승리하여, 슐레지엔의 영유권을 확보하였다.
• 식민지 전쟁에서는 영국이 승리하여 북아메리카의 뉴프랑스(현재의 퀘벡 등)를 차지하였다.
• 인도에서도 프랑스 세력을 몰아내어 대영제국의 기초를 닦았다.

(1) 개요

① 7년 전쟁은 유럽과 아메리카, 아시아, 아프리카에서 벌어진 국제적인 전쟁으로, 사실상 <u>세계 최초의 글로벌 전쟁</u>이다.

② 주요 대립은 <u>영국·프로이센 연합군</u>과 <u>프랑스·오스트리아·러시아·스페인 연합군</u> 사이에서 이루어졌다.

(2) **배경**

① 유럽의 대립 구도

  ㉠ 18세기 유럽은 오랫동안 합스부르크 가문(오스트리아)과 부르봉 가문(프랑스, 스페인)이 패권을 다투고 있었다.

  ㉡ 1740~1748년 오스트리아 왕위 계승 전쟁 이후, 오스트리아(마리아 테레지아)가 잃어버린 실레지아(슐레지엔) 지역을 되찾기 위해 프로이센(프리드리히 2세)과 다시 전쟁을 준비하였다.

② 북미와 식민지 경쟁

  ㉠ 영국과 프랑스는 북미, 인도, 카리브해 등지에서 식민지를 두고 치열하게 경쟁하였다.

  ㉡ 특히 북미 지역(캐나다, 오하이오강 유역)에서 두 나라의 충돌이 심각했다.

(3) **전쟁의 발발과 진행**

전쟁은 1754년 북미에서 먼저 시작되었고, 1756년에 유럽으로 확산되면서 본격적인 7년 전쟁이 시작되었다.

(4) **전쟁의 종결과 결과**

① 파리 조약(1763)

  ㉠ 영국과 프랑스는 1763년 <u>파리조약</u>을 체결하면서 전쟁을 종결하였다.

    ⊘ 오스트리아−프로이센은 후베르투스부르크조약으로 전쟁 종결

  ㉡ 프랑스의 식민지 상실

    ⓐ 캐나다와 미시시피강 동쪽의 영토를 영국에 양도하였다.

    ⓑ 루이지애나(미시시피강 서쪽 지역)를 스페인에 양도하였다.

    ⓒ 인도에서 프랑스의 영향력이 급감하고, 영국이 지배권을 확립하였다.

  ㉢ 스페인의 변화 : 플로리다를 영국에 넘기는 대신, 프랑스로부터 루이지애나를 받았다.

② 영향

  ㉠ **영국** : 전쟁에서 승리했지만, 막대한 전비로 인해 식민지에 세금을 부과했고, 이는 미국 독립전쟁(1775~1783)의 원인이 되었다.

  ㉡ **프랑스** : 식민지 대부분을 잃었고, 재정이 악화되어 결국 프랑스 혁명(1789)의 원인이 되었다.

  ㉢ **프로이센** : 실레지아 지역을 지켜내며 유럽의 강대국으로 자리 잡았다.

  ㉣ **오스트리아** : 실레지아 탈환에 실패했지만, 러시아와의 동맹을 강화하였다.

(5) **7년 전쟁의 역사적 의의**

① 세계 최초의 "글로벌 전쟁" : 유럽뿐만 아니라 북미, 인도, 아프리카까지 확산된 전쟁이었다.

② 영국의 패권 확립 : 이후 19세기까지 "해가 지지 않는 제국"의 기초를 다졌다.

③ 미국 독립 전쟁의 원인 제공 : 영국의 전비 충당을 위한 세금 부과로 식민지 반발을 초래하였다.

④ 프랑스 혁명의 원인 : 경제적 부담이 커져 결국 프랑스 왕실의 몰락을 가속화하였다.

❸ 미국 독립 전쟁(1775~1783)

(1) 미국 독립 전쟁 또는 미국 혁명 전쟁은 18세기 영국과 13개 식민지 사이에서 발발한 전쟁으로, 미합중국의 독립이 선언된 전쟁이다.

(2) **전쟁 배경**
① 식민지와 영국의 갈등
㉠ 17~18세기 동안 영국은 북아메리카 동부에 13개의 식민지를 건설하였다.
㉡ 영국은 프랑스와의 전쟁(7년 전쟁, 1756~1763)에서 승리했지만, 전쟁 비용을 충당하기 위해 식민지에 세금을 부과하였다.
㉢ 대표적인 세금 정책
ⓐ 인지세법(1765) : 모든 법적 문서, 신문 등에 세금 부과
ⓑ 타운젠드법(1767) : 유리, 차, 종이 등의 수입품에 세금 부과
ⓒ 차법(1773) : 동인도회사가 미국에서 독점적으로 차를 판매하도록 허용
② 보스턴 차 사건(1773) : 영국이 식민지에서 차 판매를 독점하자, 이에 반발한 보스턴 시민들이 영국 배에 실린 차를 바다에 버린 사건이다. 영국은 이를 강하게 탄압했고, 식민지인들의 반발이 더욱 거세졌다.

(3) **전쟁의 발발(1775) 및 진행**
① 1775년 4월 19일 렉싱턴과 콩코드 전투에서 영국군과 미국 민병대가 충돌하면서 전쟁이 시작되었다.
② 독립 선언(1776)
㉠ 1776년 7월 4일 토마스 제퍼슨이 작성한 미국 독립선언서를 발표하였다.
㉡ "모든 인간은 평등하게 창조되었으며, 생명·자유·행복을 추구할 권리가 있다."는 내용이 담겨 있었다.
㉢ 이 선언을 통해 13개 식민지는 공식적으로 독립국을 선언하였다.
③ 주요 전투와 전환점
㉠ 사라토가 전투(1777) : 미국이 대승을 거두면서 프랑스가 미국을 지원하기 시작하였고, 미국-프랑스 동맹이 형성되었다.
㉡ 요크타운 전투(1781) : 미국과 프랑스 연합군이 영국군을 포위해 결정적인 승리를 거두었다.

(4) **전쟁의 종결과 독립(1783)**
① 1783년 파리 조약이 체결되면서 영국은 미국의 독립을 공식적으로 인정하였다.
② 13개 식민지는 미합중국(United States of America)이라는 독립 국가로 탄생하였다.

(5) **미국 독립 전쟁의 의의**
① 세계 최초의 민주주의 공화국 탄생 : 왕이 없는 새로운 국가 체제가 등장하였다.
② 혁명의 상징 : 이후 프랑스 혁명(1789) 등 세계 곳곳에서 민주주의 혁명이 확산되었다.
③ 미국 헌법(1787) 제정 : 독립 후 1787년에 미국 헌법이 만들어졌고, 1789년부터 연방 정부가 운영되기 시작하였다.

제5절 ‖ 비엔나 회의(1814~1815)

① 개요

(1) 비엔나 회의(Vienna Congress)는 1814년 9월 1일부터 1815년 6월 9일까지 오스트리아 비엔나에서 열린 국제회의로, 나폴레옹 전쟁(1799~1815) 이후 유럽의 정치적 질서와 경계를 재편성하기 위해 열린 회의이다(유럽협조체제 형성).

(2) 이 회의는 유럽의 평화를 위한 협상을 통해 새로운 국제질서를 구축하려는 목적을 가졌으며, 당시 유럽 강대국들(영국, 오스트리아, 프로이센, 러시아 등)과 그들의 동맹국들이 참여하였다. 영국과 러시아가 핵심 축을 형성하였다.

(3) 오스트리아의 재상 메테르니히 주도로 이루어졌다.

② 배경

(1) 나폴레옹은 프랑스에서 군사적 승리를 거두며 유럽 대부분을 정복하고, 프랑스 제국을 건설했지만, 1814년에 패배하고 퇴위하게 되었다.

(2) 나폴레옹 전쟁의 종결 후, 유럽 국가들은 전쟁으로 인한 정치적 불안과 영토분쟁을 해결하기 위해 새로운 국제질서를 구축해야 할 필요성에 직면하였다.

(3) 비엔나 회의는 유럽의 전통적인 세력균형을 회복하고, 나폴레옹 전쟁의 결과로 형성된 정치적 변화들을 안정시키기 위해 개최되었다.

③ 주요 내용

(1) **유럽의 영토 재편성**

① 나폴레옹 전쟁 중에 일어난 영토 변경을 조정하고, 강대국들이 자신들의 세력을 재구성하기 위한 협상이 진행되었다.

② 오스트리아는 이탈리아와 네덜란드 일부를 포함한 새로운 영토를 획득하였다.

③ 프러시아는 서부 독일과 폴란드 일부를 포함한 영토를 획득하였다.

④ 러시아는 폴란드의 일부와 핀란드를 확보했고, 스칸디나비아에서의 영향력을 확장하였다.

⑤ 영국은 캐나다, 인도 등 여러 해외 식민지를 강화했으며, 네덜란드와 스페인의 일부 영토를 관리하였다.

(2) **세력 균형 유지**

① 유럽의 강대국들이 서로 협력하여 힘의 균형을 맞추고, 향후 전쟁을 예방하고자 하였다. 영국의 경우 해양패권을 유지하기 위해 대륙의 세력균형이 유지되는 방향으로 협상을 진행하였다.

➡ 영국은 '이중장벽정책'을 추진하였는데 중부유럽을 강화하여 프랑스와 러시아의 팽창을 동시에 막는다는 구상이었다.

② 러시아, 오스트리아, 프러시아는 1815년에 신성동맹을 결성하여 정치적, 군사적 협력을 강화하고, 보수적인 체제 유지와 혁명적 세력 억제를 위해 협력을 추진하였다.
➡ 영국의 경우 러시아를 견제하기 위해 오스트리아와 프러시아를 지원하였다.

③ 전승 연합국은 프랑스를 군주제로 복원시키고 강대국 대열로 합류시키는데 동의하였다.
➡ 러시아 견제를 위한 것이었다.

④ 영국은 상품의 교역과 자원 확보를 위해 국제 하천의 자유항행원칙을 고수하였다.

(3) 스위스에 최초 영세중립국 지위 부여

① 오스트리아, 프로이센, 프랑스, 영국, 러시아, 포르투갈 등의 보장을 받아 스위스는 영세중립국이 되었다.

② 스위스의 중립은 유럽에서 여러 차례 전쟁과 제1, 2차 세계대전을 거치면서도 유지되었다.

③ 반면, 1831년 런던조약에 의해 이루어진 벨기에의 영세중립과 1867년 런던조약에 의해 이루어진 룩셈부르크의 영세중립은 제1차 세계대전 때 독일군의 침입으로 무너지고 말았다.

(4) 빈회의에서의 유럽 열강들의 기본 입장

① 영국
ㄱ 시장확보를 위한 해양로 확보에 주력했다.
ㄴ 유럽대륙 내부의 세력균형을 위한 이중장벽정책을 실시하였다(프랑스와 러시아 견제).
ㄷ 대륙의 세력균형을 위해 고립주의 원칙을 고수했다.

② 러시아
ㄱ 중부유럽, 지중해, 북태평양 등 팽창에 유리한 지역을 자신의 영향력 하에 두고자 노력(부동항 확보)하였다.
ㄴ 프랑스를 강대국 대열에 복귀시키는 정책을 주장(영국은 반대)하였다.

③ 오스트리아 : 다민족국가로서 자유주의운동 혹은 민족주의운동이 유럽에 확산되는 것을 방지하고자 현상유지정책을 추진하였다.

④ 프랑스 : 자국의 국가적 지위와 위신을 회복하고 고립을 탈피하기 위해 노력하였다.

⑤ 프로이센 : 당시 프로이센은 상대적 약소국으로 독일연방 내부에서 오스트리아의 주도권을 인정할 수밖에 없는 상황이었다. 최대한의 영토보상을 받는 것이 목표였다.

❹ 평가

(1) 비엔나 회의에서는 보수주의와 왕정복고(정통주의)가 강조되었으며, 프랑스 혁명과 나폴레옹 전쟁 이후의 혁명적 흐름을 억제하려는 움직임이 강했다.

(2) 이후 유럽에서는 자유주의와 민족주의가 등장하기까지 일정한 정치적 안정이 유지되었다.

(3) 이렇듯 비엔나 회의는 19세기 유럽의 평화를 유지하는 데 중요한 역할을 했으며, 이는 제1차 세계대전까지 이어진 유럽 내 평화의 기초를 마련하였다.

(4) 비엔나 회의에서 논의된 결과를 가지고 1815년 11월 20일 파리조약을 체결하였다.

더 알아보기

유럽협조체제

1. 유럽협조체제 개요

① 유럽협조체제는 19세기 유럽의 강대국들이 모여 유럽의 세력균형, 정치적 경계, 영향권을 유지하기로 한 합의이다.

② 유럽협조체제는 나폴레옹 전쟁 전의 유럽 상황을 복원하는 것을 주요한 목적으로 하였다.

③ 강대국을 통합하게 한 주요 위협은 '전쟁과 민족주의'였다.

④ 유럽협조체제는 4국동맹, 신성동맹, 회의외교 등을 통해 유지되었다.

⑤ 유럽협조체제는 강대국 중심의 엘리트주의가 핵심 운영방식이었다.

2. 4국동맹(1815)

① 4국동맹은 나폴레옹에 대항한 영국, 러시아, 오스트리아, 프로이센 간에 체결된 동맹이다.

② 1814년 체결된 쇼몽조약을 모체로 하는데, 이는 프랑스의 재침략이 있는 경우 4국이 협조하여 필요한 조치를 취할 것과 국제문제를 다루는 회의외교를 정례화하는 것을 핵심 내용으로 한다.

3. 신성동맹(1815)

① 4국동맹이 유럽협조체제의 물적, 실질적 기반이라면 신성동맹은 정신적 기반이다.

② 신성동맹은 1815년 러시아, 오스트리아, 프로이센이 형성한 동맹이다.

③ 이 조약은 유럽이 기독교의 가르침에 따라 지배되어야 하며 세 군주국이 결속되어 있음을 강조하며 상호 원조를 약속하였다.

➡️ 이 동맹은 군주체제를 바탕으로 한 보수적 성격을 보인다.

⊘ 혁명사상 및 정치적 자유가 전파되는 것을 막고, 약소국들의 민족운동을 탄압하는 것을 목적으로 하였다.

➡️ 이 동맹은 후에 영국, 오스만 제국을 제외한 유럽 열강도 가입하였다.

➡️ 영국은 신성동맹은 법적 효력이 없는 문서일뿐이라고 평가절하하였다.

4. 회의외교(1815년부터 40여 년 지속)

① 4국동맹에 의해 제도화된 내용으로 정기적인 회의를 통해 프랑스가 평화를 위협하여 생기는 문제를 협의하는 것을 골자로 하였다. 대표적인 회의로 빈회의 등이 있다.

② 엑스 라 샤펠 회의(1818)

㉠ 나폴레옹 전쟁 이후 연합국 군대의 프랑스 주둔 철수 문제를 논의한 회의이다.

㉡ 나폴레옹 전쟁의 전후 처리가 완료되고 프랑스는 강대국의 지위를 되찾았다.

㉢ 구체적으로 프랑스혁명 재발 방지, 외국군대의 철수, 전쟁배상금의 반액으로 감축 등이 결정되었다.

③ 트로파우 회의(1820) & 라이바하 회의

㉠ 나폴리 반란으로 인한 빈체제의 안정을 위해 오스트리아의 제의로 열렸다.

㉡ 신성동맹 3국의 반란 간섭 주장과 영국의 불간섭 주장이 대립되었다.

㉢ 라이바하 회의에서 정통주의 원칙에 따라 오스트리아의 군사 개입을 결정하여 나폴리 반란을 진압하였다.

④ 베로나 회의(1822)

㉠ 이탈리아 문제를 위해 소집되었으나 스페인 내란이 주요 의제였던 회의이다.

㉡ 영국의 불간섭주의와 러시아의 간섭주의가 다시 대립하였다.

㉢ 오스트리아, 프로이센, 러시아 3국은 프랑스로 하여금 스페인 반란을 진압케 하였다.

⑤ 회의외교 전개 과정에서 영국, 프랑스 세력과 신성동맹 3국 세력 간의 갈등이 고조되었다. 이것은 유럽협조체제 붕괴의 한 원인이기도 했다.

제6절 신성동맹

❶ 개요

(1) 1815년 9월 26일 러시아 황제 알렉산드르 1세, 오스트리아 황제 프란츠 요제프 1세, 프로이센 왕 프리드리히 빌헬름 3세가 파리에서 체결한 동맹이다.

(2) 국제평화와 질서유지를 목적으로 하였으며, 제안자는 러시아 황제 알렉산드르 1세였다. 알렉산드르 1세는 먼저 프로이센 왕과 오스트리아 황제를 설득하여 조인에 참가시키고 튀르키예를 제외한 유럽의 전(全)군주에게 가맹장을 보냈다.

❷ 핵심 내용

(1) '각국의 군주가 성서 말씀을 바탕으로 서로 형제처럼 사이좋게 지내며 서로 돕고, 자기 나라의 신민(臣民)에 대해서는 가부(家父)와 같이 동포애의 정신에 따라 이를 지도하며, 신앙·평화 및 정의를 옹호한다.'는 내용의 지극히 관념적·비현실적인 것이었다.

(2) 알렉산드르의 비위를 거슬리지 않기 위하여 튀르키예 황제와 로마 교황, 그리고 영국 왕 이외의 모든 유럽의 군주가 이 동맹에 참가하였다.
 ① 영국의 섭정(뒤에 조지 4세)은 그 취지에 찬성하지만 영국의 국법이 대신의 부서(副書)를 필요로 한다는 것을 이유로 가맹하지 않았다.
 ② 로마 교황은 가톨릭과 합치하지 않는 신교(新敎) 제파(諸派)를 동일시하고 있다는 것을 이유로 가입을 거절하였다.
 ③ 튀르키예 황제는 이슬람교도이기 때문에 참가를 요청받지 않았다.

(3) 이렇게 이루어진 신성동맹은 제창자의 열성에도 불구하고 다른 군주들은 그 실효성을 의심하였다.

(4) 이 동맹은 먼로 선언과 중남미 여러 나라의 독립으로 타격을 받았으며, 그리스 독립을 둘러싼 각국의 이해 대립으로 1825년 전유럽적 체제로서의 동맹은 와해되었다.

제7절 크림 전쟁(1853~1856)

❶ 개요

(1) 1853~1856년 러시아와 오스만 제국·영국·프랑스·사르데냐 연합군이 크림반도·흑해를 둘러싸고 벌인 전쟁이다.

(2) <u>나폴레옹 전쟁 이후 유럽 국가들끼리 처음 벌인 전쟁</u>으로, 이 전쟁에서 패한 후 러시아는 본격적으로 근대화를 추진하였다.

(3) '백의의 천사' 플로렌스 나이팅게일이 야전병원에서 활동하여 간호학의 발전을 가져왔으며, 여성들이 전쟁에 참여할 수 있는 장을 열었다.

❷ 전쟁 원인

(1) 핵심 원인

① 프랑스 국내 가톨릭의 인기를 얻으려고 한 나폴레옹 3세가 예루살렘 성지에서 가톨릭교도의 특권을 투르크의 술탄에게 요구하였다.

② 이에 대해 그리스 정교도의 비호자임을 자처하는 러시아의 니콜라이 1세가 반발하였다.

③ 결국, 성지관할권 문제를 둘러싸고 프랑스, 러시아, 터키 3국 간의 갈등이 발생하였다.

(2) 그 외 원인

① 영국과 러시아의 대립이 존재하였다.

② 나폴레옹 3세의 개인적인 야망이 작용하였다.

(3) 1853년 7월 러시아군은 몰다비아·왈라키아 등에 침입하여 이곳을 점령하였고, 서유럽 열강(영국과 프랑스)과 오스만 제국이 10월 러시아에 대하여 선전포고를 함으로써 전쟁이 개시되었다.

❸ 결과 및 영향

(1) 러시아의 패전

(2) 파리강화조약 체결

① 니콜라이 1세는 전쟁 중인 1855년 2월에 사망하였으며, 뒤를 이은 알렉산드르 2세는 러시아에서의 근본적 개혁의 필요성을 자각하고, 1856년 3월 파리에서 강화조약을 체결(파리강화조약)하였다.

② 파리강화회의에는 영국, 프랑스, 오스트리아, 러시아, 터키, 사르디니아 6개국이 참가하였고, 그 후 해협문제를 토의할 때 프로이센도 참석하였다.

③ 러시아의 영향력 약화

　㉠ 러시아는 몰다비아에 다뉴브하구와 베사라비아의 일부를 양도하였다.

　㉡ 흑해에 함대를 배치할 수 있는 권리를 상실하였다(올라드의 비무장).

　㉢ 흑해는 중립이 선언되어 양(兩)해협은 통상상(通商上)의 자유항행은 인정되었으나, 군함의 통과는 일체 금지되었다.

　㉣ 터키에 대한 러시아의 우월적 지위가 부정되었다(터키의 영토보전 및 독립보장).

　㉤ 러시아는 터키 내의 그리스 정교회에 대한 보호권을 상실하였다.

　㉥ 러시아는 패전을 계기로 근대화를 지향하는 운동이 일어나, 1861년의 농노해방을 비롯하여 일련의 개혁사업이 추진되었다.

④ 영국의 세계적 지위가 강화되었다.

⑤ 오스트리아의 상대적 세력 약화 : 이탈리아와 독일이 오스트리아 영향력으로부터 벗어날 수 있는 계기(통일 상황 조성)가 되었다.

⑥ 다뉴브공국들의 자치권을 인정하였다.

제8절 │ 이탈리아 통일역사 - 마치니주의

❶ 개요

(1) 이탈리아 통일은 19세기 중반에 일어난 정치적, 사회적 운동으로 이탈리아 반도의 여러 독립된 국가들이 하나의 통일된 국가로 통합되는 과정을 의미한다.

(2) 이탈리아 통일은 여러 인물과 사건들이 복잡하게 얽혀져 있으며, 리소르지멘토(Risorgimento)로 알려져 있다.

❷ 주요 인물

(1) 주세페 마치니

① 이탈리아 통일 운동의 중요한 사상가이자 혁명가이다.

② "청년 이탈리아"라는 비밀결사를 창설하여 이탈리아 통일과 공화정을 주장하였다.

> **더 알아보기**
>
> **주세페 마치니(Giuseppe Mazzini, 1805~1872)**
> • 이탈리아의 정치가이자 혁명가로 이탈리아 통일 운동의 핵심 인물이다.
> • **주요 사상 및 활동**
>   − 민족주의와 민주주의
>   − "젊은 이탈리아" 설립
>   − 해외 활동과 망명생활
>   − 1848년 혁명 참여(실패)
> • 이탈리아 통일의 상징이자 이탈리아 통일의 아버지로 평가된다.
> • 마치니의 사상은 단순히 이탈리아에 국한되지 않고, 전 유럽의 민족주의 운동에도 영향을 미쳤다.

(2) 카밀로 벤소 디 카보우르(카부르)

① 사르데냐−피에몬테 왕국의 총리이다.

② 외교적 수완과 실용주의적 접근을 통해 이탈리아 통일을 추진하였다.

③ 프랑스와의 동맹을 통해 오스트리아 제국과의 전쟁에서 승리한 뒤 북부 이탈리아 지역의 통일을 이끈 인물이다.

(3) **주세페 가리발디**

① 군사지도자로서 "붉은 셔츠단"을 이끌고 남부 이탈리아를 정복하였다.

② 나폴리 왕국을 무너뜨리고 사르데냐－피에몬테 왕국과의 합병을 통해 통일을 가속화하였다.

❸ 주요 사건

(1) **1848년 혁명**

① 유럽 전역에서 일어난 혁명의 일환으로 이탈리아에서도 여러 지역에서 봉기가 일어났다.

② 혁명은 실패로 돌아갔지만, 이탈리아인들에게 통일의 필요성을 일깨웠다.

(2) **이탈리아 통일 전쟁(1859~1860)**

① 사르데냐－피에몬테 왕국이 프랑스와 동맹을 맺고(플롱비에르협약*) 오스트리아 제국과 전쟁을 벌여 북부 이탈리아의 여러 지역을 통합하였다.

✐ 조약의 주요 내용은 다음과 같다.
　1. 오스트리아와의 전쟁은 사르데냐가 도발하고 이 전쟁으로 인한 국제 관계와 전쟁의 국지화 노력은 주로 프랑스가 담당한다.
　2. 전후 이탈리아를 다음과 같은 4개의 정치단위로 구성한다.
　　가. 사르데냐, 롬바르디아, 베네치아, 파르마, 모데나 등으로 구성되는 북부 이탈리아 왕국
　　나. 토스카나를 중심으로 하는 중부 이탈리아 왕국
　　다. 로마와 그 주변지역으로 축소된 교황령
　　라. 나폴리 왕국
　3. 이들 4개의 정치단위는 연방으로 구성되며 교황이 그 의장이 되나 실제로는 사르데냐가 지배한다.
　4. 프랑스는 사르데냐 영토인 사보이를 합병한다.
　5. 엠마누엘 국왕의 장녀인 15세의 클로틸드(Clotide) 공주는 나폴레옹 3세의 조카인 36세의 제롬(Jerome) 공과 결혼한다.

　㉠ 1859년 6월: 마젠타 전투와 솔페리노 전투에서 프랑스－사르데냐 연합군이 승리하였다.
　㉡ 1859년 7월: 빌라프랑카 조약을 체결하여 롬바르디아가 사르데냐－피에몬테 왕국에 병합되었다.
　㉢ 1860년: 중부 이탈리아 여러 소국들(파르마, 모데나, 토스카나 등)에서 주민투표를 통해 사르데냐－피에몬테 왕국에 합병되었다.

② 1860년 가리발디가 남부 이탈리아를 정복하여 나폴리 왕국을 통합하였다.

(3) **이탈리아 왕국 선포(1861. 3.)**

사르데냐－피에몬테 왕국의 국왕 비토리오 에마뉴엘레 2세가 이탈리아 왕국의 초대 국왕으로 즉위하였다.

(4) **베네치아와 로마의 통합**

① 1866년 프로이센－오스트리아 전쟁 이후 베네치아가 이탈리아에 합병(프라하조약)되었다.

② 1870년 프랑스－프로이센 전쟁 동안 프랑스 군대가 철수하면서 이탈리아가 로마를 점령하였고, 최종적으로 통일을 완성하였다.

④ 평가

(1) 이탈리아의 통일은 정치적 통합뿐만 아니라 문화적, 사회적 변화를 통해 이루어졌다.

(2) 유럽 전체의 정치 지형에도 큰 영향을 미쳤다.

(3) 이탈리아는 현대적인 국가로 발전하는 기틀을 마련하였다.

제9절 | 19세기 독일의 통일

① 개요

(1) 19세기 독일 통일은 독일인들을 위한 최초의 근대 국가를 수립하는 과정이었으며, 합스부르크 가문의 다민족 오스트리아 제국, 또는 오스트리아 내부의 독일어권 지역은 그에 포함되지 않았다.

(2) 독일은 수백 개의 공국과 자유도시들(free cities)의 느슨한 연합체로 존재하다가 오토폰 비스마르크 (Otto von Bismarck)의 정치적, 외교적 역량에 힘입어 1871년 하나의 국가로 탄생하였다.

(3) 독일은 철로를 건설하고, 자국 내 매장된 석탄과 철광석을 채굴하여 신속하게 산업화를 이루어 20세기 패권국으로 성장하였다.

② 통일 과정

(1) 프로이센 국왕(빌헬름 4세)은 1849년 자신이 독일황제로 지명되자, 이를 거절하였고 의회가 해체되었다.

(2) 1850년 프로이센은 에르푸르트 연방회의를, 오스트리아는 프랑크푸르트 연방회의를 개최하였고, 오스트리아가 강경 자세를 취하자 프로이센은 이에 굴복(올뮤츠의 굴욕)하였다.

(3) 정치적으로 프로이센은 오스트리아에 열세였으나, 경제적으로는 1838년 형성된 관세동맹으로 무역이 증진되고 공업이 발달하여 오스트리아를 능가하였다.

(4) 1862년 빌헬름 1세는 비스마르크를 프러시아의 총리로 임명하였다.

(5) 비스마르크의 목표는 반대파를 물리치고, 프로이센의 영향력을 강화하는 것이었다.
   ① 독일 통일을 달성하기 위해 기존 질서에 도전하는 현상타파와 철혈정책을 추진하였다.
   ② 기본노선은 프랑스의 고립화와 독일을 포위할 국가군의 결성을 방지하는 것이었다.

(6) 비스마르크는 1860년대부터 1870년대까지 덴마크, 오스트리아, 프랑스와 전쟁을 벌여 프로이센의 군사력을 과시했고, 독일 문화권에 속하는 지역들을 점령하였다.

(7) 1863년 비스마르크는 러시아와 '알벤스레벤협정'을 체결하여 우호 관계를 형성하였다.

(8) 비스마르크는 나폴레옹 3세와 라인지방에 대한 보상을 미끼로 보오 전쟁시 프랑스의 중립을 요구하였다.

⑼ 1866년 프로이센은 오스트리아로 하여금 남북 양면전을 하도록 하기 위해 이탈리아와 동맹을 체결하였다.

⑽ 1866년 프로이센이 지배하는 북독일연방(Norddeutscher Bund)이 수립되었고, 이후 북독일 헌법(Verfassung des Norddeutschen Bundes)이 채택되었다.

⑾ 이후 남부 독일 국가들이 북독일연방에 가입했고, 25개 회원국이 독일 제국(Deutsches Reich)을 개국하는 절차를 밟았다.

⑿ 1871년 1월 베르사이유에서 비스마르크와 프러시아의 빌헬름 1세가 독일 제국 수립을 공식 선포했고, 바이마르 공화국(1918~1933)을 거쳐 1945년 독일이 제2차 세계대전에서 패배할 때까지 독일 제국은 존속하였다.

❸ 독일 통일 과정 요약

⑴ 관세동맹이 체결된 이후 취임한 비스마르크는 철혈정책을 기반으로 오스트리아와의 전쟁에서 승리한 후, 프랑스와의 전쟁에서도 승리하여 통일을 달성하였다.

⑵ 관세동맹(1833) ➡ 비스마르크 취임(1862) ➡ 보오 전쟁(1866, 프라하조약) ➡ 보불 전쟁(1870~1871, 프랑크푸르트 강화조약)

❹ 독일 통일의 국제정치적 영향

⑴ 독일 통일로 유럽 대륙 내부 패권이 프랑스에서 독일로 교체되었다.

⑵ 빈 체제의 근본적인 수정이 이루어졌고 비스마르크 체제(동맹체제)로 전환되었다.

⑶ **주요 현상 변경**
① 이탈리아의 로마 수복
② 흑해중립조항 폐기
③ 알사스-로렌 지역 할양
④ 프랑스 공화정 수립

제10절 | 비스마르크 체제(1871~1889)

❶ 개요

⑴ 비스마르크 체제는 1871년 독일 제국의 건국 이래 오토 폰 비스마르크에 의해 주도된 1889년까지 이어진 독일 제국의 국내 정치 체제 겸 국제 외교 체제를 말한다.

⑵ 칸츨러(수상)로 임명된 비스마르크는 철혈정책을 통해 프로이센 왕국의 군사적 발전을 꾀했으며, 노련한 외교술로 프랑스를 외교적으로 고립시킨 뒤 프로이센-프랑스 전쟁에서 승리를 이끌었다.

(3) 이로써 통일된 독일 제국이 수립되었으며, 비스마르크는 제국 수상으로서 제국의 노선을 결정하게 되었다.

(4) 결국 1871년 중부 유럽의 강대국 독일 제국이 수립됨에 따라 독일 제국의 칸츨러인 비스마르크가 주도하는 유럽의 체제가 형성되었다.

(5) 빈 체제 이후 다시금 유럽에 성립된 현상유지 형태의 동맹체제가 바로 비스마르크 체제이다.
   ① 비스마르크는 국제관계를 비밀외교에 의한 협상과 동맹을 통해 패권을 유지하였다.
   ② 독일 통일 이후에는 유럽 대륙의 안정을 위하여 평화정책을 표방하였다.

❷ 비스마르크의 외교 및 국내 정책

(1) 반불·친러를 기반으로 한 국제관계의 안정화를 추구하여 프랑스를 고립시키고, 러시아 중립을 목적으로 한 정책을 추진하였다.

(2) **그물망 네트워크형 동맹**
   ① 비스마르크는 독일 통일 이후 프랑스의 고립과 유럽의 현상유지를 위해 독일을 중심으로 한 그물망 네트워크형 동맹을 체결(유럽 중심적, 비유럽은 경시)하였다.
   ② 삼제협상(1873) : 독일, 오스트리아, 러시아가 함께한 협상체제로서 독일은 러시아나 오스트리아가 프랑스와 동맹을 형성하는 것을 저지하고자 하였으며, 러시아나 오스트리아는 비스마르크의 지원을 기대하였다.
      ➡ 후에 삼제협상이 와해되자(불가리아사태 등) 독일은 독러 재보장조약을 체결하였다. 이는 러시아의 발칸에서의 우위를 인정하는 것으로 독오동맹과 모순적이었다. 그럼에도 비스마르크는 동맹을 유지하여 프랑스의 고립을 도모하였다.
         ⊘ 빌헬름 2세는 독러조약 폐기
   ③ 독오동맹(1879) : 오스트리아가 러시아의 공격을 받는 경우 원조한다는 조건으로 프랑스가 독일을 공격하는 경우 우호적 중립을 약속했다. 제1차 세계대전까지 유지되었다.
   ④ 삼국동맹(1882) : 독일, 오스트리아, 이탈리아 3국 간에 형성된 동맹체제로, 독일은 이탈리아를 동맹체제로 끌어들여 프랑스와의 전쟁에서 유리한 입지를 형성하고자 하였다. 이탈리아는 국제적 고립에서 탈피하고 지중해에서 프랑스와 대결 시 독일의 지원을 기대했으며, 오스트리아는 이탈리아와의 관계 악화 방지 및 전쟁 방지를 기대하였다.
   ⑤ 지중해협정(1887) : 영국, 이탈리아, 오스트리아, 헝가리 간에 상호 이해관계를 조정하는 협정이다. 지중해협정에 독일은 가입하지 않았으나, 영국과 독일이 우호적인 관계를 유지하게 하는 기제로 작동하였다.

(3) **식민지보다는 국내산업 우선**
   ① 타 유럽국은 유럽에 몰두하지 말고 해외진출을 권유하였다.
   ② 결국, 서유럽 국가들은 서유럽을 비스마르크에게 맡기고 제국주의 정책을 시행하였다.

(4) 사회주의 세력 탄압

(5) 통일 이후 대외 전략

    ① 비스마르크의 대외 전략은 통일 전후가 다르다.

    ② 통일 전에는 '현상변경' 기조를 통해 소독일 중심 통일을 이루는 것이었다.

    ③ 통일 후에는 '현상유지'에 기반한 대외전략을 추진하였다.

❸ 의의

(1) 비스마르크 체제는 빈 체제 이후 유럽에 나타난 프랑스를 제외한 모든 국가를 묶는 동맹체제이자 집단안보 제도라는 측면에서 큰 의의가 있다.

(2) 이러한 체제는 향후 베르사이유 체제, 이후에 형성되는 EU에도 적용될 정도로 유럽에 있어서 중요한 요소로 자리 잡았다.

(3) 19세기가 식민지 쟁탈전의 시기가 된 데에도 비스마르크 체제가 어느 정도 기여하였다. 즉, 유럽이 안정되어있으니 유럽 각 열강들도 비유럽 세계로의 세력 투사에 전념하였다.

(4) 비스마르크 체제는 유럽에 삼국협상과 삼국동맹을 형성시키는데 기여하였다.

(5) 비스마르크는 제국주의 정책을 추진하지 않았으나, 빌헬름 2세가 즉위한 이후 독일도 제국주의 정책을 추진하였다.

❹ 비스마르크 체제 붕괴 이후

(1) 독일

    ① 영국을 적으로 가정하고 해양 패권 다툼을 위하여 해군력 강화에 주력하였다.

    ② 영국이 해군 군축안을 제의하였으나 독일이 거부하였다.

    ③ 결국, 영국-프랑스-러시아의 해군 협력이 강화되어 독일은 고립되었다.

구분	비스마르크 시기	빌헬름 2세 시기
기조	현상유지(보장정책, 평화정책)	현상타파(영국 패권에 도전)
동맹	러시아와 프랑스 결탁 방지	독러 재보장 조약 파기
대외	제국주의 지원 세력으로 존재	제국주의 세력화
패권국과 관계	지중해협정 등을 통해 간접적 연계	영국과 대립관계

(2) 영국은 프랑스, 러시아와 협상하며 패권적 지위를 유지하였고, 해외 식민지 건설에 주력하였다.

(3) 프랑스는 독일의 고립을 위해 노력하였다.

(4) 러시아는 발칸에서의 영향력 확대를 위하여 유럽 열강과 동맹을 시도하였고, 프랑스와 관계를 강화하였다.

제11절 제1차 세계대전(1914~1919)

1 제1차 세계대전 이전 주요 상황

(1) 영국은 19세기 후반부터 3C 정책을 추진하여 이집트의 카이로(Cairo), 남아프리카의 케이프타운(Capetown), 인도의 캘커타(Calcutta)를 거점으로 하는 식민정책을 추진하였다.

① 세 도시의 머리글자가 모두 C로 시작하여 3C 정책(3C Policy)이라고 한다.

② 이집트에서의 지배권을 강화한 영국은 카이로에서 케이프타운까지 아프리카 대륙을 종단하여 지역지배를 강화하려 하였으나, 서아프리카를 영토화하여 식민지배를 강화하던 프랑스의 횡단 정책과 충돌하여 1898년 파쇼다 사건*이 발생하였다.

⚗ 파쇼다 사건은 영국과 프랑스 간의 동아프리카 식민지 확보 경쟁의 절정을 이루었던 사건이다. 프랑스가 먼저 파쇼다[Fashoda, 현재의 남수단 코도크(Kodok)]에 도착하여 자국의 국기를 게양하자 영국이 철수를 명령하였고, 프랑스의 양보로 손쉽게 해결되었다.

(2) 독일은 세계 정책의 일환으로 베를린(Berlin)-비잔티움(Byzantium)(당시 코스탄티니예, 현 이스탄불)-바그다드(Baghdad)를 잇는 철도 부설을 추진하는 정책에 매진하였다. 이 도시들의 앞 글자를 따와서 3B 정책이라고 한다.

(3) 사실, 제1차 세계대전 이전 약 100년간 유럽은 비교적 평화로웠는데, 이는 강대국 사이의 힘의 균형과 동맹체제 덕분이었다.

(4) 특히 영국은 균형자로서 유럽에서 특정 강대국의 힘이 비대해지면 이를 견제하기 위해 다른 강대국 편에 서서 균형을 유지하였고, 이에 따라 어떤 강대국도 다른 강대국을 완전히 제압할 수 없는 상황에서 섣불리 정복 전쟁을 치룰 수 없었다.

(5) 그런데 신흥강대국으로 성장한 독일에 대해 인접한 러시아와 프랑스는 긴장감을 가지고 있었고, 반대로 독일은 러시아와 프랑스에 의해 포위당해있다고 생각하였다.

(6) 독일은 철도를 이용하여 정확한 시간에 대규모 병력을 빠르게 배치함으로써 프랑스와 러시아 모두를 견제하는 슐리펜 계획이라는 신개념의 전략을 도입하였다.

(7) 한편, 독일이 해외식민지 쟁탈전에 뛰어들면서 영국은 독일을 견제하기 위해 프랑스와 손을 잡았다.

(8) 동맹의 느슨함이 점차 경직되고, 세력균형의 전제조건인 다극체제가 독일-오스트리아-이탈리아의 삼국동맹과 러시아-프랑스-영국의 삼국협상 사이의 대결양상으로 변질되었다.

(9) **주요 사건**: 모로코 사건

① 영국, 독일, 프랑스는 모로코의 철도, 항만 등 전략적이면서 상업적인 이점에 큰 관심을 두었다.

② 프랑스는 모로코 경찰에 대한 지배권을 보장받음으로써 실질적으로 모로코 장악에 성공했다.

③ 독일이 프랑스의 모로코 점령에 대한 보상을 주장하면서 위기가 발생하였다(영국과 프랑스의 관계 악화를 목적으로 하기도 함.).

④ 하지만, 위기 위후 영불 관계는 오히려 강화되고, 독일의 고립이 강화되었다.

⑤ 미국 주도하에 영국, 독일, 프랑스 등 8개국은 알헤시라스 협정(1906)을 타결하였다.

(10) **전쟁의 국제정치학적 원인 분석(요약)**

① 세력균형에 대한 환상과 제국주의 팽창정책

② 강대국 간 군비경쟁과 공격적 전략

③ 범슬라브주의와 범게르만주의의 대립

④ 민족주의적 열망과 지도자들의 오판

⑤ 러일 전쟁에서 패한 러시아의 적극적인 남하정책

⑥ 보스니아·헤르체코비나의 오스트리아 관리

⑦ 기타 사건적인 요인 : 사라예보 사건, 삼국동맹과 삼국협상의 경직화, 독일의 슐리펜 계획 등

> **더 알아보기**
>
> **제1차 세계대전 이전 강대국 전략**
>
> • **영국** : 패권국으로서 유럽 대륙의 세력 균형 유지, 식민지 경영을 위한 교통로 유지, 고립정책 유지
> • **러시아** : 부동항 획득을 위한 팽창정책 지속
> • **미국** : 문호개방과 기회균등선언을 계기로 적극적인 대 아시아 정책 추진, 삼국동맹과 삼국협상 세력 간의 균형자적 입장에서 유럽대륙의 세력균형 및 동서양 대륙의 세력균형 유지 추구
> • **이탈리아** : 영토적 통합은 이룩하였으나, 국민적 대통합은 실현하지 못함. 군사력의 열세로 제국주의 정책에서도 실패를 거듭
> • **프랑스** : 독일의 포위망에서 벗어나(對 독일 복수) 알사르-로렌을 회복하고자 함.
> • **독일** : 제국주의적 팽창정책 추진

❷ 제1차 세계대전 발발

(1) 세르비아는 슬라브계로서 오스트리아의 지배에서 벗어나고자 했고, 러시아는 범슬라브주의를 표방하며 세르비아를 암암리에 지원하였다.

(2) **사라예보 사건 발생(1914)** : 제1차 세계대전의 시작

① 1914년 6월 결혼기념일을 맞은 오스트리아 황태자 페르디난드 부부는 세르비아를 방문하여 오스트리아군의 열병식에 참석하였다.

② 그러나 6월 28일 황태자 부부가 세르비아 비밀결사대원인 프린치프가 쏜 총에 맞아 사망하자, 영향력을 상실해가던 오스트리아는 이를 계기로 명예회복을 시도하였다.

③ 오스트리아는 세르비아에 대해 사건조사를 위해 오스트리아 경찰력을 파견하겠다고 압박하였다.

④ 그러나 세르비아는 이는 주권침해라면서 거부했고 암암리에 세르비아를 지원하던 러시아는 오스트리아가 세르비아를 공격하면 가만히 있지 않겠다고 경고하였다.

⑤ 오스트리아는 최강 육군을 자랑하던 독일에게 협조를 요청하였고, 독일의 빌헬름 황제는 오스트리아에게 무조건적 지원(백지수표)을 약속하였다.

⑥ 하지만, 독일은 오래 전부터 오스트리아가 전쟁을 일으키면 러시아가 오스트리아에 진격할 것이고, 이는 자동적으로 독일과 러시아 사이의 전쟁으로 확대될 것이며, 러시아의 동맹인 프랑스도 독일을 공격할 것임을 인지하고 있었다.

    ㉠ 독일 황제는 러시아와의 친밀한 관계로 러시아 황제가 독일을 공격하지 않을 것이라고 판단하였다.

    ㉡ 또한, 독일은 러시아와 프랑스로부터 협공받아도 슐리펜 계획이 충분히 그것을 막아낼 것이라고 생각했다.

    ㉢ 그리고 영국도 중립을 지킬 것이라고 생각했다.

⑦ 결국, 독일의 지원을 약속받은 오스트리아는 1914년 7월 세르비아로 진격하였다.

⑧ 러시아, 영국, 프랑스(연합국)는 세르비아 편에, 독일은 오스트리아-헝가리 편에 가담하여 전쟁이 일어났다.

⑨ 이탈리아는 전쟁 발발 직후 중립을 선언하였으나, 1915년 영국, 프랑스와 동맹을 맺고 협상(연합군)측에 참전하였다.

    ⊘ 연합국 참전국 : 미국, 중국, 세르비아, 그리스 등

(3) 주요 협정 및 선언

① 사이크스-피코 협정(1916) : 레반트와 아라비아반도 일부 지역을 영국과 프랑스가 분할하여 통치하기로 하였다.

② 벨푸어 선언(1917) : 영국이 전쟁 후 팔레스타인 지역에 유대 국가를 창설하겠다고 한 선언이다.

③ 독-러 휴전(브레스트-리토프스크 조약)

    ㉠ 1917년 10월 혁명으로 러시아가 소비에트화되어 전쟁수행 능력이 약화됨에 따라 독-러 휴전이 이루어졌다.

    ㉡ 독-러 휴전으로 인해 전쟁은 동부전선에서 먼저 종료되어 서부전선에 집중되었다.

    ㉢ 당시 독일은 양면 전쟁의 부담이 줄어들 것으로 판단하였으나, 오히려 서부전선에서 연합군의 공격이 집중되어 패전하였다.

더 알아보기

브레스트-리토프스크 조약

• 브레스트-리토프스크 조약은 1918년 3월 3일 소비에트 러시아의 볼셰비키 정권과 동맹국(독일 제국, 오스트리아-헝가리 제국, 불가리아 왕국, 오스만 제국) 사이에 맺어진 평화조약이다.

• 이 조약의 결과 러시아는 제1차 세계대전에서 이탈하였다. 이 조약은 독-러 단독 강화 조약이라고 불리기도 한다.

• 볼셰비키 정권은 독일군과 오스트리아군의 진격을 더 이상 막아낼 여력이 없었기에 절대적으로 불리한 이 조약을 받아들일 수밖에 없었고, 조약의 결과 소비에트 러시아는 러시아 제국 시절 삼국협상으로 맺어진 모든 합의에 대한 불이행을 천명하였다.

- 조약의 내용에는 다음과 같은 것들이 포함
  - 소비에트 러시아는 독일에게 발트 3국을, 오스만 제국에게 남캅카스의 카르스 주를 반환한다.
    - ⊘ 소련의 핀란드, 발틱, 폴란드, 우크라이나 주권 포기
  - 우크라이나 인민공화국의 독립을 인정한다.
  - 60억 마르크를 전쟁 배상금으로 지급한다.
  - 소련의 모든 군대를 무장해제한다.
  - 체약국은 타방의 정부나 국가, 군사기관에 대한 일체의 선동, 선전을 삼가한다.
- 1918년 11월 독일이 연합국에게 항복하자 브레스트-리토프스크 조약은 사실상 파기되었다.
- 이후, 볼셰비키는 러시아 내전에 집중할 수 있게 되어 결과적으로 내전에 승리했으며, 이후 폴란드, 핀란드, 에스토니아, 라트비아, 벨라루스, 우크라이나, 리투아니아 등 브레스트-리토프스크 조약으로 인해 상실한 러시아 제국 영토의 수복을 천명하였다.
- 그리고 제2차 세계대전을 거치면서 소비에트 연방은 핀란드와 폴란드 일부를 제외한 나머지 국가들을 모두 재합병하고 폴란드는 위성국으로, 핀란드는 중립국으로 만듦으로써 그 목표를 대부분 달성하였다.

더 알아보기

미국의 참전 배경

- **짐머만 전보사건(1917)**: 독일이 멕시코에게 미국을 공격할 것을 요청하는 전보가 미국에게 알려진 사건이다.
- **무제한 잠수함 작전(1915)**: 독일이 영국 해상 봉쇄에 맞서 모든 선박을 경고없이 공격한 전략으로, 1915년 5월 7일 미국의 루시타니아호가 격침되어 128명이 사망하였다.
- 무역 위축에 따른 경제적 피해가 발생하였다.

❸ 제1차 세계대전 이후 주요 상황

(1) 윌슨은 제1차 세계대전이 세력균형을 위한 경쟁과 비밀외교 등에 있다고 진단하고 세력균형을 대체하기 위해 국제연맹과 집단안전보장제도를 창안하였다.

(2) **베르사이유 조약 체결(1919. 6.)**

① 베르사이유 조약(1919. 6.)은 삼국협상(연합국) 측이 독일과 체결한 강화조약으로, 독일의 영토 축소 및 군비 제한 등을 규정하였다.

② 이 조약은 440조로 된 방대한 것으로, 베르사이유 체제라는 국제질서를 형성하여 제1차 세계대전 뒤의 국제관계를 규정한 중요한 의미를 지닌다.

③ 국제연맹 규약, 알자스·로렌의 프랑스 할양, 벨기에·폴란드 등에의 영토 할양, 오스트리아의 독립 보장, 식민지 등 독일의 국외 권익 포기, 육·해군의 제한, 징병 폐지, 독일의 전쟁 책임과 배상 의무, 연합국의 라인란트 15년 간 점령 등을 규정하였다.

④ 이 조약의 영향으로 영국, 프랑스 등은 베르사이유 체제라는 국제질서를 형성하였으며, 1936년에 나치 정권이 라인란트 비무장지대를 무장화함으로써 효력을 상실하였다.

⑤ 일본도 전승국으로써 이 조약에 참여하여 산둥반도와 남양군도(미크로네시아)에 대한 독일의 이권을 양도받았다.

(3) **세부르조약 체결(1920. 8.)**

세부르조약은 삼국협상 측이 오스만 제국과 체결한 것으로 이 조약으로 <u>오스만 제국이 공식적으로 해체</u>되었다.

(4) **로잔조약 체결(1923. 7. 24.)**

로잔조약은 터키와 연합국이 기존 강화조약인 세부르조약을 대체하여 체결한 조약으로 <u>그리스와 터키의 국경선이 확정</u>되었다. 터키는 동부 트레이스를, 그리스는 임브로스와 테네도스를 제외한 에게 제도를 보유하기로 하였다.

(5) **영국, 프랑스, 이탈리아 등 유럽 국가들은 미국 은행에 부채 발생**

① 부채 상환을 위해 화폐발행을 증가시켰고 이것은 인플레이션 초래, 유럽 화폐의 평가 절하로 이어졌다.

② 특히, 독일은 막대한 전쟁배상금 지불을 위해 화폐발행을 남용하여 하이퍼 인플레이션을 초래하였다.

제12절 베르사이유 조약(1919)

❶ 개요

(1) 제1차 세계대전(1914~1918)을 공식적으로 종결짓고, 전후 세계질서를 재편성하기 위해 1919년 프랑스 파리 근교의 베르사이유 궁전에서 체결된 평화조약이다.

(2) 이 조약은 연합국(영국, 프랑스, 이탈리아, 미국 등)과 독일 간의 협상을 통해 성립되었으며, 특히 독일에 대한 극단적인 처벌과 영토 축소가 주요 내용이었다.

❷ 주요 내용

(1) **독일에게 전쟁의 모든 책임 부여**

① 베르사이유 조약의 가장 큰 특징 중 하나는 독일에게 전쟁의 모든 책임을 부여한 것이다.

② 독일은 전쟁의 원인 제공자로 간주되었고, 이에 대한 배상금 지불 의무도 부여되었다.

③ 전쟁배상금 규모에 대해서 영국과 프랑스는 의견이 일치하지 않았다.

　㉠ 영국은 유럽의 세력균형을 위해 독일의 지나친 약화는 바람직하지 않다고 보았다.

　㉡ 독일과 접경국인 프랑스는 독일을 재기불능상태로 만들어야 한다고 보고, 배상금 규모를 가능한 크게 부과하고자 하였다.

(2) **영토 조정** : 독일의 모든 식민지 분할

    ① 알자스－로렌 지방은 프랑스에 반환되었고, 라인란트 지역은 비무장지대로 설정되었다.

        ⊘ 프랑스는 1792년 당시의 알자스－로렌지방, 즉 자르와 란다우를 포함한 알자스－로렌을 원했으나, 1790년 당시의 국경선에 의한 알자스－로렌 지방으로 회복되었다(자르, 란다우 제외).

    ② 독일과 오스트리아의 통합을 금지하였다.

    ③ 독일의 해외 식민지 대부분은 국제연맹에 의해 위임통치되었다.

    ④ 독일의 일부 영토는 새롭게 탄생한 폴란드에 할양되었다.

    ⑤ 독일을 봉쇄하였다.

(3) **군사적 제한**

    ① 독일 군대는 100,000명 이하로 축소, 항공기와 잠수함의 보유도 금지하였다.

    ② 독일의 군사력 확대를 막기 위한 여러 가지 제한도 포함되었다.

(4) 전쟁 중 독일 지도층의 전쟁 범죄 처벌 조항도 포함했으나, 실제 전범 처벌은 없었다.

(5) 베르사이유 조약은 또한 국제연맹(League of Nations)의 설립을 승인했으며, 이는 전후 국제평화를 유지하고 분쟁을 해결하는 기구로 설계되었다.

    ⊘ 프랑스와 영국은 반대

(6) 윌슨의 기본원칙에도 불구하고 열국은 여전히 비밀외교와 비밀조약을 체결하였다.

(7) 민족자결주의의 원칙에 입각하여 피지배민족의 해방이 추진되었다.

    ⊘ 민족자결주의는 패전국 식민지에만 적용되었다.

더 알아보기

도어스 안(1923)

- 독일은 배상금에 대해 경제위기로 지불 연기를 요청하였다.
- 프랑스와 벨기에가 이에 대하여 배상 거부로 받아들이고 독일의 루르 지방을 점령하였다.
- 이에 대해 미국의 C. G. 도어스는 배상의 총액과 지불 기간은 언급하지 않고 향후 5개년 간의 지불액을 정함으로써 독일의 경제회복 정도에 따라 유연하게 배상금 증액을 유도하였다.
- 이후 배상금 지불은 원활하게 진행되었다.
- 독일의 배상금 거부정책에서 이행정책으로 전환되었다(스트레제만의 이행정책).

❸ 베르사이유 체제의 붕괴 원인

(1) 국제연맹의 비효율적인 표결방식

(2) 강대국 미국, 소련의 불참

(3) 1930년대 경제 대공황 발생

(4) 집단안전보장제도의 미비(전쟁금지조항의 부재)

더 알아보기

우드로 윌슨의 14개 조항

1. 강화 조약은 공개적으로 진행되고 또 공표되어야 한다. 그 체결 이후에는 어떠한 종류의 비밀 회담도 있어서는 안 된다. 외교는 항상 솔직하고 공개적인 방식으로 진행되어야 한다.

2. 평화시와 전시를 막론하고 영해 밖에서 항해의 자유는 절대 보장되어야 한다. 다만 국제협약을 이행하기 위해 취해진 국제적 조치에 의해 해양이 전체 혹은 부분적으로 봉쇄되는 경우는 예외로 한다.

3. 평화를 희망하고 평화를 유지하기 위해 상호 협력하는 모든 국가들 사이에는 가능한 모든 경제적 장벽을 없애고 동등한 무역 조건을 확인해야 한다.

4. 각국의 군비는 상호 보장 아래 자국의 안보에 필요한 최소 수준으로 감축해야 한다.

5. 식민지에서 주권과 같은 문제를 결정함에 있어, 당사자인 주민들의 이해는 법적 권리의 결정을 기다리는 정부의 정당한 청구와 동등한 중요성을 가져야 한다. 이 원칙을 엄격히 준수하는 기반 위에서 모든 식민지 문제는 자유롭고 열린 자세로, 절대적으로 공평하게 조정해야 한다.

6. 외국군은 러시아의 모든 영토에서 철수해야 하며, 러시아는 자국과 관련된 모든 정치적 발전과 국가정책을 자주적으로 결정해야 한다. 또한 러시아는 러시아의 모든 영토에서 외국군의 철수와 러시아와 관련된 모든 사안의 해결을 위해 세계 다른 나라들로부터 최선의 그리고 자유로운 협조를 보장받게 될 것이며, 이것은 정치 발전과 국가정책에 관한 러시아 스스로의 독립적인 결정을 제약하거나 방해하지 않을 것이다. 그리고 러시아가 어떠한 사회체제를 선택하든 관계없이 자유국가 세계의 일원으로서 진심으로 환영받을 것이며, 러시아가 필요로 하거나 희망하는 모든 종류의 원조를 제공받을 것이다. 우방국에 의해 수개월 안에 이루어질 러시아에 대한 원조는 자국의 이해와 상관없이 우방국 러시아에 대한 선의, 이해 및 사려 깊은 호의를 반영하는 시금석이 될 것이다.

7. 벨기에는 세계의 모든 국가와 마찬가지로 주권을 회복하게 될 것이며, 벨기에에 주둔해 있는 외국군은 철수하게 될 것이다. 세계 각국은 이러한 사실에 동의할 것이며, 벨기에의 주권을 제한하려는 어떤 시도도 일어나지 않을 것이다. 이러한 조치는 다른 어떤 행위보다도 각국이 자발적으로 국가 간 상호 관계를 정립하기 위하여 설정한 법에 대한 신뢰를 회복시키는 계기가 될 것이다. 이러한 치유책이 없이는 국제법의 모든 구조와 효력은 영원히 손상될 것이다.

8. 프랑스의 모든 영토는 해방되어야 하고, 침략당한 지역은 회복되어야 한다. 또한 1871년 알자스-로렌 문제에 관해 프로이센이 프랑스에 가한 부당 행위는 거의 50년 동안 세계 평화를 교란했던 것인 만큼 다시 한번 모든 나라의 이익을 위해 평화가 확보될 수 있도록 시정되어야 한다.

9. 이탈리아 국경을 재조정하는 문제는 확실히 인정될 수 있는 민족적 경계에 따라 정해져야 한다.

10. 오스트리아-헝가리 제국 내의 민족들에 대해 우리는 그들의 국제적 지위가 보호되고 보장되기를 바라며, 따라서 그들에게는 자주적으로 발전시킬 수 있도록 기회가 아무런 제약 없이 인정되어야 한다.

11. 루마니아, 세르비아와 몬테네그로에 주둔한 외국군은 철수해야 하며, 점령 지역은 원상 복구되어야 한다. 세르비아에게는 자유롭고 안전하게 해상에 접근하는 것이 인정되어야 한다. 발칸에 위치한 여러 국가 간의 상호 관계는 역사적으로 형성된 민족 정체성과 충성심에 바탕을 두고 우호적인 협의를 통해 결정되어야 한다. 발칸 국가들의 정치적, 경제적 독립과 영토 보전은 국제적으로 보장되어야 한다.

12. 현재의 오스만 제국 중에서 투르크인이 차지하는 영토의 주권은 확실히 보장되어야 한다. 투르크의 지배를 받는 다른 민족들에게도 생활의 확실한 안전과 절대로 방해받지 않는 자율적인 발전이 보장되어야 한다. 그리고 다르다넬스 해협은 국제적 보장 아래에 모든 국가의 선박 및 교역의 자유로운 통로로 영원히 개방되어야 한다.

13. 독립된 폴란드인의 국가가 수립되어야 한다. 독립국가 폴란드는 분명하게 폴란드 주민이 거주하는 영토를 소유하며, 해상으로 자유롭고 안전하게 나갈 수 있는 통로를 보장받게 될 것이다. 또한 국제협약에 의해 폴란드의 정치적·경제적 독립과 영토 보전을 보장해야 한다.

14. 강대국과 약소국을 막론하고 정치적 독립과 영토 보전을 상호 보장할 목적으로 특별한 규약 아래에 전체 국가의 연맹체가 결성되어야 한다.

제13절 | 워싱턴 회의 및 체제(1921)

① 개요

(1) 세계대전에 의해 전장화 되어버린 유럽제국은 커다란 타격을 받았지만, 일본과 미국은 급격한 발전을 이루었다.

(2) 특히, 미국은 영국을 대신하여 국제사회의 새로운 강자로 등장하였다.

② 배경

(1) 미국은 1921년 태평양 질서의 재편과 중국 시장에 대한 열강들의 경쟁 제한을 목적으로 해군 군비 축소 회의를 워싱턴에서 소집하였다.

(2) 미국은 워싱턴 회의를 통해 해군 건함 경쟁을 제한하여 동아시아에서 일본의 팽창을 저지할 필요가 있었다.

(3) 제1차 세계대전으로 독일·러시아 세력이 물러간 뒤 극동, 특히 중국을 둘러싸고 일본과 영미 대립이 심화되고 있었고, 이와 함께 군비 확장 경쟁이 격화되면서 각국의 재정을 압박하고 있었다.

③ 주요 내용

(1) 5대국 간 해군 군축조약 체결

① 워싱턴 회의에서는 먼저 미·영·프·이·일의 5대국 간 해군 군축조약이 체결되었다.

② 주력함대 보유량 비율이 미국과 영국이 5, 일본이 3이라면, 프랑스와 이탈리아는 1.6의 비율로 정해지고 10년 동안 전함 건조가 금지되었다.

③ 일본 내에서는 반대가 강했지만, 가토(해군 대신)가 해군의 반대를 누르고 조인을 단행하였다.

(2) 4개국 조약

① 일·미·영·프의 4개국 간에 태평양의 영토와 제도에 관한 현상유지를 천명한 조약이다.

② 태평양에서의 그 속령 및 위임통치지역에 대한 상호존중을 약속하고, 체약국 사이에 분쟁이 일어나면 공동회의에서 해결할 것과 체약국 이외의 어느 국가로부터 위협을 받을 때는 상호 협의할 것을 약속하였다.

③ 또한, 일본의 식민지적 권익을 보장하고 대서구관계의 기틀이 되어 왔던 영일동맹의 폐기를 선언하였다.

➡ 이 4개국 조약으로 일본은 영일동맹의 폐기(1923. 8.)에 의해 야기되는 국제적 고립화를 모면할 수 있게 되었다.

(3) 9개국 조약*

✎ 미국, 영국, 프랑스, 일본, 이탈리아, 벨기에, 네덜란드, 포르투갈, 중국이다.

① 4개국 외에 중국과 이탈리아 등의 5개국을 포함한 9개국 간 중국 문제에 관한 조약이 조인되었다 (1922. 2.).

② 중국의 주권 독립, 영토 보전의 존중과 함께 중국에 대한 문호 개방·기회균등의 일반적 원칙이 정해지고, 새로운 특수 권익 설정의 금지가 정해졌다.

③ 이에 따라 일본은 중국과의 교섭을 통해 산둥반도 권익을 반환하였고, 21개조 요구 중 일부도 철회하였다.

④ 평가 및 영향

(1) 워싱턴 회의에서 국제협정은 미국의 주도하에 이루어졌는데, 태평양·동아시아, 특히 중국에서 발생할지 모르는 제반분쟁의 소지를 없애고 열국 간의 협조를 지향하였다.

(2) 이 새로운 국제협조질서를 '워싱턴 체제'라 한다. 이로써 일본의 중국 진출에는 미국을 위시한 국제적인 감시와 압력이라는 새로운 장벽이 등장하게 되었다.

(3) 일본 군부와 같은 집단의 독단적 행동에 대해서도 새로운 견제 장치가 만들어졌다.

(4) 워싱턴 체제에 근거하여 만들어진 일본의 외교방침을 보통 '협조외교'라고 부른다.

➡ 실상 일본의 중국에서의 특수권익과 독점적 지위는 부정되고, 제1차 세계대전 후 일본이 챙겼던 산둥성의 이권도 중국에 반환되었다.

제14절 **로카르노 조약(1925)**

① 개요

(1) 로카르노 조약(The Locarno Pact)은 1925년 10월 16일 영국, 프랑스, 이탈리아, 독일, 벨기에, 체코슬로바키아, 폴란드의 대표가 스위스의 로카르노에서 체결한 일련의 국지적 안전보장조약이다(독일의 제안으로 시작).

(2) 총 8개의 협정(조약)*의 총칭으로, 그 중에서도 영국, 프랑스, 독일, 이탈리아, 벨기에 5개국 간의 집단안전보장조약은 가장 중요하였다.

✎ ① 로카르노 조약의 최종의정서, ② 라인란트의 현상유지에 관한 상호보장조약(영국, 프랑스, 독일, 이탈리아, 벨기에), ③ 독일·벨기에 중재재판조약, ④ 독일·프랑스 중재재판조약, ⑤ 독일·폴란드 중재재판조약, ⑥ 독일·체코슬로바키아 중재재판조약, ⑦ 프랑스·폴란드 상호원조조약, ⑧ 프랑스·체코슬로바키아 상호원조조약으로 이루어져 있다.

① 이 조약은 독일의 서부 국경의 현상유지 및 상호불가침, 상호의 부전(不戰), 분쟁의 평화적 처리를 규정하였다(동부국경의 보장은 합의되지 않음.).

② 특히, 중요한 것은 이들의 규정에 위반하여 공격이 이루어진 경우에는 다른 체약국이 협력하여 피공격국을 원조한다는 지역적인 안전보장제도의 장치가 포함되어 있다는 것이다.

③ 즉, 당시 서로 대립관계에 있어서 긴장을 고조시킨 프랑스, 독일, 벨기에 간의 국경의 안전을 지키기 위해 이 3국뿐만 아니라 영국, 이탈리아를 이른바 보장국으로서 참가시킨 집단안전보장 조약으로서의 성격을 띠고 있었다.

(3) 라인란트 지역의 영구 비무장화를 규정하고 있다.

(4) 제1차 세계대전은 로카르노 조약으로 완전히 종식되었다(베르사이유체제 정착).

❷ 영향 및 평가

(1) 1924년의 제네바 의정서의 정신을 계승한 것으로 제1차 세계대전 후의 집단안전보장조약으로서 최대의 성과라 할 수 있다.

(2) 조약의 효력 발생과 함께 독일의 국제연맹 가입이 승인되었다. 이는 독일이 국제연맹의 상임이사 국이 되는 기반을 마련하였다.

(3) 이 조약은 1936년 3월 독일군의 라인란트 침입과 재무장이 실시되면서 아돌프 히틀러에 의해 일방적 으로 파기되었다.

제15절 켈로그−브리앙 조약(1928)

❶ 개요

(1) 켈로그−브리앙 조약은 1928년 8월에 체결된, 전쟁이 아닌 평화적 수단을 국제분쟁의 해결수단으로 채택할 것을 내용으로 하는 조약이다.

(2) 조약 성립을 주도한 미국 국무장관 F. 켈로그와 프랑스 외무장관 A. 브리앙의 이름을 따 켈로그− 브리앙 조약(Kellogg-Briand Pact)이라고 하며, 전쟁을 부정했다는 점에서 부전조약이라고도 불 린다.

❷ 배경

(1) 제1차 세계대전 종전 이후, 유럽과 미국은 항구적 평화체제 수립을 위해 여러 노력을 하였는데, 국제법을 통해 전쟁발발을 방지하려는 '부전조약(不戰條約)'도 그러한 노력 중 하나였다.

(2) 미국이 제1차 세계대전에 참전한 지 10주년이 되는 1927년, 당시의 프랑스 외무장관 브리앙은 미국 참전 10주년을 맞아 양국 간 전쟁포기 선언을 발표할 것을 제안하였다. 이는 프랑스가 미국을 유럽에 관여시키기 위함이었다.

(3) 미국 국무장관 켈로그가 이러한 제안에 대하여 전쟁포기 선언을 프랑스, 미국 양국에 한정된 것이 아니라, 모든 국가 간의 선언으로 확대하자는 제의로 화답하였다.

(4) 프랑스가 ① 모든 주요 열강이 수락하는 경우 조약의 효력이 발생하며, ② 국가의 정당방위권은 이 경우에도 인정되며, ③ 조약위반국가에 대해 제재의무가 없으며, ④ 국제연맹 및 타 조약에 수반되는 의무에 영향을 미치지 않는다는 전제 하에 미국의 제안을 수락함에 따라 부전조약의 입안이 구체화되었다.

(5) 미국 및 프랑스의 부전조약 제안에 주요 열강이었던 영국, 독일, 이탈리아, 일본 등이 동의함에 따라 15개국의 서명으로 8월 27일 파리에서 부전조약이 체결되었다.

❸ 주요 내용

(1) 전문과 3개조로 구성된 간단한 조약이다.

(2) 제1조에서는 각 국가가 국민의 이름으로 전쟁포기를 선언함을, 제2조에서는 국제분쟁을 평화적 수단이 아닌 다른 수단으로 해결하지 않을 것을 규정하였다.

❹ 평가

(1) 소련도 조약 체결 이후 부전조약에 참가하였고, 1936년에 국제연맹보다도 많은 63개국이 조약에 참가하였다.

(2) 조약성립을 주도한 브리앙은 부전조약을 두고 '인류역사의 신기원'이라고 자평하였다.

(3) 그러나 조약이 선언적 의미에 그치고, 각 국가의 자위권을 보장하고 있을 뿐만 아니라 자위권을 제한하는 어떠한 강행규정도 포함하지 않는다는 점에서 조약의 실효성이 문제되었고, 제2차 세계대전의 발발로 그 맹점이 드러났다.

(4) 뉘른베르크 국제군사재판과 극동국제군사재판의 근거가 되었다.

　① 해당 재판에서는 '평화에 반하는 죄'라는 죄목을 인류 역사상 최초로 적용하여 전범들을 재판하였다.

　② 해당 죄목을 적용한 근거가 본문의 부전조약이고 독일 및 일본 역시 해당 부전조약에 서명을 했기 때문에 처벌이 가능했던 것이다.

(5) 실례로, 1932년 미국은 이 조약 위반을 들어 만주국을 불승인하였다.

제16절 제2차 세계대전(1939~1945)

❶ 독일의 국제연맹 탈퇴(1933)

(1) 베르사이유 조약에 대한 불만

　① 독일은 제1차 세계대전 이후 군비 축소(병력 10만 명 제한, 공군·잠수함 금지), 전쟁 배상금, 영토 상실 등을 강요받았다.

② 하지만 국제연맹의 다른 강대국(프랑스, 영국 등)은 여전히 강력한 군사력을 유지하고 있었다.

③ 독일은 군비 평등을 요구(모든 나라가 독일과 같은 수준으로 군축할 것)했지만, 받아들여지지 않았다.

④ 이에 독일은 국제연맹을 불공정한 기구로 인식하고 탈퇴를 결심했다.

(2) 히틀러의 등장과 재무장 정책

① 1933년 1월 아돌프 히틀러(Adolf Hitler)가 독일 정권을 잡으면서 적극적인 재무장(군사력 강화) 정책을 추진하였다.

② 히틀러는 국제연맹이 독일의 국익을 방해하고, 독일을 굴욕적으로 만들었다고 주장하였다.

③ 1933년 10월 독일은 국제연맹과 제네바 군축회의(Disarmament Conference)에서 탈퇴를 선언하였다.

④ 이후 독일은 본격적으로 재무장을 시작하고, 1935년에는 공개적으로 징병제를 부활하며 국제연맹 규정을 위반하였다.

(3) 국제연맹의 무능함과 독일의 강대국 노선

① 국제연맹은 제1차 세계대전 후 평화를 유지하기 위한 기구였지만, 집행력이 부족하였다.

② 일본이 1931년 만주사변을 일으켜 중국(만주)을 침략했을 때 국제연맹은 이를 막지 못하였다.

③ 이 사건을 보고 히틀러는 국제연맹이 독일의 행동을 강제로 제지하지 못할 것이라 판단하여 독자적인 강대국 노선을 선택하였다.

(4) 이탈리아의 에디오피아 침공(1935)

이탈리아가 에디오피아를 병합하면서 로마합의와 스트레자합의를 폐기하여 히틀러가 반사이익을 얻었다.

➡ 로마합의: 프랑스가 일부 식민지를 이탈리아에 할양하고 오스트리아의 독립이 위태롭게 되는 경우 양국이 서로 협력한다는 합의이다.

➡ 스트레자합의: 독일의 군비 선언에 대해 영국, 프랑스, 이탈리아가 독일을 비난하고 로카르노조약의 성실한 준수를 선언한 합의이다.

❷ 라인란트 재무장(1936)

(1) 1936년 3월 7일 나치 독일의 군대가 베르사이유 조약과 로카르노 조약을 정면으로 위배하여 라인란트 안으로 진입한 사건이다. 프랑스와 영국 모두 군사적 대응이 준비되지 않아 독일의 라인란트 진주에 별다른 대응을 하지 않았다.

(2) 제1차 세계대전 전후 라인란트는 연합국이 점령

① 1919년 베르사이유 조약에 따라 독일은 라인강 서쪽 혹은 동쪽 50km 이내 모든 영토에 병력 진출이 금지되었다.

② 1925년 로카르노 조약에서는 라인란트가 영구적인 비무장지대임을 재확인하였다.

(3) 1929년 독일의 외무장관 구스타프 슈트레제만은 라인란트에서 연합국의 철수를 협상하였고 결국 1930년 6월 마지막 연합국 병력이 라인란트에서 철수하였다.

⑷ 1933년 1월 나치당의 독일 권력 장악 후 독일은 재무장과 라인란트의 무장화를 추진하였다.

⑸ 1936년 3월 7일 히틀러는 프랑스-소련 상호원조조약을 구실로 독일 국방군 2만 명의 라인란트 진격을 명령하였다.

⑹ 라인란트 재무장과 독일 재군비 선언은 라인란트의 비무장 상태로 막혀 있던 서유럽 침략 정책을 독일이 다시 시행할 수 있게 해주었고, 유럽에서 힘의 균형을 영국과 프랑스에서 독일로 바꾸는 계기가 되었다.

📖 **라인란트 위치**

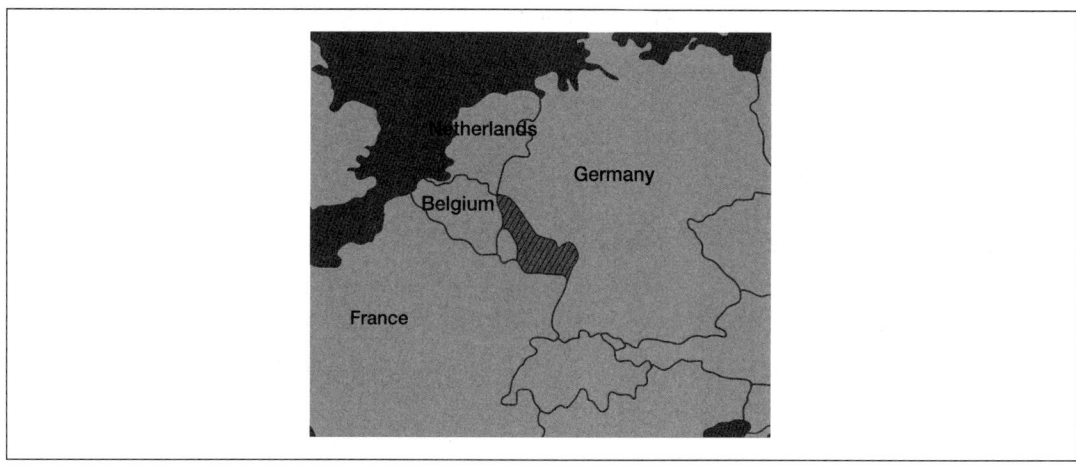

3 뮌헨협정(1938)

⑴ 뮌헨협정(Munich Agreement)은 1938년 9월 30일 제2차 세계대전 발발 이전에 유럽에서 체결된 중요한 외교적 협정이다.

① 독일의 아돌프 히틀러가 요구한 체코슬로바키아의 수데텐(체코슬로바키아 서부에 위치한 독일어 사용 지역)의 할양을 인정하였다.

② 이 협정은 당시 유럽의 주요 강대국들인 영국, 프랑스, 이탈리아와 나치 독일이 참가한 가운데 체결되었으며, 체코슬로바키아는 협상에 직접 참여하지 못한 상태에서 결정되었다.

③ 체코슬로바키아는 협정에 참가하지도 못한 채 자신들의 영토가 강제로 할양되는 상황에 놓였지만, 결국 강대국들의 압력에 따라 수용하였다.

⑵ 뮌헨협정은 당시 영국과 프랑스가 히틀러의 요구를 수용함으로써 전쟁을 피하려는 유화정책 (appeasement)을 실현한 대표적인 사례로 평가된다.

⑶ 체임벌린 총리는 이 협정이 "유럽의 평화를 보장하는 것"이라 주장하며, 이는 "평화의 시대"를 위한 노력이었다고 주장했다.

⑷ 그러나 뮌헨협정은 히틀러의 야욕을 더욱 강화시켰다. 그는 협정 체결 후 더 이상 유럽의 강대국들이 저항하지 않을 것이라고 확신하게 되었고, 결국 1939년 3월 15일 체코슬로바키아 전체를 점령하며 협정에서 얻은 이득을 넘어서는 침략을 감행하였다.

더 알아보기

자르 관련 국민투표(1935)

• 1935년 1월 13일 자르 지역에서 이루어진 국민투표로서 이 투표의 결과로 자르 위임통치령이 독일에 합병되었다.

• 자르는 독일과 프랑스의 국경지대 지방으로, 제1차 세계대전 이후 베르사이유 조약의 결과로 독일에서 국제연맹 위임통치령으로 분리되었다.
  ➡ 프랑스는 자르의 석탄 광산의 독점권을 획득
  ➡ 베르사이유 조약은 자르 보호령이 조약 조인 이후 15년간 국제연맹의 감찰을 받고 국민투표를 통해 그 후의 향방을 결정할 계획이었다.

• 투표 결과 90.73%의 찬성으로 독일 편입이 결정*되었고, 1935년 3월 1일 독일의 일부가 되었다.

  ✎ 1934년 말, 자르 위임통치령에는 예정된 국민투표 기간동안 치안을 유지하기 위해 국제연맹에서 회원국의 군대를 파견하였다. 자르의 주민들은 독일에 아돌프 히틀러와 나치당이 집권하기 전에는 독일로의 편입을 전반적으로 지지했다. 하지만 나치의 대두와 독일에서의 공산주의와 사회주의에 대한 탄압과 종교의 탄압이 알려지자 노동자들, 그리고 가톨릭 교단들 사이에서는 국제연맹 위임통치령으로 남자는 의견이 퍼지기 시작하였디. 불인해진 나치 독일은 지역민들에 대한 압력과 뒷공작을 펼치면서 투표가 진행되었다.

더 알아보기

독일−오스트리아 관세동맹(1931)

• 세계공황의 영향으로 파국을 맞이한 경제를 구하기 위해 독일과 오스트리아는 1931년에 관세동맹을 설립하는 조약을 체결하였다.

• 영국은 이 동맹이 오스트리아의 독립을 보장한 생제르망앙레이 조약 등에 위반한다고 주장하였다.

• 같은 해 국제연맹 이사회가 이 문제에 대해 상설국제사법재판소에 권고적 의견을 요청하였다. 이에 재판소는 재판관의 8대 7의 표결에 의해 해당 관세동맹은 국제조약에 위반한다는 판단을 내렸다.

❹ 독−소 불가침 조약(1939)

(1) 독소 불가침 조약은 1939년 8월 23일 나치 독일과 소련 사이에 체결된 불가침 협정으로, 이 조약은 양국 간의 군사적 충돌을 방지하기 위해 맺어진 것이며, 제2차 세계대전 발발의 중요한 배경 중 하나였다.

(2) **주요 내용**

① 독일과 소련은 상호 간에 군사적 공격을 하지 않겠다고 약속(불가침)했다.

② **동유럽에서의 영토 분할**: 독일과 소련이 서로의 영향권을 인정하며 폴란드, 발트 3국, 핀란드, 루마니아의 일부 지역을 나누겠다고 합의하였다.

  ㉠ 독일과 소련은 폴란드를 나누어 점령하기로 합의하고 독일은 서부를, 소련은 동부를 차지하였다(비스툴라−나레브 선 기준).

  ㉡ 발트 3국(에스토니아, 라트비아, 리투아니아)은 소련의 영향권으로 인정했다.

  ㉢ 소련은 베사라비아(현 동유럽 일부 지역) 지역에 이익관계를 가지며, 독일은 이 지방에 대해 전적으로 정치적 이익이 없음을 인정하였다.

  ㉣ 소련은 핀란드와 루마니아 일부 지역도 자신들의 영향권으로 설정하려 하였다.

(3) **조약 체결 배경**

　① 독일은 전쟁을 앞두고 서부 전선에서 프랑스와 영국과의 전면전으로 진입할 준비를 하고 있었다. 따라서 소련과의 전쟁을 피하기 위해 소련과의 불가침 조약을 체결하려 하였다. 이는 독일의 전선이 분할되는 것을 막기 위한 전략이었다.

　② 소련은 조약을 통해 나치 독일과 충돌을 피하고, 동유럽에서 자국의 영향력을 확장하려 하였다.

(4) 1941년 6월 22일 독일은 소련을 침공하여 독소 불가침 조약은 사실상 파기되었다.

❺ 일본－소련 중립조약(1941)

(1) 이 조약은 1941년 4월 13일 모스크바에서 소련과 일본 제국이 조인한 중립조약이다.

　① 일본이 미국의 하와이를 공격할 때에 소련이 중립을 지킨다는 내용이 핵심이었다.

　② 이 조약 덕분에 일본은 동부 전선에서 소련의 위협을 받지 않고 유럽과 태평양 전선에서 전쟁을 계속할 수 있었다.

　③ 소련도 전쟁 초기에는 일본과의 갈등을 피하면서 독일과의 전쟁에 집중하였다.

(2) 그러나 나치 독일이 항복한 후, 소련이 1945년 8월 일본 제국에게 선전포고함으로써 이 조약은 파기되었다.

　① 1945년 5월 독일이 항복하면서 유럽 전선의 전쟁이 종료되었다.

　② 소련은 동아시아로 군사적 관심을 돌릴 수 있는 상황이 되었고, 연합국은 일본에 대한 최종적인 압박을 강화할 필요성을 느끼고 있었다.

　③ 스탈린의 대일 선전포고는 1945년 8월 8일 소련이 일본에 대해 선전포고를 하고 만주와 사할린 지역으로 침공한 사건을 의미한다.

　④ 이 공격은 제2차 세계대전의 마지막 단계에서 이루어진 중요한 군사적 행동으로, 일본의 패망을 앞당긴 결정적인 사건 중 하나였다.

　⑤ 소련군은 만주국을 점령하고, 일본의 사할린 남부와 쿠릴 제도를 포함한 지역을 차지하였다. 이 지역들은 이후 소련의 영토로 포함되었고, 쿠릴 제도와 사할린은 현재까지도 일본과 러시아 간의 영토 분쟁이 이어지는 지역이 되었다.

❻ 노르망디 상륙작전(1944)

(1) 1944년 6월 6일 미국과 영국군이 주력이 되고 캐나다, 프랑스, 오스트레일리아, 폴란드, 노르웨이 등 8개국의 연합군은 독일이 점령하고 있던 프랑스령 노르망디 해안에 사상 최대의 상륙작전을 감행하였다.

(2) 연합군의 상륙작전에 동원된 병력만 무려 15만 6천 명이었으며, 노르망디 해안의 독일 방어군은 약 1만 명으로 추산된다.

(3) 연합군이 나치가 점령 중인 프랑스를 해방시키고 유럽을 탈환하는데 발판을 마련한 최초의 작전이었다.

더 알아보기

얄타 회담과 약속

- 1945년 2월에 열린 얄타 회담에서, 조지프 스탈린(소련), 프랭클린 D. 루즈벨트(미국), 윈스턴 처칠(영국)은 전후 처리를 논의하면서 소련이 일본에 전쟁을 선언하고 만주를 포함한 일본의 점령지에서 군사 작전을 벌일 것에 합의하였다.
- 스탈린은 이 약속을 이행하기 위해 준비를 시작하였다.

⑦ 제2차 세계대전의 발발 원인 종합

(1) 베르사이유체제에서 이루어진 영토 처리에 따라 패전국에게 가해진 가혹한 배상문제와 이에 대한 불만이 가중되었다.

(2) 당시 불안한 유럽 성지경제상황과 맞물려 극단적인 민족주의 운동이 급속하게 전개되었다.

    ① 독일, 이탈리아, 일본 등은 경제적 침체와 정치적 혼란을 겪으면서 강력한 지도자를 내세운 파시즘, 나치즘의 지도력 하에 통합되었다.

    ② 특히, 아돌프 히틀러는 자기 민족의 우월성을 주장하며 주변 국가들에 대한 침략을 정당화하였다.

(3) 많은 국제적 위기에 직면하여 근본적인 대책 강구보다는 패전국을 무마하려던 전승국들은 지나치게 유화정책을 사용하였다.

(4) 경제적 요인으로 세계 대공황이 발생(1929)하였다.

제17절 | 태평양 전쟁과 진주만 공습

① 개요

(1) 1941년 12월 8일 일본의 진주만 공격부터 1945년 9월 2일 항복문서 서명까지 일본과 미국, 영국 기타의 연합국 간에 이루어진 전쟁이다.

(2) 당시 일본은 '대동아 전쟁'이라고 칭하였다.

(3) 또한 이 전쟁의 개시는 만주사변, 중일 전쟁의 전개와 관련하고 있으므로 광의로는 그 전쟁들도 포함된다.

② 전개과정

(1) 일본은 만주사변을 일으켜 괴뢰국인 만주국을 세우고 중국 동북지역을 지배하였다.

(2) 국제사회가 이를 규탄하자 일본은 워싱턴 군축 조약 및 런던 군축 조약을 파기하고 국제연맹을 탈퇴하였다.

(3) 최종적으로 1937년 노구교 사건을 핑계로 중국을 전면 침공하여 중일 전쟁을 일으켰다.

(4) 당시 일본은 전쟁수행을 위한 전략물자 상당수를 미국에서 수입하고 있었다.

(5) 중국에 대한 일본의 거듭된 침략과 만행으로 미국은 일본에 대해 계속 압력을 행사하였다.

(6) 일본은 이에 아랑곳하지 않고 침략을 계속하였다.

　① 독일, 이탈리아와 추축동맹을 체결한 후 1940년 유럽열강이 전쟁으로 정신없는 틈을 타 프랑스령 인도차이나에 일본군을 주둔하였다.

　② 네덜란드령 동인도제도의 자원을 확보하기 위한 압박도 하였다.

(7) 중일 전쟁이 장기화되면서 전략자원의 수급이 힘들어지자, 이를 수급하고 동시에 유럽열강의 공백이 생긴 동남아시아를 일본이 새 팽창대상으로 삼고자 하였다.

(8) 이에 대해 미국은 일본에 대한 전면적인 무역 봉쇄를 실시하였다.

(9) 결국 일본은 미국을 공격하여 전열에서 이탈시키고 동남아시아를 정복하여 세력권에 편입시키고자 미국과 전쟁에 돌입하였다.

　① 1941년 12월 7일 일본 제국해군 연합함대 소속 항공모함 6척에서 발진한 300여 기의 항공기들이 하와이의 진주만에 대대적인 폭격을 시행하였다.

　② 진주만 공습으로 미국 태평양함대는 보유한 전함을 모두 잃었다.

　③ 동시에 일본은 홍콩, 말레이 반도, 괌, 웨이크섬, 필리핀 등지로 동시에 총공격을 개시했다.

　④ 괌은 공격 하루 만에 점령되었고, 홍콩과 웨이크섬은 격렬히 저항했으나 해를 넘기지 못하고 점령되었다.

　⑤ 영국 해군 동양함대는 말레이 해전으로 전함 프린스 오브 웨일스와 리펄스를 잃으며 패퇴했고, 순식간에 서태평양의 제해권을 일본군이 장악하였다.

제18절 | 모스크바 3상 회의(1943. 10.)

❶ 배경

(1) 스탈린그라드에서의 괴멸(1943. 1. 31.)을 전환점으로 독일군이 소련 중남부로부터 퇴각하였다.

(2) 미영 연합군의 북아프리카 상륙, 프랑스 북부 상륙, 이탈리아 본토 상륙이 이루어졌고, 추축국 이탈리아의 무조건 항복 등 연합국의 승리가 결정적인 상황이 되었다.

(3) 미·영·소 3개국 외상회의가 최초로 개최되어 헐 미국 국무장관, 이든 영국 외상, 몰로토프 소련 외상이 참석하였다. 소련이 주최하는 최초의 연합국 모임이었다.

❷ 주요 합의 내용

(1) 미·영·소 3국 외상은 장래 군사적 협력을 한층 긴밀히 할 것을 서약하였다.

(2) "전쟁 수행 중인 현재의 긴밀한 합작과 협력을 전쟁 종결 후의 시대에까지 계속하는 것은 각국의 이해로서나 전 세계의 평화애호국의 이해로서나 전 세계의 평화애호국의 이해로서도 크게 중대하다."는 것에 합의하였다.

(3) "국제평화와 안전보장의 유지를 위해 전 평화애호국의 주권평등 원칙에 기초하여 대소를 불문하고 이와 같은 모든 국가에 가입의 기회를 준 총합적인 국제기구를 조속히 설립하는 것이 필요하다는 것"에 합의하였다.

(4) 무조건 항복을 재확인하였다.

(5) 유럽자문이사회 설립, 오스트리아 독립, 적당한 시기에 소련의 대일전 참전 등에 대해 합의하였다.
➡ 모스크바 3상 회의로 그동안 있었던 소련의 불신이 어느 정도 불식되었다.

제19절 카이로 회담(1943. 11.)

❶ 개요

(1) 카이로 회담(Cairo Conference)은 1943년 11월 22일~26일 카이로에서 미국의 루즈벨트, 영국의 처칠, 중화민국의 장제스 세 연합국 수뇌가 모여 열린 회담이다.

(2) 제2차 세계대전에서 일본에 대한 연합국의 대응과 아시아의 전후 처리 문제에 관해 협의하였다.

❷ 카이로 선언 주요 내용

(1) 카이로 선언은 카이로 회담 직후 발표된 공동선언이다.

(2) 이 회담에서 연합국은 승전하더라도 자국(自國)의 영토 확장을 도모하지 않을 것이며, 일본이 제1차 세계대전 후 타국으로부터 약탈한 영토를 반환할 것을 요구하였다.

(3) 특히 한국에 대해서는 앞으로 자유독립국가로 승인할 결의를 하여 처음으로 한국의 독립이 국제적으로 보장을 받았다. 카이로 선언의 조항은 이후 포츠담 선언에서 재확인되었다.

(4) **핵심 내용**
① 3대 동맹국은 일본의 침략을 정지시키고 이를 벌하기 위하여 이번 전쟁을 수행하고 있는 것으로, 위 동맹국은 자국을 위하여 어떠한 이익도 요구하지 않으며, 또 영토를 확장할 의도가 없다.
② 위 동맹국의 목적은 일본이 1914년 제1차 세계대전 개시 이후에 탈취 또는 점령한 태평양의 도서 일체를 박탈할 것과 만주, 대만 및 팽호도와 같이 일본이 청국으로부터 **빼앗은** 지역 일체를 중화민국에 반환함에 있다.

③ 또한, 일본은 폭력과 탐욕으로 약탈한 다른 일체의 지역으로부터 구축될 것이다. 앞의 3대국은 조선민의 피지배상태에 유의하여 적당한 시기에 조선을 자주 독립시킬 결의를 할 것이다.

④ 이를 위해 3대 동맹국은 일본과 교전 중인 여러 국가와 협조하여, 일본의 무조건적인 항복을 받아내는 데 필요한 중대하고도 장기적인 작전을 계속할 것이다.

더 알아보기

모겐소 계획

• 미국의 재무장관 헨리 모겐소가 입안한 제2차 세계대전 후의 독일처리에 관한 계획안이다.

• 1944년 9월 캐나다 퀘벡에서 이루어진 루즈벨트−처칠 회담에서 승인되었다.

• 주요 내용은 독일의 철저한 비군사화와 비공업화였는데, 특히 루르와 자르의 공업을 폐쇄하고, 국제관리 아래 그 지구의 공업시설을 철거하여 독일에 의하여 황폐된 러시아 기타 각국에게 손해배상으로서 그 것을 이전한다는 것이었다. 독일을 농업국가로 만들고자 한 것이다.

• 이는 독일의 제3차 세계대전 개시를 저지하는 데 그 목적이 있었다.

• 그러나 독일 패전에 대한 가장 극단적인 정책이라 하여 미국 국내외에서 심한 악평을 받았기 때문에 루즈벨트도 이 계획을 단념하였고, 트루먼 대통령에 의하여 소멸되었다.

제20절 알타 회담(1945. 2.)

① 개요

제2차 세계대전 기간 중인 1945년 2월 4일부터 11일까지 8일간 흑해 연안 크림 반도에 있는 휴양도시 알타에서 연합국 소속 미국, 영국, 소련의 수뇌부(루즈벨트, 처칠, 스탈린)가 모여 전후(戰後) 세계질서를 논의한 회담이다.

② 알타 회담의 배경

(1) 제2차 세계대전에서 연합국(미국, 영국, 소련)의 승리가 확실해진 시점(1945. 2.)에서 전후 유럽 및 아시아 지역의 재편 문제에 대한 논의가 필요하였다.

(2) 독일 패전 이후의 처리 방안에 대한 논의가 필요하였다.

(3) 유엔 창설, 동유럽 문제 등 주요 쟁점에 대한 처리가 필요하였다.

③ 알타 회담의 주요 결정 사항

(1) 독일 문제

① 독일을 4개 점령 구역(미국·영국·프랑스·소련)으로 분할한다.

② 독일의 비무장화 및 비나치화를 진행한다.

③ 전쟁 배상금을 부과(주로 소련이 요구)한다.

(2) **폴란드 문제**

① 폴란드의 국경을 조정하여 소련이 폴란드 동부를 차지하고, 폴란드는 서쪽으로 영토가 이동하였다.

② 소련 영향력 아래 있는 폴란드 정부를 승인하였다(서방국들은 불만).

(3) **유엔(UN) 창설 합의**

① 전후 국제평화를 유지할 기구로 유엔(UN) 창설을 결정하였다.

② 안전보장이사회에서 미국·영국·소련·프랑스·중국 등 5대 상임이사국에 거부권 부여를 합의하였다.

(4) **소련의 대일전 참전**

① 독일 패전 후(2~3개월 안에) 소련이 일본과의 전쟁에 참전하기로 합의하였다(1945년 8월, 소련의 대일전 개입).

② 소련이 사할린과 쿠릴 열도를 차지하는 대가로 참전하기로 하였다.

(5) **한반도의 신탁통치**

① 신탁통치 기간: 미국은 '10년의 신탁통치'를, 소련은 '즉시 독립'을 주장하였고, 양국의 의견을 절충하여 신탁통치 기간은 5년으로 결정되었다.

② 통치의 주체: 임시정부 VS 4대국의 협의체

제21절 | 포츠담회담(1945. 7.)

1 개요

(1) 1945년 7월 17일부터 8월 2일까지 연합군 점령하 독일 베를린 근교 포츠담의 체칠리엔호프 궁전에서 연합국 지도자들이 5월 9일 나치 독일 항복 이후 유럽의 재건과 태평양 전선 종결을 논의한 회담이다.

(2) 미국의 해리 S. 트루먼 대통령, 영국의 클레멘트 애틀리 총리, 소련의 이오시프 스탈린 서기장이 참석하였다.

① 중국 대표 장제스는 중일 전쟁 중이었기 때문에 독일 영토인 포츠담까지 가기엔 무리라고 판단하여 이후에 서명한다는 양해를 얻어 불참하였다.

② 이 때문에 포츠담 회담은 미·영·소가, 회담 중인 26일에 발표된 포츠담 선언은 미·영·중의 서명으로 이루어져 있다. 선언에서 소련이 제외된 이유는 당시 소련은 일본에 선전포고(1945년 8월 8일)를 하기 전이었기 때문이다.

❷ 합의 사항

(1) 전쟁을 하고 있는 일본 제국에게 무조건 항복을 권유하는 포츠담 선언이 발표되었다.

(2) 5개국 외상으로 구성되는 이사회를 설치해 독일의 동맹국들이었던 이탈리아, 불가리아, 헝가리, 핀란드, 루마니아와의 평화조약 체결문제를 담당하도록 하였다.

➡ 이 이사회의 설치로 유럽자문위원회는 폐지되었다.

(3) **주요 내용**

① 연합군은 비무장화, 민주화, 지방 분권화 및 탈핵화와 같은 독일 점령의 목표에 관한 성명서를 발표하였다. 그리고 당분간 독일의 통일중앙정부는 수립되지 않을 것이지만, 하나의 경제단위로서 공동의 정책을 수립하고 운영할 수 있도록 규정하였다.

② 독일과 오스트리아는 각각 얄타에서 원칙적으로 동의한 4개의 구역으로 분할되었고, 마찬가지로 각 국가의 수도인 베를린과 빈 또한 4개의 구역으로 분할하기로 합의하였다.

③ 나치 전범들이 재판(뉘른베르크)을 받게 될 것이라는 데 합의하였다.

④ 주데텐란트, 알자스-로렌, 오스트리아, 폴란드 서부를 포함하여 유럽에서 발생한 독일에 의한 병합은 모두 취소될 것을 합의하였다.

⑤ 독일의 동부 국경은 오데르-나이세선으로 바뀌게 되면서 독일의 크기는 1937년에 비해 약 25% 감소, 새 국경의 동쪽 지역은 동프로이센, 실레시아, 서프로이센 및 포메라니아의 2/3로 구성하였다.

⑥ 독일의 새로운 동쪽 국경 너머 남아있는 독일 인구의 "질서 있고 인도적인" 추방이 수행되기로 합의하였다.

⑦ 유고슬라비아*를 제외한 폴란드, 체코 슬로바키아, 헝가리에서 독일이 발생시킨 전쟁 피해에 대한 배상을 합의하였다.

  ✎ 유고슬라비아 사회주의 연방공화국을 구성하는 6개의 공화국은 마케도니아, 몬테네그로, 보스니아 헤르체고비나, 세르비아, 슬로베니아, 크로아티아였다.

⑧ 독일의 평화 경제에 불필요한 서부 지역의 산업의 10%는 2년 안에 소련에 이양하기로 합의하였다. 이에 탱크, 항공기 등을 생산해낼 수 있는 중공업 산업 시설들이 해체되었다.

⑨ 스탈린은 소련에 대한 보상금의 15%를 나중에 독일에 배분하여 폴란드를 배제할 것을 제안하였다.

⑩ '독일의 경제력은 유럽 평균치를 넘지 못하게 한다.'고 결정하여 독일을 경공업, 농업 기반 국가로 만들려 하였다. 물론 이런 조치는 냉전으로 인해 백지화되었다.

제22절 | 포츠담 선언(1945. 7.)

1 개요

(1) 포츠담 선언은 독일의 항복 이후에도 전쟁 수행 의지를 꺾지 않는 일본 제국의 무조건 항복을 촉구하면서 독일 포츠담에서 미국 대통령 해리 S. 트루먼, 영국 총리 클레멘트 애틀리, 중화민국 주석 장제스가 1945년 7월 26일 포츠담 회담 도중 발표한 선언문이다.

(2) 이 최후 통첩문에서 연합군은 일본 제국이 이 통첩의 수락을 거부했을 시 즉각적이면서도 완전한 파멸을 맞게 될 것이라고 경고했다.

(3) 결과적으로 일본 제국은 히로시마·나가사키 원자폭탄 투하 사건 이후인 8월 15일에 히로히토 천황이 선언을 수락하며, 포츠담 선언의 수용을 발표하였다.

2 주요 내용

(1) "우리는 결코 이 요구 조건에서 벗어나지 않을 것이다. 다른 대안은 없다. 어떠한 지연도 용납하지 않을 것이다(We will not deviate from them. There are no alternatives. We shall brook no delay)."라는 단호한 문장으로 일본 제국의 무조건 항복에 대한 그들의 굳건한 의지를 표현하였다.

(2) 일본이 침략 전쟁의 과정에 착수하도록 일본 국민들을 기만하고 오도한 자들의 권력과 영향력을 영구히(for all time of the authority and influence of those who have deceived and misled the people of Japan into embarking on world conquest) 제거할 것이다.

(3) 1943년 카이로 선언 당시 연합국에 의해 지정된 해외 영토를 포기하고 그에 따라 일본의 주권은 혼슈, 홋카이도, 규슈, 시코쿠와 그 부속 도서들로 제한할 것이다.

(4) 일본군은 완전히 무장 해제한다.

(5) 무장 해제를 전제로 한 일본군 및 일반 일본인들의 신변을 보장한다.

(6) 전범을 재판한다.

(7) 일본 내 민주주의의 정착을 위한 기초적인 인권의 보장과 표현의 자유와 종교의 자유 등 자유권적 기본권을 보장한다.

(8) 군수물자를 생산해낼 수 있는 공업과 재벌을 해체한다.

(9) 무조건 항복한다.

(10) 이러한 조건이 달성된다면 연합국의 점령군은 일본에서 곧 철수한다.

- 제1~5항: 서문, 일본의 무모한 군국주의자들이 세계 인민과 일본 국민에 지은 죄를 뉘우치고 이 선언을 즉각 수락할 것을 요구
- 제6항: 군국주의의 완전한 배제
- 제7항: 연합군의 일본 점령
- 제8항: 카이로 선언의 실행과 일본 영토의 한정
- 제9항: 항복과 무장 해제를 전제로 한 일본군의 귀국 보장
- 제10항: 일반 일본 국민의 신변 보장, 전쟁 범죄자의 처벌, 민주주의의 부활과 강화, 언론·종교·사상의 자유 및 기본적 인권 존중의 확립
- 제11항: 군수 산업의 금지, 그 외 산업 및 경제 유지, 원자재의 수탈 금지 및 수출입의 허가
- 제12항: 민주주의 정부 수립과 동시에 점령군의 철수 약속
- 제13항: 일본 군대의 무조건 항복 촉구

더 알아보기

맨하튼 프로젝트
- 제2차 세계대전 중 미국이 주도하고 영국, 캐나다가 협력하여 진행한 핵무기 프로젝트이다.
  ➡ 인류 역사상 최초의 원자 폭탄 설계로, 전쟁 기술의 큰 전환점을 가져왔다.
- 1939년 나치 독일이 핵 연구를 진행하고 있다는 정보에 대응하기 위하여 시작되었다.
  ➡ 아인슈타인과 실라르드가 미국 정부에 독일의 핵무기 개발 가능성을 경고하는 편지를 보냈다(아인슈타인 -실라르드 서신).
- 주요 인물로는 로버트 오펜하이머(과학 책임자로 "핵폭탄의 아버지"), 레슬리 그로브스(군사책임자로 프로젝트 총괄), 리처드 파인만, 닐스 보어, 엔리코 페르미 등이 있었다.
- 1945년 7월 16일 뉴멕시코주에서 트리니티 실험으로 첫 핵폭탄을 성공적으로 실험하였다.
- **1945년 8월 두 개의 원자폭탄 투하**
  - 히로시마(8월 6일): 리틀보이(우라늄 기반)
  - 나가사키(8월 9일): 팻맨(플루토늄 기반)

제23절 | 윈스턴 처칠의 철의 장막(1946. 3. 5.)

① 개요

(1) 윈스턴 처칠의 철의 장막 연설(Iron Curtain Speech)은 1946년 3월 5일, 영국 총리인 윈스턴 처칠이 미국 미주리주 풀턴(Fulton)에서 발표한 연설이다.

(2) 이 연설은 냉전의 시작을 알리는 중요한 사건 중 하나로 평가되며, 소련의 영향력 확장을 경고하고 서방 국가들이 이에 대응해야 한다는 내용을 담고 있다.

❷ 연설의 배경

(1) 제2차 세계대전이 끝난 후, 유럽의 정치적 상황과 국제질서는 큰 변화에 직면하였다.

(2) 전후 소련은 동유럽 국가들에 대한 영향력을 강화하고 있었고, 미국과 영국은 이에 대해 우려를 표명하기 시작했다.

(3) 소련은 사회주의와 공산주의 체제를 바탕으로 동유럽과 일부 아시아 국가들을 자국의 위성국으로 만들려는 노력을 기울였고, 이에 반해 서유럽과 미국은 민주주의와 자본주의 체제를 옹호하였다.

(4) 이러한 국제적 긴장 속에서 처칠은 자신의 연설을 통해 소련의 영향력이 유럽을 가로막고 있으며, 이를 '철의 장막(Iron Curtain)'이라고 부를 수 있다고 경고하였다.

❸ 연설의 주요 내용

(1) 철의 장막 연설에서 가장 중요한 부분은 소련이 동유럽 국가들에 대한 지배력을 확고히 하고, 그로 인해 유럽이 두 개의 상반된 진영으로 나뉘게 되었다는 경고였다.

(2) 처칠은 소련의 확장을 "침략적인 공산주의"로 묘사하며, 이는 서유럽의 자유와 민주주의를 위협한 다고 경고하였다.

(3) 처칠은 미국과 영국을 포함한 서방 국가들이 소련의 확장주의에 대응하기 위해 강력한 협력을 해야 한다고 주장하였다.

(4) 처칠은 미국의 주도적인 역할을 강조하면서, 미국이 국제정치에서 중요한 리더십을 발휘해야 한다고 주장하였다.

제24절 │ 코민포름 설립(1947. 10. 5.)

❶ 개요

(1) 코민포름(COMINFORM)은 공산주의 정보국(Communist Information Bureau)의 약자로, 1947년에 설립된 국제 공산주의 조직이다.

(2) 이 조직은 제2차 세계대전 후 공산주의 국가들과 공산주의 세력을 결집시키고, 그들의 이념과 활 동을 조정하기 위한 목적을 가지고 있었다.

❷ 설립배경

(1) 제2차 세계대전 후, 소련은 동유럽 국가들을 자기 영향권 아래 두려는 정책을 추진하였고, 이에 따라 공산주의 국가들 간의 협력과 이념적 일치를 강화하려는 필요성이 대두되었다.

(2) 코민포름은 1947년 10월 5일 소련의 지도 하에 모스크바에서 결성되었다.

❸ 주요 목적

(1) 공산주의 국가들의 일치된 노선 유지

공산주의 국가들 간의 이념적 통일성을 유지하고, 소련의 지도력 아래 결속을 강화하고자 하였다.

(2) 서방의 영향에 맞서는 공동 대응

서방 국가들의 자본주의적 정책에 대응하기 위해, 공산주의 국가들이 단합하여 서방의 압박에 대응하고자 했다.

(3) 서유럽 공산주의 운동 지원

서유럽에서의 공산주의 운동을 지원하고, 이들 국가에서 공산당의 영향력을 확대하는 것을 목표로 하였다.

❹ 해체

일부 공산주의 국가들이 소련의 지침을 따르는 것에 대해 반발하자 코민포름의 역할이 약화되어 1956년에 해체되었다.

> **더 알아보기**
>
> **제2차 세계대전 후 주요 일지**
> - **트루먼 독트린(1947. 3.)** : 공산주의 확대 저지를 위한 서방세계 지원
> - **마샬플랜(1947. 6.)** : 트루먼 독트린의 일환. 유럽지원계획
> - **코민포름(1947. 10.)** : 공산주의 결집
> - **베를린 봉쇄(1948. 6.~1949. 5.)**
> - **북대서양조약기구(1949. 4.)** : 유럽 방위 강화
> - **바르샤바조약기구(1955. 5. 14.)** : 공산국가 규합을 위한 반 NATO 동맹

제25절 | 샌프란시스코강화조약(1951. 9.)

❶ 개요

(1) 태평양 전쟁의 전후 처리를 위해 1951년 9월 8일 미국 샌프란시스코에서 일본을 포함한 48개국이 강화 회의 후 체결한 일본과 연합국 간의 조약이다(1952년 4월 28일 발효).

➡ 소련은 회의에 참석하였지만, 서명은 하지 않았다. 그 이유는 아래와 같다.

> • 냉전으로 미국과 대립하고 있는 가운데 평화조약에 대해 미국이 우선시 하는 경향을 보이자 그 내용에 의문이 있기 때문
> • 한반도 전쟁에서 소련은 북조선, 미국은 한국을 지원하고 있어 미소가 실질적인 전쟁상태에 있었기 때문
> • 중국의 미참석
> • 쿠릴열도는 소련의 영토가 된다고 명기하도록 주장했지만, 받아들여지지 않았기 때문
> • 평화회의 후에 조인된 미일안전보장조약에 반대했기 때문

⑵ 샌프란시스코 평화조약, 대일강화조약 등으로도 불리는데, 이 조약으로 연합군의 점령하에 놓였던 일본이 공식적으로 국권을 회복하였다.

⑶ 또한, 일본이 자국 독립의 조건으로 한반도에 관한 모든 권리를 명시적으로 포기하면서 한국의 법적, 외교적 독립을 확인하였다.

⑷ 같은 날, 미일안전보장조약도 체결되어 일본 내 미군 기지 활용이 가능하게 되었다.

❷ 주요 내용

⑴ 이 조약문은 총 7장 27조로 되어 있으며 전문(前文), 제1장 평화상태의 회복, 제2장 영역, 제3장 안전, 제4장 정치 및 경제, 제5장 청구권 및 재산, 제6장 분쟁의 해결, 제7장 최종 조항으로 되어 있다.

⑵ 그 가운데 동아시아 지역의 전후처리와 관련하여 중요한 내용으로는 다음과 같은 것이 있다.

① 일본과 연합군 간의 전쟁상태 종료(제1조 a항)

② 일본 국민의 주권 회복(제1조 b항), 한반도에 대한 독립 인정과 청구권 포기(제2조 a항), 타이완 및 펑후제도에 대한 청구권 포기(제2조 b항), 쿠릴열도와 남부 사할린에 대한 청구권 포기(제2조 c항), 남태평양 제도에 대한 청구권 포기(제2조 d항과 f항), 오키나와와 오가사와라[小笠原] 섬들에 대한 미국 신탁통치 인정(제3조), 일본 지배권에서 연합국 재산 처리권의 인정(제4조 b항), 중국에 대한 권리와 이익의 포기(제10조), 그리고 전후처리와 관련하여 제14조 a항-1에는 전쟁 피해국에 대한 배상은 생산품과 서비스로 하며 배상액은 개별적으로 교섭한다고 규정하였다.

③ 그러나 이 조약은 한국이 영유권을 주장해 온 독도에 대해 아무런 규정을 하고 있지 않아서 이후 끊임없이 전개되는 양국간 영토 분규의 씨앗을 남겨놓았다.

  ㉠ 조약문 제2조 a항에는 일본은 한국의 독립을 인정하면서 제주도, 거문도, 울릉도 등 여러 섬을 포함하는 한국에 대한 모든 권리와 청구권을 포기한다고 규정하면서도 여기에 독도를 명시하지 않았다.

  ㉡ 한국 정부는 강화조약 초안을 검토하는 과정에서 미국에 대해 제주도, 거문도, 울릉도뿐 아니라 독도와 파랑도의 영유권을 주장했으나 미국 정부는 무인도인 독도가 한국의 일부로 취급되었던 적이 없다는 이유를 들어 한국 측 주장을 일축하고 이를 명기하지 않는 입장을 취했다.

④ 또한 이 조약은 영토 변경에 따른 해당 주민의 국적 변동 문제에 관하여 아무런 규정을 하지 않았다.

    ㉠ 일본 정부는 조약문 제2조 a항과 b항의 해석을 연장하여 일본에 거주하는 한반도와 타이완 출신자도 일괄적으로 일본 국적을 상실한다고 해석했다.

    ㉡ 한일 국교정상화 예비회담에서 양국 대표는 일본 거주 한반도 출신자의 법적지위를 논하는 가운데 일괄적으로 이들의 국적을 한국 국적으로 하는 것에 합의하였다.

    ㉢ 국제법상 관례로서 영토 변경에 해당되는 지역 주민에게 국적선택권을 인정하고 있는데 반하여 한국과 일본 정부는 행정적인 편의를 중시하여 이를 인정하지 않은 것이다.

제26절 쿠바 미사일 위기(1962. 10. 16.~28.)

❶ 개요

(1) 쿠바 미사일 위기(Cuban Missile Crisis)는 1962년 10월 16일부터 28일까지 13일 동안 미국과 소련 간의 핵 전쟁 위기를 초래한 중요한 국제적 사건이다.

(2) 이 위기는 냉전 중 가장 심각한 군사적 대치로, 두 초강대국인 미국과 소련이 핵 전쟁을 벌일 뻔한 상황까지 대치했던 위기였다.

❷ 배경

(1) 냉전은 미국과 소련 간의 이념적 대립과 군사적 긴장 속에서 전개되었다.

(2) 1959년 쿠바에서 피델 카스트로가 이끄는 사회주의 혁명이 일어나면서 쿠바는 공산주의 국가로 변모하였다.

(3) 이후, 소련은 쿠바와 밀접한 관계를 맺으며, 미국의 영향력 아래 있는 중미 지역에서의 입지를 확고히 하고자 하였다.

(4) 미국은 쿠바가 공산주의 국가로 변한 이후, 소련의 군사적 개입 가능성에 불안감을 느끼기 시작했으며, 특히 소련의 핵 미사일이 쿠바에 배치되는 것을 우려하였다.

❸ 위기의 발단

(1) 1962년 소련은 쿠바에 핵 미사일 기지를 비밀리에 건설하기 시작하였다.

(2) 이 미사일 기지는 미국 본토에서 약 1,600킬로미터 떨어진 곳에 위치해 있었으며, 이는 미국의 핵 방어망을 위협하는 중요한 군사적 요소로 간주되었다.

(3) 쿠바의 위치상, 미국 본토는 소련의 미사일 공격에 취약한 상황이었다.

⑷ 미국은 1962년 10월 초 U-2 정찰기를 통해 쿠바에서 소련의 미사일 기지를 발견하게 되었고, 이 사실은 미국의 존 F. 케네디 대통령에게 보고되었다.

④ 위기의 전개

⑴ 10월 22일 케네디 대통령은 TV 연설을 통해 소련의 쿠바 미사일 기지 건설 사실을 공개하고, 쿠바에 대한 해상 봉쇄("격리" 또는 "quarantine")를 단행한다고 발표하였다.

⑵ 케네디 대통령은 소련에게 미사일 기지를 철수할 것을 요구하면서, 만약 이를 거부하면 군사적 대응을 할 수 있음을 경고하였다.

⑶ 10월 26일 흐루쇼프는 케네디 대통령에게 비밀리에 협상 제안을 보냈다. 소련은 쿠바에서 미사일을 철수할 준비가 되어 있다고 밝혔고, 미국은 이에 대한 대가로 터키에 배치된 미사일을 철수하고, 쿠바에 대한 군사적 공격을 하지 않겠다는 보장을 제공하기로 약속하였다.

⑷ 10월 28일 소련은 공식적으로 쿠바에서 미사일을 철수하기로 합의했고, 미국은 터키에서 미사일을 철수하기로 하였다. 또한, 케네디는 쿠바를 침공하지 않겠다고 약속하였다. 이 협상에 의해 위기는 평화적으로 해결되었고, 핵 전쟁을 피할 수 있었다.

⑤ 평가

⑴ 쿠바 미사일 위기는 핵 전쟁을 막은 중요한 외교적 승리로 평가된다. 양국은 협상을 통해 핵 전쟁을 피할 수 있었다.

⑵ 이 사건은 양국이 핵무기의 사용을 피해야 한다는 교훈을 주었으며, 그 후 핵확산 금지조약(NPT, 1968) 등의 핵무기 통제를 위한 국제적 협상이 활발히 이루어졌다.

⑶ 쿠바 미사일 위기 후, 핫라인(핫라인 통신망)이 설치되어 미국과 소련 간의 직통 통신이 가능해졌고, 이를 통해 긴급 상황에서의 의사소통이 원활하게 이루어지는 기회를 제공하였다.

⑷ 또한, 1963년에는 핵실험 금지 조약(Partial Nuclear Test Ban Treaty)이 체결되어 양국 간의 긴장이 다소 완화되기도 하였다.

⑸ 반면, 쿠바는 이 위기를 통해 소련의 지원을 받았으나 미국과의 관계는 더욱 악화되었다.

제27절 | 동·서독 통일 역사

① 제2차 세계대전 후 독일의 분단

⑴ 제2차 세계대전(1939~1945)에서 독일은 패배하였고, 1945년 전쟁이 끝난 후 얄타 회담 예비 협정에 따라 독일은 미국, 소련, 영국, 프랑스 4개 국가에 의해 점령되었다(p.114 지도 참조).

(2) 소련은 타 동유럽 지역에서 했던 방식과 마찬가지로 이미 1946년 독일의 자국 점령 지역, 즉 동독에 사회주의통일당(SED)이라는 공산당을 만들어 바이마르 공화국 시절부터 있던 기존 독일 공산당과 독일 사회민주당 등 동독의 좌파 세력을 복속 혹은 숙청하여 동독을 장악하였다.

(3) 소련은 독일에 민주적 총선을 실시하여 독립시키자는 미·영·불 3국의 방안을 반대하였다.

(4) 결국 독일 총선 및 독립 방안이 미·영·불 측과 소련의 대립으로 합의에 이르지 못하며 좌초되었다.

(5) 마샬플랜의 과정에서 1947년 동독·서독지역에 각각 다른 화폐가 사용되기 시작하면서 경제적 분리가 시작되었으며 이에 따라 베를린이 봉쇄되었고, 1948년에는 미국 경제 지역과 소련 점령 지역에서 서부 지역경제 개발 지원과 별도의 화폐 개혁이 일어났다.

더 알아보기

마샬플랜

- 마샬플랜(Marshall Plan)은 제2차 세계대전 이후 전쟁으로 폐허가 된 서유럽 동맹국들을 중심으로 유럽 자유 국가들의 재건과 경제적 번영을 위해 미국이 계획한 재건과 원조 계획이다.
- 정식 명칭은 유럽 부흥 계획(European Recovery Program, ERP)이며, 1947년 트루먼 독트린*이 발표되고 그 연장선상에서 당시 미국의 국무장관이었던 조지 C. 마샬이 제창했기 때문에 마샬플랜 또는 마샬계획 이라고도 불린다.
  - ✎ 트루먼 독트린은 1947년 3월 미국 대통령 해리 S. 트루먼이 의회에서 선언한 미국 외교정책에 관한 원칙으로서 그 내용은 공산주의 확대를 저지하기 위하여 자유와 독립의 유지에 노력하며, 소수의 정부 지배를 거부하는 의사를 가진 세계 여러 나라에 대하여 군사적·경제적 원조를 제공한다는 것이었다. 따라서 당시 이 원칙에 따라 그리스와 터키의 반공 정부에 미국이 군사적, 경제적으로 원조를 했다.
- 주요 목적은 공산권의 세력이 유럽에서 확장되는 것을 방지하는 것이었다.
- 미국은 경제 협력 개발 기구에 가입한 유럽 국가들에게 1947년 7월부터 4년(회계 연도 기준)간 총 133억 달러에 해당되는 경제적·기술적 지원을 실시하여 서유럽 국가들의 경제적 부흥을 지원하였다.
- 소련은 마샬플랜에 대항하기 위해 1947년에 동구권 국가들의 경제 협력 강화 계획인 '몰로토프 플랜'을 입안하였고, 1949년 1월부터 이것이 실행되었으며, 경제상호원조회의, 일명 코메콘이라고 불리는 경제 협력 기구를 설립하였다.

더 알아보기

베를린 봉쇄

- 베를린 봉쇄(1948. 6. 24.~1949. 5. 12.)는 서독의 마르크화가 서베를린에 유통되자 소련이 취한 정책이다.
- 소련이 미국, 영국, 프랑스가 제2차 세계대전 이후에 장악했던 서베를린의 관할권을 포기하도록 하기 위해 취한 봉쇄를 의미한다. 전쟁으로 먹을 것이 부족해진 상태에서 서베를린 사람들의 생활고가 베를린 봉쇄로 더욱 심각해졌으며, 미국은 비행기로 식량과 연료를 제공하였다.

---

(6) 1949년 독일은 결국 두 개의 독립적인 국가로 분리되면서 서독(독일 연방 공화국)은 미국, 영국, 프랑스의 영향 하에 설립되었고, 동독(독일 민주 공화국)은 소련의 영향 하에 설립되었다.

❷ 베를린 장벽의 건설

⑴ 1961년 동독은 서독으로의 인구 유출을 막기 위해 베를린 장벽을 건설하였다.

⑵ 이 장벽은 동서독을 물리적으로 나누는 상징적인 구조물이 되었음은 물론 냉전의 상징이 되었으며, 독일 분단을 고착화시킨 사건이 되었다.

❸ 동방정책

⑴ 서독과 NATO 동맹은 할슈타인 독트린*에 따라 독일 민주 공화국(동독) 정부를 공식적으로 인정하지 않았다.

  ✎ 할슈타인 독트린이란 서독의 발터 할슈타인이 1955년 9월 22일에 내세운 외교 원칙으로, 서독만이 독일의 유일한 합법 정부이며, 독일 민주 공화국(동독)을 승인하거나 동독과 수교하는 국가와는 관계를 설정하지 않겠다는 정책이다.

⑵ 1969년 서독 수상으로 취임한 빌리 브란트는 화해 정책인 동방정책으로 동독을 포함한 유럽 공산 국가들과의 우호적인 관계를 설정하고자 하였다.

  ① 서독─소련 조약을 시작으로 이른바 '동방조약'을 추진하였다.

  ② 당시 빌리 브란트는 제2차 세계대전 피해 국가 폴란드를 방문하여 전쟁 희생자 비석 앞에 직접 무릎을 꿇어 화제가 되었으며, 독일 민주 공화국을 방문하기도 하였다.

  ③ 이러한 화해 노력으로 양측은 1974년 외교 관계를 수립할 정도로 관계가 좋아졌으며, 전쟁 대립 의지가 없음을 세계에 알렸다.

  ➡ 동서독 기본조약이 체결되었으며, 1974년 5월에는 본과 동베를린에 상주대표부가 설치되었다.

❹ 통일에 긍정적 영향을 준 기타 요인

⑴ 미디어

  ① 1973년 동독 정부는 서독 텔레비전을 볼 수 있도록 허용하였다. 당시 이미 동독 인민의 50%가 서독 텔레비전을 보고 있었기 때문에 서독 TV를 보지 못하게 할 수 없었고, 인민들이 브라운관에 비친 자본주의 체제의 결함을 보면 동독 공산주의 체제의 상대적인 우월성을 깨닫게 될 것이라고 생각했기 때문이다.

  ② 그러나, 동독 인민들이 브라운관에 비친 서독 사회의 풍요로움과 자유를 보면서 오히려 동독 정부에 반감을 갖게 되었다.

⑵ 통행의 자유

  ① 서독과 동독은 현재의 남북한과는 달리 통행과 서신 교환이 허용되었다.

  ② 동독 사람은 국가의 허가를 받으면 서독을 방문할 수 있었으며, 서독 사람은 동독 정부의 허가를 받으면 동독방문이 가능하였다. 단, 방문 목적과 기간 등을 확인하는 입국 심사를 거쳐야 했으며, 동독 공산주의 체제를 비판한 반공인사, 동독 탈출자와 그 협조자는 심사과정과 검문소의 검문 과정에서 입국이 거부되었다.

Part 05

❺ 1980년대 유럽 상황 – 소련과 동독의 변화

(1) 고르바초프의 등장

① 1985년 소련의 미하일 고르바초프가 등장하면서 "글라스노스트"*와 "페레스트로이카" 등의 개혁 정책이 추진되었다.

  ✎ 글라스노스트는 '개방'이라는 뜻의 러시아어로 고르바초프가 1985년에 실시한 개방 정책을 가리킨다. 글라스 노스트는 국가 기관의 투명성 확대, 정보의 자유를 핵심으로 한다.

② 이러한 변화는 동유럽 국가들에게도 영향을 미쳤고, 동독에서도 민주화 운동과 자유화 요구가 증가하는 계기가 되었다.

더 알아보기

페레스트로이카

• 페레스트로이카는 '재건'(再建, re-structuring) 혹은 '개혁'이라는 뜻을 가진 러시아어로 미하일 고르바초프가 1985년 3월 소련 공산당 서기장에 취임한 후 실시한 개혁 정책이다.

• 페레스트로이카 노선의 기본 특징은 군대 개혁, 군산복합체 개혁, 경찰 개혁, 헌법 개혁, 법률 개혁, 행정 개혁, 공산당과 노동조합 및 소비에트의 기능 분리, 복수입후보제 선거 등에 의한 정치개혁, 공산당으로 부터 소비에트로의 권력 이양, 대통령 권력의 강화, 혼합 경제화에 의한 경제 개혁, 군비 축소, 동서의 긴장 완화, 상호의존체제 확립 등이다.

• 국내경제면에서는 기업의 자립화나 혼합 경제화가 진전을 보지 못해, 인플레와 함께 국민생활이 어려워 졌으며 민족문제와 법률문제 그리고 국가문제와 헌법문제가 발생하는 계기가 되었다.

• 이 정책은 소련의 정치뿐만 아니라 동구권 및 세계 정치의 흐름을 크게 바꾸어 놓았으며 공산권 붕괴를 앞당겨 냉전 종식을 이끌어내는데 기여하였다.

(2) 1989년 동독의 변화

1989년에는 동독에서 대규모 민주화 시위가 발생하면서 당시 동독 정부는 압박을 받고 있었고, 결국 1989년 11월 9일 베를린 장벽이 붕괴되었다. 이는 독일 통일을 향한 첫 번째 중요한 전환점이었다.

더 알아보기

동독 인민들의 탈출 및 시위

• 1989년 8월 헝가리가 오스트리아와의 국경의 제한을 풀자 13,000여 명의 동독 사람이 같은 공산국가였던 헝가리를 통해 서독으로 탈출하였다.

• 1989년 10월 9일 라이프치히에서 있었던 월요일의 데모를 비롯하여 동독 정부에 대항하는 많은 데모가 이루어졌는데, 당시 동독 인민들은 "우리가 인민이다(독일어 : Wir Sind Das Volk). 권력은 SED(독일 사회주의통일당)의 것이 아니다."라고 주장하며 민주주의를 요구하였다.

• 동독의 통치자였던 에리히 호네커는 민중항쟁에 굴복하여 1989년 10월 18일 사임하였다.

• 1989년 11월 베를린시위 때는 Wir Sind Ein Volk(우리는 한 국민이다.)라며 독일 통일을 요구하기도 하였다.

• 1989년 11월 9일에 국경 제한(장벽붕괴)이 풀리자 많은 사람들이 베를린 장벽을 통해 서베를린으로 이동 하였으며 동·서베를린을 가로막던 검문소가 폐지되었다.

⑥ 1990년 독일 통일

(1) 1989년 11월 9일 베를린 장벽의 붕괴 이후, 동독과 서독 간의 통합 논의가 본격적으로 시작되었다. 사람들은 동독에서 서독으로 자유롭게 이동할 수 있게 되었다.

(2) 1990년 3월 동독에서 자유 선거가 실시되었고,* 민주화된 동독 정부는 서독과의 통일을 지지하였다.

　✎ 1989년 당서기장이 되었으나, 국민들의 불신임으로 44일 만에 퇴진한 에곤 크렌츠의 뒤를 이은 한스 모드로프 서기장은 당내 비판 인사답게 정치, 경제, 사회, 문화 등의 개혁을 이루었으며, 신념에 따라 병역을 거부하는 양심적 병역거부를 인정하고 언론의 자유도 보장하였다. 1990년 5월 6일 자유비밀선거를 약속하였으며, 급진적 개혁을 요구하는 여론에 따라 1990년 3월 18일 동독에서 처음이자 유일한 자유 선거가 실시되어 SED(독일 사회주의통일당)의 1당독재가 폐지되었다.

(3) 1990년 7월 1일 서독은 동독의 경제와 화폐를 통합하는 '통화 동맹'을 체결하였다.

(4) 1990년 9월 12일 서독과 동독은 주변국가와 함께(2+4) "독일 통일 조약"을 체결하고 조인하였다.

(5) 1990년 10월 3일 독일은 공식적으로 하나의 국가로 통일되었다.

⑦ 통일 후의 변화

(1) 동독의 경제는 서독에 비해 상대적으로 뒤처져 있었기 때문에, 통일 후 서독은 동독에 대한 대규모 경제적 지원을 하였고 이는 동독 지역의 경제적 발전에 중요한 역할을 하였다.

(2) 동독과 서독은 정치적, 사회적, 문화적 차이가 컸기 때문에, 두 지역 간의 통합은 시간이 오래 걸렸다. 동독 주민들은 새로운 경제 체제와 민주주의에 적응해야 했고, 서독 주민들도 동독의 과거를 이해하는 데 어려움을 겪었다.

➡ 분단시기 서독은 동독에 대한 이해 증진과 통일의식 고취를 위해 정치교육을 실시하였음에도 불구하고 상호 이해를 위한 시간이 필요하였다.

(3) 정치적으로 동독의 정치 구조는 서독의 민주적 체제로 통합되었다. 동독의 정당들이 서독의 정치 체계에 참여하며, 통일된 독일은 유럽연합(EU)과 나토의 주요 회원국이 되었다.

(4) 통일 후 통합과정에서 불법행위 청산 작업, 재산권 문제, 통일비용 문제, 동서독 주민 간 갈등과 같은 여러 문제가 발생하기도 하였다.

제28절 | 몰타회담(1989)

① 개요

몰타 미·소 정상회담은 미국의 조지 H. W. 부시 대통령과 소련 공산당 서기장 고르바초프가 1989년 12월 2일과 3일, 이틀 동안 지중해 몰타에서 가진 정상회담이다.

❷ 주요 내용

⑴ 회담을 끝낸 두 정상은 공동기자회견에서 '동서가 냉전 체제에서 새로운 협력시대로 접어들고 있다.'고 선언하였다.

⑵ 또한 핵무기 감축 등 군축협정 체결을 위한 논의에 진전을 보았으며, 지역분쟁 해결원칙에 합의했음을 밝혔다.

⑶ 미국은 소련의 경제개혁정책에 광범위한 지원 조치를 취할 것을 약속하였다.

CHAPTER 02 동아시아 역사

제1절 아편 전쟁(1840~1842)

❶ 개요

(1) 아편 전쟁은 영국과 청나라 사이에서 벌어진 전쟁으로, 주로 영국의 아편 밀매와 관련된 경제적, 정치적 갈등에서 비롯되었다.

(2) 아편 전쟁은 중국의 역사에서 중요한 사건이며, 서구 열강의 제국주의적 확장을 상징하는 전쟁이기도 하였다.

❷ 전쟁의 배경

(1) 아편 전쟁의 배경에는 여러 가지 경제적, 정치적, 사회적 요인이 작용하였다.

(2) **영국의 무역 적자**

영국입장에서는 중국에서 차, 견(비단)의 수입이 동인도회사의 면화, 면직물 수출보다 훨씬 많아 만성적으로 은이 부족한 상태였다.

➡ 영국정부는 1784년 귀정법을 실시하여 관세를 1/10로 인하하였고, 이로 인해 차 수입이 비약적으로 증가하였다.

(3) **영국의 아편 무역**

18세기 말부터 영국은 인도에서 생산된 아편을 중국에 밀매하기 시작하였다. 아편은 중국 내에서 대량으로 소비되었고, 이에 따라 청나라의 은이 대량으로 유출되었으며, 중국 경제에 심각한 문제가 발생하였다. 아편 밀매는 불법이었지만, 영국은 이를 통해 대규모 이익을 얻고 있었다.

(4) **청나라 정부는 아편의 해로운 영향을 인식하고, 이를 차단**

① 린지슈(林則徐)라는 청나라의 고위 관리가 1839년에 광저우(현재의 광둥성)에서 대대적인 아편 단속을 시작했고, 아편을 불태우는 등 강력하게 조치하였다.

② 이로 인해 영국 상인들이 큰 피해를 보았고, 영국은 이에 대한 보상과 아편 무역의 재개를 요구하였다.

(5) **영국의 제국주의적 의도**

① 당시 영국은 산업 혁명으로 경제적 강국이 되었고, 중국과의 무역에서 불균형적인 상황을 해결하려 노력하였다.

② 중국은 영국의 상품을 거의 받아들이지 않았고, 이에 따라 영국은 중국에서 무역 규모의 확대를 추진하였다.

③ 아편 무역은 영국 상인들에게 큰 이익을 가져다주었으며, 영국은 이를 더욱 장려하였다.

❸ 전쟁의 경과

(1) 군사적 충돌

① 1839년 중국 정부는 아편 밀매를 단속하면서 영국 상인들의 아편을 몰수하고 불태우는 등 강경한 조치를 취했으며 이에 대해 영국은 군사적 대응을 시작하였다.

② 1840년 영국은 해군을 동원하여 중국의 해안과 항구를 공격하였고, 청나라 군은 이에 대응할 수 없었다.

③ 당시 영국의 해군은 세계 최고 수준이었으며, 청나라의 군은 근대적인 무기나 훈련이 부족했기 때문에 전쟁 초반부터 영국에 밀리게 되었다. 영국은 상하이, 베이징, 광저우 등 주요 항구를 점령하고, 중국의 경제적, 군사적 기반을 약화시켰다.

(2) 중국의 항복

전쟁이 진행됨에 따라, 청나라 정부는 전쟁에서 점점 불리한 상황에 처하게 되었으며, 결국 1842년 청나라는 영국과 "난징조약"(Nanking Treaty)을 체결하게 되었다. 이 조약을 통해 청나라는 영국에 대해 큰 양보를 하게 되었다.

❹ 난징조약(1842)

(1) 난징조약은 아편 전쟁의 결과로 체결된 불평등 조약이다.

(2) 조약의 주요 내용

① **홍콩 할양**: 중국은 홍콩을 영국에 할양하였으며, 이는 영국의 아시아에서의 주요 거점이 되었다.

② **5개의 개항지 개방**: 청나라는 상하이, 광저우, 푸저우, 닝보, 샤먼 등 5개의 항구를 영국에 개방하고, 이들 항구에서 영국 상인들이 자유롭게 무역할 수 있도록 조치하였다.

③ **배상금 지급**: 중국은 아편 전쟁에서 영국에 대해 큰 배상금을 지급하였고, 이를 통해 영국은 상당한 경제적 이익을 획득하였다.

④ **치외법권**: 영국 상인들은 중국 내에서 청나라의 법에 적용되지 않고, 영국 법을 따르는 치외법권을 부여받았다.

➡ 영사의 주재로 인해 가능

⑤ **영국의 무역 확대**: 영국은 중국의 개항장을 통해 무역이 확대되었지만 영국 내부의 과잉생산문제를 해결하기에는 역부족이었다. 이에 따라, 1850년대 후반 중국에 대한 추가 개항장 확보에 나섰다.

⑥ 영국은 아편무역의 공인을 요구하였으나 이는 받아들여지지 않았다.

(3) 조약의 국제정치사적 의의

① 중국 최초의 조약으로 중국의 개입이 실현된 조약이었다.

② 중화 질서의 붕괴를 의미했다.

③ 난징조약으로 인해 중국은 서구 국제법 질서에 편입되었다.

❺ 제2차 아편 전쟁(1856)

(1) 제1차 아편 전쟁 이후 생각보다 대중무역이 개선되지 않았다.

① 영국의 면직물이 큰 인기가 없었다.

② 중국 차에 대한 수입은 크게 증가하였다.

(2) **애로우호 사건 발생**

청 수군이 영국인 선주 소유의 청 선박 애로우(Arrow)호를 단속하였는데, 영국은 단속 과정에 명예로운 자국 국기가 훼손되었다는 이유로 전쟁을 선언하였다.

(3) 영국과 프랑스 연합군이 청나라를 공격하였다.

(4) **텐진조약 체결(1958)**

① 첫째, 외교사절의 베이징 상주

② 둘째, 내지(內地) 여행과 양쯔강 통상의 승인

③ 셋째, 새로운 무역규칙과 관세율 협정(아편무역의 합법화)

④ 넷째, 개항장의 증가

⑤ 다섯째, 그리스도교의 공인

⑥ 여섯째, 공문서에 '이(夷)'자 사용 금지

⑦ 일곱째, 영국과 프랑스 양국에 600만 냥의 배상금 지불(지불 완료시까지 광둥성 점령)

(5) 청나라가 텐진조약 비준을 거부하여 전쟁은 재개되었다.

(6) **베이징 조약(1960)**

① 첫째, 서양의 외교사절이 베이징에 상주할 수 있게 할 것

② 둘째, 난징조약 때 5개항 외 10여 개 항구를 추가 개항할 것

③ 셋째, 외국인의 중국 내륙지역 여행 권리를 인정할 것

④ 넷째, 크리스트교 선교의 자유를 인정할 것

⑤ 다섯째, 구룡반도를 영국에 할양할 것

⑥ 여섯째, 배상금 800만 냥을 지불할 것

❻ 전쟁의 영향

(1) 아편 전쟁은 중국 역사에서 매우 중요한 전환점이었다.

(2) 다음과 같은 영향이 있었다.

① **중국의 약화**: 아편 전쟁의 패배로 청나라는 국제적으로 더 이상 강대국으로 인정받지 못하게 되었고, 서구 열강들에 의한 제국주의적 압박이 시작되었다. 중국은 사실상 서구 열강들의 경제적, 군사적 종속 상태에 놓이게 되었다.

② **불평등 조약 체결**: 아편 전쟁 이후, 중국은 미국, 영국 등과도 불평등 조약들을 체결하였다. 이로 인해 중국은 영토의 일부를 상실하고, 경제적 종속 상태에 놓였으며, 이러한 불평등 조약들은 20세기 초까지 계속해서 중국을 압박하게 되었다.

③ **청나라의 쇠퇴와 혁명**: 아편 전쟁 이후, 청나라 내부에서는 반란과 개혁의 움직임이 일어나기 시작하였다. 특히 1850년대의 태평천국 운동과 20세기 초 신해혁명은 아편 전쟁 이후의 불안정한 국제 정세와 맞물려 발생하였다.

④ **영국의 위상 강화**: 아편 전쟁을 통해 영국은 아시아에서의 영향력을 강화했으며, 홍콩을 중요한 군사적, 경제적 거점으로 삼았다.

> **더 알아보기**
>
> **중국의 중화주의 세계질서**
> - 위계적인 수직적 구조를 가지고 있는 세계질서를 추구한다.
> - 사대교린(중국과 주변국은 사대, 주변국 상호 간은 교린)의 행동양식을 보인다.
>   ⊘ 사대자소(큰 나라를 섬기고, 작은 나라를 사랑함), 일시동인(모든 이들을 한결 같은 마음으로 돌봄) 등도 강조
> - 중국은 조공을 통해 교섭한다.
> - 힘의 압도적인 불균형이 존재할 때 평화가 이루어지고, 힘의 균형이 이루어지면 전쟁의 가능성이 높아진다.
> - 중화주의 세계질서에서 영토의 끝은 변방이다(국경에 따라 영토가 구분되지 않음.).

> **더 알아보기**
>
> **미국의 대중정책**
> - 미국의 문호개방정책(open door policy)은 중국의 주권, 행정권에 대한 침탈없이 평등한 통상의 기회만을 요구한다는 대중국 정책이다.
> - 미국은 영토 확장 동기는 없었고, 유럽 국가들이 이미 상당한 기득권을 가진 상태였기 때문에 이러한 전략을 채택하였다.
> - 일본에 개국을 요구한 것도 중국에 접근하기 위한 기항지를 위한 것이었다.
>   - 가나가와 조약(미일화친조약)이 불평등한 정도가 적은 이유이다.
>   - 가나가와 조약(1854)은 일본이 맺은 최초의 근대조약이다.
>   - 주요 내용으로는 ① 미국인 표류민의 보호와 인도, ② 최혜국대우 부여, ③ 시모다, 하코네의 개항이다.
>   - 미일수호통상조약은 1858년에 체결되었다.

제2절 | 병인박해(1866. 2.)와 병인양요(1866. 10.)

1 개요

(1) 병인양요는 1866년에 병인박해를 명분으로 프랑스가 일으킨 전투이다.

(2) 흥선대원군에 의해 진행된 천주교 탄압인 병인박해로 프랑스 선교사 9명이 사망하자, 이를 구실 삼아 천진에 있던 프랑스 극동사령관 로즈 제독이 함대를 이끌고 조선을 침공하였다.

(3) 1차 침공 때는 한강을 거슬러 올라와 양화나루와 서강까지 순찰만 한 후 조용히 물러갔으나 이내 전력을 보강하여 강화도를 침공한 후 점령하였다.

⑷ 프랑스는 책임자 처벌과 통상수교를 요구했으나 흥선대원군이 거부하자 양측 간에 물리적인 충돌이 발생하였다.

⑸ 1866년 11월에 퇴각하면서 강화읍을 파괴하고 방화하였으며 강화 이궁과 외규장각 등에서 각종 무기, 수천 권의 서적, 왕의 인장, 19만 프랑 상당의 은괴를 약탈하였다.

❷ 배경 : 병인박해(1866)

⑴ 1863년에 집권한 흥선대원군은 천주교를 탄압할 생각을 가지고 있지는 않았으나, 청나라에서 천주교를 박해하는 방향으로 정책을 전환한 후 이런 분위기에 편승하여 정권 유지를 위해 1866년 천주교 박해령을 선포하였다.

⑵ 조선의 천주교도 8,000여 명이 처형되고, 프랑스 선교사 12명 중 9명이 처형되었다.
  ① 박해를 피해 1866년 5월 8일 조선을 탈출한 리델 신부는 7월 6일 청의 주푸항에 도착하여 프랑스 극동함대 사령관 로즈 제독을 만나 프랑스 신부들의 순교 소식을 전하면서 다른 신부 두 명의 신변을 보호하기 위해 즉각 함대를 출항시켜줄 것을 요청하였다.
  ② 로즈 제독은 인도차이나의 반란을 진압하기 위해 출동한 주력함대가 돌아오는 대로 조선 원정을 단행할 것을 약속하였다.

❸ 주요 경과

⑴ 당시 베이징의 프랑스 공사 벨로네(Henri de Bellonet)는 청나라에 서한을 보내 항의하며 조선 정벌의 결의를 표명하였다.

⑵ 청나라 측은 청이 개입할 여지는 실질적으로 없다는 답신을 보내, 사건이 청나라와는 무관함과 향후 이에 대해 어떤 일이 발생하더라도 청나라 정부는 간섭할 수 없음을 프랑스 공사관 측에 통고하였다.

⑶ 청나라를 통하여 프랑스의 침략 의사를 전해들은 대원군은 탄압을 강화하는 한편 변방의 방비를 더욱 철저히 하였다.

⑷ 1866년 10월 19일 로즈 제독이 인솔하는 프랑스 군함 3척이 리델 신부와 조선인 신자 3명의 안내로 오늘날의 인천 앞바다에 도착했다.
  ① 1866년 10월 26일 지금의 마곡철교 하단부를 통과하여 한성부(서울) 근교 양화진(楊花津)·서강(西江) 일대에 진출하였다.
  ② 프랑스 함대는 3척의 소(小)함대로써 도성의 공격이 곤란함을 깨닫고, 그 부근의 지형만 정찰하고 11월 2일에 청나라로 물러났다.

⑸ 1866년 11월 17일 로즈 제독은 프리깃함 게리에르(Guerrière)를 포함한 7척의 군함과 일본의 요코하마에 주둔해 있던 해병대 300명을 포함한 1,230여 명 가량의 해병대를 동원해 다시 강화도 부근의 물치도(勿淄島) 근처로 진출하였다.

(6) 11월 20일 프랑스 함정 4척과 해병대의 일부가 강화도의 갑곶진(甲串鎭) 부근의 고지를 점령한 뒤 한강의 수로를 봉쇄하였다.

(7) 11월 22일 프랑스군의 전군이 동원되어 강화성을 공략해 점령하고 여러 서적 등을 약탈하였다.

(8) 11월 25일 조선은 프랑스 측에 공문을 보내 프랑스군의 철수를 요구하였다. 로즈 제독은 조선 측의 선교사 처형 등의 천주교 탄압행위를 비난하면서 전권대신의 파견을 요구하였다.

(9) 12월 2일 120여 명의 프랑스군이 문수산성을 정찰하다가 매복 중이던 조선군의 공격을 받고 27명의 사상자가 발생하였다.

(10) 12월 13일 프랑스군은 다시 교동부(喬桐府)의 경기수영(京畿水營)을 포격하고, 대령 올리비에의 지휘로, 앞서 강화부를 점령한 160여 명의 프랑스 해병이 정족산성의 공략을 시도하였다. 그곳에서도 매복 중이던 조선군 포수들의 공격을 받아 6명이 사망하고 30여 명이 부상을 입으면서 프랑스군의 사기가 크게 저하되었다.

(11) 로즈 제독은 조선 침공의 무모함과 더 이상의 교전이 불리함을 깨닫고 철수를 결정하였다. 12월 17일 프랑스군은 1개월 동안 점거한 강화성을 철거하면서, 장녕전(長寧殿) 등 모든 관아(官衙)에 불을 지르고 약탈한 금은괴와 대량의 서적, 무기, 보물 등을 가지고 갑곶진을 거쳐 청나라로 철군하였다.

❹ 영향

(1) 천주교 탄압 강화

이 사건에 분노한 흥선대원군은 "서양 오랑캐가 더럽혔던 땅을 서학인의 피로 씻음이 마땅하다."고 하면서 양화나루 옆의 잠두봉에 형장을 설치해 천주교인들을 처형하였다.

(2) 쇄국정책 강화

프랑스군을 물리친 일로 자신감을 가진 흥선대원군은 기존에 고수하고 있었던 통상 수교 거부 정책을 더욱 강화하였다.

(3) 주요 문화재 약탈

① 강화도 외규장각에 보관되어 있던 귀중도서와 은괴 19상자 등을 약탈당했다.
② 프랑스가 약탈해간 외규장각 도서는 2011년 영구 임대 방식으로 반환되었다.

제3절 제너럴셔먼호 사건[1866. (음)7.~(양)9.]

① 개요

(1) 1866년 초 흥선대원군은 천주교 억압정책에 따라 프랑스 신부 9명과 천주교도 수천 명을 죽이는 이른바 병인사옥(박해)을 일으켰다. 이를 계기로 조선의 배외 감정은 최고조에 달했다.

(2) 1866년 7월 미국 상선 제너럴셔먼호가 평양에서 군민(軍民)의 화공(火攻)으로 불타버린 일이 발생하였다.

② 주요 경과

(1) 프랑스 선교사를 처형한 것에 대한 보복으로 프랑스 함대가 쳐들어오리라는 소문이 파다한 가운데, 그해 8월 정체 불명의 이양선 1척이 대동강을 거슬러 평양에 나타났는데, 이것이 바로 제너럴셔먼호였다.

(2) 중국 텐진에서 제너럴셔먼호는 조선과 교역할 상품을 싣고, 영국인 개신교 선교사 토머스(Thomas, R. J.)를 통역관으로 채용한 뒤 8월 9일 조선으로 출발하였다.

(3) 셔먼호의 승조원들은 프랑스 신부를 학살한 것에 대한 보복으로 프랑스 함대가 쳐들어올 것이라고 위협하면서 통상과 교역을 강요하였다.

(4) 조선 관리는 통상·교역은 조선의 국법에 절대 금지되어 있으며, 외국선의 내강 항행은 국법에 어긋난 영토 침략·주권 침해 행위라고 말하며, 대동강 항행을 강력히 만류하였다.

(5) 그러나 중무장한 셔먼호는 이를 뿌리치고 항행을 강행하여 평양에 도착하였다. 조선 관리들은 불법 행위에도 불구하고 세 차례나 음식물을 후하게 공급하는 등 도와주었다.

(6) 셔먼호가 수량이 줄어들어 운항이 어렵게 되자, 승조원들은 중군 이현익을 납치하는 등 난폭한 행위를 자행하여 평양 군민과 충돌이 벌어졌다.

(7) 이 과정에서 셔먼호의 대포에 맞아 조선 군민 중에 사상자가 발생하자, 평양감사 박규수(朴珪壽)가 화공으로 셔먼호를 불태우고, 선원은 몰살하였다.

③ 영향

(1) 사건 발생 후 미국은 1867년 1월 슈펠트(Shufeldt)의 탐문 항행과 1868년 4월 페비거(Febiger)의 탐문 항행을 통해 셔먼호가 조선으로부터 양이를 동반한 중국 해적선으로 오인받았으며, 승조원의 도발적 행동으로 인해 화를 당했다는 사실을 확인하였다.

(2) 그러나 미국 정부는 두 번에 걸친 탐문 보고서 중 슈펠트의 온건한 포함책략보다는 페비거의 강경한 포함책략에 따라, 마침내 1871년 대한포함외교정책(對韓砲艦外交政策)을 수립하고 응징적인 조선 원정을 단행했는데, 이것이 바로 신미양요이다.

제4절 신미양요(1871)

① 경과

(1) 1871년(고종 8) 5월 16일 나가사키항을 떠난 미국 아시아 함대는 3일 후인 19일에 조선 해역으로 진입하여 충청도 해미현 앞바다에 도착, 5월 21일 남양 앞바다에 도착, 23일에는 아산만의 입파도 근해로 이동하면서 작전 대상 해역이 될 강화해협에 이르기까지의 해로를 탐사하였다.

(2) 한편, 조선 측에서도 미군의 침략을 대비하여 강화도와 인천에 훈련도감과 수어청의 군대를 파견하고, 화약과 탄환 등 군사 물자를 보급하여 수비를 강화하였다. 더불어 지속적으로 관원을 보내어 미국 측과 접촉을 시도하면서 탐사를 중단하고 돌아갈 것을 요구하였다.

(3) 그러나 미국 함대는 6월 1일 강화해협의 측량을 강행하였고 이를 위해 강화부의 관문인 손돌목을 지나 광성진 앞으로 들어섰고 강화수병이 포격을 퍼부어 양자 간에 최초의 군사적 충돌이 발생하였다.

① 손돌목에서의 군사적 충돌을 거치면서 양자 간의 군사적 긴장은 크게 고조되었다.
② 미군 측에서는 10일 이내에 조선 측이 사과할 것을 요구하였다.
③ 조선 측은 이를 정당방위였다고 주장하여 양자의 입장은 팽팽하게 대립하였다.

(4) 로우 공사는 자신에게 주어진 재량권을 활용하여 강화도에 상륙작전을 전개할 것을 결심하고 6월 10일 대규모 함포 사격을 초지진(草芝鎭)에 집중시켰다.

① 미국 측의 화력은 조선 측을 압도하였으며 조선 측은 일단 진지를 포기하였다.
② 미국군은 해군과 해병의 혼성부대를 이끌고 3개 경로로 초지진에 접근하여 함락하였다.

(5) 초지진을 점령한 미군은 북상하여 6월 11일 새벽부터 덕진진을 공격하여 무혈 입성하였고, 이후 광성보(廣城堡)를 향해 북상하였다.

(6) 광성보에서는 진무영 중군에 임명된 어재연(魚在淵)이 훈련도감·금위영·어영청·총융청군을 이끌고 도착하여 전력을 강화한 상태였다.

① 어재연이 광성보에 도착하자 미국은 광성보를 육상과 해상 양쪽에서 집중 포격하였다.
② 조선군은 현저한 화력의 열세로 인하여 심대한 타격을 입고 광성돈대로 이동하였다.
③ 조선의 병사들은 일치단결하여 끝까지 싸웠으나 전세를 역전시키기에는 역부족하였고, 어재연 등 350여 명의 장병들은 장렬한 최후를 맞이하였다.

(7) 이후, 로우 공사는 부평부사 이기조에게 조선 국왕에게 서신을 올려 양국간의 선린관계를 저해할 요인들을 제거하는 데에 필요한 사항을 협의할 수 있도록 국왕 본인의 서신, 혹은 자신과 대등한 지위의 고위 관원을 보내달라고 요청하였으나 조선 측은 이를 묵살하였다.

(8) 조선 측이 미국 측의 공격에도 불구하고 일체의 반응을 보이지 않자 이에 교섭을 진행해도 성과가 없을 것이라고 판단한 로우 공사는 7월 2일부로 조선 측에 유감을 표명한 뒤 조선 해역에서 물러났다.

❷ 영향

(1) 조선 조정은 서양인들에 대한 배척 의지를 단호하게 밝히고 척화비의 건립에 박차를 가했다.

(2) 조선 조정은 금수와 같은 서양인들과는 교류할 수 없다는 의지를 분명히 하였다.

(3) 어재연은 병조판서로 추증하고 기타 전몰한 장병들에게도 벼슬을 추증하는 한편 남은 처자들을 돌보아 주도록 하였다.

(4) 조선인들은 두 차례의 양요를 거치면서 자신들이 프랑스와 미국을 물리쳤다는 확신을 가지게 되었고 이는 결과적으로 흥선대원군의 정치적 입지의 강화로 이어졌다.

(5) 또한 군사 제도의 정비가 이루어져 삼군부(三軍府)의 강화가 이루어졌으며, 군사비의 확충과 중앙 군·지방군의 전력 강화가 이루어졌다.

제5절 | 조일수호조약(강화도 조약, 1876)

❶ 개요

(1) 조일수호조약은 조선과 일본 사이에 체결된 조약으로, 일본이 조선에 대한 외교적, 상업적 권리를 확보하고, 조선의 개항을 강제로 유도한 조약이다.

(2) 이 조약은 일본이 조선을 개방시키고, 일본과의 무역을 활성화하며, 조선에 대한 일본의 영향력을 확대하려는 목적을 가진 조약이었다.

❷ 배경

(1) 일본은 메이지 유신(1868) 이후 빠르게 근대화되었고, 서구 열강들과의 무역을 통해 경제적 발전을 이루고 있었다. 일본은 해외 시장을 찾기 위해, 특히 아시아에서 무역을 확대하려고 노력하였다.

(2) 일본은 이미 1858년에 미일수호통상조약을 체결해 외국과의 무역을 개방했지만, 조선은 여전히 문호를 닫고 있었다.

(3) 따라서 일본은 조선과의 무역을 통해 더 많은 이익을 얻고자 했고, 이를 위해 조선의 개항을 강제로 추진하였다.

(4) 반면, 조선은 일본과의 통상수교를 거부하고 있었다.

❸ 조약 체결 과정

(1) 1875년 일본은 운요호 사건을 일으켰다. 일본 군함 운요호가 조선의 강화도 근처에 침입해 군사적으로 압박을 가했는데, 이 사건은 일본이 군사력을 통해 조선의 개항을 강요하려는 의도를 나타낸 사건이었다.

(2) 일본은 1876년 2월 조선에 조약을 강요하면서 개항을 요구하였고, 조선은 일본의 군사적 위협을 피해 조약을 체결할 수밖에 없었다.

❹ 조약의 주요 내용

- 조선은 자주의 나라로 일본과 평등한 권리를 가짐(제1조).
- 양국은 15개월 뒤에 수시로 사신을 파견하여 교제 사무를 협의(제2조)
- 조선은 부산 이외에 두 항구를 20개월 이내에 개항하여 통상을 해야 함(제5조).
- 조선은 연안 항해의 안전을 위해 일본 항해자로 하여금 해안 측량을 허용(제7조)
- 개항장에서 일어난 양국인 사이의 범죄 사건은 속인주의에 입각하여 자국의 법에 의하여 처리(제10조)
- 양국 상인의 편의를 꾀하기 위해 추후 통상 장정을 체결(제11조)

(1) 조선은 부산을 개항항으로 지정하고, 일본 상인들이 조선에서 자유롭게 무역을 할 수 있도록 조치한다.

(2) 일본인은 조선에서 영사 재판권을 인정받아 일본 영사에 의해 재판을 받는다.

(3) 조선은 일본 상품에 대한 관세 자율권을 포기하고, 일본과의 무역에서 일본의 조건을 수용한다.

(4) 조선은 부산 이외에도 원산과 인천을 개항하고, 일본 상인들이 자유롭게 활동할 수 있도록 조치한다.

❺ 조약의 영향

(1) 조일수호조약은 일본이 조선을 강제로 개방하게 만든 조약으로, 조선은 서구 열강과의 통상과 외교를 열지 않고 일본과의 관계만을 시작하였다.

(2) 일본은 이 조약을 통해 조선에서 영사 재판권을 인정받고, 상업적 우위를 확보하게 되었으며, 조선에서 자신들의 영향력을 더욱 확고히 하였다.

(3) 이 조약은 조선의 독립적 외교권을 크게 약화시켰다. 일본의 강압적인 외교정책은 조선의 외교적 독립을 위협하며, 일본에 의한 지배의 기틀을 마련하였다.

(4) 이로 인해 조선은 내정과 외교에서 일본의 영향을 받을 수밖에 없게 되었고, 이후 을미사변(1895), 을사늑약(1905), 한일합병(1910)으로 이어지는 일본의 식민지 지배의 과정으로 이어지게 되었다.

제6절 일본의 류큐 병합(1879)

① 개요

19세기 후반 일본이 류큐 제도를 강제로 병합한 사건이다. 류큐 제도는 현재의 오키나와현에 해당하며, 그 당시 류큐 왕국은 독립적인 국가였지만 일본의 세력 확장과 서구 열강의 압박 속에서 결국 일본에 병합되었다.

② 배경

(1) 류큐 왕국은 15세기부터 19세기 중반까지 독립적인 국가로 존재하였다.

(2) 주로 중국과 일본, 그리고 한국과 무역을 통해 경제적으로 번성하였다.

(3) 그러나 17세기 초 류큐 왕국은 일본의 도쿠가와 막부의 지배를 받게 되었고, 일본의 간섭을 받는 형태로 사실상 일본의 속국이었으며 명목상으로만 독립적인 왕국으로 유지되었다.

③ 류큐 병합의 과정

(1) 메이지 유신과 일본의 근대화
  ① 1868년 메이지 유신이 일어나면서 일본은 근대화와 중앙집권화를 추진하였다.
  ② 일본 정부는 내부적인 강화를 위해 전국의 각 지역을 일본의 중앙정부에 종속시켰고, 류큐 왕국도 이에 포함되었다.

(2) 일본은 1872년 류큐 왕국을 자국의 보호령으로 선포하고 왕국의 외교권과 군사권을 일본 정부가 장악하였다.

(3) 1879년 류큐 왕국을 공식적으로 병합하고, 이를 오키나와현으로 편입시켰다.

제7절 조미수호통상조약(1882)

① 개요

(1) 조미수호통상조약은 1882년(고종 19) 5월 조선과 미국 간에 체결된 통상협정조약이다.

(2) 제너럴셔먼호 사건 이후 미국은 조선 개항 문제에 적극적인 관심을 표명하였다.

(3) 1871년에 포함외교로 개항을 강제로 추진하려고 조선 원정을 단행했으나, 대원군의 강력한 쇄국정책에 부딪혀 좌절되었다.

(4) 청의 이홍장이 중재자로 나서 제물포 화도진에서 양국 대표 사이에 조미수호통상조약이 체결되었다.
➡ 다른 조약에 비해 상대적으로 불평등 요소가 배제되어 주권 독립 국가 간 쌍무적 협약으로는
최초이다.

더 알아보기

이홍장의 연미론
- 이홍장은 1876년 강화도조약 체결 직후부터 조선 개항을 구상하였다.
- 그는 조선을 조약 체제(treaty system)에 편입시켜 북으로는 러시아의 남침을, 남으로는 일본의 대한 침략을 저지해 보려고 이른바 연미론(聯美論)을 제창하였다.
- 연미론의 기본노선은 조선에 미국 세력만을 끌어들여 러시아와 일본 세력을 견제하고 대한종주권(對韓 宗主權)을 계속 유지하려는 속셈이었다.

더 알아보기

『조선책략』
- 청나라 황준헌이 개항기 한국이 당면한 국제적 지위에 대해 논하고 그 대외책을 주장한 역사서로, 원명은 『사의조선책략(私擬朝鮮策略)』이다.
- 1880년(고종 17) 일본에 파견된 수신사 김홍집이 당시 청국 주일공사관 참찬관 황준헌이 지은 『조선책략』을 기증받아 귀국해 고종에게 바쳤다.
- **주요 내용**
  - 러시아에 대한 대비책으로 친중국(親中國), 결일본(結日本), 연미국(聯美國)함으로써 자강책을 도모하라고 권고한다.
    ➡ 세상에서 가장 크고 위협적인 나라인 러시아를 견제하기 위해서는 땅이 크고 없는 물건이 없는 중국과의 화이질서가 필요하다는 것이다.
    ➡ 일본과 손을 잡는 것은 일본이 러시아의 침탈을 받으면 조선의 안위에 직접 관련되는 문제이기 때문이라고 주장하였다.
  - 특히 러시아의 남침을 방어하기 위해서 연미국수교론을 제시하였다.
  - 미국은 강대, 공명, 정의의 나라로 조선에 대해서 영토를 차지할 욕심은 없고, 오히려 조선을 이롭게 할 것이라 하여 미국과 수호통상조약 체결을 권고하였다.
    ➡ 미국은 민주주의와 공화정을 하는 나라이므로 약소국과 합의를 유지할 것이다.
  - 또한 영국, 프랑스, 독일, 이태리 등 여러 나라와 공평한 조약을 체결해 문호를 개방할 것을 역설하였다.
    ➡ 문호개방을 통해 산업과 무역의 진흥을 꾀하고 기술을 습득해 부국강병책을 수행해야 한다는 것을 주장하고 그 구체적인 방략을 상세하게 제시하였다.
- **영향**
  - 『조선책략』의 내용이 알려지자 개화혁신에 대해 반발하며, 쇄국 보수의 척사론에 젖은 유림측은 맹렬하게 반대(위정척사운동)하였다.
  - 강화도조약 이후 표면화된 국내의 개화와 척사의 갈등이 더욱 심화되었다.

② 역사적 배경

(1) 미국은 1844년 청나라, 1854년 일본의 문호를 개방했으나, 조선의 문호는 굳게 잠겨 있었다.

(2) 1866년 8월에 일어난 제너럴셔먼호 사건 이후 미국은 조선을 개항하는 문제에 적극적인 관심을 표명하였다.

(3) 미국 정부는 1871년 5월 포함외교(砲艦外交)로써 조선의 개항을 강제로 성취하려고 조선 원정을 단행하였으나, 대원군의 강력한 쇄국정책에 부딪혀 좌절되었다.

(4) 1876년 조일수호조약이 체결되자, 1878년 상원의원 사전트(Sargent)가 조선 개항의 필요성을 주장하였다.

① 조선을 개항하면 경제적으로는 대(對)아시아 무역팽창정책을 구현할 수 있고, ② 정치적으로는 러시아의 남진정책을 저지할 수 있으며, ③ 문화적으로는 조선의 개화운동을 도와줄 수 있다고 강조하였다.

③ 주요 내용

(1) 전문 14조로 구성된 조약이다.

(2) "조선이 제3국으로부터 부당한 침략을 받을 경우 조약국인 미국은 즉각 이에 개입, 거중조정을 행사함으로써 조선의 안보를 보장한다. 미국은 조선을 독립국의 한 개체로 인정하고 공사급 외교관을 상호 교환한다. 치외법권은 잠정적이다. 관세자주권을 존중한다. 조미 양국 국민은 상대국에서의 상업활동 및 토지의 구입, 임차(賃借)의 자유를 보장할 뿐만 아니라 영토권을 인정한다. 조미 양국 간에 문화학술의 교류를 최대한 보장한다." 등이다.

➡ 조선은 1905년 일본의 국권 침탈 시도에 맞서 이 조약의 거중조정에 기초하여 미국의 도움을 요청하였으나, 미국은 가쓰라-테프트 밀약을 맺어 한반도에 대한 일본의 조선 지배를 용인하였다.

더 알아보기

임오군란(1882)

1. 개요

임오군란은 1882년 7월 19일부터 24일까지 한양의 하급군관들과 도시빈민들이 개항 이후 시행된 개화정책과 집권세력에 저항하여 일으킨 사건이다.

2. 배경

① 개항 이후 자급자족 경제가 붕괴되면서 농민은 파산하고 농산물 가격은 급등하여 지배층과 일본에 대한 불만이 고조되었다.

② 개화정책의 중심기관으로 통리기무아문을 설치하고, 군비 강화를 위해 신식군대인 별기군을 창설(일본식 군사훈련 실시)하였는데, 구식군인들과 차별이 존재했다.

➡ 군란 중 별기군에 불만을 품은 병사들이 일본대사관을 공격하였다.

③ 1882년 큰 가뭄이 들어서 쌀값이 크게 올랐고 이로 인한 서민들의 생활고는 극심했다.

④ 구식군인들도 극심한 생활고로 정부의 개화정책에 불만을 가지고 있었다.

⑤ 구식군인들의 13개월 밀린 봉급으로 지급된 쌀이 정량에 미치지 못할 뿐만 아니라 모래 등이 섞인 것을 계기로 반란으로 확산되었다.

3. 영향

① 반란군은 흥선대원군을 추대하여 흥선대원군의 재집권을 시도하였다(구제도로 복귀 시도).
　➡ 군인들에게 녹봉 지급을 약속하였으며 별기군을 없애고 5군영제를 다시 설치하는 군제 복구를 단행했다.
　➡ 통리기무아문을 폐지하고 기존의 삼군부를 부활시키는 등 그간에 취해졌던 근대적 제도를 모두 폐지하였다.
② 임오군란이 발발하자 조선 정부는 청에 군란 진압을 요청하였고 곧이어 청은 군대를 파견하여 군란을 진압하였다.
　➡ 이를 계기로 청은 조선의 내정에 개입하기 시작하였고, 흥선대원군을 청으로 납치하였다.
　➡ 명성왕후가 복귀하였다.
　➡ 청은 군사 6,000명을 출병시켰으며 임오군란이 진정된 후에도 청은 군대를 철수하지 않았으며 갑신정변이 일어날 때까지는 1,500명이 주둔하였다.
③ 1882년 9월 조선과 청간에 '조청상민수륙무역장정'이 체결되었다.
④ 일본과 제물포조약을 체결하였다.
- 지금부터 20일을 기한으로 조선국은 흉도들을 체포하여 그 수괴를 엄중히 심문하여 중죄에 처한다. 일본국이 파견한 인원은 공동으로 조사하여 다스린다. 기한 내에 체포하지 못할 경우 응당 일본국에서 처리한다.
- 해를 당한 일본 관리와 하급 직원은 조선국에서 후한 예로 매장하여 장례를 지낸다.
- 조선국은 5만 원을 내어 해를 당한 일본 관리와 하급 직원의 유족 및 부상자에게 지급하여 특별히 돌보아 준다.
- 흉도들의 포악한 행동으로 인하여 일본국이 입은 손해와 공사(公使)를 호위한 육해군의 비용 중에서 50만 원을 조선국에서 보충한다(매년 10만 원씩 지불하여 5개년에 걸쳐 청산한다.).
- 일본 공사관에 군사 약간을 두어 경비를 서게 한다(병영을 설치하거나 고치는 일은 조선국이 맡는다. 조선의 군사와 백성이 규약을 지킨 지 1년이 되어 일본 공사가 직접 경비가 필요치 않다고 할 때에는 군사를 철수해도 무방하다.).
- 조선국 특파 대관(大官)이 국서를 가지고 일본국에 사과한다.

🔹 더 알아보기

조청상민수륙무역장정(1882)

1. 개요
1882년 조선과 청나라 사이에 어로 및 무역에 관해 협약한 조약이다.

2. 주요 내용
① 조선에 대한 청나라의 종주권을 명시하였다.
　➡ 조선의 국왕과 북양대신 간의 동등한 지위를 규정하였다.
② 최혜국 대우를 규정하였다.
③ 허가없이 어획물을 교역하지 못하며, 양국 상인이 상대국에서 상행위를 할 때는 세금을 징수한다.
④ 치외법권은 물론 개항장이 아닌 서울 양화진에 청국인이 점포를 개설할 권리를 인정한다.
　➡ 중국 상인이 조선 항구에서 고소를 제기할 일이 있는 경우 중국 상무위원이 판결한다.
　➡ 조선인이 중국인을 상대로 제소한 경우 중국 상무위원이 체포하여 심의 및 판결한다.
　➡ 조선인이 중국에서 범죄를 범한 경우 모두 중국 지방관이 판결한다.
⑤ 호조(여행증명)를 가진 자에게는 개항장 밖의 내륙통상권과 연안무역권을 인정한다.
　➡ 책문, 의주, 훈춘, 회령에서 변경 백성들이 수시로 왕래하며 교역하도록 한다.
　➡ 단, 아편무역은 금지한다.
⑥ 이외에도 많은 불평등한 내용이 포함되었다.
⑦ 조선 정부의 비준이 없었다.

제8절 | 조영통상조약(1883)

① 개요

(1) 조영통상조약은 1883년 11월 26일 조선과 영국 사이에 체결된 조약으로 전문 13조로 이루어져 있다.

(2) 이듬해인 1884년 4월 28일에 해리 파크스(Harry Parkes)와 김병시 사이에 비준이 교환되었다.

② 배경 및 과정

(1) 영국은 1797년(정조 21년)에 원산 근해를 항해했던 것을 시작으로, 1832년(순조 32년)에는 충청도 홍주에 한 달 정도 머물면서 통상을 하고자 하였으나 실패하였다.

(2) 흥선대원군의 집정 시에도 충청도와 경기도 연안, 평양 등에서 통상요구를 했으나 역시 실패하였다.

(3) 잠시 공백을 두었던 영국은 1876년 조일수호조약을 계기로 러시아의 남하정책을 견제하기 위해 다시 통상을 요구하였다.

(4) 조일수교가 성립되어 제1차 수신사로 김기수가 일본에 파견되었는데, 주일 영국공사로 있던 해리 파크스는 김기수와 만나 통상수교를 위한 담판을 하였으나 역시 실패하였다.

(5) 본격적인 통상조약이 타진된 것은 조미통상조약이 타결된 직후, 영국은 1882년 윌리스 제독(Admiral George O. J. Willes)을 전권으로 임명하여 조선에 파견하였고, 조선에서는 조영하를 전권대신, 김홍집을 부관, 서상우를 종사관으로 하여 4월 21일 인천에서 조영회담을 개시하였다.

(6) 1882년 6월 6일 청나라 마건충·정여창 등의 임석하에 전문 14조로 된 조영수호통상조약에 조인하였다. 그러나 영국 정부는 윌리스 제독이 체결한 이 조약은 조일수호통상조약에 비하여 "영국의 무역과 영국민의 지위보장이란 견지에서 커다란 결함을 내포하고 있다."는 이유를 들어 비준을 유보하였다.

(7) 1883년 10월 27일에 당시 주청 영국 공사로 있던 해리 파크스를 파견하여 조선의 전권대신 민영목과 상세한 수정 후, 1883년 11월 26일 조영수호통상조약에 조인하여, 이듬해 비준하였다.

③ 주요 내용(불평등 부분)

(1) 외교 대표들과 영사들은 조선 국내를 자유로이 여행할 수 있다.

(2) 조선정부는 그들을 보호해야 한다.

(3) 치외법권의 철폐를 조선국왕에 의하여 주도하는 것이 아니라 영국정부의 판단에 의하여 승인해 줄 때 가능하다.

(4) 부산과 인천 이외에 서울과 양화나루를 개항한다.

(5) 개항장에서 영국인은 종교를 가진다.

(6) 걸어서 다닐 수 있는 일정한 지역에서는 여권이 없이 자유로이 왕래할 수 있다.

(7) 영국군함은 개항장 이외에 조선 국내 어디서나 정박할 수 있고, 선원을 상륙할 수 있게 한다.

(8) 반면, 조선이 영국에서 행할 수 있는 권리는 전혀 언급되지 않고 있다. 또한 영국은 미국이나 일본이 조선에 전권공사를 파견한 것과는 달리 한 단계 낮은 총영사를 파견하여 조선에 머무르도록 하였다.

> **더 알아보기**
>
> **수호통상조약 순서**
>
> 일본(1876) → 미국(1882) → 영국, 독일(1883) → 러시아(1884) → 프랑스(1886)

제9절 | 갑신정변(1884)

① 개요

갑신정변은 1884년 12월 4일에 김옥균·박영효·서재필·서광범·홍영식 등 개화당파들이 청나라에 의존하는 척족 중심의 수구당을 몰아내고 개화정권을 수립하려 하였다가 청나라군의 개입으로 실패한 사건이다.

② 배경

(1) **국내 정세**
  ① 조선 후기에 들어서면서 부정부패와 세도 정치로 인해 국가 운영이 비효율적이었고, 개혁을 요구하는 움직임이 커졌다.
  ② 개화파의 성장: 김옥균, 박영효, 서재필 등 급진 개화파는 조선을 근대화하고 일본식 개혁을 단행하고자 했으나, 온건 개화파(김홍집 등)와 차이가 있었고, 청나라의 간섭도 강하였다.

(2) **국제 정세**
  청(중국), 일본, 서구 열강의 영향력이 한반도에서 충돌하면서 조선의 자주권이 위협받고 있었다.

③ 전개 과정

(1) 1884년 12월 4일 급진 개화파가 우정국 개국 축하연에서 정변을 일으켜 권력을 장악하였다.

(2) **개화파의 개혁 시도**
  국왕 고종을 보호하며 14개조 개혁안을 발표하였다. 여기에는 신분제 폐지, 과거제 개혁, 조세 개혁 등의 내용이 포함되었다.

(3) **청나라 개입**
  개화파는 일본의 지원을 기대했지만, 청나라 군대가 개입하면서 3일 만에 정변은 실패하였다.

④ 의의 및 영향

(1) 김옥균을 비롯한 급진 개화파들은 일본으로 망명하였고, 일부는 체포되어 처형되면서 급진 개화파가 몰락하였다.

(2) 갑신정변 실패는 수구 세력의 반동을 불러와 개화 정책 추진의 지연을 초래하였고, 개화에 대한 부정적 인식을 심화시켰다.

   ➡ 조선 내에서 청의 간섭이 더 심해졌으며, 이후 갑오개혁(1894) 이전까지 개혁이 지체되었다.

(3) **한반도의 국제적 갈등 심화**

   갑신정변 이후 조선에서 일본과 청나라의 대립이 더욱 격화되었고, 청일 간에 텐진조약이 체결되는 계기가 되었다.

   ➡ 후에 청일 전쟁의 원인이 되었다.

(4) 반면, 정변의 지향, 목적, 민주제도의 인민 평등의 가치가 일반에 알려지는 계기가 되었고, 재능에 의한 출세와 사회적 지위 획득이 가능한 근대적 가치를 전파하였다.

(5) 갑신정변이 추구하였던 개혁의 내용과 지향성은 이후 갑오개혁 등 각종 개혁운동에 영향을 미쳤다.

(6) 우리나라 근대 변혁 운동의 초석이 되었다고 할 수 있다.

   ① 자주적인 근대국가 형성을 위한 최초의 정치운동이라는 평가가 있다.
   ② 구미 국제정치 질서의 세계적 팽창에 자주적으로 대처하려는 정치운동이었다.

(7) 일반 민중의 성원을 받지 못하였다는 점이 대표적인 실패요인이다.

제10절 텐진조약(1885)

① 배경

(1) 갑신정변 이후 조선 내 반일감정이 강해지고, 청나라의 영향력은 강해졌다.

(2) 당시 일본은 청나라와 충분히 대결할 정도의 능력을 보유하지 못하고 있었다.

(3) 일본에서는 대청 온건론과 강경론이 대립하였지만 준비 부족 등을 이유로 청나라와 타협하기로 결정하고 청나라 측 의사를 타진, 청나라가 회답하여 텐진조약을 체결하였다.

② 주요 내용

(1) 청국은 조선 주둔군을 철수하고 일본은 주조선 공사관 호위병을 철수한다.

(2) 양국은 조선 국왕에게 병사를 교련하여 스스로 치안을 담당하도록 권고한다.

(3) 만일 장래에 조선에 변란 또는 중대사건이 발생하여 청일 양국 또는 일국이 파병을 필요로 할 때에는 반드시 문서로 사전 통지하고 사건이 평정되면 즉시 철수한다.

❸ 의의 및 평가

(1) 조선의 운명이 제3국에 의해 좌우되기 시작한 중요한 조약이다.

(2) 청국의 종주권 주장을 철회시키는 내용은 없지만, 청국의 조선에 대한 군사적 우월권을 배제하고 청국과 동등한 발언권을 일본이 확인받았다.

(3) "행문지조(行文知照)"는 동학혁명 당시 일본의 조선 출병을 정당화하는 구실을 제공하였다.

(4) 조선에 대한 청일 양국의 지배권 다툼이 발생하면서, 조선은 러시아로 눈길을 돌렸다.

> **더 알아보기**
>
> **거문도 사건**
> • 거문도 사건(1885. 4.~1887. 2.)은 러시아의 남하를 견제하기 위해 영국 해군이 조선 거문도를 불법 점거한 사건이다.
> ➡ 당시 아프가니스탄에서의 충돌로 인해 러시아와 영국 간의 관계는 긴장되어 있었다.
> • 거문도에 영국기를 게양하고 요새화하였다.
> • 청나라 이홍장과 북경주재 러시아 외교관으로부터 러시아가 조선의 영토를 취하지 않을 것을 보장받고 철수하였다(중국은 최초 반대하지 않았다가 추후 반대).
> • 일본은 영국의 거문도 점령이 불법이며 조선의 국권과 관련된 중대한 문제라고 주장하였다.

제11절 | 조불수호조약(1886)

❶ 개요

(1) 조불수호통상조약은 1886년(고종 23) 6월 4일에 조선과 프랑스가 체결한 조약이다.

(2) 쇄국정책을 펼치던 흥선대원군이 하야하고(1873) 고종의 친정이 시작되면서 미국 등에 뒤이어서 프랑스와도 우호 통상 조약을 맺게 된 것이다.

❷ 배경

(1) 조선에서는 흥선대원군의 하야를 계기로 종래의 쇄국주의 정책에서 탈피하고 국제사회의 일원으로 행세하게 될 기본 계기였던 서구제국과의 개국통상 관계가 확대되었다.

(2) 문호가 개방되자 각국은 조선에 대한 통상을 요구하여 1882년(고종 19) 조선과 미국이 조미수호통상조약을 체결하였다. 이 사실은 유럽에도 알려져 영국(1883)·독일(1883)·러시아(1884)·이탈리아(1884)가 조선과 조약을 체결하였다.

(3) 그러자, 프랑스도 조약을 맺기 위하여 서두르게 되었다.

❸ 주요 내용

(1) 이 조약의 중요내용은 조영수호통상조약을 모방하였다.

(2) 특기할 것은 전문 제9조 2항에 "교회(敎誨)"의 항목을 넣어 조선정부로부터 포교권을 인정받았다.

(3) 이 항목은 포교는 물론 선교사업을 위한 교육기관도 운영할 수 있게 되어 조선의 선교사업을 통한 교육문화에 신국면을 맞이하게 되었다.

(4) 이 조약의 본문은 13조로 구성되었다.

- 제1조는 양국간의 평화·친선·생명과 재산의 보호·조약 당사국과 제삼국간의 분쟁에 관한 조정건 등 2개항
- 제2조는 양국의 외교대표 임명과 주재 등에 관련한 3개항
- 제3조는 조선에 머무는 불란서인들의 생명과 재산에 미치는 재판 관할권을 불란서 재판 당국에 위임하는 사항과 관련된 10개항
- 제4조는 인천·원산·부산의 개항에 관련한 7개항
- 제5조는 각국이 무역하는 상품의 판세에 대한 8개항
- 제6조는 밀수입 상품에 대한 벌금과 위법행위 처벌에 관한 2개항
- 제7조는 양국 선박중 난파선의 구조와 보호에 관한 5개항
- 제8조는 양국의 군함이 각 항구에 입항시 그 처리와 관련한 4개항
- 제9조는 양국의 교사와 통역의 임명과 학문교류, 포교에 관한 2개항
- 제10조는 본 조약 실시일로부터 불란서인의 특권, 면제 및 수출입 관세에 관계되는 이권 등에 관한 사항
- 제11조는 본 조약은 10년간의 유효성을 인정한 조항
- 제12조는 본 조약은 불문과 한문으로 작성할 것과 불란서가 조선에 발송하는 일체의 공용통신에는 한역문(漢譯文)을 첨부할 것 등에 관한 2개항
- 제13조는 서명·조인에 관한 비준서는 가능한 한 1년 이내에 한성에서 교환하기로 약정한 조항

제12절 │ 청일 전쟁(1894~1895)

❶ 청일 전쟁 前 국제 정세

(1) 청일 전쟁은 1894년부터 1895년까지 청나라와 일본 제국 사이에서 벌어진 전쟁으로, 주로 한반도의 지배권을 둘러싸고 일어났다.

(2) **전쟁 이전의 국제 정세**

① 청나라의 쇠퇴

㉠ 19세기 중반부터 청나라(청 제국)는 내부적인 부패와 외세의 압력으로 쇠퇴하고 있었다.

㉡ 아편 전쟁(1840~1842) 패전 후, 서구 열강들은 중국에 대해 불평등 조약을 체결하며 경제적, 군사적으로 우위를 점하게 되었다.

② 서구 열강의 제국주의적 확장

  ㉠ 19세기 말 유럽 열강들은 아시아와 아프리카에서 식민지를 확장하고 있었다.

  ㉡ 특히, 영국, 프랑스, 독일, 러시아, 일본 등이 중국과 한국에 대한 영향력을 확대하려고 노력하였다.

  ㉢ 이러한 열강들의 제국주의적 경쟁은 청나라를 더 약화시키는 요인이 되었다.

③ 일본의 근대화와 확장주의

  ㉠ 일본은 19세기 중반 '에도 막부'의 붕괴와 '메이지 유신(1868)'을 거쳐 급격한 근대화를 이룩하였다.

  ㉡ 일본은 군사적으로도 강력해졌으며, 대외적으로는 아시아에서의 영향력을 확장하려는 목표를 가지고 있었다.

  ㉢ 이를 통해 일본은 서구 열강들과 대등하게 경쟁하고자 하였다.

④ 조선 문제 : 한반도는 당시 청나라의 영향권에 있었으나, 일본 역시 한반도에 대한 지배권을 확대하고자 노력하여 한국은 중국과 일본의 패권 경쟁의 중요한 무대였고, 이 때문에 양국 간의 갈등이 심화되었다.

❷ 청일 전쟁 발발 원인

청일 전쟁의 발발 원인은 크게 두 가지로 요약된다.

(1) 조선 문제

1894년 조선에서 동학농민운동이 일어나자, 청나라는 이를 진압하기 위해 군대를 파견하였다. 그러자 일본은 이를 기회로 삼아 자국의 영향력을 확대하고자 "조선의 독립"을 명분으로 군을 파견하며, 청나라와 충돌하게 되었다.

(2) 중일 간의 지역 패권 다툼

일본은 청나라의 쇠퇴를 기회로 한반도와 중국 동북부에 대한 패권을 확보하려는 계획을 세웠으며 전쟁이 일어난 뒤 일본은 빠르게 승기를 잡았고 청나라의 군사력은 고전하였다.

❸ 청일 전쟁 후 국제 정세

(1) 청일 전쟁에서 일본은 승리하였고, 그 결과 국제 정세는 크게 변화되었다.

(2) 일본은 대국으로서 부상

① 일본은 전쟁에서 승리한 뒤, 1895년 4월 '시모노세키 조약'을 체결하였다.

  ㉠ 이 조약을 통해 일본은 요동반도와 대만 및 펑후제도를 할양(획득)받았다.

  ➡ 요동반도 할양은 추후 러시아, 독일, 프랑스의 3국 간섭을 야기하여 이를 청에 다시 반환하기도 하였다.

  ㉡ 청나라에 대한 경제적 배상금을 받았다.

  ㉢ 조선의 독립 인정과 조공전례를 폐지하였다.

  ㉣ 일본에 최혜국대우 인정과 중경, 소주 등 4개항을 추가 개항하기로 하였다.

② 국제사회에서 일본의 위상도 급격히 상승하게 되었다.

⑶ **청나라의 약화**

① 청나라의 패배는 국가의 약화를 더욱 부각시켰다.

② 내부적으로는 1898년의 광서 신정(혁신적인 개혁 시도) 실패와 외부적으로는 제국주의의 압박 속에서 청나라의 통치력이 점점 더 흔들리게 되었다.

③ 결국, 이 전쟁은 청나라가 근대적 강국으로서의 역량을 상실하는 계기가 되었고, 1911년 신해 혁명으로 이어지며 청 제국은 붕괴하게 되었다.

⑷ **서구 열강의 영향력 확대**

① 청일 전쟁 후, 일본은 점차 서구 열강들과의 경쟁에서 유리한 위치를 점하였다.

② 아시아에서 일본의 패권이 강화되었다.

③ 반면, 청나라의 패배는 서구 열강들이 더욱 중국에 대한 침략적 행위를 강화하는 계기가 되었다.

④ 불평등 조약의 체결과 함께 중국은 사실상 제국주의 열강들의 "분할"을 눈앞에 두게 되었다.

⑸ **한반도의 국제적 긴장**

일본은 전쟁 후, 한반도에 대한 영향력을 더욱 강화하며 1895년 을미사변을 일으켜 명성황후를 시해하고, 조선을 사실상 일본의 보호국으로 삼았다.

제13절 │ 시모노세키 조약(1895)

❶ 개요

청일 전쟁의 전후처리를 위해 1895년 4월 17일 청국과 일본이 일본 시모노세키에서 체결한 강화조약이다.

❷ 조약의 배경

⑴ 1894년 5월(고종 31) 조선은 동학농민운동(동학운동)을 진압하기 위해 청에 원병을 요청하였다.

⑵ 이에 일본은 텐진조약을 구실로 조선에 군대를 파병하였고, 청과 일본은 조선에서의 영향력 확대를 위해 대립하였다.

⑶ 1894년 5월 7일 조선은 동학농민군과 전주 화약에 합의하여 동학농민운동을 일단 진정시킨 뒤, 청과 일본에 군대의 철수를 요구하였다.

⑷ 그러나 일본은 조선에 개혁이 필요하고, 동학농민운동이 아직 끝나지 않았다며 이를 거부하자, 조선은 개혁은 일본의 철수 이후에 진행될 것이라며 반박하였다.

⑸ 그러자 일본은 7월 23일 경복궁을 무력으로 점령한 뒤 대원군을 섭정으로 내세우고, 김홍집을 중심으로 하는 내각을 수립하였다.

⑹ 그리고 7월 25일 선전포고 없이 아산 앞바다의 풍도(豊島)에 주둔하던 청 해군을 기습 공격하여 승리를 거두었다(청일 전쟁 시작).

(7) 7월 29일에는 성환, 9월 15~17일에 평양, 9월 17일 압록강 어귀 해양도 앞바다에서 청의 북양함대와 일본 해군이 충돌하여 일본이 승리하였다. 10월에 일본은 만주로 진격하여 청의 금주성, 11월에 여순을 점령하였고, 1895년 1월 산둥성의 위해위를 무너뜨려 북양함대를 궤멸시켰다.

❸ 조약의 체결과정

(1) 청은 미국의 중재로 일본과의 강화협상에 나섰으나, 일본은 적극적으로 협상에 임하지 않았다.

(2) 그러다 1895년 3월 24일 청의 전권대신 이홍장이 일본과의 협상 후 돌아가다가 일본인에게 습격당하는 사건이 벌어지자 국제사회의 여론을 의식한 일본이 본격적인 강화협상에 나서게 되었다.

(3) 본격적인 강화협상은 1895년 3월 30일부터 진행되었다. 이홍장과 이토 히로부미는 3월 30일에 먼저 휴전협정을 체결하고, 휴전기간 동안 강화협상을 진행하여 4월 17일 전문 11개 조항의 강화조약, 각 3조항의 의정서 및 별약, 2조항의 추가 휴전협정을 체결하였다. 이를 시모노세키조약이라고 한다.

❹ 조약의 내용

(1) 청은 조선국이 완전한 자주독립국임을 인정한다.

(2) 청은 랴오둥반도와 타이완 및 펑후섬 등을 일본에 할양한다.

(3) 청은 일본에 배상금 2억 냥을 7년간 지불한다.

(4) 청이 구미 열강과 체결한 통상 특권(최혜국 대우)을 일본에게도 인정한다.

(5) 청의 사스·충칭·쑤저우·항저우의 개항과 일본 선박의 양쯔강 및 그 부속 하천의 자유 통항 용인, 그리고 일본인의 거주·영업·무역의 자유를 승인한다.

(6) 청에 있는 일본 군대는 조약 체결 후 3개월 내 철수한다.

(7) 청은 중재재판 조항의 삽입을 요구하였다.

제14절 │ 삼국간섭

❶ 개요

(1) 삼국간섭(三國干涉)은 1895년 시모노세키 조약 후 일본의 승리에 의해 발생한 국제적인 사건으로, 일본의 만주와 타이완에 대한 영향력 확대를 두고 러시아, 독일, 프랑스가 일본에 대해 개입한 사건이다.

(2) 이 사건은 일본이 근대 국가로서의 위상을 확립하는 과정에서 큰 전환점을 의미하며, 일본의 패권주의와 서구 열강의 제국주의적 경쟁이 맞물려 나타난 중요한 국제적 사건이었다.

② 배경

(1) 청일 전쟁(1894~1895)에서 일본은 청나라를 압도하고, 1895년 시모노세키 조약을 체결하였다.

(2) 이 조약에 따라 일본은 타이완과 펑후 제도를 얻었고, 조선의 독립을 인정받았다.

(3) 또한, 일본은 중국 동북부의 만주에 대한 영향력을 확대하려는 계획을 세우고 있었으며, 이에 따라 만주에 대한 군사적, 경제적 지배를 강화하려 하였다.

(4) 이는 러시아, 독일, 프랑스 등 다른 열강들의 이해와 충돌하였다.

③ 삼국간섭의 발생

(1) 삼국간섭은 1895년 일본이 시모노세키 조약에서 만주에 대한 영향력을 강화하기 위해 청나라에 대한 지배권을 주장한 이후 발생하였다.

(2) 일본은 만주에 대한 군사적, 정치적 지배를 강화하려 했으나, 이에 대해 러시아, 독일, 프랑스 등 서구 열강은 일본의 확장을 견제하고자 하였다.

(3) **러시아**
① 러시아는 만주와 한반도에서의 영향력을 강화하고자 했고, 시베리아 철도 건설을 통해 만주지역을 자국의 경제적, 군사적 지배 하에 두고자 하였다.
② 삼국간섭을 제의하고, 주도하였다.

(4) **독일과 프랑스**
① 독일과 프랑스는 자국의 식민지 이익과 중국 내의 무역에 관심이 있었으며, 일본이 지나치게 확장하는 것을 우려하였다.
② 당시 프랑스는 러시아와 동맹관계이기도 했다.

(5) 이들 세 나라(러시아, 독일, 프랑스)는 일본이 만주에 대한 영향력을 확대하는 것을 방지하기 위해 공동으로 일본에 압박을 가하기로 결정하였다.

(6) 영국은 일본의 강화조건이 영국의 기본적인 이해를 저해하지 않으며 동북아에서 러시아를 견제할 필요 때문에 일본을 지지하였다.

④ 삼국간섭의 주요 내용

삼국간섭의 주요 내용은 일본이 청나라의 요동반도(만주)에서 철수해야 한다는 것이었으며, 구체적으로 세 나라(러시아, 독일, 프랑스)는 일본에게 다음과 같은 요구를 하였다.

(1) **요동반도 반환**
일본은 시모노세키 조약에서 얻은 요동반도를 청나라에 반환한다.

(2) 중립화

삼국은 일본이 만주와 요동반도에서 군사적 활동을 하지 않도록 요구했으며, 이를 통해 아시아에서의 세력 균형을 유지하고자 했다.

(3) 중국의 주권 존중

세 나라는 중국의 주권을 존중하고, 일본이 중국의 영토와 경제적 권리를 침해하지 않도록 요구하였다.

5 삼국간섭의 결과

(1) 삼국간섭은 일본에게 심각한 충격을 주었으며, 일본은 이를 받아들일 수밖에 없었다.

(2) 일본은 요동반도를 청나라에 반환하게 되었으며, 이 결정은 일본의 국익과 자존심에 큰 타격을 입혔다.

(3) 하지만, 삼국간섭은 일본에게 중요한 교훈을 주었고, 이후 일본은 더 강력한 군사력과 외교적 역량을 키우기 위해 노력하였다.

① 삼국간섭 이후, 일본은 군사력과 외교력을 강화하기 위해 노력하였다.

② 1902년에 영국과 동맹을 체결하였다. 이 동맹은 당시 러시아 제국의 확장을 견제하기 위한 것이었으며, 특히 한반도와 중국에 대한 러시아의 영향력을 제한하려는 의도가 있었다.

③ 일본은 이후 1904~1905년 러일 전쟁을 통해 러시아와의 충돌에서 승리하며, 동아시아에서 일본의 패권을 확립하게 되었다.

> **더 알아보기**
>
> **영일동맹**
> - 영일동맹은 영국이 일본의 제국주의적 성장을 지지하고, 일본은 러시아의 팽창을 막는 데 협력하는 구조이다.
> - 영일동맹을 통해 일본은 국제적으로 더 큰 군사적, 정치적 영향력을 행사할 수 있었고, 1904년의 러일 전쟁에서 중요한 전략적 동맹국을 확보한 셈이었다.

(4) 삼국간섭 이후, 일본은 중국에 대한 영향력을 다시 강화하기 위해 노력했고, 1900년의 의화단 운동*을 계기로 다시 한 번 중국에 군사적으로 개입하게 되었다.

✎ 의화단 운동은 청나라 말기 1899년 11월 2일부터 1901년 9월 7일까지 산동지방, 화북지역에서 의화단이 일으킨 외세 배척 운동이다. 1900년 6월에 의화단이 베이징에 있는 외국 공관을 포위 공격하자 서태후는 그들을 의민(義民)으로 규정하고 열강에 선전포고했다. 이에 러시아, 일본, 독일, 영국, 미국, 이탈리아, 오스트리아, 프랑스 8개국이 파병해서 베이징을 비롯해 장강 이북 지역을 대부분 점령했다. 열강은 중국을 분할하지 않는 대신 보존하기로 결정하는 한편 청조와의 협상을 거쳐 1901년 9월 7일에 강화 조약인 신축 조약을 체결했다. 그 내용은 청나라가 제국주의 열강에 거액의 배상금을 지급하는 동시에 열강의 중국 내 군대 주둔권을 인정하는 것이었다. 이 사건으로 인해 중국의 반식민지 상태가 더욱 심화되었다. 또한, 중국 내부에서는 서태후 등 보수파 세력이 기반을 완전히 상실하고 혁신 세력이 등장하였으며, 이는 신해혁명의 배경이 되었다.

① 대략, 일본은 8,000명, 러시아는 4,500명의 군대를 파견하였다.

② 외국군대의 파견으로 인해 그들간의 충돌 가능성도 있었다. 러일 전쟁이 일어난 배경 중 하나로 의화단 운동이 언급되기도 한다.

③ 실제로 의화단 운동이 만주에까지 파급되고 남만주 철도의 일부가 파괴되자 질서유지의 명목으로 러시아는 군대를 파견하였는데 의화단 운동이 진압된 이후에도 여전히 주둔군을 철수하지 않아 문제가 되기도 하였다.

④ 당시 파병된 병력은 일본이 가장 많았는데 영국은 보어 전쟁, 미국은 미서 전쟁 중이어서 병력 파견이 여의치 않았기 때문이다.

더 알아보기

아관파천

- 아관파천은 1896년 2월 11일부터 1897년 2월 20일까지 1년 9일간 조선 고종과 세자가 경복궁을 떠나, 어가를 러시아 제국 공사관으로 옮겨서 파천한 사건이다.
- 1895년 10월 8일 을미사변으로 조선 국민의 대일 감정이 극도로 악화되고, 각지에서 의병이 일어나 전국이 혼란에 빠졌다.
- 러시아 공사 베베르는 공사관 보호라는 명목으로 러시아 병사 백명을 공사관 주변에 배치하였다.
- 친러파인 이범진 등은 베베르와 공모하여 1896년 2월 11일에 국왕의 거처를 궁궐로부터 한성부 정동 (현재 서울 중구 정동)에 있는 러시아 공사관으로 이동하였다.
- 고종은 옮긴 당일 내각총리대신 김홍집을 비롯하여, 김윤식, 유길준, 어윤중, 조희연, 장박, 정병하, 김종한, 허진, 이범래, 이진호를 면직하고, 유길준 등을 체포하도록 명령하였다.
- 아관파천 이후 러시아의 간섭이 심해졌다.
- 조선에 대한 러시아와 일본의 관계를 조정한 협정이 체결되었다.
  예 베버-고무라 협정, 로바노프-야마가타 협정, 로젠-니시 협정

제15절 러일 전쟁(1904~1905)과 포츠머스 조약(1905)

❶ 개요

(1) 러일 전쟁은 1904년부터 1905년까지 일본과 러시아 간에 벌어진 전쟁으로, 주로 만주와 한국의 지배권을 둘러싼 갈등이 원인이었다.

(2) 일본은 급격히 성장하는 제국주의 국가로, 러시아와의 경쟁에서 유리한 위치를 차지하려 하였고, 러시아는 동아시아에서의 영향력을 확대하려 하였다.

(3) 전쟁은 일본의 승리로 끝났고, 이에 따라 평화협상이 체결되었는데, 이것이 바로 포츠머스 조약이었다.

❷ 주요 경과(열강들의 입장)

(1) 일본은 러시아 육군력이 증강되기 전에 단기전으로 승리하고자 하였다.

(2) 영국은 터키지역의 해협을 봉쇄하여 러시아 함대의 기동력을 저하시켜 결과론적으로 일본을 지원하는 효과가 있었다.

(3) 미국도 일본을 지원하였다.

(4) 전쟁 간 영국을 비롯한 프랑스는 중립정책을 표방하였다.

　　⊘ 당시, 프랑스는 러시아와 동맹관계였으나 영국과 충돌을 원치 않았기에 러시아 지원에 소극적인 입장이었다.

(5) 전쟁 이후 일본과 미국은 만주지방 진출을 둘러싸고 갈등이 고조되었다. 미국은 문호개방정책을 지속적으로 견지하고 있었다.

❸ 포츠머스 조약의 주요 내용

(1) 포츠머스 조약은 미국 대통령의 중재*로 <u>1905년 9월 5일</u>에 미국 뉴햄프셔주 포츠머스에서 체결되었으며, 일본과 러시아는 이 조약을 통해 전쟁을 마무리하고 서로의 요구를 조정하였다.

　　✎ 당시 미국 대통령은 씨오도르 루즈벨트(Theodore Roosevelt) 대통령이다. 그는 러일 전쟁을 중재하여 동양 평화를 이룬 업적으로 노벨평화상을 받았다.

(2) **주요 내용**

　① 만주와 한국에 대한 일본의 우위 인정

　　㉠ 러시아는 만주와 한국에서의 일본의 우위를 인정(정치, 경제, 군사상 우월권 인정)하였다.

　　㉡ 특히 한국은 일본의 보호국으로 인정되었으며, 이는 일본의 한국에 대한 지배를 확립하는 중요한 전환점이 되었다.

　　㉢ 러시아는 만주에서 일본의 철도와 광산 개발에 대한 권리를 인정하게 되었고, 일본의 군사적 영향력도 확대되었다.

　② 사할린의 분할

　　㉠ 사할린 섬의 남부는(북위 50도 이남) 일본이 완전한 지배권을 가지게 되었고, 북부는 러시아의 지배가 유지되었다.

　　㉡ 이로써, 일본은 사할린 남부와 쿠릴 열도를 차지하게 되었다.

　③ 여순, 대련의 조차권을 일본에 양도 : 청일 전쟁 이후 러시아는 1898년부터 청나라로부터 여순, 대련에 대한 25년간 조차권을 가지고 있었는데, 이것을 일본에 양도하였다.

　④ 러시아 주변 연안에서의 일본의 어업권 인정

　⑤ <u>전쟁 배상금 없음</u>.

④ 포츠머스 조약의 의의

(1) 일본의 국제적 지위 상승

① 포츠머스 조약은 일본이 서구 열강에 의해 인정받는 강대국으로 자리매김하는 중요한 전환점 이었다.

② 일본은 이 조약을 통해 러시아를 물리치고 아시아에서의 지배적 위치를 확립하였다.

(2) 러시아의 약화

① 러시아는 영토적 손실과 함께 전쟁 비용을 감당해야 했고, 이로 인해 러시아는 내부적인 정치적 불안이 증대하였다.

② 이는 1905년 러시아 혁명의 배경이 되기도 하였다.

(3) 미국의 지위 상승

① 포츠머스 조약은 미국이 중재자로서 중요한 역할을 수행하였다.

② 이로 인해 미국의 국제적 위상이 높아졌다.

(4) 한국의 일본 지배 확립

① 이 조약을 통해 일본은 한국에 대한 지배를 더욱 공고히 하였다.

② 한국은 일본의 보호국으로서, 실질적인 일본의 식민지로서의 위치가 점차 굳어져가고 있었으며, 이는 1910년 일본의 한국 병합으로 이어졌다.

제16절 | 가쓰라－태프트 밀약(1905. 7. 29.)

① 개요

(1) 가쓰라－태프트 밀약(Katsura-Taft Agreement)은 1905년 7월 29일에 일본과 미국 간에 체결된 비공식적인 협정으로, 양국이 한국과 필리핀에 대한 영향권을 상호 인정한 밀약이다.

(2) 일본의 한국에 대한 우월적인 지배권을 인정하는 한편, 미국의 필리핀에 대한 지배권을 일본이 인정하는 내용을 담고 있다.

② 배경

(1) 일본은 러시아와의 전쟁에서 승리하면서, 아시아에서의 영향력을 강화하였다.

(2) 미국은 필리핀을 식민지로 지배하고 있었고, 태평양과 동아시아에서의 세력 확장을 추구하고 있었다.

(3) 일본과 미국의 이해관계가 맞아 떨어지면서 양국은 서로의 영향권을 인정하고, 불필요한 충돌을 피하고자 하였다.

> **가쓰라-태프트 밀약**
> • 필리핀은 미국과 같은 친일적인 나라가 통치하는 것이 일본에 대해서 유리하며 일본은 필리핀에 대하여 어떠한 침략적 의도도 갖지 않는다.
> • 극동의 전반적 평화의 유지에 있어서는 일본, 미국, 영국 삼국 정부의 상호 양해를 달성하는 것이 최선의 길이며, 사실상 유일한 수단이다.
> • 미국은 일본이 한국에 보호권을 확립하는 것이 러일 전쟁의 논리적 귀결이며 극동의 평화에 직접적으로 공헌할 것임을 인정한다.

제17절 | 영일동맹(1902. 1.)

❶ 개요

1902년 영국과 일본이 러시아를 공동의 적으로 하여 러시아의 동진을 방어하고 동시에 동아시아의 이권을 함께 분할하려고 체결한 조약이다.

❷ 배경

(1) 19세기 말 러시아는 만주와 한반도로 세력을 넓혀오고 있었다.

(2) 러시아는 만주에 동청철도를 건설하여 실질적으로 남하하고 있었고, 한국에서도 마산포를 조차하려 하거나 한국 정부에 정치적 영향력을 행사하는 등 노골적으로 세력을 침투시키고 있었다.

(3) 이 시기에 일본은 반대로 북진을 추진하고 있었는데, 이들은 한국 점령을 시작으로 만주에까지 진출하려는 야심이 있었다.

(4) 일본이 청일 전쟁의 승리로 한국에서 청의 세력을 축출하고 독자적 개입을 심화시키는 시점에서 러시아의 도전이 예상되었다.

  ① 이러한 상황에서 일본은 '만주는 러시아가 차지하고 한국은 일본이 점령한다.'는 기본 입장을 러시아에 표명하였다.

  ② 그러나 서양 열강은 러시아가 만주 등 중국으로 진출하는 것을 용납하려 하지 않았는데, 이것은 영국의 중국 진출에도 차질을 빚을 수 있기 때문이었다.

(5) 1901년 일본의 입장은 러시아의 만주에 대한 단독지배를 인정하지 않고, 여타 제국주의 열강과의 협조하에 한국 지배뿐만 아니라 중국 분할에도 참가하는 쪽으로 변화하였다.

(6) 당시 영국은 러시아를 견제하기 위해 일본을 지지할 필요성이 있었다.

(7) 이에 따라 영국과의 제휴를 모색하였고, 이것이 영일동맹으로 이어졌다.

❸ 주요 내용

(1) 영·일 양국은 한(韓)·청(淸) 양국의 독립을 승인하고, 영국은 청에, 일본은 한국에 각각 특수한 이익을 갖고 있으므로, 제3국으로부터 그 이익이 침해될 때는 필요한 조치를 취한다.

(2) 영·일 양국 중 한 나라가 전항의 이익을 보호하기 위해 제3국과 개전할 때는 동맹국은 중립을 지킨다.

(3) 위의 경우에서 제3국 혹은 여러 나라들이 일국에 대해 교전할 때는 동맹국은 참전하여 공동작전을 펴고 강화(講和)도 서로의 합의에 의해서 한다.

(4) 영국과 일본 양국 해군은 평시에는 협력하며, 극동에서 제3국에 비해 우월한 해군력을 유지하기 위해 노력한다.

(5) 본 협약의 유효기간은 5년으로 한다.

➡ 영일동맹이 체결에 대항해 러시아는 '중국과 한국의 독립과 영토 보전'을 강조하면서 같은 해 3월 러시아–프랑스 공동선언을 발표하였다.

❹ 제2차 영일동맹(1905. 8.)

(1) 일본은 영국과 제2차 영일동맹을 체결하여(1905. 8. 12.) 일본의 한국 지배를 외교적으로 보장받았다.

(2) **핵심 내용**

① 영국은 일본이 한국에서 가지는 정치적·경제적·군사적 이익을 보장한다.

② 일본은 영국의 인도 지배 및 국경지역에서의 이익을 옹호하는 조치를 취한다.

③ 영일동맹의 범위가 극동에서 인도까지 확장되었다.

➡ 영일동맹은 제국주의 열강 간의 상호 협조와 동의를 보장받아 약소국을 침략하는 국제조약이었다.

(3) 영일동맹은 1921년 워싱턴 회의에서 미국의 요구에 따라 4개국 조약으로 종료되었다.

제18절 | 을사조약(1905. 11.)

❶ 개요

(1) 1905년 일본이 대한제국을 강압하여 체결한 조약으로, 외교권 박탈과 통감부 설치 등을 주요 내용으로 한다.

⊘ 초대 통감: 이토 히로부미

(2) 이 조약으로 대한제국은 명목상으로는 일본의 보호국이나 사실상 일본의 식민지가 되었다.

(3) 1904년 8월 22일에 재정과 외교 부문에 일본이 추천하는 고문을 둔다는 내용으로 체결된 '외국인 용빙협정(제1차 한일협약)'과 구분하기 위해 제2차 한일협약이라고도 불린다.

❷ 체결과정

(1) 러일 전쟁 중 한국에 대한 '보호국화' 방침을 세운 일제는 조약 체결을 위해 1905년 11월 이토 히로부미를 한국에 파견하였다.

(2) 조약안에 대해 반대 여론이 강하자 일제는 군대를 동원하여 궁궐을 포위하고 정부 대신을 협박하며 조약 체결을 강요하였다.

　⊘ 을사오적 : 박제순, 이지용, 이근택, 이완용, 권중현

(3) 을사늑약은 조약의 체결 절차조차 제대로 거치지 않았기 때문에 국제법상 원천무효이다.

(4) 을사늑약이 강제 체결되자 고종황제는 각국에 친서를 보내는 한편, 네덜란드 헤이그에서 열린 만국평화회의에 특사를 파견하여 국제사회에 을사늑약의 무효를 호소하였다.

❸ 주요 내용

(1) 조약 체결 과정의 강압성이 인정되어 '을사늑약'이라는 명칭으로 통용된다.

(2) 모두 5개의 조항으로 이루어져 '을사오조약'이라고 칭하기도 한다.

> **을사조약(을사늑약)**
>
> 일본국 정부(日本國政府)와 한국 정부(韓國政府)는 두 제국(帝國)을 결합하는 이해공통주의(利害共通主義)를 공고히 하기 위하여 한국이 실지로 부강해졌다고 인정할 때까지 이 목적으로 아래에 열거한 조관(條款)을 약정한다.
>
> 제1조　일본국 정부는 도쿄(東京)에 있는 외무성(外務省)을 통하여 금후 한국의 외국과의 관계 및 사무를 감리 지휘(監理指揮)할 수 있고 일본국의 외교 대표자와 영사(領事)는 외국에 있는 한국의 신민 및 이익을 보호할 수 있다.
> 제2조　일본국 정부는 한국과 타국 사이에 현존하는 조약의 실행을 완전히 하는 책임을 지며 한국 정부는 이후부터 일본국 정부의 중개를 거치지 않고 국제적 성질을 가진 어떠한 조약이나 약속을 하지 않을 것을 기약한다.
> 제3조　일본국 정부는 그 대표자로서 한국 황제 폐하의 궐하(闕下)에 1명의 통감(統監)을 두되 통감은 오로지 외교에 관한 사항을 관리하기 위하여 경성(京城)에 주재하면서 직접 한국 황제 폐하를 궁중에 알현하는 권리를 가진다. 일본국 정부는 또 한국의 각 개항장과 기타 일본국 정부가 필요하다고 인정하는 곳에 이사관(理事官)을 두는 권리를 가지되 이사관은 통감의 지휘 밑에 종래의 재한국일본영사(在韓國日本領事)에게 속하던 일체 직권(職權)을 집행하고 아울러 본 협약의 조관을 완전히 실행하기 위하여 필요한 일체 사무를 장리(掌理)할 수 있다.
> 제4조　일본국과 한국 사이에 현존하는 조약 및 약속은 본 협약의 조관에 저촉하는 것을 제외하고는 다 그 효력이 계속되는 것으로 한다.
> 제5조　일본 정부는 한국 황실의 안녕과 존엄을 유지함을 보증한다.
>
> 이상의 증거로써 아래의 사람들은 각기 자기 나라 정부에서 상당(相當)한 위임을 받아 본 협약에 기명(記名) 조인(調印)한다.
>
> 광무(光武) 9년 11월 17일
> 외부 대신(外部大臣) 박제순(朴齊純)
> 메이지(明治) 38년 11월 17일
> 특명전권공사(特命全權公使) 하야시 곤스케(林權助)

❹ 조약 체결 이후

(1) 을사늑약 반대 투쟁이 강하게 나타났으며 죽음으로 항거하는 인사들도 다수 있었다.

(2) 의병운동이 봉기(신돌석 등)하였다.

(3) 헤이그 밀사 파견 등 외교적인 노력 또한 기울였다.

> **더 알아보기**
>
> **일본의 조선 강점에 대한 열강의 인정**
> - **미국**: 가쓰라-태프트 밀약(1905. 7.)
> - **영국**: 2차 영일동맹(1905. 8.)
> - **러시아**: 포츠머스 조약(1905. 9.)

> **더 알아보기**
>
> **정미7조약(한일신협약)**
> - 한일신협약은 1907년 7월 24일 일본이 대한제국을 강점하기 위해 체결한 불평등조약이다.
>   - 전체 7개 항목으로 이루어진 이 조약으로 일제는 대한제국 정부의 시정을 개선한다는 명목하에 법령의 제정 및 중요한 행정상의 처분 등 일체의 사무에 대해 승인권을 장악하였다.
>   - 이로 인해 입법, 사법 및 고등 관리의 임면 등 대한제국의 내정을 실질적으로 장악할 수 있게 되었다.
> - 1905년 을사늑약 체결 후 일제는 통감부를 설치하고 고문정치를 통해 대한제국의 내정을 일부분 장악해 가고 있었지만, 고종의 반발로 정국의 주도권을 완전히 장악할 수 없었다.
> - 일제는 고종의 황제권을 제한할 기회를 노리던 중 1907년 6월 헤이그특사사건이 일어나자, 이를 빌미로 황제 폐위를 추진하고 대한제국의 내정을 더 강력히 장악할 수 있는 협약을 체결하려 하였다.
> - 일본은 새로운 협약을 체결할 목적으로 외무대신 하야시 다다스를 대한제국에 파견하여 고종 황제의 퇴위를 압박하였고, 이완용 등 내각 대신들도 황제에게 양위를 강요하였다.
> - 일제는 7월 20일 서둘러 양위식을 거행하였고, 고종이 강제 퇴위한 직후 일제는 새로운 협약 체결을 요구하여 7월 24일 일본군이 파견된 강압적인 상황에서 일본 측의 요구대로 한일신협약이 가결되었다.
> - **주요 내용**
>   - 제1조 한국 정부는 시정 개선에 관해 통감의 지도를 받을 것
>   - 제2조 한국 정부의 법령 제정 및 중요한 행정상의 처분은 미리 통감의 승인을 거칠 것
>   - 제3조 한국의 사법 사무는 보통 행정 사무와 이를 구분할 것
>   - 제4조 한국 고등 관리의 임면은 통감의 동의에 의해 이를 집행할 것
>   - 제5조 한국 정부는 통감이 추천하는 일본인을 한국 관리에 임명할 것
>   - 제6조 한국 정부는 통감의 동의 없이 외국인을 용빙하지 말 것
>   - 제7조 메이지 37년(1904) 8월 22일 조인한 일한협약 제1항을 폐지할 것
>   - 광무 11년 7월 24일/내각 총리대신 이완용//메이지 40년 7월 24일/통감후작 이토 히로부미
> - 일제는 1907년 7월 31일 순종 황제에게 군대해산 조칙을 재가하도록 한 후 8월 1일 시위대 해산을 시작으로 대한제국 군대를 강제 해산시켰다.
> - 군대가 해산된 후 해산 군인까지 참여한 의병이 전국 각지에서 봉기하였다.

제19절 만주사변(1931)

❶ 개요

(1) 만주사변은 1931년에 일어난 일본의 만주 침략 사건으로, 일본 제국이 중국의 만주 지역을 점령하고 만주국을 세운 사건이다.

(2) 이 사건은 일본의 군사적 확장과 제국주의 정책의 일환으로 발생하였다.

❷ 배경

(1) 만주사변은 일본의 군국주의와 제국주의적 욕망이 겹친 결과였다.

(2) 일본은 19세기 말부터 아시아에서의 영향력을 확대하고자 했으며, 만주는 중국 북동부에 위치한 전략적 중요 지역이었다. 또한, 일본은 만주 지역에 대한 경제적, 정치적 관심을 가지고 있었으며, 중국의 약화를 이용해 일본의 세력을 확장하려 하였다.

❸ 사건의 전개

(1) 만주사변은 1931년 9월 18일 만주철도(중국의 남만주철도)에 설치된 일본의 철도 시설이 폭파된 사건[류타오거우(류타오후, 유조호) 사건]을 계기로 발생하였다.

(2) 일본은 이를 "중국군의 폭격"이라고 주장했으나, 후에 일본군 내부의 자작극으로 밝혀졌다. 이를 구실로 일본은 만주 지역을 빠르게 점령하기 시작했으며, 그 결과 만주 전역이 일본의 군사적 지배 하에 들어가게 되었다.

❹ 영향

(1) 만주사변 후 일본은 만주 지역에 만주국을 세우고(1932. 3.), 이를 일본의 위성 국가로 삼았다.

(2) 이 사건은 국제사회에서 큰 논란을 일으켰고, 일본은 국제연맹의 비난을 받았지만, 이를 무시한 채 만주 점령을 계속 유지하였다.
  ① 국제연맹은 중국 측의 제소에 따라 조사단을 파견하고 그 조사보고서(리튼보고서)를 채택하였으며 일본군의 철수를 권고하였다.
  ② 일본은 이를 거부하고 1933년 3월 국제연맹을 탈퇴하였다.

(3) 만주사변은 일본의 침략 전쟁의 시작을 알렸고, 이후 일본은 중국 본토를 비롯해 아시아 전역으로의 군사적 확장을 지속하면서 중일 전쟁(1937)과 태평양 전쟁(1941)이 일어나게 되었다.

(4) 만주사변 시 미국을 제외한 열강들은 대공황으로 인하여 국외 사정에 대해 간섭하기 힘든 상황이었다.
  ⊘ 미국 국무장관 스팀슨은 일본이 시기를 잘 선택하였다고 표현한 바 있다.

(5) **국제정치사적 의의**

① 국제연맹과 집단안보체제의 권위를 붕괴시켰다.

② 워싱턴체제에 대한 도전으로서 미일 갈등이 고조되었다.

③ 1920년대 형성된 안보기제들이 현상타파세력들에 의해 붕괴되기 시작하였다.

④ 1928년 부전조약에 위배되는 어떠한 사태, 조약, 협정도 승인하지 않는다는 불승인주의를 선언(스팀슨 독트린)하였다.

제20절 │ 중일 전쟁(1937~1945)

❶ 개요

중일 전쟁은 중국과 일본 사이에서 벌어진 전쟁으로 1937년에 시작되어 1945년까지 이어졌으며, 제2차 세계대전 종결로 중일 전쟁도 종결되었다.

❷ 배경

(1) 일본은 19세기 말부터 아시아에서의 세력 확장을 목표로 중국을 침략하기 시작하였다.

(2) 일본은 1895년 청일 전쟁에서 승리하고 대만을 식민지화했으며, 이후 중국의 내정에 간섭하면서 세력을 넓혔다.

(3) 1930년대 들어 일본은 경제적, 군사적 상황을 고려하여 중국에 대한 공격을 본격화하였다.

◈ 당시 일본 내에서는 군부가 실권을 장악하고 지속적인 팽창을 모색 중이었다.

❸ 전쟁의 시작 및 전개

(1) 1937년 7월 7일 일본군은 중국 북부의 루거우차오(露溝橋, 노구교)에서 중국군과 충돌을 일으키면서 전쟁이 시작되었다. 이 사건을 계기로 일본은 중국 전역으로 군을 확장하며 본격적인 침략 전쟁에 돌입하였다.

(2) 일본은 주로 북부 중국, 상하이, 난징을 목표로 공격하였다.

(3) 1941년까지 일본의 우세 속에 전쟁이 진행되었고, 일본이 진주만 공습을 행하면서 중일 전쟁은 제2차 세계대전에 포함되었다.

(4) 이후, 일본 제국이 서방 연합국과의 전투에서 패착을 거듭하면서 일본군의 전력은 급속도로 쇠퇴했으며, 1944년 즈음에 일본은 반격을 꾀했으나 별다른 효과를 거두지 못하였다.

(5) **기억해야 하는 사건 – 난징 대학살(1937)**

일본군은 난징을 점령한 후, 수많은 중국 민간인과 전쟁 포로들을 무차별적으로 학살하였다. 이 사건은 20만 명에서 30만 명이 넘는 인명 피해를 낳았고, 국제사회에 큰 충격을 주었다.

❹ 중국의 저항

(1) 중국은 장제스가 이끄는 국민정부와 마오쩌둥의 공산당이 주도하는 양측으로 나뉘어 전쟁을 수행하고 있었다.

(2) 이들 간의 갈등은 전쟁 중에도 지속되었으나, 일본에 대한 저항에서는 협력하기도 하였다. 장제스의 국민정부는 일본군에 맞서 정규 군대와 항전하는 한편, 마오쩌둥의 공산당은 게릴라전과 비정규군의 활동을 통해 저항하였다.

(3) 이를 제2차 국공 합작이라 하는데, 중일 전쟁 기간 동안 일본 제국에 공동으로 대항하기 위해 중국 국민당과 중국공산당이 적대행위를 중지하고 서로 연합한 것을 의미한다. 1937년부터 일본이 패망한 1945년까지 지속되었다.

더 알아보기

1차 국공합작

- 제1차 국공합작은 1924년부터 1927년까지 진행된 중국의 역사적 사건으로, 중국 국민당(국당)과 중국 공산당(공당)이 공동으로 협력하여 중국의 정치적 혼란을 극복하고자 했던 시기를 의미한다.
- **배경**
  - 청나라의 몰락과 정치적 혼란 : 1911년 신해혁명* 이후 청나라가 몰락하면서 중국은 여러 군벌들 간의 권력 다툼으로 정치적 혼란이 가중되었다. 이러한 상황에서 중국의 통일과 안정이 절실히 요구되었다.
    ✍ 신해혁명은 1911년 청나라를 멸망시키고 중화민국을 성립시킨 중국의 혁명이다. 이 혁명은 중국사에서 처음으로 공화국을 수립한 혁명이라서 공화혁명(共和革命)이라고도 불린다.
  - 외세의 간섭 : 19세기 말부터 20세기 초까지의 외세의 간섭은 중국의 주권을 위협하였고, 이에 대한 저항이 필요하였다.
  - 혁명적 분위기 : 1920년대 초반, 중국 사회에는 혁명과 개혁에 대한 열망이 높아졌고, 이는 국민당과 공산당 간의 협력 가능성을 높였다.
- **제1차 국공합작의 주요 내용**
  - 공동 목표 설정 : 두 당은 중국의 통일과 외세의 간섭 제거, 그리고 군벌 세력의 타도를 목표로 설정한다.
  - 군사적 협력 : 국민당과 공산당은 군사적으로도 협력하여, 북벌(北伐)이라는 군사 작전을 통해 군벌 세력을 타도하고 중국의 통일을 목표로 한다. 이 과정에서 공산당원들은 국민당 군대에 편입되어 전투에 참여한다.
  - 정치적 연합 : 두 당은 정치적 연합을 통해 지방 자치와 개혁을 추진하며, 정치적 안정과 사회적 변화를 도모한다.
- **제1차 국공합작의 결과**
  - 북벌 성공 : 1926년부터 1928년까지 진행된 북벌 작전은 군벌 세력을 크게 약화시키고, 중국의 대다수 지역을 국민당의 통치 아래 두게 되었다.
  - 당 간의 갈등 심화 : 그러나 합작이 진행됨에 따라 두 당 간의 이념적 차이와 권력 다툼이 심화되었다. 특히, 국민당 내의 우파 세력이 공산당에 대한 반감을 가지게 되면서 내부 갈등이 심화되었다.
  - 완전한 분열 : 1927년 장제스 주도의 국민당 정부는 공산당원에 대한 대규모 탄압을 시작하게 되었고, 이는 제1차 국공합작의 종말을 알리는 사건이 되었다.

• 제1차 국공합작의 의미
 – 혁명적 통합의 상징: 이 합작은 중국의 정치적 통합과 외세의 간섭을 배제하기 위한 혁명적 노력의
  상징으로, 당시 많은 국민들에게 희망을 주었다.
 – 사상적 발전: 두 당 간의 협력은 이후 중국 정치와 사회 변화에 대한 다양한 사상적 논의를 촉진하였
  으며, 혁명적 지도력의 필요성을 강조하게 되었다.
 – 미래의 갈등의 씨앗: 그러나 제1차 국공합작의 실패는 이후의 중국 공산당과 국민당 간의 갈등을 심화
  시키고, 내전의 원인을 제공하였다.

❺ 중일 전쟁의 국제정치사적 의의

(1) 일본의 중국에서의 이익범위가 만주에 국한되는 것이 아니라 중국 전역임을 보여주었다.

(2) 중국 내 파벌들이 항일 일치전선을 형성하는 계기가 되었다.

(3) 일본의 현상타파 정책에 대해 유럽 국가 및 미국이 자각하고 대항하는 계기가 되었다.

➡ 열강들은 자각은 하였으나, 히틀러의 팽창정책 저지에 몰두해 있어 일본의 침략행위에는 소극적
 으로 대응하였다.

(4) 집단안보의 실행에 의문점이 제기되었다.

➡ 당시 국제연맹은 "타국의 정책을 변경시키기 위하여 병력으로써 내정간섭하는 것은 아무런 법률
 상의 근거가 없다."는 일반적인 결의문만 채택하였다.

제21절 태평양 전쟁(1941~1945)

❶ 개요

(1) 태평양 전쟁은 제2차 세계대전의 전역 중 하나로 태평양과 동아시아에서 벌어진 전쟁을 의미(당시
 일본은 '대동아 전쟁'이라고 칭함)한다.

➡ 이 전쟁의 개시는 만주사변, 중일 전쟁의 전개와 관련하고 있으므로 광의로는 그 전쟁들도 포함
 된다.

(2) 일반적으로 태평양 전쟁의 발발 시기는 일본 제국이 태국, 말레이시아 및 싱가포르, 홍콩을 침공하고
 미군 주둔 지역인 진주만과 웨이크섬, 괌, 필리핀에 공격을 가한 1941년 12월 8일로 보고 있다.

➡ 일본, 이탈리아, 독일 VS 미국, 영국, 네덜란드에 의한 상호 선전포고 실시

(3) 전쟁은 이후 일본이 네덜란드령 동인도를 침공하고 태평양 제도를 확보하면서 태평양 전체로 확대
 되었다.

(4) 일본의 항복은 1945년 8월 15일 방송을 통해 이루어졌으나 공식적인 일본의 항복은 1945년 9월
 2일 도쿄만에 정박한 USS 미주리(BB-63)에서 진행되었다.

❷ 전쟁 이전 및 전개

⑴ 일본은 메이지 시대(1868~1912)에 급속한 산업화를 이룩하면서 제국주의적 성향이 확대되었다.

⑵ 러일 전쟁(1904~1905) 이후 중국 북부지역에 주둔하던 일본군은 일본이 중국으로 팽창정책을 실시 하도록 일본 정부를 압박하였다.

⑶ 1923년 관동대지진과 1920년대 말 대공황은 일본 내에서 우익극단주의가 더욱 확산되는 계기로 작용하였다.

⑷ 관동군에 의한 유조호(철도폭파)사건(1931. 9. 18.)을 발단으로 하는 만주사변에 대해 일본은 자위 행동이라고 주장하며 만주국을 수립(1932. 3. 1.)하였다.

⑸ 그러나 국제연맹이 파견한 리튼조사단의 보고서에서는 일본의 자위행동이나 만주국 건국이 주민의 의사에 기초한 것이라는 주장이 부인되었다.

⑹ 따라서 일본은 국제연맹을 탈퇴(1933. 3. 27.)한 뒤 화북에 친일적인 정권을 육성하고자 하여 화북 분리정책을 추진하였다.

⑺ 류거우차오 또는 노구교(蘆溝橋)사건(1937. 7. 7.)의 발발을 계기로 중일 전쟁이 발생하여 전화는 중국 전역으로 확대되었다.
   ① 국민당과 중국 공산당은 서로 간의 내전을 중지하고 제2차 국공합작을 전개하였다.
   ② 소비에트 연방은 중소 비침공 조약을 체결해 중국에 대규모 지원을 시작하였다.

⑻ 1937년 12월 난징을 점령하고 난징 대학살을 자행하였다.

⑼ 1938년 6월 일본군은 우한 전투에서 35만 명의 병력을 파견해 10월에 점령하였다.

⑽ 그러나 일본의 승리에도 불구하고 미국을 비롯한 세계 각국은 파네이함 사건 이후 일본의 행위를 비난하였다.

⑾ 1939년 일본은 러시아의 극동 지방으로 진출하려는 시도를 했으나 할힌골 전투에서 게오르기 주코 프가 이끄는 소련-몽골 연합군에게 패배하였다.

⑿ 이후 일본은 북쪽으로 진출하려는 시도를 접었고, 소련은 소련-일본 중립 조약 체결 이후 중국에 대한 지원을 중단하였다.

⒀ 1940년 9월 일본은 중국의 유일한 외국과의 접경 지대인 인도차이나 일대를 포위, 프랑스의 지배 하에 있었던 인도차이나를 침공 및 승리하였다.

⒁ 한편, 1939년 9월에는 유럽에서 제2차 세계대전이 일어났기 때문에 일본에서도 독일과의 제휴와 남진이 논의되었다.

⒂ 이렇게 하여 1940년 9월 27일에는 일본·독일 및 이탈리아 3개국 조약[Treaty between Japan Germany and Italy, 일반적으로는 3개국 동맹(Tripartite Pact)이라고 한다.]이 체결되었다.

⒃ 그러나 이 조약은 미국을 자극하여 1941년 초부터 미일협상이 이루어졌다.

⒄ 협상은 3개국 동맹문제, 자원확보와 아울러 일본국의 중국에서 철병이 중요한 초점이 되었지만 체결에 이르지 못하고, 일본측은 12월 1일에 개전(開戰) 방침을 결정하였다.

⒅ 이렇게 하여 12월 8일 새벽에 일본군이 진주만을 공격하고 선전포고를 하였다.

⒆ 한편, 일본·독일·이탈리아와 교전관계에 있는 제국은 1942년 1월 1일에 공동선언을 발표하고 연합국(United Nations)을 결성하였다.

⒇ 전쟁 초기, 일본군은 승리를 거두어 동남아시아·태평양의 광범위한 지역을 점령하였으나, 점차 패세(敗勢)로 바뀌어 1945년 8월의 히로시마, 나가사키에 원자폭탄 투하, 소련의 대일(對日) 참전 (1945. 8. 9.)에 의해 일본은 포츠담선언의 수락을 결의하고, 8월 14일 최종적으로 수락을 통고, 9월 2일에는 항복문서에 서명하고 미국의 점령관리하에 놓이게 되었다.

❸ 전쟁 이후

⑴ 태평양 전쟁 이후 일본 제국이 점령한 대만 및 펑후제도는 중화민국에 반환되었다.

⑵ 사할린섬 남부와 쿠릴열도는 소련이 점령하였다.

⑶ 중일 전쟁 시기 점령한 중국 대륙의 영토와 프랑스령 인도차이나도 중국 및 프랑스에 반환되었다.

⑷ 미국이 점령한 남양 군도는 1947년 유엔의 신탁통치를 받는 태평양 제도 신탁통치령이 되었다.

⑸ **국제상황**

① 베트남은 태평양 전쟁 이후 베트민이 주축이 되어 베트남 민주공화국을 건국하였다.

② 인도네시아에서는 옛 향토방위의용군 출신 군인들이 네덜란드의 지배에 반기를 들고 인도네시아의 독립 및 인도네시아 공화국 건국을 선포하였다.

③ 중국에서는 국민당과 공산당 사이에 내전이 발발하였다.

④ 한반도는 미국과 소련의 협의 하에 38선을 경계로 남북으로 분단되었다.

제22절 | 샌프란시스코 평화조약(1951)

❶ 개요

⑴ 샌프란시스코 평화조약은 1951년 9월 8일 일본과 연합국 간에 체결된 평화조약이다.

⑵ 이 조약은 제2차 세계대전 종결 후 일본의 전후 처리를 다룬 중요한 국제적 합의로, 일본의 전쟁 책임을 규명하고, 전쟁의 결과로 일본의 국토와 정치적 상태를 재정립하는 내용이 포함되었다.

❷ 배경

(1) 제2차 세계대전 후, 일본은 무조건 항복을 선언한 후, 연합국의 점령하에 놓였다.

(2) 일본의 점령은 1945년부터 시작되었으며, 그 과정에서 일본의 군사력과 제국주의적 팽창 노력과 관련된 모든 것들은 해체되었다.

(3) 일본은 전쟁으로 인한 피해를 겪고 있었고, 전후의 국가 재건을 위해 평화조약을 통해 독립과 국토 회복을 원했다.

(4) 샌프란시스코 평화조약은 일본이 전쟁의 책임을 인정하고, 전후 국제질서를 수립하기 위한 중요한 역할을 하게 되었다.

❸ 주요 내용

(1) **일본의 전쟁 책임 인정**

(2) **영토 변경**

　① 일본은 만주, 대만, 사이판, 북마리아나 제도, 팔라우 등을 비롯한 여러 점령지에서 손을 떼고, 이 지역들은 일본의 영토에서 제외하였다.

　② 일본은 케냐 제도, 커넥티카주도 등지에서 항복을 선언하고, 일본 영토의 부속지들이 일본의 공식적인 통치권 아래에서 제외되었으며, 그 주권이 다른 나라로 이전되었다.

(3) **일본의 군사적 제약**

　① 평화조약은 일본이 군사력을 보유하지 않도록 했으며, 일본은 전쟁을 일으킬 수 없다는 조항에 따라 군사력을 갖추는 것에 제한을 두었다.

　② 일본은 군사적 성격을 가진 활동을 금지하며, 자위대 창설만 허용되었다.

(4) **경제적 회복과 보상**

　일본은 전쟁으로 인한 전리품과 피해에 대해 각국에 보상하는 대신, 경제 회복을 위한 논의를 진행하였다.

❹ 영향

(1) 샌프란시스코 평화조약에 의해 일본은 주권을 회복하고, 공식적으로 독립 국가로서 국제사회에 재편입되었다.

(2) 미국은 일본과의 평화조약 체결 후, 일본에 대한 군사적 지배를 종료하고, 대신 미일안보조약을 체결하여 일본을 군사적으로 지원하는 관계를 유지하였다.

(3) 일본은 군사적 능력을 제한받게 되었으며, 이로 인해 아시아에서 일본의 군사적 위협이 사라지게 되었다.

(4) 중국은 샌프란시스코 평화조약에 서명하지 않았으며, 1978년 중국-일본 평화조약을 통해 일본과의 관계를 재규명하였다.

제23절 | 중소 분쟁(1956)

① 개요

중소 분쟁 또는 중소 대립은 1956년 소련 공산당 제20차 대회 이후 소련 공산당과 중국 공산당 사이에 공산주의 이념의 원칙적인 여러 문제에 관해 벌인 분쟁을 의미한다.

② 원인 및 경과

(1) **원인**: 중국 공산당의 대 소련 불만 축적

① 1958년부터 시작되는 중국의 제2차 5개년 계획에 적극 후원하겠다던 소련이 전혀 실천에 옮기지 않았다.

② 중화인민공화국이 타이완 해협 위기 상황을 조성했을 때 소련은 표면적으로 중국 공산당 지지를 표했으나 실질적으로는 전혀 관여하지 않았다.

③ 중화인민공화국과 인도 사이에 국경분쟁이 일어났을 때 소련이 중립적 입장을 취했다.

(2) **경과**

① 1960년 2월 모스크바에서 열린 바르샤바 조약기구 회의에서는 1956년에 채택된 흐루쇼프의 평화공존론을 재확인하는 공동선언서를 채택하였다.

② 이 회의에 참석한 중화인민공화국의 대표 캉성은 이때까지 쌓였던 소련에 대한 불만을 소련의 평화공존론을 비판함으로써 보여주었다.

  ㉠ 캉성은 "미국이 여전히 제국주의적 침략성을 버리지 않고 있으며 타이완 해방은 미국의 방해 공작으로 완수되지 않았다. 흐루쇼프의 낙관적인 평화공존론으로 대미 유화정책이 대두되고 있다."고 비판하였다.

  ㉡ 이후 지속되는 탈스탈린 정책과 수정주의에 대해 거센 비판을 가하였고, 레닌주의의 정당성을 신봉해야 한다고 진단하였다.

③ 이에 대하여 소련의 쿠시넨은 반박하였다.

  ㉠ 마르크스-레닌주의 이론은 한낱 낡은 교조로 화석화할 것이 아니라 항상 변천하는 새로운 역사 상황에 보조를 맞추어 끊임없이 창조적으로 발전해 나가야 한다고 주장하였다.

  ㉡ 흐루쇼프야말로 상황에 가장 알맞게 마르크스·레닌주의 이론을 창조적으로 발전시킨 위대한 공로자이며, 그의 평화공존론은 현 국제 정세에 가장 합당하도록 레닌주의 외교정책을 창조적으로 발전시킨 신노선이라고 주장하였다.

④ 이렇게 평화공존론에서 시작된 논쟁은 개인 숭배 사상 배격론, 알바니아 문제, 유고슬라비아 문제, 탈스탈린 정책 및 소련 공산당의 신강령, 개발도상국 민족해방운동 성격 규정, 핵무기 문제 등을 둘러싼 전면적 논전으로 확대되었다.

Part 05

③ 공산주의 국가의 분열

(1) 중소 분쟁 이후 공산권은 크게 친소파와 친중파로 분열되었다.

(2) 동유럽의 대부분의 국가는 친소련 노선을 유지하였으나, 소련의 탈스탈린 정책과 수정주의를 날카롭게 비판하며 마르크스-레닌주의를 철저히 고수한 알바니아는 마오쩌둥의 반수정주의를 적극적으로 지지함으로써 중화인민공화국과의 친교를 강화하였다.

(3) 쿠바 공화국, 베트남, 라오스, 아프가니스탄, 에티오피아, 토고, 남예멘, 앙골라, 모잠비크, 콩고 공화국은 소련 지지를 고수하던 친소련파였으며, 소말리아는 1977년까지 소련과 친교를 강화했으나 1979년 이후로는 중화인민공화국 쪽으로 선회하였다.

CHAPTER 03 중동 역사

제1절 이스라엘－팔레스타인 분쟁 역사(1~3차 중동 전쟁)

1 개요

(1) 이스라엘－팔레스타인 분쟁(이하 이－팔 분쟁)은 팔레스타인 지역을 둘러싼 유대인과 아랍인 간 영토 분쟁에서 시작된 것으로서, 양 세력의 민족적·종교적 정체성에 따른 갈등과 결부된다.

(2) 팔레스타인 지역을 통치해 온 아랍인과 민족국가 건설을 추진해 온 유대인의 갈등이 고조되는 가운데 1948년 5월에 이스라엘 건국이 선포되었다. 이를 계기로 중동 전쟁이 발발했으며, 이스라엘이 팔레스타인 지역 상당 부분을 차지하면서 이－팔 분쟁의 근본적 원인으로 작용하게 되었다.

(3) 중동 전쟁을 거치면서 팔레스타인해방기구(PLO)가 '팔레스타인 아랍인'(이하 팔레스타인인)을 대표하는 정치적 실체로서 부상하였다.

■ 팔레스타인 지역

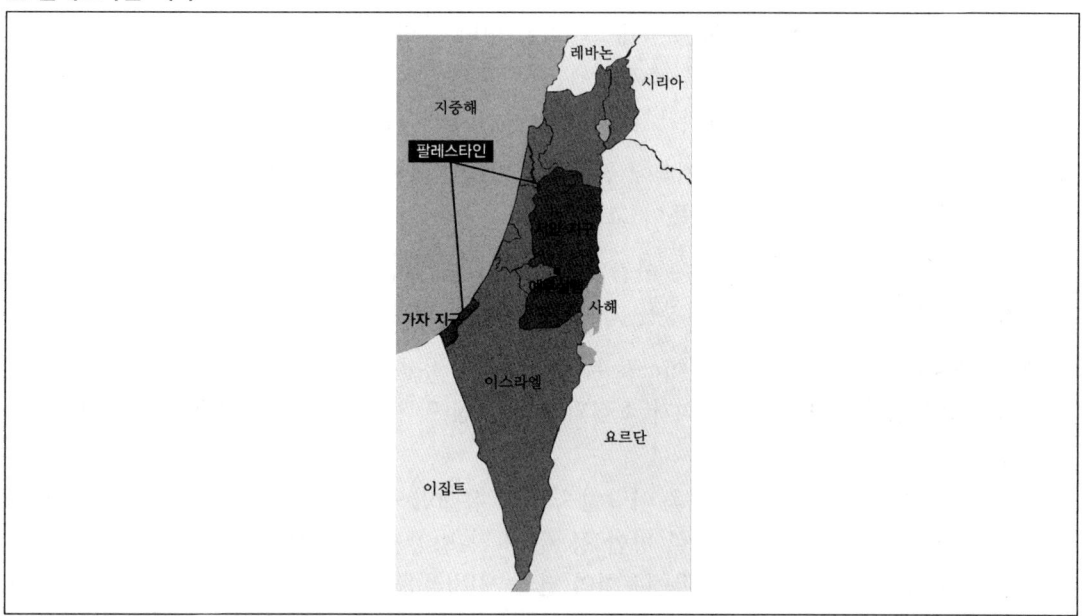

(4) 하지만 팔레스타인 자치정부 수립 이후 온건·중도파 성향의 파타(Fatah)당과 대항세력으로 부상한 하마스(Hamas) 간 갈등이 표출되었고, 여기에 '팔레스타인 이슬라믹 지하드(Palestine Islamic Jihad, PIJ)'가 하마스의 경쟁 세력으로 부상하였다. 평화 프로세스를 가동해 이－팔 분쟁을 평화적으로 해결하려는 국제사회의 노력이 한계를 보여주는 가운데 양측의 유혈 충돌이 반복되고 있다.

(5) 미 바이든 행정부는 이－팔 양측의 동등성 원칙을 견지하면서 팔레스타인과 외교적 연대를 구축하기 위해 노력하였다.

② 이스라엘의 건국

(1) 제1차 세계대전 이후 영국의 위임통치 하에 편입되면서 현재의 이스라엘 영토, 요르단강 서안지구 (West Bank), 그리고 가자(Gaza)지구를 포괄하는 팔레스타인(Palestine)이라는 용어가 사용되기 시작하였다.

(2) 영국은 1917년 '벨푸어* 선언(Balfour Declaration)'을 통해 팔레스타인 지역에 유대인 국가건설을 지지한다고 발표하였다.

  ✎ 당시 영국 외무장관 이름이다.

  ① 1914년 제1차 세계대전이 발발하자 중동 지역을 대부분 장악하고 있었던 오스만 투르크 제국이 독일 편에 참가함에 따라 영국의 적국이 되었다.

  ② 영국은 오스만 제국의 후방에 혼란을 줄 목적으로 그들의 지배 지역인 레반트 지역과 아라비아 반도의 여러 아랍 부족들을 설득하여 향후에 독립 국가를 건설하겠다는 약속으로 영국에 대한 지원을 얻어냈다.

  ③ 영국은 정부에 전쟁 자금 지원과 무기 개발 지원 활동을 하는 자국의 유대인들에게도 아랍 지역에 독립 국가를 만들어주겠다고 약속하였다.

(3) 영국의 이러한 이중적 약속은 유대인과 아랍인 간 영토 분쟁의 가능성을 초래하였다.

(4) 제1차 세계대전 종전 이후 영국은 팔레스타인을 이라크 및 요르단과 함께 영국의 위임통치 하에 편입시킨 후 유대인 우대 정책을 추진함에 따라 유대인의 팔레스타인 지역 이주가 계속되었다. 특히 나치 독일의 유대인 박해와 맞물려 유대인 이주가 가속화되었다.

(5) 이러한 과정을 통해 팔레스타인 지역에서 유대인 비율이 높아지게 되었으며, 토지 소유권 등 경제적 문제가 얽히면서 아랍인들과 갈등이 고조되었다.

(6) 제2차 세계대전 발발 이후 영국은 아랍인의 협력을 담보하기 위해 유대인의 이주를 제한하려는 조치를 단행했지만, 유대인의 저항을 초래하면서 유대인과 아랍인 간 분쟁을 해결하지 못했다.

(7) 제2차 세계대전의 종전과 더불어 이−팔 분쟁의 문제는 유엔으로 이관되었다. 그 결과 1947년 4월에 팔레스타인 문제에 관한 특별회의가 소집되면서 '유엔 팔레스타인 특별위원회(UNSCOP)'가 설치되었다.

  ① 동 위원회는 팔레스타인 지역을 아랍인 구역과 유대인 구역으로 나누는 방안과 아랍인과 유대인을 포괄하는 연방 국가 창설 방안 등 두 가지 방안을 제시하였다.

  ② 1947년 11월에 개최된 제2차 유엔총회의 결의 제181호를 통해 아랍인 구역과 유대인 구역 분할 방안이 채택되면서 가자(Gaza)지구와 요르단강 서안지구(West Bank), 그리고 동예루살렘 등이 팔레스타인인 구역으로 지정되었다.

(8) 이후 팔레스타인 통일국가 수립 방안을 제시한 아랍권의 반발이 계속되는 가운데, 1948년 5월 14일 이스라엘 건국이 선포되었다.

❸ 중동 전쟁의 발발

(1) 팔레스타인 지역에서 이스라엘 건국이 일방적으로 선포되자 이집트를 비롯한 7개 아랍국가가 반발*
하면서 이스라엘에 대한 공격을 감행(1948년 5월 15일~1949년 3월 10일)하여 제1차 중동 전쟁이
발발하였다.

✎ 이집트, 요르단, 이라크, 시리아, 사우디, 레바논, 예멘이다.

① 당시 아랍 군대의 결속력은 국가 중심이 아니라 군대 사조직이나 특정 종교 세력들로 아랍 국가
들은 같은 나라 안에서 종파별, 민족별 갈등이 상존하였다.

② 제1차 중동 전쟁은 유엔의 적극적인 중재로 이스라엘과 아랍권 국가가 개별적으로 평화협정을
체결하면서 종결되었다.

③ 하지만 이스라엘이 팔레스타인 지역의 80% 상당 부분을 차지하게 되면서 팔레스타인 난민 문제가
발생하였다.

(2) 이스라엘과 이집트는 1956년 10월 제2차 중동 전쟁을 통해서 다시 한번 충돌하였다.

① 1차 중동 전쟁 이후 이집트에서는 군사 쿠데타가 발생하여 군인 출신인 나세르 장군이 이집트
대통령이 되었다.

② 나세르는 자신의 정권을 공고히 하기 위해 아수완 댐이라는 대규모 건설을 추진하였다.

③ 아수완 댐 건설은 막대한 자금이 필요한 사업이어서 미국에게 지원을 요청했으나, 미국은 나세
르의 쿠데타를 반민주적으로 보고 미온적 태도를 보였다.

④ 소련은 중동 지역 영향력 확대라는 측면에서 나세르 대통령에게 적극 협조하였다.

⑤ 이에 나세르는 전격적으로 수에즈 운하를 국유화하게 되었다.

⑥ 이에 당연히 영국과 프랑스는 이스라엘과 밀약을 통해 이집트에 맹공을 가하여 승리하였다.

⑦ 전쟁이 영국과 프랑스, 이스라엘의 압도적 승리로 마무리 될 듯 보였으나, 미국의 개입으로 시나이
반도에서 이스라엘이 철수하였다.

  ㉠ 이집트가 소련의 협력으로 공산화가 된다면 주변 중동 지역들이 도미노처럼 공산주의로 넘
  어갈 것이라고 미국은 우려하였다.

  ㉡ 이 결정으로 이스라엘은 미국에 분노한 반면 나세르는 중동 세계의 영웅이 되었다.

(3) 나세르는 '아랍 지역에서 이스라엘을 지워버려야 한다.'고 주장하며 이스라엘을 향한 도발 행위를
지속하였다.

(4) 이스라엘은 2차 중동 전쟁에서의 억울함과 함께 나세르의 오만방자한 태도에 복수의 칼을 갈면서
더욱 더 치밀하게 계획을 세우며 기회를 노렸다.

(5) 마침내 나세르가 먼저 티란 해협에 위협을 가하자, 반격에 대한 정당한 명분이 생긴 이스라엘이
1967년 기습적으로 시나이반도를 공격(제3차 중동 전쟁)하였다.

① 6일 전쟁이라고 불리기도 한다(1967년 6월 5일~10일).

② 압도적인 이스라엘의 승리였다.

제2절 욤 키푸르 전쟁 - 제4차 중동 전쟁(1973)

❶ 개요

(1) 1973년 10월 6일 이집트와 시리아가 이스라엘을 기습 침공하여 발생한 전쟁이다.

(2) 개전일이 유대교 전통의 대속죄일, 즉 욤 키푸르이었기 때문에 흔히 '욤 키푸르 전쟁'이라고도 한다.

(3) '10월 전쟁'이라고도 하고, 전쟁이 일어난 시점이 라마단* 도중이었기 때문에 '라마단 전쟁'이라고도 불린다.

> ✎ 라마단은 이슬람교에게 매우 신성한 기간으로, 다 함께 금식하고 이웃을 돌보는 의미가 매우 큰 기간이어서 이 기간에는 어지간하면 이웃과 있을 법한 분쟁과 다툼도 삼간다. 어지간하면 아랍 국가들은 이 시기에는 전쟁을 피했다.

❷ 의미

(1) 욤 키푸르 전쟁(제4차 중동 전쟁)은 이스라엘이 아랍군의 기습공격으로 파멸 직전까지 갔다가 기사회생해서 현대사에 유례없는 군사적 대역전극을 펼친 극적인 전쟁이었다.

(2) 세 차례에 걸친 중동 전쟁이 모두 이스라엘의 압승으로 끝난 것에 비해, 이 전쟁에서 이스라엘군은 많은 군인들의 휴가로 인한 인적 공백과 기습적인 대규모 공격으로 인하여 메이어 총리를 비롯한 수뇌부가 '나라가 망한 거 아니냐.'는 절망에 빠졌을 정도로 초반에 매우 큰 피해를 입었다.

제3절 캠프 데이비드 협정(1978)

❶ 개요

(1) 캠프 데이비드 협정은 1978년 9월 17일 미국의 중재로 이집트와 이스라엘이 체결한 역사적인 평화 협정이다.

(2) 이후 1979년 3월 26일 워싱턴 D.C.에서 공식적인 이스라엘-이집트 평화조약이 체결되었다.

❷ 배경

(1) 아랍-이스라엘 갈등과 반복된 중동 전쟁 속에서 태동하였다.

(2) 이스라엘이 1948년 건국한 이후 아랍 국가들과 네 차례의 중동 전쟁을 겪으면서 특히 1967년 제3차 중동 전쟁(6일 전쟁)에서 이스라엘이 이집트의 시나이반도를 점령하며 갈등이 심화되었다.

(3) 1973년 제4차 중동 전쟁에서 이집트는 점령지를 되찾기 위해 공격을 감행하였다.

(4) 전쟁 이후에도 갈등은 지속되었고 미국은 중동에서 안정을 도모하고 소련의 영향력을 견제하기 위해 평화 협정을 적극적으로 추진하였다.

③ 주요 내용

(1) 팔레스타인 자치권에 관한 합의

(2) **시나이반도 이집트 반환**

시나이반도는 비무장지대로 설정되고 유엔 평화유지군이 주둔하였다.

(3) **이집트의 이스라엘 공식 인정 및 평화적 관계 유지**

① 이집트−이스라엘의 외교관계를 정상화하였다.

② 이집트는 아랍 국가 중 최초로 이스라엘을 공식 인정하는 국가가 되었다.

(4) 이스라엘의 선박이 수에즈 운하를 자유롭게 이용할 수 있도록 보장

④ 의미

(1) 이 협정은 중동평화의 전환점이 되었다.

(2) 아랍 국가들의 이스라엘과 외교관계 정상화를 위한 모델로써의 역할을 하였다.

① 1994년 요르단과 이스라엘 관계가 정상화(와디 아라바 협정)되었다.

② 2020년 UAE, 바레인 등이 이스라엘과 외교관계를 정상화(아브라함 협정)하였다. 이스라엘과 이집트는 협정의 대가로 미국으로부터 대규모 군사 및 경제원조를 받았다.

제4절 | 이란혁명(1979)

① 개요

1979년 이란혁명은 이란에서 발생한 정치적, 사회적 변화를 의미하며, 이란의 왕정 체제인 팔라비 왕조가 붕괴하고 이슬람 공화국이 수립된 사건이다.

② 배경

(1) **팔라비 왕조의 독재와 부패**

① 1941년부터 이란을 통치한 모하마드 레자 팔라비는 서구와의 밀접한 관계를 유지하면서 이란의 근대화를 추진하였다.

② 그 과정에서 권위주의적 통치, 정치적 자유의 억압, 부패와 불평등이 심화되었고, 많은 이란 국민들, 특히 종교 지도자들과 민중은 불만이 가중되었다.

(2) 서구화와 문화적 갈등

① 팔라비 왕조는 이란을 서구식 현대화 사회로 변모시키려 했고, 이는 많은 전통적 가치와 문화에 대한 위협으로 여겨졌다.

② 특히 이슬람교를 신봉하는 이란의 대다수 국민들은 서구화된 방식에 반발하였다.

(3) 경제적 문제

팔라비 왕조는 기름값 상승에 따라 경제발전을 꾀했으나, 그로 인한 부의 집중과 빈부격차가 심화되어 농민들과 도시 빈민층은 경제적 불평등과 고통에 시달리게 되었다.

(4) 이슬람 혁명의 지도자들

혁명의 중심에는 아야톨라 루홀라 호메이니가 있었는데, 그는 이란 사회의 부패와 서구화를 비판하면서 이슬람 율법을 기반으로 한 새로운 사회 체제를 주장하였다.

❸ 혁명의 전개

(1) 1978년 초부터 이란 전역에서 대규모 시위가 일어나기 시작하였다.

(2) 특히 1978년 8월 테헤란의 영화관 방화 사건을 계기로 전국적으로 폭력적인 충돌이 일어났다.

(3) 1979년 1월 16일 팔라비 왕은 결국 이란을 떠나야 했고, 왕정은 공식적으로 붕괴되면서 이란에는 이슬람 공화국이 수립되었다.

(4) 호메이니는 1964년부터 프랑스로 망명 중이었으며, 혁명이 진행되면서 그의 영향력은 더욱 커졌다. 1979년 2월 1일 호메이니는 망명 생활을 마치고 이란으로 돌아왔으며, 이는 혁명의 승리를 상징하는 순간이었다.

❹ 혁명의 결과

(1) 이슬람 공화국 수립

① 호메이니는 1979년 4월 1일 이란을 이슬람 공화국으로 선언하고 새로운 헌법을 제정하였다.

② 이란은 이슬람 율법(샤리아)에 기반한 정치체제를 수립하였으며, 왕정은 완전히 사라졌다.

(2) 서구와의 관계 단절

① 혁명 후 이란은 시아파 중심의 이슬람 원리주의에 입각하여 서구, 특히 미국과의 관계를 단절하였다.

② 주이란 미국 대사관 인질 사건(1979. 11.)*을 포함해 미국과의 긴장을 더욱 심화시켰다.

    ✎ 주이란 미국 대사관 인질 사건은 1979년 11월 4일부터 1981년 1월 20일까지 444일 동안에 걸쳐 미국인 52명이 이란 테헤란 주재 미국 대사관에서 인질로 억류되어 있던 사건이다.

(3) 문화적 변화

① 이란 사회에서는 전통적인 이슬람 가치가 더욱 강조되었으며, 여성의 권리와 자유는 제한되었다.

② 서구적 문화와 생활방식에 대한 반발로, 이란은 급격하게 이슬람화되었다.

(4) **중동에 미친 영향**

① 이란혁명은 중동 지역의 정치적 판도를 변화시켰다.

② 이란은 이슬람 국가들 사이에서 혁명의 상징이 되었으며, 특히 이슬람 혁명 이념을 채택한 다른 국가들에 영향을 미쳤다.

제5절 | 이란－이라크 전쟁(1980)

① 개요

(1) 이란－이라크 전쟁은 1980년 9월 22일 이라크 사담 후세인이 이란을 침공하며 시작되었다.

(2) 주 목표는 샤트알아랍강 획득 및 이란 혁명정권의 타도였다.

(3) 이라크는 선전포고 없이 이란을 공격했지만 전쟁을 진척시키지 못하고 이란에게 격퇴되었다.

(4) 유엔 안보리의 휴전 명령에도 불구하고 이라크는 1988년 8월 20일까지 백만여 명의 사상자를 내며 전쟁을 계속하였다.

② 배경

(1) 양국은 국민 대다수가 이슬람교도이나 이란은 그 중 80% 이상이 시아파였다.

(2) 반면, 이라크는 시아파와 수니파로 나누어져 있으나, 전통적으로 수니파가 시아파를 지배하였다.

(3) 이란혁명 성공으로 강경 급진 시아파가 집권함으로써 양국 관계가 격화되었다.

(4) 또한, 양국은 제각기 이슬람 정통 계승과 페르시아 상속자임을 자처하며 호르무즈 해협 3개 도서(島嶼)와 샤트알아랍강 수로의 영유권을 주장하면서 역사적 분쟁을 겪어오고 있었다.

(5) 중동지역에서 가장 강력한 친미정권으로 이스라엘과 함께 미국 중동정책의 거점이던 샤 팔레비 이란 왕조가 이란혁명으로 1979년에 붕괴하며 미국과 서방국가의 영향력이 크게 감소했고 이는 중동 지역에 일시적인 힘의 공백을 가져왔다.

③ 전쟁 전개

(1) 당시 이란은 혁명의 후유증으로 내부적 재편성을 겪음과 동시에 미국과의 인질 사태로 서방 측으로부터 경제봉쇄 조치를 당하고 있었고, 혁명과 원유 수출 중단에 대외 자산까지 동결되어 재정은 파탄지경에 이르렀으며, 혁명 정부 내부에서도 민주·민족·급진 이슬람 3파의 헤게모니 쟁탈전이 가속화되고 있었다.

(2) 이란 정규군 또한 혁명 과정에서 전력이 약화되었다.

① 팔레비 당시 중동 제일의 전력을 자랑하던 이란 정규군은 혁명 이후 약화되었다.

② 미·이란 인질 사태 이후 군수품 공급 중단으로 실질적인 전력을 기대하기는 어려운 상태였다.

(3) 이라크는 1975년 체결된 양국간 국경 조약을 불평등 조약이라고 선언, 9월 17일 이의 폐기와 호르무즈 해협 3개 도서 및 샤트알아랍강 수로에 대한 주권을 선언하고 9월 22일 이란에 대한 전면 침공을 개시하였다.

(4) 손쉽게 이라크의 승리로 끝날 것이라는 예상과 달리 8년 동안에 수십만의 사상자가 발생하고, 3천억 달러 이상의 전쟁 비용이 투입되는 미증유의 소모전이 계속되었다.

(5) 아랍국가들은 이란혁명으로 자신들의 권익이 상실될 것이라는 판단하에 이라크에 대한 지원과 접근을 강화했고, 이란 역시 이들에 대한 단교와 경고 조치로 대응하였다.

(6) 이란은 전비 조달을 위해 OPEC의 공시가 이하로 원유를 덤핑판매하여 산유국들과 마찰을 일으켰다.

(7) 이라크는 예상 외로 전세가 불리해지자 조기 종식을 기도하며 일방적인 휴전을 제의하였으나, 호메이니는 이라크 정권 타도라는 초강경 자세를 고수하였다.

(8) 양측이 서로 치명적 타격을 가하기 위해 이라크가 이란의 유전 지대를 공격하기 시작하고 이란이 전면 공격을 가하는 형태로 가열되어 페르시아만 원유 오염 사태가 발생하는 등 페르시아만 전역으로 확대되었다.

④ 평가 및 영향

(1) 이란·이라크 전쟁은 1979년 이집트·이스라엘 평화협정 이래 또다시 중동의 혼란을 가져왔다.

(2) 유조선에 무차별 공격을 가해 주변국들과 석유 공급의 대부분을 중동에 의존하고 있는 서방측 석유 소비 국가들을 어려움에 처하게 하였다.

(3) 이라크가 이란 영공 전역을 '전쟁 지역'으로 선포함과 동시에 화학무기(독가스)를 사용하기까지 하였다.

(4) 전쟁으로 GCC를 중심으로 한 산유국 경제가 매우 큰 침체상황 속에 놓이게 되었다.

📖 중동평화를 위한 주요 협상과 논의 내용

시기	협정	논의 내용
1978	캠프 데이비드 협정	이스라엘이 점령한 시나이반도의 이집트 반환
1991	마드리드 평화회담	이스라엘의 점령지 반환, 아랍국가들의 이스라엘 인정
1993	오슬로 협정	영토와 평화의 교환, 이－팔 2국가 해법
2003	중동평화 로드맵	팔레스타인 독립 국가 건설의 로드맵
2020	중동평화구상	서안지구 정착촌 주권 인정, 대규모 경제지원

주요 일지

1947. 9. 3.	유엔 팔레스타인 특별위원회(UNSCOP), 팔레스타인 분할안 제시
1947. 11. 25.	유엔총회, 결의 제181호를 통해 아랍인 구역과 유대인 구역 분할안 채택
1948. 5. 14.	이스라엘 건국 선포
1948. 5. 15.	제1차 중동 전쟁 발발(1949년 3월 10일 종료)
1956. 10. 29.	제2차 중동 전쟁 발발(11월 7일 종료)
1964. 5. 28.	팔레스타인해방기구(Palestine Liberation Organization, PLO) 창설
1967. 6. 5.	제3차 중동 전쟁 발발, 이스라엘이 시나이반도, 골란고원, 가자지구와 요르단강 서안지구 등 점령 (6월 10일 종료)
1973. 10. 6.	제4차 중동 전쟁 발발(10월 26일 종료)
1973. 12. 4.	제6차 아랍정상회담, PLO를 팔레스타인 지역의 유일·합법적 대표로 승인
1974. 11. 22.	유엔총회, 결의 제3237호를 통해 팔레스타인에 유엔 참관 자격 부여
1978. 9. 17.	캠프 데이비드 협정 체결, 시나이반도의 이집트 반환
1987. 12. 8.	제1차 인티파다 발생(1993년 9월 종료)
1988. 11. 15.	팔레스타인민족평의회(PNC), 팔레스타인 독립국 선포
1991. 10. 30.	마드리드 중동평화회담 개막, 이스라엘의 점령지 반환과 아랍국가들의 이스라엘 인정 등 논의
1993. 9. 13.	오슬로 협정 체결, 영토와 평화의 교환 원칙 합의 및 2국가 해법 확립
2000. 9. 28.	제2차 인티파다 발생(2005년 2월 종료)
2003. 4. 30.	중동평화 로드맵 최종안 발표
2014. 7. 8.	이스라엘과 하마스 간 가자지구에서 대규모 교전 발생(8월 26일 종료)
2017. 12. 6.	트럼프 미 대통령, 예루살렘 전체를 이스라엘의 수도로 공식 인정한다고 발표
2018. 5. 14.	이스라엘 주재 미국 대사관의 예루살렘 이전
2018. 7. 19.	이스라엘 의회, 이스라엘을 '유대인 민족국가'로 규정한 민족국가법 채택
2019. 3. 4.	미 국무부, 팔레스타인 업무를 담당하던 예루살렘 총영사관을 공식 폐쇄
2019. 3. 10.	네타냐후(Benjamin Netanyahu) 이스라엘 총리, 이스라엘을 '유대인만의 나라'로 발언
2019. 9. 10.	네타냐후 총리, 요르단강 서안지구를 합병하겠다는 공약 발표
2019. 11. 18.	미 트럼프 행정부, 서안지구 유대인 정착촌 건설을 합법적 행위로 규정한다고 발표
2020. 1. 28.	미국과 이스라엘, 서안지구 유대인 정착촌에 대한 이스라엘의 주권 인정과 팔레스타인에 대한 대규모 경제지원 내용을 담은 중동평화구상 공동 발표
2020. 9. 15.	이스라엘과 아랍국가(아랍에미리트, 바레인) 관계 정상화 내용을 담은 아브라함 협정 체결
2021. 5. 10.	이스라엘과 하마스의 교전 발생, 11일간 교전 과정에서 가자지구 팔레스타인인 최소 243명 사망 (5월 21일 휴전)
2021. 5. 21.	바이든 미 대통령, 이스라엘과 팔레스타인이 별도 국가로 존재하는 '2국가 해법'이 양측 분쟁의 해결을 위한 유일한 방안이라고 발언
2021. 5. 25.	블링컨 미 국무장관, 팔레스타인과의 관계 개선을 위해 예루살렘 영사관을 재개관할 것이라고 발언
2021. 6. 13.	네타냐후 집권 연장 저지를 위한 일명 무지개 연정 출범, 베네트(Naftali Bennett) 이스라엘 신임 총리 취임
2021. 6. 15.	이스라엘 방위군(IDF), 가자지구 내 하마스 군사시설 공습 단행
2021. 10. 13.	블링컨 미 국무장관, 예루살렘 영사관 재개관 방침 재확인

2021. 11. 6.	베네트 총리, 기자회견을 통해 예루살렘을 이스라엘만의 수도로 규정하면서 미국의 예루살렘 영사관 개설에 대한 반대 의사를 재확인
2022. 3. 22.	남부 베르셰 지역에서 IS 추종세력인 팔레스타인인의 흉기 난동으로 이스라엘 시민 4명 사망
2022. 3. 27.	북부 하데라 지역에서 IS 추종세력인 팔레스타인인의 총기 난사로 이스라엘 국경경비대 소속 경찰관 2명 사망
2022. 3. 29.	텔아비브 인근 초정통파 유대교도 집단거주지에서 팔레스타인 무장괴한의 총격으로 최소 5명 사망
2022. 4. 7.	텔아비브 시내에서 팔레스타인인 총기 난사로 이스라엘 시민 3명 사망
2022. 4. 9.	이스라엘 방위군, 텔아비브 총기 난사 사건 용의자 출신지인 팔레스타인 서안 제닌(Jenin) 지역 난민캠프 일대를 봉쇄, 대대적 수색 및 공격 단행
2022. 5. 31.	미 국무부, 대변인 브리핑을 통해 예루살렘 영사관 재개관을 위해 이스라엘 및 팔레스타인과 논의 중이라고 밝힘.
2022. 6. 9.	미 국무부, 바이든 대통령의 중동 방문이 조율되는 가운데 예루살렘 주재 대사관 산하 '팔레스타인과(PAU)'를 '팔레스타인사무소(OPA)'로 확대 개편함.
2022. 6. 20.	이스라엘 현지 언론, 일명 무지개 연정이 출범 1년여 만에 자발적인 해체를 추진한다고 보도
2022. 6. 30.	무지개 연정이 해체됨에 따라 라피드(Yair Lapid) 외무부 장관이 총리 직무대행을 담당하게 됨.
2022. 7. 3.	라피드 임시 총리 주재로 첫 내각 회의 개최
2022. 8. 5.	이스라엘 방위군, '팔레스타인 이슬라믹 지하드(PIJ)' 시설을 대상으로 가자지구에 대한 선제적 공습 단행(IDF, 성명을 통해 "임박한 위험에 대응하기 위해" 이번 공습을 단행하면서 국내 전선에 특별상황을 선포했다고 발표)
2022. 8. 7.	영국 Economist지, 가자지구 공습으로 라피드 총리 대행이 11월에 예정된 총선에서 좋은 결과를 기대할 수 있는 계기를 마련했다고 보도
2022. 8. 8.	PIJ를 대상으로 한 이스라엘군의 Breaking Dawn 작전으로 시작된 3일간 교전 이후 양측이 이집트의 중재로 휴전에 합의함(팔레스타인 측, 동 교전으로 가자지구에서 아동 포함 43명이 사망하고 300여 명이 부상했다고 주장).
2022. 9. 4.	이스라엘 당국, 10월 20일부로 시행 예정인 서안지구 거주 외국인 대상 신규 출입 규정 발표(해당 지역 외국인 거주자와 출입자의 이동통제 확대 목적)
2022. 9. 22.	라피드 총리, 유엔 연성을 통해 팔레스타인 문제 해결을 위한 2국가 해법에 대한 지지 의사를 표명("2국가 해법에 기반한 팔레스타인과의 합의는 이스라엘의 안보와 경제, 그리고 미래를 위해 해야 할 일"이라고 발언)

국제정치경제

CHAPTER 01 주요 이론

❶ 개요

(1) 중상주의는 세계 경제와 무역의 총량이 불변이라는 가정 아래 자본의 공급에 의해 국가가 번영을 일으킬 수 있다는 경제 이론이다.

(2) 역사적으로는 15세기에서 18세기까지 유럽의 국가들에서 채택되었던 국내 산업의 보호와 해외 식민지 건설 등을 핵심 내용으로 하는 경제정책들 역시 중상주의 또는 중상주의적 경제체제라 할 수 있다.

(3) 즉, 경제적 향상(부의 추구)이 결국 이익(권력)을 극대화시킬 수 있는 정책이라는 것이다.

❷ 역사

(1) 1500년에서 1750년 사이의 유럽 경제학자들은 오늘날 중상주의자로 알려져 있다.

(2) 하지만, 당시의 경제학자들은 자신들의 이론이 유사한 경향을 보인다는 것을 자각하지는 못했다.

(3) 1763년 미라보의 저서인 『농업 철학(Philosophie Rurale)에 의한 경제개혁 제안』과 1600년대 프랑스의 재무장관이었던 장바티스트 콜베르의 경제정책에 의해 중상주의가 본격적으로 발현했다고 평가된다. 중상주의의 입장을 대표하는 저작은 1767년 출판된 제임스 스튜어트의 『정치경제학 개론』이라고 할 수 있다.

(4) 애덤 스미스는 1776년 출판한 『국부론』에서 기존의 경제학을 비판하면서 이들을 "중상주의"로 표현하였다.

❸ 주요 개념

(1) 중상주의는 통합적인 이론으로 단일화될 수 없는 다양한 주장들이 혼재한다.

(2) 중상주의 경제학자들은 경제에 대한 일반적인 이론보다는 자신이 관심있는 경제 현상의 일면에 대해 집중하였기 때문이다.[*]

   ✎ 중상주의라는 명칭 자체가 후대에 이들을 통괄하여 부르기 위해 만들어진 이름이다. 그 때문에 일부 학자들은 이들을 중상주의라는 하나의 경향으로 통괄하는 관점 자체가 문제라는 의견을 제시하기도 한다.

(3) 일관된 주장은 존재한다.

   ① 중상주의자들은 경제체제를 제로-섬 게임으로 파악하였다. 즉, 중상주의자에게 한 편의 이득은 반드시 상대방의 손실을 의미하는 것이었다. 따라서 공익이나 공공재라는 것은 실제로는 불가능한 것이라 여겼다.

② 중상주의자들은 하위 계급에게 여분의 돈이나 여가 시간, 교육과 같은 것들을 제공하는 것은 사회를 나태와 악으로 이끄는 것이라 여겼으며, 결국은 경제에 부정적인 영향을 끼칠 것이라고 주장하였다.

③ 중상주의자들에게 무역은 국가의 이득을 최대화하기 위한 것이었다.

④ 국익을 추구하는 국가는 단일한 선호와 이익을 가지고 행위한다고 전제한다.

❹ 비판 및 비교

(1) 중상주의는 절대우위와 비교우위에 입각한 무역의 이득을 설명할 수 없었다.

① 이 개념은 1817년 데이비드 리카르도에 의해 성립되었다.

② 비교우위에 입각한 무역 이론은 무역국 상호에게 모두 이득을 줄 수 있다는 것이었으며, 무역은 더 이상 제로−섬 게임으로 이해되지 않았다.

③ 예를 들어 포루투갈이 보디 좋은 포노주를 생산하고 영국이 싼 옷감을 생산한다면 두 국가는 무역을 통해 상호 이득을 얻을 수 있다는 것이다.

(2) 데이비드 흄은 중상주의의 목표인 지속적인 무역수지 흑자가 불가능함을 주장하였다. 수출의 증가는 통화량의 증가로 이어지고 이는 결국 물가의 상승을 가져오게 되므로 수출에 의한 이득을 감소시키는 원인이 된다는 것이었다.

(3) 중상주의와 다르게 자유주의는 국가 간 무역증가가 상호이익이 된다고 주장하고, 마르크스주의는 부등가교환으로 세계경제의 불평등 구조가 심화된다고 주장하였다.

구분	중상주의	자유주의
경제 관계	경제 관계가 필연적 조화와 균형을 이루지는 않는다.	경제 관계가 필연적으로 조화와 균형을 이룬다.
국제 관계와 자국의 번영과의 관계	국제 경제 관계의 통합현상이 자동적으로 자국경제활동을 좌우하도록 방치해서는 안되며 오히려 자국의 경제이익을 보호하기 위한 의도적 정책을 펴야 한다.	국제 경제 관계의 통합으로 자국의 경제적 번영이 스스로 이루어진다.
정향	국가이익만을 생각하는 민족주의자적 정향을 갖고 있다.	국제주의를 신용하는 세계인적 정향을 갖고 있다.
가치 문제	경제활동으로 창출되는 부와 권력의 분배에 더욱 신경을 쓴다.	소득의 구체적 배분에 관해 뚜렷한 가치판단을 내리지 않는다.
경제활동의 주체	경제활동의 진정한 주체는 민족국가이며 국가이익이야 말로 외교정책을 결정하는 가장 중요한 요소이다.	경제활동의 주체는 소비자, 기업가, 회사이지 결코 계급이나 국가는 아니다.
세계 평화	세계평화의 구축은 경제적 기능만으로 이루어지는 것이 아니고 오히려 정치권력의 의도적 조정에 의해서만 성취된다.	세계경제의 통합과 상호의존에 따른 효과적 성장과 조화가 세계평화의 기반이 된다.
정치와 경제	정치가 경제기구의 성격을 결정해야 한다.	부의 추구가 정치질서의 성격을 결정해야 한다.

Part 06

제2절 | 세계체제론

① 개요

(1) 세계체제론은 종속이론과 유사점이 많지만, 더 넓고 더 유연한 이론이다. 세계체제론은 월러스타인(Immanuel Wallerstein)이 제시하였고, 체이스-던과 같은 여러 학자들에 의하여 발전했다.

(2) 이매뉴얼 월러스타인(Immanuel Wallerstein)은 근대 세계체제는 '16세기' 유럽에서 시작되었다고 주장한다.
  ① 그는 16세기 유럽의 대항해 시대와 신대륙 발견을 기점으로, 자본주의적 세계경제가 형성되었다고 설명한다.
  ② 이 시기를 통해 유럽 국가들이 경제적, 군사적 팽창을 시작하면서 전 세계로 자본주의적 경제 관계가 확산되었고, 현대 자본주의 세계체제의 기틀이 마련되었다고 보았다.

(3) 세계체제론자들은 중심부 국가의 주변부 국가들에 대한 영향력에 한정하지 않고 중심부 국가들의 패권 부상과 쇠퇴 간의 관계를 포함한 세계체제 전체적인 측면으로 분석의 수준을 확대했다.

(4) 세계체제론의 분석의 주요 단위는 단일의 노동분업과 다양한 문화체제를 가진 세계체제이다.

② 세계체제의 두 유형

(1) **세계제국**
  로마처럼 단일한 정치체계를 가지고, 중심부와 주변부의 노동에서 경제적 분업을 통제하기 위해 강압적 정치적 힘을 사용하는 유형이다.

(2) **세계경제**
  ① 세계경제는 많은 정치체계가 작동하기 때문에 하나의 국가가 전체 중심부를 정복하는 것이 아니라 중심부 국가들이 부상하고 쇠퇴함으로써 순차적인 패권을 갖게 된다는 것이다.
  ② 현대 세계체제는 세계제국 형태보다는 자본주의 세계 경제라는 형태를 취하고 있다.

③ 현대 세계체제의 특성

(1) 국가들의 경제적 교환에 상호 의존하게 만드는 단일한 노동분업

(2) 이윤을 얻기 위한 상품과 재화의 판매

(3) 세계가 중심부-주변부-반주변부로 사회경제적 단위가 나뉘어지는 것

④ 세계체제론의 핵심주장

(1) 중심부 국가들은 세계경제의 다른 지역에 침투함으로써 농업을 넘어 더 높은 수준의 기술을 요하는 산업과 생산양식으로 이동한다.

(2) 중심부, 주변부, 반주변부의 구분은 민족국가에 기반하지 않으며, 세계체제에서의 역할에 따라 구분되어 진다.

(3) 부르주아의 이해관계는 어디서나 존재하며, 모든 국가는 중심부, 주변부, 반주변부의 요소를 가지고 있다.

(4) 세계체제론은 맑스주의를 계승하여 국제정치경제를 계급관계 및 착취 관점에서 바라본다.
  - ⊘ 맑스주의는 생산관계 측면에서 자본주의를 파악하는데 비해 세계체제론은 교환관계 측면에서 자본주의를 파악한다.

⑤ 세계체제론의 특성

(1) **월러스타인**
  ① 중심부의 주변부 지배는 잉여생산물 시장보다는 값싼 원자재 조달처로서 불평등 교환을 통해 지배한다.
  ② 중심-주변부 사이에 반주변부 개념을 처음으로 도입했다.
  ③ 중심부, 주변부, 반주변부는 글로벌 구조를 통해 상호 교류하며 착취와 전환이 일어나기도 한다.
  ④ 반주변부는 피착취자이면서 동시에 착취자로 활동한다.

(2) 중심부-반주변부-주변부의 위계 이동은 어렵다. 반주변부의 존재가 주변부 국가에 대한 지속적인 지배를 가능하게 하는 측면이 있다.

(3) 세계체제론자들은 대체로 자본주의 쇠퇴와 사회주의 이행을 전망하지만 시기에 대한 전망은 애매하다.

(4) 자본주의 세계경제의 시간적 차원은 주기적 리듬, 장기적 추세, 모순, 위기 등으로 설명된다.

> **더 알아보기**
>
> **국가의 구분**
> - **중심부**: 강력한 국가(민주적 정부), 자본기술 집약적 생산활동, 시장메카니즘에 의한 노동 통제
> - **주변부**: 취약한 국가(비민주적 정부), 노동집약적 생산활동, 억압적 노동통제
> - **반주변부**: 권위주의적 정부, 거간꾼 역할, 갈등 감소 역할 등을 수행

(5) **패권의 성쇠와 세계체제의 동학**: 주기적 리듬
  ① 콘트라티예프파장*
    ✎ 50년~60년 주기의 경제변동을 가리키는 말로 새로운 차원의 기술혁신이 등장해 경제에 변화가 생기게 된다는 것이다. 발견자의 이름을 따서 콘트라티예프파장이라고 부르는데 1780년대의 산업혁명, 1840년대의 철도, 1890년대의 자동차 발명으로 인한 경제변동이 콘트라티예프파동의 중요한 예이다.
  ② 월러스타인은 근대가 시작되는 분기점을 1500년으로 보고 중심부와 주변부의 경제적 팽창과 불황은 콘트라티예프 주기와 관련 있다고 주장했다.

(6) 세계경제의 장기적 추세

① **프롤레타리아화**: 생산자가 생산수단으로부터 유리된 결과 자신의 생존을 위해 불가피하게 노동력을 팔아야 하고 팔게 되는 존재로 진화하는 과정이다.

② **상품화**: 토지, 노동, 천연자원 등의 생산요인들이 시장에서 매매되어야 하는 대상으로 진화하는 과정이다.

③ **기계화**: 생산의 전 과정에서 인간 노동이 기계에 의해 대체되는 일반적인 추세를 가리킨다.

④ **팽창**: 세계체제는 비자본주의 지역을 세계경제에 편입시키는 과정을 통하여 지속적으로 팽창한다.

⑥ 세계체제론의 의미

(1) 국제정치경제연구에 대안적 접근법을 제공했다. 사회경제적 · 정치적 변화에 대한 장기적이고 역사적인 관점을 제시했다.

(2) 정치와 경제에 대한 관계 등에서 월러스타인은 현실주의와 맑스주의적 견해 사이의 가교 역할을 시도했다.

⑦ 세계체제론 비판

(1) 고전적 맑스주의자들은 자본가와 노동자의 생산관계에 주목하지 않고, 중심부−반주변부−주변부 간의 교환관계에 주목한다고 비판했다.

(2) 현실주의자들은 국가의 역할을 이론화하지 못하였고, 강한 국가와 약한 국가의 단순 구도에 대해 비판했다.

(3) 후기 산업화된 국가들의 성공적 발전 모델도 존재한다는 것에 대한 설명의 한계가 있다.

(4) 세계자본주의 체제의 영향력을 제약하는 조건에서 너무 결정주의적이다.

제3절 | 해외직접투자이론(FDI)

① 개요

(1) 해외직접투자란 자국(Home country) 내의 생산요소인 자본, 생산기술, 경영기술 등을 해외로 이전하여 그 나라(Host country)의 생산요소인 노동, 토지 등과 결합하여 생산 및 판매를 하는 기업활동이다.

(2) FDI는 피투자국의 경제 발전에 기여할 수 있지만, 경제적 종속, 이익 유출, 국내 기업의 경쟁력 약화, 저질 고용 창출, 환경 파괴, 문화적 충돌, 소득 불평등, 그리고 정치적 간섭과 같은 부정적인 영향을 미칠 수도 있다.

❷ 방식

(1) 신설투자(green-field investment)

외국에 직접 공장을 세우거나 새로운 기업을 설립하는 방식이다.

① 그린필드형 FDI는 기존의 기업을 인수하는 M&A형 FDI와 달리, 완전히 새로운 사업 인프라를 구축하는 것이 특징이다.

② 그린필드형 FDI는 피투자국에서 기존 시설을 인수하는 것이 아니라, 새로운 생산 설비나 사업체를 처음부터 건설하고 운영하는 투자 방식이므로 이를 통해 기업은 자신들이 원하는 방식으로 운영할 수 있는 맞춤형 인프라를 구축할 수 있다.

③ 그린필드형 FDI는 인프라 구축이 필요하고 운영이 장기적으로 이루어지기 때문에, 상대적으로 장기적인 투자로 간주된다.

(2) 인수합병(M&A)

외국에 있는 기존기업을 인수하거나 합병하는 방식이다.

① M&A형 FDI는 기존 기업의 자산을 사들여 경영권을 확보하거나, 합병을 통해 경영 통제를 이루는 방식이다.

② M&A형 FDI는 그린필드형 FDI와는 달리, 이미 운영 중인 기업을 통해 현지 시장에 빠르게 진입할 수 있다는 점이 특징이다.

(3) 해외직접투자(FDI)의 40~80%가 인수합병을 통해 이루어진다.

(4) 그러나, 개발도상국에 대한 해외직접투자는 1/3만이 인수합병의 형태이다.

(5) 신설투자보다 인수합병을 선호하는 이유

① 빠르게 실행될 수 있다.

② 현지기업이 보유한 전략적 자산획득이 용이(브랜드충성도, 고객관계, 상표나 특허, 유통망, 생산 시스템 등)하다.

③ 비교적 용이하게 효율성을 증대시킬 수 있다(우수한 자본, 기술, 경영능력 등의 이전).

> **더 알아보기**
>
> **포트폴리오 투자**
> - 경영에 참여하지 않고 이자, 주식 배당 등 투자이익의 획득을 목적으로 하는 투자를 포트폴리오 투자(Portfolio Investment)라고 한다.
> - 포트폴리오 투자는 주식, 채권, 기타 금융 자산을 구매하는 방식으로 이루어지며, 투자자가 기업의 경영에 참여하지 않고 수동적으로 투자 이익(배당금, 이자 등)을 얻는 것을 목표로 한다.
> - 또한, 포트폴리오 투자자는 자산의 가치 상승이나 배당을 통해 수익을 기대하며, 투자 기간이 상대적으로 짧은 경우가 많다.
> - 주식이나 채권의 시장 상황에 따라 자산을 쉽게 매도하거나 매수할 수 있다.
> - 해외직접투자(FDI)는 경영 참여와 장기적 사업 관계를 중시하는 반면, 포트폴리오 투자는 단기적 이익을 추구하고 경영에는 관여하지 않는다는 점에서 차이가 있다.

Part 06

❸ 주요 이론

(1) 독점적 우위 이론

① 기업이 기술, 브랜드, 마케팅능력과 같은 경쟁우위를 보유했다면, 이를 내수시장뿐 아니라, 해외 시장에서 활용할 수 있으면 더 큰 수익을 보장할 수 있다.

② FDI를 통한 국제화는 기업이 갖고 있는 경쟁우위를 해외시장에서 활용하는 것이다.

③ 하지만, 외국인 비용이 존재한다. 즉, 해외시장 진입 시 기업은 현지국 기업보다 정치적, 문화적, 사회적, 법률적인 면에서 불리한 환경에 놓이게 되는 외국기업으로써 겪는 불리함이 존재한다.

④ 그럼에도 FDI를 하는 이유는 외국인 비용을 상쇄하고도 남는 경쟁우위를 보유하고 있기 때문이다.

(2) 거래비용이론(내부화이론)

① 시장과 내부조직의 관점에서 시장의 불완전성으로 인한 거래비용으로 인해 시장보다 내부화가 유리하다면 해외직접투자를 하게 된다는 것이다.

② 즉, 다국적 기업이 고유하게 잘 하는 것이 있는데 이를 외부에 맡기지 않고 직접 조직 내부에서 하는 것이 절대적으로 유리한 상황이라면 직접투자가 가능하다.

③ 예를 들어, R&D에 기반한 기술력이 독점적 경쟁우위인 경우에 기술력의 외부유출을 방지하고자 내부에서 통제력을 유지하기 위해 스스로 운영하는 것이 유리한 경우이다.

④ 수출은 운송비와 무역장벽에 의해 제한을 받을 수 있고, 라이센싱은 핵심역량에 대한 통력의 어려움이 존재할 수 있기에 이러한 조건에서는 상대적으로 FDI를 선호한다.

(3) 절충이론(존 더닝)

① 독점적 우위 이론만으로는 수출이나 라이센싱에 대한 FDI의 우위를 설명하기 어렵고, 내부화 이론은 입지 특유의 우위에 대한 설명력이 약하다.

② 기업 특유의 독점적 우위를 외부시장에서 판매하는 것보다 내부화하는 것이 유리할 때 기업은 라이센싱 방식을 버리고 수출이나 해외직접투자를 선택한다.

③ 자본, 기술, 경영기법 등을 해외로 이전하여 현지의 생산요소와 결합하는 것이 국내생산보다 유리할 때, 즉 입지 특유의 우위(Location-specific advantage)가 있을 때 기업은 수출 대신 해외 직접투자(FDI)를 선택한다.

④ Ownership, Location, Internalization incentive advantages가 함께 존재해야 한다는 주장이다. 따라서 이를 OLI 이론이라 한다.

⑤ 정리하면, 더닝의 OLI 이론에서 다국적 기업이 국경을 넘어 해외직접투자를 하기 위해서는 일종의 특별한 우위가 있어야 하고 이에 입각한 시장지배력이 있어야 현지 기업과 경쟁할 수 있다는 것이다.

⑥ 이에 필요한 세 가지 조건은 특정지식의 소유권에 근거한 시장력, 해당 지역의 특별한 우위, 수출이나 라이센싱보다는 해외직접투자를 선호하는 내부화 전략이 있어야 한다.

제4절 트리핀 딜레마

❶ 개념

(1) 여타 국가들의 국제거래결제를 뒷받침하기 위해 미국이 기축통화(reserve currency)인 달러 공급을 계속 늘리면 결국 달러가치 하락으로 인해 기축통화로서의 국제적 신용도가 위태로워지는 진퇴양난의 상황을 의미한다.

(2) 트리핀 역설(Triffin paradox)이라고도 한다.

(3) 이 이론은 벨기에 출신의 경제학자 로버트 트리핀(Robert Triffin)이 1960년에 제시한 개념이다.

❷ 핵심 주장

(1) 국제경제에서 준비통화로 사용되는 통화는 세계 경제의 교역과 거래에 필요하다.

(2) 이 통화를 공급하는 국가는 자국 통화의 공급을 늘려야 하며, 그로 인해 자국 내 경제에서 물가 상승, 자산 버블 등의 위험을 초래할 수 있다.

(3) 예를 들어, 미국은 달러를 세계 각국에 공급하기 위해 자국 내에서 돈을 많이 풀어야 하는데, 이로 인해 미국 내 경제 불균형(예 인플레이션, 무역 적자 등)이 발생할 수 있다.

(4) 예시

① 미국이 베트남 전쟁을 치르면서 전비 충당을 위해 화폐를 발행하자, 미국 달러 가치의 하락이 발생하였고, 미국의 재정수지 적자 및 경상수지 적자가 발생하였다. 이에 프랑스는 보유한 미국 달러로 금을 매수하였다.

② 이후 달러에 대한 금태환 요구는 급속히 확산되었다.

(5) 트리핀 딜레마는 금 1온스를 35달러에 태환할 수 있는 고정환율제도에 기반한 브레튼우즈 금융체제에 내재된 근본적인 모순을 의미하는 개념이다.

❸ 완화 방법 및 해결 노력

(1) **특별인출권**

① 특별인출권(special drawing rights, SDR)은 국제통화기금 가맹국이 국제수지 악화 때 담보 없이 필요한 만큼의 외화를 인출할 수 있는 권리 또는 통화를 말한다.

② SDR은 IMF의 계정 단위이며 IMF가 분배한다. IMF 회원국이 보유한 통화에 대한 청구권을 나타내며, 이를 통해 교환할 수 있다.

③ IMF가 창출하는 대외준비자산으로, 보유국이 달러 등 가용통화로 교환하여 사용 가능하며, 보유국 외환보유액으로 인정된다. 예 1SDR = 약 $1.42

④ 특별인출권은 1969년 IMF가 창안한 것으로 현재 달러, 유로, 위안, 엔, 파운드 등 5개국의 통화로 구성되어 있다.

(2) 일부 국가들의 금태환 요구에 대해 1971년 리처드 닉슨 미국 대통령은 금－달러 본위제의 중단(포기)을 선언하였다(더 이상 달러를 금과 교환할 수 없다고 선언).

① 이 사건을 닉슨 쇼크라고 부르며, 이는 변동환율제로의 전환을 촉발하였다.

② 금태환 금지와 함께 모든 수입품에 10%의 부과관세를 부과하였고 미국 내 물가상승 억제를 위한 임금과 가격 통제정책을 실시하는 New Economic Policy를 발표하였다.

(3) 1976년 킹스턴에서 열린 IMF회의에서 스미소니언 협정* 이후 현실화된 변동환율제를 공식화하고 금의 화폐로서의 기능을 없애며 금－달러 본위제를 특별인출권(SDR)본위로 전환시키는 국제통화체제의 다자적 관리로의 전환을 모색하였다(스미소니언 체제).

> ✎ 스미소니언 협정(Smithsonian agreements)이란 1971년 12월 브레튼우즈 체제의 붕괴로 인하여 세계 각국의 대표들이 워싱턴의 스미소니언 박물관에 모여 브레튼우즈 체제의 지속을 위한 협정을 의미한다. 하지만 이러한 합의에도 불구하고 미국의 경상수지 적자가 계속하여 누적되면서 미국 달러의 가치가 다시 하락하면서 스미소니언 체제가 붕괴되었다. 협정의 핵심적인 내용은 ① 금 1온스 당 기존의 35달러에서 38.02달러로 미국 달러의 평가절하, ② 브레튼우즈 체제에서 상하 1%이었던 조정폭을 2.25%로 넓힘, ③ 독일의 마르크화, 일본의 엔화 등 각국 통화의 미국 달러화에 대한 평가 절상, ④ 미국 수입 과징금 철폐 등이다.

(4) 1978년 4월에 출범한 킹스턴체제에서 IMF는 각국에 환율제도의 선택재량권을 부여하였다.

❹ 미국의 금태환정책 포기의 국제정치학적 의의

(1) 미국은 국내경제의 파국방지를 위해 국제통화체제에서의 패권자의 역할을 포기하고 브레튼우즈 체제의 붕괴를 방치했다고 볼 수 있다.

(2) 포기선언의 이면에는 독일과 일본을 비롯한 서방진영이 국제통화체제 유지비용을 분담해야 한다는 메시지가 있었다는 분석도 있다. 즉, 유럽과 일본의 안보와 경제부흥을 지원해 준 대가를 지불하라는 의미이다.

(3) 미국에 의해 달러의 고정된 가치가 지탱되고 다른 통화들의 가치가 달러에 고정되었던 안정적 통화질서가 무너지고 각국 통화의 가치가 '시장'에 의해 결정되는 국제통화질서가 도래하였다.

(4) 당시 패권국이었던 미국은 국제통화질서의 안정을 위해 자국 통화에 대한 환율조정이나 국내수요 억지정책 등을 추진시켜야 할 의무가 있지만, 국내정책의 자율성을 선택한 것이다.

더 알아보기

먼델－플레밍 모델

- 경제학자인 로버트 먼델과 마커스 플레밍이 각자 개별적으로 발표한 이론으로, IS-LM-BP에서 BP는 Balance of Payment, 즉 국제수지를 의미한다. 따라서 간단히 설명하면 먼델－플레밍 모형은 국제수지까지 고려한 IS-LM 모형이다.
- 자본이동의 자유로움, 환율제(고정, 변동)에 따라 재정정책(IS) 또는 통화정책(LM)의 유용성을 살펴보는 모델이다.

제5절 근대무역이론

1 비교우위론

(1) 등장배경

① 1817년 데이비드 리카르도가 『정치경제학과 과세의 원리(On the Principles of Political Economy and Taxation)』에서 제시하였다.

② 기존의 애덤 스미스가 설명한 절대우위론(Absolute Advantage)은 "어떤 나라가 특정 재화를 더 효율적으로 생산할 수 있다면 무역을 통해 이익을 얻는다."고 보았다.

③ 하지만 '절대우위가 없는 나라는 무역이 불리한가?'에 대해 리카르도는 비교우위 개념을 도입해 이를 반박하였다.

(2) 핵심 개념

① "한 국가가 모든 상품에서 절대적으로 불리하더라도, 비교적 덜 불리한 상품에 특화하면 무역을 통해 상호 이익을 얻을 수 있다."

② 기회비용(opportunity cost) 개념이 핵심이다.

③ 비교우위는 절대 생산량이 아닌, 상대적 효율성에 근거하여 특화 여부를 결정한다.

(3) 국제정치경제학적 의의

① 무역의 이익은 비교우위에서 비롯: 절대적인 생산성이 낮아도 무역에 참여 가능하다.

② 특화와 분업을 통해 국가 간 총 생산량 증가: 상호 이익 실현이 가능하다.

③ 자유무역 정당화 논리의 출발점이자, 무역정책 반대론에 대한 이론적 반박 근거를 제공하였다.

(4) 한계

① 노동만을 생산요소로 간주한다(단일 요소 모형).

② 완전고용을 가정한다.

③ 기술 발전을 고려하지 않는다.

④ 무역에 따른 분배 문제는 고려하지 않는다.

➡ 현실 설명력에는 한계가 있지만, 비교우위 원리는 여전히 국제무역이론의 핵심 구조로 기능한다.

2 기회비용설(Theory of Comparative Advantage)

(1) 한 국가가 다른 국가보다 어떤 상품을 생산하는 데 더 유리한 상황에 있을 때, 각 나라는 상대적으로 유리한 상품을 생산하고 다른 상품은 수입하는 것이 효율적이라는 이론이다.

(2) 즉, 각 국가가 비교우위를 가진 상품에 특화하여 생산하고 교역을 통해 이익을 얻을 수 있다는 것이다.

(3) 예시

포르투갈이 포도주 생산에, 영국이 옷 생산에 비교우위를 가지고 있다면, 각 나라는 자신이 잘하는 분야에 집중하여 생산하고 서로 교환하는 것이 효율적이라는 것이다.

❸ 헥셔−오린 정리(Heckscher−Ohlin Theorem)

⑴ 각 국가는 풍부한 생산요소(부존자원)를 집약적으로 사용하는 상품을 수출하고, 희소한 생산요소를 집약적으로 사용하는 상품을 수입한다는 이론이다.

⑵ 즉, 노동이 풍부한 국가는 노동 집약적인 상품을 수출하고, 자본이 풍부한 국가는 자본 집약적인 상품을 수출한다는 것이다.

⑶ 예시

노동력이 풍부한 개발도상국은 노동 집약적인 섬유 제품을 수출하고, 자본과 기술이 풍부한 선진국은 자본 집약적인 기계류를 수출한다.

⑷ 양자무역에 반대할 가능성이 높은 세력 등장

① 노동력이 풍부한 국가의 자본 세력
② 자본이 풍부한 국가의 노동 세력

❹ 레온티에프 역설(Leontief Paradox)

⑴ 헥셔−오린 정리와 반대되는 현상으로, 자본이 풍부한 미국이 노동 집약적인 상품을 수출하고, 노동이 풍부한 국가가 자본 집약적인 상품을 수출하는 현상이다.

⑵ 헥셔−오린 정리가 단순화된 모델이기 때문에 실제 경제에서는 다양한 요인이 작용하여 예외적인 경우가 발생할 수 있다. 즉, 기술 수준, 생산성 차이, 수요 패턴 등이 레온티에프 역설의 원인으로 제시된다.

❺ 스톨퍼−사무엘슨 정리(Stolper−Samuelson Theorem)

⑴ 스톨퍼−사무엘슨 정리는 무역이 자본가의 실질이윤과 노동자의 실질임금에 어떠한 영향을 끼치는지 증명해주는 중요한 정리이다.

⑵ 이 정리는 국제 무역이 소득분배에 어떠한 영향을 미치는지 설명한다.

⑶ 무역이 이루어지면 풍부한 생산요소를 공급하는 사람은 생산요소 실질가격이 상승하는 이익을 얻고, 희소한 생산요소를 공급하는 사람은 생산요소의 실질가격이 하락하는 손해를 보게 된다는 점을 시사한다.

⑷ 예시

노동집약적 산업이 발달한 국가가 무역개방을 시작하면 노동집약적 상품을 수출하기 위해 더 많은 노동자를 고용할 것이며, 따라서 노동자의 수요가 늘어나 노동자의 실질임금이 증가한다.

⑸ 결국, 자본풍부국의 경우 자유무역시 자본가의 소득이 증가하고, 노동풍부국의 경우 노동자의 소득이 증가하는 것을 설명하고 있다.

❻ 립진스키 정리

(1) 이론적 배경

① 립진스키 정리는 헥셔−오린 모형의 연장선상에서 등장한 정리이다.

② 레온티에프 역설이 제기되기 전까지는 주요한 국제무역 설명 모델 중 하나였다.

(2) 기본 가정

① 2×2×2 모형 : 두 생산요소(노동, 자본), 두 재화(노동집약재, 자본집약재), 두 국가

② 완전고용, 완전경쟁, 일정한 생산기술, 무역 전후 상품가격 일정, 소국 가정

③ 한 요소의 공급량만 변화할 때 다른 조건은 고정되어 있다고 가정

(3) 핵심주장

"한 요소의 공급이 증가하고 상품 가격이 일정할 때, 그 요소를 집약적으로 사용하는 재화의 생산은 증가하고, 다른 요소를 많이 사용하는 재화의 생산은 오히려 감소한다."

(4) 예시

어떤 국가가 노동(L)과 자본(K)을 가지고 두 상품 A(노동집약적)와 B(자본집약적)를 생산 중이라고 할 때, 이때 노동이 증가하면, 상품 A(노동집약적)의 생산량은 증가하고, 상품 B(자본집약적)의 생산량은 감소한다.

(5) 국제정치경제학적 의미

개발도상국이 특정 요소(노동 또는 자본)에 대한 투자나 기술개발을 강화할 경우, 해당 요소를 많이 쓰는 산업은 성장할 수 있으나, 반대로 다른 산업은 위축될 수 있어 산업구조가 편향적으로 성장할 가능성이 있다.

❼ 가격−정화−흐름 메커니즘(데이브드 흄)

(1) 국력은 화폐의 총량에 의존하는 것이 아니라 생산능력에 의존한다.

(2) 따라서, 화폐는 생산능력이 있는 곳으로 이동한다.

(3) 국제수지의 흑자(적자)가 정화를 유입(유출)시켜 국내통화량을 증가(감소)시키는 매커니즘을 의미한다.

(4) 국제수지의 불균형은 통화의 흐름과 이에 따른 가격(물가)의 변동을 통해 자동으로 균형을 회복한다는 주장이다.

⑧ 크루그먼의 신무역이론(New Trade Theory)

(1) 배경

① 1970~1980년대 기존의 헥셔-오린 모형(Heckscher-Ohlin Model) 등 전통무역이론은 비교우위에 따라 무역이 발생한다고 설명하였다.

② 하지만 실제 현실에서는 비슷한 산업구조와 자원 조건을 가진 선진국들 사이에서도 동종 산업 간 무역(Intra-industry Trade)이 활발히 일어나는 현상이 관찰되었다.

③ 이를 설명하기 위해 폴 크루그먼(Paul Krugman)은 규모의 경제(economies of scale)와 소비자의 다양성 선호(preference for variety)를 강조한 신무역이론을 제시하였다.

(2) 주요 개념

① 규모의 경제: 생산량이 늘어날수록 평균 비용이 감소한다. 즉, 특정 국가가 생산을 집중하면 생산비용 절감이 가능하다.

② 불완전 경쟁시장: 기업이 가격결정권을 가지며, 시장에 진입장벽이 존재한다.

③ 소비자의 다양성 선호: 소비자는 동일 상품보다는 다양한 상품을 원한다. 즉, 다양한 제품이 존재할수록 후생이 증가한다.

(3) 이론의 핵심 주장

① 무역은 비교우위 때문만이 아니라, 규모의 경제와 소비자의 다양성 추구 때문에도 발생한다.

② 국가가 특정 산업에서 생산을 집중하고 시장 지배력을 확보하면, 선도적 위치를 점할 수 있다.

③ 비슷한 국가들끼리도 상호 무역을 한다. **예** 독일과 프랑스 간 자동차 무역

(4) 전통이론과의 차이점

구분	전통무역이론	신무역이론
주요 요인	비교우위, 자원부존도	규모의 경제, 제품 다양성
시장 구조	완전경쟁	불완전경쟁
무역 형태	이종 산업 간 무역	동종 산업 간 무역
정책 함의	자유무역 권장	전략적 산업정책 가능

(5) 국제정치경제학적 의의

① 전통이론은 "자유무역이 항상 효율적"이라고 보았다.

② 그러나 신무역이론은 정부가 초기 산업을 지원함으로써 후발주자보다 유리한 위치를 선점할 수 있다고 봄으로써 전략적 무역정책(strategic trade policy)의 가능성을 제시하였다.

③ 하지만 정책 실패 위험도 존재하며, 과도한 보호는 장기적으로 경쟁력을 약화시킬 수 있다.

❾ 로고브스키의 이론 – 무역, 정치연합, 그리고 갈등

(1) 핵심 질문

"무역 개방 또는 보호정책 변화가 국내 정치 연합 구조와 계급 갈등에 어떤 영향을 주는가?"

(2) 이론적 기반

① 헥셔–오린 정리(H–O 모델) : 각 국가는 자원이 풍부한 요소를 활용하는 상품을 수출하고, 희소한 요소를 사용하는 상품을 수입한다.

② 무역이 확대되면 풍부한 생산요소를 가진 집단은 이익을 보고, 희소한 요소를 가진 집단은 손해를 본다.

③ 여기서 로고브스키는 "그 이익 및 손해를 본 집단이 정치적 행동을 하게 된다."고 분석하였다.

(3) 주요 변수

① 요소 부존도(Factor Endowment) : 자본, 노동, 토지

② 무역 노출노(Change in Exposure to Trade) : 무역의 확대 or 축소

③ 이 두 가지에 따라 이익을 보는 세력과 손해를 보는 세력이 달라지고, 이에 따라 정치적 연합과 갈등의 양상이 달라진다.

(4) 주요 시나리오 : 이론의 전개

① 로고브스키는 3요소 경제(자본, 노동, 토지)를 상정하고, 무역의 확대·축소에 따라 어떤 세력이 연합하고 어떤 세력이 반대하는지를 설명하였다.

② 일반적으로 자원이 풍부한 세력에 대한 희소 세력의 연합이 형성된다.

③ 예를 들어, 노동이 상대적으로 풍부하고 자본과 토지가 부족한 19세기 독일의 경우 무역의 증가는 노동소득을 증가시키고 자본과 토지소득을 감소시키므로 노동세력에 대항해서 자본가와 토지 소유자인 지주의 연합이 형성되었다.

(5) 국제정치경제학적 의의

① 경제구조가 정치연합과 정책 선택에 영향을 미친다는 점을 실증적으로 보여주는 계기를 마련하였다.

② 무역정책 논쟁(보호무역 vs 자유무역)이 단순한 이념이나 정당 문제를 넘어서, 구조적 이해관계에 기반한 계급 갈등임을 설명하였다.

❿ 고와의 안보–통상 연계이론(Gowa's Security–Trade Nexus Theory)

(1) 이론의 배경

① 자유무역이론(예 리카르도, 헥셔–오린)은 국가 간 협력이 이익을 준다고 전제한다.

② 하지만, 현실에서는 일부 국가와만 무역을 자유화하고, 적대국과는 무역을 제한하는 경우가 많았다.

③ 조앤 고와는 "왜 자유무역이 특정 국가들 사이에만 작동하는가?"의 문제를 국제정치의 힘의 분포와 안보 환경으로 설명하고자 하였다.

(2) **핵심 주장**

① "자유무역은 동맹국들 사이에서만 안정적으로 유지된다. 왜냐하면 무역 상대가 적국일 경우, 상대국을 강화시키는 결과가 나올 수 있기 때문이다."

② 경제적 상호의존은 상대국의 군사력 강화에 기여할 수 있어 안보에 위협적일 수 있다.

③ 따라서, 안보 이익이 일치하는 동맹국들끼리만 자유무역 체제가 지속될 수 있다.

④ 이로 인해 국제무역은 군사동맹 구조와 밀접하게 연결되어 있다.

(3) **이론 구조**

요소	설명
행위자	주권국가(이익 극대화와 안보 추구)
우선순위	안보 > 경제
무역정책 결정요인	전략적 고려: 상대국이 안보적 위협인지, 동맹인지
자유무역 유지조건	신뢰할 수 있는 동맹관계가 있을 때만 가능
주된 사례	냉전기 서방국가들 간 GATT 체제, 미─일, 미─서유럽 무역협력

(4) **국제정치경제학적 의의**

① 자유주의 이론에 대한 현실주의적 반박: "무역은 무조건 이익"이 아니라 "전략적으로 선택된 이익"이라는 관점을 제공하였다.

② 경제─안보 연계라는 국제정치경제의 핵심 쟁점을 구조화하였다.

③ 안보 딜레마가 경제로 확장될 수 있다는 점을 강조: "상대방을 돕는 자유무역은 자살행위"일 수 있다.

④ 실제 사례: 미중관계에서의 디커플링, 전략적 공급망 재편

⑪ 수전 스트레인지의 구조권력 및 잉여능력

(1) **이론적 배경**

① 현실주의나 자유주의의 국가 중심·제도 중심적 접근에 비판적이다.

② 권력의 핵심은 단순한 물질적 능력(군사력, 경제력)이 아니라, 국제질서를 '정의할 수 있는 능력'이라고 보았다.

③ 이를 위해 구조권력(structural power) 개념을 창안했고, 그 하위개념으로 잉여능력(surplus capability)이라는 개념을 도입하였다.

(2) **구조권력 vs 관계권력**

① **구조권력**: 국제 게임의 규칙 자체를 정하는 능력으로, 어떤 선택지가 생기게 하거나 아예 사라지게 만드는 힘이다.

> **예** 미국은 단순히 무역협상을 유리하게 이끄는 것이 아니라, 무역 시스템(GATT/WTO) 자체를 설계할 수 있는 권력을 행사해왔다.

② **관계권력**: A가 B에게 어떤 행동을 하도록 강요할 수 있는 능력이다(군사력, 제재 등).

(3) 잉여능력의 개념

① 어떤 국가나 행위자가 '현재의 생존'을 위해 필요한 수준을 초과한 자율성·역량·자원을 보유할 때, 그것이 잉여능력이 된다.

② 이 잉여는 타국을 설득, 압박, 설계, 유도하는 데 사용될 수 있다.

③ 잉여능력은 곧 구조권력의 원천이 된다.

(4) 핵심 주장

① "국제 질서에서 패권을 가지는 국가는 단순히 더 강한 것이 아니라, 다른 나라가 하지 못하는 것을 할 수 있는 잉여능력을 가진다."

② 잉여능력의 4대 구조 영역(스트레인지의 구조권력 4요소)

구조 영역	설명	예시
보안 구조 (Security Structure)	군사력 및 안보를 공급하는 능력	미국의 안보동맹 제공
생산 구조 (Production Structure)	글로벌 생산과 가치창출의 규칙을 설정	미국, 독일, 중국의 제조업 주도
금융 구조 (Financial Structure)	자본·화폐 흐름 통제 및 금융질서 설계	달러 기축통화체제, IMF 구조
지식 구조 (Knowledge Structure)	정보, 기술, 교육, 규범을 통한 영향력	헐리우드, 구글, 영어의 세계화 등

➡ 이 네 영역에서 잉여능력을 가진 국가는 자신이 만든 규칙 속에서 행동하고, 다른 국가에게 제약된 선택지만 제공한다.

(5) 국제정치경제학적 의의

① **미국의 패권적 지속성**: 단순한 군사력 외에도, 국제질서를 만드는 능력(잉여금융, 잉여안보, 잉여지식력)으로 설명 가능하다.

② **중국의 도전과 한계**: 생산력은 성장했지만 지식·금융 구조에서의 잉여능력은 미국에 미치지 못하고 있다.

③ **신흥국 정책**: 단순한 경제성장이 아니라, 구조영역에서의 잉여 확보가 중요하다.
예 디지털 주권, 통화 독립성, 정보플랫폼

⑫ 노드하우스(Nordhaus)의 선거주기 이론

(1) 등장배경

① 현실에서 경제의 경기변동이 정치일정과 맞물려 움직이는 현상이 자주 관찰되는 것에 주목하였다.

② 선거 직전에는 경기가 좋아지고, 선거 후에는 긴축정책으로 경기가 꺾였다.

③ 노드하우스는 이를 이론화하여, 정치인이 재선을 위해 경제를 인위적으로 조정한다는 가설을 제시하였다.

(2) **핵심 주장**

① "정치인은 선거 승리를 위해 단기적 경기 부양책을 사용하고, 선거 후에는 물가 안정 등 장기 과제를 추진한다."

② 유권자는 경제상황에 민감하게 반응하므로 정부(또는 중앙은행)는 선거 직전 통화 확대, 재정 지출 증가 등의 경기부양 정책을 실시하여 실업률이 하락하고, 성장률은 상승한다. 선거 이후 에는 인플레이션을 통제하기 위해 다시 긴축적 조정에 나선다.

(3) **이론의 전제조건(가정)**

① 유권자들은 단기적 경제성과에 민감하게 반응한다.

② 정부는 경제정책을 통제할 수 있는 수단(통화·재정정책)을 보유하고 있다.

③ 유권자는 완전한 정보를 가지지 않거나, 단기 실적 위주로 판단한다.

(4) **평가 및 한계**

장점	한계
정치-경제 연계를 설명하는 최초의 이론 중 하나	유권자들이 "단순하고 비합리적"이라는 가정이 강함.
선거 직전의 경기부양 현상을 설명하는 데 유용	현대 유권자는 경제정보에 더 민감하고, 정치도 다극화됨.
중앙은행 독립 논의의 이론적 기반 제공	독립적 통화정책이 실제로 존재할 경우 설명력이 약화됨.

(5) **이론 발전**: 합리적 선거주기 이론

① 노드하우스의 정치적 경기순환 이론은 유권자를 "단기적 성과만 보는 단순한 존재"로 가정한다.

② 하지만 현실에서 유권자는 생각보다 똑똑하고, 과거 정보와 미래 기대를 바탕으로 행동한다.

③ 그래서 유권자의 합리성을 인정하면서도, 왜 여전히 선거 전 경제정책이 조작되는지를 설명하 려고 등장한 것이 합리적 선거주기 이론이다.

④ **핵심 주장**

㉠ "정보가 불완전한 상황에서, 정치인은 재선을 위해 경제정책의 '신호(signal)'를 조작하고, 유권자는 이를 합리적으로 해석하려고 노력하지만, 여전히 정책 왜곡이 발생할 수 있다."

㉡ 정치인은 유능한 정부처럼 보이기 위해 선거 직전에 경제지표를 전략적으로 조정한다.

㉢ 유권자는 "정말로 유능한 건지, 선거용 착시인지"를 판단하려고 하지만, 정보의 제약 때문에 정확히 구분하기 어렵다.

㉣ 결과적으로 여전히 선거 전 경기부양·선거 후 조정의 패턴이 나타난다.

제6절 | 공유지의 비극(Tragedy of the Commons)

① 개요

(1) 공유지의 비극은 경제학에서 자원이나 공간이 여러 사람에 의해 공동으로 사용될 때, 각자가 자신의 이익을 극대화하려고 행동하면서 전체 자원의 고갈이나 파괴를 초래하는 현상을 설명하는 개념이다.

(2) 이 개념은 19세기 영국의 경제학자 윌리엄 포스터 로이드(William Foster Lloyd)에 의해 처음 제시되었으며, 후에 가렛 하딘(Garrett Hardin)이 1968년 「The Tragedy of the Commons」라는 논문에서 널리 소개되었다.

(3) 공유지의 비극은 환경 문제나 자원의 지속 가능성, 그리고 공동체 관리와 관련된 중요한 논의로 다양한 분야에서 활용하는 논리이다.

❷ 주요 개념 및 예시

(1) 공유 자원은 일정한 한계가 있지만, 이를 이용하는 각 개인은 자원의 고갈이나 파괴를 방지하려는 공동의 책임보다 자신의 이익을 추구한다.

(2) 그 결과, 각자가 자원을 과도하게 이용하게 되어 장기적으로는 자원이 고갈되거나 훼손되는 상황이 발생하게 된다.

(3) **예시**

① 여러 농부들이 공동으로 사용할 수 있는 풀밭에서 풀을 먹이는 가축들이 과도하게 자원을 소모하면, 결국 풀밭은 황폐해지게 된다. 각 농부는 자신의 가축이 더 많은 풀을 먹게 하여 이익을 보려 하지만, 결국 모든 가축이 풀을 다 먹고 자원은 고갈된다.

② 여러 어선들이 동일한 바다에서 물고기를 잡을 때, 각 어선은 자신이 더 많은 물고기를 잡으려 하며, 그 결과 물고기 자원이 고갈된다.

❸ 해결책

(1) 정부나 다른 기관이 자원의 사용을 제한하고 규제하여 자원의 고갈을 방지한다.

(2) 자원을 개인 소유로 전환하거나, 자원을 거래할 수 있는 권리를 부여하여 사용자가 자원을 절약하도록 유도한다.

(3) 특정 커뮤니티나 집단이 자원의 사용을 공동으로 관리하고, 지속 가능한 방식으로 자원을 사용하도록 한다.

> **더 알아보기**
>
> **공공재의 특징**
> - **비배재성**
>   - 비배제성은 비용을 지불하는 것과 상관없이 누구나 자유롭게 이용할 수 있는 것을 의미한다.
>   - 국방, 소방 등은 세금을 지불하던 안 하던 이용 가능하다(배제 안 함.).
> - **비경합성**
>   - 비경합성은 한 사람이 이용하더라도 다른 사람이 이용할 수 있는 양에는 영향을 미치지 않는 것이다.
>   - 가로등을 누군가 사용한다고 해서 다른 사람의 사용에는 전혀 문제가 없다.

제7절 자원의 저주

1 개요

(1) 자원의 저주(Resource Curse)는 자연 자원이 풍부한 국가들이 경제적 발전에 어려움을 겪고, 정치적, 사회적으로 부정적인 결과를 초래하는 현상을 설명하는 경제적 개념이다.

(2) 즉, 자원이 풍부한 국가들이 오히려 경제성장이나 발전을 방해받고, 다양한 사회적 문제(빈부격차, 분쟁, 비민주적 행태 등)에 직면하는 경우를 의미한다.

2 자원의 저주 발생 원인

(1) **경제적 의존성**
① 특정 자원(예 석유, 광물)이 풍부한 국가들은 해당 자원에 과도하게 의존하는 경우가 많다.
② 그럴 경우, 해당 자원의 가격 변동에 민감하게 되며, 자원 가격이 급락하면 국가 경제가 심각한 타격을 입을 수 있다.
③ 예를 들어, 석유 가격이 하락하면 석유 수출에 의존하는 국가들이 심각한 경제 위기를 겪을 수 있다.

(2) **산업 다각화 부족**
① 자원에 의존하면서 다른 산업이 발전하지 않아 국가 경제가 단일 산업화된다.
② 이로 인해 경제의 다각화가 부족해지고, 자원 고갈 시 국가 경제가 취약해진다.

(3) **정치적 부패**
① 자원의 부유함이 일부 엘리트 집단에게 집중되면서 부패가 증가하고, 공정한 자원 배분이 이루어지지 않을 수 있다.
② 자원의 수익이 일부 소수에게 집중되면 국민들의 불만과 사회적 갈등이 심화될 수 있다.
③ 민주화가 진전되기 어려운 상황이 발생할 수 있다.

(4) **불안정한 정부와 내전**
① 자원을 둘러싼 권력 다툼과 내전의 발생 가능성이 있다.
② 즉, 자원의 풍부함이 권력투쟁을 자극하고, 국가 내에서 내전이나 무장 충돌이 발생할 위험이 커진다.

(5) **사회적 불평등**
① 자원의 부유함이 국가 전체의 발전으로 이어지지 않으면, 자원을 가진 엘리트와 일반 시민들 간의 사회적 불평등이 심화된다.
② 이로 인해 빈곤층과 부유층 간의 격차가 커지며, 사회적 불안정성이 증가한다.

제8절 전망이론(Prospect Theory)

❶ 개요

(1) 전망이론은 사람들이 위험을 감수하는 방식과 선택을 할 때 나타나는 비합리적인 행동을 설명한다.

(2) 이 이론은 대니얼 카너먼(Daniel Kahneman)과 아모스 트버스키(Amos Tversky)가 1979년에 개발한 것으로, 사람들의 결정이 실제로는 전통적인 경제학 이론에서 가정하는 것처럼 완전히 합리적이지 않음을 보여준다.

❷ 주요 내용

(1) 사람들은 이익을 얻는 것보다 손실을 피하는 것에 더 큰 가치를 둔다. 즉, 사람들은 1달러를 잃는 것에 대해 1달러를 얻는 것보다 더 큰 감정적 반응을 보인다.

   ➡ 이 현상은 사람들이 위험을 회피하려는 경향을 설명한다.

(2) 사람들은 절대적인 금액보다는 상대적인 변화에 기반하여 결정한다. 즉, 현재 상태를 기준으로 한 변화를 더 중요하게 생각[참조점 의존성(Reference Point Dependence)]한다.

   ➡ 예를 들어, 100만 원을 얻은 후 추가로 10만 원을 얻는 것보다, 100만 원을 잃은 후 10만 원을 얻는 것이 더 큰 만족감을 줄 수 있다.

(3) 손실 영역에서는 사람들이 더 위험을 감수하는 경향이 존재한다. 즉, 손실을 줄이기 위해 위험한 결정을 내리는 경우가 많다(위험에 대한 비대칭적 태도: Risk Attitudes).

(4) 이익 영역에서는 사람들은 위험을 회피하는 경향이 존재한다. 즉, 확실한 이익을 선택하는 경향이 강하다.

   ➡ 확실한 50만 원을 받는 것보다 50% 확률로 100만 원을 받는 선택을 선호하지 않는 경우가 많다.

(5) 전통적인 경제학에서는 사람들이 항상 합리적이고 이익을 극대화하려는 결정을 내린다고 가정한다. 그러나 전망이론은 사람들이 감정적이고 심리적 요인에 따라 비합리적인 결정을 내릴 수 있음을 강조한다.

제9절 주요 이론가① - 콕스

❶ 개요

(1) 로버트 콕스(Robert Cox)는 국제정치 및 국제관계이론에서 중요한 영향을 미친 학자로, 특히 그의 "국제정치경제학"과 "그람시적" 접근법이 유명하다.

(2) 그는 국제정치이론에서 자본주의, 권력, 국가, 사회의 관계를 중심으로 다양한 분석을 전개했으며, 국제정치경제학의 발전에 기여하였다.

❷ 주요 주장

⑴ 콕스는 국제정치경제를 단순히 경제학적 분석에 그치지 않고, 권력 관계와 역사적 맥락을 중시하는 접근법을 제시하였다.

⑵ 콕스는 국제질서가 특정한 사회적 힘(제도화), 경제적 이해(물질적 능력), 그리고 이데올로기(이념)가 결합된 결과물이라고 주장하였다.

　① 물질적 능력이란 <u>생산과 파괴의 잠재력</u>을 의미한다. 이는 변화하는 형태를 띠는 것으로 기술적이고 조직적인 능력으로 나타나기도 하고, 축적된 형태로 기술이 전이될 수 있는 자연 자원의 형태나 장비의 저장 형태(산업, 무기)로 나타날 수도 있고, 이런 모든 것을 지배할 수 있는 부의 형태로 나타날 수도 있다.

　② 이념은 크게 두 종류로 볼 수 있다. 하나는 <u>상호주체적인</u> 의미 혹은 행동의 습관이나 기대치를 영구화시키는 경향이 있는 사회관계의 본질이라는 개념을 공유하는 것이다. 다른 하나의 이념은 다른 집단의 사람들에 의해 주장되는 사회질서의 종합적인 이미지이다. 이는 현재 <u>지배적인 권력관계의 정당성</u>과 정의와 공동이익 등의 의미에 대해 다른 견해를 갖는 것이다.

　③ 제도화는 <u>특정질서의 안정화와 영속화의 수단</u>을 의미한다. 제도는 그 기원에서부터 지배적인 권력관계를 반영하며, 적어도 처음에는 이 권력관계와 일치하는 종합적인 이미지를 고무시키는 경향이 있다.

⑶ 국제질서를 형성하는 데 있어서 중요한 요소는 단지 국가나 경제적 주체뿐만 아니라, 더 넓은 사회적 힘들이 상호작용하는 방식이라고 강조한다.

⑷ 콕스는 이탈리아의 마르크스주의 정치 이론가인 안토니오 그람시의 사상을 채택하여, 권력의 이론을 설명한다.

　① 그람시의 헤게모니 이론을 바탕으로, 콕스는 국제적 권력이 어떻게 형성되고 유지되는지, 그리고 그 과정에서 국가가 어떤 역할을 하는지 분석하였다.

　② 헤게모니는 단순히 군사적 힘이나 법적 지배가 아니라, 사회적 합의와 문화적 지배를 통해 유지된다고 주장하였다.

　③ 패권국이 패권을 유지할 수 있는 것은 단순히 강제력의 결과가 아니라, 기존 질서에 의해 불이익을 받는 사람들에게서 그러한 질서에 대한 동의를 이끌어낼 수 있기 때문이다.

　④ 자본주의의 내재적 모순으로 인해 불가피하게 발생하는 경제 위기는 대항 헤게모니(counter-hegemony) 운동을 야기한다.

　⑤ 신현실주의는 현존 질서의 특징을 잘 반영하고 정당화하는 문제해결이론이다.

⑸ 국제정치경제학에서 중요한 개념인 역사적 구조(historical structure)를 제시하였다.

　① 콕스는 국제 정치와 경제의 관계가 고정된 것이 아니라, 역사적 과정을 통해 발전하고 변형된다고 주장하였다.

　② 이러한 역사적 구조는 경제적, 정치적, 사회적 요소들이 상호작용하면서 형성되고 변하는 방식으로 설명된다.

(6) 콕스는 국가, 사회, 경제를 서로 분리된 것으로 보지 않고, 이들이 서로 밀접하게 연결되어 있다는 시각을 취하였다. 이들은 함께 국제 질서를 구성하며, 그 구조와 성격은 시간이 지남에 따라 변화한다고 주장하였다.

(7) 세계 시스템 이론을 발전시킨 이론가 중 한 명으로, 특히 핵심─주변 국가의 관계를 설명하였다.

① 콕스는 경제적 중심지인 "핵심 국가"와 그로부터 경제적으로 종속된 "주변 국가"들 간의 불평등한 관계를 강조하였다.

② 이러한 관계는 국제 경제 및 정치 질서의 불평등성을 이해하는 데 중요한 틀을 제공하였다.

제10절 | 주요 이론가② ─ 길핀

1 개요

로버트 길핀(Robert Gilpin, 1930~2018)은 국제정치경제학(IPE)이라는 분야를 제도화한 1세대 핵심 학자로 현실주의 국제정치이론을 경제 분석에 도입한 대표적인 학자이다.

2 이론적 특징

(1) **국가주의적 IPE(Realist Political Economy)**

① 국제경제는 자율적인 시장의 영역이 아니라 국가 간 권력정치의 연장선이다.

② 국가는 경제정책을 통해 안보·전략적 우위 확보를 도모한다.

③ 시장 실패, 국가 안보, 기술 자립성, 전략 산업 보호 등을 이유로 정부개입을 정당화한다.

④ **핵심 개념**: 국가는 경제정책을 통해 국익(national interest)을 극대화하려는 합리적 행위자이다.

(2) **'상대적 이익' 강조**

① 자유주의는 절대적 이익에 초점을 맞춘다.

② 길핀은 상대적 이익에 주목하여 무역 협력의 한계를 설명하는 데 유용하다.

(3) **패권 안정 이론(Hegemonic Stability Theory)**

① 길핀은 패권국이 군사적·경제적 우위를 바탕으로 국제경제 질서를 형성·유지한다고 주장하였다.

② 패권국(**예** 미국)은 규범, 금융 질서, 무역체제 구축에 주도적 역할을 하며 질서 유지자(order provider) 역할을 수행한다.

③ 즉, 길핀은 "국제경제의 안정은 규칙이 아니라, 패권의 힘에 의해 유지된다."고 보았다.

요소	설명
패권의 조건	경제력, 군사력, 기술 우위, 제도 주도력
패권의 기능	공공재 제공, 질서 유지, 규범 설정
쇠퇴의 결과	질서 붕괴, 보호무역 증가, 국제 협력 약화

⑷ 3대 IPE이론 비교

항목	국가주의	자유주의	마르크스주의
핵심 목표	국익과 안보	시장 효율성	계급 이익
주요 행위자	국가	개인, 기업	계급, 구조
중시하는 이익	상대적 이익	절대적 이익	잉여 착취
국제경제관	무정부 상태, 경쟁적	상호이익 가능	지배와 종속
대표 학자	Gilpin	Keohane, Smith	Wallerstein, Frank

CHAPTER 02 정치경제기구 및 합의

제1절 브레튼우즈 체제(Bretton Woods System)

① 개요

(1) 브레튼우즈 체제는 제2차 세계대전 후, 1944년에 미국 뉴햄프셔주 브레튼우즈에서 열린 연합국의 회의(44개국 참가)에서 성립된 국제금융 및 경제체제를 의미한다.

(2) 내재적 자유주의(embedded liberalism)에 기초하여 국가와 시장이 타협을 이룬 체제이다.

➡ 내재적 자유주의는 시장경제를 보완하고 안정시키기 위하여 선택적으로 정부가 시장에 개입하는 것을 포함한다.

(3) 이 체제는 세계 경제의 안정화와 경제 성장을 촉진하기 위한 주요한 국제규범과 제도를 설정한 것이 특징(환율제도, 국제 금융기구 설립 등)이다.

(4) 미국 주도하에 수립되었으며, 제한되고 관리되는 자유주의에 기초한다.

(5) 사회주의 진영에 대항하는 자본주의 진영의 경제적 결속을 강화하기 위한 안보적 고려도 작용되었다.

(6) 브레튼우즈 체제는 1970년대 초반까지 유지되었으며, 현재의 국제경제 질서의 토대를 마련하였다.

② 브레튼우즈 체제의 핵심 원칙과 구성

(1) **고정환율제(Fixed Exchange Rate)**

① 브레튼우즈 체제에서는 각국의 통화가 미국 달러(USD)에 고정되도록 설정되었다.

⊘ 트리핀 딜레마 : 기축통화인 달러 가치의 신뢰성을 유지하면서도 세계경제의 확장에 따라 충분한 양의 달러를 시장에 공급해 주어야 하는 딜레마이다.

② 각국은 자국의 통화를 달러에 고정시키고, 달러와 금의 교환을 보장하는 시스템을 인정하였다.

③ 이로써 국제적인 무역과 투자에서 환율 변동성을 최소화하고, 안정적인 거래 환경을 조성하였다.

(2) **국제통화기금(IMF) 설립**

① 국제통화기금(IMF) 설립은 각국의 경제적 안정을 지원하고, 국제적인 금융위기를 예방하는 역할을 한다.

② IMF는 각국이 자국 통화 가치를 유지하기 위해 필요시 단기 자금 지원을 제공하고, 통화 정책을 조정하도록 도움을 준다.

③ 창설 당시 미국 재무부는 IMF 가맹국으로부터 50억 달러 규모의 출자금을 조성해서 국제유동성을 확보하자고 제안(화이트 안)하였다.

④ 반면, 영국 재무부는 각국이 외화 준비금으로 보유한 금과 별도로 새 국제통화 방코르(bancor)를 창설하여 350억 달러 규모의 '청산동맹'을 구축하자고 제안(케인즈 안)하였다.

(3) **IBRD 설립**

① 개발도상국의 경제성장을 지원하기 위해 설립하였다.

② 국제적인 자금 조달을 통해 개발도상국들이 인프라 구축이나 경제 개발을 할 수 있도록 지원하였다.

(4) **자유무역 촉진(GATT 설립)**

① 브렌트우즈 체제는 자유무역을 촉진하고 무역장벽을 최소화하는 방향으로 정책을 추진하였다.

② 이를 위해 관세를 낮추고 무역 제한을 줄이는 여러 국제적인 협정들이 이 체제 내에서 이루어졌다.

(5) **국내적으로는 케인주의적 총수요 관리를 추구**

케인즈는 공급보다는 수요를 강조하였다.

(6) **브레튼우즈 세부 합의내용**

① 고정환율제도(금 1온스 = 35달러, 다른 통화는 금이나 달러에 대해 평형가격의 상하 1% 범위 내 환율 고정)

② 달러의 금태환 허용

③ 통화의 자유 교환

④ 국제통화체제 감독을 위한 IMF 설립 ➡ 국제수지 적자국에 대한 중기대부 제공

⑤ 대외거래의 '근본적 불균형'을 겪고 있는 나라는 IMF 동의 하에 10% 범위 내 환율의 변동 허용

⑥ 각 국가는 물가수준이나 고용목표달성을 위해 국제적으로 공통된 기준이나 규칙의 제약을 받지 아니한다.

❸ 브레튼우즈 체제의 해체와 변화

(1) 베트남 전쟁 등으로 인한 미국의 국제수지 적자가 발생하고, 전비조달을 위한 통화량 증가에 의한 인플레이션으로 인해 달러 가치가 급락하였다.

(2) 일부 국가들이 금태환을 요구하였다.

(3) 브레튼우즈 체제는 1971년 리처드 닉슨 미국 대통령의 금-달러 본위제의 중단 선언(더 이상 달러를 금과 교환할 수 없다고 선언)으로 사실상 종료되었다. 이를 계기로 지금까지 달러에 대한 과잉평가가 인식됨으로써 신인도가 하락하였다.

(4) 이 사건을 닉슨 쇼크라고 부르며, 이는 변동환율제로의 전환을 촉발하였다.

제2절 │ 내재적 자유주의

① 개요

전쟁 폐허를 극복하기 위해 국내경제에는 국가의 개입을 허용하여 성장을 이끌 수 있도록 보호무역을 실시하고, 국제적으로는 자유(개방)경제를 지향하는 것이다.

② 배경

(1) 브레튼우즈 체제 입안 당시 공유된 생각

① 1930년대 국제통화체제가 붕괴한 것은 국가 간의 경제 전쟁에 기인한 것이다.

② 시장기구에 의존한 통화체제는 부적절하였고, 국제적인 협조가 중요하다.

③ 제2차 세계내선 이후 국제질서는 자본주의의 최대의 적이 사회주의임이 명백해졌다.

④ 자유주의 질서하에서 국가 간 경제교류는 곧 각국의 경제복구를 앞당겨 줄 것이고, 경제교류의 확대 속에서 각국 간의 결속이 강화될 것이다.

(2) 고전적 자유주의에 대한 비판

① 고전적 자유주의가 지배하는 질서는 자유무역과 국제통화질서의 안정만을 중시하였고, 성장과 고용, 임금 등 국내경제적 필요는 희생시키는 질서였다.

② 제1차 세계대전을 거치고 국가가 시장에 다시 개입하게 되는 대변혁이 이루어지게 되었다.

③ 즉, 국내경제적 필요를 충족시킬 수 있도록 국가의 개입이 허용되는 한에서의 국제적 자유주의 질서가 요구된 것이다.

③ 의미

(1) 자유주의적 국제경제질서를 수립하되, 국내 정책적 자율성을 구속하지 않는 범위 내에서 자유화를 한다는 것이다.

(2) 즉, 국내정책의 자율성과 국제적 안정을 위한 국제경제 관계의 관리를 연계하는 질서의 구축을 의미한다.

① 개방적 무역체제, 자본통제가 가능한 고정환율제, 케인즈적 복지정책을 추진한다.

② 국제적으로 시장기능의 확대와 자유화는 국내적으로 복지정책 강화를 통해 보완한다.

③ 즉, 브레튼우즈 체제는 자유로운 금융질서와 자유로운 무역체제는 양립할 수 없다고 인식하였다.

➡ 자본의 이동을 통제할 수 있는 권한을 개별국가에게 부여하였다.

➡ 무역체제는 GATT를 통하여 국민국가의 권한을 제한하도록 하였다.

제3절 관세 및 무역에 관한 일반협정(GATT)

1 개요

(1) 관세 및 무역에 관한 일반협정(General Agreement on Tariffs and Trade)은 1947년에 체결된 국제협정으로, 제2차 세계대전 이후 전 세계 무역의 자유화와 규제 체계를 마련하기 위해 설립되었다.

➡ 당시 미국의 제안으로 설립하려던 국제무역기구(ITO)는 미국 의회의 반대에 부딪혀 설립되지 못했다. 이에 대한 대안으로 무역질서 관장을 위해 GATT가 활용되었다.

(2) GATT의 주요 목적은 국가 간의 무역장벽을 줄이고, 국제 무역을 촉진하는 것으로 주로 관세, 무역제한, 무역 규제 등에 관한 규정을 포함하고 있으며, 세계 경제의 안정과 성장을 도모하는 역할을 수행한다.

(3) 한국은 1967년에 가입하였다.

더 알아보기

하바나 헌장

• 1947년 11월부터 1948년 3월까지 쿠바의 수도 하바나에서 개최된 「국제연합무역고용회의」에서 채택된 국제무역헌장으로서 ITO(International Trade Organization)헌장이라고도 한다.
• 세계무역을 자유무역체제 하에서 재건 및 촉진하려는 목적으로 1945년 11월 1일 미 국무성이 제안한 「세계무역 및 고용확장에 관한 제안」에서 발단되었다.
• 초안은 1946년 11월 런던에서, 1947년 1월 뉴욕, 그리고 1947년 4월 제네바에서 여러 차례의 수정 끝에 1948년 3월 하바나회의에서 채택되었다.
• 전문 8장 106조로 되어 있고, 주요 내용은 ① 관세인하와 특혜관세의 폐지, ② 할당제와 차별대우의 금지, ③ 환통제의 철폐, ④ 사적 카르텔의 금지, ⑤ 잉여물자처리법의 규제, ⑥ 수출보조금의 폐지, ⑦ 완전고용의 유지, ⑧ 국제무역기구(ITO)의 설치 등이다.
• 하지만 헌장의 내용이 너무나 자유무역의 이상에 빠져있다는 평가가 있었고 미국에서조차 인준을 얻지 못하여 발효되지 못하였다.

---

2 GATT의 주요 목적

(1) **무역 자유화**

GATT는 국가들 간에 무역장벽을 줄이고, 관세를 낮추거나 철폐하여 국제 무역을 촉진하려는 목적을 가지고 있다.

(2) **상호주의 요구 및 유도**

① 협정은 상호주의의 원칙을 바탕으로 하여, 각국이 다른 국가들과의 무역에서 공정한 경쟁을 보장하도록 한다.

② 즉, 한 나라가 무역장벽을 낮추면, 다른 나라가 이에 상응하는 조치를 취하도록 요구한다.

(3) 무역분쟁 해결

GATT는 무역분쟁이 발생했을 때 이를 해결할 수 있는 체계를 마련하여, 무역 갈등이 다른 형태의 정치적 갈등이나 경제적 갈등으로 번지는 것을 방지한다.

❸ GATT의 주요 원칙

(1) 비차별 원칙 및 호혜주의

① GATT는 최혜국대우(MFN) 원칙을 채택하여, 모든 회원국이 다른 회원국과 동일한 조건에서 무역을 하도록 규정한다.

② 즉, 한 나라가 다른 나라와 체결한 무역 혜택을 다른 모든 회원국에도 동일하게 적용하도록 한다.

(2) 내국민 대우

GATT는 회원국들이 외국 제품과 자국 제품을 차별하지 않도록 하고, 외국 제품에 대해서도 자국 제품과 동일한 세금과 규제를 적용하도록 요구한다.

(3) 관세 인하

GATT의 주요 목표 중 하나는 관세를 점진적으로 인하하는 것이었으며, 이를 통해 무역을 촉진하고, 각국의 경제발전을 지원하고자 하였다.

(4) 투명성

① GATT는 각국이 자국의 무역 규정을 투명하게 공개하고, 이를 국제적으로 알려야 한다는 원칙을 지지한다.

② 이를 통해 국가 간의 무역 관계를 명확하게 하고, 불확실성을 줄이기 위함이다.

❹ 기타 특징

(1) GATT의 주요 활동은 주기적인 협상 라운드를 통해 이루어졌다.

① 각 라운드에서 회원국들은 관세 인하, 무역장벽 제거 등 다양한 문제를 다루었다.

② 대표적인 협상 라운드로는 도쿄 라운드, 우루과이 라운드 등이 있다.

> **더 알아보기**
>
> **주요 협상 라운드**
>
> **1. 제네바 1차 라운드(1947)**
> • 제네바 1차 라운드는 GATT 협정이 체결된 후 열린 최초의 다자간 무역 협상이다.
> • 1947년 제네바에서 열린 회의는 무역장벽을 낮추고 세계 경제를 재건하는 것을 목표로 하였다.
> • 23개국이 참가하여 약 2,000여 개 품목의 관세를 인하하는 합의를 도출했다.
> • GATT의 기본 틀이 확립되었으며, 국제무역 체계의 기초가 확립되었다.

2. **딜런 라운드(1960~1961)**
- 딜런 라운드는 1960년부터 1961년까지 미국의 경제학자 아더 딜런(Arthur Dillon)을 중심으로 진행된 협상이다.
- 이 라운드는 주로 농업 및 산업 품목의 관세를 인하하는 데 중점을 두었으며, 미국의 경제적 영향력 확대를 목표로 하였다.
- 농업 및 산업 제품에 대한 관세 인하가 이루어졌지만, 농업 부문에 대한 깊은 논의는 여전히 해결되지 않았다.

3. **케네디 라운드(1964~1967)**
- 케네디 라운드는 1964년부터 1967년까지 진행된 GATT 협상으로, 당시 존 F. 케네디 대통령의 지휘 하에 이루어졌다.
- 농업, 산업, 서비스 등 광범위한 품목에 대해 관세 인하와 무역장벽을 철폐하는 데 중점을 두었다.
- 전체 관세의 약 35% 감소라는 중요한 성과를 이루었고, 서비스와 같은 새로운 분야에 대한 논의가 본격적으로 시작되었다.
- 항공, 해운, 수출 보조금 등에 대한 논의도 활발히 이루어졌으며, 농업 문제에 대한 기초가 다져졌다.

4. **도쿄 라운드(1973~1979)**
- 도쿄 라운드는 1973년부터 1979년까지 진행된 협상으로, 일본 도쿄에서 주요 회의가 진행되었다.
- 도쿄 라운드는 비관세 장벽, 기술 장벽, 서비스 등 새로운 무역 이슈를 다루었다.
- 농업과 서비스 문제에 대한 구체적인 합의가 이루어지지 않았지만, 기술 장벽과 비관세 장벽에 대해 중요한 협상이 이루어졌다.
- 특히, 기술적인 규제, 표준화 문제 해결을 위한 여러 국제 협정들이 마련되었다.
- 또한, 관세뿐만 아니라 비관세 장벽을 다루는 방식으로 무역의 범위가 확장되었다.

5. **우루과이 라운드(1986~1994)**
- 우루과이 라운드는 1986년부터 1994년까지 진행된 GATT 협상으로, <u>가장 중요한 라운드 중 하나로 평가된다</u>.
- 농업, 서비스, 지적 재산권, 무역 관련 투자 등을 포함한 광범위한 문제를 다루었고, <u>WTO(세계무역기구)의 출범을 준비하는 중요한 협상이었다</u>.
- 국제무역체제에서 법률적 구속력이 있는 분쟁해결기구를 공식적으로 출범시켰다(Dispute Settlement Body, DSB).
- 농업에 대한 새로운 합의가 이루어졌고, 무역 관련 지적 재산권(TRIPs)과 서비스 분야(GATS)가 포함된 협약이 체결되었다.
- WTO 설립이 결정되었으며, GATT 체제의 한계를 넘어서 세계무역기구(WTO)가 출범하게 되는 중요한 기반이 마련되었다.

6. **도하 개발 어젠다(DDA) 협상(2001~)**
- 도하 개발 어젠다(DDA)는 2001년 카타르 도하에서 열린 WTO 제4차 각료회의에서 출발한 협상이다.
- 주요 의제로 농업, 서비스, 비농산물시장 접근, WTO 규범, 환경문제 등을 다루고 있다.
- 이 협상은 특히 개발도상국의 경제적 이익을 증진시키고, 농업 보조금, 지적 재산권 문제, 서비스 분야 등의 개혁을 중점적으로 다루고 있다.
- 농산물 관세 인하, 농업에 대한 보조금 삭감, 무역장벽을 낮추는 문제를 다루고 있지만, 개발도상국의 요구를 반영하는 데 어려움을 겪고 있다.
  ➡ 미국, EU, 브라질, 인도 등 주요 무역국들 간에 마찰이 발생하였다.
- 협상이 지속적으로 교착 상태에 빠지면서 진전이 지연되고 있다.

⑵ 1995년에 세계무역기구(WTO)가 출범하면서 GATT는 WTO로 대체되었다. WTO는 GATT의 기본 원칙을 계승하면서도, 무역뿐만 아니라 서비스, 지적 재산권, 투자 등 더 넓은 범위의 문제를 다루게 되었다.

⑶ **GATT의 한계와 문제점**

① GATT는 주로 상품 무역에 초점을 맞추었기 때문에, 서비스와 지적 재산권 등 다른 중요한 무역 문제를 다루지 않았다.

② GATT 체제에서는 특정 국가들이 불균형적인 무역을 지속적으로 하면서 다른 국가들이 피해를 보는 문제가 발생했다.

③ GATT에서는 농업과 관련된 보호주의적인 정책을 완전히 해결하지 못했으며, 특정 국가들이 농업 보조금 등의 혜택을 계속 제공하는 문제도 있었다.

④ 1990년대부터 지역 및 양자 간 무역협정이 확산되었다.

제4절 세계무역기구(WTO)

① 개요

⑴ 세계무역기구(WTO)는 국가 간 경제분쟁에 대한 판결권과 그 판결의 강제집행권 이용, 규범에 따라 국가 간 분쟁이나 마찰조정 등을 목적으로 하는 단체이다.

➡ WTO는 분쟁해결기구(DSB)를 설립하여 무역보복조치 허가 권한을 가지고 있어 GATT보다 무역 분쟁 해결능력이 강화되었다.

⑵ 사무국은 스위스 제네바에 소재하며, 영어, 불어, 스페인어 3개 국어를 공용어로 사용하고 있다. 사무국은 여타 국제기구와 마찬가지로 각 회원국들의 분담금으로 운영되고 있다.

⑶ WTO 회원국은 총 166개국(2024. 8. 30. 기준)이다.

더 알아보기

가입 절차

• 'WTO 설립을 위한 마라케시 협정'* 제12조는 WTO 가입 관련 규정을 명시하고 있다.

  ✎ 세계무역기구 설립을 위한 협정. 동 협정에 의해 세계무역기구(World Trade Organization)가 설립되었으며, 4개의 부속서를 통하여 다자간 및 복수국간 협정을 포함한다. 1994년 4월 15일 마라케시 각료회의에서 채택되어 1995년 1월 1일에 발효되었다. 4개의 부속서는 부속서 1A) 상품무역에 관한 협정, 부속서 1B) 서비스 무역에 관한 협정, 부속서 1C) 지적재산권에 관한 협정, 부속서 2) 분쟁해결양해, 부속서 3) 무역정책검토 제도, 부속서 4) 복수국가 간 무역협정이다.

• 이 조항의 경우 완전한 자치를 갖는 독립적 관세영역(separate territory possessing full autonomy)은 WTO 가입자격이 있다고 규정한다.

• 가입신청국은 자국의 무역 및 경제 관련 규정이 WTO 규정과 합치하도록 해야 하며 상품 및 서비스 관세 인하, 시장개방을 기존 WTO 회원국과 합의해야 한다.

> **• 가입 절차**
> - 우선 가입신청국에 대한 WTO 가입작업반을 설치하고 회의를 열어 가입신청국 국내 규정의 WTO 합치성 등을 검토
> - 가입신청국은 관심 회원국들과 상품·서비스 시장접근에 대한 양자 협상 진행
> - 양자 협상이 완료되고 가입작업반에서 가입신청국의 국내 규정이 WTO와 조화돼 가입자격을 갖췄다고 판단하면 WTO 사무국이 최종 보고서 작성
> - 보고서를 일반이사회 및 각료회의에 보고해 승인 획득
> • WTO가 1995년 128개 회원국으로 출범한 이후 현재까지 마라케시 협정 제12조에 따라 WTO에 가입한 회원국은 총 38개국이다.
> • 이들 회원국은 '12조 그룹(Article XII Members)'으로 분류되고 있으며, 대표적으로 중국(2001년 가입), 러시아(2012년 가입)가 있다.

❷ WTO의 주요 특징

(1) 모든 주요한 결정들은 각료회의, 대사 또는 대표단을 통해 전체 회원국들에 의해 이루어지며, 총의제에 의한다.

> ⊘ WTO 설립협정 제9조 1항 : WTO는 1947년 GATT에서 지켜졌던 컨센서스에 의한 결정의 관행을 계속 유지한다. 달리 규정되지 아니하는 한, 컨센서스에 의하여 결정이 이루어지지 아니하는 경우 문제가 된 사항은 표결에 의한다.

(2) WTO는 회원국의 무역정책을 검토하기 위해 무역정책검토제도를 설치한다.

(3) WTO는 기존 GATT가 가지고 있었던 주요 원칙을 포함한 다음의 원칙을 유지한다.

① **최혜국 대우 원칙** : 모든 회원국이 다른 회원국과 동일한 조건에서 무역을 하도록 규정한다.

② **내국민 대우 원칙** : 동종의 상품, 서비스, 지적재산권 등 교역권에 대하여 내국인에게 주는 혜택을 외국인에게도 주어야 한다는 것이다.

③ **호혜주의 원칙** : 한 국가가 무역장벽을 낮추면 다른 국가도 이에 상응하는 조치를 취해야 한다는 원칙이다.

④ **투명성 원칙** : 각국이 자국의 무역 규정을 투명하게 공개하고, 이를 국제적으로 알려야 한다는 원칙이다.

⑤ **다자주의 원칙** : 관세수준과 기타 무역 제한수준 등과 같은 각종 무역규범의 제정, 변경, 적용, 집행 등을 위해서는 모든 관련 국가의 참여하에 논의되고 결정되어야 하며, 협정당사국에 분쟁이 발생한 경우 모두 참여한 다자간 협상을 통해 해결되어야 한다는 원칙이다.

⑥ **시장접근보장 원칙** : 관세나 조세를 제외한 재화와 용역의 공급에 대한 일체의 제한이 철폐되어야 한다는 원칙이다. 이 원칙은 내국민 대우 원칙과 함께 시장개방의 두 축을 이루고 있다.

❸ 주요 조직

(1) 최고 의사결정기구인 각료회의는 최소 2년마다 개최되어야 하며, WTO 다자무역협정하의 모든 분야에 대한 결정권을 갖고 있다.

(2) 일반이사회는 각료회의의 결정을 집행하며 산하에는 상품교역, 서비스교역, 지적 재산권 이사회 등이 있다.

(3) 기타 환경, 개발, 국제수지 등과 관련된 위원회가 조직되어 있다.

(4) 사무총장은 각료회의에서 지명하는데 각료회의에서는 사무총장의 권한과 의무, 근무 조건 및 임기를 결정한다.

① 사무총장의 임기는 4년이며 재임 가능하다.

② 현 사무총장 임기 만료 9개월 전에 선출 절차를 개시하며, 임기 만료 3개월 전 신임 사무총장을 결정한다.

③ 사무국 직원의 임명과 근무조건은 각료회의에서 정한 규칙에 따라 사무총장이 임명한다.

❹ 분쟁해결기구(DSB)

(1) WTO(세계무역기구)의 분쟁해결기구(Dispute Settlement Body)는 국제 무역에서 발생할 수 있는 분쟁을 법적 절차를 통해 해결하기 위해 설계된 제도이다.

(2) 분쟁해결기구는 WTO 회원국들 간에 무역분쟁을 해결하는 핵심적인 역할을 한다.

(3) **분쟁해결기구의 주요 절차**

① 분쟁 제기

㉠ WTO 회원국은 상대국의 조치가 WTO 협정을 위반했다고 판단되면, 분쟁해결기구에 제소할 수 있다.

㉡ 분쟁을 제기하려면 해당 국가가 자발적으로 대화를 통해 문제를 해결하려는 노력을 해야 한다.

② 조정 절차(Consultations)

㉠ 분쟁을 제기한 국가(원고국)는 상대국(피고국)과의 직접적인 협의를 요청한다.

㉡ WTO는 두 국가 간의 조정을 위한 자문과 중재 역할을 수행한다.

㉢ 협의가 성과를 보지 못하거나, 60일 내에 해결되지 않으면, 원고국은 WTO 분쟁해결기구에 공식적으로 분쟁 해결 절차를 시작한다.

③ 패널 설치(Panel Formation)

㉠ 협의가 결렬되면, 패널이 설치된다. 패널은 전문가로 구성되며, 양측의 주장과 관련 법령을 조사하고, 결론을 내린다.

㉡ 패널은 문제의 법적 해석을 바탕으로 판결을 내린다. 이 판결은 WTO 규정에 따른 위반 여부를 평가하는 과정이다.

㉢ 판결은 각국에 30일 내로 통보되며, 양측은 판결에 대해 반박하거나 수정을 요청할 수 있다.

④ 상소(Appellate Body)

    ㉠ 패널의 판결에 대해 불복이 있을 경우 상소할 수 있다.

    ㉡ 상소기구는 판결의 법적 해석이나 절차적 문제를 다루며, 패널의 결정을 수정하거나 유지할 수 있다.

    ㉢ <u>상소기구의 결정은 최종적이며, WTO 회원국들은 이를 준수해야 한다.</u>

    ㉣ 상소기구 위원 임기 만료 전에 배당된 분쟁은 임기 만료 이후에도 계속 담당하도록 규정한다.

      ➡ 미국은 상소기구 위원 임기는 DSB 승인사항이라 주장했다.

    ㉤ 상소기구는 7인의 위원으로 구성되며 위원은 회원국의 총의로 임명한다.

    ㉥ 위원은 최초 임명 시 4년의 임기가 주어지며, 재임 가능하다.

⑤ 이행 및 보상(Implementation and Compliance)

    ㉠ 분쟁 해결을 위한 판결이 내려지면, 피고국은 WTO 규정을 준수하고 조치를 이행해야 한다.

    ㉡ <u>만약 피고국이 판결을 따르지 않으면, 원고국은 보복적 조치를 취할 수 있으며, 보복의 수준은 WTO의 허용 범위 내에서 이루어져야 한다.</u>

⑥ 보복조치(Retaliation)

    ㉠ 피고국이 판결을 이행하지 않으면, 원고국은 보복조치를 요청할 수 있다.

    ㉡ 보복조치는 WTO의 승인을 받아 피고국에 불리한 조치를 취할 수 있게 하는 것으로, 통상적으로는 수입제한, 세금부과 등의 방식이 있다.

❺ 무역정책검토제도(TPRM)

(1) WTO 무역정책검토제도(Trade Policy Review Mechanism)는 WTO 회원국들이 자국의 무역정책을 정기적으로 평가하고 검토하는 제도이다.

(2) 이 제도는 무역의 투명성을 높이고, 회원국 간의 정책 대화를 촉진하며, WTO 규정 준수 여부를 확인하는 중요한 역할을 한다.

(3) TPRM은 1995년 WTO 출범 이후 시작되었으며, 무역의 투명성을 강화하고 국제적인 협력을 증진시키는 중요한 기제로 작용하고 있다.

(4) **무역정책검토제도의 목적**

  ① 회원국들이 자국의 무역정책을 WTO와 다른 회원국들에게 공개하고, 다른 국가들의 정책을 이해함으로써 무역 환경의 예측 가능성을 높인다.

  ② 각국의 무역정책이 WTO의 규정에 부합하는지 점검하고, 이를 통해 무역규범의 일관성을 강화한다.

  ③ 각국의 무역정책을 검토함으로써 상호이해와 협력을 증진시키고, 무역분쟁 예방에 기여한다.

  ④ 검토 과정에서 비효율적인 무역정책이나 규제의 문제점을 지적하여, 개선할 수 있도록 유도한다.

(5) **무역정책검토의 절차**

① TPRM의 절차는 정기적 검토와 상호 평가를 중심으로 진행되며, 크게 세 가지 주요 단계로 구분된다.

② 1단계 보고서 제출, 2단계 무역정책검토위원회 심의, 3단계 결과발표로 진행된다.

(6) **무역정책검토의 빈도와 주기**

① TPRM은 각 국가의 무역정책 검토 주기가 다르며, 주로 다음 기준에 따라 검토 주기가 설정된다.

② 대형 경제국(경제 규모가 큰 국가 **예** 미국, 중국, EU 등)은 2년마다 검토한다.

③ 중소형 경제국(경제 규모가 작은 국가)은 4년마다 검토한다.

❻ 일반특혜관세제도(GSP)

(1) 일반특혜관세제도(Generalized System of Preferences)는 개발도상국들이 선진국에 대해 상품을 수출할 때, 일정 조건 히에 세금을 먼세하거나 세금 인하 혜택을 부여하는 제도이다.

(2) 이 제도는 개발도상국의 경제성장을 촉진하고, 선진국과 개발도상국 간의 경제적 격차를 줄이기 위한 목적에서 시작되었다.

(3) **주요 특징**

① 대상국 : GSP 혜택은 주로 경제적으로 발전이 부족한 국가들에 적용된다.

② 적용 상품 : GSP 혜택은 특정 상품군에 대해 적용된다. 즉, 모든 상품이 혜택을 받는 것은 아니며, 국가별로 혜택이 다를 수 있다.

③ 세금 혜택 : 일반적으로 GSP 혜택을 받는 상품은 정상적인 수입세율보다 낮거나 세금이 면제된다. 이러한 혜택은 상품의 가격을 낮추고, 개발도상국들의 수출이 증가하는 데 도움이 된다.

④ 조건 : GSP 혜택을 받기 위해서는 각국의 규정에 맞는 조건을 충족해야 한다. 예를 들어, 상품의 생산이 해당 국가에서 이루어졌다는 증명이 필요하거나, 일정 비율 이상의 현지 자원을 사용해야 하는 경우 등이다.

제5절 | 국제통화기금(IMF)

❶ 개요

(1) 국제통화기금(International Monetary Fund, IMF)은 제2차 세계대전 후의 경제적 혼란을 해결하고, 국제적인 경제 안정과 발전을 도모하기 위해서 1944년에 설립된 국제 금융 기구로, 세계 경제의 안정성을 증진하고, 국제 무역을 촉진하며, 경제성장과 빈곤 감소를 지원하는 역할을 수행한다.

(2) 1944년 미국 뉴햄프셔 주 브레튼우즈에서 열린 국제회의(브레튼우즈 회의)에서 44개국은 전후 세계 경제의 재건과 안정화를 위한 새로운 국제 금융 체제를 구축하기로 합의했으며, 이 회의에서 IMF 설립이 결정되었다. IMF의 주요 임무는 각국의 환율 안정과 국제 거래의 원활한 흐름을 보장하는 것이었다.

(3) IMF는 전 세계 190개국 이상의 회원국을 두고 있으며, 각국 경제의 안정과 지속 가능한 성장을 위한 다양한 활동을 하고 있다.

(4) IMF는 태국의 통화위기로 촉발된 아시아 금융위기를 성공적으로 진압하지 못하고 러시아나 남미 등 여타 신흥시장으로까지 확산되는 것에 대해서 큰 역할을 하지 못하였다.

   ① 정보투명성의 제고, 가맹국 금융 감독에 대한 강화 등의 개혁 요구가 등장하였다.

   ② 과거에 비해 IMF에 대한 신뢰가 상당 부분 상실되었다.

❷ IMF의 주요 기능

(1) 경제 감시(Surveillance)

   ① IMF는 회원국들의 경제와 금융 상태를 감시하고 분석하여, 경제적 불균형이나 잠재적 문제를 조기에 식별하고 이에 대한 정책적 조언을 제공한다.

   ② 또한, 글로벌 경제의 동향을 분석하고, 각국 정부에 필요한 경제정책을 권고한다.

(2) 금융 지원(Financial Assistance)

   ① IMF는 경제적 위기에 처한 국가에 금융 지원을 제공한다.

   ② 대출을 통해 외환부족 문제를 해결하고, 경제적 안정화를 위한 정책 개혁을 지원하는데 IMF는 주로 구조조정 프로그램을 통해 대출을 제공한다.

(3) 기술 지원 및 교육(Capacity Development)

IMF는 경제정책, 재정관리, 통화정책 등의 분야에서 회원국 정부에 기술적 지원을 제공하고, 정책 입안자들에게 교육을 실시하여 각국의 경제 관리 역량을 강화한다.

(4) 연구 및 데이터 제공

   ① IMF는 세계 경제 및 지역경제에 대한 연구와 데이터를 수집하여, 이를 바탕으로 정책 입안자들에게 유용한 정보를 제공한다.

   ② 또한, 경제 문제에 대한 연구를 통해 경제학자들과 일반 대중에게 중요한 경제적 인사이트를 제공한다.

❸ IMF의 구조

(1) IMF는 190개 이상의 회원국을 보유하고 있으며, 각 회원국은 자금을 기여하여 IMF의 자원을 조성한다.

   ① 이 자금 기여는 쿼터라고 하며, 각국의 경제 규모에 비례하여 설정된다.

   ② 쿼터는 또한 각국의 투표권을 결정한다(가중치 다수결).

(2) IMF는 운영을 총괄하는 이사회를 두고 있으며, 이사회는 각 회원국의 대표로 구성하고, IMF의 중요한 결정들을 내린다.

(3) IMF의 총재는 이사회의 결정에 따라 선출되며, IMF의 일상적인 운영을 책임진다.

④ 특별인출권 제도

⑴ 국제통화기금(IMF)의 특별인출권(Special Drawing Rights, SDR)은 IMF가 회원국들에게 제공하는 국제적인 교환 수단이다.

⑵ SDR은 실물화폐는 아니고, IMF가 회원국에 배분하는 신용으로, 외환 보유 자산으로 사용될 수 있는 권리이다.

⑶ 각국은 외환부족 시 IMF를 통해 다른 통화로 교환하거나 국제적인 거래에서 사용할 수 있다.

⑷ 1969년에 도입된 이 제도는 주로 국제통화기금의 회원국들이 필요할 때 외환을 확보할 수 있도록 지원하는 목적을 가지고 있다.

⑸ 특별인출권의 가치는 IMF가 5년마다 정한다.

⑹ IMF는 특별인출권을 정기적으로 각 회원국에 배분하는데, 각국의 경제규모나 IMF 기여율에 따라 배분량이 다르다. 예를 들어, 미국과 중국은 IMF에 큰 비율로 기여하므로 더 많은 SDR을 배분받는다.

⑺ **SDR의 사용**

① **외환 보유고**: SDR은 회원국들이 외환보유고에 포함시키고, 이를 통해 국제 무역 및 금융 거래에서 유동성을 높일 수 있다.

② **다른 통화로 교환**: SDR은 다른 국가의 통화(미국 달러, 유로, 일본 엔 등)와 교환할 수 있으며, IMF 회원국 간의 거래에서 활용된다.

③ SDR은 실제 화폐가 아니므로 직접적인 지불 수단으로 사용되지 않으며, 교환을 통해 다른 통화로 변환해야만 사용할 수 있다.

제6절 | 아시아인프라투자은행(AIIB)

① 개요

⑴ 아시아인프라투자은행(Asian Infrastructure Investment Bank, AIIB)은 아시아 지역의 인프라 개발을 지원하고자 설립된 국제 금융기관이다.

⑵ 2015년에 발효되었으며, 본부는 중국 베이징에 위치하고 있다.

⑶ 21개 아시아 국가들이 2014년 10월 양해각서(MOU)에 서명하였다.

⑷ AIIB는 중국이 주도적으로 설립한 은행이며, 중국 정부의 중요한 외교 및 경제적 전략 중 하나로 자리 잡고 있다.

⑸ 주요 경제국 중 미국과 일본은 이 은행에 참여하지 않았다.

⊘ 일본은 다소 유동적인 자세를 취했다.

❷ 설립 배경

(1) AIIB는 아시아 개발은행(ADB)과 세계은행(WB) 등 기존 국제 금융기관들의 한계를 보완하고, 아시아의 인프라 수요를 충족시키기 위해 설립되었다.

　① 2013년 10월 2일 시진핑 주석이 공식제안 후, 2014년 10월 24일 중국, 인도, 싱가포르 등 21개 국가 대표가 베이징에서 AIIB 창립에 합의하고, 서명하였다.

　② 2015년 3월 12일 영국은 서방국가로는 처음으로 AIIB 회원국으로 신청하였으며, 프랑스, 독일, 이탈리아 등도 참여의사를 밝혔다.

　③ 2015년 3월 26일 한국은 참여를 결정하였다.

　④ 미국은 AIIB 설립에 부정적 입장이다.

(2) 기존에 일본이 주도하고 있는 아시아 개발은행(ADB)에 대항하기 위하여 설립하였다. 즉, 중국은 AIIB를 통해 아시아 인프라 투자의 거점을 일본, 미국에서 중국으로 이동시키고자 하였다.

　➡ 일대일로와 결합하여 아시아, 아프리카, 유럽 등에서 위안화 사용량을 늘리고자 한 것이다.

(3) 중국이 제안 및 주도한 이 은행은 많은 국가들이 참여하며 국제적인 금융기관으로 성장하였다.

❸ 목표와 역할

(1) 주요 목표는 아시아 지역의 인프라 부족 문제를 해결하고, 경제발전을 촉진하는 것이다.

(2) 도로, 철도, 항만, 공항 등 교통 인프라를 비롯하여 에너지, 환경 보호, 정보통신 기술 분야 등 다양한 프로젝트에 대한 투자와 지원을 제공한다.

(3) 국제연합은 아시아인프라투자은행의 발족을 "지속 가능한 개발의 재정 확대"에 대한 잠재력을 가지고 있다고 보았다.

❹ 회원국

(1) AIIB의 회원국은 아시아뿐만 아니라 유럽, 아프리카, 중동, 라틴 아메리카 등 다양한 국가들이 포함된다.

(2) 창립 회원국에는 중국, 인도, 러시아, 독일, 영국, 한국, 호주 등이 있으며, 현재 회원국 수는 100국 이상이다.

(3) 창립 회원국 모두가 합의안을 발효한 것은 아니다. 합의안에 서명했으나 이를 발효하지 않은 국가에는 브라질, 남아프리카 공화국, 쿠웨이트 등이 있는데 창립 회원국의 기준을 충족하지 못했기 때문에 일반 회원국으로 분류된다.

(4) 타이완이 회원국 자격으로 가입할 의사를 비쳤을 때 중화인민공화국 정부는 이를 거부하였다.

(5) 북한은 2015년 가입의사를 밝혔으나 북한의 금융·경제체제가 국제기구에 참여할 수준에 미치지 못해 가입이 거부되었다.

제7절 AMF(Asian Monetary Fund)

❶ 개념

(1) AMF는 아시아 지역의 경제적 안정을 도모하기 위해 설립을 논의했던 국제 금융 기관이다.

(2) 1997년 아시아 금융위기(Asian Financial Crisis) 이후 아시아 국가들의 경제적 회복을 지원하기 위한 대안으로 제시되었지만, 실제로 설립되지는 않았다.

(3) 대신, IMF(International Monetary Fund)가 아시아 지역의 경제 회복을 지원하는 주요 기관으로 자리 잡았다.

❷ 설립 추진 배경

(1) **1997년 아시아 금융위기**

① 1997년에 발생한 아시아 금융위기는 태국을 비롯한 동남아시아 국가들의 경제에 큰 타격을 주었고, 그 여파는 한국, 인도네시아, 말레이시아 등 다른 아시아 국가들로 확산되었다.

② 위기의 원인으로는 과도한 외채, 불안정한 금융 시스템, 과도한 외환 거래 등이 지적되었으며, 이러한 문제를 해결하기 위해 아시아 국가들은 지역 내에서의 경제적 협력을 강화하고자 하였다.

(2) **IMF의 역할에 대한 불만**

① 아시아 금융위기 당시 IMF는 주요 구제금융 기관으로 역할을 했지만, 많은 아시아 국가들은 IMF의 구제금융 조건이 지나치게 엄격하고, 경제 회복에 장기적인 악영향을 미친다고 불만을 제기하였다.

② 특히 IMF의 구조조정 요구와 통화 절하 조치 등이 사회적 불안을 초래한 것으로 평가한다.

(3) 결국, 일본 정부는 1997년 9월 홍콩에서 열린 IMF 총회에서 "외환위기 발생시 IMF에 의한 긴급 금융지원에는 한계가 있다."며 "아시아 국가 간 상호부조를 위해 AMF를 새로 만들어 IMF를 보완하자."고 제안했다.

❸ 실패 이유

(1) **미국과 국제사회의 반대**

① AMF의 설립 제안은 미국과 IMF의 주요 국가들로부터 강한 반대에 부딪혔다. 특히, 미국은 IMF의 역할을 약화시킬 수 있다는 우려를 표명했고, 또한 아시아 국가들의 협력이 IMF와 같은 기존의 글로벌 경제 시스템을 대신할 수 없다는 입장을 밝혔다.

② 결국 아시아 국가들은 ASEAN+3(동남아시아 국가 연합 및 중국, 일본, 한국)을 중심으로 한 "Chiang Mai Initiative"와 같은 협력기구를 통해 경제적 협력을 강화해 나가게 되었다.

(2) 아시아 국가들의 설립 의지 부족

(3) 국가별 이익의 상이

제8절 워싱턴 컨센서스(Washington Consensus)

❶ 개요

(1) 워싱턴 컨센서스는 1989년에 경제학자 존 윌리엄슨(John Williamson)이 제시한 개발도상국들이 경제위기를 극복하고 성장을 촉진하기 위해 따라야 할 일련의 경제정책들을 의미한다.

(2) 이 용어는 미국 워싱턴 D.C.에서 주로 활동하는 국제 금융 기관들[국제통화기금(IMF), 세계은행(World Bank), 미국 재무부 등]의 정책적 방향을 반영한 것으로, 시장 중심의 개혁을 강조한다.

(3) 세계 주요 경제기구의 본부가 워싱턴 D.C.에 위치한다는 사실에서 명칭이 유래하였다.

❷ 주요 내용

(1) **재정적 균형 맞추기**

정부의 재정 적자를 줄이고, 정부 지출을 효율적으로 관리하며, 과도한 국가 부채를 억제한다.

(2) **통화 정책 안정화**

물가 안정, 통화 가치의 안정성 등을 목표로 한 정책을 통해 인플레이션을 억제한다.

(3) **시장 개방**

무역 자유화, 외환 시장 개방 등을 통해 외국인 투자를 유치하고, 경쟁력을 증진한다.

(4) **규제 완화**

기업 및 산업에 대한 정부 규제를 줄여, 시장의 효율성을 높이고 경쟁을 촉진한다.

(5) **민영화**

국영기업을 민간부문에 넘겨, 시장 주도적인 성장을 유도한다.

(6) **세금 개혁**

세금 제도를 개혁하여 경제의 효율성을 높이고, 세수 확보를 개선한다.

(7) **사회적 지출 효율화**

사회복지 시스템이나 공공서비스의 지출을 효율적으로 운영하여 재정 건전성을 유지한다.

❸ 평가 및 비판

(1) 워싱턴 컨센서스는 특히 1980년대와 1990년대의 라틴 아메리카 국가들에서 광범위하게 적용되었다.

(2) 그러나 이 정책은 각국의 정치적, 경제적 상황을 무시한 채 일률적으로 적용되었기 때문에 일부 국가들에서는 그 효과에 대한 비판도 존재하였다.

(3) 특히, 사회적 불평등을 악화시키거나, 가난한 계층에 불리한 영향을 미쳤다는 지적이 제기되었다.

(4) 국제경제기구의 구제금융은 수혜 국가에게 혜택과 동시에 부담을 주기도 한다.

⑸ 반세계주의자들은 미국의 이익을 극대화하기 위한 금융 자본주의의 음모라고 비판하였다.

⑹ 그럼에도 불구하고 워싱턴 컨센서스는 시장경제와 자유무역을 통한 글로벌 경제 통합의 중요성을 강조하는 이론으로, 현대 경제학에서 중요한 논의의 한 축을 차지한다.

더 알아보기

베이징 컨센서스

- 베이징 컨센서스는 2004년 조슈아 쿠퍼 라모(Joshua Cooper Ramo)가 처음 제안한 개념으로, 중국의 경제 발전 모델을 설명하기 위해 만들어졌다.
- 이는 신자유주의적 워싱턴 컨센서스(Washington Consensus)에 대한 대안적 발전 모델이라 할 수 있다.
- 주요 특징

요소	설명
국가 중심 발전	국가가 경제 전략과 산업 육성에 주도적 역할
점진적 개혁	급진적 개혁이 아닌 점신석 실험과 피드백
주권 존중	외부 간섭 거부, 국내 정치·경제에 대한 자율성 강조
사회 안정 중시	성장 외에도 정치적 안정과 사회 통합 중시
기술적 실용주의	이념보다 실질적인 효과와 성과에 집중

- 워싱턴 컨센서스와 비교

구분	워싱턴 컨센서스	베이징 컨센서스
이념	신자유주의	실용주의적 국가주의
주체	시장 중심, 민영화	국가 주도
전략	일괄적 구조조정	실험적, 점진적 조정
핵심가치	시장 개방, 자유무역	안정, 점진적 성장, 주권
대표국가	미국, IMF, WB	중국, 개발도상국 중심 확산

- 함의 및 비판
  - 개도국들에게 매력적인 모델: 민주주의와 급진적 개혁을 요구하지 않으면서도 경제 성장을 가능케 한 중국 모델은 많은 아시아, 아프리카, 중남미 국가들에게 정치적으로 '편안한' 발전 모델로 비쳐진다.
  - 미국 중심의 세계경제질서에 도전: 시장만능주의를 비판하고, 대안적 글로벌 질서 구상의 핵심 요소로 기능한다.
  - 그러나 권위주의 정권의 정당화 수단이 될 수 있으며, 투명성과 인권이 부족하다.

제9절 신국제경제질서(New International Economic Order)

1 개요

(1) 1970년대 초 국제경제질서의 근본적인 개혁을 위해 개발도상국들에 의해 시작된 운동이다. 부채탕 감과 무역조건 개선을 통해 빈곤한 경제를 개선하려는 개발도상국의 노력이었다.

(2) 1974년 세계 자원문제를 토의한 제6회 유엔특별총회에서 77그룹으로 불리는 아시아·아프리카의 제3세계권 국가들에 의해 기존의 선진국 주도의 국제경제질서를 폐지하고 자원주권의 확립을 골 자로 하는 '신국제경제질서 수립에 관한 선언'이 채택되었다.

2 주요 내용

(1) 77그룹은 지금까지 세계 경제구조가 선진공업국의 이익을 가져올 뿐 개발도상국의 이익은 있을 수 없으므로 근본적으로 개편되어야 한다고 주장하였다.

(2) 세부내용
  ① 천연자원에 대한 항구적 주권 행사
  ② 생산지(1차 상품 개발)를 위한 카르텔 성립
  ③ 다국적기업의 규제
  ④ 개발도상국에 불리한 교역조건 개선과 국제통화제도의 개혁
  ⑤ 개발도상국에 대한 원조 증대

3 관련기구

(1) OECD(경제개발협력기구)

(2) 비동맹운동

(3) UNESCO : 신국제경제질서 확립 차원에서 신국제정보질서를 주창하였다.

  ① 1970년 11월 파리에서 열렸던 UNESCO 제16차 총회에서 기존 국제 커뮤니케이션 체제에 대한 구조적인 개편을 요구하는 주장으로 새로운 국제정보질서(New International Information Order, NIIO)를 추구하고자 하는 노력이었다.
    ⓧ NIIO는 기본적으로 '정보의 자유로운 흐름(free flow of Information)' 원칙에 대한 남북간의 공방이었다.
    ⓧ 비동맹국가와 소련의 주장이 미국을 비롯한 선진국들의 강력한 도전에 직면하면서 1970년대에 걸쳐 국제적인 운동으로 전개되었다.
    ⓧ 즉, NIIO는 1960년대 이후 제3세계 국가들이 민족주의와 비동맹을 표방하고 하나의 국제적 정치세력으로 블록화 하는 과정에서 등장한 개념으로 선진국과 후진국 사이의 뉴스 및 정보교류에서 공정하고 정당한 내용과 양적 질적인 균형을 요구한 운동인 것이다.

② 인도를 주축으로 하는 비동맹 국가들에 의해 처음으로 국제적 차원에서 거론되어 1976년 9월 스리랑카의 콜롬보에서 개최되었던 비동맹회의에서 "신국제정보질서" 수립을 위한 선언안을 공식적으로 채택하였다.

③ 1978년 UNESCO 제20차 총회에서 "매스미디어 선언"이라 불리는 수정안이 만장일치로 통과(자유로운 정보유통/균형잡힌 정보유통)되었다.

제10절 │ 플라자 합의(Plaza Accord)

❶ 개념

(1) 플라자 합의는 1985년에 체결된 국제 금융 협약으로, 주요 산업 국가들(미국, 일본, 서독, 프랑스, 영국 등)이 자국 통화 가치를 조정하기 위해 협력하기로 한 합의(환율과 경기부양에 관한 합의)이다.

(2) 이 협정은 세계 외환 시장에서 달러화의 가치를 약화시키고, 무역 불균형을 해소하는 것을 목표로 하였다.

❷ 등장배경

(1) 1980년대 초, 미국은 무역적자와 경상수지* 적자를 겪고 있었으며, 이는 주로 강한 달러 때문이었다. 강한 달러는 미국 제품을 해외에서 비싸게 만들어 수출이 감소하고, 수입은 증가하여 무역적자를 심화시켰다.

> ✎ 경상수지와 무역수지는 국가 경제에서 중요한 지표로 한 나라가 해외에서 벌어들이는 수익과 지출을 보여준다. 경상수지는 국가의 해외 경제 활동 전반(상품, 서비스, 본원소득, 이전소득)을 아우르는 광범위한 개념이며, 무역수지는 그 중 상품 수출입에만 초점이 맞추어져 있다.

(2) 쌍둥이 적자에 시달리던 미국은 자국의 수출경쟁력을 높이고 무역수지 적자를 개선하기 위해 달러화 가치를 하락시킬 필요가 있었다.

➡ 당시 뉴욕 증권가에서는 미국의 대일본 채무의 50% 탕감이 플라자 합의의 숨은 배경이라는 분석도 있었다.

(3) 반면, 미국의 주요 거래국들인 일본과 독일은 상대적으로 자국 통화가 약세였으며, 이에 따라 미국의 경제적 문제를 해결하기 위해 국제적인 협력이 필요하다는 여론이 커졌다.

❸ 플라자 합의의 주요 내용

(1) 달러화 가치 하락

① 합의의 핵심은 미국 달러의 가치를 약화시키는 것이었다.

② 주요 경제국들은 외환 시장에서 자국 통화를 강화하기로 결정했으며, 특히 일본 엔화와 독일 마르크화의 가치를 올리는 방향으로 협상되었다.

(2) 협정 내용

미국, 일본, 서독, 프랑스, 영국 5개국(G5)은 외환시장에 개입하여 달러를 매도하고, 자국 통화(특히 엔화와 마르크화)를 구매하는 방식으로 달러의 가치를 하락시키기로 하였다.

(3) 결과

① 달러의 가치는 1985년부터 1987년까지 급격히 하락하였다.

② 플라자 합의 체결 1주일 만에 일본의 엔화는 약 8%, 독일의 마르크화는 약 7% 평가절상되는 즉각적인 효과가 나타났다.

(4) 엔화의 가치는 상승되어 일본 경제가 어려워졌으며, 1990년대 일본의 장기불황을 촉발시킨 도화선이 되었다.

① 플라자 합의 직전 달러당 240엔대였던 엔화는 1985년 말 200엔, 1988년에는 120엔대까지 평가절상되어 3년만에 100% 상승하였다.

② 이에 따라 미국 달러에 투자한 일본 자본에 엄청난 손실을 입게 되었다.

③ 1980년대 초중반까지 4~5%의 안정적 성장을 지속했던 일본은 플라자 합의 이후 엔고현상으로 수출이 급격히 감소하였다.

④ 내수부양과 수출경쟁력 향상을 위해 일본 정부는 저금리 정책을 시행했으나, 이것이 부동산 투자로 이어져 거품경제가 발생하였다.

⑤ 이를 막기 위해 정부가 금리를 인상하자 부동산 가격이 급락하고 기업과 은행이 무더기로 도산하는 상황이 발생하였다.

❹ 한국에 주는 영향

(1) 한국의 경상수지는 상승

① 저유가, 저금리, 저달러(엔화 대비 달러화 가치 하락)로 한국은 경제 호황을 맞이하였다.

② 1986년부터 3년동안 연 10%가 넘는 성장률을 보였다.

(2) 한국과 일본이 겹치는 상품이 많았기 때문에 엔화의 상승은 한국 상품의 경쟁력을 높여주는 결과를 가져왔다.

> **더 알아보기**
>
> **루브르 합의**
> - 1987년 주요 선진국(G7)이 과도한 환율 변동을 막고, 주요 통화의 안정화를 위해 협력하기로 한 국제적 합의이다.
> - 플라자 합의로 달러는 급격히 하락하여 미국의 무역적자 해소에 어느 정도 도움이 되었으나, 환율 변동성이 지나치게 커져 일본·독일 등 수출국 경제에 혼란이 발생하였다.
> - 이에, 더 이상 달러 약세를 유도하지 말고, 주요 통화 간 환율을 안정화하자는 것이 루브르 합의의 핵심이었다.

제11절 국제연합 무역개발회의(UNCTAD)

❶ 개요

⑴ 국제연합 무역개발회의(United Nations Conference on Trade and Development)는 국제연합의 여러 직속기구 중 하나이다.

⑵ 1964년 개발도상국의 산업화와 선진국과 후진국 사이의 무역 불균형을 바로잡고 남북문제를 해결하기 위해 설치하였다.
① 제16차 UN 총회에서 케네디 대통령의 제안에 따라 설립 논의가 시작되었다.
② 초대 사무총장은 프레비쉬이다.

⑶ 국제연합개발계획(United Nations Development Program, UNDP)의 실행기관으로 기술협력과 정보교환 등의 업무도 맡고 있다.

⑷ 선진국과 개발도상국 간 또는 개발도상국 상호 간 무역 증진을 도모한다. 선진국과 선진국 간 무역 증진은 UNCTAD의 기능에 속하지 않는다.

⑸ 현재 UNCTAD의 가입국 수는 UN 회원국 수보다 많다.

❷ 배경

⑴ 1960년대에 들어서면서 UN의 저개발 국가들은 당시 세계무역을 지배하고 있던 GATT체제가 경제 선진국들의 이해에만 초점이 맞춰 있다고 주장하였다.

⑵ 1962년 7월에는 아시아, 아프리카, 중남미의 대표가 모여 새로운 무역기구의 설립을 요구하는 이른바 카이로선언을 발표하였다.

⑶ 그 결과, 1964년 3월부터 6월까지 제네바에서 UN이 주최하는 사상 최대 국제경제회의가 개최되었는데, 이것이 제1회 유엔무역개발회의이다.

❸ 기타사항

⑴ 제1회 회의에 121개국이 참가하여 선진국 시장에 대한 후진국의 접근 문제, 저개발국 수출품에 대한 특혜관세 부여 문제, 교역 조건의 개선 문제 등이 논의되었다.

⑵ 1964년 12월 UN 총회에서 UNCTAD를 직속기구로 설치할 것을 결정하였다.

⑶ **주요 기능**
① 회원국의 경제개발 및 무역 촉진
② 다자간 무역규범의 협상 및 채택 논의

⑷ 본부는 제네바에 위치하고, 총회는 4년마다 개최한다(한국은 1964년 가입). 상설집행기구로 무역개발이사회를 두고 있다.

Part 06

⑸ 회원국은 이해관계 및 지역에 따라 Group A(아시아, 아프리카), Group B(선진국), Group C(라틴 아메리카), Group D(공산국), 기타 등으로 비공식 분류되고 있다.

⑹ Group A와 Group C는 선진국과의 교섭을 위하여 하나의 기구를 형성하였는데 그것이 바로 "Group of 77"이다.

CHAPTER
03

다자간 경제 및 통합

제1절 | **국가 간 경제통합 단계**

자유무역협정(FTA) → 관세동맹(customs union) → 공동시장(common market) → 단일시장/완전경제통합(single market)으로 진행

(1) **역내관세 철폐**: 자유무역협정(FTA)

(2) **역내관세 철폐 → 역외공동관세 부과**: 관세동맹(customs union)

(3) **역내관세 철폐 → 역외공동관세 부과 → 역내 생산요소 자유이동 보장**: 공동시장

(4) **역내관세 철폐 → 역외공동관세 부과 → 역내 생산요소 자유이동 보장 → 역내 공동경제정책 수행 → 초국가적 기구 설치·운영**: 단일시장

역내관세 철폐	역외공동관세 부과	역내 생산요소 자유이동 보장	역내 공동경제정책 수행	초국가적 기구 설치·운영
① 자유무역협정(FTA) 역내관세 철폐				
② 관세동맹(Customs Union) 공동관세 부과				
③ 공동시장(Common Market) 생산요소 이동 자유화				
④ 경제동맹(Economic Union) 재정·금융정책 상호조정				
⑤ 완전경제통합(Complete Economic Union) 경제주권 포기, 경제정책 통합				

출처: 관세청

제2절 | **경제통합 단계별 개념**

❶ 자유무역협정(FTA)

(1) '자유무역협정(FTA)'은 회원국 간에 관세·비관세 완화를 기본으로 하고, 각종 교역장벽을 없애서 상품과 서비스의 자유로운 이동을 보장하는 것이다.

(2) FTA는 주로 관세철폐에 초점이 맞춰져 있다. 하지만 협상 결과에 따라서 제외되는 품목도 있고, 예외조항도 가능해서 반드시 모든 부문이 자유화되는 것은 아니다.

(3) 또한, 기본적으로 회원국끼리만 자유화가 이루어지고, 비회원국가에게는 각국이 독자적인 관세와 무역 정책을 실시한다.

⑷ 1960년 창설된 '유럽자유무역연합(EFTA)'과 1994년 미국·캐나다·멕시코 3개국이 출범시킨 '북미 자유무역지대(NAFTA)', 1993년부터 시행 중인 동남아 10개국 간 '아세안자유무역지대(AFTA)' 등이 대표적 자유무역협정이다.

> ### 더 알아보기
>
> **존스 법(Jones Act)**
> - 존스 법은 1920년에 제정된 미국의 법률(Merchant Marine Act of 1920)의 제27조를 지칭한다.
> - 미국 내에서 선박 수송 시 운항되는 선박은 미국내 소재 또는 미국민이 소유하거나 운영하는 항구나 시설 등을 이용하여야 한다는 강제규정(선원의 국적 및 선박 수리처도 포함)이다.
> - 제1차 세계대전 이후 전역자들의 일자리 마련과 미국의 조선, 해운산업의 보호를 위해 제정되었다.
> - 전쟁과 같은 비상상황 발생 시 군사용 선박을 용이하게 확보하기 위해 제정되었다.
> - 타 국가의 선박에 대한 차별성으로 WTO 일반이사회 등에서 많은 논란이 제기된 바 있지만 국가 안보에 해당한다는 이유로 예외조항이 되었다.
>   ➡ 한미FTA 협상에서 한국 수석대표는 쌀개방을 요구하려면 존스 법을 폐지하라고 하여, 미국으로부터 쌀개방을 막아냈다.

❷ 관세동맹(customs union)

⑴ '관세동맹'은 FTA가 한 단계 발전한 것으로, 역내 무역 자유화와 함께 비회원국에 대해서도 공통 관세율을 적용한다.

⑵ 벨기에·네덜란드·룩셈부르크 유럽 3개국의 베네룩스 관세동맹과 브라질·아르헨티나·우루과이· 파라과이·베네수엘라 남미 5개국이 결성한 '남미공동시장(메르코수르, MERCOSUR)'이 대표적인 '관세동맹'이다.

❸ 공동시장(common market)

⑴ '공동시장'은 회원국 간에 인력과 자본 등 생산요소의 이동이 자유화 된 것이다.

⑵ 즉, 노동이나 자본, 기술 등이 아무런 제약이나 조건 없이 마치 같은 나라의 시장처럼 왕래가 되는 것이다.

⑶ 공동시장에는 유럽연합(EU) 이전의 형태인 EEC(European Economic Community : 유럽경제공동체), CACM(Central America Common Market : 중미공동시장), CCM(Caribbean Common Market : 카리브공동시장), ANCOM(안데스공동체) 등이 있다.

④ 단일시장/완전경제통합(single market)

(1) '단일시장/완전경제통합'은 회원국 간에 화폐와 경제정책마저 통일되고 단일한 중앙은행과 공동의 회가 설립되는 경제통합의 최종단계이다.

(2) 단일시장의 예로는 지난 1991년 말 조인된 마스트리히트조약에 따라 1993년 출범한 '유럽연합(EU)'이 있다. 유럽연합(EU)은 유럽연방은행(ECB)이 EU에 포함된 국가들의 통화정책을 담당하고 EU국가들은 Euro라는 단일통화를 쓰고 있다.

(3) 2002년 단일통화(유로)가 일반인에 공식 유통되면서 단일시장이 되었다.

제3절 | 환태평양 경제동반자 협정

❶ 개요

(1) 환태평양 경제동반자 협정(Trans-Pacific Partnership, TPP)은 아시아 태평양 지역의 국가들 간에 체결된 자유무역협정이다.

(2) 참여국들간에 상품, 서비스, 투자, 지식재산권 등의 경제적 장벽을 낮추고 상호 협력을 강화하려는 목적으로 체결되었다.

❷ TPP의 역사

(1) 이 협정은 세계 경제의 약 40%를 차지하는 시장을 아우르는 매우 중요한 자유무역협정이다.

(2) 2005년 싱가포르, 브루나이, 뉴질랜드, 칠레 4개국의 무역협정인 Pacific 4 합의*가 TPP의 기원이다.
   ✍ 완전한 자유무역 실현을 위해 10년 내 관세철폐원칙에 합의하였다.
   ① 2008년 : 미국, 호주 TPP 참여 선언
      ㉠ 미국은 TPP가 APEC을 대신하여 높은 수준의 포괄적 FTA를 체결하고 더 광범위한 지역으로 자유무역을 확산시키는 기제가 될 것으로 기대하였다.
      ㉡ 2009년 출범한 오바마 행정부는 동아시아 재균형 정책을 외교정책 기조로 선언하였으며, TPP 참여도 그 일환이었다.
      ㉢ 당시, 미국이 TPP의 조속한 타결에 심혈을 기울였는데, 이는 미국이 중국보다 앞서 아시아-태평양 지역에서 미국 중심의 지역무역협정을 체결하려는 전략으로 볼 수 있다.
   ② 2010년 : 말레이시아 참여 선언
   ③ 2013년 : 일본 참여 선언, 중국·한국 관심 표명

(3) TPP 협상은 2015년에 완료되었고, 이후 2016년 2월에 협정이 공식 서명되었다.

(4) 2017년 도널드 트럼프 미국 대통령이 취임하면서 탈퇴를 선언하였다.

➡ 최초 미국이 TPP에 참가한 것은 아시아-태평양 지역의 경제 패권을 두고 중국을 견제하려는 의도가 있었다.

(5) 미국의 탈퇴 후, 나머지 11개국은 CPTPP(포괄적 및 점진적 환태평양 경제동반자 협정)라는 이름으로 협정을 재구성하고, 2018년에 서명*하였다.

✎ 일본, 캐나다, 호주, 뉴질랜드, 브루나이, 말레이시아, 칠레, 멕시코, 페루, 싱가포르, 베트남이다. 2023년 영국이 가입하였다.

(6) CPTPP는 원래 TPP의 골격을 유지하면서 미국을 제외한 국가들 간의 자유무역을 계속해서 추진하는 협정이다.

(7) **CPTPP의 특징**

① 미국을 제외한 11개국이 참여하였으며, 경제 규모가 세계 약 13%를 차지한다.

② 기존의 TPP보다 더 유연한 조건을 가지며, 환경 보호, 노동권 보호, 기업과의 협력 등의 문제에 있어서 더 깊이 있는 협정을 제공하였다.

③ 일본이 CPTPP의 주요 주도국이 되었으며, 아시아, 태평양, 아메리카 대륙 국가들 간의 경제 협력을 강화하는 데 중요한 역할을 수행하였다.

❸ TPP의 주요 목적과 특징

(1) **무역 장벽 해소**

① TPP는 상품, 서비스, 투자에 관한 무역 장벽을 줄이고, 회원국 간 자유로운 무역을 촉진하는 것이 목적이다.

② 특히, 수출입에 대한 세금(관세) 철폐 및 규제 완화가 중요한 내용이다.

③ TPP는 기존 FTA에 비해 관세의 완전한 철폐를 목표로 한다. 예를 들어, WTO의 경우 "예외없는 관세화"를 목표로 하지만, TPP는 "예외없는 관세철폐"를 목표로 한다.

(2) **규제 협력**

무역뿐만 아니라, 다양한 규제 분야에서 협력을 증진시키고, 법률, 환경, 노동, 지식재산권 등의 분야에서 국제적인 기준을 설정하려는 목적도 포함된다.

(3) **경제 통합**

① TPP는 아시아 태평양 지역의 경제 통합을 목표로 하며, 여러 나라들이 경제적으로 더욱 긴밀하게 연결될 수 있도록 지원한다.

② 이를 통해 해당 지역 내 경제 성장 및 안정을 촉진하고, 무역과 투자가 자유롭게 이루어질 수 있는 환경을 만들고자 한다.

(4) **지속 가능한 개발**

① TPP는 환경 보호, 노동 권리, 인권 등 지속 가능한 경제 개발을 촉진하는 요소를 포함한다.

② 상품 거래, 원산지 규정, 위생 검역 등 자유무역협정의 주요 사안도 포함한다.

❹ TPP의 경제적 영향

(1) 무역 및 투자 촉진

TPP는 상품과 서비스의 자유로운 흐름을 보장하고, 기업들의 투자와 협력이 확대될 수 있도록 추진한다.

(2) 경제 성장 촉진

TPP에 참여한 국가들은 경제 성장과 무역 증가를 기대할 수 있으며, 특히 아시아 지역 국가들에게는 큰 혜택이 될 것으로 예상된다.

(3) 중국의 영향력에 대응

TPP는 중국의 경제적 영향력에 대응하기 위한 전략적 성격도 가지고 있었다.

제4절 │ 기타 주요 FTA

❶ 역내포괄적경제동반자협정(RCEP)

(1) 역내포괄적경제동반자협정(Regional Comprehensive Economic Partnership)은 동남아시아국가연합(ASEAN) 10개국과 한·중·일 3개국, 호주·뉴질랜드 총 15개국 간의 관세장벽 철폐를 목표로 하는 세계 최대 규모의 자유무역협정(FTA)이다.

(2) 추진배경

세계 경제에서 아시아 지역의 위상을 제고하고자 하였다.

(3) 체결 의의

세계 최대 규모의 경제통합체 형성으로 우리 기업의 신규 시장 확대 및 안정적인 경제성장 기반을 마련하였다.

(4) 주요 특징

① **최대 규모의 메가 FTA**: RCEP 체결로 전 세계의 인구 29.7%, GDP 30.8%, 수출입 31.9%를 차지하는 세계 최대 규모의 경제블록이 탄생되었다.

② 우리나라 최초의 다자간 협정이자, 일본과의 FTA이다.

❷ NAFTA

(1) 북미 자유 무역 협정(North American Free Trade Agreement, NAFTA)은 미국, 캐나다, 멕시코 북미 3개국이 체결한 자유 무역 협정이다.

(2) 1994년에 공식적으로 발효된 이 협정의 주요 내용은 3국 사이의 각종 관세 및 비관세 장벽을 향후 15년에 걸쳐 단계적으로 철폐한다는 것이다.

(3) 평가

① 미국의 자본과 기술, 캐나다의 자원, 멕시코의 노동력을 결합하여 북미 지역의 경제를 발전시켰다는 긍정적인 평가가 존재한다.

② 역외국에는 무역장벽을 세워 블록 경제화를 초래했다는 부정적인 평가가 병행된다.

(4) 미국의 트럼프 대통령은 2018년 NAFTA로 인해 미국이 큰 손해를 보게 되었다면서 멕시코와 캐나다를 상대로 개별적인 협상을 통해 협정의 개정을 추진하였다.

(5) NAFTA는 2020년 7월 1일부로 USMCA로 대체되었다. USMCA는 NAFTA와 구조적으로 유사하지만 자동차 원산지 규정 강화 등 뚜렷한 변화가 있었다.

❸ FTAA

(1) 미주 자유 무역 지대(Free Trade Area of the Americas)는 쿠바를 제외한 아메리카 대륙 모든 나라 간의 자유 무역 협정을 맺기 위해 제안된 협정이다.

① 미국의 부시 전 대통령은 1990년 6월 알래스카에서 칠레 남단에 이르는 전 미주 대륙을 자유무역지대화할 것을 제의하였다.

② 쿠바를 제외한 미주 전역의 국가들이 참여하여 2005년까지 설립하기로 합의하였다.

③ 북미 자유 무역 협정을 확대하는 형태를 목표로 하고 있다.

(2) 협상은 세계무역기구의 도하 라운드와 비슷한 어려움을 겪고 있다.

① 쿠바, 베네수엘라, 볼리비아, 에콰도르 등은 미주 대륙을 위한 볼리바르 대안(ALBA)이라는 협정을 체결했고, 미주 자유 무역 지대를 반대한다.

② 그밖에 아르헨티나, 칠레, 브라질 등도 반대하는 입장이다.

❹ SAFTA

(1) SAFTA는 남미 자유 무역 지대로 남미지역을 하나의 무역지대로 묶는 구상이다.

(2) 브라질은 미주 대륙 전체를 하나의 시장으로 묶으려는 미국 주도의 미주 자유 무역 지대 창설안에 반대하는 대신 메르코수르(아르헨티나, 브라질, 파라과이, 우루과이, 베네수엘라 등 5개국을 포괄하는 경제공동체)를 중심으로 남미 자유 무역 지대를 창설하자고 주장하였다.

❺ 이외 FTA

(1) 안데스공동체

1969년 카르타헤나 협정을 바탕으로 창설된 남아메리카 4개국(콜롬비아, 에콰도르, 볼리비아, 페루) 간의 경제협력체이다.

(2) **남미자유무역연합(LAFTA)**

① 1960년 중남미 국가들 간에 자유무역을 증진하고 국제수지 불균형 문제가 심각한 국가에 자금을 공여하는 것을 목표로 하여 결성되었다.

② 회원국은 아르헨티나, 볼리비아, 브라질, 칠레, 콜롬비아, 에콰도르, 멕시코, 파라과이, 페루, 우루과이, 베네수엘라 등이다.

(3) **중미공동시장**

'중미경제통합에 관한 일반조약'을 바탕으로 코스타리카, 엘살바도르, 과테말라, 온두라스, 니카라과 등 중미 5개국 간에 설립된 지역경제 통합기구이다.

(4) **걸프협력회의(GCC)**

① 출범 당시(1981)에는 안보협력이 목표였으나 점차 경제협력으로 확대되고 있다.

② 사우디아라비아, 쿠웨이트, 아랍에미레이트, 오만, 카타르, 바레인 등 걸프지역 6개 산유국으로 구성되었다.

③ 2008년 GCC 공동시장이 창설되면서 모든 GCC 회원국 국민들은 영업·투자 등 경제활동과 거주·여행 등 제반 생활분야에서도 모든 회원국 내에서 자국민과 동일한 권리를 부여받았다.

④ 금융위기를 계기로 '공동통화 창설협정'을 체결하고 2013년 걸프중앙은행을 창설하기로 합의하였다.

6 한국의 FTA

(1) 한국이 최초로 FTA를 체결한 국가는 칠레이다.

(2) **한국의 FTA 현황**

61개국과 22건의 FTA 발효 중이다(2025년 기준).

> **더 알아보기**
>
> **무역창출효과와 무역전환효과**
> • 무역창출효과는 FTA 체결로 인해 기존에 자국 내에서 비효율적으로 생산하던 상품을, 더 효율적인 FTA 회원국으로부터 수입하게 되면서 발생하는 효율성 증가 효과를 의미한다.
> • 무역전환효과는 FTA 체결로 인해 효율적인 역외국가(제3국)에서 수입하던 상품을, 덜 효율적인 국가에서 FTA 회원국이라는 이유로 수입을 전환하게 되는 현상을 의미한다.
> • 무역창출효과보다 무역전환효과가 더 크다면 FTA(RTA)에 부정적 영향이 발생한다.

제5절 | 기축통화

❶ 개요

기축통화란 국제 단위의 결제나 금융 거래의 기본이 되는 화폐를 의미한다.

❷ 기축통화의 조건

(1) 어떤 통화가 기축통화냐의 논제는 아직도 경제학에서 의견이 분분하며, 현재 명확히 무엇이 기축통화인지 확실히 정의하는 지침은 존재하지 않는다.

(2) 하지만 기축통화가 되기 위해서는 다음과 같은 조건을 만족하여야 한다.
   ① 해당 통화 발행 국가의 군사력과 외교적 영향력의 압도적인 우위
   ② 압도적인 금 보유량*
      ✍ 충분한 정도가 아니라 최상위권에 속해야 한다. 금 보유량은 화폐의 신용도에 결정적인 영향을 미치고 있다.
   ③ 금융업의 발달과 첨단 금융 시장 존재
   ④ 높은 국가 신용도와 안정적인 물가
   ⑤ 안정적으로 공급될 수 있는 유동성

❸ 기축통화 보유의 장점

(1) 자국통화를 기축통화로 보유하면 자국의 통화 정책으로 세계 경제에 영향력을 행사할 수 있다.
   예 2020년대 미국이 금리를 높이자 세계 각지의 유휴 자금들이 미국으로 몰려와 미국의 경기가 좋아지고 고용률이 높아지는 현상이 발생하였다.

(2) 동맹국 및 협력국의 신용과 경제 지탱이 가능하다.
   ① 기축통화국과 통화 스와프를 맺은 국가는 기축통화국의 수혜국으로 취급된다.
   ② 미국과 통화 스와프를 맺은 국가는 자국 통화를 담보로 기축통화인 미국 달러를 무이자로 빌릴 수 있다는 말과 같으므로 자국 통화의 가치를 크게 높일 수 있다.
   ③ 이러한 이유로 미국은 군사적·정치적 수단을 사용하여 달러 패권을 유지하려 하고 있다.

(3) 기축통화국 금융기관들의 해외 활동이 증가되고 대외 신용이 높아진다.

❹ 기축통화 지위 유지

(1) 화폐를 많이 발행한다는 것은 인플레이션이 발생한다는 것과 동일하다. 이럴 경우 기축통화의 지위를 잃을 가능성이 존재한다.
   예 제1차 세계대전 당시 영국 정부가 전비를 마련하기 위해 엄청난 양의 화폐를 발행한 것(파운드 스털링)이 패권 약화의 원인 중 하나가 되었다.

(2) 미국도 제2차 세계대전 이후 달러의 기축 지위가 흔들린 사례가 존재한다.

① 베트남 전쟁 전비 마련을 위해 발행한 화폐로 인해 미국이 금 1온스에 35달러의 가치를 보장한 금본위제도에 대해 많은 나라들이 회의를 표했다.

② 이를 주시하던 프랑스는 금본위제가 곧 붕괴할 것을 대비하여 보유하고 있던 달러를 모두 금으로 전환하려고 시도하였다.

③ 그러자 닉슨 행정부는 1971년 8월 전격적으로 금태환 중지를 선언하여 금본위제도를 폐지하고, 달러 가치가 하락하고 있음을 인정하였다.

④ 하지만 이어서 1970년대 중반 사우디와 손을 잡고, 사우디산 원유의 모든 결제를 미국 달러로만 하기로 합의하여(페트로달러 체제) 기축통화의 지위를 유지할 수 있는 상황이 되었다.

더 알아보기

세뇨리지 효과

• 기축통화국의 지위를 이용하여 화폐를 발행하고 새로운 신용 창출을 통해 끝없이 대외적자를 메워 나가는 것을 말한다. 즉, 화폐를 발행하면 교환가치에서 발행비용을 뺀 만큼의 이익(화폐주조 이익)이 생기는데 그 중에서도 기축통화국이 누리는 이익을 일컫는다.

• 이 말은 본래 과거 중세 시기 자신의 성내에서 화폐주조에 대한 배타적 독점권을 갖고 있던 봉건영주(프랑스어로 seignior)가 재정을 메우기 위해 금화에 불순물을 섞어 유통시킨 데서 유래한 말이다. 즉, 실제 화폐의 액면가에 비해 제조 비용이 적게 들고 그 차액만큼의 이익이 생기는 것이다.

제6절 다자간 투자협정(MAI)

1 개요

(1) 기존의 OECD 투자규범을 강화 및 확대하여 투자 자유화를 실질적으로 달성하기 위한 제도적 장치를 마련하는 것을 주된 목적으로 하여 1995년 5월 OECD 각료회의에서 공식적으로 제시되었다.

(2) 1997년 초 OECD 회원국을 대상으로 정부의 간섭과 규제에 구속받지 않는 투자 규정 수립을 제안하는 "다자간 투자협정: 강화된 본문과 주석(Multilateral Agreement on Investment: Consolidated Texts and Commentary)"이라 이름 붙여진 OECD의 기밀 서류가 공개되었다.

➡ 해당 내용이 미국의 어느 사회운동가에 의해 공개되어 인터넷을 통해 전파되었다. 이 내용이 공개된 뒤 미국뿐만 아니라 유럽 각국에까지 소개되어 OECD 비밀협약의 문제점을 규탄하는 활동이 활발히 전개되었다.

(3) 다자간 투자협정의 목적은 국제간에 일어나는 투자를 보호하고 분쟁이 일어났을 때 해결하는 것으로 높은 수준의 다자간 규범을 제정하고자 하는 최초의 시도였다.

(4) 또한, 국제투자자들에게 '동등경쟁조건'을 제공하고 투자흐름의 왜곡을 제거하여 자원의 효율적 배분을 추구하는 것이다.

(5) 1998년 프랑스가 자국의 영화산업 보호를 위한 문화적 예외를 주장(캐나다와 함께)하며 불참을 선언하자, 협상이 중단되었다.

➡ 1997∼1998년 동아시아 외환위기 발생도 협정 실패의 원인으로 분석되기도 한다.

❷ 배경

(1) 1980년대 이후 외국인 직접투자 확대, 다국적기업의 영향력 증대로 투자에 대한 보호가 광범위하게 논의되었다.

(2) 특히, OECD가 그 흐름을 주도하였는데, 관련 위원회의 보고서를 토대로 1995년 5월 제34차 OECD 각료이사회는 MAI의 체결을 위한 협상의 개시를 선언하였다.

(3) 전 세계적인 환경노동 단체를 포함한 NGO들의 반대로 타결에 어려움을 겪었다.

❸ 주요 내용

(1) 투자의 광범위한 정의

MAI에서는 투자를 기업, 주식, 채권, 지적재산권, 계약에 따른 각종 청구권 등 유형, 무형의 모든 자산으로 아주 광범위하게 정의하였다.

(2) 높은 수준의 투자 자유화

① 내국민 대우와 최혜국 대우를 구속적인 의무로 규정함으로써 높은 수준의 투자 자유화를 달성하고자 하였다.

② 핵심인력의 자유로운 이동보장, 민영화 시 외국 투자자의 참여보장, 외국투자 및 그 투자에 대한 이행의무부과 금지, 독점기업의 외국 투자자에 대한 차별금지 의무 등을 규정하려고 하였다.

(3) 구속적인 분쟁 해결 절차

① 구속적인 분쟁 해결 절차를 만들려고 추진하였다.

② 분쟁 해결 절차에 회부되는데 타방 당사자의 동의가 필요 없으며, 그 중재판정에는 양 당사자가 모두 구속되게 한다.

③ 특히, 국가 대 국가 간의 분쟁 해결 절차뿐만 아니라 투자자 개인과 국가 간의 분쟁 해결 절차를 두려고 하였다.

④ 국가의 개인에 대한 금전배상도 인정하고자 하였다.

❹ 문제점

(1) 많은 나라의 NGO들이 전세계적 투자의 자유화는 결국 전세계적 규모의 노동자 착취 및 환경 파괴, 인권 침해를 야기할 것이라는 이유로 반대하였다.

(2) MAI상의 투자의 개념이 너무 포괄적이어서 사실상 투자로서의 의미가 없는 투기적 행위마저도 보호해야 하는 불합리한 점이 있다.

(3) 외국의 투자에 대해서 일체의 이행의무 부과를 금지하는 것은 국가의 통제 권한을 약화시켜 경제 외적인 가치를 달성하는데 크나큰 장애가 될 수 있다.

(4) 분쟁 해결 절차에 있어서도 WTO 분쟁 해결 절차와 동일한 문제가 있고, 가장 큰 문제는 개인에게 국가에 대해서 제소권을 인정하려는 것이고, 만약 국가가 패소하면 개인에 대해서 금전배상을 하여야 하도록 규정하고 있는 점이다.

제7절 기타 경제 이슈

❶ 시카고 보이즈(Chicago Boys)

(1) 밀턴 프리드먼*의 영향을 받은 시카고학파 기술관료(시카고 보이즈)는 1950년부터 시행된 칠레 카톨 릭대와 시카고대 간의 학술교류사업의 일환으로 시카고대에서 경제학을 공부하고 돌아온 사람들을 일컫는 말이다.

✎ 미국의 경제학자로 화폐가치의 안정을 경제의 최우선 목표로 삼고, 정부의 시장 개입을 반대하는 통화주의를 제창 하였다. 1970년대 이후 미시경제학과 더불어 주류경제학에 지대한 영향을 끼쳤다. 신자유주의를 대표하는 경제학자 로서, 로널드 레이건과 마거릿 대처에게 영향을 주었기 때문에 보통 보수 우파를 대표하는 경제학자로 알려져 있다.

(2) 시카고 보이즈는 1972년 보고서를 통해 국가의 경제간섭을 비판하고 시장원리를 쫓는 신자유주의 만이 칠레를 구제할 수 있다고 주장하면서 정치와 사회 전반의 개혁을 요구하였다.

(3) 이들은 칠레의 경제발전 전략을 자유시장 경제로 전환하여 안정화 정책, 자유화 정책, 대외개방정 책을 시행하는 주역이 되었다.

① 당시 군정(피노체트 군사정부)의 경제정책을 장악했던 시카고 보이즈들은 시장 주도형 수출경 제를 만들기 위해 대외개방과 더불어 국유기업의 민영화를 대대적으로 추진하였다.

② 당시 개혁은 가격자유화, 임금규제, 환율의 평가절하, 공공지출의 삭감, 관세율 인하를 내용으로 하는 안정화 계획을 바탕으로 민영화와 금융자유화를 추구하였다.

③ 또한, 무역자유화를 진행시켜 1973년 평균 94%에 달했던 관세율을 1979년에 10%로 인하, 외국 은행의 진입 허용(1974), 국책은행을 제외한 모든 은행의 민영화, 금리자유화(1975), 여신규제 철폐(1976), 국내 대출목적의 외국자본 은행차입허용(1978) 등을 추진하였다.

④ 당시 칠레 경제는 수출확대로 1977년부터 1981년까지 평균 8%의 성장을 이루어 호황기를 누렸다.

(4) 하지만, 금융자유화조치는 대기업과 연계된 금융기관들의 무분별한 해외차입과 부동산, 금융부문의 투기를 야기시켜 1981년 중반 금융위기를 초래하였다.

① 1981년 5월 칠레 제일의 제당회사의 파산을 시작으로 은행과 기업들의 파산이 연쇄적으로 발생 하였다.

② 그럼에도 불구하고 정부개입의 비효율성을 강조한 나머지 이를 방관함으로써 초기 위기관리에 실패하였다.

③ 결국, 칠레경제는 1982년 −14.1%의 성장률을 기록하였고 IMF 체제를 맞이하였다.

❷ 보호무역주의 정책

(1) 보호무역주의는 자국 산업을 외국 경쟁으로부터 보호하기 위해 정부가 무역에 개입하는 정책을 의미하는 것으로 자유무역(free trade)과는 반대되는 개념이다.

(2) 즉, 외국 상품의 유입을 제한하고 자국 산업의 성장을 지원하기 위해 관세나 수입 제한 등의 조치를 취하는 경제정책이다.

(3) **목적**

① **자국 산업 보호**: 특히 신생 산업이나 전략 산업 육성
② **일자리 보전**: 외국산 제품으로 인한 실업 방지
③ **무역수지 개선**: 수입 줄이고 수출 늘리기
④ **전략 산업 보존**: 농업, 방위산업처럼 국가 생존과 직결되는 분야

(4) **주요 수단**

① **관세 부과**: 수입품에 세금을 매겨 가격을 높이고 경쟁력을 낮춘다.
② **수입 쿼터**: 특정 상품에 대해 수입량을 직접 제한한다.
③ **수출 보조금**: 자국 기업에 정부 보조금을 지급해 가격 경쟁력을 강화한다.
④ **비관세 장벽**: 복잡한 규제, 표준, 검역 등을 활용해 외국 제품 진입의 어려움을 가중시킨다.
⑤ **환율 조작 또는 통화정책**: 자국 통화를 인위적으로 평가절하하여 수출을 유리하게 만든다.
⑥ **반덤핑 규제, 수출금융의 우대** 등도 있다.

(5) **자유무역주의와의 비교**

구분	보호무역주의	자유무역주의
목적	자국 산업 보호	시장 효율성 극대화
정부 개입	많음.	최소화
단기 효과	산업 보호, 고용 유지	외국 제품과의 경쟁 심화
장기 효과	산업 비효율, 무역 갈등	생산성과 소비자 효용 증가

(6) **단점 및 비판**

① **소비자 부담 증가**: 외국산 제품이 비싸지면, 국내 소비자는 더 높은 가격을 부담해야 한다.
② **산업의 비효율성**: 경쟁 없는 환경은 혁신을 저해하고 장기적인 경쟁력 약화로 이어진다.
③ **보복성 무역 전쟁**: 상대국도 대응 조치를 취하면서 갈등이 확대된다.
④ **글로벌 공급망 왜곡**: 과도한 보호는 효율적인 생산과 무역 흐름을 방해한다.

❸ 1997~1998년 동아시아 금융위기

(1) 배경

① 동아시아 기적의 이면

    ㉠ 1980~1990년대 동아시아 국가들(태국, 말레이시아, 인도네시아, 한국)은 고도성장을 지속하며 '동아시아 기적'이라 불렸다.

    ㉡ 저금리 정책과 해외자본 유입 증가가 결합하며 부동산·주식시장에서 버블이 발생하였다.

    ㉢ 많은 국가들이 단기 외채에 의존하여 투자 자금을 조달하였다.

② 금융 시스템의 구조적 취약성

    ㉠ 금융감독 체계가 미비하고, 대출이 정치적 연줄 또는 대기업 재벌 중심으로 이루어졌다.

    ㉡ 태국·인도네시아는 특히 부동산 중심의 과잉 투자와 비은행 금융기관의 부실화가 진행 중이었다.

    ㉢ 한국은 재벌 중심의 차입경영, 은행외 부실채권 증가, 외환보유고 취약 등이 복합적으로 작용하였다.

③ 위기의 본질은 고속 성장 속에 감춰진 구조적 불균형과 외자 의존도의 급증이었다.

④ 스티글리츠는 기업들의 도덕적 해이, 크루그먼은 투기성 자본의 유출입이 빈번한 것을 원인으로 지적하였다.

(2) 위기 발생과 확산

① 태국의 바트화 붕괴(1997. 7.)

    ㉠ 태국 정부는 지속적인 자본 유출과 외환보유고 감소에도 고정환율제를 유지하려 하였다.

    ㉡ 1997년 7월 2일 태국 정부가 바트화를 변동환율제로 전환하며 급격한 평가절하가 발생하였다.

    ㉢ 투자자들은 동아시아 전반의 유사 구조에 주목하며 자본 회수를 시작하였고 연쇄 반응이 유발되었다.

② 도미노 붕괴 : 'Contagion'의 전형적 사례*

    △ 전염효과란 금융위기가 지역 전체로 확산되는 현상으로 이는 국제 금융시장에서의 투자자 심리와 정보의 비대칭성에 기인한다.

국가	주요 충격
인도네시아	루피아 폭락, 정치불안과 맞물려 외자 급속 유출
말레이시아	링깃화 하락, 자본 유출 및 주식시장 급락
필리핀	환율 불안과 금리 상승, 외채 상환 압박
한국	외환보유고 고갈, 은행 연쇄부도, IMF 구제금융 요청(1997. 12. 3.)

(3) IMF의 개입과 긴축 처방

국가	구제금융 규모(약)	조건
태국	약 170억 달러	고금리 정책, 재정건전화, 구조조정
인도네시아	약 430억 달러	국영기업 매각, 부실은행 정리, 긴축정책
한국	약 580억 달러	기업 구조조정, 노동시장 유연화, 금융시장 개방

➡ IMF는 워싱턴 컨센서스에 입각한 일률적 긴축정책을 요구하였다.

(4) **정책적 결과와 비판**

① IMF 정책은 단기적으로 통화 안정에는 기여했으나 실물경제에 급격한 충격을 초래하였다.

② 실업률 급등, 소비 위축, 국내 투자 붕괴로 사회 불안정성이 증가하였다.

③ 조지프 스티글리츠(Joseph Stiglitz) 등은 "IMF는 위기를 해결한 것이 아니라 심화시켰다."고 비판하였다.

(5) **한국 사례 분석**

① 위기 전 한국의 경제 구조

㉠ 재벌 중심의 과잉투자 구조 : 자산보다 부채 비율이 월등히 높았다.

㉡ 외환보유고는 약 300억 달러였으나, 단기외채가 1,000억 달러 이상이었다.

㉢ 1997년 대기업이 연쇄 부도하였다(한보, 삼미, 기아 등).

② 위기 발발과 IMF 구제금융

㉠ 1997년 11월 외환보유고는 39억 달러 수준으로 붕괴되었다.

㉡ 1997년 12월 IMF와 약 580억 달러 규모의 긴급 구제금융에 합의하였다.

㉢ 구조조정 3대 분야 : 금융기관 퇴출 및 합병, 재벌 해체 또는 자산 매각, 노동시장 유연화(비정규직 증가의 계기)

③ 회복과 후유증

㉠ 1998년 성장률 −5.1%, 실업률 7%를 돌파했다.

㉡ 1999년 이후 수출 주도의 회복세가 나타났다.

㉢ 그러나 사회 양극화, 비정규직 증가, 외자 의존의 심화라는 부작용을 남겼다.

(6) **국제정치경제적 해석**

① 자유주의적 시각

㉠ 자유자본주의 체제에서는 시장 불완전성, 정보 비대칭성, 군집행동(herding behavior)* 등이 위기를 초래한다.

> ✎ 개별 투자자나 경제 주체가 자신의 정보나 분석보다 다른 사람들의 행동을 따라 움직이는 현상을 말한다. 군집행동이 일어나는 요인으로는 정보의 비대칭성, 책임회피, 유동성 확보 욕구 등이 있다.

㉡ 자유시장 질서를 유지하되, 거시건전성 확보와 규제 장치 보완이 필요하다.

② 현실주의·국가주의적 시각(Gilpin 등)

㉠ 금융 자유화는 강대국과 다국적 자본이 주도한다.

㉡ 개발도상국은 제도적 뒷받침 없이 개방되어 주권 약화와 외세 의존이 심화된다.

③ 마르크스주의적 시각

㉠ 위기는 자본의 세계화가 초래한 구조적 모순이다.

㉡ IMF는 핵심국가의 이익을 대변하는 도구에 불과하다(구조조정은 착취 강화).

❹ 2008년 글로벌 금융위기

(1) **위기의 시작**: 미국 주택시장 붕괴

① 저금리와 서브프라임 대출 확대

ㄱ 2001년 닷컴 버블*과 9·11 테러 이후 미국 연준은 초저금리 정책을 유지하였다.

    ✎ 1995~2000년 사이 인터넷 기반 기업들(일명 '닷컴 기업')에 과도한 기대와 투자가 몰리며 주식 가격이 폭등한 후, 2000년부터 급락하며 거품이 터진 사건이다.

ㄴ 주택 가격이 상승하면서 신용등급이 낮은 사람들(subprime borrowers)에게도 대출이 확대되었다.

ㄷ 서브프라임 모기지(담보 가치는 낮고, 상환 능력이 불확실한 고위험 주택담보대출)가 확대되었다.

② 금융공학과 파생상품의 남용

ㄱ 은행들은 이 대출을 묶어 MBS(주택담보증권), CDO(부채담보부증권) 같은 상품으로 재포장하였다.

ㄴ 투자자들은 AAA 등급의 안전 자산으로 믿고 대량 매입하였다.

ㄷ 리스크는 글로벌 금융시스템 전반으로 분산되었지만, 불투명하게 축적되었다.

(2) **위기 발발과 전 세계 확산**: 금융 시스템 붕괴

시기	사건
2007	미국 주택 가격 하락 시작 → 서브프라임 대출자 대거 채무불이행
2008. 3.	투자은행 베어스턴스(Bear Stearns) 파산 위기 → 정부가 JP 모건에 헐값 매각
2008. 9. 15.	리먼브라더스(Lehman Brothers) 파산 → 세계 금융시장 패닉
2008. 10.~	글로벌 증시 붕괴, 신용경색, 실물경제 침체 전이

➡ 리먼 파산은 상징적인 트리거로 글로벌 금융 네트워크가 동시다발적으로 붕괴되었다.

(3) **경제적 영향**

① 미국 및 선진국

    ㄱ 대규모 은행 부실, 실업률 급등(미국 10% 근접), 소비·투자 위축

    ㄴ AIG, GM 등 대형 기업도 국가에 구제 요청

② 신흥국

    ㄱ 수출 급감, 자본 유출, 통화가치 하락

    ㄴ 한국, 브라질, 러시아 등도 급격한 외환시장 불안 경험

(4) **위기의 원인 분석**

원인	주요 내용
시장 실패	위험을 과소평가한 금융기관 + 감독기구의 규제 실패
도덕적 해이	정부가 금융기관을 구제할 것이란 기대 속 과도한 위험 감수
복잡한 금융 상품	MBS, CDO, CDS 등 구조가 불투명하고 이해 어려운 상품 남용
글로벌 불균형	중국 등 신흥국의 과잉저축 → 미국 자산시장으로 자본 유입

(5) **국제정치경제적 해석**

① **자유주의 시각**

㉠ 시장 실패를 인정하고, 규제 강화 필요성을 제기하였다.

㉡ IMF, G20 등 국제 협력 강화의 계기가 되었다.

② **현실주의 · 국가주의 시각**

㉠ 위기는 미국 중심 질서의 취약성을 드러냈다.

㉡ 미국은 위기에도 기축통화국(달러)의 지위를 이용해 구조적 우위를 유지하였다.

③ **구조주의 · 마르크스주의 시각**

㉠ 금융자본의 과도한 지배가 불평등을 심화시켰다.

㉡ 위기는 자본주의 체제 내부의 모순이 폭발한 사건이다.

(6) **동아시아 위기와의 비교**

항목	동아시아 위기	글로벌 금융위기
주요 발생국	신흥국(태국, 한국 등)	선진국(미국, 유럽)
주된 원인	외채 · 환율 위기	자산 버블 · 금융상품 위기
국제 대응	IMF 중심 긴축정책	G20 중심 확장적 대응
정치적 여파	IMF 불신, 경제민족주의 강화	반세계화, 포퓰리즘 확산

❺ 치앙마이 이니셔티브(Chiang Mai Initiative)

(1) **개요**

① 치앙마이 이니셔티브(CMI)는 2000년 태국 치앙마이에서 열린 ASEAN+3 재무장관 회의에서 출범된 지역 금융안정망 구축 협력체제를 의미한다.

② 주요 목적은 1997년 동아시아 금융위기 이후 외환위기 재발을 방지하고, IMF 의존도를 줄이기 위한 지역적 대응 장치를 마련하는 것이다.

(2) **배경**

① 1997~1998년 동아시아 금융위기 당시, 많은 아시아 국가들이 급격한 외환유출로 위기를 겪었고, IMF로부터 구조조정을 강요받으며 정치적 · 경제적 자율성이 훼손되었다는 반성이 확산되었다.

② 이에 따라 자국 및 지역 차원의 외환유동성 확보 방안 마련의 필요성이 제기되었다.

③ 동아시아 금융위기는 CMI 출범, 미국발 글로벌 금융위기는 CMI 제도화에 영향을 주었다.

(3) **주요 내용 및 구조**

구성 요소	설명
ASEAN+3	아세안 10개국 + 한 · 중 · 일 3국이 참여
쌍무 통화스와프* 협정	각국 간 외환보유고를 활용해 유사시 달러를 교환할 수 있는 계약 체결
위기대응 목적	금융위기 상황에서 신속한 자금 조달 가능

✎ 통화스와프(Currency Swap)는 특정 통화를 일정 기간 후 정해진 환율로 서로 교환하는 협정으로, 유사시 유동성 지원이 가능하다.

(4) 발전 과정

① 2000년: 기본 합의 체결(CMI)
② 2005년 이후: CMI의 다자간 통화스와프 확대 추진
③ 2010년: 치앙마이 이니셔티브 다자화(CMIM)로 전환
  ⊘ 기존의 쌍무협정(Bilateral Swaps)에서 다자간 구조(Multilateralized Swap Arrangement)로 진화
④ 총 규모: 2,400억 달러 수준(2023년 기준)
⑤ 중국, 일본, 한국이 주요 기여국

(5) CMIM의 주요 특징

항목	설명
감시기구	AMRO(ASEAN+3 Macroeconomic Research Office, 2011 설립)
비상시 자금 조달	위기 발생 시 신속한 외환 유동성 지원 가능
IMF 연계 비율 감소	초기에는 IMF 프로그램과 연동되었으니 점차 독립성 강화 추세

(6) 평가와 의의

① 동아시아의 통화협력 심화: 지역 내 금융안정 장치의 상징이 되었다.
② IMF 대안으로서의 의미: IMF 개입 없이 자율적인 대응 가능성을 확보하였다.
③ 지역경제 통합의 발판: 금융 분야 협력의 제도화 가능성을 제시하였다.

(7) 한계 및 과제

① 여전히 IMF 연계 부분이 존재하여 완전한 자율성 확보가 미흡하다.
② 실제 운용 경험이 부족하다.
③ 정치적 불신이 존재하여 한·중·일 간 영향력 다툼 가능성이 있다.

❻ 근린궁핍화정책(Beggar-thy-neighbor Policy)

(1) 개념

① 자국의 경제 회복이나 성장을 위해 취하는 정책이 다른 나라의 경제를 악화시키는 행위를 말한다.
② 직역하면 "이웃(근린)을 가난하게 만든다."는 의미이다.
③ 보통 무역 또는 환율 정책에서 나타난다.
④ 세계대공황(1930년대) 당시 국가들이 서로 보호무역과 환율절하 경쟁에 나서면서 널리 알려졌다.

(2) 주요 정책 형태

유형	설명
관세 인상, 수입 규제	자국 산업 보호 → 상대국 수출 감소
환율 평가절하	자국 통화 가치 하락 → 수출경쟁력 증가, 상대국 불리
수출 보조금	자국 상품을 해외에서 싸게 판매 → 경쟁국 산업 타격

(3) 이론적 배경

① 고전무역이론(리카르도, 헥셔－오린 등)은 무역이 상호이익을 가져온다고 주장하였다.

② 하지만, 경기 침체기에는 자국의 실업률·산업 위축을 이유로 타국을 희생시키는 정책 선택 유인이 커진다.

③ 특히 수요 부족이 글로벌하게 동시 발생할 때 국가 간 경쟁은 더 심화된다.

(4) 역사적 사례

① 1930년대 세계대공황 : 미국의 스무트－홀리 관세법 → 전 세계 보복관세 확산 → 세계무역 붕괴

② 2008년 금융위기 이후

ㄱ 미국 양적완화 → 달러 평가절하 → 신흥국 통화 강세

ㄴ 중국, 한국 등 수출국 통화시장에 개입 → 환율 갈등 격화

③ 트럼프 행정부(2017~2021) : "America First" 관세 폭탄, 철강·자동차 관세 부과 → 미－중 무역전쟁

❼ 글로벌 가치사슬 vs 글로벌 생산네트워크

(1) 글로벌 가치사슬(Global Value Chain, GVC)

① 정의 : 하나의 제품이나 서비스가 생산되는 전 과정을 국가 간 분업을 통해 나누는 체계로, 그 과정에서 부가가치가 어떻게 창출되고 분배되는지를 분석하는 개념이다.

② 핵심 개념

ㄱ '가치(value)'에 초점 : 어떤 국가 또는 기업이 어떤 단계에서 얼마나 많은 부가가치를 창출하는가에 주목한다.

ㄴ 제품 하나가 디자인－부품생산－조립－마케팅－판매 등의 다양한 단계를 거치는데, 이 각각의 단계가 서로 다른 국가에 분산되어 있다.

예 스마트폰의 경우 미국(설계)－한국(디스플레이)－대만(칩)－중국(조립) 등으로 분업

③ GVC 분석의 목적

ㄱ 글로벌 분업의 구조를 파악하기 위함이다.

ㄴ 국가 간 기술 격차나 소득 격차의 원인을 이해하기 위함이다.

ㄷ 후발국이 어떤 위치에서 사슬에 진입하고 업그레이드(Upgrade) 할 수 있을지에 대한 전략을 제시하기 위함이다.

(2) 글로벌 생산네트워크(Global Production Networks, GPN)

① 정의 : 생산 활동을 조직하고 연결하는 다양한 행위자(기업, 정부, 지역사회 등)의 관계망을 분석하는 보다 넓은 이론적 틀이다.

② GVC보다 넓은 분석 단위

ㄱ 가치 '사슬'이 아닌 '네트워크' 전체를 분석한다.

ㄴ 다국적 기업, 하청기업, 정부, 노동자, 시민단체 등 다양한 행위자들의 관계와 권력구조에 주목한다.

ㄷ 경제뿐 아니라 정치, 사회, 제도적 맥락까지 분석한다.

③ 특징

㉠ 공간적 스케일과 지정학적 맥락을 중시한다.

㉡ 네트워크 내부의 권력 관계와 지배구조 분석에 유리하다.

예 한 다국적 기업이 아시아, 유럽, 남미에 걸쳐 생산을 조직할 때 생기는 정치경제적 관계 전반을 분석

(3) GVC vs GPN 비교

항목	GVC(Global Value Chains)	GPN(Global Production Networks)
분석 초점	가치 창출과 분배	행위자 간 관계와 권력 구조
관점	선형적(사슬 구조)	비선형적(네트워크 구조)
주요 행위자	주로 기업 중심	기업, 정부, 시민 등 다양한 행위자
분석 목적	분업 구조 및 업그레이드 전략	글로벌 생산의 정치경제적 복합성 분석
대표 연구자	Gary Gereffi 등	Henderson, Coe, Yeung 등

(4) **활용분야**

① GVC는 국가 정책이나 기업 전략 수립에 사용된다.

예 한국의 부품소재 산업 강화 전략

② GPN은 국제 노동정치, 공급망 리스크, 다국적기업의 지배력 분석 등에 적합하다.

⑧ 타이드 원조 vs 비타이드 원조

(1) **타이드 원조(Tied Aid)**

① 정의 : 원조 공여국이 자국 기업이나 특정 국가의 기업을 통해서만 원조 자금을 사용하도록 조건을 거는 방식이다.

예 한국이 A국에 1억 달러 원조를 주면서 "이 돈은 반드시 한국 기업의 기자재나 서비스 구입에만 사용해야 한다."고 조건을 붙이는 경우이다.

② 공여국의 장점

㉠ 자국 기업의 해외 진출을 촉진한다.

㉡ 국내 일자리 창출 효과가 있다.

㉢ 자국 산업을 보호한다.

③ 수원국의 단점

㉠ 경쟁입찰 불가능으로 물품 가격이 상승한다.

㉡ 현지 상황에 맞지 않는 기자재 수입 가능성이 있다.

㉢ 기술 이전이나 현지 경제 활성화의 효과가 낮다.

(2) **비타이드 원조(Untied Aid)**

　① 정의 : 수원국이 원조 자금을 자유롭게 사용하도록 허용하는 방식으로, 특정 기업이나 국가에 구속되지 않고, 경쟁입찰을 통해 물품과 서비스를 조달할 수 있다.

　② 수원국의 장점

　　㉠ 경제적 효율성 : 다양한 공급자들 간 경쟁이 가능하다.

　　㉡ 선택의 자유 : 자국 상황에 적합한 물품과 서비스의 선택이 가능하다.

　　㉢ 현지 경제에 더 긍정적인 효과를 가져온다.

　③ 공여국의 단점

　　㉠ 자국 산업에 직접적인 이익이 제한된다.

　　㉡ 자국 국민이 성과를 체감하기 어려워 정치적 가시성이 낮을 수 있다.

(3) **타이드 원조 vs 비타이드 원조 비교**

항목	타이드 원조(Tied Aid)	비타이드 원조(Untied Aid)
자금 사용 조건	특정 국가·기업 제품에 한정	제한 없음(자유로운 사용 가능).
수원국 선택권	제한적	매우 넓음.
가격 경쟁력	낮음(경쟁 제한).	높음(입찰 가능).
공여국 산업 보호	용이	어려움.
수원국 개발 효과	낮을 수 있음.	상대적으로 높음.

(4) **국제적 추세**

　① OECD 개발원조위원회(DAC)는 타이드 원조를 점진적으로 줄이고 비타이드 원조 비중을 늘릴 것을 권고한다.

　② 한국 역시 과거에는 타이드 원조 중심이었지만, 최근에는 비타이드 원조 비율이 꾸준히 증가하고 있다.

❾ 공정무역

(1) **정의**

　개발도상국의 생산자들이 노동에 상응하는 공정한 대가를 받고, 지속 가능한 방식으로 생산과 유통을 하도록 보장하는 무역 체계이다.

(2) **주요 목적**

　① 공정한 가격 보장 : 중간 착취자 없이 생산자가 정당한 소득 확보

　② 장기적인 거래 관계 : 불안정한 가격 변동으로부터 보호

　③ 노동권 및 인권 보호 : 아동노동, 강제노동 금지

　④ 환경 친화적 생산 방식 : 지속 가능한 농업, 생태 보호

　⑤ 지역 공동체 발전 : 일정 수익은 학교, 의료 등 지역 개발에 재투자

(3) 공정무역 인증 마크

① Fairtrade International(FLO)

② World Fair Trade Organization(WFTO)

③ Rainforest Alliance(친환경 + 공정거래)

④ Fair for Life 등

(4) 기존 자유무역과의 차이점

항목	자유무역(Free Trade)	공정무역(Fair Trade)
가격 결정	시장 원리에 따라 결정	생산자 최소 보장가격 설정
목표	효율성, 경쟁	윤리, 정의, 지속가능성
생산자 보호	없음(경쟁 우선).	약자 중심의 보호 및 지원
주요 수혜자	선진국 기업·소비자	개발도상국 생산자

(5) 비판과 한계

① 가격 왜곡 : 시장 가격보다 높아 왜곡된 신호를 줄 수 있다.

② 소수 생산자 중심 : 모든 농민이 공정무역의 혜택을 받지는 못한다.

③ '착한 소비'만으로 구조적 빈곤 해결은 어렵다.

④ 하지만 그럼에도 불구하고, 공정무역은 세계화의 부작용(빈곤, 불평등)을 보완하려는 시도로 널리 인정받고 있다.

박민형
국제정치학
기본 이론서

PART

07

핵심 이슈

CHAPTER 01 난민

제1절 관련 개념

(1) '난민'은 큰 범위에서 전쟁이나 박해, 폭력, 극도의 빈곤, 기근, 자연재해 등을 피해 살던 곳을 떠난 사람들을 의미한다.

(2) '국내실향민(Internally Displaced Person, IDP)'은 위에 상기한 이유 등으로 살던 곳은 떠나야 했지만 국경을 넘지 않은 사람들을 의미한다.

(3) '망명신청자(asylum seekers)'는 난민 지위를 모색하고 있지만, 그에 대한 평가가 이루어지지 못해 법적으로 아직 보호받지 못하고 있는 사람들을 의미한다.

(4) '이주민(migrant)'은 살던 터전을 떠나 다른 곳에 살면서 언어, 문화, 풍습 등의 차이로 어려움을 겪을 수 있다는 점에서는 같지만, 그 동기가 대개는 더 좋은 일자리나 교육 등 보다 나은 삶을 위한 것이라는 데 큰 차이가 있다.

제2절 난민 관련 주요 역사

(1) 국제사회에서 난민 인정노력은 제1차 세계대전 이후 지역별로 전개되었다.

(2) 1950년 설립된 유엔난민기구(UN High Commissioner for Refugees, UNHCR)는 1951년부터 난민 통계에 대한 자료를 보관하였다.

(3) 1951년 유엔의 『난민의 지위에 관한 협약』(일명 제네바 협약)에 따르면 난민은 1951년 1월 1일 이전에 발생한 사건의 결과로서 또한 인종, 종교, 국적, 특정사회 집단의 신분, 정치적 의견을 이유로 박해가 우려되어 국적국 밖에 있으면서 국적국의 보호를 받을 수 없거나 또는 받기를 원하지 않는 경우 등에 인정되었다.

① 제정 배경 및 개요

ㄱ 제2차 세계대전 이후 유럽 내 대규모 난민이 발생하였다.

ㄴ 국제사회가 난민 보호의 기준을 명확히 할 필요성을 인식하였다.

ㄷ 1951년 7월 28일 유엔 주도로 채택되었다(1954년 발효).

ㄹ 초창기에는 시간적·지리적 한계로 1951년 이전 유럽 내 사건에만 적용되었다.

② 주요 내용

ㄱ **난민의 정의**: "인종, 종교, 국적, 특정 사회집단 구성원 신분 또는 정치적 견해를 이유로 박해를 받을 우려가 있어 자국 밖에 있는 자로서, 자국의 보호를 받을 수 없거나 보호받기를 원하지 않는 자"

ⓒ **핵심 원칙** : 비강제송환 원칙(Non-refoulement)으로, 난민을 그들의 생명이나 자유가 위협받을 나라로 돌려보내지 않아야 한다는 원칙이다.

ⓒ **난민의 권리** : 주거, 교육, 노동, 사회보장, 종교의 자유 등 최소한의 생존 및 인간다운 생활을 보장한다.

(4) 협약난민이란 제네바협약(1951)에 해당되는 난민을 의미한다. 가난, 자연재해로 인한 난민은 협약 난민이 아니다.

(5) UNHCR의 보호를 받는 난민을 '위임난민'이라고 한다. 협약난민과 위임난민은 특별한 상관관계가 없다. 위임난민은 상주국의 동의하에 UNHCR의 보호를 받는다.

더 알아보기

UNHCR
- 1949년 12월 3일에 창설된, 난민의 보호와 난민의 문제를 해결하기 위해 설립된 기구로, 치음에는 제2차 세계대전 이후 빌생한 난민의 보호와 구조를 위해 출범 이후 3년만 운영하는 것으로 합의하였다.
- 유엔난민기구의 운영은 원래 정해졌던 3년 이후 계속 연장되어 오다가 2003년에 난민 문제가 완전히 해결될 때까지 계속 임무를 수행하도록 승인하였다.
- 출범 이후 25개국이 가입한 것으로 시작하여 현재에는 130개국이 가입, 집행위원회는 76개국으로 이루어져 있으며, 대한민국 정부도 2000년부터 회원국으로 활동 중이다.
- 유엔난민기구는 성별, 종교, 정치적 견해에 관계없이 도움이 필요한 난민 또는 보호대상자에게 보호와 지원을 제공하고 있으며, 특히 어린이와 여성에게 주의를 기울이고 있다.
- 유엔난민기구는 세계의 다양한 분쟁지역과 난민이 발생하는 곳에 지역사무소를 설치하고, 난민들을 위한 보호와 지원 정책을 추진한다.
- 2001년 한국사무소가 개설되었고, 2007년 한국대표부로 승격되었다.

(6) 1967년 『난민지위에 관한 의정서』는 『난민의 지위에 관한 협약』의 적용대상에서 '1951년 1월 1일 이전에 발생한 사건의 결과로서'라는 시간적 제한을 해제하고 보호 대상을 확대하였다.

① 제정 배경

ⓒ 1951년 협약은 "1951년 1월 1일 이전 유럽에서 발생한 사건으로 인해 박해받은 자"만을 난민으로 인정하였다.

ⓒ 하지만 1950년대~1960년대에 아프리카, 아시아, 중남미 등지에서 난민 문제가 급증하면서 이 제한이 현실과 맞지 않게 되었다.

ⓒ 이에 유엔은 전 세계 모든 난민에게 협약의 보호를 확장하고자 1967년 의정서를 채택하였다.

② 주요 내용

ⓒ **시간적 제한 삭제** : "1951년 1월 1일 이전"이라는 제한을 제거하였다.

ⓒ **지리적 제한 삭제** : "유럽 내 사건"이라는 조건도 삭제하였다.

ⓒ 난민의 정의는 1951년 협약과 동일하게 유지하였다.

③ 의정서의 법적 구조

ⓒ 독립적인 조약이 아니라, 1951년 협약과 보완적으로 작동한다.

ⓒ 의정서에 가입한 국가는 자동으로 1951년 협약의 의무도 수용된다.

⑺ 1969년 아프리카 단결기구는 『아프리카 난민 문제의 특수한 측면에 관한 협약』을 마련하였다.

① 제정 배경

㉠ 1951년 협약은 유럽 중심의 정의에 기반하고 있어 아프리카의 대규모 난민 발생 현실을 포괄하지 못했다.

㉡ 특히, 탈식민화와 독립투쟁, 내전, 국경분쟁 등으로 인해 많은 사람들이 박해가 아닌 전쟁, 폭력, 무질서 등으로 국경을 넘는 일이 많았다.

㉢ 이에 아프리카 통일기구(OAU, 현재의 AU)는 아프리카의 현실을 반영한 독자적 난민협약을 1969년 채택하였다.

② 주요 내용 및 특징

㉠ 난민의 정의 확대 : 1951년 협약의 정의는 유지하면서도, 보다 넓은 정의를 추가하였다. 즉, "외부 침략, 점령, 외세의 지배 또는 공공질서의 중대한 혼란을 피해 자국을 떠난 자"도 포함하였다.

⊘ 이는 개인적 박해뿐 아니라 집단적·구조적 위협도 난민의 사유로 인정한 것으로, 난민 정의의 확장으로서의 의미가 존재한다.

㉡ 비강제송환 원칙 강화 : 1951년 협약처럼 박해국가로의 송환 금지 원칙을 명시하면서도, 지역 내 상호협력을 강조하였다.

㉢ 집단 인정 : 난민 개별 심사 없이도 일정 상황(예 전쟁 등)에서 집단 전체를 난민으로 인정 가능하도록 하였다.

㉣ 난민 보호에 대한 국가 책임 강조 : 회원국 간의 연대(solidarity), 난민의 통합 또는 자발적 귀환 지원, 비정치적 성격 유지 등 구체적 의무를 명시하였다.

항목	1951년 협약	1969년 OAU 협약
난민 정의	박해에 대한 공포	전쟁, 외세 침략, 공공질서 붕괴 등 포함
관할 범위	전 세계	아프리카 지역 한정
가입 주체	UN 회원국	아프리카 연합(AU) 회원국
보호 방식	개별심사 중심	집단 인정 가능

⑻ 1980년 미국 정부는 '난민법(Refugee Act of 1980)'을 제정하였다.

① 제정 배경

㉠ 기존 미국의 난민정책은 냉전 논리에 따라 반공국가 난민 중심이었다.

㉡ 그러나 1970년대 후반부터 난민 위기가 전 세계적으로 다양화되면서, 더 보편적이고 일관된 제도 정비의 필요성이 증가하였다.

㉢ 1980년 1951년의 난민협약과 1967년 의정서의 정의를 반영해 미국 법제에 난민 개념을 통합하였다.

② 주요 내용

㉠ 난민 정의 통일 : 1951년 협약과 1967년 의정서의 정의와 동일하게 하였다.

㉡ 연간 난민 수용 상한 설정

⊘ 미국 대통령은 매년 의회와 협의하여 난민 수용 한도를 정함.

⊘ 비상사태 시에는 대통령이 일정 인원까지 추가 허용 가능

　　　ⓒ 난민심사 절차 정비
　　　　◇ 해외 심사를 통해 선발된 난민은 미국 입국 전 심사를 받고 입국
　　　　◇ 국내에서 망명 신청도 가능하며, 개별 심사를 통해 인정 여부 결정
　　　ⓔ 난민정착 프로그램 설립
　　　　◇ Office of Refugee Resettlement(ORR) 설치 : 난민의 정착, 교육, 고용, 의료서비스 등 지원
　　　　◇ 주정부 및 NGO와 협력하여 조기 자립 유도
　　　ⓜ 망명제도 법제화
　　　　◇ 이 법을 통해 미국 이민법상 '망명(asylum)'이라는 개념이 처음 명문화
　　　　◇ 국내 체류 중이더라도 난민 요건에 해당하면 망명 신청 가능

(9) 1991년 유엔 사무총장이 UNHCR에 국경을 넘지는 않았지만 국내에서 난민과 유사한 상황에 처하게 된 국내실향민을 보호하고 원조할 것을 요청함에 따라 1994년 4월까지 보스니아와 헤르체고비나 지역에서 약 280만 명에 달하는 국내실향민 등에 대해서 인도적 구호활동을 실시하였다.

(10) 1998년 유엔은 '국내 실향에 대한 지도원칙'을 발표하였다.
　① 핵심 원칙
　　　ⓐ 비차별 원칙 : 국적, 인종, 종교 등에 따른 차별 없이 보호한다.
　　　ⓑ 강제이주 금지 : 무력·개발 등 어떤 이유로든 법적 근거 없이 이주 강요가 불가하다.
　　　ⓒ 인도적 접근 보장 : 정부는 UN 및 구호기관의 실향민 접근을 허용해야 한다.
　　　ⓓ 자발적 귀환 원칙 : 실향민은 자발적으로 안전하고 존엄하게 귀환할 권리를 보유한다.
　　　ⓔ 재정착과 재통합 : 귀환이 불가능한 경우 지역사회로의 통합을 지원한다.
　② 법적 성격
　　　ⓐ 법적 구속력은 없다.
　　　ⓑ 그러나 국제인도법, 인권법 원칙을 반영·집약한 권위 있는 기준이다.
　　　ⓒ 유엔 총회 및 인권이사회는 지속적으로 이를 국제 기준으로 인정하고 권장하고 있다.

(11) **한국의 난민 관련 정책**
　① 1992년 한국은 『난민의 지위에 관한 협약』에 가입하였다.
　② 1994년부터 난민신청을 받았다.
　③ 2000년부터는 유엔 내 난민구호 총괄기구인 UNHCR(유엔난민기구)의 집행이사국으로 국제 난민보호 활동에 기여하고 있다.
　④ 2001년에는 UNHCR 주한대표부가 서울에 설치되어 국내외 난민보호를 위한 한국과 UNHCR 간의 협력이 확대되었다.
　⑤ 2012년엔 아시아 최초로 독립적인 난민법을 제정*하고 2013년부터 시행하였다.
　　✎ 자세한 난민법은 일독할 필요가 있다. 법제처 국가법령정보센터에서 난민법 확인이 가능하다.
　　➡ 난민법 제정에는 중국에게 탈북자를 북한에 강제 송환하지 말고 난민대우 해줄 것을 압박하려는 당시 한국 정부의 의지가 담겨 있었다.
　⑥ 2016년에는 UNHCR에 2천 만불 이상 기여한 국가들의 모임인 "20+ million club"에도 가입하였다.

⑿ 2016년 9월 유엔 193개 회원국 모두가 승인한 포괄적난민대응프레임워크(Comprehensive Refugee Response Framework, CRRF)를 발족하였다.

① 배경
  ㉠ 2015~2016년 유럽 난민 위기 이후 국제사회는 기존 난민체계의 한계를 인식하였다.
  ㉡ 2016년 9월 유엔 총회에서 「난민과 이주민을 위한 뉴욕선언」을 채택하였다.
  ㉢ 이 선언에 따라 CRRF가 개발되었고, 이는 이후 「글로벌 난민협약(Global Compact on Refugees, 2018)」의 핵심요소로 통합되었다.

② 목적과 철학
  ㉠ 난민 문제를 보다 포괄적이고 예측 가능한 방식으로 대응하기 위함이다.
  ㉡ 정부, 유엔기구, 시민사회, 민간 부문, 난민 커뮤니티 등 모든 행위자의 협력과 책임 공유를 강조하는 종합 전략이다.

③ CRRF의 핵심 요소(UNHCR 기준)
  ㉠ 조기 대응 : 위기 초기에 즉각적이고 지속적인 인도주의 · 개발 협력을 시행한다.
  ㉡ 난민 수용국에 대한 지원 강화 : 난민을 수용한 개발도상국에 국제사회가 재정 · 기술 · 정책 지원을 제공한다.
  ㉢ 난민의 자립 강화 : 난민도 사회 · 경제적 자립을 통해 지역사회와 통합될 수 있도록 지원한다.
  예 노동시장 접근
  ㉣ 제3국 재정착 및 기타 해결책 확대 : 귀환이 어려울 경우 제3국 정착이나 현지 통합을 포함한 다양한 해결책을 추구한다.
  ㉤ 자발적 귀환 : 난민 본인의 의사에 따라 안전하고 존엄한 귀환을 보장한다.

④ 의의 : ㉠ UN의 새로운 국제협약으로 공여자, UN, AU, 세계은행에게 수용국의 압박을 완화하는 접근법에 동참하고, ㉡ 수용국 내 재정착을 확대하며, ㉢ 그들의 안정과 출신국으로 존엄한 귀환을 위한 환경을 제공하는 기회를 만들고자 하였다.

제3절 | 난민 관련 핵심 이슈

⑴ 유엔 세계인권선언*은 모든 인간의 평등한 권리를 보장하고 있다. 여기에는 타국에서의 박해로부터 망명을 요구할 권리가 포함된다.

  ✎ 전문과 1~30조 세부조항으로 구성되어 있다. 아래 사이트에서 한국어 버전을 확인할 수 있다.
  https : //www.ohchr.org/en/human-rights/universal-declaration/translations/korean-hankuko

⑵ **세계난민의 날** : 6월 20일

⑶ 지난 70년간 적어도 매년 160만 명의 난민이 발생했으며, 1982년 이후 UNHCR에 등록되는 난민의 수는 매년 1천만 명 아래로 떨어진 적이 없다.

⑷ 일반적으로 난민 인정의 권한은 전적으로 비호를 부여하는 국가에 달려 있다.
  ➡ 난민의 지위는 개인을 대상으로 하는 것이지만, 난민의 인정이나 수용은 발생국과 수용국 간 관계에 따라 영향을 받을 수 있다.

⑸ 난민의 보호를 위한 제반 난민관련 협약은 인권보호를 위해 거의 예외없이 강제송환금지의 원칙을 규정한다.

① 강제송환금지 원칙은 난민 인정 여부를 심사받고 있는 자에게도 적용된다.

② 강제송환금지 원칙은 난민판정을 받은 자가 아니라도, 정치적 난민이 될 가능성이 있으면 적용된다고 보는 것이 일반적 견해이다.

③ 유엔은 현재 난민에 대한 해결책을 크게 3가지로 보고 있다.

   ㉠ **자발적 귀환** : 난민과 실향민이 스스로 본국에 돌아가고자 할 때, 그들을 안전하고 존엄하게 돌아갈 수 있도록 하는 것이 중요하다. 자발적 귀환은 그들이 집으로 돌아가 삶을 재건할 때 안전하게 생활할 수 있다는 전적인 조건이 필요하다.

   ㉡ **현지 통합** : 현지 통합은 난민과 실향민이 그들의 집을 떠난 후 그들이 정착한 곳에서 영구적으로 머무는 것이 허가될 때 이루어진다. 현지 통합은 지속성과 안정성을 제공하여 난민들이 일을 시작하고 일상적인 활동을 재개할 수 있도록 하여야 한다.

   ㉢ **재정착** : 재정착은 망명을 신청한 국가에서 정착이 쉽지 않을 때 새로운 국가에 자발적으로 정착할 수 있도록 하는 것이다. 재정착은 언어, 문화, 사회구조 등이 다른 완전히 새로운 국가에서 이루어지는 경우가 많기 때문에 난민들의 삶에 있어 아예 새로운 장을 시작하는 것과 같다.

④ UNHCR은 피난국에 가장 부담이 되지 않으며, 난민의 본래 근거지로의 복귀인 자발적 송환을 최선의 방책으로 여겨 이를 체약국에 권장한다.

⑤ 난민 인정 절차(한국의 경우) : 출입국항 외국인 난민신청 - 면담조사 - 난민 인정심사 회부 심사 - 난민 인정심사 회부 결정 - 입국허가 - 국내 난민 인정심사

   ⊘ 이미 입국한 경우 출입국관리소장에게 입국 60일 이내 신청

   ⊘ 면접조사 : 최대 7일 이내

   ⊘ 난민 인정심사 불회부의 경우 : 입국 불허 · 본국 송환

   ⊘ 난민 인정심사 회부의 경우 : 위의 절차대로 진행

CHAPTER 02 인권

제1절 유엔개발계획의 인간 개발 보고서

❶ 개념

(1) 1994년 유엔개발계획(UNDP) 인간 개발 보고서는 "인간 개발 지수"(Human Development Index, HDI)라는 중요한 개념을 소개하였다.

(2) 이 보고서는 인간 중심의 발전을 강조하며, 사람들의 삶의 질과 인간다운 삶을 살아가는 능력에 초점을 맞추었다.

❷ 인간 개발 지수(HDI)

(1) HDI는 각국의 발전 정도를 평가하는 지표로, 단순한 경제적 성과만을 측정하는 것이 아니라 사람들의 삶의 질을 포함하는 지표이다.

(2) **HDI는 3가지 주요 지표로 구성**
　① 수명(건강) : 기대수명을 사용하여 국민의 건강 수준을 측정한다.
　② 교육 수준 : 문해율과 학교에 다니는 비율을 고려하여 교육 수준을 평가한다.
　③ 소득 : 국민소득(GDP) per capita를 통해 경제적 여건을 평가한다.

(3) 이러한 지표들은 국가별 인간 개발 수준을 비교하고, 경제 성장만으로는 측정할 수 없는 복잡한 인간 발전의 여러 차원을 평가할 수 있도록 해준다.

❸ 기타 중요 논점

(1) **빈곤의 다차원적 접근 필요**
　① 보고서는 빈곤을 단지 소득 부족으로 정의하는 것이 아니라, 교육 부족, 건강 문제, 사회적 배제 등 여러 가지 차원을 고려해야 한다고 제안한다.
　② 즉, 빈곤을 다각적으로 바라보아야 하며, 사람들의 삶의 질을 향상시키기 위한 다양한 방안들이 필요하다는 것을 강조한다.

(2) **인간 개발과 정치적 자유**
　① 인간 개발 보고서는 정치적 자유, 민주주의, 인권 등도 인간 개발에 중요한 요소로 언급한다.
　② 경제적 발전이 이루어졌다고 해서 자동적으로 인간 개발이 이루어지는 것은 아니며, 사람들이 자신의 삶을 선택하고 변화시킬 수 있는 자유와 능력이 보장되어야 한다고 강조한다.

(3) 인간안보

① 전통적인 국가 안보 개념*을 넘어서는 새로운 안보 개념으로, 사람들의 삶의 질과 개인의 안전을 중심에 놓고 발전을 정의하려는 접근을 제시한다.

> ✎ 전통적인 안보 개념은 국가를 중심으로, 군사적 위협과 국가의 방어에 초점을 맞추고 있다. 그러나 인간 개발 보고서는 인간안보를 제시하면서, 개인과 지역 사회의 안전을 중요시하였다. 인간안보는 사람들이 기본적인 생활을 영위할 수 있도록 보장하는 데 초점을 맞추며, 경제적, 사회적, 정치적 안전을 포함하는 보다 포괄적인 개념이다.

② 이는 단순히 군사적 위협이나 국가 간의 전쟁에 대한 대응을 넘어서는 개념으로, 사람들이 직면하는 위협을 더 넓은 범위에서 인식하고 이를 해결하려는 방안을 제시한 것이다.

③ 인간안보의 7가지 주요 차원

- ⊙ **경제 안보** : 경제 안보는 사람들이 기본적인 생활을 유지할 수 있는 충분한 자원을 보장받는 상태를 의미한다. 즉, 빈곤과 실업 등의 문제로부터 사람들이 보호받고, 최소한의 생계 유지가 가능하도록 하는 것이 핵심이다.

- ⓒ **식량 안보** : 적절한 양질의 식량에 대한 접근이 보장되는 것을 의미한다. 식량 안보는 사람들의 건강과 생명에 직결되는 중요한 요소로, 식량 부족이나 기근 등의 위협으로부터 보호받아야 한다는 개념이다.

- ⓒ **건강(보건) 안보** : 건강 안보는 질병과 전염병으로부터 사람들을 보호하는 것을 의미한다. 여기에는 기본적인 의료서비스와 건강한 삶을 위한 환경이 포함되며, 건강 문제가 개인의 안보와 밀접하게 연결된다는 인식이 포함된다.

- ⓔ **환경 안보** : 환경 안보는 자연재해나 환경 파괴로부터 사람들을 안전하게 지킬 수 있는 상태를 의미한다. 기후변화, 자연재해, 환경오염 등의 위협에 대비하고, 지속 가능한 환경을 보장하는 것이 중요하다.

- ⓜ **개인 안보** : 개인의 신체적 안전을 의미한다. 이는 폭력, 범죄, 인권 침해 등으로부터 사람들을 보호하고, 법과 질서를 통해 개인이 안전하게 생활할 수 있는 조건을 만드는 것이다.

- ⓑ **사회(공동체) 안보** : 사회 안보는 사회적 약자나 소수자들이 차별받지 않고, 평등한 기회를 가질 수 있도록 보장하는 것이다. 또한, 사회적 연대와 협력이 이루어지는 환경을 만드는 것이 핵심이다.

- ⊗ **정치 안보** : 정치 안보는 자유롭고 공정한 정치적 환경을 의미한다. 이는 사람들이 정치적 자유, 표현의 자유, 이념의 자유, 정보의 자유, 민주적 참여를 통해 정치적으로 안전하게 자신을 표현하고, 참여할 수 있도록 하는 것이다.

제2절 세계인권선언

❶ 개요

(1) 세계인권선언(Universal Declaration of Human Rights, UDHR)은 1948년 12월 10일에 파리 샤요궁에서 열린 제3회 유엔(UN) 총회에서 채택된 국제적 선언문으로, 모든 인간이 태어날 때부터 가지는 기본적인 권리와 자유를 규명한 문서이다.

(2) 이 선언문은 모든 인간의 기본적 권리를 존중해야 한다는 유엔헌장의 취지를 구체화한 것이다.

(3) 이 선언은 국제적으로 인정되는 인권의 기준을 제시하고 있으며, 전 세계의 국가들이 인간의 존엄성을 존중하고 보호할 의무를 다해야 한다는 원칙을 수록하였다.

(4) 시민적, 정치적 권리가 중심이지만 노동자의 단결권, 교육에 관한 권리, 예술을 향유할 권리 등 경제적, 사회적, 문화적 권리에 대하여서도 규정하고 있다.

(5) 채택할 당시 전체 UN회원국 58개국 중 반대표는 없었고, 소련 포함 8개국은 기권*하였다.

   ✎ 소련, 벨라루스, 체코슬로바키아, 우크라이나, 폴란드, 유고슬라비아, 남아프리카공화국, 사우디아라비아

(6) 인권선언문은 전문과 본문의 30개 조로 구성되었다.

   ⊘ 1946년의 인권장전 초안과 1948의 세계인권선언 그리고 1966년의 국제인권규약을 합쳐 국제인권장전이라고 부르기도 한다.

❷ 등장배경

홀로코스트를 비롯한 제2차 세계대전의 참상 및 수많은 인권침해에 대한 반성으로 등장하였다.

❸ 주요 내용

(1) **평등과 존엄성**

   모든 인간은 태어날 때부터 자유롭고 평등하게 존엄과 권리를 지닌다(제1조).

(2) **인간의 권리**

   신체적 자유, 언론의 자유, 교육을 받을 권리 등 기본적인 자유와 권리가 보장된다.

(3) **평화와 사회적 책임**

   국가와 정부는 각국의 시민들이 자유롭고 평화롭게 살 수 있도록 해야 한다.

(4) **국제적 보호**

   인권이 침해될 경우 국제사회가 이를 보호할 책임이 있다.

세계인권선언

제1조
모든 인간은 태어날 때부터 자유로우며 그 존엄과 권리에 있어 동등하다. 인간은 천부적으로 이성과 양심을 부여받았으며 서로 형제애의 정신으로 행동하여야 한다.

제2조
모든 사람은 인종, 피부색, 성, 언어, 종교, 정치적 또는 기타의 견해, 민족적 또는 사회적 출신, 재산, 출생 또는 기타의 신분과 같은 어떠한 종류의 차별이 없이, 이 선언에 규정된 모든 권리와 자유를 향유할 자격이 있다. 더 나아가 개인이 속한 국가 또는 영토가 독립국, 신탁통치지역, 비자치지역이거나 또는 주권에 대한 여타의 제약을 받느냐에 관계없이, 그 국가 또는 영토의 정치적, 법적 또는 국제적 지위에 근거하여 차별이 있어서는 아니된다.

제3조
모든 사람은 생명과 신체의 자유와 안전에 대한 권리를 가진다.

제4조
어느 누구도 노예상태 또는 예속상태에 놓여지지 아니한다. 모든 형태의 노예제도와 노예매매는 금지된다.

제5조
어느 누구도 고문, 또는 잔혹하거나 비인도적이거나 굴욕적인 처우 또는 형벌을 받지 아니한다.

제6조
모든 사람은 어디에서나 법 앞에 인간으로서 인정받을 권리를 가진다.

제7조
모든 사람은 법 앞에 평등하며 어떠한 차별도 없이 법의 동등한 보호를 받을 권리를 가진다. 모든 사람은 이 선언에 위반되는 어떠한 차별과 그러한 차별의 선동으로부터 동등한 보호를 받을 권리를 가진다.

제8조
모든 사람은 헌법 또는 법률이 부여한 기본적 권리를 침해하는 행위에 대하여 권한있는 국내법정에서 실효성 있는 구제를 받을 권리를 가진다.

제9조
어느 누구도 자의적으로 체포, 구금 또는 추방되지 아니한다.

제10조
모든 사람은 자신의 권리, 의무 그리고 자신에 대한 형사상 혐의에 대한 결정에 있어 독립적이며 공평한 법정에서 완전히 평등하게 공정하고 공개된 재판을 받을 권리를 가진다.

제11조
1. 모든 형사피의자는 자신의 변호에 필요한 모든 것이 보장된 공개 재판에서 법률에 따라 유죄로 입증될 때까지 무죄로 추정받을 권리를 가진다.
2. 어느 누구도 행위시에 국내법 또는 국제법에 의하여 범죄를 구성하지 아니하는 작위 또는 부작위를 이유로 유죄로 되지 아니한다. 또한 범죄 행위시에 적용될 수 있었던 형벌보다 무거운 형벌이 부과되지 아니한다.

제12조
어느 누구도 그의 사생활, 가정, 주거 또는 통신에 대하여 자의적인 간섭을 받거나 또는 그의 명예와 명성에 대한 비난을 받지 아니한다. 모든 사람은 이러한 간섭이나 비난에 대하여 법의 보호를 받을 권리를 가진다.

제13조
1. 모든 사람은 자국내에서 이동 및 거주의 자유에 대한 권리를 가진다.
2. 모든 사람은 자국을 포함하여 어떠한 나라를 떠날 권리와 또한 자국으로 돌아올 권리를 가진다.

제14조
1. 모든 사람은 박해를 피하여 다른 나라에서 비호를 구하거나 비호를 받을 권리를 가진다.
2. 이러한 권리는 진실로 비정치적 범죄 또는 국제연합의 목적과 원칙에 위배되는 행위로 인하여 기소된 경우에는 주장될 수 없다.

제15조
1. 모든 사람은 국적을 가질 권리를 가진다.
2. 어느 누구도 자의적으로 자신의 국적을 박탈당하지 아니하며 자신의 국적을 변경할 권리가 부인되지 아니한다.

제16조
1. 성인 남녀는 인종, 국적 또는 종교에 따른 어떠한 제한도 없이 혼인하고 가정을 이룰 권리를 가진다. 그들은 혼인에 대하여, 혼인기간중 그리고 혼인해소시에 동등한 권리를 향유할 자격이 있다.
2. 혼인은 장래 배우자들의 자유롭고 완전한 동의하에서만 성립된다.
3. 가정은 사회의 자연적이고 기초적인 단위이며, 사회와 국가의 보호를 받을 권리가 있다.

제17조
1. 모든 사람은 단독으로 뿐만 아니라 다른 사람과 공동으로 재산을 소유할 권리를 가진다.
2. 어느 누구도 자의적으로 자신의 재산을 박탈당하지 아니한다.

제18조
모든 사람은 사상, 양심 및 종교의 자유에 대한 권리를 가진다. 이러한 권리는 종교 또는 신념을 변경할 자유와, 단독으로 또는 다른 사람과 공동으로 그리고 공적으로 또는 사적으로 선교, 행사, 예배 및 의식에 의하여 자신의 종교나 신념을 표명하는 자유를 포함한다.

제19조
모든 사람은 의견의 자유와 표현의 자유에 대한 권리를 가진다. 이러한 권리는 간섭없이 의견을 가질 자유와 국경에 관계없이 어떠한 매체를 통해서도 정보와 사상을 추구하고, 얻으며, 전달하는 자유를 포함한다.

제20조
1. 모든 사람은 평화적인 집회 및 결사의 자유에 대한 권리를 가진다.
2. 어느 누구도 어떤 결사에 참여하도록 강요받지 아니한다.

제21조
1. 모든 사람은 직접 또는 자유로이 선출된 대표를 통하여 자국의 정부에 참여할 권리를 가진다.
2. 모든 사람은 자국에서 동등한 공무담임권을 가진다.
3. 국민의 의사가 정부 권능의 기반이다. 이러한 의사는 보통·평등 선거권에 따라 비밀 또는 그에 상당한 자유 투표 절차에 의한 정기적이고 진정한 선거에 의하여 표현된다.

제22조
모든 사람은 사회의 일원으로서 사회보장을 받을 권리를 가지며, 국가적 노력과 국제적 협력을 통하여, 그리고 각 국가의 조직과 자원에 따라서 자신의 존엄과 인격의 자유로운 발전에 불가결한 경제적, 사회적 및 문화적 권리들을 실현할 권리를 가진다.

제23조
1. 모든 사람은 일, 직업의 자유로운 선택, 정당하고 유리한 노동 조건, 그리고 실업에 대한 보호의 권리를 가진다.
2. 모든 사람은 아무런 차별없이 동일한 노동에 대하여 동등한 보수를 받을 권리를 가진다.
3. 노동을 하는 모든 사람은 자신과 가족에게 인간의 존엄에 부합하는 생존을 보장하며, 필요한 경우에 다른 사회보장방법으로 보충되는 정당하고 유리한 보수에 대한 권리를 가진다.
4. 모든 사람은 자신의 이익을 보호하기 위하여 노동조합을 결성하고, 가입할 권리를 가진다.

제24조
모든 사람은 노동시간의 합리적 제한과 정기적인 유급휴가를 포함하여 휴식과 여가의 권리를 가진다.

제25조
1. 모든 사람은 의식주, 의료 및 필요한 사회복지를 포함하여 자신과 가족의 건강과 평안에 적합한 생활수준을 누릴 권리와, 실업, 질병, 장애, 배우자 사망, 노령 또는 기타 불가항력의 상황으로 인한 생계 결핍의 경우에 보장을 받을 권리를 가진다.
2. 어머니와 아동은 특별한 보호와 지원을 받을 권리를 가진다 모든 아동은 적서에 관계없이 동일한 사회적 보호를 누린다.

제26조
1. 모든 사람은 교육을 받을 권리를 가진다. 교육은 최소한 초등 및 기초단계에서는 무상이어야 한다. 초등교육은 의무적이어야 한다. 기술 및 직업교육은 일반적으로 접근이 가능하여야 하며, 고등교육은 모든 사람에게 실력에 근거하여 동등하게 접근 가능하여야 한다.
2. 교육은 인격의 완전한 발전과 인권과 기본적 자유에 대한 존중의 강화를 목표로 한다. 교육은 모든 국가, 인종 또는 종교 집단간에 이해, 관용 및 우의를 증진하며, 평화의 유지를 위한 국제연합의 활동을 촉진하여야 한다.
3. 부모는 자녀에게 제공되는 교육의 종류를 선택할 우선권을 가진다.

제27조
1. 모든 사람은 공동체의 문화생활에 자유롭게 참여하며 예술을 향유하고 과학의 발전과 그 혜택을 공유할 권리를 가진다.
2. 모든 사람은 자신이 창작한 과학적, 문학적 또는 예술적 산물로부터 발생하는 정신적, 물질적 이익을 보호받을 권리를 가진다.

제28조
모든 사람은 이 선언에 규정된 권리와 자유가 완전히 실현될 수 있도록 사회적, 국제적 질서에 대한 권리를 가진다.

제29조
1. 모든 사람은 그 안에서만 자신의 인격이 자유롭고 완전하게 발전할 수 있는 공동체에 대하여 의무를 가진다.
2. 모든 사람은 자신의 권리와 자유를 행사함에 있어, 다른 사람의 권리와 자유를 당연히 인정하고 존중하도록 하기 위한 목적과, 민주사회의 도덕, 공공질서 및 일반적 복리에 대한 정당한 필요에 부응하기 위한 목적을 위해서만 법에 따라 정하여진 제한을 받는다.
3. 이러한 권리와 자유는 어떠한 경우에도 국제연합의 목적과 원칙에 위배되어 행사되어서는 아니된다.

제30조
이 선언의 어떠한 규정도 어떤 국가, 집단 또는 개인에게 이 선언에 규정된 어떠한 권리와 자유를 파괴하기 위한 활동에 가담하거나 또는 행위를 할 수 있는 권리가 있는 것으로 해석되어서는 아니된다.

④ 세계인권선언의 의의

(1) 모든 사람에게 적용되는 보편적인 권리로서 인권의 중요성을 강조한다.

(2) 다양한 국제 법률 및 협약, 국가 헌법 등에서 인권에 대한 국제적 기준으로 작용한다.

(3) 이 선언은 인권 보호를 위한 중요한 국제적 상징이 되었다.

(4) 한마디로, 세계인권선언은 법적인 구속력은 없지만, 세계 각국에서 인권 보호와 증진을 위한 국제적인 기준을 마련한 중요한 문서로 평가된다.

제3절 북한인권법

① 개요

(1) 북한인권법은 북한에서 발생하는 인권 침해 문제에 대해 국제사회의 관심을 촉구하고, 북한 내 인권 개선을 위한 다양한 정책과 지원을 명시한 법이다.

(2) 북한인권법은 북한의 인권 문제를 국제적 차원에서 다루고, 북한 주민들이 보다 나은 삶을 살 수 있도록 돕는 중요한 법적 기초를 마련하고자 하는 목적을 가지고 있다.

(3) 이 법은 2016년 대한민국 국회에서 제정되었다.
   - ⊘ 미국의 북한인권법은 2004년 제정
   - ⊘ 일본의 북한인권법은 2006년 제정

② 핵심 내용

(1) **북한 인권 상황 기록**
   ① 법에 따르면 한국은 북한에서의 인권 침해 상황을 기록하고, 이를 국제사회에 보고하는 역할을 수행한다.
   ② 대한민국 정부는 이를 위해 북한 인권 상황을 체계적으로 조사하고, 매년 보고서를 발행해야 한다.

(2) **북한 인권 증진을 위한 지원**
   ① 북한 주민들의 인권을 증진시키기 위한 지원책을 마련한다.
   ② 이를 위해 정부는 북한 주민에게 필요한 인도적 지원을 포함한 다양한 프로그램을 운영한다.

(3) **북한 인권 활동을 위한 국제협력**
   ① 북한 인권 문제를 해결하기 위해 국제사회와 협력하는 방안을 모색한다.
   ② 특히, 북한 인권 상황에 대한 국제적 제재나 압박을 강화하고, 북한의 인권 개선을 위한 다양한 국제적 노력에 동참한다.

⑷ 탈북자 보호 및 지원

① 탈북자들의 안전을 보장하고, 그들의 재정착과 사회 통합을 돕는 프로그램을 개발 및 시행한다.

② 이 법은 탈북자들이 겪는 어려움을 해결하기 위해 필요한 법적, 사회적 지원을 제공한다.

⑸ 대북 인권 침해 책임 추궁

① 북한에서 발생하는 인권 침해에 대한 책임을 묻는 국제적 노력에 참여한다.

② 북한의 지도자나 관련자들에 대한 책임 추구를 위한 법적 장치나 국제적 협력을 강화하는 내용을 포함한다.

북한인권법

제1조(목적)

이 법은 북한주민의 인권 보호 및 증진을 위하여 유엔 세계인권선언 등 국제인권규약에 규정된 자유권 및 생존권을 추구함으로써 북한주민의 인권 보호 및 증진에 기여함을 목적으로 한다.

제2조(기본원칙 및 국가의 책무)

① 국가는 북한주민이 인간으로서의 존엄과 가치를 가지며 행복을 추구할 권리가 있음을 확인하고 북한주민의 인권 보호 및 증진(이하 "북한인권증진"이라 한다)을 위하여 노력하여야 한다.

② 국가는 북한인권증진 노력과 함께 남북관계의 발전과 한반도에서의 평화정착을 위해서도 노력하여야 한다.

③ 국가는 북한인권증진을 위하여 필요한 재원을 지속적이고 안정적으로 마련하여야 한다.

제3조(정의)

이 법에서 "북한주민"이란 군사분계선 이북지역에 거주하며 이 지역에 직계가족·배우자·직장 등 생활의 근거를 두고 있는 사람을 말한다.

제4조(다른 법률과의 관계)

북한인권증진을 위하여 노력함에 있어서 「남북교류협력에 관한 법률」, 「남북협력기금법」, 「남북관계 발전에 관한 법률」에 특별한 규정이 있는 경우를 제외하고는 이 법에서 정하는 바에 따른다.

제5조(북한인권증진자문위원회)

① 북한인권증진 관련 정책에 관한 자문을 위하여 통일부에 북한인권증진자문위원회(이하 "위원회"라 한다)를 둔다.

② 위원회는 위원장 1명을 포함한 10명 이내의 국회 추천 인사로 구성하고 위원장은 위원 중에서 호선한다. 국회가 위원을 추천함에 있어서는 대통령이 소속되거나 소속되었던 정당의 교섭단체와 그 외 교섭단체가 2분의 1씩 동수로 추천하여 통일부장관이 위촉한다.

③ 위원회의 구성 및 운영 등에 필요한 사항은 대통령령으로 정한다.

제6조(북한인권증진기본계획 및 집행계획)

① 통일부장관은 관계 중앙행정기관의 장과 협의하여 3년마다 다음 각 호의 사항을 포함한 북한인권증진기본계획(이하 "기본계획"이라 한다)을 위원회의 자문을 거쳐 수립하여야 한다.

  1. 북한주민의 인권실태 조사

  2. 남북인권대화와 인도적 지원 등 북한주민의 인권 보호 및 증진을 위한 방안

  3. 그 밖에 북한주민의 인권 보호 및 증진에 관하여 대통령령으로 정하는 사항

② 통일부장관은 기본계획에 따라 매년 북한인권증진에 관한 집행계획(이하 "집행계획"이라 한다)을 위원회의 자문을 거쳐 수립하여야 한다.

③ 통일부장관은 기본계획 및 집행계획이 수립된 때에는 이를 지체 없이 국회에 보고하여야 한다.

제7조(남북인권대화의 추진)
① 정부는 북한인권증진에 관한 중요사항에 관하여 남북인권대화를 추진하여야 한다.
② 남북인권대화의 대표 임명에 필요한 사항은 「남북관계 발전에 관한 법률」 제15조를 준용한다.
③ 그 밖에 남북인권대화의 추진을 위하여 필요한 사항은 대통령령으로 정한다.

제8조(인도적 지원)
① 국가는 북한인권증진을 위하여 북한주민에 대한 인도적 지원을 북한 당국 또는 북한의 기관에 제공하는 경우
   에는 다음 각 호의 사항이 준수되도록 노력하여야 한다. 〈개정 2024. 1. 16.〉
   1. 국제적으로 인정되는 인도(引渡)기준에 따라 투명하게 추진되어야 한다.
   2. 임산부, 영유아 및 장애인 등 취약계층에 대한 지원이 우선되어야 한다.
② 국가는 민간단체 등이 시행하는 인도적 지원에 대하여도 제1항 각 호의 사항이 준수되도록 노력하여야 한다.

제9조(북한인권증진을 위한 국제적 협력)
① 국가는 북한인권증진을 위한 인적교류·정보교환 등과 관련하여 국제기구·국제단체 및 외국 정부 등과 협력
   하며, 북한인권증진에 대한 국제사회의 관심을 제고하기 위하여 노력하여야 한다.
② 제1항에 따른 북한인권증진을 위한 국제적 협력을 위하여 외교부에 북한인권대외직명대사(이하 "북한인권국제
   협력대사"라 한다)를 둘 수 있다.
③ 북한인권국제협력대사의 임무·자격 등에 필요한 사항은 대통령령으로 정한다.

제10조(북한인권재단의 설립)
① 정부는 북한인권 실태를 조사하고 남북인권대화와 인도적 지원 등 북한인권증진과 관련된 연구와 정책개발
   등을 수행하기 위하여 북한인권재단(이하 "재단"이라 한다)을 설립한다.
② 재단은 법인으로 하며 그 주된 사무소의 소재지에 설립등기를 함으로써 성립한다.
③ 재단은 다음 각 호의 사업을 수행하며, 각 호의 사업을 수행하는 별도의 담당기구를 둘 수 있다.
   1. 남북인권대화 등 북한인권증진을 위한 다음 각 목의 사업
      가. 북한인권 실태에 관한 조사·연구
      나. 남북인권대화 등을 위한 정책대안의 개발 및 대정부 건의
      다. 그 밖에 위원회가 심의하고 통일부장관이 지정하는 사업
      라. 가목부터 다목까지의 사업의 수행에 필요한 시민사회단체에 대한 지원
   2. 인도적 지원 등 북한인권증진을 위한 다음 각 목의 사업
      가. 북한 내 인도적 지원 수요에 관한 조사·연구
      나. 대북 인도적 지원을 위한 정책대안의 개발 및 대정부 건의
      다. 그 밖에 위원회가 심의하고 통일부장관이 지정하는 사업
      라. 가목부터 다목까지의 사업의 수행에 필요한 시민사회단체에 대한 지원
④ 그 밖에 재단의 설립에 필요한 사항은 대통령령으로 정한다.

제11조(재단의 운영)
① 재단은 다음 각 호의 재원으로 운영한다.
   1. 정부의 출연금
   2. 그 밖의 수입금
② 재단은 「기부금품의 모집 및 사용에 관한 법률」 제5조 제2항 각 호 외의 부분 본문에도 불구하고 자발적으로
   기탁되는 금품을 사용목적에 부합하는 범위에서 통일부장관의 승인을 받아 접수할 수 있다.
③ 통일부장관은 재단을 지도·감독한다.
④ 통일부장관은 재단의 목적 달성을 위하여 필요한 때에는 관계 기관의 장에게 소속 공무원을 재단에 파견하
   도록 요청할 수 있다.
⑤ 재단에 관하여 이 법에서 규정한 것을 제외하고는 「민법」 중 재단법인에 관한 규정을 준용한다.
⑥ 그 밖에 재단의 운영과 지도·감독, 기탁금품 접수절차 등에 필요한 사항은 대통령령으로 정한다.

제12조(재단 임원의 구성)
① 재단에는 이사장 1명을 포함한 12명 이내의 이사를 두며, 이사는 통일부장관이 추천한 인사 2명과 국회가 추천한 인사로 구성하되, 국회가 이사를 추천함에 있어서는 대통령이 소속되거나 소속되었던 정당의 교섭단체와 그 외 교섭단체가 2분의 1씩 동수로 추천하여 통일부장관이 임명한다.
② 이사장과 정관으로 정하는 상근이사를 제외한 임원은 비상근으로 한다.
③ 이사장은 이사 중에서 호선하고 이사장 및 이사의 임기는 3년으로 하되, 한 차례만 중임할 수 있다. 다만, 당연직 이사의 임기는 그 재임기간으로 한다.
④ 그 밖에 재단 임원의 구성 등에 필요한 사항은 대통령령으로 정한다.

제13조(북한인권기록센터)
① 북한주민의 인권상황과 인권증진을 위한 정보를 수집·기록하기 위하여 통일부에 북한인권기록센터(이하 "기록센터"라 한다)를 둔다.
② 기록센터는 다음 각 호의 사항을 수행하고 각종 자료 및 정보의 수집·연구·보존·발간 등을 담당한다.
   1. 북한주민의 인권 실태 조사·연구에 관한 사항
   2. 국군포로, 납북자, 이산가족과 관련된 사항
   3. 그 밖에 위원회가 심의하고 통일부장관이 필요하다고 인정하는 사항
③ 제2항 각 호에 따른 사업은 외부기관에 위탁할 수 있다. 이 경우 예산의 범위에서 필요한 경비를 지원할 수 있다.
④ 기록센터에는 센터장 1명을 두며, 센터장은 고위공무원단에 속하는 공무원 또는 북한인권과 관련하여 학식과 경험이 풍부한 민간전문가 중에서 통일부장관이 임명 또는 위촉한다.
⑤ 기록센터에서 수집·기록한 자료는 3개월마다 법무부에 이관하며, 북한인권기록 관련 자료를 보존·관리하기 위하여 법무부에 담당기구를 둔다.
⑥ 그 밖에 기록센터의 구성·운영 등에 필요한 사항은 대통령령으로 정한다.

제14조(관련 기관 등의 협조)
① 통일부장관은 북한인권증진에 관한 업무와 관련하여 다른 행정기관과 공공단체, 관련 인사에 대하여 자료제출, 의견진술, 그 밖에 정책수행에 필요한 사항에 대한 협조를 요청할 수 있다.
② 제1항의 요청을 받은 행정기관 및 공공단체의 장, 관련 인사는 특별한 사유가 없으면 이에 따라야 한다.
③ 관계 중앙행정기관 또는 지방자치단체의 장은 이 법에 따른 업무와 관련된 내용을 포함하고 있는 법령 및 조례 등을 제정하거나 개정하려는 경우 미리 통일부장관에게 통지하여야 한다.

제15조(국회 보고)
① 통일부장관은 기본계획과 집행계획의 보고 이외에도 매년 북한인권증진에 관하여 다음 각 호의 사항을 정기회 전까지 국회에 보고하여야 한다.
   1. 북한주민 인권 실태
   2. 북한인권증진 추진 결과 및 개선 상황
   3. 국군포로 및 납북자의 송환, 이산가족의 상봉 등에 관한 계획의 수립·추진 상황
   4. 제1호부터 제3호까지 규정된 업무와 관련하여 국가·지방자치단체 및 공공기관이 각각 수행한 사업 내역과 시행결과 및 평가
   5. 그 밖에 북한인권증진에 관하여 필요하다고 통일부장관이 인정하는 사항
② 국회는 필요한 경우 제1항에 따른 정부의 보고에 대하여 시정 또는 개선을 권고할 수 있다.

제4절 | 인권 관련 기타 협약

❶ 인종차별 철폐 협약

(1) 인종차별 철폐에 관한 국제협약(International Convention on the Elimination of All Forms of Racial Discrimination)은 1965년 12월 21일에 유엔총회에서 채택되었다.

(2) 1969년 1월 4일에 발효된 유엔 협약으로, 한국은 1978년 12월 5일에 가입하였다.

(3) **협약의 주요 내용**

① **인종차별의 정의**: "인종, 피부색, 혈통, 민족 또는 민족적 기원에 근거하여 인간의 권리와 기본 자유를 동등하게 향유하는 것을 부인하거나 제한하는 모든 행위"

② **체약국의 의무**
  ㉠ 인종차별을 금지하고 처벌하는 법률 제정
  ㉡ 차별적 관행의 철폐
  ㉢ 교육, 문화, 정보 등을 통한 인식 개선
  ㉣ 차별 피해자에 대한 구제 조치

③ **혐오 발언 및 인종주의 단체 금지**
  ㉠ 협약 제4조는 인종차별을 조장하는 모든 형태의 선전, 조직, 집단 활동을 금지하고, 이를 처벌할 법을 마련하도록 요구한다.
  ㉡ 이 조항은 '표현의 자유'와 충돌할 수 있기 때문에 일부 국가(예 미국)는 이 조항에 유보를 선언했다.

❷ 여성 차별 철폐 협약

(1) 여성에 대한 모든 형태의 차별 철폐에 관한 협약(Convention on the Elimination of All Forms of Discrimination Against Women)은 유엔 인권협약으로 유엔 총회는 1979년 12월 18일 협약을 채택하였다.

(2) 여성 차별 철폐 협약은 20번째 비준서가 유엔 사무총장에게 기탁된 1981년 9월 3일부터 효력을 발생했고, 대한민국은 1984년 12월 27일 이 협약을 비준하였다.

(3) **협약의 주요 내용**

① **여성차별의 정의**: "여성에 대한 모든 형태의 차별이란, 성별을 이유로 여성의 권리와 자유를 제한하거나 무효화하는 모든 차별 행위"

② 직접적 차별뿐 아니라 간접적 차별도 포함한다. 예를 들어, 남성과 동일한 규칙이 여성에게 불리하게 작용한다면 그것도 차별로 간주한다.

(4) 체약국의 핵심 의무

① 법적 차별의 제거

② 여성에 대한 차별을 금지하는 법률 제정

③ 기존 차별적 법률의 개정 또는 폐지

④ **사적 영역에서의 차별 제거**: 단순히 공공 부문만이 아니라 가정, 문화, 종교 등 사적 영역에서도 차별 제거를 요구한다.

⑤ **실질적 평등 실현**: 형식적 평등을 넘어서 기회의 실질적 평등, 결과의 평등까지 지향한다.

(5) 한국은 가입 당시 일부 조항(가정 내 남녀평등)은 유보하였다.

❸ 고문 방지 협약

(1) 고문 및 그밖의 잔혹한 비인도적인 또는 굴욕적인 대우나 처벌의 방지에 관한 협약이다.

(2) 고문과 잔인하고 비정상적인 형벌을 억제하기 위해 채택된 국제인권조약이다.

(3) 이 협약은 1984년 12월 10일 유엔총회에서 채택되고, 20번째 국가가 비준한 1987년 6월 26일 발효되었다. 한국은 1995년 가입하였다.

(4) 이 협약이 발효된 날을 기념하여 매년 6월 26일을 세계 고문 희생자 지원의 날로 기념하고 있다.

(5) 주요 내용

① **고문의 정의**: "고의적으로 심한 육체적 또는 정신적 고통을 가하는 행위로, 주로 정보를 얻거나 자백을 강요하거나 처벌, 위협, 차별의 목적으로 공무원 또는 그와 유사한 자가 관여한 경우"

② 즉, 고문은 고통이 심각해야 하고, 공무원의 관여(직접, 간접)가 있어야 하며, 목적성(자백, 처벌 등)이 있어야 한다.

(6) 체약국의 핵심 의무

① 모든 형태의 고문 금지

② 고문 금지를 국내법에 명시

③ **추방·송환 금지 원칙**: 고문 받을 가능성이 있는 국가로 송환·인도·추방해서는 안 된다.

④ 고문 피해자에 대한 구제 및 배상

❹ 아동 권리 협약

(1) 아동의 권리에 관한 협약(United Nations Convention on the Rights of the Child, UNCRC)은 전 세계 아동의 경제, 사회, 문화에 대한 권리를 규정하는 국제 협약으로, 역사상 가장 많은 국가가 가입한 인권 조약이다.

(2) 1989년 11월 20일 유엔총회에서 채택되었으며, 1990년 9월 2일 발효되었다. 한국은 1991년 12월 20일 이 협약을 비준하였다.

(3) 협약의 기본 원칙

① 비차별의 원칙 : 모든 아동은 인종, 성별, 언어, 종교, 사회적 지위와 무관하게 동등한 권리를 가진다.

② 아동 최선의 이익

③ 생존과 발달의 권리

④ 아동의 의견 존중

⑤ 장애인 권리 협약

(1) 장애인의 권리에 관한 협약은 신체 장애, 정신 장애, 지적 장애를 포함한 모든 장애가 있는 이들의 존엄성과 권리를 보장하기 위한 유엔 인권 협약이다.

(2) 이 협약은 21세기 최초의 국제 인권법에 따른 인권 조약이며, 2006년 12월 13일 제61차 유엔 총회에서 채택되었다.

제5절 | 유엔 인권이사회

① 개요

(1) 유엔 인권이사회(United Nations Human Rights Council, UNHRC)는 유엔 총회 보조기관의 하나이다.

(2) 유엔 가입국의 인권 상황을 정기적·체계적으로 검토하고, 국제사회의 인권 상황을 개선하기 위해 철저하고, 조직적인 인권 침해를 해결하고자 만든 상설위원회이다.

(3) 인권이사회에서는 여성, 아동, 장애인 등 주제별 인권 사안뿐만 아니라, 북한, 미얀마 등 국가별 인권 사안도 논의(실무그룹 구성)한다.

(4) 본부는 스위스 제네바에 있으며, 47개국이 참가하였다.

(5) 유엔 경제사회이사회의 기능위원회 중의 하나였던 유엔 인권위원회(United Nations Commission on Human Rights, UNCHR, 1946~2006)를 개편하고 발전시켜 2006년 6월에 새롭게 설립하였다.

② 조직체계 비교(인권위원회 vs 인권이사회)

(1) 회기 및 위상

① 인권위원회는 매년 1회 6주간 스위스 제네바에서 열리는 임시 기관이다.

② 인권이사회는 연 3회(10주간 이상)의 정례 모임 외, 이사국 3분의 1의 요청에 의한 긴급 모임(특별 회기)도 열리는 상설이사회이다.

(2) **조직상 위치**

① 인권위원회는 경제사회이사회의 하부에 위치하는 독립 기능 위원회이다.

② 인권이사회는 총회의 직접적인 하부 기구(보조 기구)로 승격되었다.

(3) **구성**

① 인권위원회는 53개국의 '위원'으로 구성되었다.

② 인권이사회는 47개의 이사국으로 구성되었다.

➡ 인권이사회의 이사국은 지역마다 배분되어 아프리카에 13개국, 아시아에 13개국, 동유럽에 6개국, 남미·카리브해에 8개국, 서유럽과 그 외의 그룹에 7개국으로 배정되었다.

(4) **위원국 및 이사국 자격**

① 인권위원회는 위원이 되는 나라의 자격을 특별히 정하지 않는다.

② 인권이사회 이사국은 총회의 비밀 투표로 전 가맹국의 절대 과반수(96표 이상)의 득표를 얻어야 하고, 의석수에 따라 상위의 득표를 얻은 나라가 선출된다(임기는 3년으로 3선 연임은 불가능).

③ 이사국에 심각하고 조직적인 인권 침해가 있었을 경우, 총회에서 투표국의 3분의 2 이상의 찬성이 이루어지면 이사국 자격이 박탈된다.

❸ 최근 활동 및 기타

(1) 2022년 4월 8일 총회에서 긴급특별 총회를 열어 우크라이나 침공 과정에서 부차 학살을 일으킨 러시아의 유엔 인권이사회 이사국 자격을 정지하는 결의안을 찬성 93표, 반대 24표, 기권 58표로 가결하여 러시아의 인권이사회 자격이 박탈되었다.

(2) 2024년 10월 9일 이사국 선거에서 대한민국을 2025~2027년 임기의 이사국으로 선출하였다.

① 한국은 2006~2008년, 2008~2011년, 2013~2015년, 2016~2018년, 2020~2022년에 이사국을 수임하였다.

② 한국(최경림)은 2016년 인권이사회 의장으로 선출되어, 1년간 의장직을 수행하였다.

(3) 보편적 정례인권검토(Universal Periodic Review, UPR)는 유엔 인권이사회가 2008년부터 4년을 주기로 모든 유엔 회원국 인권상황을 정기적으로 검토하고 권고사항을 제시하는 제도[현재는 제4주기(2022~2027) 진행 중]이다.

① 대상 국가는 제시된 권고를 검토하여 수락 여부를 결정하고, 수락한 권고를 이행하도록 노력한다.

② 한국은 2023년 1월 제4주기 UPR을 수검받았다.

③ 북한은 2019년 5월 제3주기 UPR을 수검받았다.

CHAPTER 03 기후 및 환경

제1절 기후변화 거버넌스

① 리우 지구정상회의[유엔환경개발회의(UNCED), 1992]

(1) 이 회의는 1992년 6월 3일부터 6월 14일까지 브라질의 리우데자네이루에서 개최된 국제적인 환경 회의로 리우 회의 또는 지구 회의(Earth Summit)로 불리기도 한다.

(2) 이 회의는 환경과 개발 문제를 논의하기 위한 중요한 전환점으로, 전 세계의 정부, NGO, 환경운동가들이 모여 지구의 지속 가능한 발전을 위한 전략을 모색한 회의였다.

(3) **주요 목적**

① 회의 주요 목적은 환경 보호와 지속 가능한 발전을 동시에 추구하는 방법을 논의하고, 국제사회가 환경 문제에 어떻게 대응할 수 있을지를 제시하는 것이었다.

② 특히, 이 회의는 경제 발전과 환경 보호가 상호 배타적이지 않음을 강조하고, 두 가지 목표를 동시에 추구할 수 있는 방법을 모색하는 데 중점을 두었다.

(4) **회의 결과**

① 지구헌장(Earth Charter)

    ㉠ 지속 가능한 발전을 위한 행동 지침으로, 환경 보호, 사회적 평등, 경제적 발전을 통합한 원칙을 제시하였다.

    ㉡ 환경 문제를 해결하기 위한 국제적인 협력과 행동을 촉구하는 내용을 포함하였다.

② Agenda 21(21세기 의제)

    ㉠ Agenda 21은 지속 가능한 개발을 위한 구체적인 실천 계획을 제시한 문서이다.

    ㉡ 각국 정부와 시민사회가 공동으로 수행할 수 있는 40개의 주요 프로그램과 구체적인 실행 방안을 포함하였다.

③ 기후변화와 생물 다양성 협약 채택

    ㉠ 기후변화 협약은 기후변화를 막기 위한 국제적인 노력을 다짐하는 문서로, 온실가스 배출의 감소를 목표로 하였다.

    ㉡ 생물 다양성 협약은 지구 생물의 다양성을 보호하고 보전하기 위한 법적, 정책적 노력을 촉구하는 문서이다.

④ 유엔기후변화협약(United Nations Framework Convention on Climate Change, UNFCCC)은 선진국과 개도국이 '공동의 그러나 차별화된 책임*(Common But Differentiated Responsibilities)'에 따라 각자의 능력에 맞게 온실가스를 감축할 것을 약속하였다.

    ✎ 차별적 공동책임 : 세계 기후의 책임은 모든 국가가 져야 하나, 산업화 과정에서 지구의 평균 온도 상승을 유발하는 이산화탄소를 과다하게 배출하는 선진국들은 우선적인 책임을 져야 한다는 원칙이다.

⑤ 협약 최고의 의사결정기구는 당사국 총회(Conference of Parties, COP)이며, 협약의 이행 및 과학·기술적 측면을 검토하기 위해 이행부속기구(SBI)와 과학기술자문부속기구(SBSTA)를 두고 있다.

⑥ 유엔기후변화협약은 차별화된 책임 원칙에 따라 협약 부속서 1에 포함된 42개국(Annex I)*에 대해 2000년까지 온실가스 배출 규모를 1990년 수준으로 안정화시킬 것을 권고하였다.

  ⟋ 부속서 1 국가: 벨라루스, 불가리아, 체코, 에스토니아, 헝가리, 라트비아, 리투아니아, 모나코, 폴란드, 루마니아, 러시아, 슬로바키아, 슬로베니아, 우크라이나, 크로아티아, 리히텐슈타인, 몰타 + 부속서 2 국가 + EEC

⑦ 부속서 1에 포함되지 않은 개도국에 대해서는 온실가스 감축과 기후변화 적응에 관한 보고, 계획 수립, 이행과 같은 일반적인 의무를 부여한다.

⑧ 한편, 협약 부속서 2(Annex II)에 포함된 24개 선진국*에 대해서는 개도국의 기후변화 적응과 온실가스 감축을 위해 재정과 기술을 지원하는 의무를 규정하였다.

  ⟋ 부속서 2 국가: 호주, 오스트리아, 벨기에, 캐나다, 덴마크, 핀란드, 프랑스, 독일, 그리스, 아이슬란드, 아일랜드, 이탈리아, 일본, 룩셈부르크, 네덜란드, 뉴질랜드, 노르웨이, 포르투갈, 스페인, 스웨덴, 스위스, 디기, 영국, 미국

더 알아보기

몬트리올 의정서

• 몬트리올 의정서(Montreal Protocol)는 오존층 파괴 물질인 염화불화탄소(CFCl)의 생산과 사용을 규제하려는 목적에서 제정한 협약이다.

• 정식명칭은 '오존층 파괴 물질에 관한 몬트리올 의정서'(Montreal Protocol on Substances that Deplete the Ozone Layer)로 오존층의 파괴 예방과 보호를 위해 제정한 국제협약을 말한다(이 협약은 1989년 1월에 발효).

② 교토의정서(1997년 채택)

(1) 개요

① 교토의정서(Kyoto Protocol)는 기후 변화에 대한 국제적인 대응을 위한 협정으로, 1992년 채택된 '기후변화에 관한 유엔기본협약'을 계승하였다.

② 1997년 일본 교토에서 열린 유엔 기후 변화 협약(UNFCCC) 당사국 총회에서 채택되었으며, 2005년에 발효되었다.

  ➡ 온실가스의 감축 목표와 감축 일정, 개발도상국의 참여 문제로 선진국간, 선진국·개발도상국간의 의견 차이로 심한 대립이 발생하였다.

③ 교토의정서는 기후 변화의 주요 원인인 온실가스 배출을 줄이기 위한 국제적인 노력의 일환으로 설정되었다.

(2) 주요 내용

① **온실가스 배출 감축 목표 설정**: 선진국들은 2008년부터 2012년까지의 1차 의무기간 동안 온실가스 배출량을 1990년 수준보다 평균 5.2% 감축할 것을 약속하였고, 각국은 자신들에게 할당된 감축 목표를 따르기로 합의하였다.

② **차등적 책임**: 교토의정서는 선진국들이 개도국보다 더 많은 배출 감축 의무를 지는 '차등적 책임'의 원칙을 채택하였다. 이는 선진국들이 산업화로 인해 온실가스를 더 많이 배출한 역사적 책임을 지고 있기 때문이었다.

③ **시장 메커니즘**: 교토의정서는 온실가스 배출을 줄이기 위한 몇 가지 유연한 시장 메커니즘을 도입하였다. 이를 통해 각국은 자국 내에서 배출을 줄이지 않고도 배출권을 사고팔거나, 다른 국가에서 배출을 줄인 만큼 배출권을 할당받는 방식으로 목표를 달성할 수 있다. 주요 메커니즘에는 '배출권거래제'(Emissions Trading), '청정개발체제'(Clean Development Mechanism, CDM), '공동이행'(Joint Implementation, JI) 등이 있다.

  ㉠ **배출권거래제**: 온실가스 감축의무가 있는 국가에 배출쿼터를 부여한 이후 국가 간 배출쿼터의 거래를 허용하는 제도이다.

  ㉡ **청정개발체제**: 온실가스 감축 목표를 부여받은 선진국들이 감축 목표가 없는 개발도상국가에 자본과 기술을 투자하여 온실가스 감축사업을 실시한 결과로 달성한 온실가스 감축량을 선진국의 감축 목표에 포함시키는 것이다.

    ⓐ 선진국은 저비용으로 온실가스 감축 목표를 달성하고, 개발도상국가는 선진국으로부터 기술과 재정 지원을 받아 지속적 발전을 기대한다.

    ⓑ 이때 달성한 감축량은 '인증된 감축 실적'(Certified Emission Reduction, CER)이라 하며, 이는 청정개발체제운영기구(Designated Operational Entity, DOE)의 인증을 받아야 한다.

    ⓒ 선진국은 유럽연합·일본·캐나다·오스트레일리아·독일 등이며, 한국은 2021년 7월 개발도상국가에서 선진국으로 분류되었다.

  ㉢ **공동이행제도**: 선진국인 A국이 선진국인 B국에 투자하여 발생된 온실가스 감축분의 일정분을 A국의 배출저감 실적으로 인정하는 제도이다.

④ **감시와 보고**: 각국은 온실가스 배출량을 정확히 측정하고 이를 유엔에 보고해야 하며, 그 결과를 모니터링하고 검증하는 시스템을 마련해야 한다.

(3) 1차 공약기간(2008~2012)

① 의무이행 대상국은 오스트레일리아, 캐나다, 미국, 일본, 유럽연합(EU) 회원국 등 총 37개국으로, 각국은 2008~2012년까지를 제1차 감축공약기간으로 하여 온실가스 총배출량을 1990년 수준보다 평균 5.2% 감축하기로 합의하였다.

② 각국의 감축 목표량은 차별화하였고 1990년 이후의 토지 이용 변화와 산림에 의한 온실가스 제거를 의무이행 당사국의 감축량에 포함시켰다. 그 예로 유럽연합 −8%, 일본 −6%의 온실가스를 2012년까지 줄이기로 하였다.

③ 한국은 제3차 당사국 총회에서 기후변화협약상 개발도상국으로 분류되어 의무대상국에서 제외되었으나, 몇몇 선진국들은 감축 목표 합의를 명분으로 한국·멕시코 등이 선진국과 같이 2008년부터 자발적인 의무부담을 할 것을 요구하였고, 제4차 당사국 총회 기간에 아르헨티나, 카자흐스탄 등의 일부 개발도상국은 자발적으로 의무를 부담할 것을 선언하였다.

⑷ **2차 공약기간(2013~2020)**

① 2012년 카타르 도하에서 열린 제18차 유엔기후변화협약 당사국 총회에서는 2013년부터 2020년까지 8년간을 제2차 감축공약기간으로 설정하고, 온실가스를 1990년에 비해 25~40% 감축하기로 합의하였다.

② 의무감축 대상국은 유럽연합과 오스트레일리아, 스위스를 비롯한 37개국이며, 미국·러시아·일본·캐나다 등 전세계 배출량의 절반 이상을 차지하는 주요 국가들이 불참하였다.

③ 한국은 1차 때와 마찬가지로 개발도상국으로 분류되었으나, 자발적으로 선진국과 마찬가지로 온실가스를 감축하기로 하였다.

④ 2008~2012년까지의 1차 공약기간이 각국 의회의 승인을 받아 법적 구속력을 가진 반면, 2013~2020년까지의 2차 공약기간은 각국 정부 차원의 약속으로 법적 구속력이 없는 차이점이 있다.

⑸ **평가**

① 교토의정서는 기후변화에 대응하기 위한 중요한 첫걸음이었으며, 국제사회가 기후 문제에 대한 공동의 책임을 진다는 의미를 갖고 있다.

② 그러나 일부 국가들은 이를 비준하지 않았거나 탈퇴하기도 하였다. 예를 들어, 미국은 조지 W. 부시 대통령 하에 교토의정서를 비준하지 않았고, 2017년 도널드 트럼프 대통령은 탈퇴를 선언하였다.

> **더 알아보기**
>
> **마라케쉬협정**
> • 2001년 모로코 마라케쉬에서 개최된 제7차 당사국 총회에서는 교토메커니즘, 의무준수체제, 흡수원 등에 있어서의 정책적 현안에 대해 최종 합의한 마라케쉬 합의문을 발표하였다.
> • 기후변화협약이 법적 성격을 지녔다면 교토의정서는 시행령, 마라케쉬 합의문은 시행규칙의 성격을 지닌다고 할 수 있다.
> • 마라케쉬 합의문에는 산림 등 흡수원 활동과 관련된 용어를 정의하고 산림에서의 온실가스 흡수·배출 통계조사 및 보고 규칙, 신규조림·재조림, 산림경영 활동의 인정범위 그리고 청정개발체계에 대한 인정 활동 범위와 인정 상한선 등을 채택하였다.

③ 코펜하겐 협정(2009)

⑴ 코펜하겐 협정(Copenhagen Accord)은 2009년 12월 덴마크 코펜하겐에서 열린 유엔 기후변화 회의(COP15)에서 채택된 비구속적 정치적 합의이다.

⑵ 2012년 만료되는 교토의정서 체제 이후의 온실가스 감축 목표에 대해 논의하였다.

① 중국의 강력한 반대로 구속력 있는 감축 목표를 채택하는 데는 실패하였다.

② 그 대신 선진국은 2010년 1월까지 2020년까지의 감축 목표를 제시하는 것으로 합의하였다.

⑶ 이 회의는 기후변화 대응을 위한 국제적인 노력의 중요한 전환점으로, 전 세계적으로 온실가스 배출을 줄이기 위한 목표와 구체적인 조치를 논의하기 위한 회의였다.

(4) 이 회의에서는 기후변화 대응을 위한 국제적 법적 구속력이 있는 협약을 목표로 했으나 이에 실패하고 대신 <u>코펜하겐 협정</u>이라는 비구속적 정치적 합의로 마무리되었다.

(5) **코펜하겐 협정의 주요 내용**

① 온실가스 배출 감축 목표 : 지구 온도 상승을 산업화 이전 수준에서 2도 이하로 억제하기로 하였다.

② 선진국과 개발도상국의 의무 분담

  ㉠ 선진국은 기후변화 대응을 위한 재정적 지원과 기술 이전을 통해 개발도상국을 지원하기로 합의하였다.

  ㉡ 이는 공평한 기후변화 대응을 위한 핵심적인 내용으로, 각국의 경제적 발전 수준을 반영한 협정이었다.

③ 배출 감축 목표 보고 및 검토·평가 : 각국은 자발적으로 설정한 배출 감축 목표를 보고하고, 이에 대한 검토와 평가가 이루어지기로 하였다.

④ 기후변화 대응을 위한 국제적 협력

(6) **비판**

① 법적 강제성이 없었다.

② 개발도상국과 선진국 간의 갈등이 존재했다.

  ㉠ 개발도상국들은 선진국이 충분히 재정적 지원과 기술적 지원을 제공하지 않으면 협정의 의미가 없다고 주장하였다.

  ㉡ 선진국의 역사적 책임을 인정하고, 선진국이 먼저 배출 감축을 실현해야 한다는 요구도 있었다.

❹ 2012년 개최국 총회(카타르)

(1) 2011년 남아프리카공화국 더반에서 합의된 더반 플랫폼 이후 유엔 기후변화협약이 진전을 보이기 시작했다.

(2) 2012년 12월 8일 195개국이 참여한 당사국 총회에서 교토의정서 시효를 2020년까지 연장하기로 합의하였고, 당사국들은 2015년 파리에서 개최되는 제21차 당사국 총회에서 선진국과 개도국이 모두 참여하는 신기후변화체제(post-2020)를 2020년 이후 발효하기로 하였다.

(3) 그러나 2012년 당사국 회의에서 배출량 4위 러시아, 5위 일본, 8위 캐나다가 2013년 이후 온실가스 감축의무를 지지 않겠다고 선언하였다.

① 캐나다는 교토의정서에서 공식 탈퇴했고, 일본과 러시아는 교토의정서 체제의 연장에 불참하겠다고 선언하였다.

② 배출량 1위인 중국과 3위인 인도는 개도국으로서 의무감축 대상이 아니고, 배출량 2위인 미국은 의회의 반대로 비준을 하지 않았다.

③ 전 세계 전체 배출량의 60%를 차지하는 나라들이 교도의정서에 참여하지 않거나 탈퇴한 것이다.

❺ 파리기후협정(2015)

(1) 개요

① 파리기후협정(Paris Agreement)은 2015년 12월 12일 프랑스 파리에서 열린 제21차 유엔기후변화협약 당사국 총회(COP21)에서 채택된 국제적인 기후변화 대응 협정이다.

② 이 협정은 지구 온난화를 늦추기 위해 각국이 공동으로 노력하자는 목표를 가지고 있으며, 특히 온실가스 배출을 줄이고 기후변화에 대한 대응을 강화하는 방향으로 합의하였다.

③ 파리협정은 교토의정서와 달리 모든 국가가 감축 목표를 설정하고 이행하는 방식으로, 특히 개발도상국들도 참여하는 글로벌 기후 대응 체제를 지향하였다.

④ 파리협정은 선진국만 온실가스 감축 의무가 있었던 1997년 교토의정서와는 달리 195개 당사국 모두에게 해당하는 보편적인 첫 기후합의라는 점에서 그 의미가 있다.

⑤ 다만, 각국이 제출한 자발적 감축 목표에 부여하려던 국제법상의 구속력은 결국 제외되었다는 한계는 있다.

(2) 주요 내용

① 온도 상승 제한: 협정의 가장 중요한 목표는 산업화 이전 수준 대비 지구 평균 온도 상승을 섭씨 2도보다 상당히 낮은 수준으로 유지하기로 하고, 1.5도 이하로 제한하기 위한 노력을 추구하였다.

② 탄소 배출 감축

ㄱ 각국은 자국의 경제 및 상황에 맞춰 탄소 배출을 줄이기 위한 자발적인 목표(NDCs, 국가적으로 결정된 기여)를 설정해야 한다. 이 목표는 5년마다 업데이트되어야 하며, 지속적으로 강화한다.

ㄴ 이와 함께 정기적인 이행 상황 및 달성 경과 보고를 의무화하고, 이를 점검하기 위한 국제사회의 종합적 이행 점검 시스템을 도입해 2023년에 최초로 실시한다는 원칙에 합의했다.

국가	감축 목표
중국	2005년 1인당 GDP 대비 배출량의 60~65%
미국	2005년 배출량 대비 26~28%(2025년까지)
EU	1990년 배출량 대비 40%
인도	2005년 1인당 GDP 대비 배출량의 33~35%
러시아	1990년 배출량 대비 25~30%
일본	2013년 배출량 대비 26%
캐나다	2005년 배출량 대비 30%
멕시코	2030년 배출전망치 대비 25~40%
한국	2030년 배출전망치 대비 37%

- 2025년 제출해야 하는 새로운 목표 제출 국가는 단, 10개국이다.
- 주요 20개국 중에선 미국, 영국과 올해 유엔기후변화 정상회의 주최국인 브라질만 제출하였다.
- 이밖에 아랍에미리트, 에콰도르, 세인트루시아, 뉴질랜드, 안도라, 스위스, 우루과이도 마감일 내 제출하였다 (2025년 2월 10일).

③ **적응 및 재정 지원**: 개발도상국이 기후변화에 적응할 수 있도록 지원하기 위해 기후 재정을 제공하며, 선진국은 2020년부터 연간 1000억 달러의 기후 재정 지원을 약속한다.

④ **투명성 및 검토 시스템**: 각국은 자신들의 기후변화 대응 상황을 투명하게 보고하고, 국제적으로 검토를 받으며 이를 통해 각국이 목표를 달성하는지 확인한다.

⑤ **지속 가능한 발전**: 기후변화 대응은 환경 보호뿐만 아니라 경제적, 사회적 지속 가능성을 고려해야 한다는 원칙도 강조하였다.

(3) 특징 및 평가

① 파리협정은 법적으로 구속력 있는 의무는 아니지만, 각국의 기후변화 대응을 투명하게 보고하고 평가하는 자발적 약속을 기반으로 하고 있다.

② 미국이 탈퇴와 재가입하였다. 도널드 트럼프 미국 대통령은 2017년에 파리협정에서 탈퇴한다고 발표했으나, 조 바이든 대통령은 2021년 다시 파리협정에 재가입하였다.

③ 개발도상국은 선진국의 기후 재정 지원을 요구하지만, 기후 재정이 충분히 제공되지 않는다는 비판도 제기하였다.

④ 각국이 설정한 배출 감축 목표가 충분히 엄격하지 않다는 비판도 있으며, 실제로 기후변화 대응을 위한 조치가 과소평가되거나 실현되지 않는 경우도 발생하였다.

⑤ 파리기후변화협정은 온실가스 감축 목표 설정 방식과 관련하여 하향식 방식*을 채택한 교토의정서와는 달리 상향식 방식을 채택하였다.

　　✎ 이 방식은 의사결정이 상위 계층에서 하위 계층으로 전달되는 방식을 의미한다.

(4) 교토의정서와 비교

① 파리협정은 선진국에만 감축 의무를 부과했던 교토의정서와 달리 195개 당사국 모두가 지켜야 하는 첫 합의였다.

② 지구온난화 억제 목표를 강화하였다(2도 이내에서 1.5도 이내 노력).

③ 온실가스 감축 행동을 선진국·개도국·극빈국 등 모든 국가로 확대하였다.

④ 5년마다 상향된 감축 목표를 제출하고(진전 원칙), 이행 여부를 검증(5년마다)한다.

⑤ 2025년 이후 개도국에 대한 자금 지원을 확대하였다.

⑥ 상향식 감축 목표 방식이다.

제2절 │ 환경 협약(1989)

❶ 바젤협약

(1) 배경

① 1980년대 유해 폐기물이 선진국에서 개발도상국으로 대량 수출되는 일이 국제적인 환경 문제로 부상하였다.

② 특히 아프리카 국가들이 선진국의 '쓰레기 투기장'처럼 사용되었다.

③ 대표적인 사례로는 1988년 나이지리아 코코항 사건이 있는데, 이탈리아 회사가 수백 톤의 유해 화학물질 폐기물을 불법적으로 나이지리아에 반입하여 세계적 충격이 발생하였다.

(2) 바젤협약은 1989년 3월 22일 유엔 환경계획(UNEP) 후원 하에 스위스 바젤에서 채택된 협약으로, <u>유해 폐기물의 국가 간 이동 및 교역을 규제하는 협약</u>이다.

(3) 이 협약의 기본취지는 병원성 폐기물을 포함한 유해 폐기물의 국가 간 이동시, 사전통보 등의 조치를 취함으로써 유해 폐기물의 불법이동을 줄이자는 것이다.

(4) **협약의 세부적인 목적**

① 유해 폐기물의 국경 간 이동을 최소화

② 폐기물은 가까운 지역에서 환경적으로 건전한 방식(Eco-sound Management)으로 처리

③ 수출입 시 '사전통보 및 동의(Prior Informed Consent, PIC)' 제도 도입

④ 불법 이동 방지 및 위반 시 처벌 조치

(5) **적용 대상 폐기물**

① 유해 폐기물 : 폭발성, 인화성, 독성, 부식성 등의 성질을 가진 폐기물

② 기타 폐기물 : 나중에 개정안에 따라 일부 전자폐기물(e-waste), 플라스틱 폐기물도 포함되었다 (2019).

  cf, 단순 생활폐기물은 적용 대상이 아니다.

(6) 대부분의 환경관련 국제협약이 미국, EU 등 선진국 주도로 이루어진 데 반해 이 협약은 아프리카 등 77 그룹*이 주도적인 역할을 하였다.

  ✎ 국제연합 내 개발도상국 연합체를 말한다. G77이라고도 한다.

  ➡ 이는 개도국이 선진국의 폐기물처리장이 되어서는 안 되겠다는 위기의식에서 출발하였기 때문이다.

(7) 바젤협약은 1992년 5월 5일 20개국이 비준서를 기탁·가입함으로써 정식 발효되었다.

(8) 대한민국은 1994년 2월 가입하였고, "폐기물의 국가 간 이동 및 그 처리에 관한 법률"은 1994년 5월부터 시행되었다(1992년 12월 8일 제정).

(9) 바젤 조약은 전문, 본문 29개조 등으로 구성된다.

> • 이 조약에 특정하는 유해 폐기물 및 그 외의 폐기물(이하, 본자료에 대해 「폐기물」이라고 한다.)의 수출에는, 수입국의 서면에 의한 동의를 필요로 한다(제6조 1항 및 3항).
> • 체결국은, 국내에 있어서의 폐기물의 발생을 최소한으로 억제해 폐기물의 환경상 적정한 처분 때문에, 가능한 한 국내의 처분 시설을 이용할 수 있도록 한다[제4조 2항(a) 및 (b)].
> • 폐기물의 불법 거래를 범죄성이 있는 것으로 인정해 이 조약에 위반하는 행위를 방지해, 처벌하기 위한 조치를 취한다(제4조 3항 및 4항).
> • 비체결국과의 폐기물의 수출입을 원칙 금지로 한다(제4조 5항).
> • 폐기물의 남극 지역에의 수출을 금지한다(제4조 6항).
> • 폐기물의 운반 및 처분은, 허가된 사람만이 실시할 수 있다[제4조 7항(a)].
> • 국경을 넘는 폐기물의 이동에는, 조약이 정하는 적절한 이동 서류의 첨부를 필요로 한다[제4조 7항(c)].

> - 폐기물의 국경을 넘는 이동이 계약 대로에 완료할 수 없는 경우, 수출국은, 해당 폐기물의 인수를 포함한 적당한 조치를 취한다(제8조).
> - 폐기물의 국경을 넘는 이동이 수출자 또는 발생자의 행위의 결과로서 불법 거래가 되는 경우에는, 수출국은, 해당 폐기물의 인수를 포함한 적당한 조치를 취한다(제9조2).
> - 체결국은, 폐기물의 처리를 환경상 적정한 방법으로 실시하기 위해, 주로 개발도상국에 대해서, 기술상 그 외의 국제협력을 실시한다(제10조).

❷ 런던협약(1972)

(1) 개요
① 런던협약은 비행기나 선박에서 나오는 해양 쓰레기 투기를 규제하기 위한 협약이다.
② 런던협약은 1972년 런던에서 체결되어 1975년에 발효되었다.
③ 늘어나는 방사능 물질의 해양 투기로 인해 개정안이 추가로 발효되었고, 1996년 발효된 '96 개정의정서'가 새로 채택되었다.
④ 대한민국은 1993년 가입하였다.

(2) 배경
① 산업화 과정에서 선진공업국들의 막대한 양의 폐기물 해양 투기로 지구의 해양은 급속도로 오염되었다.
② 특히, 1950~1970년대 초에 대규모 유조선 사고 발생들로 해양 오염이 범지구적 이슈화되어 1958년 해양법협약에서 기름유출과 해양개발에 의한 오염 방지를 규정하였다.
③ 1970년대 초반 해양이 인간 활동에서 기인하는 모든 생산을 소화할 수 있는 무한정한 능력을 가진 것이 아니라는 인식이 대두되어, 1972년 북해지역의 해양오염방지를 위해 오슬로협약이 채택되었다.
④ 방사능 물질의 해양 투기가 문제화되면서 1994년에 방사능물질의 해양 투기에 관한 개정안이 추가로 발효되었고, 1996년 '96 개정의정서'가 채택되었다(발효는 2006).
  ㉠ 기존 런던협약은 투기를 "허용하되 규제"하는 방식이었다.
  ㉡ 1996년 런던의정서는 원칙적으로 투기를 "금지하고 예외만 허용"하는 방식이다.
  ㉢ 주요 변화: 허용되는 폐기물만 명시하였다.
    ⊙ 예외 허용 항목: 준설토*, 어획 부산물, 선박 잔해 등 7종만 허용
    ✐ 못, 하천 따위의 바닥에서 파낸 흙이나 모래를 말한다.
⑤ 2024년 기준으로 87개 체약국이 협약에 참가하고 있고, 협약의 국제 관리 기능은 런던의 국제해사기구 본부에서 개최되는 자문 회의를 통해 실시되고 있다.

(3) '투기'(Dumping) 금지 대상
① 해양에 배, 항공기, 인공구조물 등을 통해 폐기물을 직접 버리는 행위
② 육지에서 배출되는 하천·파이프 등을 통한 오염은 해당되지 않는다(다른 협약인 MARPOL 협약이 담당).

③ 폐기물은 세 가지로 구분하여 규제

분류	규제 내용
Annex I(블랙 리스트)	절대 금지: 방사성 폐기물, 고농도 중금속 등
Annex II(그레이 리스트)	사전 허가 필요: 폐산, 폐염기, 유기물 등
Annex III(기타 물질)	해양 환경 고려해 판단

런던의정서

1조. 정의
• 투기란 선박에서 폐기물 또는 기타 물질을 바다로 의도적으로 처분하는 행위를 뜻한다.

2조. 목적
• 협약체약국들은 개별적 및 집단적으로 해양생물을 보호하고 보존한다.
• 과학적, 기술적 및 경제적 능력이 충분한 경우 체약국들은 폐기물 또는 기타 물질을 바다에 투기하거나 소각하여 발생하는 오염을 제거한다.

3조. 의무
• 폐기물이나 기타 물질이 폐기될 것이라고 믿을 만한 상당한 이유가 있는 경우 예방조치를 한다.
• 원칙적으로 오염자가 비용을 부담하는 접근 방식을 고려한다.
• 바다에서 투기 또는 소각할 수 있는 권한이 있는 사람은 오염을 충족시키는 비용을 부담한다.
• 체약 당사자는 오염의 방지, 감소 및 가능한 경우 제거와 관련하여 국제법에 따라 엄격한 조치를 취한다.

4조. 폐기물 또는 기타 물질의 투기

5조. 바다에서의 소각
• 협약체약국은 폐기물 또는 기타 물질의 해상 소각을 금지해야 한다.

6조. 폐기물 또는 기타 물질의 수출
• 협약체약국들은 폐기물 또는 기타 물질을 다른 국가로 수출하는 것을 허용해서는 안 된다.

7조. 내해역
• 해양 내부 수역이나 해상에서 폐기물 또는 기타 물질을 폐기할 경우 당사자 집단은 해당 기관에 폐기에 관한 정보를 제공해야 한다.

8조. 예외
• 사람의 생명 또는 선박, 항공기 또는 다른 인공 구조물의 경우 날씨로 인한 불가항력적인 위험을 구성하는 경우에 예외를 둔다.
• 협약체약국은 인간의 건강, 안전 또는 해양 환경에 허용할 수 없는 위협을 제기하는 행위에 대해 다른 실행 가능한 해결책이 없을 때, 영향을 받을 가능성이 있는 다른 국가 또는 국가 및 그 이후의 기구와 협의한 후 예외로서 허가증을 발급받을 수 있다.
• 모든 계약 당사자는 본 의정서의 비준 또는 가입을 포기할 수 있다.

9조. 허가증 발급 및 보고
• 협약체약국들은 모든 폐기물 또는 기타 물질의 특성과 양을 기록해야 한다. 투기허가증을 발급하고, 수량과 투기물의 위치, 시간 및 방법 등을 기록한다.
• 협약체약국의 관할 당국에서 허가를 받아야 한다. 폐기물 또는 투기 목적의 기타 물질과 관련하여서는 본 협약에 따른다.

Part 07

10조. 적용 및 시행
• 각 협약체약국은 본 의정서를 이행하는 데 필요한 조치를 다음의 모든 당사자에게 적용해야 한다.
  ⓐ 자국 영토에 등록되거나 깃발을 게양하는 선박 및 항공기
  ⓑ 선박 및 항공기가 자국 영토에 적재할 폐기물 또는 기타 물질이 바다에 버려지거나 소각되는 경우
• 각 협약체약국은 국제법에 따라 적절한 조치를 취해야 한다. 본 의정서의 규정에 반하는 행위를 방지하고 필요한 경우 처벌한다.
• 협약체약국들은 해상에서 폐기 또는 소각이 관찰된 선박 및 항공기에 대한 보고 절차를 지킨다.
• 이 의정서는 주권 면제를 받을 자격이 있는 선박과 항공기에는 적용되지 않는다. 그러나 각 협약체약국은 그 선박과 항공기가 어떤 방식으로 행동하는지 기구에 통지해야 한다.
• 국가는 본 의정서에 구속되는 것에 동의를 표명할 때 선박과 항공기에 이 협약의 조항을 적용할 것이라고 선언해야 한다.

11조. 절차상의 적합성
• 본 협약 발효 후 2년 이내에 체약국들은 평가 및 촉진에 필요한 절차를 수립해야 한다.

12조. 지역적 협력
• 본 의정서의 목적을 이루기 위해 협약체약국들은 주어진 지리적 영역에서 해양 환경을 보호하기 위해 노력해야 한다.

13조. 기술적 협력 및 지원
• 협약체약국들은 해양 폐기물 투기의 감소와 야기되는 오염의 예방을 위하여 다른 국제기구들과 함께 지원을 한다.
• 적절한 자원의 가용성에 따라 개발도상국들을 지원한다.

14조. 과학 및 기술 연구
• 협약체약국들은 해양 폐기물 투기의 감소 및 야기되는 오염의 예방에 대한 기술 연구 등 이 협약과 관련된 투기 및 기타 해양 오염원에 의한 오염들에 대한 연구를 할 때 관찰, 측정, 평가 및 분석을 포함해야 한다.

15조. 책임과 의무
• 국가 책임에 관한 국제법의 원칙에 따라 다른 국가의 환경의 손상에 대해 협약체약국들은 폐기물 또는 기타 물질을 바다에 버리거나 소각하는 행위로부터 발생하는 책임에 관한 절차를 개발할 것을 약속한다.

16조. 분쟁의 해결
• 본 협약의 해석 또는 적용에 관한 모든 분쟁은 분쟁 당사자에 의해 선택된 협상, 조정 또는 기타 평화적 수단을 통한 최초의 사례를 바탕으로 해결한다.
• 일방의 체약국이 통보한 후 12개월 이내에 해결이 불가능한 경우, 그 분쟁은 분쟁 당사자들을 제외한 제3자들에 의한 국제 연합 해양법 요청에 의해 해결될 것이다.

17조. 국제적 협력
• 협약체약국들은 국제기구의 관할권 내에서 본 협약의 목표를 추진해야 한다.

18조. 체결국들의 회의
• 협약체결국 회의 또는 임시 회의는 해양 폐기물 투기의 감소 및 예방을 위한 강화 조치로, 실행 가능한 경우 국제기구와 협의하여 개발 또는 채택한다.
• 결정을 위한 기본 기준을 포함하여 예외적이고 긴급한 상황, 컨설팅 조언을 위한 절차 등의 상황에서 해양 물질의 안전한 폐기를 고려하고 채택한다.

> 19조. 조직의 의무
> - 기구는 본 협약과 관련하여 사무국의 의무를 책임진다. 본 의정서의 협약체결국은 다음을 수행해야 한다. 본 의정서의 집행에 필요한 사무국의 의무는 다음과 같다.
> - 별도의 결정이 없는 한 매년 1회 협약체결국들의 회의를 소집한다. 계약 당사자 3분의 2의 요청이 있다면 언제든지 임시 회의를 소집한다.
> - 국제기구와 함께 협약체약국의 문의 및 정보를 고려한다. 그리고 구체적이지는 않지만 관련된 질문에 대해 협약체약국에 권고한다.
> - 모든 통지를 관련당사국들에게 전달한다.
> - 2년마다 예산과 재정 개정을 준비한다.

③ 워싱턴협약(1973)

(1) 워싱턴협약은 세계적으로 멸종 위기에 처한 야생 동·식물의 상업적인 국제거래를 규제하고 생태계를 보호하기 위하여 채택된 협약이다.

(2) 1973년 3월 워싱턴에서 개최된 국제회의에서 채택되었기 때문에 워싱턴협약이라고 불린다.

(3) 정식 명칭은 '멸종 위기에 처한 야생 동·식물의 국제거래에 관한 협약(Convention on International Trade in Endangered Species of Wild Fauna and Flora, CITES)이다.

(4) 한국은 1993년 7월 9일 가입하였다.

(5) CITES에는 유엔환경계획기구(UNEP)에서 지원한 사무국 조직과 협약체결국 회의가 있는데 2년에 한 번씩 개최된다.

① 멸종 위기 정도에 따른 야생 동·식물의 무역거래 규제 방침을 결정하였다.

② CITES는 야생 동·식물에 대한 국제적 보호의 시급성과 중요도에 따라 세 가지로 구분하여 각각 부속서 Ⅰ, Ⅱ, Ⅲ에 열거하고, 이들의 수출·수입·재수출 및 반입 등의 국제거래를 원칙적으로 금하고 있다.

③ 멸종 위험의 정도가 가장 높은 것은 부속서 Ⅰ에 명시되어 있으며, 현재 멸종 위기에 처한 것은 아니지만 그 거래를 엄격하게 규제하지 않으면 위기에 처할 가능성이 있는 종은 부속서 Ⅱ에 수록하고, 또한 거래의 통제를 위하여 다른 회원국의 협력이 필요한 것으로 확인된 종은 부속서 Ⅲ에 포함시킨다.

(6) 규제를 받는 종에 대해서는 살아 있는 동·식물뿐만 아니라 박제나 표본 및 조류의 알에 대하여도 규제하며 뿔·엄니 등 신체의 부분이나 모피 코트 등의 파생물도 규제의 대상이다.

(7) 위반한 경우에는 벌칙이 부과되며 모르고 해외에서 가지고 들어왔다 하더라도 소유권의 포기가 요구된다.

④ 유엔해양법협약

(1) 유엔해양법협약(United Nations Convention on the Law of the Sea, UNCLOS)은 1982년 12월 10일 채택되어 1994년 11월 16일 발효한 국제법상 가장 기본적인 해양법 규범이다.

(2) 이 협약은 전문과 본문 총 3부 94개조로 구성되어 있으며, 부속서와 선택적 추가의정서로 이루어져 있다.

(3) 본 협약은 바다에서 발생할 수 있는 다양한 법적 문제들을 규율하기 위한 포괄적인 규정을 담고 있고, 한국을 비롯한 대부분의 국가가 가입하거나 비준하여 국내법과 동일한 효력을 가지고 있다.

➡ 특히 제12조 이하에서 영해·접속수역·배타적 경제수역(EEZ) 등 연안국의 관할권 범위를 규정하고 있어 오늘날 세계 각국의 해양정책 수립과 시행에 필수적인 역할을 하고 있다.

(4) 또 다른 중요한 특징으로는 해사분쟁 해결 절차규범을 마련하였다는 점이다. 이를 통해 평화적이고 협력적인 방식으로 해상 관련 분쟁을 해결할 수 있게 되었다.

예 상설중재재판소(PCA)나 국제해양법재판소(ITLOS) 등

(5) **유엔해양법협약의 목적**

① 첫째, 모든 국가들에게 공평하고 일관된 원칙과 규칙을 제공함으로써 그들이 주장할 수 있는 권리와 의무를 명확하게 하는 것

② 둘째, 전 세계 해역에서의 자유로운 항해와 항행 그리고 항공기의 비행을 보장하며 동시에 안전을 확보하는 것

③ 셋째, 환경보호와 지속 가능한 발전을 촉진시켜 인류공동의 유산인 해양자원을 보존하고 관리하는 데 기여하는 것

④ 넷째, 항구적인 평화와 우호관계를 증진시키고 지역간 협력을 강화하는데 이바지하는 것

(6) **주요 개념**

① **연안국의 관할권**

㉠ 연안국이란 자국의 해안선으로부터 12해리까지의 내수뿐 아니라 인접한 외해지역까지 관할할 수 있는 권한을 가진 국가이다.

㉡ 당해 영토로부터 최대 500해리까지의 접속수역 내에서는 일정한 규제 권한을 가질 수 있다.

㉢ 한편, 해저와 하층토도 연안국의 주권하에 있다고 볼 수 있으나 심해저 자원만은 예외이다.

㉣ 일부 광물자원들은 연안국이 발견 즉시 소유권을 취득할 수 있도록 인정한다.

㉤ 이외에도 군사목적을 위한 구조물 설치 역시 허용한다.

㉥ 따라서 연안국은 자신의 주권영역 내에서 상기한 각종 법률 질서를 유지해야 할 의무를 지게 되며 외국선박이라 할지라도 연안국의 법령을 준수해야만 한다.

② **공해**

㉠ 모든 국가가 자유롭게 이용할 수 있는 공유수역이다.

㉡ 하지만 실제로는 중간수역으로서의 성격을 지니고 있기 때문에 현실적으로는 연안국과의 이해관계가 항상 존재한다.

㉢ 그곳을 통과하는 모든 통항로에 대해서도 비군사적이거나 비상업적인 활동이라면 누구든지 자유롭게 항행할 수 있음은 물론 심지어 무기류까지도 적재 가능하다.

㉣ 이곳에선 어업 활동 역시 제한받지 않고 영위할 수 있다.

㉤ 석유나 가스같은 천연자원의 탐사 개발 행위는 금지되며 다만 과학조사만을 허용한다.

CHAPTER
04

공공외교

제1절 **한국의 공공외교**

❶ 개념

(1) '공공외교'란 국가가 직접 또는 지방자치단체 및 민간부문과 협력하여 문화, 지식, 정책 등을 통하여 대한민국에 대한 외국 국민들의 이해와 신뢰를 증진시키는 외교활동을 의미(「공공외교법」 제2조)한다.
➡ 한국은 2016년에 「공공외교법」을 제정하였다.

(2) 공공외교는 외교 행위의 대상이 정부에서 광범위한 비국가 행위자로 확대된 것이라 할 수 있다(개인도 포함).

(3) **공공외교의 수단**

수단	설명	예시
문화외교	예술·문화 교류를 통해 친근감 조성	한류(K-pop, 드라마), 문화원, 공연
교육외교	유학, 장학금, 교환 프로그램	한국학 장학생, 한국어 교육(KF 지원)
방송·미디어	국가 브랜드 및 가치 전달	아리랑TV, 한국 홍보 콘텐츠
디지털외교	SNS·인터넷 활용 외교	외교부 인스타그램·X 운영
민간협력외교	NGO, 학자, 언론과의 파트너십	민관 협력 프로젝트, 학술포럼
위기관련 커뮤니케이션	재난·질병 시 정보 제공과 공감	COVID-19 K-방역 경험 공유

(4) **전통외교와 공공외교의 비교**

구분	전통외교	공공외교
대상	정부	국민, 시민사회, 여론
수단	외교관·협상	문화, 교육, 미디어, SNS
목적	정책 협상, 안보·경제 이익	이미지 개선, 신뢰 구축, 가치 공유
접근방식	비공개·탑다운	공개·쌍방향·참여형

❷ 한국 공공외교의 목표

한국의 공공외교는 제2차 공공외교 기본계획(2023~2027)에 의거, '세계 자유, 평화, 번영에 기여하는 글로벌 중추국가 대한민국'의 비전 하에 다음과 같은 3개 목표를 추진한다.

(1) 전략적 정책공공외교 강화를 통한 국익 증진

(2) 과학기술·문화 강국으로서의 위상 제고

(3) 디지털·혁신적 공공외교 생태계 구축

Part 07

❸ 핵심 과제

(1) 중점협력국가 및 지역 대상 정책 소통 강화

(2) 한국어·한국학에 대한 글로벌 저변 확대

(3) 쌍방향 문화외교를 통한 한국에 대한 지지 확산

(4) 메타버스·AI 등 디지털 공공외교 강화

❹ 공공외교 기본계획

(1) 공공외교 기본계획은 「공공외교법」에 의거, 매 5년마다 수립하는 중장기적인 공공외교 정책 방향을 의미한다.

(2) 한국 정부는 세계 자유, 평화, 번영에 기여하는 글로벌 중추국가의 비전 하에 범정부 차원의 제2차 공공외교 기본계획(2023~2027)을 수립하였다.

(3) 제2차 공공외교 기본계획은 제1차 공공외교 기본계획(2017~2022)의 주요 추진 성과 등에 근거하여, 대내외적인 환경 변화에 대응하기 위한 새로운 비전과 목표, 추진 전략 등을 제시하였다.

❺ 공공외교 종합시행계획

공공외교 종합시행계획은 공공외교 기본계획에 따라 19개 중앙행정부처와 17개 지방자치단체가 수립·시행하는 공공외교 시행계획을 통합한 연간 공공외교 활동계획을 의미한다.

공공외교법(일부)

제1조(목적)
이 법은 공공외교 활동에 필요한 사항을 규정하여 공공외교 강화 및 효율성 제고의 기반을 조성함으로써 국제사회에서 대한민국의 국가이미지 및 위상 제고에 이바지하는 것을 목적으로 한다.

제2조(정의)
이 법에서 "공공외교"란 국가가 직접 또는 지방자치단체 및 민간부문과 협력하여 문화, 지식, 정책 등을 통하여 대한민국에 대한 외국 국민들의 이해와 신뢰를 증진시키는 외교활동을 말한다.

제3조(공공외교의 기본원칙)
① 공공외교는 인류의 보편적 가치와 대한민국 고유의 특성을 조화롭게 반영하여 추진되어야 한다.
② 공공외교 정책은 국제사회와의 지속 가능한 우호협력 증진에 중점을 두어야 한다.
③ 공공외교 활동은 특정 지역이나 국가에 편중되지 아니하여야 한다.

제4조(국가의 책무)
① 국가는 공공외교 강화 및 효율성 제고를 위하여 종합적이고 체계적인 전략과 정책을 수립하고 이를 추진하여야 한다.
② 국가는 제1항에 따른 전략과 정책의 효율적 수립 및 수행에 필요한 행정적·재정적 지원방안을 마련하여야 한다.
③ 국가는 공공외교를 효율적으로 수행하기 위하여 지방자치단체 및 민간부문과 협력체계를 구축하는 등 필요한 노력을 하여야 한다.
④ 국가는 공공외교의 중요성에 대한 사회적 공감대를 형성하고 국민의 참여를 증진하기 위하여 교육 및 홍보 등 필요한 노력을 하여야 한다.

제2절 미국의 공공외교

❶ 해외공보처

(1) 아이젠하워 행정부는 1953년 8월 소련과 중국을 중심으로 전 세계에 확산되던 공산주의를 차단하기 위해 대통령 직속하에 미국해외공보처(USIA)를 설립하여 냉전기 공공외교를 담당하도록 하였다.

(2) 해외공보처는 1999년 클린턴 행정부시절 국무부에 통합될 때까지 공공외교의 주역으로 활약하였다.

① 해외공보처가 국무부에 통합된 것은 냉전 종식 이후 전세계적으로 평화무드가 형성되면서 국제 정세가 미국 중심으로 재편됨에 따라 전 세계를 대상으로 하는 공공외교의 중요성이 크게 감소 되었다.

② 클린턴 행정부 시절 정부예산 및 기구 통폐합이 이루어졌다.

(3) 1990년대 소위 탈냉진 10년간의 병화기간 동안에 냉전기 공공외교의 변화와 재정립에 상대적으로 소홀히 한 것으로 평가된다.

❷ 부시 행정부와 오바마 행정부의 공공외교

(1) 부시 행정부 시기 공공외교

① 전대미문의 9·11 테러 이후 미국에서 이슬람권의 "마음을 얻는(wining hearts and minds)" 외교의 필요성이 강조되었고, 공공외교에 대한 관심이 증가하게 되었다.

② 부시 행정부는 강력한 수단을 통하여 새 시대의 미국에 적용할 수 있는 효율적인 공공외교를 수립하기로 결정하였다.

③ 그러나 선제공격(preemptive strike)의 개념도입 등 "부시 독트린"에 기반을 둔 부시 행정부의 공공외교정책은 계속적으로 좌절을 겪게 되었다.

④ 특히, 이라크 자유작전(Operation Iraqi Freedom)에 대한 국내외적 비판과 전쟁을 통한 중동문제의 해결이라는 해법의 부작용이 명백히 드러나면서 국제사회에 반미주의의 역풍이 발생하였다.

⑤ 이에 부시 2기 행정부는 민주주의와 자유의 확산이라는 외교 목표를 수립하고 비민주주의적인 정권 행태를 바꾸기 위한 '외교적 노력'을 기울이기 시작하였다.

⑥ 이를 변환외교(transformational diplomacy)라 하는데, 변환외교의 중요한 부분이 공공외교이다.

⑦ 부시 2기 행정부의 변환외교는 강대국보다 테러의 온상인 약소 저개발국, 중앙정부보다 지역의 다양한 현지인들과의 소통 강화, 개발협력과 공공외교의 강조 등을 통한 외교개혁을 강조하였다.

(2) 오바마 행정부

① 오바마 행정부는 부시 행정부의 변환외교를 계승 발전시켰다.

② 경성권력과 연성권력이 복합된 "스마트파워"를 외교전략으로 하여 스마트외교를 추구하였다.

③ 이 과정에서 미국의 위협세력에 대응하는 군사력과 민주주의를 전파하는 보편적 가치를 결합시킬뿐 아니라 개발 협력을 새로운 외교과제로 설정하여 외교의 3위 일체를 추구하였다.

④ 후반기 오바마 행정부는 아시아 중심 외교를 선포하였다.

⑤ 이는 부상하는 중국에 대한 보다 적극적인 대응을 핵심으로 하였다.

> **더 알아보기**
>
> **스미트-문트법**
> - 스미트-문트법(Smith-Mundt Act)은 공공외교에 관한 미국 정보와 교육 교류에 관한 법(The US Information and Educational Exchange Act of 1948)으로 1948년 제정되었다.
> - 이 법은 미국인과 외국인 사이의 상호 이해를 증진하는 것을 목적으로 정부가 지원하는 교육 및 문화 교류의 중요성을 강조하였다.

(3) 공공외교 주요 역사

시기	주요 특징
2차 세계대전기	나치 선전에 맞서기 위한 보이스 오브 아메리카(VOA) 창설(1942)
냉전시기	소련의 이념 확산에 대응하기 위해 USIA(미국정보처) 설립(1953) → 전세계 대상 미국의 가치 홍보
1999년	USIA 해체 → 기능이 국무부 산하로 통합됨.
9·11 테러 이후	이슬람 세계 대상 이미지 개선 필요성 증가 → '스마트파워' 개념 확대 적용
오바마 행정부	디지털 공공외교 강화, SNS 기반 소통 확대
트럼프 행정부	예산 삭감과 내부 갈등으로 기능 약화
바이든 행정부	민주주의와 연대 가치 강조, 공공외교 복원 및 다자협력 홍보

(4) 공공외교 담당 주요 기관

기관	주요 역할
국무부 공공외교·공보차관실 (Under Secretary for Public Diplomacy and Public Affairs)	공공외교 총괄
글로벌참여센터(GEC)	외국의 허위정보 대응 및 서구 가치 확산
보이스 오브 아메리카(VOA)	미국 정부 소속 국제방송 – 언론 자유, 미국 문화 홍보
Fulbright Program	국제 교육교류 – 미국 유학, 연구, 문화교류 장학 프로그램
American Spaces	주재국 내 미국문화원·정보센터 운영
국제방송국(USAGM)	VOA, 라디오 프리 유럽(RFE), 라디오 자유 아시아(RFA) 등 운영

제3절 중국의 공공외교

❶ 목적

'대외담론권(話語權)' 확보와 디지털 공공외교를 강화한다.

❷ 전략 핵심

"중국의 이야기(Narrative)를 세계에 전파"하고 '중국몽(China Dream)'을 강조한다.

❸ 수단

(1) CCTV → CGTN(영문 국세방송 전환)으로 확대한다.

(2) '공자학원(Confucius Institutes)'을 통한 문화외교를 지향한다.

(3) 웨이보, 위챗, 틱톡 등 플랫폼을 활용한다.

❹ 특징

(1) 국가 주도형(publicity diplomacy)으로 시행되고 있으며, 설득보다는 영향력 투사를 지향한다.

(2) 디지털 선전과 개발도상국 대상 경제 원조가 결합되었다.

❺ 비판

정치 선전 요소가 강하고, 공공외교와 정보전의 경계가 모호하다.

CHAPTER 05 UN 이슈

제1절 지속가능발전목표

① 개념

(1) 유엔 지속가능발전목표(Sustainable Development Goals, SDGs)는 2015년에 유엔 총회에서 채택된 17개의 글로벌 목표로, 2030년까지 전 세계적으로 지속 가능한 발전을 이루기 위한 청사진을 제공하였다.

(2) 이 목표들은 빈곤 감소, 환경 보호, 경제성장, 사회적 포용을 촉진하고, 인류의 기본적인 권리와 지속 가능한 미래를 보장하는 데 중점을 두었다.

(3) SDGs는 유엔의 2030 아젠다의 일환으로 설정되었으며, 그 핵심은 "Leave no one behind"(누구도 배제하지 않기)라는 원칙이다.

(4) 즉, 모든 국가와 모든 계층의 사람들이 평등하게 혜택을 누리고, 지구 환경을 보호하면서 경제적·사회적 발전을 동시에 이루어야 한다는 목표를 가지고 있다.

② SDGs의 특징

(1) **보편성(Universality)**

SDGs는 모든 국가와 지역에 적용한다. 발전 수준에 관계없이 모든 국가가 이 목표들을 달성하기 위해 노력해야 한다.

(2) **통합성(Integration)**

SDGs는 경제적, 사회적, 환경적 목표가 서로 긴밀하게 연결되어 있다는 원칙을 가지고 있다. 이는 어느 하나의 목표가 다른 목표와 결코 분리될 수 없다는 것을 의미한다.

(3) **포용성(Inclusiveness)**

모든 사람들을 대상으로 하며, 특히 가장 취약한 계층이 혜택을 누릴 수 있도록 한다. SDGs는 "누구도 배제하지 않는다."는 기본 원칙을 가지고 있다.

(4) **지속 가능성(Sustainability)**

SDGs는 환경을 보호하면서 경제적 성장을 이루고, 사회적 포용을 촉진하는 방식으로 지속 가능한 발전을 추구한다.

③ 유엔 지속가능발전목표 17개 목표

SDGs는 인간, 지구, 번영, 평화, 파트너십이라는 5개 영역에서 인류가 나아가야 할 방향성을 제시하였다.

■ 17개 목표

번호	목표	주요 내용
1	빈곤퇴치	모든 형태의 빈곤 종식
2	기아해소	영양 개선, 지속 가능 농업
3	건강과 웰빙	모든 연령 건강 보장
4	양질의 교육	포괄적·형평성 있는 교육
5	성평등	여성과 여아 권한 강화
6	깨끗한 물과 위생	모두를 위한 물과 위생 보장
7	에너지 접근	저렴하고 청정한 에너지
8	양질의 일자리와 경제성장	포용적이고 지속 가능한 성장
0	산업·혁신·인프라	지속 가능 산업화, 기술혁신
10	불평등 감소	국가 내·국가 간 불평등 완화
11	지속 가능한 도시	모두를 위한 도시·주거환경 조성
12	지속 가능한 소비·생산	자원의 효율적 사용
13	기후변화 대응	기후위기 완화 및 적응
14	해양생태계 보호	지속 가능한 해양자원 관리
15	육상생태계 보호	산림·토지·생물다양성 보전
16	평화·정의·제도	정의롭고 포용적인 제도 구축
17	이행수단 및 글로벌 파트너십	목표 달성을 위한 국제 협력 강화

④ 한국의 SDGs 이행 전략

(1) 법·제도적 기반을 구축한다.
　① 지속가능발전법을 제정하고 5년마다 기본계획 수립(제3차 기본계획 : 2016~2035년)
　② 저탄소 녹색성장기본법, 국제개발협력기본법 등과 연계되어 정책 통합 체계 마련

(2) SDGs 국가계획을 수립하고 체계적으로 실시한다.
　① 제3차 국가 SDGs 기본계획(2016~2035) 수립 : 4대 전략 영역(건강한 국토, 통합적 사회, 혁신경제, 글로벌 책임)
　② 14대 전략 요소와 50개 세부 이행 과제 포함

(3) 관리·조정 메커니즘을 확립한다.
　① '대통령 직속 국가 지속가능발전 위원회'를 현재 환경부 산하 SDG 위원회로 조정
　② **중앙-지방 간 추진체계** : 중앙추진계획·지방추진계획 수립 및 2년마다 점검·환류 체계 운영

Part 07

(4) 이행 수단 및 평가 지표를 마련한다.

① 지속가능발전 지표 개발 및 2년마다 국가 현황 평가

② 통계청 주관 「한국의 SDG 이행보고서」를 통해 주요 정책·지표 분석(2023 보고서 발간됨)

(5) 국제협력 및 ODA와 연계한다.

① 'SDGs와 연계된 ODA 전략' 수립(2016~2020) : SDGs 반영한 연계 ODA 과제 비중 70% 이상

② 정부·KOICA·민간의 협업 강화

③ 국제개발협력위원회를 통해 연간 사업계획 조정 및 SDGs 평가 통합

(6) 지방자치 및 지역 이행을 활성화한다.

① 지방정부도 5년 단위 지방추진계획 수립

② 지방 SDG 위원회 설치를 통해 지역 특성 반영 및 실행력 확보

제2절 고등해양조약(High Seas Treaty)

❶ 개요

(1) 정식 명칭으로는 "공해 생물다양성 보호를 위한 유엔 해양 조약"(Biodiversity Beyond National Jurisdiction, BBNJ)이다.

(2) 2023년 유엔에서 채택된 국제 수역의 해양 생물 보호를 위한 획기적 조약이다.

❷ 배경과 필요성

(1) 국제 수역(공해, high seas)은 국가 관할권 밖의 바다로, 지구 바다의 약 60%, 지구 표면의 약 45%를 차지한다.

(2) 이 공해 영역은 기존 해양법 체계(1982년 UN 해양법협약, UNCLOS)의 보호 범위가 제한적이라 남획, 해양오염, 기후변화로 인한 생태계 파괴가 심각한 상태이다.

(3) 이를 해결하기 위해 2004년부터 논의가 시작되어, 약 20년 만인 2023년 3월 조약이 채택되었다.

❸ 핵심 내용

항목	내용
해양보호구역(MPAs)	공해상에 해양보호구역이 법적으로 설정 가능해짐. → 30×30 목표(2030년까지 해양의 30% 보호)에 기여
유전자 자원 공유	해양 생물 유전자자원(MGRs)의 연구, 개발, 수익 공유를 공정하게 분배
환경영향평가	공해에서의 대규모 개발(⬛ 해저광물 채굴) 등에 대해 의무적으로 환경영향평가(EIA) 실시
기구 설치	조약 이행을 위한 사무국, 과학·기술 자문기구, 의사결정 회의체 구성
공정한 기술이전 및 역량강화	개발도상국들이 해양보호에 참여할 수 있도록 기술이전, 교육훈련, 재정 지원 강화

④ 현재 상황과 전망

(1) 2026년 1월 1일 발효 예정으로, 60개국의 비준이 필요하다.

(2) 현재(2025년 6월 기준) 55개국이 비준을 완료하였다.

(3) 한국도 서명은 완료되었고, 비준은 진행 중이다.

제3절 | 국제 빙하 보존의 해(IYGP 2025)

① 배경

(1) 지구 온난화로 전 세계 빙하가 급속히 후퇴하고 있다.

(2) 빙하는 식수원, 강 유량 조절, 기후 안정성 유지 등에서 핵심적인 역할을 하며, 기후 위기의 조기 경보장치 역할도 한다.

(3) 특히 히말라야, 안데스, 알프스 등 고산 지역 주민들의 생존과 직결된다.

② 결의 경과

(1) 2023년 타지키스탄이 유엔에 공식 제안하였고, 2023년 유엔총회에서 결의안이 채택되었다.

(2) 2025년을 "빙하 보존의 국제년"으로 지정하였다.

(3) 빙하 손실의 위험성을 국제사회에 알리고, 과학적 연구와 정책적 대응을 촉진하기 위함이다.

③ 주요 내용

(1) **빙하 상태에 대한 글로벌 평가 및 모니터링 강화**
위성감시, 데이터 공유 등 국제공동연구 권장

(2) **빙하 관련 정책 및 국제협력 프레임워크 구축**
빙하 보존 법제화 논의, 기후기금 연계 검토

(3) **개도국 기술·재정 지원 확대**
특히 히말라야, 안데스, 동아프리카 등 영향 취약 지역 대상

(4) **빙하 보존의 교육 및 시민 인식 제고**
전 세계 학교 및 미디어 대상 캠페인 장려

(5) **제2차 글로벌 빙하 회의(타지키스탄, 2025년 말 예정)**
구체적 행동계획 및 자발적 약속(voluntary pledges) 논의

제4절 UN80 이니셔티브

❶ 배경 및 취지

(1) 2025년은 유엔 창립 80주년이 되는 해로, 이 기념되는 해를 계기로 전 조직 체계의 전면 개혁이 요구되었다.

(2) 재정 압박(미국·중국 등 주요국 체납) 및 기구가 과도하게 비대화된 상태에서 운영 효율성 회복이 시급하였다.

❷ 개혁 방향

(1) **운영 효율화(Efficiencies & Improvements)**
   ① 뉴욕·제네바 등 고비용 본부의 인력·사무실 축소
   ② 중복 기능 제거, IT·자동화 확대 등을 포함
   ③ 임무 수행 검토(Mandate Review) : 3,600개 이상으로 불어난 UN 임무들을 전수 점검하고 불필요·중복 업무는 정리·통합할 계획이다.

(2) **구조적 개편(Structural Change)**
   평화·개발·인권 등 주요 기관 재편, 사무국 클러스터화

❸ 추진 기구

(1) 가이 라이더(정책담당 부사무총장)가 이끄는 UN80 태스크포스가 설치되었다.

(2) 태스크포스는 7개 클러스터를 구성해 전체 개혁 과정을 주도한다.

CHAPTER 06 영토분쟁

Part 07

제1절 | 동중국해 분쟁(중국, 일본, 대만)

❶ 개요

동중국해에는 센카쿠−댜오위다오 제도에 대한 일본, 중국, 대만의 영토분쟁이 존재한다. 고유영토론을 근거로 중국, 대만, 일본은 영유권을 주장하고 있다.

❷ 일본

(1) 센카쿠 제도(일본 이름)는 일본의 오키나와현에 속하며, 일본은 이 섬들의 주권을 주장한다.

(2) 일본은 이 제도를 1895년부터 일본의 영토로 통제했다고 주장한다.

(3) 현재 일본이 실효적 지배를 하고 있다.

❸ 중국

(1) 댜오위다오라는 이름으로 이 섬을 불러, 이 제도에 대한 주권을 주장한다.

(2) 중국은 이 섬들이 역사적으로 중국의 일부였다고 주장한다.

(3) 특히 1970년대에 이 지역에서 석유가 발견되면서 분쟁이 격화되었다.

❹ 대만

(1) 대만은 중국과 마찬가지로 댜오위다오를 자국의 영토로 주장한다.

(2) 대만은 1949년 중화민국 정부가 대륙에서 탈출한 이후, 이 지역을 자국의 일부로 간주하였다.

> **더 알아보기**
>
> **고유영토론**
> • 고유영토론(固有領土論)은 특정 영토가 한 국가의 역사적, 문화적, 정치적 정체성과 밀접하게 연결되어 있다고 주장하는 이론이다.
> • 이 이론은 국가가 자국의 영토를 고유한 부분으로 간주하고, 역사적으로나 지리적으로 그것이 자신의 영토로 당연히 속한다고 보는 입장이다.
> • 고유영토론의 주요 내용
>   − 역사적 연속성: 특정 영토가 오래도록 그 국가의 일부로 존재해왔다는 주장이다.
>   − 주권의 연속성: 영토를 차지하고 지배한 국가의 주권이 변하지 않았다는 주장이다.
>   − 문화적·민족적 연관성: 그 지역의 주민들이 해당 국가의 민족이나 문화적 특성을 공유하고 있다는 주장이다.
> • 예시: 한국은 독도를 고유영토로 주장하며, 일본은 다케시마를 일본의 고유영토로 주장하고 있다.

제2절 | 남중국해 분쟁(중국, 베트남, 필리핀, 말레이시아, 브루나이)

1 개요

남중국해는 세계에서 가장 중요한 해상 교통로 중 하나로, 여러 나라들이 자원 개발과 전략적 중요성 때문에 이 지역에 대한 영유권을 주장하고 있다.

2 주요 분쟁 지역 : 스프래틀리 제도, 파라셀 제도 등

(1) 중국은 "구단선"(九段선, Nine-dash line)을 근거로 남중국해 대부분에 대해 광범위한 영유권을 주장*하고 있다. 중국은 이 지역에서 석유, 천연가스, 어업 자원을 확보하려고 하며, 인공섬을 건설하고 군사 기지를 설치하는 등 강력한 입장을 취하고 있다.

  ✎ 구단선은 중국의 역사적 권리와 지리적 범위를 바탕으로 설정된 것으로, 이 선은 1947년에 중국 정부가 처음으로 제시한 지도에 등장하였다.

(2) 베트남, 필리핀, 말레이시아, 브루나이 등의 국가들은 각기 다른 섬들에 대해 영유권을 주장하고 있다. 필리핀은 스카버러 암초에 대해, 베트남은 파라셀 제도와 스프래틀리 제도(난사군도)의 여러 섬에 대한 영유권을 주장하는데 특히, 리선섬(Ly Son Island)을 포함한 여러 섬에 대한 주권을 주장하고 있으며, 역사적인 근거를 바탕으로 자신들의 영유권을 주장한다.

3 필리핀 정부의 제소

(1) 2016년 필리핀 정부는 중국의 남중국해 영유권 주장에 대해 국제해양법재판소에 제소하였다.

(2) 재판소는 중국의 구단선 주장을 인정하지 않는 판결을 하였다. 즉, <u>구단선이 국제법, 특히 유엔해양법협약(UNCLOS)에 부합하지 않음을</u> 판결하였다. 그러나 중국은 이 판결을 인정하지 않았다.

4 각 국가별 영유권 주장 근거

(1) 중국과 타이완은 역사적 권원

(2) 베트남은 지리적 근접성과 역사적 권원

(3) 필리핀은 지리적 인접성과 무주지 선점

(4) 말레이시아와 브루나이는 지리적 근접성 및 대륙붕과 관련한 해양법협약

제3절 한중 이어도 관할권 주장

❶ 개요

(1) 한국과 중국 사이에 이어도 관할권 문제가 존재한다. 이어도는 제주 서남방 약 81해리 지점에 위치하고 있는 수중암초이다.

(2) 한국은 2003년 6월 이곳 해저암반 위에 종합해양과학기지를 완공해 운영하고 있다.
➡ 한국 정부는 기지 준공시 주변에 500m 안전수역을 설정해 국제해사기구에 통보하였다.

(3) 반면, 중국은 이어도가 자국 영토 퉁타오에서 133해리 떨어져 200해리 배타적 경제수역 내에 있다고 주장한다.

(4) 한국은 양국간 배타적 경제수역의 경계가 합의되지 않았더라도 이어도의 위치가 한국 측에 훨씬 가깝다는 이유에서 법적 문제가 없다는 입장이다.

(5) 한중 양국은 2006년 12월 이어도가 해저 암초로서 영유문제의 대상은 아니라는 점을 확인하였다.

❷ 양국 주장의 근거

(1) 중국은 이어도가 자국 대륙붕의 자연 연장이라고 주장한다.

(2) 반면, 한국은 국제적으로 통용되는 중간선 원칙*을 따르며, 이 원칙에 따르면 이어도는 한국의 EEZ 내에 위치한다고 주장한다.

✎ 유엔해양법협약(UNCLOS)에서는 중간선의 원칙을 바탕으로 두 국가 간의 해양 경계를 정하는 경우가 많다. 해양의 경계를 정의할 때, 양측의 해안선에서 중간 지점을 기준으로 경계를 설정한다.

제4절 한일 독도 문제 : 명백한 한국 영토

❶ 최근 독도 문제 요약(2023~2025년 기준)

(1) **일본의 반복적인 영유권 주장**

① 일본 정부는 매년 외교청서(外交靑書), 방위백서(防衛白書) 등을 통해 "독도는 일본 고유의 영토"라는 주장을 반복하고 있다.

② 특히 2024년 일본 방위백서에서는 '독도를 불법 점거 중인 한국'이라는 표현까지 포함해 한국 정부의 강력한 항의를 유발하고 있다.

(2) **일본의 전략**

① 이 같은 공식 문서화는 국제사회 여론전에 이용될 수 있다.

② 장기화된 '내재화 전략'으로, 젊은 세대와 국제사회를 겨냥해 일본의 입장을 정당화하려는 시도이다.

(3) **일본 교과서 왜곡 문제**

① 일본은 초·중·고등학교 교과서에 독도를 일본 영토로 기술하고 있다.

② 2023~2024년 개정 교과서에서도 "한국이 불법 점거 중"이라는 표현을 유지하였다.

③ 의미 : 일본 내 역사 인식 왜곡을 제도화하는 것이며, 미래 세대의 인식에 영향을 주어 장기적인 외교 갈등으로 심화시키려고 한다.

❷ 독도 주변 해양조사 갈등

(1) 한국은 독도 주변 EEZ 해양조사 및 해양과학 활동을 정기적으로 실시하고 있다.

(2) 일본은 이에 대해 "자국 EEZ 내 불법조사"라며 외교 경로로 항의하거나 해상보안청 함정으로 대응하는 일을 반복하고 있다.

❸ 국제사법재판소(ICJ) 회부 주장

(1) 일본은 ICJ에 독도 영유권 문제를 회부하자고 제안하고 있다.

(2) 한국은 독도는 분쟁 대상이 아닌 고유 영토라는 입장을 견지하며 거부하고 있다.

(3) **일본의 의도**

① 일본은 이를 통해 '독도가 국제분쟁 지역'이라는 인식 확산을 시도하고 있다.

② 한국이 응하지 않을 경우, 일본은 이를 두고 "한국이 국제적 판결을 회피한다."는 주장으로 여론전을 펼칠 수 있다.

제5절 | 러시아와 일본 간의 영토 분쟁(쿠릴열도와 북방 4개 도서)

❶ 개요

쿠릴열도는 일본과 러시아 간의 영토 분쟁 지역이다.

❷ 일본의 남쿠릴 제도(일본명 : 북방영토)에 대한 영유권 주장

(1) 1945년 일본의 패전 후, 카이로 선언(1943)과 포츠담 선언(1945)에 따라 쿠릴열도는 일본의 일부가 아닌 것으로 결정되었다.

(2) 일본은 쿠나시리 섬, 시코탄 섬, 하보마이 군도, 리시리 군도를 포함한 남부 쿠릴열도에 대한 영유권을 주장하고 있다.

(3) 일본은 이 섬들이 19세기 후반까지 일본의 영토였다고 주장한다.

③ 제2차 세계대전 후 일본의 영토 상실

(1) 1945년 제2차 세계대전이 끝난 후, 일본은 전쟁에서 패하면서 많은 영토를 잃게 되었다. 그 중 하나가 쿠릴열도이다.

(2) 이후 러시아(당시 소련)는 쿠릴열도를 포함한 지역을 점령하게 되었고, 이후 이 지역은 러시아의 일부로 간주되었다.

(3) 샌프란시스코 평화조약(1951)에서 일본은 쿠릴열도와 사할린에 대한 소유권을 포기하였다.

제6절 | 중국과 인도 간의 국경 분쟁

(1) 중국과 인도 간의 국경 분쟁은 주로 악사이친 지역(중국), 아루나찰프라데시 지역(인도)을 두고 발생하고 있다.
   ① 악사이친 : 중국은 이 지역을 자국의 자치구로 간주하며, 1962년 중국 – 인도 전쟁에서 이를 사실상 점령하였다.
   ② 아루나찰프라데시 : 인도는 이 지역을 자국의 일부로 주장하고 있으며, 중국은 이를 남티베(남티벳) 지역이라고 부른다.

(2) 이 지역에서는 간헐적인 군사적 충돌과 긴장이 지속되고 있으며, 양국 간의 외교적 갈등도 여전히 존재한다.

제7절 | 인도 – 파키스탄 카슈미르 분쟁

① 역사적 배경 : '분할과 미결정의 유산'

(1) 잠무 – 카슈미르(Jammu & Kashmir)는 영국 식민지 시절, 인도제국 내의 562개 왕공국 중 하나였다.

(2) 1947년 영국이 인도와 파키스탄으로 분할 독립할 때, 왕공국들은 각각 자발적으로 편입 여부를 결정하였다.

(3) 당시 카슈미르는 이슬람 인구가 다수(약 77%)였지만, 통치자는 힌두교도(하리 싱)였고, 그는 독립을 모색했으나 무산되었다.

(4) 파키스탄계 부족군의 침입으로 위협을 느낀 하리 싱은 인도에 군사 지원을 요청하였고, 파병 조건으로 '인도에의 편입 문서'에 서명(1947년 10월 26일)하였다.

(5) 인도는 이를 근거로 카슈미르에 군을 파병했고, 제1차 인도 – 파키스탄 전쟁(1947~1948)이 발생하였다.

❷ 유엔 개입과 미해결된 주민투표 문제

(1) 유엔 안보리는 1948년 결의 47호에서 "무력 충돌 중단 → 파키스탄군 철수 → 주민투표 실시"를 권고하였다.

(2) 그러나 파키스탄군은 철수하지 않았고, 인도는 "치안 우선"을 주장하며 주민투표를 거부하였다.

(3) 현재까지도 인도는 카슈미르를 자국 영토로 간주하고, 파키스탄은 국제사법적 분쟁지역으로 간주한다.

(4) **주요 전쟁**

전쟁	연도	설명
1차 전쟁	1947~1948	파키스탄의 무장 개입 → 유엔 중재, LoC 설정
2차 전쟁	1965	카슈미르 지역 무력 충돌 재개, 미국·소련 중재
3차 전쟁	1971	방글라데시 독립 전쟁 중 병행 발생(카슈미르 핵심은 아님.)
카르길 전투	1999	파키스탄군과 준군사조직이 LoC 넘어 침투 → 인도군 반격

➡ 인도는 카슈미르에 50만 명 이상 병력을 주둔시키고 있으며, 세계 최대 군사분쟁지대이다.

❸ 헌법적 지위 변화 : 2019년 제370조 폐지

(1) 카슈미르는 인도 헌법 제370조에 따라 특별자치지위를 가졌고, 별도 법제·국기·헌법이 있었다.

(2) 그러나 2019년 8월, 모디 정부가 이를 전격 폐지하며 "잠무-카슈미르와 라다크를 인도 연방직할지로 강등"하였다.

(3) 파키스탄은 강하게 반발하며 외교관 소환, 교역 중단, 국제사회에 문제 제기 등으로 대응하였다.

(4) 인도는 "내정 간섭"이라며 강경 대응, 통신 차단, 언론 통제, 대규모 군 증파도 진행하였다.

❹ 인권 침해와 국제사회 우려

(1) 인도 통제 지역에서 자의적 체포, 고문, 언론 봉쇄, 인터넷 차단 등 인권침해 사례가 지속적으로 발생하고 있다.

(2) 유엔 인권최고대표(OHCHR)는 2018년, 2019년 보고서에서 양측 모두의 인권침해를 지적하였다.

(3) 특히 '무장 반군' 활동에 대한 인도 정부의 과잉 대응(예 섬광탄 사용, 민간인 사망)이 국제적으로 비판받고 있다.

❺ 국제정치적 의미 : 중·미의 대응과 핵위기 우려

(1) 인도와 파키스탄은 모두 핵보유국(인도 : 1974 실험, 파키스탄 : 1998 실험)이다.

(2) 카슈미르 분쟁은 항상 핵 위협을 동반한 저강도 분쟁으로 국제사회의 관심 대상이다.

(3) 중국은 아크사이친 지역(동부 카슈미르 일부)을 실효 지배하며 인도와도 경계 분쟁 중이다.

(4) 미국, 중국, 러시아 모두 핵 전쟁 방지 차원에서 간접 조율의 역할을 해왔다.

제8절 배타적 경제 수역

❶ 개요

(1) 배타적 경제 수역(Exclusive Economic Zone, EEZ)은 해양법에 관한 국제연합 협약(UNCLOS)에 근거해서 설정되는 경제적인 주권이 미치는 수역을 의미한다.

(2) 연안국은 유엔 해양법 조약에 근거한 국내법을 제정하는 것으로 자국의 연안으로부터 200해리(약 370km)의 범위 내(해저, 지하, 상무수역)의 수산자원 및 광물자원 등의 비생물자원의 탐사와 개발에 관한 권리를 얻을 수 있는 대신 자원의 관리나 해양 오염 방지의 의무를 가진다.

(3) 배타적 경제 수역의 시초는 1940년대 남미 국가들의 실행에서 비롯되었다.

❷ 주요 특징

(1) 배타적 경제 수역은 기본적으로 공해이며 따라서 그 어떤 나라에도 속하지 않지만, 자원의 채취 및 조사와 같은 제한적인 사안에 한해 연안국의 권리가 우선적으로 인정되는 곳이다.

(2) 영해와 달리 영유권이 인정되지 않아 경제 활동의 목적이 없으면 타국의 선박 항해가 가능하며, 상공 비행, 통신 및 수송을 위한 케이블이나 파이프의 설치도 가능하다.

(3) 바다의 폭이 좁아 EEZ를 200해리로 설정할 수 없는 경우에는 인접국끼리의 협상을 통해 수역을 적당히 나눠 갖는데, 이는 각국의 이권과 직결되어 있기 때문에 분쟁의 소지가 되기도 한다.

❸ 영해

(1) 영해는 한 나라의 주권이 미치는 바다로서, 기점이 되는 기선으로부터 12해리의 범위까지 설정된다.
 ① **직선 기선**: 섬이 많은 해안에서 사용하는 기선으로, 육지에서 최외곽 섬을 직선으로 연결한 선이다.
 ② **통상 기선**: 썰물 때의 해안선을 기준으로 정한 기선으로, 섬이 없는 해안에서 사용한다.

(2) 영해는 연안국이 영토 관할권에 준하는 배타적 관할권을 행사하는 수역으로서 이 배타적 관할권에는 경찰권·관세권·보건위생권·안보권 등 광범위한 권한이 포함된다.
 ➡ 권한은 그 상공·해저 및 하층토에까지 미친다.

(3) 영해의 개념은 1982년 유엔해양법회의에서 정의되었다.

⑷ 기점 기준 12해리 설정시 타국의 영토 또는 영해와 접촉될 시, 국가 간 합의를 통하여 일정 수역에서의 영해의 범위를 축소하여 설정하는 것이 가능한데, 대표적인 예로 대한해협은 기선으로부터 3해리를 영해로 정한 것을 들 수 있다.

⑸ 간척 사업은 영토 크기의 확장에는 영향을 미치나, 기선을 침범하지 않는 이상 영해의 넓이에는 영향을 미치지 않는다.

CHAPTER 07 기타 이슈

제1절 글로벌 거버넌스의 개념

(1) "글로벌 거버넌스"란, 국제적인 문제를 해결하고, 전 세계적인 공동의 이익을 증진하기 위해 여러 국가와 국제기구들이 협력하는 시스템이나 체계를 의미한다.

(2) 이는 정부간, 비정부 기구, 기업, 그리고 시민사회 등 다양한 주체들이 참여하여 세계적인 문제에 대응하는 방식이다.

(3) 문제 해결에 있어 수평적인 체계를 유지한다.

➡ 글로벌 거버넌스는 패권국의 공공재 공급에 주로 의존하는 위계적 거버넌스의 한계 등이 표출되는 상황에서 수평적, 네트워크형 거버넌스의 중요성이 강조되고 있다.

제2절 글로벌 거버넌스의 주요 특징

❶ 다자간 협력

(1) 글로벌 거버넌스는 각국 정부가 일방적으로 결정하는 것이 아니라, 다양한 국가와 국제기구들이 협의하고 협력하는 구조이다.

(2) 협력을 통해 국제적인 갈등을 해결하고, 공동의 문제를 해결하는 방식으로 이루어진다.

❷ 다양한 주체들

(1) 글로벌 거버넌스는 정부 외에도 비정부 기구(NGO), 기업, 학계, 시민사회 등 여러 주체들이 참여한다. 이를 통해 주권국가의 권위가 초국가적 기구로 일부 이동하는 현상이 발생했다는 평가도 가능하다.

(2) 이러한 다양한 주체들이 각자의 역할을 맡아 문제 해결에 기여한다.

➡ 글로벌 거버넌스에서 행위자들은 정부의 공식 제도도 존중한다.

❸ 복잡한 문제 해결

(1) 환경, 경제, 보건, 인권, 안보 등의 문제는 한 국가만의 노력으로 해결하기 어려운 글로벌 이슈들이다.

(2) 예를 들어, 기후변화, 팬데믹 대응, 국제 테러리즘, 무역 규제 등은 국제적인 협력을 필요로 한다.

❹ 국제기구의 역할

(1) 유엔(UN), 세계보건기구(WHO), 세계무역기구(WTO), 국제통화기금(IMF) 등의 국제기구들이 중요한 역할을 수행한다.

(2) 이들 기구는 정책을 조정하고, 분쟁을 해결하며, 국제협력을 촉진한다.

제3절 │ 글로벌 거버넌스의 도전과제

❶ 주권과 국제협력의 균형

(1) 각국은 자국의 주권을 중시하지만, 글로벌 차원에서의 협력도 필요하다.

(2) 이 균형을 맞추는 것이 중요한 도전 과제이다.

❷ 국제적인 불평등

(1) 개발도상국과 선진국 간의 경제적, 정치적 격차가 글로벌 거버넌스에 주는 영향이 존재한다.

(2) 이는 국제적 협력에서 형평성과 공정성을 확보하는 데 어려움을 준다.

제4절 │ 한국의 국제개발협력

❶ 기본정신과 목표

(1) 「국제개발협력기본법」에 따르면, 한국의 ODA는 "개발도상국의 빈곤감소, 여성・아동・장애인의 인권 향상 및 성 평등 실현, 지속 가능한 발전 및 인도주의를 실현하고 개발도상국과의 경제협력 관계를 증진하며 국제사회의 평화와 번영을 추구하는 것(기본법 제3조)"을 기본정신으로 하고 있다.

(2) 이러한 ODA의 기본정신은 한국 ODA의 철학이자 근간으로서 ODA 정책과 집행과 관련된 모든 의사결정의 토대가 된다.

ODA 기본정신 · 원칙 · 목표

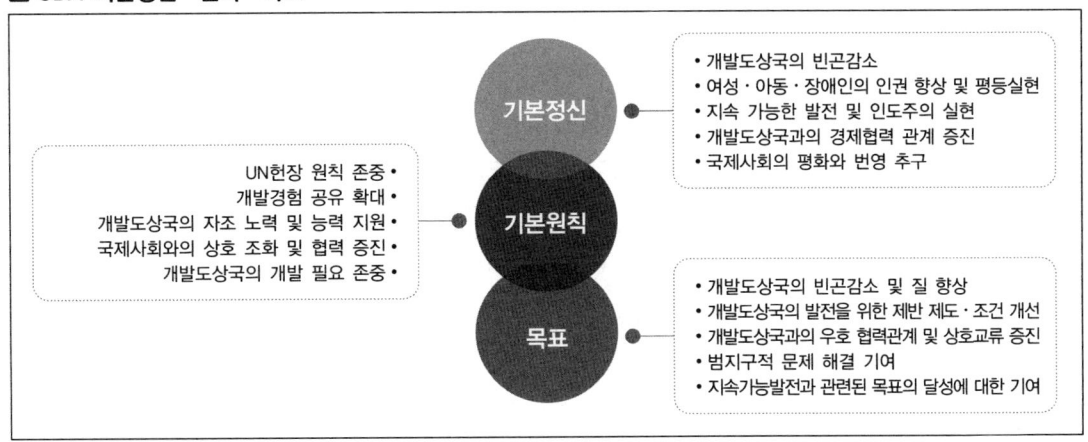

기본정신
- 개발도상국의 빈곤감소
- 여성 · 아동 · 장애인의 인권 향상 및 평등실현
- 지속 가능한 발전 및 인도주의 실현
- 개발도상국과의 경제협력 관계 증진
- 국제사회의 평화와 번영 추구

기본원칙
- UN헌장 원칙 존중
- 개발경험 공유 확대
- 개발도상국의 자조 노력 및 능력 지원
- 국제사회와의 상호 조화 및 협력 증진
- 개발도상국의 개발 필요 존중

목표
- 개발도상국의 빈곤감소 및 질 향상
- 개발도상국의 발전을 위한 제반 제도 · 조건 개선
- 개발도상국과의 우호 협력관계 및 상호교류 증진
- 범지구적 문제 해결 기여
- 지속가능발전과 관련된 목표의 달성에 대한 기여

출처 : https://www.odakorea.go.kr

❷ ODA 체계

(1) 현행 한국의 ODA 추진체계는 「국제개발협력기본법」에서 정하고 있으며, 총괄 · 조정기관 ― 주관 기관 ― 시행기관의 3단 구조로 이루어져 있다.

(2) **총괄 · 조정기관**

① 국제개발협력위원회는 국무총리를 위원장으로 중앙행정기관 및 관련 공공기관 단체의 장과 민간 위원으로 구성된 ODA 총괄 및 조정기구로서, ODA에 관한 주요 사항을 심의 · 의결하는 ODA 최고 정책기구이다.

② 2021년 2월에 국무조정실에 신설된 국제개발협력본부는 국제개발협력위원회의 사무기구로서의 역할을 수행한다.

(3) **주관기관**

기획재정부와 외교부는 각각 유상원조와 무상원조의 주관기관으로, 분야별 시행계획을 작성하고 사업을 점검한다.

(4) **시행기관**

수출입은행(EDCF) · 한국국제협력단(KOICA) 등 공공기관, 정부 · 지자체, 헌법재판소 · 중앙선관위 등 헌법기관들은 각 기관의 전문성을 바탕으로 ODA 사업을 시행한다.

ODA 체계도

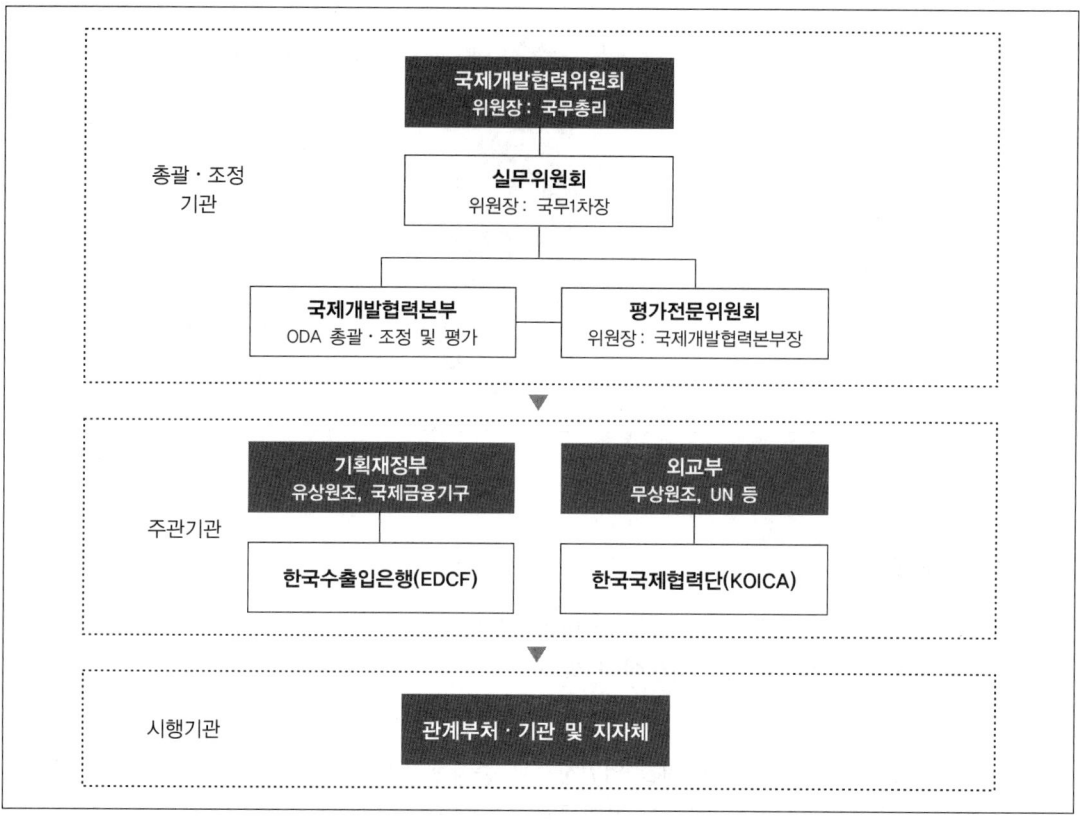

③ ODA 현황

(1) 1977년 9억 원의 예산을 확보해 기자재를 개도국에 공여한 것이 한국의 공여국가로의 개발협력의 시작이었다.

(2) 무상원조의 전담기관으로 1991년 외교부 산하에 한국국제협력단(KOICA)이 설립되었으며, 유상원조는 1987년 한국수출입은행에 대외협력기금(EDCF)을 창설하여 시행하였다.

(3) 한국 지방자치단체도 「지방자치법」 제9조의 자치사무와 제39조 제1항 제10호의 "외국 지방자치단체와의 교류협력에 관한 사항"에 의해 외국과 국제교류를 시행하고 있으며 ODA 정책도 추진한다.

(4) 한국은 2010년 OECD DAC(Development Assistance Committee) 가입 이후, 양적·질적 성장을 통해 중견 공여국으로 자리매김하였다.

　① 2010년 OECD DAC 가입 이후 한국의 지속적인 ODA 예산 확대를 통해 ODA 지원 규모 및 효과성을 높이는 정책을 추진하였다.

　② 최근 5년간 한국 총 ODA 지원 규모(증여등가액 기준)는 코로나19 팬데믹의 영향으로 비교적 높은 변동성을 보였으나, 팬데믹의 종결에 따라 ODA 지원 규모가 정상화되어 2024년에는 39억 4,200만 불을 지원하였다.

③ ODA/GNI 규모는 역대 최고치인 0.17%를 기록하였다.

④ 2024년 기준 한국의 양자 간 원조와 다자 간 원조는 각각 81%, 19%의 비율로 지원하였다.

⑤ 양자간 원조의 경우 유상원조는 30%, 무상원조는 70%의 비율로 지원하였다.

⑥ 분야별로는 사회 인프라 및 서비스 분야를 중점적으로 지원하고 있으며, 지역별로는 아시아와 아프리카 지역을 중점적으로 지원하고 있다.

⑦ 2022년에는 러시아－우크라이나 전쟁에 따라 對우크라이나 지원이 급증하며 유럽지역에 대한 지원 비중이 일시적으로 증가하였다.

④ IATI

(1) IATI는 국제원조투명성기구(International Aid Transparency Initiative)를 의미한다.

(2) 개발협력에 참여하는 공여국, 국제기구, 민간기관 등이 참여하여 원조사업과 관련된 정보 공개를 통해 투명성 증진을 위한 활동을 전개한다.

(3) 제3차 원조효과성 고위급포럼(2008년, 아크라)을 계기로 활동을 추진하게 되었으며, 2009년에 공식적으로 출범하였다.

(4) 한국은 2015년 12월에 IATI에 가입 후, 2016년부터 회원국으로 활동하고 있다.

(5) 현재 14개 공여국, 22개 국제기구(기관) 및 다수의 NGO들이 IATI에 참여하고 있다.

(6) **IATI 기준 원조정보 공개**

① IATI에서 제공하는 원조정보는 전년도 ODA 지원 실적을 공개하는 OECD DAC(개발원조위원회) 통계와 달리 현재 진행 중인 최신 ODA 사업 정보를 제공한다는 점에서 DAC 통계와 차이점이 있다.

② 한국 정부는 IATI 회원국으로서 IATI측이 제시한 정보공개 기준(standard)에 따라 최신 원조 정보를 제공하기 위해 노력한다(IATI 정보공개 항목 42개 중 13개 필수항목을 포함, 총 31개 항목에 대한 정보를 공개).

③ 공개되는 동 정보에는 기획재정부, 외교부, 한국국제협력단(KOICA), 한국수출입은행(EDCF) 등 40여 개 기관에서 개발도상국에 지원 중이거나 지원 예정인 사업에 대한 정보가 포함된다.

제5절 | 아시아태평양 경제협력체(APEC)

① 개요

아시아태평양 경제협력체(Asia-Pacific Economic Cooperation)는 아시아 및 태평양 연안 국가들의 원활한 정책대화 협의를 주목적으로 하는 협의체이다.

❷ 비전과 목표

(1) 아시아태평양 경제협력체(APEC)는 아시아태평양 공동체의 달성을 장기 비전으로 하여 아시아태 평양 지역의 경제성장과 번영을 목표로 삼고 있다.

(2) 이를 위해 1994년 정상회의에서 보고르 목표(Bogor Goal)를 채택했다.
  ① 선진국은 2010년, 개도국은 2020년을 시한으로 하여 무역 및 투자 자유화를 달성한다.
  ② 2020년 이후에는 보고르 목표 달성을 위한 후속 작업 논의도 진행한다.

> **더 알아보기**
>
> **보고르 목표**
> • 1994년 인도네시아 보고르(Bogor)에서 열린 제2차 APEC 정상회의 선언문에 포함된 내용이다.
> • 선진국은 2010년까지, 개도국은 2020년까지 무역 및 투자의 자유화를 달성한다는 목표를 의미한다.
> • 2005년 부산에서 개최된 APEC에서는 보고르 목표의 중간점검(mid-term stocktaking)이 이루어져 그동안 회원국이 이룩한 성취를 평가하고 향후 목표시한까지 보고르 목표의 달성을 위한 작업계획을 수립하였다.
> • 이러한 결과가 종합되어 부산 APEC 정상회의에서 발표된 것이 부산로드맵이다.

(3) 2020년 APEC 정상회의에서 보고르 목표 종료 이후 향후 20년 미래 비전인 푸트라자야 비전을 채택하였으며, 3대 핵심요소로 무역투자, 혁신·디지털 경제, 포용적·지속 가능한 성장을 3대 축 으로 설정·운영하고 있다.

(4) 2025년 APEC은 경주에서 개최되었다. 경주 APEC에서는 3대 중점과제로 연결, 혁신, 번영을 제시 하였다.

❸ APEC의 특징

(1) APEC은 전세계 인구의 약 37%, GDP의 약 61%, 교역량의 약 50%를 점유하는 세계 최대의 지역 협력체이다.

(2) 의사결정은 컨센서스 방식에 따르며, 비구속적(non-binding) 이행을 원칙으로 함으로써, 회원의 자발적 참여 또는 이행을 중시한다.

(3) 정상회의는 Retreat 형식(비공식 자유토론)으로 진행됨으로써, 정상들간에 형식에 구애받지 않는 협의, 보다 내실있는 결과 도출에 역점을 두고 있다.

(4) APEC 참가 자격은 주권국가(country)가 아닌 경제체(economy)로서 회원 경제체(member economy)로 부른다는 점이 다른 협의체와의 차이점이다.
  ① '국가'라는 명칭 사용이나 국기 게양이 허용되지 않는다. 단, 회의 이후 자체적으로 시행하는 양자 회담 등에서는 국기 사용이 가능하다.
  ② 그러므로 대만과 홍콩은 각각 "Chinese Taipei"와 "Hong Kong, China"로 표기되고 있다.

❹ APEC의 발전과정

⑴ APEC은 1989년 호주 캔버라에서 한국을 포함한 12개국 간 각료회의로 출범하였다.

① 창설멤버 12개국 : 한국, 미국, 일본, 호주, 뉴질랜드, 캐나다, ASEAN 6개국(말레이시아, 인도네시아, 태국, 싱가포르, 필리핀, 브루나이)

② 이외 가입국 9개국 : 중국, 대만, 홍콩, 멕시코, 파푸아뉴기니, 칠레, 러시아, 베트남, 페루
⊘ 북한은 가입국 아님.

⑵ 이어, 미국의 클린턴 대통령의 제안으로 1993년부터 정상회의로 격상되어 오늘날의 구조를 갖추게 되었다.

⑶ 1차 APEC 정상회의가 미국 시애틀에서 개최되었으며, 1998년에는 현재의 21개국 회원국이 완성되었다.

⑷ 2005년에는 대한민국 부산에서 제13차 APEC 정상회의가 개최되었으며, 2025년에는 경주에서 제32차 APEC 정상회의가 개최되었다.

더 알아보기

부산로드맵

1. 개요

2005년 보고르 목표 중간점검 결과를 바탕으로 향후 보고르 목표 달성을 위해 APEC이 나아가야 할 방향을 설정한 것으로, 2005년 의장국인 우리나라 주도로 작성되었고, 부산 정상회의에서 합의되었다.

2. 의의

① 보고르 목표 달성 시한을 앞두고, 그간의 성과 평가 및 향후 목표 달성을 위한 주요 정책수단별 구체적인 작업 방향을 제시한 중기 계획이다.

② 1994년 보고르 목표 채택 당시 주요 자유화 대상이었던 국경조치 뿐만 아니라 국내조치(예 국내규제, 경쟁정책, 지식재산권 보호 등)도 포함된다.

3. 주요 내용

① 다자무역 체제 지원

② 개별행동계획(IAP) 강화
㉠ APEC 회원국들의 자유화 조치를 평가하는 IAP 검토를 강화
㉡ 2007~2009년간 전 회원국 대상 IAP 이행 검토 실시

③ 높은 수준의 RTAs/FTAs 추구 : 2008년까지 가능한 많은 분야(chapters)에 대한 표준모델 개발과 이를 통한 역내 FTA의 동질화 모색

④ 무역원활화 및 기업·투자 환경 개선(Busan Business Agenda)
㉠ 2010년까지 거래비용 추가 5% 감축 목표 설정
㉡ 지식재산권(IPR) 보호 강화를 위한 추가조치 시행
㉢ 반부패, 중소기업 육성, 안전한 교역환경 구축

⑤ 전략적 능력배양 추구

⑥ 선구자적(Pathfinder) 접근방법 지속 활용

2025 APEC 정상선언 '경주 선언'

1. 우리 아시아태평양경제협력체(APEC) 정상들은 2025년 10월 31일부터 11월 1일까지 대한민국 경주에서 만났다. 우리는 '우리가 만들어 가는 지속가능한 내일(Building a Sustainable Tomorrow)'이라는 올해 APEC 주제 아래, 서울, 부산, 제주, 인천 등 한국 도시에서 만남을 갖고 세 가지 중점과제, 즉 '연결, 혁신, 번영'을 통해 우리 공동의 목표들을 진전시켜 왔으며, 풍성한 문화유산을 지닌 천년 고도 경주에서 그 결실을 맺었다.

2. 아시아·태평양 지역은 중대한 기로에 서 있다. 우리는 글로벌 무역체제가 중대한 도전에 직면해 있음을 인식한다. 더 나아가, 인공지능(AI)과 같은 혁신 기술의 급속한 발전과 노동시장의 구조를 재편하고 있는 인구구조 변화는 APEC 회원들에게 중대한 장기적 함의를 지니고 있다. 이와 관련, 모두가 혜택을 누릴 수 있는 경제 성장을 위해 협력을 강화하고 실질적인 조치를 취할 것을 촉구한다.

3. 우리는 현재의 상황이 역내 경제 협력을 위한 최상위 포럼이자 아이디어 육성의 장이라는 APEC의 중요성과 역할을 더욱 명확히 보여주고 있음을 강조한다. 우리는 「APEC 푸트라자야 비전 2040(PV)」이 제시한 공동의 사명에 의거해 「아오테아로아 행동계획(APA)」의 이행을 포함해 모든 국민과 미래 세대의 번영을 위해 개방적이고, 역동적이며, 회복력 있고, 평화로운 아시아·태평양 공동체를 2040년까지 실현한다는 목표 달성을 위해 지속적으로 나아갈 것이다.

◇ 연결 : 세계에서 가장 역동적이고 상호연결된 지역경제 구축

4. 우리는 견고한 무역 및 투자가 아시아·태평양 지역의 성장과 번영에 필수적이라는 공동 인식을 재확인하며, 변화하는 글로벌 환경을 헤쳐나가기 위해 경제 협력을 계속해서 심화시켜 나갈 것을 약속한다. 우리는 모두에게 회복력을 촉진하고 혜택을 제공하는 무역 및 투자 환경의 중요성을 인식한다. 우리는 글로벌 무역의 현황과 미래에 관한 다양한 논의를 주목하며, 이와 관련 회원간 협력의 필요성을 인정한다.

5. 우리는 아시아·태평양 자유무역지대(FTAAP) 의제에 대한 논의를 포함해 시장 주도적인 방식으로 아시아·태평양 지역의 경제 통합을 추진해 나갈 것이다. 우리는 회원간의 경험 공유, 역량 강화, 기업 참여, 기술 협력 노력을 지속적으로 확대해 나가며, 이를 통해 회원들이 높은 수준의 포괄적인 역내 협력체제에 참여할 준비 태세를 강화할 수 있도록 지원할 것이다.

6. 우리는 서비스 부문의 경제 성장에 대한 기여와 디지털 기술을 기반으로 한 서비스의 역할이 확대되고 있음을 인식하면서, APEC 역내 회원들의 서비스 부문 경쟁력을 지속적으로 강화해 나갈 것이다. 또한 우리는 APEC 서비스 경쟁력 로드맵(ASCR)이 APEC 역내 서비스 부문의 효과적인 개혁과 성장을 뒷받침하는 데 기여해 왔음을 주목한다.

7. 우리는 투명성 제고, 종이 없는 무역과 국경 간 전자상거래 촉진, 표준에 관한 협력 심화, 적합성 평가 절차의 간소화 등 다양한 무역 원활화 노력을 계속 추진해 나갈 것이다. 우리는 이러한 노력들이 무역 비용을 낮추고, 소상공인·중소기업(MSMEs)의 국경 간 무역 참여를 촉진하는 데 기여함을 인정한다. 또한, 우리는 AI 기반 절차가 무역촉진에 기여할 잠재력을 인식하며, AI 도입 및 관련 정책에 관한 자발적 경험 공유를 장려한다.

8. 글로벌 공급망이 여러 도전에 직면해 있음을 인식하면서, 우리는 민간 부문의 APEC 관련 논의 참여 확대를 포함하여 아시아·태평양 지역 전반에서 글로벌 가치 사슬의 핵심 요소로서 회복력 있는 공급망을 보장하기 위한 노력을 지지한다. 우리는 공급망 연계성 프레임워크 행동 계획 3단계(SCFAP III) 이행에 대한 우리의 이행 의지를 재확인하며, 교란의 영향을 완화하고, 거래 비용을 낮추며, 무역을 촉진하기 위해 역내 및 글로벌 연계성 강화를 추진할 것이다. 또한, 이러한 노력을 지원하기 위해 역량 강화, 기술 지원 및 국경 간 협력을 촉진해 나갈 것이다.

9. 우리는 구조 개혁을 포함하여 아시아·태평양 지역 전역에서 혁신, 생산성 및 역동성을 촉진하겠다는 우리의 의지를 재확인한다. 우리는 새롭고 강화된 프레임워크로서 강화되고 향상된 APEC 구조개혁 의제(SEAASR)의 채택을 환영한다. 또한, 우리는 재무장관 프로세스 하에서 인천 플랜이 채택된 것을 환영한다.

10. 우리는 부패가 국경을 초월하여 시장을 왜곡하고, 공공 신뢰를 훼손하며, 조직범죄를 포함한 범죄를 조장하는 등 심각한 위협으로 작용하고 있음을 인정한다. 우리는 반부패 노력이 보다 혁신적이고, 긴밀히 조율되며, 보다 효과적으로 이루어져야 함을 재확인한다. 우리는 부패 행위자와 불법 자산에 안전한 은신처를 제공하지 않기 위한 노력을 지속해 나갈 것이다.

11. 우리는 역내 연계성 증진의 중요성을 강조한다. 이와 관련, 우리는 2026년에 완료 예정인 최종 검토를 포함하여 'APEC 연계성 청사진'과 연계된 노력을 주목한다. 우리는 역내 무역 및 투자를 증진하는 데 있어 기업간 교류의 중요성을 인식하며, APEC 기업인 여행 카드(ABTC)를 통한 기업 이동성 촉진 및 연결성 강화 노력을 환영하고, ABTC 참여 회원들이 모바일 기업인 여행카드의 활용과 수용을 확대할 것을 장려한다. 또한 우리는 양질의 인프라 개발과 투자의 중요성을 재확인한다.

12. 우리는 문화창조산업(CCIs)이 경제성장에 기여하는 긍정적인 영향을 인식하며, 강력한 지식재산권 보호의 중요성을 확인한다. 우리는 문화창조산업이 경제 성장에 기여하고, 회원국 간 인적 교류를 촉진하며, 상호 이해와 존중을 증진하는 데 있어 점점 더 중요한 역할을 하고 있음을 인식한다. 우리는 또한 문화창조산업이 역내 경제 및 문화 교류에서 차지하는 비중이 확대되고 있으며, AI를 포함한 디지털 기술의 발전이 창작·제작·유통·소비 전반에서 창의성을 촉진하고 혁신을 가능하게 하고 있음을 인식한다. 우리는 APEC 회원간 문화 창조산업에 관한 대화와 협력이 역내 경제 성장에 기여할 것임을 주목한다.

◇ 혁신 : 디지털 및 AI 전환에 준비된 아태 지역

13. 우리는 과학기술의 진보가 공동의 도전을 해결하는 데 기여하고, APEC 지역내 새로운 성장 동력을 창출할 수 있음을 인식한다. 또한 우리는 과학·기술·혁신(STI) 분야를 포함한 기관, 기업, 스타트업 간의 연구개발 협력과 과학 인재의 지발적 교류, 징췍 및 지식의 사발적 공유, 그리고 역량 강화 노력이 아시아·태평양 지역의 전반적인 혁신 역량을 제고하고, 이를 통해 미래의 경제 성장에 기여할 수 있음을 인식한다.

14. 우리는 디지털 전환이 주도하는 혁신이 아시아·태평양 지역 전역의 모든 사람과 기업의 연계성, 생산성 및 참여를 제고하는 데 핵심적인 역할을 할 수 있으며, 이를 통해 이들의 잠재적인 경제적 역량을 최대한으로 실현하는 데 기여할 수 있음을 인정한다. 우리는 회원들이 지역경제 협력을 가속화하는 정보통신기술 및 디지털 정책과 관련한 자발적 정보 공유를 적절히 확대할 것을 장려한다. 우리는 APEC 인터넷 및 디지털 경제 로드맵(AIDER)에 대한 의지를 지속적으로 유지하며, AIDER의 효과적인 실행을 진전시키기 위한 올해의 노력을 높이 평가한다. 우리는 급속히 변화하는 디지털 환경 속에서 기회를 극대화하고 도전을 해결할 수 있는 접근 방안을 국제법에 부합하도록 개발할 필요가 있음을 인정한다. 우리는 역량 강화, 디지털 기술과 역량을 제고하는 정책, 그리고 민관 협력 강화 등을 최우선으로 하는 것을 포함해 디지털 격차 해소, 디지털 연계성 향상, 디지털 문해력 증진, 그리고 디지털 전환의 혜택을 모두가 누릴 수 있도록 하는 것이 중요함을 강조한다. 우리는 또한 국민, 근로자 및 소상공인·중소기업을 포함한 기업을 위해 디지털 및 AI 생태계에 대한 신뢰와 확신을 강화하는 것이 중요함을 강조한다. 우리는 디지털 경제에서 데이터의 중요성이 점점 커지고 있음을 인정하면서, 데이터 흐름 촉진과 디지털 거래에서 기업 및 소비자 신뢰 강화를 위한 협력을 지속해 나갈 것이다.

15. 우리는 인공지능(AI)이 혁신의 새로운 영역을 개척하고 생산성 향상, 경쟁력 강화, 경제적 번영 및 회복력 제고를 통해 전 세계 경제를 근본적으로 재편할 잠재력을 가지고 있음을 인정한다. 우리는 APEC 내 성공적인 AI 전환을 추진하고, 역내 협력을 포함해 모든 수준에서 AI 역량을 구축하며, 회복력 있는 AI 인프라를 위한 투자 생태계를 조성하기 위한 공동의 노력으로서 APEC AI 이니셔티브를 채택한다. 우리는 또한 노동력, 교육, 역량 강화 정책에서 균형 있고 인간 중심적인 접근을 통해 모두가 AI의 혜택을 누릴 수 있도록 AI의 보안성, 접근성, 신뢰성 및 안정성을 제고하기 위한 지속적인 노력을 촉구한다. 우리는 회원들이 AI 전환의 혜택을 누리고 모든 사람이 AI 기반 경제에 의미있게 참여할 수 있도록 협력적 접근을 탐색할 것을 장려한다. 이를 통해 모든 국민이 기술 발전의 혜택을 누리고, AI가 국민 전체의 삶의 질 향상에 기여하는 사회 기반을 마련해 나갈 것을 장려한다.

◇ 번영 : 도전을 함께 극복하고 성장의 혜택을 모두와 공유

16. 우리는 아시아·태평양 지역의 모든 국민이 성장과 번영의 기회와 혜택을 함께 누릴 수 있도록 하는 것이 중요함을 확인한다. 이와 관련, 우리는 경제 참여의 장벽을 해소하고 모두를 위한 경제적 역량 강화를 촉진하며, 회복력 있는 경제 성장을 위한 환경을 조성하기 위한 APEC의 기존 및 지속적인 노력을 인정한다.

17. 우리는 기업가 정신 함양, 규제 장벽 제거, 공급망 네트워크 강화, 대기업을 포함한 주요 이해관계자간 연계 강화, 생산성·효율성·혁신 역량 제고 등을 통해 소상공인·중소기업 및 스타트업이 성장할 수 있는 유리한 기업 환경 조성이 중요함을 재확인한다. 또한 우리는 '공식경제 및 글로벌 경제로의 전환 촉진을 위한 리마 로드맵' 등 소상공인·중소기업 발전을 위해 각 회원이 기울여 온 노력에 주목한다.

18. 저출생, 인구 고령화, 도시화의 가속화로 특징지어지는 인구구조 변화가 아시아·태평양 지역의 경제와 공동체에 근본적이고 장기적인 변화를 가져오고 있다. 우리는 인구구조 변화가 가져오는 광범위한 경제적 영향이 포괄적이고 세대 간 정책을 통한 공동 대응을 필요로 한다는 점을 인식한다. 이와 관련, 우리는 인구구조 변화에 대한 APEC 협력 프레임워크를 채택하며, 이를 통해 아시아·태평양 지역에서 모두가 누릴 수 있는 경제 성장과 번영의 새로운 기회를 모색하기 위해 협력할 것임을 재확인한다. 우리 지역의 미래 번영이 다음 세대의 역량 강화에 달려 있음을 인식하면서, 우리는 청년들이 자신의 미래를 주도적으로 설계할 수 있도록 역량 개발의 기회와 필요한 도구를 지속적으로 제공해 나가길 기대한다.

19. 우리는 에너지, 식량안보, 환경, 극한 기상 및 자연재해 등 글로벌 도전과제에 효과적으로 대응하기 위해 협력과 조정을 강화해 보다 회복력 있는 아시아·태평양을 구축해 나갈 것이다. APEC 지역 전반에서 전력 수요가 증가하고 있음을 주목하면서, 우리는 안정적인 전력 공급의 필요성을 인정하고, 회원들이 전력원과 기술을 다양화하고 필요한 투자를 지원하며 기술 혁신을 촉진하는 한편, 전력시장 설계와 에너지 속성 인증서와 같은 시장 기반 수단을 활용해 전력 시스템의 유연성, 회복력, 안정성을 강화할 수 있도록 효율적인 시장 운영을 도모할 것을 장려한다. 이 모든 노력은 각국의 여건과 우선순위에 부합하도록 추진되어야 한다. 우리는 천연가스와 LNG가 지속가능하고 안정적이며 경제적이고 신뢰할 수 있는 에너지를 제공하고, 각국의 에너지 시스템에 유연성을 부여하는 데 중요한 역할을 할 수 있음을 인식한다. 에너지 안보 강화를 위해 전력 인프라의 현대화와 확충이 매우 중요함을 인정하면서, 우리는 전력망 인프라를 개선하고 지역간 연계성을 강화하는 것이 보다 효율적이고 신뢰할 수 있는 전력망 구축에 기여할 수 있음을 인식한다. 우리는 재생에너지 및 에너지 집약도와 관련된 논의를 주목한다. 또한 우리는 에너지 분야에서 AI가 지닌 혁신적 잠재력에 주목한다.

20. 우리는 식량 공급망의 혼란을 최소화하고, 생산적이고, 회복력 있으며 혁신적인 농식품 시스템을 촉진하며, 식량 손실과 낭비를 방지 및 감소시키고, 농업 자원의 효율적 활용을 도모함으로써 식량 안보를 강화하는 것이 중요함을 강조한다. 또한 이러한 접근에는 모든 경제에 동일하게 적용될 수 있는 단일한 해법이 존재하지 않음을 인식한다.

21. 우리는 또한 과학·기술 기반 접근 방식을 활용하면서, 불법·비보고·비규제(IUU) 어업 근절과 증가하는 해양 쓰레기 문제 대응을 포함해 해양 및 연안 지역사회의 회복력을 높이고, 해양 자원의 보전과 관리 촉진을 위해 협력할 것이다.

22. 우리는 역내에서 회복력 있고, 지속가능하며, 접근가능하고, 연령 대응적이며, 다부문적이고 미래 대비형 보건 및 돌봄 시스템을 구축하겠다는 우리의 의지를 재확인한다. 또한, 디지털 헬스와 AI가 환자 중심의 의료서비스 제공, 조기 발견, 진단, 치료 및 전반적인 건강 성과를 향상시키는 혁신적 잠재력을 지니고 있음을 인식한다. 우리는 재난 위험 관리가 경제 성장의 핵심 기반임을 인정하면서, 안전하고 회복력 있는 미래를 확보하기 위해 노력할 것이다.

◇ **미래 전망**

23. 우리는 다중 이해관계자 참여 강화가 APEC의 고유한 특징 중 하나로서 아이디어 육성의 장으로서의 APEC의 기능을 강화하는 데 기여함을 인정한다. 우리는 APEC 기업인자문위원회(ABAC) 및 태평양경제협력이사회(PECC)를 비롯한 다양한 이해관계자와의 협력을 포함해 APEC CEO 서밋 등 여러 계기를 통해 다중 이해관계자 참여를 한층 강화해 나가길 기대한다.

24. 우리는 2025년 APEC 외교통상합동각료회의와 해양, 고용노동, 교육, 통상, 디지털·AI, 식량안보, 여성과 경제, 에너지, 중소기업, 보건과 경제, 재무 및 구조개혁 관련 장관회의, 그리고 반부패 협력 및 문화창조산업 고위급 대화를 개최한 대한민국에 감사를 표한다. 우리는 제36차 APEC 외교통상합동각료회의의 성과를 향후 협력을 위한 중요한 기반으로 높이 평가한다.

25. 우리는 2025년 APEC 회의를 성공적으로 개최한 대한민국에 감사를 표한다. 또한 정상회의를 위한 따뜻한 환대와 철저한 준비로 성심껏 맞아주신 경주 시민과 경주시에도 진심 어린 감사의 뜻을 전한다. 우리는 향후 APEC 의장국으로서 중국(2026년), 베트남(2027년), 멕시코(2028년), 싱가포르(2030년), 일본(2031년), 칠레(2032년), 파푸아뉴기니(2033년), 페루(2034년)의 역할을 기대한다.

⑤ APEC 관련 참고사항

(1) 개방적 지역주의를 추구하여 역외국에 대해서도 무역장벽 제거의 혜택 부여를 지향한다.

(2) 9·11 테러 이후, 테러, 보건 등 비경제분야로 활동범위가 확대되고 있으며 재난대응능력 및 식량 안보에 대해서도 적극적으로 다루고 있다.

(3) ASEAN은 APEC 프로세스에 적극적으로 참여하고 있으나, 강력한 APEC 출현에 따른 ASEAN의 약화를 우려하기도 한다.

(4) 1995년 오사카 APEC에서 채택된 '오사카 행동 지침'에서는 '유연성 원칙'과 '자주적 및 협조적 자유화' 조항이 포함되었다.

① 유연성 원칙 : 자유화를 추진하는데 있어 예외 분야를 일시적으로 인정하는 것이다.

② 자주적 및 협조적 자유화 : 각 회원국이 따라야 할 공통 목적을 정할 필요성을 고려하면서 각 회원국의 재량을 존중하고 자유화를 추진한다는 것이다.

제6절 파나마 운하

① 개요

(1) 남아메리카와 북아메리카의 중앙에서 태평양과 대서양을 연결하는 80km 정도 길이의 파나마 운하는 아메리카 대륙에서 가장 좁은 파나마 지협에 위치하고 있다.

(2) 전 세계 교역량의 약 6~7% 정도를 감당하며 세계무역과 운송에 큰 공헌을 해 오고 있는 파나마 운하는 1914년 개통 이래 100년이 넘는 세월동안 수출국과 수입국 또는 생산지와 소비지 사이의 거리, 시간 그리고 비용을 크게 절감시켰으며, 160여 개 국가에서 1,700항, 144개 해상 항로를 연결하는 지름길로서 명실상부 세계 운송물류 서비스의 중심지라고 할 수 있다.

(3) 총 80km 정도의 길이로 여러 개의 수로와 갑문(Lock)으로 이루어진 운하는 20세기 세계 7대 불가사의 중 하나로 불린다.

② 건설 역사

(1) 파나마 운하는 일찍이 16세기 초 스페인 사람들에 의해 아이디어가 시작되었다.

(2) 본격적인 수로 건설 시도는 1880년 프랑스인들에 의해 시작되었으나, 재정 문제와 황열병, 말라리아 등 열대성 질병들로 인해 실현되지는 못하였다.

(3) 그로부터 약 20여 년이 지난 20세기 초 대서양과 태평양 두 대양을 연결하는 해양 채널의 중요성을 강조한 시어도어 루즈벨트 미국 대통령은 1903년 콜롬비아로부터 파나마 독립을 지원하고 파나마 운하 지역에 대한 조차권을 인정하는 헤이-뷔노 바리야 조약을 체결하였다.

(4) 1904년 5월에 시작한 운하 건설은 총 건설비 3억 7천 5백만 불에 5만 6천 명이 투입된 대규모 공사였으며, 공사 기간도 10년 이상 소요되었다.

(5) 황열병과 말라리아 등으로 공사 도중 2만 명이 넘는 사망자가 발생하기도 했지만, 마침내 1914년 8월 15일에 Ancon호가 첫 통과를 하며 파나마 운하는 공식적으로 개통되었다.

❸ 운영권 분쟁

(1) 미국에 의해 운영되던 파나마 운하는 제2차 세계대전 이후 파나마와 미국 간의 관계가 소원해지면서 운하의 권리를 미국이 가지고 있는 것에 대한 파나마 국민들의 불만이 드러나기 시작하였다.

　① 1964년 1월에는 반미 유혈사태가 발생하는 등 운하 권리에 대한 파나마 국민들의 열망은 점차 거세지게 되었다.

　② 1977년 9월 7일 지미 카터 미국 대통령과 오마르 토리호스 파나마 장군은 '토리호스-카터 조약'을 체결하고, 1999년 12월 31일에 운하의 운영권을 파나마로 이양하는데 합의하였다.

(2) 파나마 운하의 최대 이용국가 1, 2위는 미국과 중국, 한국은 매년 6~8위 사이를 차지하는 주요 이용 국가이다.

(3) 파나마 운하는 지리적 이점으로 파나마를 역내 해상 물류·항만 허브로서 위상을 구축하게끔 해주었을 뿐 아니라, 국가의 주요 수입원으로 커다란 역할을 하고 있다.

　① 선박 통행료와 관광 수입 등을 통한 운하 전체 소득은 파나마 GDP의 약 25% 가량을 차지한다.

　② 이러한 중요성 때문에 파나마는 정부 내 운하부와 운영을 총괄하는 운하청(ACP)을 두고 있다.

(4) 2000년대 이후 홍콩 CK 허치슨 홀딩스*가 파나마 운하 운영권을 실질적으로 보유 및 운영하였고, 중국은 2017년 수교 이후 8년 동안 파나마와 관계 개선에 노력하였다.

　✎ 허치슨 홀딩스는 홍콩 부호 리카싱이 이끄는 청쿵그룹의 지주회사로 항만과 통신, 인프라, 유통 등 4개 분야에 걸쳐 글로벌 사업을 운영

(5) 하지만, 허치슨 홀딩스는 2025년 3월 4일 "파나마 운하 입구 두 항구와 본사가 전 세계 23개국에서 운영해온 43개 항구를 228억 달러에 미국 자산운용사 블랙록(BlackLock) 컨소시엄에 매각하기로 합의했다."고 홍콩 증시에 공시하였다.

(6) 트럼프 대통령은 두 번째 임기 취임 전부터 "중국이 운하를 운영하고 있다."면서 "무력을 동원해서라도 운하를 되찾겠다."고 공언하였다. 이후 2025년 1월 취임하자마자 파나마 정부를 외교적으로 압박해 중국과 맺은 일대일로 협정에서 탈퇴하도록 종용하고 있다.

(7) **파나마 운하 운영권 변화(요약)**

　① 미국이 직접 건설하고 운영(1914~1999)

　② 미국-파나마와의 협정으로 운영권 이양(1977~1999) : 1977년 미국과 파나마는 '토리호스-카터 조약'을 체결하여, 1999년까지 점진적으로 운하 운영권을 파나마에 이양하기로 결정, 이에 따라 1999년 12월 31일 파나마 정부가 운하 운영을 완전히 인수하였다.

　③ **중국의 개입과 영향력 확대(2000년 이후)** : 파나마 정부는 운하 운영을 위해 '파나마 운하청(ACP)'을 설립했지만, 중국 국영기업인 홍콩의 허치슨 왐포아(Hutchison Whampoa)가 주요 항만을 운영하면서 중국의 영향력이 급격히 커지기 시작하였다.

　④ 2025년 미국 자산운용사 블랙록에 항구 운영권 매각

⑻ 미국이 파나마 운하 운영권을 확보하고자 하는 이유
　① 경제적 이유: 글로벌 물류의 핵심 경로
　② 군사적 이유: 전략적 요충지
　③ 중국 견제: 지정학적 경쟁

제7절 | 군산복합체와 전쟁

❶ 개요

⑴ 제2차 세계대전 이후 세계를 지배하게 된 미국의 독점자본은 전후의 불황을 극복하고 자본을 지속적으로 확대 재생산하기 위해 군부 및 정치집단과 결탁하여 군수산업을 팽창시켰다.

⑵ 군부, 정치집단, 독점자본은 이후 미국 사회를 지배하는 세력으로 성장하였다.

❷ 관련 이론 및 학자

⑴ **교착게임이론**
　① 군비경쟁에 관해 설명 가능하다.
　② "강자는 이겨도 이익이 크지 않고, 약자는 져도 손실이 크지 않다."는 의미이다.
　③ 즉, 쌍방이 계속해서 배반하는 게임으로 평화가 요구되고 가능함에도 불구하고 무기 판매를 위해 전쟁 유발적 행태를 벌이는 상황을 설명한다.

⑵ **찰스 라이트 밀스(C. W. Mills)**
　① 권력엘리트(Power Elite) 개념을 주장하였다. 중앙집권화가 잘된 기업체, 정부 내 행정관료구조, 군부 등이 관료기구의 정상위치를 차지하고 있는데 이것을 권력엘리트라고 한다.
　② 권력엘리트 개념을 바탕으로 군산복합체를 분석하였다.

❸ 현 상황

⑴ 군산복합체는 1970~1980년대를 거치면서 경제의 국제화 또는 초국가적 기업의 확대 현상과 결합하여 새로운 양상으로 변모하였다.

⑵ 초국가적 기업은 기술, 정보, 자본, 판매망 등 여러 가지 측면에서 군산복합체의 기초를 이루었다.

⑶ 군산복합체는 초국가적 기업과 결합해 국제적 공동무기개발 및 생산, 군사과학기술의 교환 등 각종 군사협력체계를 이루었다.

⑷ 군산복합체의 강화는 선진국 간의 군비경쟁과 경제의 부조리 현상을 심화시킴은 물론 선진국과 개발도상국 간에 무기수출을 둘러싼 새로운 문제를 야기한다.

MEMO

박민형

주요 약력
- 영국 The University of Leeds 국제정치학 박사
- 박문각 공무원 외무영사직 국제정치학 담당 교수

주요 저서
- 박문각 공무원 박민형 국제정치학 기본 이론서(박문각)
- 한국 국방정책 및 군사전략 모색(부크크)
- 시작된 미래, 비전을 현실로(공저, 한울)
- 현대의 전쟁과 전략(공저, 한울)
- 북한이 핵보유국이 된다면 어떻게 달라지는가(공저, 사회평론 아카데미)
- Why NATO but Not Northeast Asia?: Strategic Institutionalism and the Limits of Trilateralism(2025)
- Shared Threats, Shared Values?: A Constructivist Analysis ot Identity and Norms in the ROK–US Alliance(2025)
- 한반도 통일과정에서 유엔사의 역할 제고(2024)
- 유사시 원전 방호의 중요성과 군사적 함의(2024)
- 북러조약의 쟁점과 의미·전망(2024)

박민형 국제정치학 ☆☆☆☆☆ 기본 이론서

초판인쇄 | 2026. 1. 5.   **초판발행** | 2026. 1. 12.   **편저자** | 박민형
발행인 | 박 용   **발행처** | (주) 박문각출판   **등록** | 2015년 4월 29일 제2019-000137호
주소 | 06654 서울특별시 서초구 효령로 283 서경 B/D 4층   **팩스** | (02) 584-2927
전화 | 교재 주문·내용 문의 (02) 6466-7202

저자와의
협의하에
인지생략

정가 39,000원
ISBN 979-11-7519-658-2